中国工程院重大咨询研究项目

工业强基战略研究
（卷Ⅲ）

中国工程院　工业强基战略研究项目组　著

电子工业出版社

Publishing House of Electronics Industry

北京·BEIJING

内 容 简 介

工业基础是支撑和推动工业发展的物质技术条件,是我国工业赖以生存发展的基石,是国家工业实力的体现。我国目前的突出问题是工业基础薄弱,成为走向工业强国的主要制约因素和瓶颈,必须引起全社会的高度重视。

本项目有针对性地研究了我国的基础零部件和元器件、基础材料、基础工艺、技术基础及相关行业,分析了其发展领域的内涵特征、产业现状、发展趋势和存在的问题,借鉴强国经验,进而提出了发展重点的战略设计和目标、重点任务和保障措施,为提升我国综合国力、保障国家安全、建设世界工业强国提供战略对策。

本卷为"工业强基战略研究"项目图书的第 III 卷,内容包含:信息电子制造业强基战略研究(领域课题 10);轻工制造业强基战略研究(领域课题 11);纺织强基战略研究(领域课题 12);仪器仪表制造业强基战略研究(领域课题 13)四个课题领域。

本书可为政府部门、制造业企业和研究机构从事制造业政策制定、管理决策和咨询研究的人员提供参考,也可以供高等院校相关专业师生及其他对制造业感兴趣的社会人士阅读。

图书在版编目(CIP)数据

工业强基战略研究. 卷 III / 中国工程院工业强基战略研究项目组著. —北京:电子工业出版社,2017.8
ISBN 978-7-121-31098-0

Ⅰ. ①工… Ⅱ. ①工… Ⅲ. ①工业发展战略−研究−中国 Ⅳ. ①F424

中国版本图书馆 CIP 数据核字(2017)第 053822 号

总 策 划:徐 静
策划编辑:李 洁
责任编辑:李 洁 刘真平
印　　刷:北京顺诚彩色印刷有限公司
装　　订:北京顺诚彩色印刷有限公司
出版发行:电子工业出版社
　　　　　北京市海淀区万寿路 173 信箱　邮编　100036
开　　本:787×1092　1/16　印张:34.75　字数:902 千字
版　　次:2017 年 8 月第 1 版
印　　次:2017 年 8 月第 1 次印刷
定　　价:298.00 元

编 委 会

主任委员：

路甬祥　周　济

副主任委员：

辛国斌　毛伟明　苏　波　陈　钢　陆燕荪　朱高峰　干　勇

郭贺铨　钟志华　李培根　柳百成　屠海令　尤　政　张　纲

委员：（按姓氏笔画排序）

丁荣军　马伟明　马林聪　王长明　王天然　王礼恒　王金玉

王基铭　王赟松　包为民　冯培德　石　碧　左铁镛　田世宏

卢秉恒　叶培建　朱森第　关　桥　李　刚　李　骏　李伯虎

李新亚　李仲平　刘大响　刘友梅　刘永才　林忠钦　陈克复

陈山枝　陈祥宝　何光远　孙宝国　孙昌基　孙瑞哲　宋天虎

宋志明　吴有生　邴旭卫　肖　华　罗　文　屈贤明　杨华勇

张广钦　张寿荣　张信学　张钟华　张彦敏　庞国芳　金国藩

金东寒　郭孔辉　郭振岩　胡　楠　倪光南　赵　峰　赵　强

高　文　唐长红　黄国梁　黄平涛　姚　穆　俞建勇　闻雪友

钟群鹏　徐开先　袁晴棠　翁宇庆　曹淑敏　温学礼　舒印彪

殷瑞钰　董景辰　薛群基　魏少军　蔡惟慈

项目办公室成员：

吴国凯　易　建　屈贤明　杜洪敏　　董景辰　王晓俊　延建林

胡　楠　杨晓迎　吕　彤　古依莎娜　李　萌　耿　琦

序 言

　　制造业是国民经济的主体，是工业化、现代化的支柱，是技术与产业创新的主战场，是国家综合实力、产业竞争力、安全和可持续发展能力的基石。打造具有国际竞争力的制造业，是我国提升综合国力、保障国家安全、建设世界强国的必由之路。新中国成立以来，尤其是改革开放以来，我国制造业持续快速发展，建成了门类齐全、独立完整的产业体系，有力推动工业化和现代化进程，显著增强综合国力，支撑我世界大国地位。但与世界先进水平相比，中国制造仍大而不强，在自主创新能力、资源利用效率、产业结构水平、信息化程度、基础核心技术支撑、质量效益等方面差距明显。党中央国务院按照"四个全面"战略布局、创新驱动发展战略的要求，加强统筹规划和前瞻部署，制定并发布了《中国制造2025》发展战略规划。力争通过三个十年的努力，到新中国成立一百年时，把我国建设成为引领世界制造业发展的制造强国，为实现中华民族伟大复兴的中国梦打下坚实基础。

　　实现工业大国向工业强国的转变，亟需从国家层面加强顶层设计，加大政策扶持力度，加快推进工业强基，夯实基础。形成整机与基础协同发展、相互促进的良好局面，进而提升我国工业整体水平，建设制造强国。从2011年年底开始，工信部就在国务院和有关部委的支持下，把工业强基工程作为工业转型升级的重要举措开始推动。2013 年以来，又系统梳理总结国务院相关部门支持工业基础能力建设的现行政策措施，委托国务院发展研究中心、中国工程院等开展专题研究，会同有关单位开展专题调研，先后征求了相关行业协会和咨询机构、国务院相关部门和各地的意见，并在门户网站公开征求意见，制定和提出了《加快推进工业强基的指导意见》，并于2014 年发布实施，2015 年又组织实施"工业强基专项行动"计划。"工业强基"作为实施《中国制造2025》发展战略规划、建设制造强国的重要基础工程，进入了新的发展时期。

　　《工业强基战略研究》项目由中国工程院会同工业和信息化部、国家质检总局联合组织开展。项目研究历时两年，有 40 多名院士和 100 多名专家完成了项目预期研究目标。研究工作取得了多方面的成果，对加强"工业基础"的重要性和紧迫性作了全面、深入的调研分析。通过大量数据和国内外的案例，提出了工业基础薄弱是走向制造强国的主要瓶颈；提出了"问题导向、协同创新、产需结合、重点突破"的 16 字指导方针；明确工业强基重点，总结 20 年来我国"四基"发展的经验教训，结合近几年来发展环境的变化，提出了四条推进"四基"发展的路径及发展模式，提升了全社会对工业强基战略意义的认同和支持，为制定《工业强基工程实施指南》提供了科学扎实的基础。

中国要迈向制造强国，需要充分发挥市场和政府的作用，统筹利用好各方面优良资源，坚定发展制造业的信心毫不动摇，从而形成全国、全社会关注制造业、重视制造业、发展制造业的良好氛围。为此，将研究成果编集成册，共分三卷出版，期望本项目图书的出版能够为专家学者研究制造业提供帮助，为有关部门科学决策提供参考，为加快推进中国迈向制造强国发挥积极作用。

感谢项目组全体成员两年来的不懈努力，感谢各位院士不辞辛劳在项目研究中发挥核心引领作用，感谢项目办公室研究人员和工作人员的辛勤付出，感谢各级政府及企业界、学术界的同志们在项目研究过程中给予的鼎力支持，让我们携手共同努力，为中国早日迈向世界制造强国行列而继续奋斗！

徐匡迪

2017 年 6 月

目 录

领域课题 10 信息电子制造业强基战略研究

第一章 计算机与软件产业···2

一、现状分析···2

二、与发达国家的差距···24

三、需求分析··29

四、发展趋势与国外经验···32

五、典型案例分析··54

六、发展重点··63

七、发展路线··66

第二章 通信设备···74

一、通信设备四基发展现状及国内外差距分析···75

二、通信设备四基需求分析···83

三、通信设备四基发展趋势···87

四、通信设备四基发展典型案例分析···92

五、通信设备四基发展重点···96

六、通信设备四基发展路线··100

课题组成员名单··116

第三章 消费电子制造业···117

一、前言··117

二、消费电子制造业在我国工业发展中的重要作用···117

三、我国消费电子制造基础产业现状··119

四、我国消费电子制造基础产业的需求分析···146

五、我国消费电子制造基础产业的发展趋势···153

六、典型案例分析···161

七、我国消费电子制造业强基发展重点···162

课题组成员名单··182

第四章　新型显示领域 ·· 184

一、现状分析 ·· 184

二、需求分析 ·· 189

三、发展趋势 ·· 194

四、典型案例 ·· 195

五、发展重点 ·· 196

六、发展路线 ·· 198

课题组成员名单 ·· 202

第五章　集成电路 ·· 203

一、现状分析 ·· 203

二、需求分析 ·· 208

三、发展趋势 ·· 211

四、发展重点 ·· 216

五、发展路线 ·· 221

第六章　半导体分立器件报告 ·································· 224

一、功率半导体分立器件制造业在我国工业发展中的重要作用 ···· 224

二、我国功率半导体分立器件制造基础产业现状 ················ 228

三、我国功率半导体分立器件制造基础产业的需求分析 ·········· 233

四、我国功率半导体分立器件制造基础产业的发展趋势 ·········· 236

五、典型案例分析 ·· 240

六、我国功率半导体分立器件制造业强基发展重点 ·············· 243

七、措施和建议 ·· 248

课题组成员名单 ·· 252

领域课题 11　轻工制造业强基战略研究

摘要 ·· 254

第一章　家用电器行业 ·· 257

一、家电行业"四基"发展现状 ···································· 257

二、家电行业"四基"需求分析 ···································· 261

三、家电行业"四基"典型案例 ···································· 270

四、家电行业"四基"发展趋势 ··· 274

五、家电行业"四基"发展重点 ··· 277

六、家电行业"四基"发展路线 ··· 285

第二章 轻工其他重点行业 ··· 289

一、轻工其他行业"四基"发展现状 ·· 289

二、轻工其他行业"四基"需求分析 ·· 295

三、轻工其他行业"四基"典型案例 ·· 311

四、轻工其他行业"四基"发展重点 ·· 312

五、轻工其他行业"四基"发展路线 ·· 344

课题组成员名单 ··· 351

领域课题 12　纺织强基战略研究

第一章 现状分析 ··· 353

一、纺织工业强基的现状基础 ·· 353

二、纺织基础材料现状 ··· 356

三、纺织基础零部件现状 ·· 359

四、纺织基础工艺现状 ··· 361

五、纺织产业技术基础现状 ··· 366

第二章 需求分析 ··· 372

一、纺织关键基础材料需求分析 ··· 372

二、纺织核心基础零部件需求分析 ·· 378

三、纺织先进基础工艺需求分析 ··· 381

四、重要纺织产业技术基础需求预测 ·· 388

第三章 发展趋势 ··· 391

一、纺织关键基础材料发展趋势 ··· 391

二、纺织核心基础零部件发展趋势 ·· 393

三、纺织先进基础工艺发展趋势 ··· 394

四、重要纺织产业技术基础发展趋势 ·· 397

第四章 发展重点 ··· 399

一、纺织关键基础材料发展重点 ··· 399

二、纺织核心基础零部件发展重点项目 ······················· 411

三、纺织先进基础工艺发展重点项目 ························· 418

四、重要纺织产业技术基础发展重点项目 ····················· 432

第五章 发展路线 ··· 436

一、纺织强基战略的发展路线图 ··························· 436

二、纺织强基战略的优先行动计划 ························· 438

第六章 措施建议 ··· 454

一、加快自主创新体系建设 ······························· 454

二、推进纺织专用基础件行业的结构调整 ··················· 454

三、从全产业链角度促进基础工艺的进步 ··················· 455

四、开展典型案例的经验总结和推广工作 ··················· 455

五、以技术联盟的方式开展工艺技术研究 ··················· 455

课题组成员名单 ··· 456

领域课题 13 仪器仪表制造业强基战略研究

摘要 ··· 458

第一章 仪器仪表"四基"概况 ································· 459

一、仪器仪表"四基"基本现状 ··························· 459

二、仪器仪表"四基"存在的主要问题 ····················· 471

第二章 仪器仪表四基需求分析 ······························· 480

一、市场需求 ··· 480

二、仪器仪表四基发展趋势 ······························· 487

第三章 典型案例分析 ··· 493

第四章 仪器仪表四基发展重点 ······························· 497

一、优先行动 1：突破关键技术 ··························· 497

二、优先行动 2：开发仪器仪表先进基础工艺 ··············· 507

三、优先行动 3：开发仪器仪表关键基础材料 ··············· 513

四、优先行动 4：建设共性技术创新平台 ··················· 516

五、优先行动 5：打造产业基地 ··························· 517

第五章　仪器仪表四基发展路线 519

一、仪器仪表制造业四基发展总体思路 519

二、仪器仪表制造业四基发展的基本原则 519

三、仪器仪表制造业四基发展目标 520

第六章　仪器仪表四基发展措施建议 524

一、机制创新 524

二、人才培养，特别是工艺人才培养 525

三、政策支持 526

四、恢复仪器仪表工艺研究机构和职能 527

五、建立仪器仪表四基核心技术攻关项目 527

附件　仪器仪表制造业强基战略研究特别提议 529

课题组成员名单 544

信息电子制造业
强基战略研究

第一章 计算机与软件产业

一、现状分析

（一）计算机领域

1. 发展现状

中国计算机产业的发展起步较晚，从引进苏联的计算机技术开始到目前形成比较完整的计算机产业体系，大致经历了五个发展阶段，见图1。1956—1965年的萌芽阶段；1966—1977年的曲折发展阶段；1978年—20世纪80年代末，中国计算机产业化进程真正开始；第四阶段是20世纪90年代进入快速发展阶段；进入21世纪以来，随着我国电子信息产业持续快速发展，产业规模、产业结构、技术水平得到大幅提升，计算机产业作为我国电子信息产业的重要组成部分，呈现出稳中求进的发展趋势。

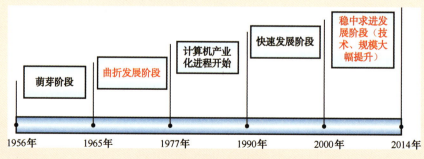

图1 计算机产业发展历程

随着我国电子信息产业持续快速发展，产业规模、产业结构、技术水平得到大幅提升，计算机产业作为我国电子信息产业的重要组成部分，发展迅猛。

图2为2008—2015年中国计算机产业规模。2009年，由于国际金融危机影响仍在延

续，发达经济体和新兴经济体的经济增速都出现了一定程度的回落，我国计算机产业在总体规模从 1713 亿元跌落到了 1562 亿元，出现明显的负增长。但在党中央、国务院"稳中求进"的工作总基调指引下计算机产业规模不断壮大，2012 年达到 2273 亿元；2015 年产业规模达到 3390 亿元，呈现出稳中求进的发展趋势。

图2　2008—2015 年中国计算机产业规模

（资料来源：工业和信息化部赛迪顾问整理 2013，02）

尤其以数据中心计算和存储为特征的服务器市场和存储市场已经进入成熟期，其市场竞争相对比较激烈。计算机领域的技术基础包括服务器、存储和高性能计算，现状如下：

1）服务器

我国服务器市场过去 5 年的增长速度是世界平均水平的 8 倍以上，在全球市场中位居第二。未来 5 年，中国政府、交通、医疗、新能源、环保、教育等行业将获得较快发展，高速铁路、智能电网、智能交通等基础建设不断推进，将对网络服务器产生持续稳定的增长需求。同时，下一代移动互联将为服务器市场带来更多的市场机会，视频网站、网络游戏、SNS、电子商务等互联网应用在 3G、4G 浪潮的推动下将会实现爆发式的增长，更多互联网应用将会被移植到移动互联网上，一些新兴的互联网应用需求迅速扩增，为服务器市场带来许多新的机遇。

服务器通常分为通用 X86 服务器和高端服务器两部分。X86 服务器方面，根据 2014 年工信部国家电子信息产业发展研究院赛迪顾问（CCID）正式发布的《2013—2014 年度中国 X86 服务器市场研究报告》，中国 X86 服务器市场销量及销售额分别达到 142.23 万台、251.3 亿元，较 2012 年同期增长 19.3% 和 15.6%，分别占全球的 16% 和 9%，继续保持稳健态势，互联网、云计算、多路服务器成为 2013 年度市场增长的焦点。

高端服务器方面，在全球市场快速下滑的背景下，中国市场基本保持平稳。根据 CCID 报告，2013 年，中国高端服务器市场销售额达到 106 亿元，占全球的近 1/4，表明中国在金融、电信等高端领域的信息化进程仍然处于高速发展中。但是国产高端服务器产业赶超西方发达国家水平的过程将是持久的，预计在未来相当长的一段时期内，我国高端服务器技术和产业化水平仍将落后于发达国家，还需持续追赶。

中国自主品牌服务器产品正在逐步崛起。2013 年，中国自主品牌 X86 服务器总销售额约为 150 亿元，占国内市场的 60%。虽然在高端服务器市场，中国自主品牌不足 1%，但以浪潮为代表的国内厂商已经进入高端服务器领域，打破了 IBM、HP 等厂商的长期垄断。

（1）在关键应用行业，国产 UNIX 服务器替代的需求高涨。

服务器作为提供网络信息服务的后端计算载体，UNIX 服务器是支撑行业信息化建设的核心装备，广泛应用于金融、电信、能源、政府、国防、交通等领域，这些服务器系统的运转一旦出现停顿，将会对社会经济生活造成严重的损害，甚至直接威胁到社会安定和国家安全，这些系统对于保障国家关键行业运营安全，乃至国家战略安全具有重大意义。"棱镜门"事件之后，信息安全引起了世界各国的高度重视，UNIX 服务器领域成为信息领域的核心制高点和战略必争之地。

但是由于我国的服务器产业起步较晚，相对于先进国家，我国服务器产业在发展过程中还存在着较多问题，在一定程度上制约了服务器产业的发展。尤其是我国 UNIX 服务器产品基本在 IBM、HP 等美国企业垄断下，操作系统、数据库、中间件也基本在 Oracle 等美国企业控制下，关键行业信息系统依赖进口产品，用户被强制绑定，信息主权丧失，面临设备被控、数据被窃、业务被毁的风险，严重威胁我国经济运行安全和国家战略安全。在如此严峻的形势下，用国产 UNIX 服务器替代 IOH（IBM、Oracle、HP）已经刻不容缓。

（2）在 X86 服务器市场，国进洋退趋势日益显现。

2013 年，X86 服务器市场竞争格局变化明显，一直占据领先优势的国际企业份额大幅缩水。"棱镜门"事件的发生更是给国内服务器厂商带来打翻身仗的有利机会，国家信息安全自主可控的呼声更加强烈。三家国际厂商 IBM、HP 和 DELL 占市场销量的份额从 65% 下滑至 52%，仅有 DELL 销量实现了增长，取得中国市场销量和销售额的第一。IBM 下滑最大，跌出了市场前三。除了"棱镜门"事件的直接影响外，国外品牌厂商的大幅度缩水也与自身的业务模式难以应对日益激烈的产业竞争有关联，本土厂商的销量普遍增长，浪潮销量同比增长 84.7%，取代 IBM，进入市场份额前三名。

2014 年第一季度，据 Gartner《2014Q1 中国 X86 服务器市场数据》报告，该季度浪潮出货量 80929 台，市场份额为 19%，位居中国市场第一，并成为全球增长最快的服务器厂商。这是中国服务器产业发展 20 年来，国产服务器企业首次获得的整体市场第一，标志着中国服务器产业进入超越、领先的新发展期。IBM、HP、DELL 三家国外企业的市场份额从去年同期的 49% 降至 38%，相比，国产厂商的整体市场份额从 50% 提高到 61%，国进洋退趋势明显。

（3）电信行业是销售额最大、增速最高的行业市场。

从行业市场来看，电信是销售额最大、增速最高的行业市场，增长的最大贡献来源于互联网。传统的互联网巨头 BAT（百度、阿里巴巴、腾讯）仍然是市场采购的主力，奇虎等成长较快的运营商采购规模也在快速增长。互联网的采购越来越趋向定制化，存储服务器、高密度服务器等行业专属产品已经成为主流的出货品类。

2）存储

根据 CCID 数据，2013 年中国存储市场规模达到 130 亿，占全球市场的 7%左右，在云计算和大数据持续发展的推动下，继续保持快速增长态势。中国自主品牌存储产品继续保持高于市场平均水平的增长，整体销售额占中国市场的 20%左右。

云存储是未来存储发展的重要趋势，近几年来在国外取得了较大发展，既有谷歌（Google）、亚马逊（Amazon）这样的互联网公司，也有 EMC、IBM 等传统的存储系统厂商以及微软（Microsoft）这样的传统软件公司，在国内，阿里云在云存储服务上也具备一定的技术基础。

谷歌因其应用特性，在访问协议支持和并发访问支持以及扩展能力上具有优势，但其设备过于异构，管理成本以及能耗都比较大（谷歌公布能耗数据显示其数据中心能耗最大）；IBM 和 EMC 作为传统厂商，技术优势在传统的企业级存储系统上，所以其云存储系统主要在如何将传统存储系统的高性能、高可靠性迁移到云存储系统中，在访问服务、并发性以及在线扩展性上并不具备非常大的优势，而且这种专有存储系统以及互联设备具有较高的成本。传统软件商微软则是相对综合谷歌和传统存储厂商 EMC 和 IBM 的方案，但是在访问协议支持和在线扩展能力上不如谷歌，底层可靠性保障不如传统厂商。相比之下，企业级云存储服务的提供商亚马逊的方案具有代表性，从服务接口、缓存加速、数据组织上都具有较好的设计保证，但是其设计不公开，底层设备是否为专属设备也无从得知。

国内在云存储系统发展上还比较落后，无论百度还是阿里在存储系统上的改进，都是基于企业自身的存储服务。百度因自身的搜索服务，在存储系统上，针对不同的服务，采取的是多套存储系统，而不是统一的存储服务系统，与云存储系统还有差距。阿里针对其业务特征，开发了阿里文件系统 TFS，主要也是根据 Google GFS 实现。而阿里云是对外提供企业级云存储服务的厂商，目前已经能够提供海量数据存储，但是在存储可靠性、访问接口性能、存储性能等方面还需要进一步提高。

3）高性能计算

20 世纪 90 年代以来，我国在高性能计算机研制方面已经取得了较好的成绩，掌握了一些关键技术，参与研制的单位已经从科研院所发展到企业界，有力地推动了高性能计算的发展。我国的高性能计算环境已得到重大改善。自 2005 年以来，中国 Top 100 高性能计算机的性能呈线性增长，且增长速度远远高于前几年。

2014 年 11 月 7 日，在 HPC China2014 大会上，由中国软件行业协会数学软件分会与国家 863 高性能计算机评测中心、中国计算机学会高性能计算专业委员会联合发布了中国

HPC Top 100 排行榜，从系统性能份额来看，国防科大凭借天河系列超级计算机成为第一，联想（含 IBM X86）和曙光以 32 套系统并列第二，浪潮则以 21 套系统位列第三。高性能计算系统部署在互联网应用领域的份额越来越大，曙光、浪潮以及联想国产三强占据了国内高性能计算系统市场 85% 的份额，华为则首次进入到 Top 100 的榜单中，DELL、SUN 以及宝德三家公司从出榜单中消失。在高性能计算方面，天河二号蝉联榜首，性能上保持不变，第 100 名的性能比去年提升了 2.3 倍，100 台的平均性能比去年提升了 1.2 倍，2014 年 11 月，国际 Top 500 组织发布高性能计算 500 强名单，"天河二号"超级计算机以 33862Tflops/s 的浮点运算速度和 54902Tflops/s 的峰值运算速度领跑此次榜单，继 2013 年 "天河二号"战胜美国泰坦（Titan）超级计算机荣登榜首之后，又一次问鼎。自 2010 年 11 月 "天河-1A"超级计算机成为世界第一后，我国再一次证明了中国超级计算机的技术实力。

国内高性能计算具有以下几个特点和趋势。

（1）国内高性能计算机应用需求呈线性增长。

（2）HP 和曙光两家占据了 73% 的份额，表现活跃，市场有集中化发展态势，国产厂商依然任重道远。

（3）刀片服务器集群占据 33% 的份额，集中应用于石油勘探和网络游戏领域，改变了以传统机架服务器集群为主导的单一产品模式。

（4）石油勘探、物理化学材料、CAE（计算机辅助工程）、生命科学、气象环境与海洋和图像渲染是高性能计算在国内的六大主要应用领域，70% 以上的系统直接应用于工商领域，纯粹科研计算的系统已大幅减少。

（5）随着天河一号和二号、曙光星云、神威蓝光等一系列超大型计算机的出现，高性能计算机得到迅速的发展，但高性能计算人才储备依然比较匮乏，高性能的软件开发和应用远远落后于计算机硬件的发展。

（6）相对于美国、日本等国家，国内高性能超级计算机的应用效率还普遍较低，用于科学计算研究的超级计算机不到 20%，用于金融业和制造业的比例也偏少，导致超级计算机在实际生产当中没有发挥应有的作用。

（二）软件与信息服务领域

1. 全球软件产业发展历程和现状

软件与信息服务产业是信息产业的核心，是信息社会的基础性、战略性产业，对经济结构的调整优化、传统产业的改造提升和全面小康社会的建设起到重要的推动作用，是国民经济和社会发展的"倍增器"。软件与信息服务产业具有技术更新快、产品附加值高、应用领域广、资源消耗低、人力资源利用充分等突出特点，是关系国民经济和社会发展全局的基础性、战略性和先导性产业，对经济社会发展具有重要的支撑和引领作用。发展和提升软件产业，对于推动信息化和工业化深度融合，培育和发展战略性新兴产业，建设创新型国家，加快经济发展方式转变和产业结构调整，提高国家信息安全保障能力和国际竞争力具有重要意义。

依据麦肯锡的观点，可以将全球软件产业发展历程分为 5 个阶段，见表 1。（1）独立编程服务阶段：第一批独立于卖主的软件公司是为客户开发定制解决方案的专业软件服务公司。（2）早期软件产品公司阶段：在第一批独立软件服务公司成立 10 年后，第一批软件产品出现了。这些初级的软件产品被专门开发出来重复销售给一个以上的客户。一种新型的软件公司诞生了，这是一种要求不同管理和技术的公司。（3）企业解决方案提供商阶段：与二代软件不同的是，规模化的企业提供的新产品已经超越了硬件厂商所提供的产品。最终，客户开始从硬件公司以外寻找他们的软件来源并为其付费。（4）客户大众市场软件阶段：随着个人计算机的出现，催生一种基于个人计算机的大众市场套装软件。1981 年 IBM 推出了 IBMPC，标志着一个新的软件时代开始了。这个时期的软件是真正独立的软件产业诞生的标志，同样也是收缩—覆盖的套装软件引入的开端。（5）互联网增值服务阶段：由于 Internet 的介入，软件产业发展开创了一个全新的时代。高速发展的互联网给软件产业带来革命性的意义，给软件发展提供了一个崭新的舞台。

表 1　全球软件产业发展历程

阶　段	时　间	特　点	代 表 公 司
第一代 （独立编程服务）	1949—1959 年	每一次为一个客户提供一个定制的软件，包括技术咨询、软件编程和软件维护，软件销售是一次性的，不可复制	CSC、规划研究公司、加州分析中心和管理美国科学公司
第二代 （早期软件产品公司）	1959—1969 年	不是出售一个独立的产品，而是将一个软件多次销售	ADR、Informatics
第三代 （企业解决方案提供商）	1969—1981 年	软件企业开始以企业解决方案提供商的角色出现	SAP、ORACLE、PEOPLESOFT
第四代 （客户大众市场软件）	1981—1994 年	基于个人计算机的大众市场软	微软、Intuit、Lotus、Adobe、Autodesk、
第五代 （互联网增值服务）	1994 年至今	不再通过销售软件获得收入，而是通过应用来自外部软件公司的软件获得收入	Yahoo、Google、腾讯等

在过去的 2013 年，全球经济增长仍旧低迷，全球 IT 支出增长较慢，全球软件产业增速下降。SaaS（软件即服务）、移动应用、大数据等新兴业务发展迅速，成为全球软件产业新的增长点，带动了软件市场结构的调整。各大 IT 企业围绕这些新兴业展开越来越激烈的竞争，加快了业务调整和产业链整合。全球软件领域的投资并购活动回暖，移动互联网和云计算成为投资并购的热点。各国政府加大对新兴技术和产业的布局，通过战略规划、研发投入、应用推广等措施对其进行支持和促进。

（1）全球经济低速增长，IT 支出增长低迷。

2013 年，全球经济仍处于低速增长态势，而且增长动力发生改变。虽然主要新兴市场的增长依然强劲，但增长率将低于预期，部分原因是国际金融危机后新兴市场采取的一些措施逐步退出导致经济活动自然降温。另外，基础设施、劳动力市场发展的滞后及投资中存在结构性问题也导致了许多新兴市场的增速放缓。

受全球经济持续低速增长以及低价的平板电脑和云服务逐渐取代价格昂贵的 PC 和软件产品的影响，全球 IT 支出增长减缓。Gartner 在 2013 年 7 月的预测报告中指出，2013 年的全球 IT 支出预计为 3.7 万亿美元，较去年仅上涨 2%，增速低于前两年（见图 3）。其中，电信服务支出规模最大，增速最低，为 0.9%，但已扭转了去年负增长的态势；设备支出增速下滑最大，从 2012 年的 10.9%下滑至 2.8%；增长最快的是企业软件，增速为 6.4%（见表 2）。

图 3　全球 IT 支出增长情况

（资料来源：Gartner）

表 2　全球 IT 支出明细情况

	2012 年		2013 年		2014 年	
	支出 （10 亿美元）	增速 （%）	支出 （10 亿美元）	增速 （%）	支出 （10 亿美元）	增速 （%）
IT 设备	676	10.9	695	2.8	740	6.5
数据中心	140	1.8	143	2.1	149	4.1
企业软件	285	4.7	304	6.4	324	6.6
IT 服务	906	2.0	926	2.2	968	4.6

续表

	2012 年		2013 年		2014 年	
	支出 （10 亿美元）	增速 （%）	支出 （10 亿美元）	增速 （%）	支出 （10 亿美元）	增速 （%）
电信服务	1641	-0.7	1655	0.9	1694	2.3
合计	3648	7.9	3723	2.0	3875	4.1

资料来源：Gartner。

（2）产业规模增速下降，新兴市场增长趋缓。

2013 年，由于全球经济仍处于低迷状态，且 IT 支出增长乏力，世界软件产业增长速度下降，预计为 5.4%，产业规模预计将超过 1.5 万亿美元（见图 4）。不过，软件产业仍是全球 IT 产业中增长态势最好的产业，占全球 IT 产业的比重也不断提升，根据牛津智库（Oxford Intelligence）的数据，软件产业在全球 IT 产业的比重已达到 24.6%。

图 4 2001—2013 年世界软件产业增长情况

（资料来源：中国软件行业协会，工业和信息化部电子科学技术情报研究所）

从国家和地区来看，美国和欧盟仍是全球最主要的软件市场，其中美国软件产业占全球软件产业的比重为 29.3%，欧盟为 24.9%（见图 5）。由于受全球整体经济低迷和本国经济增长不力的影响，中国、俄罗斯、印度等新兴市场的软件产业增速趋缓，占全球软件产业的比重的提升速度也放缓。相比之下，拉美、澳大利亚、东欧等地区的 IT 支出和软件产业均保持较快增长态势。

（3）新兴业务快速增长，软件市场结构调整加快。

随着 IT 消费化趋势日益明显和新技术新模式的快速发展，全球软件市场结构加快调整变化的步伐，云计算技术、SaaS、移动技术、大数据等对软件产业产生越来越大的影响，所带来的新兴业务逐渐成为全球软件市场的重要组成部分。

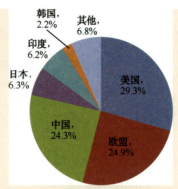

图 5　世界主要国家和地区在全球软件产业中的比重

（资料来源：中国软件行业协会）

　　云计算应用加速，SaaS 成为软件业务的新增长点。根据 Gartner 的数据，2013 年，全球 SaaS 收入将达到 160 亿美元，2015 年增长至 213 亿美元（见图6）。另据普华永道的研究，软件授权收入正逐渐收缩，而 SaaS 带来的收入和利润在全球软件业务中的比重正不断提高，2016 年达到 24%。

图 6　全球 SaaS 收入增长情况

（资料来源：Gartner）

　　SaaS 也成为越来越多软件公司的主要业务。在全球 100 强软件服务公司中，有 10 家公司表示 SaaS 带来的利润已占到软件业务收入的 40%以上；前 10 大 SaaS 服务提供商中有 5 家的 SaaS 收入占软件业务收入超 40%（见图7）；在全球前 10 大软件服务提供商中，除爱立信外，其他公司均有 SaaS 收入，有的 SaaS 收入占比已近 10%（见图8）。

　　另一个快速增长的新业务是移动应用。Gartner 的数据显示，2013 年全球移动应用商店下载总量达到 1020 亿，比 2012 年增长了 37.3%；下载总收入达到 260 亿美元，比 2012 年增长了 44.4%。移动应用的付费下载量持续较快增长，2013 年为 91.86 亿，比 2012 年增长 38.1%，预计到 2017 年将增长至 147.78 亿，届时应用程序内购买（IAPs）占应用商店收入的比重将达到 48%（见图9）。

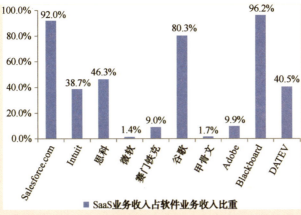

图 7　全球十大 SaaS 服务提供商 SaaS 业务收入占比情况

（资料来源：普华永道）

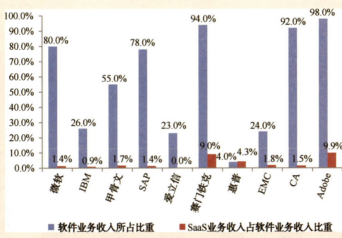

图 8　全球 10 大软件服务商 SaaS 业务收入占比情况

（资料来源：普华永道）

图 9　全球移动应用商店移动应用付费下载量增长情况

（资料来源：Gartner）

另外，随着大数据应用加快，大数据技术及服务市场发展迅速。IDC 的研究显示，2012—2016 年大数据技术及服务市场将呈现强劲增长，年复合增长率将达 31.7%，2016 年收入规模将达到 238 亿美元。大数据的迅速发展为相关软件公司带来了新的市场空间，根据 IDC 的信息图，未来五年 SAP 公司全球大数据与分析方案合作伙伴的收入将高达 2220 亿美元。

（4）企业加速整合，新业务成竞争焦点。

受 IT 支出低迷和业务转型的影响，2013 年软件企业的业绩增长表现一般，一些企业业绩出现下滑情况。2013 年全球软件企业 500 强的总收入为 6729 亿美元，比 2012 年增长了 4.5%，增速大幅回落（见图 10）。从主要软件企业的营收表现来看，2013 年前三季度，微软的营收同比增长都在 10% 以上；谷歌营收增长也较好，其中第一季度实现了 31.2% 的同比增长；苹果在第一季度同比增长 11%，但后两个季度表现不佳；甲骨文和 SAP 的营收同比增幅较低，其中甲骨文在第一季度还出现了 0.1% 的下滑；IBM 受新兴市场疲软拖累，连续六个季度营收同比增长下滑（见图 11）。从净利润表现来看，苹果、IBM 连续三个季度出现同比下滑；甲骨文在第一季度增长持平，在第二、三季度分别增长 10% 和 8%；而微软与 2012 年相比，表现出色，第一季度和第三季度分别同比增长 18.5% 和 17%，第二季度则同比扭亏为盈；谷歌、SAP 也保持了两位数增长，谷歌第三季度增长高达 36%。

图 10　全球软件企业 500 强收入增长情况

（资料来源：Software Magazine）

各大公司营收和利润增长的变化引起资本市场的反应，使得市值排名出现调整。截至 2013 年第三季度，苹果的市值仍居第一，但市值较上一年有较大减少；谷歌、微软市值有较大增长，其中微软市值排名上升了 1 位，排在第三；新上市的 Facebook 受投资者追捧，市值上升了 6 位，排名第 9；而去年表现出色的三星电子、高通的市值排名出现下滑（见表 3）。

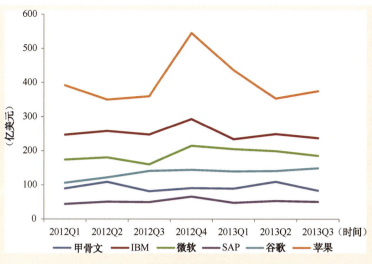

图 11　主要 IT 公司营收增长情况

（资料来源：根据各公司财报整理）

表 3　市值最高的前 10 家 IT 企业市值变化情况（表编号自动）

排序	企业	2013 年第三季度市值（亿美元）	2012 年底市值（亿美元）	排名变化
1	苹果	4331.3	5006.1	0
2	谷歌	2917.0	2324.4	0
3	微软	2772.2	2248.0	1+
4	IBM	2028.5	2164.4	1+
5	三星电子	1665.3	2290.7	2-
6	甲骨文	1511.7	1577.5	0
7	亚马逊	1428.4	1136.8	0
8	思科	1256.3	1043.2	1+
9	Facebook*	1223.3	576.7	6+
10	高通	1154.8	1054.1	2-

注：Facebook 于 2012 年新上市。

资料来源：ZDNet。

　　为在新兴技术和模式快速发展的时代取得发展机会和发展空间，各大 IT 企业加快业务整合过程，在云计算、大数据、移动互联网等新兴业务领域展开越来越激烈的竞争。谷歌收购摩托罗拉移动之后，完成软硬件业务整合，形成了从硬件终端、操作系统到云服务的产业链垂直布局。在谷歌等企业的竞争压力下，微软也加快了软硬件业务和产业链的整合。2013 年 9 月，微软宣布以 72 亿美元收购诺基亚手机业务，强化了其在移动互联网领域的竞争优势和专利优势。IBM 2013 年以来业绩表现不佳，加快了业务调整步伐。IBM 公司表示，将进行资源调整，集中发展社交商务、移动云和大数据等方面的业务。截至 2013 年 10 月，IBM 在云计算、商业分析和移动等领域进行了 7 起收购，其中在 6 月花费了近 20 亿美元收购云服务提供商 SoftLayer。SAP 在 2013 年 5 月宣布，为了进一步专注于云计算和数据库软件业务，对公司管理架构进行了调整。甲骨文 2013 年的业绩增长低于预期，尤其是硬件业务下滑，于是加强了业务的结构性调整，加大了对云计算业务的布局，甚至与 Salesforce 结盟。

2. 我国软件产业发展历程和现状

我国的软件产业主要经历了萌芽期（20 世纪 70 年代至 80 年代初）、起步期（20 世纪 80 年代初至 80 年代末）、进入期（20 世纪 90 年代初至 2000 年初）和发展期四个阶段（网络软件时期，2000 年至今）。进入了 2000 年以后，软件企业开始进入网络软件时期，互联网和软件网络营销大规模兴起，软件出口量逐渐增加。另外，一批网络公司迅猛崛起，它们推出的网络软件获得了大量用户的认可，在风险投资的推动下，取得了长足发展。

在"十一五"期间，我国软件和信息服务业取得了长足的进步，年均增长速度达到 28.3%，产业规模不断扩大，创新能力显著提高，产业集群日益明显，人才队伍不断壮大。"十二五"上半阶段，云计算、物联网、移动互联网等行业蓬勃发展，软件产业向服务化、网络化、体系化和融合化方向发展。信息技术与软件应用渗透到经济和社会各个领域，培育了众多新的经济增长点。

在全球软件产业应用转型和消费级应用扩展的形势下，我国软件产业总体保持平稳较快发展，企业数量稳步增加，产业规模持续扩大，具体呈现出如下特点。

（1）收入增长稳中趋升。

2013 年软件产业收入突破 3.06 万亿元，同比增长 23.4%，占电子信息产业比重达 25%。2014 年，我国软件和信息技术服务业实现软件业务收入 3.7 万亿元，同比增长 20.2%，增速比 2013 年下降 3.2 个百分点，但仍高于电子信息制造业 10 个百分点左右。全年发展呈稳中有降趋势，月度累计增速稳定在 20%～22%。

（2）新兴信息技术服务比重继续提高。

2014 年，信息技术咨询服务、数据处理和存储类服务分别实现收入 3841 亿元和 6834 亿元，同比增长 22.5% 和 22.1%，增速高出全行业平均水平 2.3 和 1.9 个百分点，占全行业比重分别达到 10.3% 和 18.4%，同比提高 0.2 和 0.3 个百分点。传统的软件产品和信息系统集成服务分别实现收入 11324 亿元和 7679 亿元，同比增长 17.6 % 和 18.2%，占全行业比重同比下降 0.7 和 0.3 个百分点。嵌入式系统软件实现收入 6457 亿元，同比增长 24.3%，增速高出全行业平均水平 4.1 个百分点。

（3）软件出口依然低迷，外包服务继续放缓。

受国际形势和人民币汇率的影响，软件出口已经连续超过 20 个月处于低增长态势。2014 年，软件业实现出口 545 亿美元，同比增长 15.5%，增速比 2013 年下降 3.5 个百分点。其中外包服务出口增长 14.9%，嵌入式系统软件出口增长 11.1%。

综上所述，我国软件产业近些年发展迅猛，产业结构调整步伐加快，但是核心技术和产品支撑依然较弱。

3. 我国基础软件发展现状

1）操作系统

我国的操作系统产业发展较晚，2000 年前后，国内多家企业开始进行了大量基于 Linux 的国产操作系统开发的工作，这些企业包括中标麒麟、中科红旗、中科方德、中软、蓝点、凝思、拓林思等。但是国产操作系统市场份额很小，尤其在桌面领域，目前 Windows 在个人 PC 的占有率高达 95%以上，国产操作系统虽有价格优势，但由于不能做到对 Windows 的完全兼容，竞争优势很小。

近年来，国家重点支持移动操作系统的发展，在资金投入、项目支持等方面给予支持和引导，企业积极性不断提高。目前"核高基"专项在操作系统方面共支持了 26 个相关课题的研究，包括服务器/桌面操作系统、嵌入式操作系统、国产操作系统的参考实现、Linux 内核分析及新型网络化操作系统等。通过专项两年来的实施，百度、阿里、联想、华为、联通五家企业根据自身技术特长和发展策略，分别研发了各自的移动智能终端产品，并根据企业定位及产业特点开展了产业化布局。联想乐 OS、阿里云 OS、小米（MIUI）、华为 Emotion UI 情感操作系统、魅族的 flyme、点心 OS、联通沃 phone、移动 Ophone 等一大批手机操作系统应运而生。2014 年，越来越多的软件厂商参与到国产操作系统的研发和市场推广中来，深之度、一铭、普华、优麒麟等软件企业相继发布新产品，深之度、龙鑫等七家国产操作系统企业的产品入围 2014 年中央国家机关政府采购协议供应商名单。以国产操作系统为核心的国产软硬件联盟正在壮大，联想、浪潮、曙光、龙芯、兆芯、中电科技、人大金仓、南大通用、神舟通用、东方通、金山软件、瑞星软件等企业均已成为国产操作系统厂商的合作伙伴。

但是，在操作系统领域，我国还缺乏顶层设计和资源整合，尚未形成拳头产品和规模化应用，面临产品生态系统和信息安全两大严峻挑战，迫切需要联合产业链各环节，加强合作、优化资源配置，集中力量打造拳头产品。未来操作系统的技术发展趋势主要是实现人-机-物三元融合，解决规模与性能、规模与能耗、性能与能耗、性能与安全等因素之间存在的冲突关系，有效提高信息的传输量和降低能量消耗，成数量级提升信息网络系统在数据处理和并发相应方面的能力，解决信息网络技术发展中的瓶颈问题，满足我国社会科技发展的需求，形成国际领先的原创性研究成果。

2）数据库

数据库软件是一种非常重要的基础软件，是我国信息化建设中需求量最大、应用最广泛的软件之一。经过三十多年的发展，国产数据库软件产业已经初具规模，并已成功应用于政府、军队、教育、电力、金融、农业、卫生、交通、科技等多个方面。然而，我国数据库软件与国外主流数据库软件产品相比还存在很多差距。随着大数据的兴起，国产数据库软件企业面临诸多机遇。

神舟通用、人大金仓、达梦、南大通用等企业的国产数据库软件产品的功能和性能都有长足的进步，已经成功应用于政府、军队、教育等方面。由于信息安全有保障、售后服务贴近用户，国产数据库软件逐渐替代 Oracle、DB2、Sybase、SQL Server 等国外数据库软件，加快了软硬件全国产业化进程。

虽然国产数据库产业发展取得了长足的进步，但与欧美发达国家相比，在市场、技术、应用等方面还存在较大的差距。目前，国产数据库在市场宣传方面做得还不够，成功应用案例少。国内许多单位的首席信息官（CIO）们对国产数据库认可程度低，采用国产数据库的单位还很少。此外，国产数据库软件企业研发投入少，核心技术人员少。在技术方面，国产数据库比国外数据库落后五至八年。从应用角度看，国产数据库与国外数据库没有差别，两者差距主要体现在高端应用领域，如电信、金融、社保等。这些高端应用的特点是"大用户、大数据"，用户特别多，并发量大，数据海量。国产数据库在关键技术、产品稳定性等方面与国外数据库还有一定差距。

3）中间件

中间件是介于操作系统（包括底层通信协议）和各种分布式应用程序之间的一个软件层，是一种独立的系统软件或服务程序。中间件对国家、社会信息安全的意义极其重大。

随着中间件技术和市场的发展，中间件的价值被越来越多的行业所接受，应用范围逐渐扩大。其中电子政务已经成为与金融、电信比肩的中间件市场，而像交通、能源、教育、医疗等大量新兴的行业市场也开始逐步成型。除了越来越多的行业开始大量使用中间件以外，中小规模的应用系统也开始采用中间件来搭建，特别是在电子政务、中小企业等领域，即使到了区县一级，应用规模虽小却五脏俱全，用户对系统的要求越来越高，中间件已经成为这些系统建设的必然选择，这为中间件的推广提供了更广阔的空间。

经过十几年的发展，国产中间件产品及技术日益成熟，国内企业本土化服务优势也开始浮出水面。随着用户理念意识的改变，市场"天平"将逐渐向本土厂商倾斜。近年来我国中间件市场规模连续保持 18% 左右的增长速度。国产化趋势越发明显，未来国内中间件市场与国内外厂商竞争格局将出现较大变化。

4．我国应用软件发展现状

1）工业软件

工业软件是工业转型升级的"转换器"，大力发展工业软件，是两化融合向纵深和高水平发展、向核心领域前进的重要举措。

近年来，一方面得益于中国工业转型对工业软件需求的进一步释放；另一方面国内企业在工业软件领域又有立足本土化服务的优势，积极开拓市场实现了业务的快速增长，使我国工业软件行业得到迅猛发展。2012 年，我国工业软件市场规模达到 722.98 亿元，同比增长 17.3%，远远高于全球市场的增长速度。同年，全球工业软件规模为 9154.08 亿美元，较上一年同比增长 5.8%，增速仅为我国的 1/3。对比过去 3 年，全球工业软件市场规模的增速分别为：4.8%、6.8% 和 5.8%，而我国工业软件市场规模的增速分别为 16.7%、17.9% 和 17.3%。由此可见，我国已成为全球工业软件市场增长的生力军。

目前，虽然中国工业软件发展迅速，但与国外企业相比仍有较大差距。2010 年国内外工业软件企业的总体情况对比见表 4。

表 4　2010 年国内外工业软件企业的总体情况对比表（单位：亿元）

类别	企业名称	成立时间（年）	营业收入	净利润	员工数量（人）	当前市值	总资产	市盈率
经营管理	SAP（德国）	1972	1139	165	53513	4639	1904	28
	用友（中国）	1988	30	3	10700	178	48	51
研发设计	Autodesk（美国）	1982	126	14	6800	542	180	40
	CAXA（中国）	2003	1.25	0.2	600	—	1.1	—
生产控制	Honeywell（美国）	1885	2157	131	130000	2919	2445	22
	和利时（中国）	1993	11	2	2185	37	25	22

数据显示，国内工业软件企业在经营管理、研发设计和生产控制领域相对于国外存在很大差距。相对国外，国内企业成立时间晚，营业收入不高，利润低，而且人员不足，资金不够雄厚，这些因素都导致国产工业软件在国内处于国外软件的下风。2012 年德国 SAP 公司总营收达 160 亿欧元，而国内 ERP 厂商用友软件 2012 年总营收仅为 42.35 亿元。

我国工业发展过程中仍然面临着自主创新能力弱、产业结构不合理、资源环境压力大、生产物流成本高等诸多挑战，总体上仍处于世界产业价值链的中低端。

2）嵌入式软件

全球目前嵌入式软件市场的规模每年以超过 30% 的速度在增长。在我国，预计未来三年嵌入式软件产业仍将有高达 40% 左右的年增长率，诱人的市场使得全球 IT 巨头纷纷进军我国嵌入式市场，国家也对嵌入式软件行业实行"增值税优惠"的政策倾斜。

嵌入式软件产业已经成了一个充满商机的巨大产业，并且成为整个软件业的发展支柱。在网络与通信设备、消费电子、数字家电、汽车电子、医疗电子、工业控制、办公自动化、金融电子、军事、航空航天等国民经济的各个领域，嵌入式软件均已得到广泛应用。在应用深度方面，也由最简单的仅有执行单一控制能力的嵌入式系统发展到几乎与 PC 具有一样的功能。很多复杂的嵌入式系统是由若干个小型嵌入式系统组成。随着需求的旺盛、技术的进步和市场的成熟，嵌入式设计与应用已成为工业现代化、智能化的必经之路，嵌入式软件产业与数字化时代的传统产业和新兴产业的融合趋势也进一步加强。

国内嵌入式软件产业将在未来 5 年内继续保持高速增长态势，到 2015 年，我国嵌入式软件的产业规模有望达到 5000 亿元，成为中国软件产业快速发展的重要驱动力。

但与此不相适应的是目前嵌入式软件产业链上的产业协同不够，特别是嵌入式应用软件主要依赖于终端制造厂商自产、自销、自用，产品缺乏标准性，第三方软件提供商的参与度不高，市场化、专业化和社会化程度较低。

3）信息安全软件

信息是当今社会发展的重要战略资源，也是衡量一个国家综合国力的重要指标。对信息的开发、控制和利用已经成为国家间相互争夺的内容。同时，随着信息技术的快速发展，信息安全的问题也同样因此而日益突出。

目前，不断增多的安全问题推动了信息安全产业的增长，尤其是其中重要组成部分 IT 安全硬件市场。从便携式设备到可移动存储，再到基于 Web 的协作应用、基于 IP 的语音技术、云计算、物联网、大数据技术等，每一类新产品都有新的安全问题相伴而生。

全球信息安全市场处于一个快速增长阶段，其增长速度将远大于整个 IT 市场。全球信息安全市场在一些传统的设备和软件提供商的合并和变革的前景下前进，一些大的平台提供厂商，例如微软、思科、Oracle、EMC、Novell 都已经开放了自己的信息安全产品，并进入该市场。而一些传统的安全厂商，如 IBM、CA、赛铁门、趋势科技等也取得了进一步的发展。

随着我国在科技专项上的支持加大、用户需求扩大、企业产品逐步成熟和不断创新，国内信息安全产业依然处在快速成长阶段。2013 年信息安全产品规模达 159.2 亿元，比

2012 年增长 21.68%。预计到 2015 年，中国信息安全产品市场规模将达到 293.5 亿元。信息安全产品主要包括以硬件为主的信息安全产品及解决方案、以软件为主的信息安全产品及解决方案以及安全服务。2012 年信息安全硬件所占比例有所下降，但仍然占据最大比例，达到 53.8%，信息安全软件和安全服务的比例分别为 38.2% 和 8.0%。

在市场需求方面，信息安全产品行业需求突出，政府、电信、银行、能源、军队等仍然是信息安全企业关注的重点行业，证券、交通、教育、制造等新兴市场需求强劲，为信息安全产品市场注入了新的活力。中小型企业市场及二、三级城市市场都呈现出蓬勃的生命力。防火墙仍然是最大的细分产品市场，根据统计数据，2013 年防火墙/VPN 市场规模为 47.9 亿元，占信息安全市场 24.67% 的份额，与此同时，UTM、SSL VPN、IPS、身份认证、安全管理、安全服务等正在逐步打开市场，成为重要的信息安全需求品。

咨询公司 IDC 预测，2016 年，IT 安全硬件市场规模将达到 13.306 亿美元。IT 安全市场分为硬件、软件和服务三大类，而硬件部分包括防火墙、UTM（统一威胁管理）、内容安全、入侵检测等多个细分领域。整体来看，2011—2016 年，预计中国 IT 安全市场的复合增长率为 12.2%，其中 UTM 的市场增速最快。国外市场当前还是以安全软件为主，但安全硬件也逐步被市场认可，规模稳步增长。

未来，以移动设备与应用、云服务、大数据分析、社会化技术为依托的第三平台将为用户提供高附加值的解决方案，引领未来发展。在 IT 新技术迅速变化的新生态中，企业的传统安全法则将面临巨大的挑战。

（1）企业移动安全挑战。

随着智能终端普及以及移动恶意程序的增长，企业在部署移动应用的时候需制定完善的移动安全保护策略，利用移动设备管理解决方案将移动设备与数据完全兼容，使之安全风险降至最低。

（2）大数据时代的安全挑战。

中国大数据市场未来 5 年将会以 51.4% 的年增长速度增长。但是大数据分析更加容易成为攻击目标，同时也增加了信息泄露的风险。

（3）社交网络的威胁。

攻击者通过社交网络散布各种恶意软件，包括病毒、木马软件，以及其他隐藏恶意代码的程序。这些程序都很容易导致系统死机，网络拥塞，窃取个人信息等情况出现。

目前，Fortinet、Cisco、Juniper 牢牢占据着信息安全市场前三的位置，国内信息安全企业虽有实力雄厚者，但与这三大企业相比，仍存在一定差距。随着新技术的革新与用户需求的转变，信息安全市场必将迎来新一轮竞争格局的改变。为了应对这种改变，国内外安全厂商需关注云计算、物联网、虚拟化、移动互联网等新技术应用。具有技术、品牌、人才和资金优势的厂商可能会成为潜在的行业整合者，行业内的兼并收购将不可避免。

5. 我国新一代信息技术发展现状

随着新一代信息技术的创新和快速发展，以及 IT 消费化趋势日益明显，全球范围的互联网市场结构也在加快调整的步伐，其中云计算、大数据和移动互联网技术对于互联网产业的影响越来越大，所带来的新兴业务逐渐成为全球软件市场的重要组成部分。

为在新兴技术和模式快速发展的时代取得发展机会和发展空间，互联网企业在云计算、大数据、移动互联网等新兴业务领域展开越来越激烈的竞争。各大互联网巨头着力解决核心障碍，将垂直一体化生态延续到应用细分领域。

1）云计算

我国云计算成为信息技术的新业态，云计算市场规模持续扩大，产业步入稳定发展阶段。云服务厂商在相关应用和产品上加快布局，市场竞争越来越激烈，市场格局仍存较大变数。国家相关标准化工作稳步推进，云安全建设力度加强。2015 年 1 月，国务院印发《关于促进云计算创新发展培育信息产业新业态的意见》（国发〔2015〕5 号），加大了对云计算产业的财税扶持力度。云计算产业培育被提升至国家层面，产业发展将进一步提速。2011—2015 年中国云计算市场规模见图 12。2014 年，我国云计算市场规模持续扩大，增长较快，市场规模约为 528 亿元，同比增长 61%；预计 2015—2018 年，我国云计算市场将保持高速增长态势，年均复合增长率将达到 33.2%。虽然相较于美国等发达国家，我国的云计算市场体量较小，云计算技术及其服务模式对传统 IT 服务行业的渗透还不深，但同时也意味着我国的云计算市场潜力巨大。

图 12　2011—2015 年中国云计算市场规模

（资料来源：工业和信息化部电子科学技术情报研究所）

我国云计算市场竞争愈发激烈，国际云计算巨头企业纷纷进入中国市场，凭借先进的云计算技术和丰富的市场运作经验，相继落地并陆续商用，进一步挤压了国内云服务厂商的市场份额。国内互联网公司继续引领产业发展。2014 年，无论是互联网公司 BAT（百度、阿里巴巴、腾讯），还是金山、盛大等，甚至具备互联网基因的专注于云计算的创业公司青云、Ucloud，在云计算领域都取得了长足的进步。2014 年 2 月，阿里云击败 IBM、甲骨文等国外厂商，与国内最大 IT 服务商东软集团结盟，成为国内最大的 IT 解决方案与服务提供商。

2）大数据

大数据是近年来 IT 业界关注的焦点。大数据应用正在从企业领域扩展到经济社会诸领域，具有良好信息化基础的行业成为大数据应用的先行获益者。

我国正处在全面建设小康社会征程中，工业化、信息化、城镇化、农业现代化的任务很重。我国拥有全球第一的人口数、互联网用户数和移动互联网用户数。目前，互联网和各行业信息化系统经过多年发展沉淀下来的数据量已经十分庞大，数据存量和潜在增量位居世界前列。未来，随着制造业升级改造不断推进，金融、交通、电信等重点行业和医保、社保、海关等重要领域的业务数据不断集中，我国数据存量将持续快速增长。据赛迪顾问公司预测，到 2016 年我国的大数据应用市场规模将达到 101 亿元，见图 13。

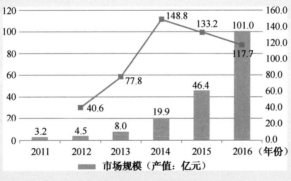

图 13　我国大数据应用市场预测

（资料来源：赛迪顾问）

我国政府从 2014 年开始，逐步将大数据提升至国家战略高度。2015 年至 2020 年，大数据市场将保持快速增长，数据分析挖掘等相关工具不断成熟，将形成较为成熟的解决方案，大数据概念得到广泛认可，用户主动应用大数据。预计到 2020 年，仅中国就将产生全球 21% 的数据，数据量超过 8ZB，年均增长接近 50%。预计 2020—2030 年，大数据将进入普及期，市场规模继续增长，并且逐渐形成较成熟的解决方案，"分析即服务"、"数据即服务"成为主流，大数据在各个行业得到普遍应用。

3）移动互联网

2014 年，中国移动互联网市场规模高速增长，已经成为全球移动互联网领域的领先者。4G 网络基础设施建设加快，用户规模迅速扩大，2015 年，我国 4G 网络用户将突破 3 亿，成为世界第一。移动芯片取得突破，与国外差距进一步缩小，发展机遇大于挑战。智能终端泛在化趋势日益明显，企业加紧在智能家居、智能汽车、智能机器人等智能硬件领域的布局，国产手机厂商迅速崛起，国际影响力显著提升。移动操作系统陆续起步，但是赢取市场仍面临困难。移动互联网跨界融合日益深入，企业级应用陆续起步，市场前景广阔，移动打车、移动金融、移动教育、移动健康和医疗等领域将带来新的动力。

移动智能终端用户规模进一步扩大，普及率稳步提升。根据工业和信息化部数据显示，2014 年，我国移动电话总数达 12.86 亿户，普及率达到 94.5 部/百人。另据 TalkingData 数据显示，2014 年，我国移动智能终端用户规模达到 10.6 亿，较 2013 年增长 231.7%，增速远超全球同期市场，手机和移动设备成为互联网的第一入口（见图 14）。移动网民规模持续增长，网民对移动服务的需求增强。2014 年，网民中使用手机上网人群占比由 2013 年的 81.0%提升至 85.8%。传统产业加紧利用移动互联网对自身业务进行提升，推动了移动互联网整体市场的高速发展。

图 14　2012—2014 年中国移动智能终端用户规模

（资料来源：TalkingData）

我国移动互联网企业加速国际化进程，以积极的姿态走向世界，移动互联网企业的影响力和创新水平日益提升。2014 年，全球五大智能手机厂商中，中国占据三席，标志着国产手机品牌化、国际化进程正在加快。预计到 2017 年，中国智能手机的出货量将占全球市场份额的 60%左右。2014 年 9 月 20 日，阿里巴巴在纽交所上市，共筹集 250 亿美元资金，创下有史以来最大的一桩 IPO 交易。在各类评选排名中，中国移动互联网企业的数量和规模都在不断增长。2014 年，全球产业规模排名前 32 的移动互联网公司中，中国移动互联网公司有 5 家，占比为 16%（见图 15）。

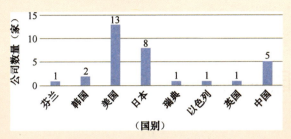

图 15　全球产业规模排名前 32 的移动互联网企业区域分布

（资料来源：Digi-Capital）

　　我国企业海外移动领域投融资案例逐渐增多。2014 年底移动社交应用陌陌在美国上市，市值超过 30 亿美元，而其美国同类应用刚刚起步。口袋购物融资 3.5 亿美元，估值达到 13.5 亿美元。2014 年第三季度创立仅四年的小米智能手机出货量已经跻身世界前 5，其公司估值已达到 450 亿美元。此外，腾讯、阿里、百度、奇虎 360 等互联网企业也不断通过投资入股方式进军海外。到硅谷去已经是国内许多公司的战略目标，腾讯近年在海外的投资规模已达 20 亿美元左右，对象包括动视暴雪（Activision Blizzard）、Riot Games、Epic Games、Kakao Talk、Snapchat 等许多知名企业。

　　目前，我国手机应用商店的用户市场形成三个阵营。第一阵营，用户市场份额大于 30%，主要是百度、360 和腾讯等传统互联网企业；第二阵营，用户份额为 10%～30%，主要是豌豆荚、手机自带应用商店及 App Store 等；第三阵营，用户份额小于 10%，以传统运营商的手机应用商店为主，见图 16。

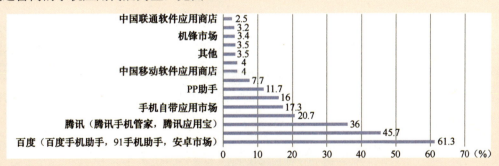

图 16　手机应用商店的用户市场份额

（资料来源：中国互联网络信息中心）

二、与发达国家的差距

（一）计算机领域

当前，我国计算机产业与美国等世界强国相比，还有相当大的差距，具体表现在以下方面。

1）整体规模不足

中国的人口是美国的 4 倍，GDP 已经接近美国的 50%，但国内计算机（服务器和存储）市场规模只有美国的 1/4。值得注意的是，美国计算机制造业面对的是全球市场，而我国相关企业还没有大量走出过门。据统计，2013 年美国计算机（服务器和存储）制造业产值约为 600 亿美元，同期我国计算机（服务器和存储）市场规模不足 80 亿美元，其中自主品牌计算机（服务器和存储）产值只有 20 多亿美元。这说明我国目前总体的信息化水平和计算机应用与美国相比，还有很大的差距。

2）国内品牌的市场占有率和影响力不足

目前全球的计算机（包括服务器和存储）市场基本都被 IBM、HP、Dell、EMC 等少数美国企业占有，国产品牌在全球的市场占有率不超过 5%，即使在中国市场，也只达到 30%（2013 年最新数字，包括 X86、Non-X86 服务器和存储。）。而且国产品牌的产品主要集中在中低端，高端市场完全被国外厂商垄断；国产品牌的全球认知程度也比较低，市场主要集中在国内。

3）对核心技术的掌握能力不足

计算机（包括服务器和存储）领域几乎所有的重要核心技术都掌握在美国手中，包括处理器、内存、主要外设（显卡、网卡、磁盘）、系统软件等。这一点从增加值比例上体现得尤为明显，美国计算机制造企业的增加值比例超过 65%，而国内企业增加值比例一般处于 35%左右，处于低级组装阶段的产品不在少数。我国企业虽然在某些技术领域取得了一些突破，但从全局来看，与美国企业的差距仍然相当大，在竞争方面基本上只能依靠成本优势。

（1）自主创新路线没有根本创新。

完全开放，照搬美国，严重依赖。目前，国内的高校、科研院所、企业等的自主创新大多跟在国外后边模仿，遵循国外的"脚印"进行发展。在个人计算机研制方面，20 世纪 90 年代，国内开发 PC、笔记本的思路大多是购买国外原机，进行拆解、测量、分析，并进行原机仿制；2000 年之后，Intel 等公司开放了基于 X86 架构的主板参考设计，其中包含了详细的系统原理、PCB 电路图，国内的很多公司则直接采用 Intel 的方案，稍微修改和定制即推出自己的产品，使得自主研发团队人员技术能力层次和规模则大幅削减，最终导致完全的 PC 技术依赖。以致于技术积累难以超越国外，基础技术被国外通过专利和标准进行控制，国内自身创新受制于人，不利于产业自主可控。如光纤存储 90% 以上的专利都掌握在国外公司手中，国内企业发展空间较小。

企业规模小，自主产品应用市场带动性弱。目前，国内企业涉足计算和存储领域时间都不超过 12 年，缺乏原始的技术积累，且基础技术被国外通过专利和标准进行控制，国内自身创新受制于人。关键技术落后、核心专利数量少、科技成果转化慢，制约了产业转型升级，不利于产业自主可控。国内大部分企业由于起步晚，与国外的自主研发能力仍有较大差距。

计算、存储领域的自主研发产品较少，竞争力弱，无法与国外的成熟产品竞争，造成国内企业在我国市场上占比非常低，在全球市场则更低。关键部件硬盘、CPU、内存等均来自国外垄断企业，国内企业很难得到较好的成本优势。市场规模小，主板、IO 板卡、FPGA、协处理芯片等因为研发成本在一定规模上很难摊薄，使得硬件成本高，研发投入很难短时间收回，进一步挤压了研发投入和影响自主开发的积极性；并且也难以带动配套技术及产品的发展，整个产业链或生态系统都无法与国外竞争。

（2）核心技术依赖国外，创新自信心不足。

企业自身技术供给弱，关键、核心技术供给少。计算与存储产业一个特点是一些核心技术和产品占据着产业链的高端环节，对整个产业的垄断性和掌控力很强，能够极大地影响产业发展和技术创新的途径。不掌握核心技术，意味着相当一部分后续创新受制于人。目前我国在计算和存储领域的关键技术与国外相比差距仍然比较明显，如 CPU 被 Intel 和 AMD 控制；磁盘技术完全被希捷、日立控制，国外在新型存储介质 SSD 领域完全处于领先地位；后端接口芯片，如 RAID 芯片、SATA/SAS 控制芯片、SAS expander 交换芯片，主要被国外 LSI、PMC 厂商把控；前端接口芯片，主要被 QLogic、Emulex、Marvell 少数几个厂商控制，万兆网卡目前采用 Intel、Broadcom 厂商的产品，基本也是被国外厂商垄断。

系统设计方面，目前国内已经能够设计制造出高、中、低端系统，能做出产品但做出精品能力差。如在存储体系架构方面主要集中在单控、双控，浪潮和华为高端存储体系结构方面有了较大的突破，已经完全掌握了整个 IO 栈的数据存储 IO 控制技术，已经具备大型高端存储系统设计能力，但仍在高速内部互联、数据冗余与容错、高效 IO 处理与数据管理、高端产品工程技术等关键、核心技术方面弱于国外。

4）法律法规政策对自主创新支持不够

我国针对自主创新制定了一系列的法律法规政策，特别是知识产权保护、引导和促进自主创新政策等的法律法规政策，对我国计算与存储领域的自主创新起到了很大的推动作用，但却未能从根本上解决自主创新利益分配问题，也未能解决自主创新企业的生存问题，同时现有法规执行的严肃性和执行规范，也需要进一步细化。当前仍然存在一些从法律法规层面亟待解决的问题。首先，几乎没有从"反倾销"、"反垄断"、"信息安全"等方面支持自主创新的法律法规。相反，政府采购中的"国货歧视现象"仍旧可见；其次，片面理解采购"同等优先"政策，然而"同等"实际上是不存在的。产品在开发往往会留下许多工程性问题，需要用户在不同环境下大量而反复的使用中不断发现，不断进行修改和完善。这既是产品开发的一般规律，也是技术进步的一般规律。包括 IBM 的产品也是在不断的"打补丁"的过程中得以完善逐步升级。如果一开始就先要求产品非常完善，则中国的产品永远不可能进入市场。在价格上，当国内公司推出一个新产品的时候，跨国公司的产品往往通过降价把它挤垮，所以，以价格和技术水平"同等优先"为原则的政府采购，容易演化为"国外产品优先"，使国内一些优秀的产品被排除于市场之外。

5）创新服务体系不健全

计算与存储知识产权价值评估体系不健全。目前我国计算与存储方向的专利数量已达到一定规模，但专利资产评估行业的发展水平，与欧美发达国家相比，仍有很大差距，尤其在知识产权评估的行业监管、服务、人才等方面仍有不小的差距。对技术成果和专利评估与会计之间的互联互通和有效对接存在不少障碍，影响了技术市场和资本市场的健康发展。

计算与存储产业信息情报服务机构不健全。在动态竞争日趋激烈的环境中，信息情报作为辅助企业的战略管理工具对于增强其核心竞争力具有重要作用。然而，针对计算与存储产业的外部专业信息咨询机构很少，而且提供的信息服务不准确，不及时，无广度和深度，信息服务不理想。另外，计算和存储产业的多数企业规模较小，人财物资源受限，不具备完整的信息情报系统，缺乏全面系统的信息情报组织和工作管理流程，无法针对整体行业发展、涉及自身业务范围，以及关系未来发展的产业信息进行收集、汇总和分析，不能及时、有效地跟进产业技术和市场发展情况，不可避免地存在一定的人力、技术、投资资源浪费。

计算与存储专利检索服务不完善。我国专利信息服务仍然以政府为主导来进行，国家知识产权局、各级地方政府知识产权管理部门大都设有专利信息服务机构或设立专项信息服务工作，所提供的服务以公益性为主，也涉及部分增值性服务。但通过因特网检索专利信息效率低，各数据库检索界面不统一，缺少跨库检索世界范围专利信息并可中文阅读的检索平台，对于专利战略分析、技术侵权预防分析类的工作，缺乏国务院各部门、地方政府、企业之间的协调机制，也缺乏专门从事该类工作的中介服务机构。

计算与存储产业风险投资金融服务体系不完善。计算与存储产业是以科研、开发为先导的高投入、高风险的产业，进入市场的门槛相当高，它的发展需要巨额资金。为了获得信息产业发展的巨额资金，各国都在大力研究、试验各种方法和机制如风险投资等。中国由于体制不规范、法制不健全，风险投资资金不愿意投入计算与存储产业，而更多地关注模式创新，投向风险小、见效快的行业。风险投资基金的缺乏是创新企业发展的主要问题，导致在科研开发经费投入上中国和国外相比存在着很大差距，使得科技成果很难实现产业化。

计算与存储产品公共检测等开放性组织不健全。计算和存储产品涉及芯片、主机、操作系统、数据库、中间件等各层次，其检测、检验十分复杂。国内缺少类似 SPEC（The Standard Performance Evaluation Corporation，标准性能评估机构）和 SPC（Storage Performance Council，存储性能理事会）这样全球性的、权威的第三方应用性能测试开放性组织；也缺少类似 SNIA（Storage Networking Industry Association，全球网络存储工业协会）这样的非营利组织。国内少有的开放性组织，普遍存在不活跃、工作计划推不动、无成效等问题，难以起到引导、促进、规范产业发展的作用。

（二）软件与信息服务领域

1）软件产品缺乏核心技术，信息安全形势严峻

一直以来，我国软件与信息服务领域产品缺乏核心技术、创新不足的问题尚未得到根本改变。我国在高端客户、高端领域的软件产品和信息服务技术方面仍然被跨国公司垄断，政府、军队、电力、金融、交通等关键信息基础设施大部分依赖国外芯片、操作系统和数据库。在重点、关键领域信息技术应用过程中，国内企业还难以满足用户需求，无法提供相关软件产品。

当前，网络安全、信息安全向复杂化、多样化和全球化方向发展，有组织的网络犯罪增多，网络攻击的目标更加有针对性，针对重要信息系统的恶意攻击频繁发生。此外，云计算、大数据、物联网等新一代信息技术使信息安全问题更加突出。而我国在软件与信息服务领域的关键产品和核心技术受制于人，政府、能源、金融、交通、工业控制系统等关键核心软硬件长期依赖国外进口，操作系统、数据库、工业软件等关键环节中我国自主可控能力较弱，导致我国面临国家信息安全、企业信息安全、个人隐私等信息安全问题的严峻挑战。

2）软件企业研发投入不足，缺乏龙头企业

目前，我国软件企业存在研发投入不足、科技竞争力不强、科研成果不够突出等问题，

仍处在跟踪模仿阶段，缺乏原始性技术理论创新。

2012 年全球 IT 企业研发投入 Top 25 排行榜排名前 11 的 IT 企业研发投入都超过了 50 亿美元，其中三星电子和英特尔分别以 107.67 亿美元和 101.48 亿美元首次排名前两位，华为则成为中国大陆唯一上榜公司。2012 年我国软件企业综合实力 50 强的研发投入总额不及微软一家企业的研发投入。

近年来，我国软件百强企业收入占中国软件产业收入的比例逐年下滑，增速一直低于全国软件收入增长的平均水平。国内软件企业不强、龙头企业缺少的局面仍然没有改变。2014 年 6 月，工业和信息化部运行监测协调局发布了 2014 年（第十三届）中国软件百强企业共实现软件业务整体收入约 4800 亿元。其中，收入超过千亿元的企业只有华为一家，超过百亿元的企业有中兴、海尔、北大方正、浪潮、南京南瑞和海信六家企业。此外，根据普华永道国际会计事务所（PWC）2014 年 3 月发布的全球软件百强名单（以 2012 年的软件产品收入计算），我国只有东软和用友两家企业，位列第 71 和第 99 位。其中，东软的软件收入不到第一名微软软件产品收入 584 亿美元的 1%。2010—2014 年国内上市公司研发费用由 0.7 亿美元增加至 2.68 亿美元。

3）软件产业处于全球价值链中低端，产业链发展不协调

随着国际生产要素的重组和产业的转移，软件产业全球化分工日益加强，以美国、欧洲、日本、印度、中国为主体的国际软件产业分工体系基本形成。但是，我国的软件业目前在全球的软件产业链中还处于中下游，软件产业规模小，成本低，还处于从软件代工向创新方面转型阶段。

目前，我国软件产业形成了以外资软件公司为主，本土软件公司为辅的结构组成特点。中国本土软件企业组织结构呈现"小而散"的特点，大企业数量少，无法带动中小企业的发展，软件产业链缺乏核心和依托。产业链协同效应尚未充分发挥，尚未建立龙头企业带动、中小企业支撑的产业发展格局。我国本土软件产品基本上属于应用型软件，技术含量少，需要依赖国外系统软件作为开发平台，导致我国软件企业对核心技术掌握不足，在开发技术、开发工具和开发理念方面更多的是充当追随者，而不是领导者。从总体上来看，整个产业还处在成长阶段，产业规模、企业实力、技术水平都与发达国家存在较大的差距。

4）软件产业发展环境欠佳，需要进一步优化

一直以来，我国软件产业发展中对知识产权的保护不够重视，存在恶性竞争、软件盗版、低价倾销等现象，导致企业技术投入不足，影响企业研发创新能力。软件产业尚未形成完善的研发链条和多元化发展格局，人才结构矛盾突出，高层次、复合型、领军型人才依然缺乏。以市场为导向，政、产、学、研、用结合的支撑体系有待完善，产业可持续发展能力亟待提升。

（1）开源软件单纯模仿。

当前开源软件在中国企业中的实际应用渗透率仍然偏低，发展还不够成熟，个人版权意识淡漠，对国外开源模式的单纯模仿特色较重。与开源软件自身的蓬勃发展相比，中国开源软件市场成熟度和社区水平还有很大差距，产业链中缺乏足够的技术服务支持力量。

（2）海外市场拓展存在缺陷。

在软件产业海外市场拓展、投资融资等方面的服务机制还存在缺陷，不利于自主知识产权的技术发展，产业的研发及产业化受到限制，制约了我国软件产业的国际化进程。所以，需要进一步解放思想，改革科研、创新和服务机制，优化软件产业发展环境。

（3）软件人才结构不合理，培养体系尚未建立。

在软件人才需求方面，我国软件人才总量缺口没有得到完全解决。我国软件人才供给在 2011 年有了较大幅度的增长，总量供不应求的局面得到缓解，但与高速发展的软件人才需求相比，继续呈现短缺状态。

随着信息化的不断发展，软件将成为一种基础的知识和技能，应该成为中小学生掌握的基本技术，而我国当前的教育体系仍然是以工业社会的需求而设计的。所以，目前我国的中小学以及大学教育体系已经不能满足信息社会的需求，导致我国软件人才结构不合理，高端软件人才缺乏、人才地区分布差异大、软件从业人员学历结构不合理等问题严重。

（4）需要建立健全企业创新和科技成果转化机制。

21 世纪以来，我国在软件领域的法律和政策的变化推动了中国软件产业在产业规模和技术创新等方面的快速发展。我国软件行业专利申请数量增长迅速。但是，国内发明专利申请所占比例仍然低于国外，在专利质量、商业运用、价值实现等方面与国外先进国家相比还存在较大差距，这将制约软件产业的进一步发展。

三、需求分析

（一）计算机领域

1）信息技术（计算和存储）产业具备基础支撑性

计算和存储产业具备基础支撑性。存储、网络、计算是信息系统的三大基石，是信息产业的重要组成部分。计算技术和产业解决数据的生产及处理，是信息处理系统的发动机；而存储技术和产业解决数据的高速存取，可靠存放，是信息处理系统的仓库。计算和存储技术的发展是信息产业发展的内在驱动力。党的十八大提出的促进信息消费和"两化"（工业化、信息化）融合目标的实现也离不开计算与存储产业的发展。

随着物联网、大数据、移动互联网等技术的发展应用和法规要求，对计算、存储的能力、可靠性提出了越来越高的要求。随着全球智能终端的普及，越来越多的数据正在产生。而在物联网领域，各种传感器产生的资料量比例也将从 2005 年的 11% 增长到 2020 年的 40%。IDC 的研究报告指出，2012 年全球信息化资料量为 2.8ZB，到 2020 年将达到 40ZB。高速的数据处理技术和高效可靠存储技术也将在新的信息架构下起到更重要的支撑作用。

2）信息技术（计算和存储）产业高度依赖技术创新驱动，技术更新快

计算和存储产业高度依赖技术创新驱动。计算与存储产业的发展，基本上依据重要技术的突破、产业重大问题的解决来推动整个产业的发展及新市场的建立。如 20 世纪 80 年代，RAID 算法提出，第一台磁盘阵列出现，从而开创了外部存储系统。

计算和存储产业技术更新快速。计算方面，依据摩尔定律每一美元所能买到的计算机性能，每隔 18 个月翻 1 倍以上，每次 CPU 计算能力的提升，都将促进整个生态系统的升级。

以科技研发为先导，具有高创新性和高更新频率已经成为世界计算和存储产业发展的重要特征。

3）信息技术（计算和存储）产业具备高渗透性

计算和存储产业对其他产业具有很高的渗透性。没有信息化就没有现代化，各行各业的信息化及进一步发展都离不开计算和存储产品的应用。一方面，计算和存储产业通过产品应用与服务广泛渗透到其他产业和部门的产品与服务中。例如，计算机控制等技术已经被广泛应用于机械、航空、轻工、纺织等产业领域，或提高了这些产业和部门的劳动效率，或提高了相关产品的质量，实现了产品创新，亦即其他产业所生产的产品和提供的服务中包含着计算和存储产业所创造的价值。另一方面，计算与存储产业直接向其他产业提供有偿信息服务，直接影响其他产业的发展。如公路、航天、管道等运输方式因为采用了先进的计算机和存储设施而发生了质的飞跃。

（二）软件与信息服务领域

目前，全球软件和信息技术产业正在进行新一轮的重大变革，促使整个软件产业加快

向网络化、服务化方向发展，新的市场需求不断扩大。

1）国际市场稳步增长

目前，全球经济仍然处在复苏过程中，受经济形势的影响，全球 IT 支出增长速度下滑，软件产业继续保持平稳发展态势。预计 2020 年全球软件市场将达到 3.5 万亿美元，未来几年，全球软件市场仍将保持 12% 左右的年增长率，其中嵌入式软件、移动互联网、物联网、大数据软件、软件服务业的增长率将高于软件产品市场增长率。预计到 2025 年全球软件市场规模将达到 5 万亿美元，软件产业将成为保持全球经济持续增长的重要产业，2035 年预计达到 8 万亿美元。

2）国内市场需求扩大

未来一段时期，随着我国工业化、信息化、城镇化、信息安全、经济结构转型升级等国家战略的推进、战略性新兴产业的发展以及日益完善的政策法规，都将为我国软件产业的发展提供难得的机遇。同时也对软件产品和软件服务释放出巨大的市场需求。2012年，我国软件产业规模达到 4000 亿美元，占 GDP 比重达到 4.8%。预计 2020 年国内市场规模将达到 1.2 万美元，2020 年市场规模突破 2 万亿美元，到 2030 年翻一番达到 4 万亿美元。

（1）国家战略的推进为软件发展提供广阔的市场空间。

在实现由传统工业化道路向新型工业化道路转变、促进工业结构整体优化升级的进程中，以软件为代表的信息技术在工业各领域及生产各环节持续深化应用，与汽车、船舶、机械装备、新型材料等行业加速融合，为软件产业发展创造了广阔的市场空间。

此外，随着我国互联网带宽的日益提高、智能终端的快速普及，用于通信、网络等方面的消费需求大幅增长，推动移动支付、位置服务等个人信息消费市场高速增长。同时，智能家居、智能汽车等也将产生强烈的信息消费需求，推动企业级信息服务的快速成长。所以，基于移动互联网的强劲的信息消费需求，正在成为国内软件产业新的增长点。

（2）战略性新兴产业的发展为软件产业提供广泛的应用。

《国民经济和社会发展第十二个五年规划纲要》和《国务院关于加快培育和发展战略性新兴产业的决定》对加快发展新一代信息技术产业做出了明确部署。

随着节能环保、高端装备制造、新能源汽车等战略性新兴产业的崛起，以软件为代表的信息技术在经济和社会各领域将得到更为深入、更为广泛的应用。

（3）日益完善的发展环境为软件产业健康发展提供保证。

为了促使软件产业快速、健康发展，我国有关部门已经在财政、税收、人才培养等方面积极制定了相关政策措施，推进软件产业的规范制度建设。推广实施了"云计算"、"物联网"等相关重大专项，设立了"核高基"重大项目资助软件产业发展，这些政策措施已经为我国软件产业发展提供了良好的外部环境。

随着信息化的不断深化，今后我国政府还将继续制定和落实相关政策法规，进一步完善软件产业发展环境，支撑我国软件产业的发展和壮大，促进软件产业加速向前发展。

3）新兴技术推动软件产业新一轮繁荣发展

软件产业具有技术更新快、产品生命周期短、产品复用性强等特点，所以，每一次技术创新和技术进步都将推动软件产业发展。

当前，以云计算、物联网、无线宽带、移动互联网、大数据等为代表新兴技术引发新一轮信息技术革命，催生新技术不断涌现，使业务模式、服务模式、商业模式不断创新，成为全球共同关注的热点，是推动软件产业进一步发展的重要引擎。这些新兴技术的发展和应用，必将催生出一系列新技术、新产品和新模式，为全球软件产业的繁荣发展带来新的驱动力。

四、发展趋势与国外经验

（一）计算机领域

1. 发展趋势

1）产业规模持续增长。

据 IDC 全球统计，2012 年，全球经济总额为 71.7 万亿美元。计算和存储领域的固定计算（699 亿美元）、移动计算（5698 亿美元）、外部磁盘存储（217 亿美元）、数据库软件（243.9 亿美元）四大类销售额突破 6819.9 亿美元，占比超过 0.9%。

据 IDC 统计，2013 年全球服务器（X86）市场销售总额达到 497 亿美元，其中中国市场为 42.9 亿美元，增长率远高于全球水平。中国已经成为全球第二大服务器市场，10年后增长 4 倍，将成为全球第一大服务器市场。移动计算终端出货量增长迅猛，全球增长率在 10%以上。存储产业方面，2013 全球磁盘存储营收达到 244 亿美元，增长率下降 0.3%；其中中国市场达到 15 亿美元，增幅为 3.1%。

2）产业高度集中

高集中度主要体现在市场集中和创新集中。市场集中方面，据 IDC 统计：全球服务器出货量 IBM、HP、Dell 三家占据近 70%份额；国内服务器市场 Dell、HP、IBM 占据51.8%，国产品牌浪潮、曙光、华为、联想占据 37.7%。2014 年一季度全球服务器出货量中，浪潮、华为进入前五，也是前五的厂家中仅有的两个保持业绩增长的企业，市场占有率分别为 3.6%、3.4%。

全球磁盘存储主要集中在 EMC、HP、Dell、IBM、NetApp 五大国际厂商，占全球市场份额的 75%；国内市场 IBM、EMC、HDS、Fujitsu 占有 90%的市场份额。

创新集中方面，当前全球计算和存储产业重大技术突破及对本产业有重大影响力的产品/系统主要集中于以 IBM、Intel、EMC、Microsoft、Oracle、Google、Apple 等为主的大型企业及研发机构。如 DES 加密算法、磁性碟片存储（硬盘）、RAM、关联数据库等均出自 IBM 研究院。另一源头则主要集中于加州伯克利分校、卡耐基梅隆大学等几所名牌高校，如加州大学伯克利分校在分时计算、超大规模集成电路设计、精简指令集处理器、关系型数据库领域均做出了卓越的贡献。

国内计算和存储产业主要有浪潮、华为、联想、曙光、中科蓝鲸等公司。国内企业起步较晚，原始技术积累较少，创新水平仍低于国外企业，主要集中在具有自主开发能力的华为、浪潮等企业。如浪潮突破一系列主机容错技术，自主开发出中国第一款主机系统天梭 K1；华为、浪潮突破了多控存储体系结构、高速 IO 传输、同步、调度等高端磁盘阵列相关技术；在计算和存储理论研究、技术预测与研发主要集中在清华大学、华中科大、国防科大、中科院等几大名牌高校和研究所。国防科大在并行大规模计算方面取得突破，主持开发的"天河二号"成为全球最快超算系统。

3）技术更新快，成果转化应用链条长

计算与存储产业技术更新变化非常快。计算与存储产业相关技术每隔 10～15 年就会发生一次颠覆性的变革，并催生新市场、新业务模式、新产业规律。

计算与存储产业相关技术的转化链条长，新技术应用受产业环境约束和限制大，与医药等行业新技术成果转化只与本身特性相关相比，新技术成果应用对产业中的软件、设备、应用环境均会提出新的需求，只有与其形成适配后，才能实现成果应用的转化。

群集成果转化链条也很长。所谓的群集成果是指需要共同应用才能使整个计算与存储平台达到应用效果的一系列的成果。例如，要达到整体性能的提升，除 CPU 计算能力需要提升外，接口性能、桥片性能、外围设备性能也需要相应的提升。

4）发展潜力大

随着云计算/大数据的发展，计算与存储产业具有广阔的发展前景。根据 IDC 保守预测，全球数据总量将由 2011 年 1.8ZB 增至 2016 年的 4.1ZB，2020 年全球数据总量将达到 35ZB（1ZB=1024EB=1024×1024PB）；Gartner 表示，2011 年，仅有 7%的消费者数字内容被存储到云中，但到 2016 年，将增长到 36%；。

2013 年，世界 Top 1 的天河二号超级计算机的计算能力为 33.86PFlop/s。但与 2030 年的 1ZFlop/s 前沿研究领域计算能力需求仍相差上万倍。计算能力需求见图 17。

图 17　计算能力需求图

（资料来源：ISC）

2. 国外发展经验

1）美国计算与存储产业技术创新支撑体系

美国在计算与存储产业发展过程中形成了较完善的信息技术创新支撑体系，以市场需求牵引和自由调节为主，以政府调控为辅，以企业作为技术创新主体，从基础研究抓起，全面实施应用研究、技术开发和市场开发，通过环境和要素资源的长期积累，努力实现计算与存储技术的产业化，从而推动国民经济的发展。

（1）美国计算与存储产业技术创新支撑体系技术供给。

以大企业为主。美国的技术创新供给主要以大企业为主导，如计算方面，主要为 Intel、IBM、HP 等，存储方面有 EMC、HDS、HP、Netapp 等；基础软件有 Microsoft、Oracle、Vmvare 等，这些大型企业在计算与存储产业发展的各个阶段，都发挥着重大技术突破、重大产业问题的解决等巨大作用，都开发实现了里程碑产品，主导了产业发展，使产业竞争的性质和基础发生彻底的改变。

小企业创新活跃，为计算与存储产业及大企业提供支撑与配套技术。美国小企业在技术创新方面起到了非常大的推动作用。美国的信息创新体系中包括了相当数量的高精尖型小规模企业，这些小型企业对于某一项或者几项技术具备深入的研究，并且企业自身管理灵活，能够在短时间内将创新成果转化为产品。如前仙童半导体公司的 10 位员工离开本公司后，分别创建了 AMD、Intel。硅谷大约 70 家半导体公司的半数，是由仙童公司直接或间接成立的。

另外，美国高校与科研机构根据自身的技术特点成立了多家创新型中小企业，见表 5。这些企业依托知名高校，通过高科技人才研发新技术，这些技术与人才提供了源源不断的创新动力。

表 5　美国高校人员创业表

姓名	大学	学术荣誉	业界表现
Arvind	MIT	工程院院士	创办了 Bluespec
Frans Kaashoek	MIT	工程院院士	创办了 Sightpath Inc，被 Cisco 收获；现为 Mazu Networks 董事会成员
Anant Agarwal	MIT	ACM Fellow	创办了 Tilera 公司，推出世界上第一款 64 核商用处理器
Bill Dally	Stanford	工程院院士	创办了 Stream Processors 等公司，现为 NVidia 首席科学家
John Hennessy	Stanford	科学院/工程院院士	创办了 MIPS 公司，现为 Google、Cisco 董事会成员
Mark Horowitz	Stanford	工程院院士	创办了 Rambus 公司
Nick McKeown	Stanford	工程院院士	创办了 Nicira Networks，于 2012 年被 VMWare 以 12 亿美元收购
Mendel Rosenblum	Stanford	工程院院士	创办了 VMWare，于 2004 年被 EMC 以 6.5 亿美元收购
Monica Lam	Stanford	ACM Fellow	创办了 Tensilica、Moka 5 公司
Kunle Olukotun	Stanford	ACM Fellow	创办了 Afara 公司，被 Sun 公司收购；"多核之父"
Eric Brewer	UC Berkeley	工程院院士	创办了 Inktomi，被 Yahoo 收购
David Culler	UC Berkeley	工程院院士	创办了 Arch Rock 公司
David Patterson	UC Berkeley	科学院/工程院院士	协助创办 Transmeta、Panasas 公司；研制的 RISC 为 Sun 公司 SPARC 原型
Scott Shenker	UC Berkeley	工程院院士	创办了 Nicira Networks，于 2012 年被 VMWare 以 12 亿美元收购
Kai Li	Princeton	工程院院士	创办了 Data Domain，于 2009 年被 ECM 以 21 亿美元收购
Larry Peterson	Princeton	工程院院士	现任 Verivue Inc.首席科学家
Pradeep K.Khosla	CMU	工程院院士	创办了 Board of K2T Inc.
Hui Zhang	CMU	ACM Fellow	创办了多家公司，现在 Turin Networks 公司 CTO

开源社区是计算与存储技术供给的主要共享平台。开源社区为技术的交流与使用提供了广阔的平台，同时也为创新体系的建设提供了有力支撑。目前，开源社区所涉及的各种软件在操作系统、编译工具链、数据库、Web 服务器、移动操作系统等各个方面已经成为主流。

另外，很多知名的高科技企业如 IBM、Intel、Oracle 等厂商都是开源社区成员，并贡献大量代码。由于企业投入精力展开深入研究，从而进一步推动了技术创新，使得开源社区也逐步发展为技术供给的主要途径之一。

高校、国立实验室的作用。美国高校与国立实验室是美国从事基础研究和科技创新的主要基地（见图18）。计算与存储产业中很多关键技术都来自于知名高校与国家重点实验室。美国高校通过将计算与存储相关技术、专利等知识产权转让给高科技企业，进而帮助企业提升产品功能与性能，使得产品能够占领市场。同时，企业也将一部分研发资金投入到美国的大学与重点实验室中，支持高校进行技术创新。通过这种良性的技术供给模式，使得美国的计算与存储产业发展迅猛。

序号	超过10亿美元的产业	加州大学伯克利分校	加州理工学院	欧洲核子研究组织	卡耐基梅隆大学	伊利诺伊大学	麻省理工学院	普渡大学	罗彻斯特大学	斯坦福大学	东京大学	加州大学洛杉矶分校	犹他大学	威斯康星大学
1	分时系统	√					√							
2	客户端/服务器	√		√	√									
3	图像						√						√	
4	娱乐						√		√					
5	互联网											√		
6	局域网													
7	工作站						√			√				
8	图形用户界面									√				
9	超大规模集成电路设计	√	√											
10	精简指令集处理器	√								√				
11	关系型数据库	√												√
12	并行数据库										√	√		√
13	数据挖掘								√					√
14	并行计算		√		√	√								
15	RAID 磁盘阵列	√												
16	便携式通信	√		√				√						
17	万维网			√										
18	语音识别					√	√							
19	最后一英里宽带									√		√		
	总计	7	2	3	2	2	5	1	2	4	1	3	1	3

图18　美国学术界对主要 IT 技术的贡献

（2）美国计算与存储产业技术创新支撑体系技术产业化。

计算与存储产业是美国的战略性产业，美国的战略目标是使其计算与存储产业在全球保持领先地位。美国的高科技企业、高校以及科研院所都对计算与存储产业化的发展起到了积极的推动作用。

大企业主导的产业化。美国的计算与存储企业在产业化过程中主要以大企业为主导。Intel、IBM、微软等企业注重打造全球范围内的共存共生、共同进化的产业创新平台。"平台企业+互补企业"成为其产业生态系统主要组织模式，平台企业作为系统创新的推动者和领导者，在系统创新中发挥核心和关键作用。

高校与企业协作产业化。由于政府科技政策的引导和倾斜，使美国高校的科研能够面向产业领域的信息技术创新活动，不但与企业合作紧密，而且内容广泛。这种面向市场的模式，不但使大学直接接触到生产领域中存在的各类科学技术问题，从而使技术创新更有针对性，而且大学可借此机会获得充足的科研经费，加快科研进程。

（3）美国计算与存储产业技术创新体系技术创新服务。

强大的计算机技术、存储技术以及网络技术构成了美国信息技术产业的基础构架，带动了美国信息创新服务业的快速发展。

信息基础设施服务。美国大力发展高速信息网络基础设施、大型科研设施、数据库和图书馆等。其万人拥有因特网主机数、千人拥有计算机台数、网络传输速率等均居世界首位，从而使科技知识的利用与传播更加迅速有效。另外，美国还发展国家信息基础设施（National Information Infrastructure，NII）建设计划，以因特网为雏形兴建信息时代的高速公路，为美国的科技创新提供海量的共享信息资源。

计算与存储协会。美国成立了多个计算技术研究所与存储技术协会，这些信息服务组织能够提供信息产业的标准制定服务以及各种资讯服务。其中在计算与存储领域比较著名的全球网络存储工业协会（Storage Network Industry Association，SNIA）。SNIA 为了推进存储网络成为信息科技业内完善并值得信赖的解决方案，致力于提供相关的行业标准、教育及服务，以推动开放式存储网络解决方案的市场，这些协会所提供的信息技术服务为存储产业的发展提供了技术支撑。

专利、论文检索服务。美国在专利检索方面创建了《科学引文索引》《工程索引》《科技会议录索引》等文献检索系统和大量检索服务机构，如，科学信息研究所（ISI）、科学信息与技术学会（ASIS）。另外，美国高校图书馆已经成为全国信息资源的支持系统和支持机构。

在美国科技创新体系中，这些创新服务组织机构具有独特的位置，是连接基础研究、应用研究与产业化的重要纽带和桥梁，对于美国的技术创新和进步起到了巨大的支撑作用。美国咨询机构。美国拥有许多全球著名的计算与存储相关市场咨询、顾问机构，这些信息服务机构能够帮助 IT 专业人士、业务主管和投资机构制定以事实为基础的技术决策和业务发展战略，并且能够为政府、企业和研究机构提供科技信息服务。比较著名的有国际数据公司 IDC、Garnter、Forrester Research。

风险投资管理。风险投资在推动美国计算和存储产业发展过程中有重要的推动作用。美国利用全球热钱建立了一整套支持创新的天使投资、风险投资、股票市场、高风险高收益债券市场等融资机制，汇集全球资金、人才、创新资源为美国企业的技术创新和科技成果转化服务。风险投资在企业成长的各阶段均能起到重要推动作用，见表6，这些企业在不同阶段接收过多次风险投资。

表6　计算与存储企业风险投资表

公 司 名 称	主 营 业 务	总投资额（万美元）
BlueArc	下一代 NAS 设备	175
ExaGrid	NAS	22
GlassHouse	存储咨询与部署服务	27.1
Incipient	虚拟化软件	55
Isilon	集群智能存储	59.9
Level 5	数据中心互联半导体	39
NeoScale	存储安全应用	43
Netezza	数据仓储应用	68
NSI	数据镜像软件	60
Revivio	CDP 应用	55

（4）美国信息技术（计算与存储）产业技术创新支撑体系政策环境。

贸易、技术壁垒保护本国企业。美国通过设立"国家安全"贸易壁垒，保护本国计算和存储产业。美国国会通过并由奥巴马总统签署了《2013 年合并与进一步持续拨款法案》，第 516 条要求美国各政府机构考虑购买信息技术系统时，必须评估包括"信息技术系统由中国拥有、主导或资助的一个或多个实体生产、制造或组装相关的任何风险"。法案还规定，美国商务部、司法部、国家航空航天局和国家科学基金会不得利用任何拨款采购由中国政府拥有、管理或资助的一个或多个机构生产或组装的信息技术系统。

政府国防采购，率先应用。主要发达国家通过购买本国产品的制度保证了本国企业是发达国家政府采购市场的主体。2005 年美国政府采购中，向本国企业采购的金额占 94%。美国的航空航天技术、计算机和半导体技术主要是由政府采购推动建立和发展起来的。通过政府采购美国扶植了 IBM、惠普、德克萨斯仪器公司等一批国际 IT 业巨头。

美国具有优先购买本国产品的条款，美国《购买美国产品法》规定联邦各政府机构除在境外使用、价格过高、对本国产品优惠不符合公共利益、本国产品数量不够或者质量不高等特殊情况外，必须购买本国产品，工程和服务必须由国内供应商提供。

政府制定规划和计划支持。2010 年年底，美国联邦政府率先提出"云优先"政策，明确要求各个政府部门在 2012 年 6 月底前将至少三项服务迁移至云。

2011 年 2 月，美国发布《联邦云计算战略》，指出美国政府每年总计约 800 亿美元的 IT 开支中有 1/4 左右的部分可以迁移至云服务，约为当前云服务市场规模的 40%。

2012 年 3 月，奥巴马政府公布了"大数据研发计划"，目标是改进现有人们从海量和复杂的数据中获取知识的能力，从而加速美国在科学与工程领域发明的步伐。

制定建立孵化器，鼓励建立产学结合/中小企业创新创业等相关政策。美国通过建立高科技园区支持企业的创新发展，使这些高科技园区成为高技术孵化器。例如，硅谷作为高新科技园区。另外，美国为了能够鼓励中小企业进行创业，美国国会依据《小企业法》设立了小企业管理局（SBA），帮助有意于经营的小企业者创办自己的企业，并设立了白宫小企业委员会和国会小企业委员会，协同 SBA 工作。自创立至今，SBA 已成为美国最大的公共创业投资的提供者，是美国最大的对小企业的独立融资机构。美国政府为了鼓励小企业发展还提供特殊的税收激励，比如 2000 年推出的《新市场税收抵免方案》（NMTC），为小企业的发展提供了有力的帮助。

2）以色列技术创新支撑体系

以色列是全球计算和存储产业创新技术供给源。

（1）以色列具备很强的研发创新能力。以色列已经成为国际技术创新基地，众多世界知名的高科技公司都在其本土设有研发中心，包括英特尔、微软公司在内的数十家全球 500 强电脑公司。在以色列，微软设立了美国以外的第一家研发中心。英特尔公司在以色列雇佣了超过 7000 名工程师。苹果公司、IBM 以及谷歌也都有研发设施与技术孵化器。

（2）计算和存储领域重要技术很多来自以色列。如 IBM 从 2001 年以后实施了将近 20 起收购案，包括 XIV 高端存储、数据安全 Trusteer、虚拟化管理技术 CSL，服务于其云计算战略；EMC 收购以色列闪存产品制造商 XtremIO，收购软件定义存储初创公司 ScaleIO，从而加强其存储领导厂商地位。

（3）以色列技术管理政策运作机制上与其他国家有所不同。以色列在尽可能保持各自独立性的基础上建立共赢的合作机制。以色列一般是通过双边政府部门签订合作协议，确定研发合作项目。另外，在政策环境支持方面，以色列颁布了《工业研究与发展鼓励法》，旨在积极配合工业研究领域的各种需要。法律规定，从事科研创新项目的公司可向科技局申请资金援助，通常由政府以投资拨款的形式担负科研创新项目的 50%开支，公司以专利权税的形式逐步偿还。另外，政府还给予具有"高技术优势"的公司和企业特殊的贷款和赠款，为企业的产品创新分担投资风险。法律还规定，公司在科研投资上的利润可免税。由于政府和社会的权力支持，以色列每年科研成果 40%以上都被企业直接采用，这种效率在全世界独一无二。

此外，以色列有着比较接近西方的相关法规，而且许多公司由于主要面向欧美市场，因而首先在这些地方申请专利，可有力地保护自己的知识产权。美国以色列科技委员会（USIST）可以资助有关知识产权保护方面的研讨会和培训，同时两国互相承认并平等对待对方的专利和其他知识产权权利。工贸部的研发计划和 TNUFA 计划都可以支持申请、注册和维护专利的开支。

（二）软件与信息服务领域

1. 发展趋势

1）软件正在定义世界，跨界融合日趋深入

"软件正在统治世界"，这是 2011 年 8 月《华尔街日报》上刊登的一篇文章的题目。文章的作者马科·安德森，是全球第一款广泛使用的浏览器 Mosaic 的联合作者，网景公司联合创始人，Facebook、Groupon、Skype、Twitter、Zynga、Foursquare、LinkedIn 等公司的投资人，Facebook、eBay 和 HP 董事会成员，1971 年出生的亿万富翁。

（1）软件定义 IT。

2013 年，"软件定义"成为 IT 热词。VMware 启动软件定义数据中心（SDD），英特尔抛出了软件定义基础设施，IBM 开始谈论软件定义环境，软件势力逐渐向硬件、计算、存储甚至整个 IT 环境延展。软件定义 IT，将会把网络基础设施、硬件设备和软件的融合推向新的高度。"软件定义"最大的好处就是灵活性和跨平台的平滑性。在"软件定义"的时代，软件发挥的作用已远远不止计算机算法的实现、企业业务管理以及信息的存储和处理，而是将 IT 从静态运行的平台孤岛转向协同的、融合的、共享的平台。当网络被软件定义后，意味着 IT 所有层次都可以由软件定义，整个 IT 环境的灵活度因此被完全打开，从而显著地降低了创新门槛，因为任何人都有可能使用足够多的计算和存储资源，甚至在特定时段享有整个数据中心的资源。在软件定义的趋势下，整个 IT 都在发生改变。

（2）软件定义手机。

2008 年前手机买家的注意力还集中在百万像素、电池寿命和屏幕分辨率等硬件规格上。苹果推出 iPhone、谷歌发布 Android 开源操作系统以及 App Store 的发明，使得人们的关注点已经转向软件以及软件能实现的功能：应用程序、用户界面、Web 浏览和电子邮件等。手机也从用于通信的专用产品，由功能明确的通信终端，变成了通用功能的移动智能终端，而这要归功于软件。

（3）软件定义网络。

互联网的拓扑结构是由路由器、交换机以及连接它们的线路等硬件确定的。这就意味着，网络建成后如果想改变一下，或者做新功能的测试，是非常昂贵而复杂的。软件定义网络（SDN）将转发与路由（控制）分离，使得原来的路由器不再做路由学习工作，纯粹只做转发工作，控制集中起来进行。这样，改变网络拓扑、优化流量流向等操作就变得容易多了。SDN 促使可以用多个低成本和不可靠的网络硬件，通过软件的方式实现大容量、高性能和高可靠性的路由功能，安全性也会因为系统的简化而得到加强。SDN 的控制器集中管理路由，一方面使得路由管理有可能与传统网络管理和安全管理等融合，简化网络的运行维护；另一方面，有可能与计算管理和存储管理融合，将计算、存储和网络资源纳入统一和自动管理的范畴，以适应云计算和三网融合调度与管理三类资源的需求。

（4）软件定义数据中心。

软件将数据中心的计算、存储、网络等所有基本构建模块虚拟化，将各种不同的物理平台转变成 IT 可以统一管理的单一实体，在高可用性和安全性的基础上，让数据中心更灵活并可扩展，同时降低成本。软件定义数据（SDD）允许 IT 用户自主管理，其服务水平、可靠性、效能将远高于传统的基于特定物理设备的管理方式，而所花费的精力则大大降低。SDN 会改变人们对网络的传统认知，即"网络是由网络设备组成的"。网络设备将成为 SDN 网络中的一些"部件"，在最基础的 SDN 网络架构中，会出现集中的控制器以及具体执行的每一个"节点"，集中控制器将由软件模式呈现，"节点"才是网络设备。

（5）软件影响世界。

事实上，软件不仅在重新定义 IT，而且在重新定义世界。软件产业自身以及产品、应用、模式的创新，带动了整个商业和社会生活的巨变，这是人类社会发展史上的一次颠覆性技术变革。回顾 20 世纪 80～90 年代的科技振兴给美国经济带来了将近 30 年的高位运行，如今先进机器人技术、社交平台、电子商务、3D 打印将成为现代科技与工业融合的重要纽带。苹果手机、谷歌眼镜、特斯拉汽车这样集软硬件于一体、融传统与新兴与一体的产品正在重现科技中兴的辉煌。这些创新思维和模式正在全面植入到欧美各国提振经济、振兴制造业的后工业化进程中，其作用已经在逐渐复苏的经济形势中日益凸显。

软件带来的影响是全方位的，不仅将改变我们生活和环境的质量、改变消费方式和工作方式，将创造新产品和服务、促进产业均衡发展、调节供需，还将影响就业、挑战现有的法律法规。麦肯锡全球研究院于 2013 年 5 月发布了题为《展望 2025：决定未来经济的12 大颠覆技术》（见图 19）的研究报告，对发展迅猛、影响广泛、经济价值显著的 12 种技术进行了研究。在这 12 大颠覆技术中，有 8 个与软件有直接或间接的关系：移动互联网、知识工作自动化、物联网、云计算、先进机器人、自动汽车、下一代基因组学、3D 打印。

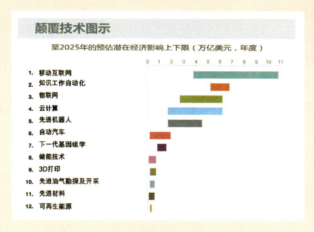

图 19　决定未来经济的 12 大颠覆技术
（资料来源：麦肯锡）

表 7 具体展示了这 8 种颠覆技术的发展和应用趋势。

表 7　2025 年前 8 种颠覆技术的发展和应用趋势

颠覆技术	说　明	2025 年规模预测	2025 年其他变化	主　要　技　术	关　键　应　用
移动互联网	价格不断下降能力不断增强的移动计算设备和互联网连接	3.7 万亿～10.8 万亿美元	远程健康监视可令治疗成本下降 20%	● 无线技术 ● 小型、低成本计算及存储设备 ● 先进显示技术 ● 自然人机接口 ● 先进、廉价的电池	● 服务交付 ● 员工生产力提升 ● 移动互联网设备使用带来的额外消费者盈余
知识工作自动化	可执行知识工作任务的智能软件系统	5.2 万亿～6.7 万亿美元	相当于增加 1.1 亿～1.4 亿全职劳动力	● 人工智能 ● 机器学习 ● 自然人机接口 ● 大数据	● 教育行业的智能学习 ● 医疗保健的诊断与药物发现 ● 法律领域的合同/专利查找发现 ● 金融领域的投资与会计

续表

颠覆技术	说　明	2025 年规模预测	2025 年其他变化	主 要 技 术	关 键 应 用
物联网	用于数据采集、监控、决策制定及流程优化的廉价传感器网络	2.7 万亿～6.2 万亿美元	对制造、医保、采矿运营成本的节省最高可达 36 万亿美元	● 先进、低价的传感器 ● 无线及近场通讯设备（如 RFID） ● 先进显示技术 ● 自然人机接口 ● 先进、廉价的电池	● 流程优化（尤其在制造业与物流业） ● 自然资源的有效利用（智能水表、智能电表） ● 远程医疗服务 ● 传感器增强型商业模式
云计算	利用计算机软硬件资源通过互联网或网络提供服务	1.7 万亿～6.2 万亿美元	生产力提高 15%～20%	● 云管理软件（如虚拟化、计量装置） ● 数据中心硬件 ● 高速网络 ● 软件/平台即服务（SaaS、PaaS）	● 基于云的互联网应用及服务交付 ● 企业 IT 生产力
先进机器人	具备增强传感器、机敏性与智能的机器人，用于自动执行任务	1.7 万亿～4.5 万亿美元	可改善 5000 万截肢及行动不便者的生活	● 无线技术 ● 人工智能/计算机视觉 ● 先进机器人机敏性、传感器 ● 分布式机器人 ● 机器人式外骨骼	● 产业/制造机器人 ● 服务性机器人（食物准备、清洁、维护） ● 机器人调查 ● 人类机能增进（如钢铁侠） ● 个人及家庭机器人（清洁、草坪护理）
自动汽车	在许多情况下可自动或半自动导航及行驶的汽车	0.2 万亿～1.9 万亿美元	每年可挽回 3～15 万个生命	● 人工智能 ● 计算机视觉 ● 先进传感器，如雷达、激光雷达、GPS ● 机器对机器的通信	● 自动汽车及货车
下一代基因组	快速低成本的基因组排序，先进的分析，综合生物科技	0.7 万亿～1.6 万亿美元	通过快速疾病诊断、新药物等延长及改善 75%的生命	● 先进 DNA 序列技术 ● DNA 综合技术 ● 大数据及先进分析	● 疾病治疗 ● 农业 ● 高价值物质的生产
3D 打印	利用数字化模型将材料一层层打印出来创建物体的累积制造技术	0.2 万亿～0.6 万亿美元	打印的产品可节省成本 35%～60%，同时可实现高度的定制化	● 选择性激光烧结 ● 熔融沉积造型 ● 立体平版印刷 ● 直接金属激光烧结	● 消费者使用的 3D 打印机 ● 直接产品制造 ● 工具及模具制造 ● 组织器官的生物打印

资料来源：麦肯锡。

移动互联网、物联网、云计算等新技术、新模式将渗透到人们工作和生活的各个领域。以移动互联网为例，移动智能终端正在从奢侈品变成必需品，超过 11 亿人使用智能手机和平板电脑。2013 年，智能手机销量达到 13 亿部，平板电脑销量达到 2 亿部。在美国，30%的网络浏览和 40%的社交媒体应用是通过移动设备来使用。在发展中国家，移动互联网使用户与世界互联。无处不在的网络连接和丰富多彩的应用将改变人们认知、接受和与现实世界交互的方式。2015 年，无线应用将超过有线应用。移动设备将更小，更强大，更便捷，可穿戴，与多种传感器连接；语音识别、手势识别技术快速发展，可穿戴设备陆续上市。移动应用软件将提供基于位置的、个性化的、即时在线的沟通服务；催生了新的商业模式，涉及零售、银行、媒体等，利用 HTML5 技术可以通过网络浏览器分发应用，无须下载。预计到 2025 年，80%的互联网接入是通过移动设备，移动互联网每年将带动全球经济增长 3.7 万亿～10.8 万亿美元。

（6）软件正在加速跨界融合。

软件产业自诞生以来，创新就是其内核，如影随形，改变着商业与社会生态的进程。当移动互联网、云计算、大数据等无缝地渗入我们生活的方方面面的时候，软件和信息技术服务正在打破产业链、行业间的边界，原有的边界变得模糊，混搭式的创新与发展正在变成趋势和潮流。软件产业的创新开始全方位改造传统产业，已经从企业信息化扩展到产品创新、管理创新、商业模式创新等诸多方面。

特斯拉汽车的出现，表明传统产业的产品形态、制造流程、营销方式等核心部分将全面依赖软件和信息技术服务。软件产业与传统产业的边界正在消融。汽车是一个有着 120 年历史的产业，当大家以为这里已经是传统得不能再传统的产品时，特斯拉的出现重新定义了新的游戏规则。特斯拉被称作电动汽车业的"苹果"。目前特斯拉的股票价格已超过了每股 100 美元，成为世界上最昂贵的汽车制造商。其实，特斯拉就是一家以软件定义的汽车公司，它把软件、云计算和数据很好地结合在了一起。根据彭博社的资料，特斯拉的供应商多达 14 家，分别来自于日本、美国、法国、瑞士、瑞典、韩国等地，其中与特斯拉关系最为密切的 5 家公司中有两家为软件公司。这 5 家公司依次为松下公司（锂电池）、横滨轮胎（轮胎）、瞻博网络（变速箱和网络设备）、直觉软件（应用软件）以及达索系统（3D 设计软件）。很多特斯拉汽车的用户对其非常喜欢，因为它几乎可以成为一个移动办公室。

在智能汽车领域，以谷歌为代表的 IT 企业和传统的整车制造商正在展开博弈。前者凭借强大的后台数据、网络技术、智能软件的支持能够很好地实现车与云端的互联，而整车制造商更多地考虑到车辆的实用性和安全性。

谷歌正在将其生态系统向智能汽车领域布局。谷歌无人驾驶汽车（见图 20）就是芯片技术、多种网络通信技术以及协同软件技术、视频技术、商业智能分析系统、地图技术等多种技术融合渗透到传统汽车中的产物。此外，雷克萨斯等汽车厂商也将生产搭载谷歌自动驾驶技术的汽车。戴姆勒旗下梅赛德斯-奔驰正在将谷歌眼镜整合到汽车导航系统中，提升车辆的智能化程度。苹果也正在将目光投向汽车行业。其最新推出的 iOS 7 最大亮点就在于车载 Siri 语音功能，可使用户在拨打电话、使用地图抑或通过车载互联网查找相关资料时更加便利。苹果公司正在积极与本田、奔驰、日产、法拉利、雪佛兰、英菲尼迪、起亚、现代、沃尔沃、讴歌、欧宝、捷豹等汽车厂商合作。

图 20　谷歌汽车：是一辆汽车还是一台有四个轮子的计算机
（资料来源：谷歌）

很多汽车厂商也已经开始意识到汽车可以比计算机还要智能，汽车的未来就像手机一样，其本身是网络系统。2012 年，通用汽车公司解除了与惠普每年 6 亿美元的 IT 服务合同。此前惠普为通用汽车服务已经长达 25 年，并在 2010 年签署了涉及通用汽车 90% 的 IT 业务。随后通用将大部分 IT 工作转由内部团队负责，成立"IT 创新中心"，计划 3～5 年招聘 1 万名员工。2013 年，通用宣布与美国运营商 AT&T 合作，在 2014 年推出 4G 汽车。福特则被评论认为看起来越来越像一家 IT 公司。2013 年 1 月的 CES 期间，福特推出了汽车行业首个移动应用开发者项目 AppLink。开发者可以在这个平台上下载福特汽车系统的源代码，直接在 PC 上完成开发和模拟测试。2013 年 6 月，福特汽车再次以唯一一家汽车厂商的身份现身 IT、科技类盛会。

两大阵营的竞争刚刚开始上演，不管手机领域的残酷现实是否会在汽车行业重现，可以肯定的是，汽车将越来越智能，软件技术与汽车技术的融合将逐步深入。

2）互联网正在重塑产业格局，引领产业发展方向

在互联网和移动互联网日益普及的今天，我们发现，互联网企业正在引领全球软件和信息技术服务业的发展。互联网企业无论在企业经营状况、产业链格局方面，还是在生态系统建设、技术创新、商业模式创新等方面，都在主导产业发展格局和发展方向。

就财务状况而言，互联网企业经营情况表现良好，尤其是在市值方面。根据 2013 年 11 月 25 日当天的市值计算，全球 IT 企业市值 Top 15 中有 6 家是互联网企业（见表 8）。而且互联网企业的研发投入占比普遍较高，预示了很好的创新性和持续性。

表 8　2013 年 IT 上市企业市值 Top 15

序号	企业	市值（亿美元）	业务收入（亿美元）	研发投入（亿美元）	研发投入占比	员工数
1	苹果	4677	1565.08	33.80	2.16%	72800
2	谷歌	3447	501.75	67.94	13.54%	53861
3	微软	3136	737.28	98.13	13.31%	94000
4	IBM	1969	1045.07	63.02	6.03%	466995
5	亚马逊	1704	610.93	—	—	88400
6	甲骨文	1587	371.21	45.21	12.18%	115000
7	高通	1233	248.66	—	—	31000
8	英特尔	1187	533.41	101.00	18.93%	105000
9	Facebook	1135	50.89	14.00	27.51%	4169
10	腾讯	1050	72.03	—	—	24160
11	eBay	635	140.72	—	—	31500
12	埃森哲	518	297.77	5.60	1.88%	257000
13	EMC	496	217.13	25.60	11.79%	60000
14	惠普	485	1235.37	33.97	2.75%	331800
15	百度	548	36.60	3.77	10.31%	20877

注：市值数据截至 2013 年 11 月 25 日，其余数据截至 2012 年底。

资料来源：各企业财报。

就生态系统建设而言，当前的产业生态系统是以互联网领军企业为核心打造的。而且以此为起点，正在围绕互联网变革实施开放平台策略，加紧向移动互联网延伸。具体来说，就是整合平台资源和发展第三方合作，抢先推出自己的移动终端产品和应用、研发操作系统，部署云计算战略，开发多种互联网应用等，参与角色包括以服务提供商、平台应用提供商、内容提供商为核心，融合终端提供商、设备提供商、电信运营商、系统提供商等。在移动互联网领域，形成了以谷歌 Andriod 为核心的生态、以苹果 iOS 为核心的生态、以微软 WP 为核心的生态等。在这个竞争格局中，Andriod 生态将更具潜力。2013 年第三季度，在智能手机操作系统市场份额中，Andriod 手机销量达到 20 亿部，占 81.9%，比上年增长 9.3 个百分点；iOS 为 3 亿部，占 12.1%，比上年降低 2.2 个百分点；微软为 890 万部，占 3.6%，比上年提高 1.3 个百分点占。Andriod 的成功应该得益于谷歌作为互联网公司的基因，互联网的优势在于"以用户为中心"，而不是"以产品为中心"。

　　就产品多元化而言，互联网使原来泾渭分明的 IT 产业链（元器件、设备制造、软件、互联网、运营商）的边界变得越来越模糊。互联网企业的产品从点到线到面的多元化扩张趋势越来越明显。在产业链格局方面，互联网企业加速向硬件和软件渗透。亚马逊这样的电商互联网企业涉足云计算，把用 Kindle 硬件撬动市场、用软件攫取利润的互联网思维发扬光大；谷歌开始涉足硬件产品制造，开创可穿戴设备的先河。

　　就商业模式而言，互联网至少带来四个变化。一是产权关系发生变化，即将所有权中的支配权和使用权分离，互联网比较流行的是按用量收费，就是对支配权不收费，只对使用权收费。二是市场结构发生变化，传统的市场结构有三种，即完全垄断、完全竞争和垄断竞争。但互联网带来第四种市场结构，这就是新垄断竞争结构。其特点是统分结合双层经营：即平台自然垄断，应用完全竞争。典型的如苹果的 App Store。Store 是垄断式的，而 App 是完全竞争的。互联网免费模式，就是以新垄断竞争结构为前提才得以成立的。三是企业业态发生变化，产生了平台基础业务与应用增值业务的分离，以及分离基础上的相互融合的业态。如阿里巴巴平台与网商店主构成的商业生态系统。对竞争力背景的直接改变，是出现了商业性的准公共产品提供者。四是业务模式的变化，以 O2O 为代表的线上线下融合引发业务模式变革，在为一对一营销服务的大数据业务支持下，数据业务将日益成为各行各业的核心业务，有可能出现各行各业传统业务零增长，而数据增值业务高速增长的新竞争景观。在互联网环境下，技术的创新、商业模式的创新和应用的创新高度融合在一起。互联网已经不再是虚拟经济，而是实体经济不可分割的一部分。

　　3）数据正在成为财富，成为重要的创新源泉

　　物联网、云计算和移动互联网的广泛应用，将产生大量的数据资源。这些数据记录着人们的思想、行为乃至情感，是信息时代现实社会与网络空间深度融合的产物，蕴含着丰富的内涵和很多规律性信息。从国家间的关联性和全球经济结构，到企业国际化和全球供应链，再到人与人在现实和虚拟世界的往来，都呈现出一个个相互关联的群组。在这些错综复杂的群组中，有低成本共享和交换资源"强连接"，也有高效率穿越多个群组、获取异质性资源的"弱连接"。认知并发现这些"强连接"和"弱连接"之间的资本价值，构成了大数据的使命。

　　大数据时代正在到来。在大数据环境下，数据的量级、形态和价值等发生了深刻的变革。大数据将跨越国界、穿越时空，还将横跨学科。这些数据有结构化的、非结构化的，还有半结构化，内存计算和分布式计算将不断提高数据的分析处理能力，并带动人工智能的改善，基于大数据的预测分析将加速发展。大数据具有解析和重构社会网络的能力，数据的交互和重新组合将产生新的价值。具有新价值的信息能够在全球范围内共享，为全球资源整合和共享型商业模式创新提供支持。

因此，数据正在成为生产资料，成为价值堪比石油的新财富，成为创新的源泉和竞争力的核心。大数据应用的三大驱动力见图 21。我们可以从国家创新、企业创新和科研创新三个角度进行分析。

图 21　大数据应用的三大驱动力

从国家角度看，美国等发达国家纷纷将开发利用大数据作为夺取新一轮竞争制高点的重要抓手。美国政府 2012 年 3 月发布《大数据研究与发展倡议》，这是继 1993 年"信息高速公路"之后 IT 领域的又一重大战略部署。六个联邦政府部门和机构投入 2 亿美元，提高从大量数据中访问、组织、收集并发现信息的能力，提高从大型复杂的数据集中提取知识和观点的能力。美国的大学里也开始开设一门全新的研究型课程，培养下一代的"数据科学家"。

从企业角度看，数据处理能力正在成为企业的核心竞争力。据 Gartner 预测，到 2015年，85%的财富 500 强企业将通过大数据提高竞争优势，全球有 440 万个与大数据相关的职位。在大数据时代，企业将面临三个挑战：一是制定信息战略，企业需要充分认识大数据的重要性，充分发挥信息作为财富的力量，寻找大数据给企业带来的新的经济增长点，判断在大数据时代企业应该如何进行业务转型；二是提高数据分析能力，企业需要具有更强的对大量复杂数据的洞察力，能够预测用户行为、趋势和产出，降低成本，提高用户满意度；三是提高信息管理能力，信息无处不在，而且快速增长，企业需要评估不断增长的信息管理需求，并提高快速信息处理能力。此外，企业的决策模式也将发生变化。信息资源共享的时代，企业面临着更多的不确定因素和更多的选择，而这些因素又呈现出一种非正态分布模型，而是一种类似于长尾理论描述的"无尺度网络"。传统的自上而下的、少数服从多数的、依赖精英经验和判断的决策模式将被颠覆，自下而上的、依赖数据挖掘的、基于群体智慧的决策模式走向舞台中央。

从科研角度看，大数据将成为科学研究的第四范式。以下一代基因组学为例。大数据的出现和应用，使下一代基因组学这一生命科学的重要分支，正在由实验科学向数据科学转变，正在由假说驱动向数据驱动转变。一个人的个体数据到底有多大？每一个人产生的大数据，放在一个集中式的数据库里，如果这样的数据库可以为每个人建立，实际上大数据的收集、整理、提炼是理论创新的前提和基础。事实上实现了未来理论创新的一种新的可能性。随着新一代测序技术的迅猛发展，基因组学研究产生的海量数据正以每 12～18 个月 10 倍的速度增长，远超摩尔定律。我国深圳华大基因研究院组建的国家基因库已经收集了 100 万 GB 的生物数据，预计最终将达到 10 亿 GB 级别的数据容量。海量生物数据的分析将会增强疾病的实时监控能力和对潜在流行病做出反应的能力。基于对人体基因的大数据分析，可以实现个性化治疗和个性化健康服务。

4）前沿技术更加关注人机关系，构建更加智慧的人机联盟

IT 的发展之前更加关注提高效率和降低成本，而在今天 IT 更加关注人自身的需求。我们看到，IT 领域的技术创新越来越关注人类与机器的关系，智能机器、认知计算、人机交互等成为产业热点话题。人类和机器之间的关系，正在被新兴技术重新定义，两者之间的鸿沟正在不断缩小。

Gartner 将人类和机器之间的关系概括为三个趋势：技术充实人类、机器替代人类、人类和机器相互协作。这三个趋势将在未来改变劳动力和人类的日常生活，一系列帮助机器和人类更好地了解对方的技术，将把这些趋势变成现实，主要涉及三个领域：机器更好地了解人类和环境，人类更好地了解机器，机器和人类变得更聪明。人机关系的前沿技术见表9。

表9　人机关系的前沿技术

		说　明	代　表　技　术
人类与机器的关系	技术充实人类	技术使得人类在身体、情感和认知领域更加充实和增强	● 生物声学感知 ● 自我量化 ● 3D 生物打印 ● 人脑机器接口 ● 人类增强 ● 语音翻译 ● 神经网络 ● 可穿戴式用户界面 ● 增强的现实和手势控制

续表

		说　明	代表技术
人类与机器的关系	机器替代人类	机器可以取代人类从事危险的工作，完成简单但是执行成本高的任务以及重复度高的任务，有利于提高生产率、减少对人体的危害	● 立体和全息显示 ● 自动汽车 ● 移动机器人 ● 虚拟助理
	人类和机器相互协作	更好地发挥彼此的特点和优势，也就是机器的生产力和速度，人类的情感智能和处理未知事物的能力	● 自动汽车 ● 移动机器人 ● 自然语言提问和回答 ● 虚拟助理
人类与机器协同发展的重要领域	机器更好地了解人类和环境	机器更好地了解人类和人类情感，可以让上下文感知互动变得更简单，更好地了解用户	● 生物声学感应 ● 智能微尘 ● 自我量化 ● 人脑机器接口 ● 情感计算 ● 生物芯片 ● 3D 扫描仪 ● 自然语言的提问和回答 ● 内容分析 ● 移动健康监测 ● 手势控制 ● 活动流 ● 生物认证方法 ● 位置智能和语音识别
	人类更好地了解机器	随着机器变得更聪明，并且开始自动化更高的人类工作，人类将需要信任机器并对此感到安全，物联网技术将更多地呈现机器是如何操作以及所在环境情况	● 物联网 ● 机器到机器的通信服务 ● 传感器 ● 活动流网络
	机器和人类变得更聪明	随着大数据的激增，分析和感知计算将为人类提供决策支持和自动化，为机器提供感知和智能，让机器和人类变得更聪明	● 量子计算 ● 规范性分析 ● 神经网络 ● 自然语言的提问和回答 ● 大数据 ● 复杂事件处理 ● 内存数据库管理系统 ● 云计算 ● 内存分析和预测分析

资料来源：Gartner。

以认知计算为例说明未来的人机联盟关系。人类大脑的潜力是惊人的，但当不断增长的数据包围在人类自身时，人类的能力突然很有限，然而认知计算可以帮助拓宽人类认知的界限。传统的计算是定量的，并着重于精度和序列等级，而认知计算则试图解决生物系统中不精确、不确定和部分真实的问题，意味着更加自然的人机交互能力、不完全依赖计算机指令的自主学习能力、以数据为中心的新的计算模型等。认知计算是一个系统工程，是贯穿计算机软硬件的整体创新。通过使用视觉分析和数据可视化技术，认知计算机可以在视觉上以引人注目的方式显示数据，启发人类并帮助决策。图像识别和语音识别技术的使用，则可以使计算机理解非结构化数据，并且与人类流畅地互动。随着认知计算走向深入，人类和计算机能够强强联合，完成更优秀的工作。认知计算强调及其与人类更加自然地互动，并不是按照程序运行，而是具有学习能力。认知计算是人类自身能力的扩展。认知计算的发展不是为了替代人脑，而是构建更加智慧的人机联盟。认知计算将催生全新的编程模式。原来的冯·诺依曼架构的顺序运算模式将被打破，将出现专门定制用于新型的分布式、高级互联、异步、并行、大规模的认知计算架构。

5）可穿戴设备将成为下一代核心终端产品，孕育新的产业生态

可穿戴设备是综合运用识别、传感、连接和云服务等交互及储存技术，是实现用户交互、生活娱乐、人体监测等功能的新型智能终端设备。可穿戴设备整合嵌入技术、识别技术（语音、手势、眼球等）、传感技术、连接技术、柔性显示技术等，将成为未来十年的核心终端产品。目前，IT 企业、体育用品和服装等企业，都已经涉足这一领域，产品形态主要包括：以手腕为支撑的 Watch 类（智能手表、腕带、戒指、臂环等）、以脚为支撑的 Shoes 类（智能跑鞋、袜子、腰带等）、以头部为支撑的 Glass 类（眼镜、头盔、头带等）以及智能服装、书包、拐杖、配饰等。科技终端产品技术周期见图 22。

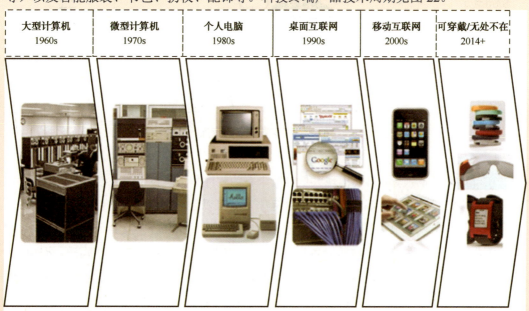

| 大型计算机 1960s | 微型计算机 1970s | 个人电脑 1980s | 桌面互联网 1990s | 移动互联网 2000s | 可穿戴/无处不在 2014+ |

图 22　科技终端产品技术周期
（资料来源：Mary Meeker）

新技术往往可以支撑 10 倍的用户数和出货量。根据市场研究机构 ABI Research 的预测，未来 5 年可穿戴设备行业将进入爆发和普及期，预计 2018 年全球可穿戴设备出货量将达到 4.85 亿台，市场规模为 190 亿美元。根据 HIS 预测，2012 年全球智能眼镜市场出货量为 5 万部，到 2015 年将达到 660 万部；2013 年全球智能手表出货量为 26.8 万部，到 2018 年将接近 3900 万部。

据统计，用户平均每天触碰智能手机 150 次。可穿戴设备可以解放双手，而且，可穿戴设备有互联、感知、数据获取、可扩展等多种属性。可穿戴设备的特性见图 23。

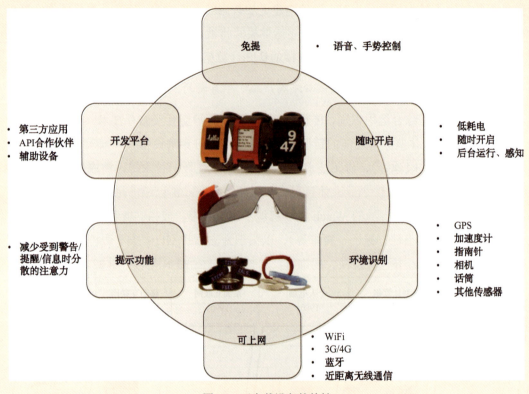

图 23　可穿戴设备的特性
（资料来源：Mary Meeker）

在可穿戴设备领域，将会出现大量前所未有的软件和信息技术服务创新。把位置、方向、影像、触感、声音、温度等元素整合起来，就可以创造出有价值的新产品和新服务。可穿戴设备的主流应用主要包括信息娱乐与社交分享、医疗及健康监测、健身及运动、军用及工业应用等。医疗是可穿戴设备最具前景的应用领域，其次是健身和娱乐。据预测，可穿戴技术在医疗保健领域至少占可穿戴设备的 50% 份额。可穿戴设备将为医疗器械行业带来一场革命（微型化—便携化—可穿戴化），不但可以随时随地监测血糖、血压、心率、血氧含量、体温、呼吸频率等人体的健康指标，还可以用于各种疾病的治疗，如电离子透入贴片可以治疗头痛，智能眼镜可以帮助老年痴呆症患者唤起容易忘记的人和事等。此外，可穿戴设备记录的健康数据每个月增长两倍,这将为健康医疗行业提高服务能力提供强大的数据支持。

事实上,当前可穿戴设备还只是智能手机的延伸产品而非颠覆产品。即使是目前最为成熟的三星智能手表也没有作为一个独立设备被推广,而是被定位为 Note 手机的配套设备,主要原因是其电池续航能力过低、应用软件过少等。但相信,随着电池续航能力、安全性、价格、用户习惯以及产业生态系统建设等方面的不断完善,可穿戴设备作为下一代核心智能终端产品的地位将逐渐得到认可。目前,硬件技术的发展已经能满足可穿戴设备的普及。可穿戴技术最终将转化成软件与硬件平台融合的产物,而且软件的占比会越来越大。随着谷歌、苹果、三星等巨头相继进入该市场,产业生态系统将得到很大提升,尤其是在移动操作系统和应用软件方面。未来的生态系统肯定是由应用开发平台主导,相信移动智能终端生态系统将很快传递到可穿戴设备,这将给软件和信息技术服务业带来新的发展空间。可穿戴设备与智能手机对比见表 10。

表 10　可穿戴设备与智能手机对比

	智　能　手　机	可穿戴设备
输入方式	键盘、触摸屏、语音	语音识别、眼动识别、手势识别、传感器、激光投影
输出方式	手机显示屏幕	微型投影、柔性屏幕、骨传导传音装置等
软件平台	移动操作系统	移动操作系统
主要应用场景	通信、商务、娱乐	导航、健康保健、社交网络、商务、媒体、体感游戏
产品设计要求	美观、便捷	健康、安全、符合人体特征、低功耗
电能供应方式	锂电池	更低能耗的电池、太阳能电池板、动能发电装置

2. 国外发展经验

美国在技术上处于领先地位,对国际软件行业起到引导作用,垄断着全球超过 80%的计算机系统软件、支撑软件和网络应用软件的市场。美国在全世界招聘高级的软件研发人员,开发技术含量高、通用的产品,同时在全世界搭建了最大的软件销售网络,利用本国资源开发全球市场,一些发展中国家成为美国降低成本提高竞争能力的基地。以下是促成其发展的主要因素。

(1)良好的产业基础。

美国具有强大的经济实力,国民经济信息化水平高,其计算机硬件技术处于世界领先地位,拥有庞大的国内外市场,必将带动软件产业的迅猛发展。按信息化指数法测算,20世纪 80 年代后期,我国信息化指数基本在 38~47,1995 年信息化指数提高为 554,约为1984 年的 15 倍,但仍然仅仅达到美国 1973 年的信息化指数(531)的水平。

（2）有力的软件知识产权保护。

美国软件产业 20 世纪 70 年代末 80 年代初起步时，两项保护知识产权的措施促进了软件产业的飞跃发展。这两项措施实行并非来自行政部门，而是来自立法和司法部门。第一项是 1976 年美国国会修改《版权法》，把计算机软件纳入版权保护范围。第二项则是 1981 年最高法院的 Diamond 对 Diehr 的判决，改变了以往软件不能授予专利的观念，宣布软件专利合法，肯定了软件的知识产权。这是美国促进软件产业发展的最基本和最重要的措施。美国软件盗版率为 28%。

（3）创造良好环境，推动竞争。

美国政府采取了若干有效的措施，推动软件行业的竞争。例如，1968 年对 IBM 公司采取反托拉斯行动，迫使其同意把软件的定价和销售与硬件分开，创造了独立的软件市场。1997 年 IBM 公司软件销售收入为 133 亿美元，雄居软件企业榜首。近两年美国司法部又对微软公司进行反托拉斯调查。这些举措有利于促进其国内软件企业的公平竞争。

（4）风险投资的发展成为支持软件企业发展的重要因素。

风险投资商提供了一条重要途径，支持具有竞争潜力的公司。美国的一些著名软件公司，如微软、Netscape 等，就是由风险投资公司投资的。

五、典型案例分析

（一）浪潮计算机产业实践

长期以来，作为计算机产业基础的计算和存储技术及产品均被 IBM、惠普、甲骨文等美国公司所垄断，我国企业基本处于空白状态。由此带来的系统性安全隐患和信息泄露风险对社会稳定、经济平稳运行和国家战略安全造成了极大的威胁。近年来，科技部"863计划"针对我国信息化装备产业的薄弱环节，分别设立了高端容错计算机、海量存储系统等重大项目，通过"产、学、研、用"相结合，使我国信息化核心装备产业取得了一系列重大技术突破，部分技术、产品达到国际领先水平，极大地提高了我国在信息技术领域的科技水平，有力支撑了我国信息产业的快速发展。

在科技部"863计划"支持下，浪潮集团在"十一五"期间突破了美国在系统多处理器紧耦合技术等方面的严密封锁，先后研制成功我国首台高端容错计算机、首台 PB 级海量存储系统和国内唯一通过 UNIX 认证的容错操作系统，实现了从无到有的重大历史跨越，使我国成为继美、日之后全球第三个能够自主研发该类装备的国家。产品性能达到同期国际先进水平，使我国该类核心装备的研制能力从整体上落后美国 30 年缩短到 3～5年。浪潮高端容错计算机在建设银行、邮储银行等金融机构实现了推广应用，使金融行业摆脱了对国外设备的依赖。浪潮 PB 级海量存储系统在广电、航天、国家超算中心等多个关键行业实现应用。中国资源卫星中心在成功应用 PB 级海量存储系统后，首次实现了天上（卫星）—地面（数据处理系统）全部自主可控。

在超级计算领域，高性能计算核心装备的研制能力日渐成为衡量一个国家科技水平及综合国力的重要标志。高性能计算机广泛应用于石油勘探数据处理、海洋环境数值模拟、新材料开发和设计、基础科学理论计算等方面。目前，美国拥有全球一半以上 500 强超级计算机，具有明显的优势。中国共有 65 台超级计算机进入世界 500 强榜单，位居第二。日本以 30 台位列第三。

超级计算机是实现工业化转型的重要助推器，世界发达国家纷纷投入巨资进行研究开发。美国依然是高性能计算领域的领先者，但中国与美国的差距正在缩小。中国虽两次登顶，但要真正在超级计算机的数量和整体实力等方面追赶上美国并达到世界顶峰，还有很长的一段路要走。

"十一五"期间，浪潮集团联合国防科技大学、总参 56 所成功研制了"天河 1A"、"神威蓝光"千万亿次超级计算机。"十二五"期间，浪潮集团联合国防科技大学成功研制了"天河二号"超级计算机。"天河 1A"、"天河二号"分别于 2010 年 11 月、2013 年 5 月名列全球高性能计算机 Top 500 排名首位。"天河二号"是世界上首台 5 亿亿次超级计算机，在微异构计算阵列、高速互联网络等方面突破了一系列关键技术，是国家 863 计划"十二五"高效能计算机重大项目的标志性成果。

在云计算、大数据等新兴信息技术领域，爆炸性增长的数据正孕育着知识经济时代的下一个战略性新兴产业——信息服务产业。全球主要国家正在围绕着云操作系统、云服务器、云安全、大数据一体机等核心技术开展新一轮的技术军备竞赛。IBM、甲骨文、谷歌、微软等国际厂商已基本完成了技术布局，国内厂商的云计算战略和技术布局也日趋完善。浪潮集团在国内率先发布了云计算战略，并在国际上首次提出了"行业云"的概念。行业云发展理念得到了业界厂商和用户的广泛关注和认可，行业云将逐步成为中国云计算的主要形态。

全球云计算技术与产品正处于迅猛发展和爆发式增长的阶段，其发展呈现出来三个特点：云计算服务类型越来越多，逐渐深入到日常的工作与生活；云计算的能力越来越强，云端移动终端和智能设备数量日益庞大，由此引爆数据指数级增长；云计算更加标准化，将会成为整个信息化社会的基础服务。云计算的发展将对产业变革带来了四个方面的影响：促进信息产业向社会化、集约化、专门化转型；促进软件产业向"以服务带产品"调整；促进软件生产组织方式向开源、开放合作社区发展；促进端设备更加轻量化和个性化，普适和泛在计算成为现实。

国内云计算技术与核心装备研制已经积累了一定的基础，增长强劲，但整体产业尚不成熟，市场总体规模较小。中国政府非常重视云计算技术的发展，地方政府也积极推进传统电子政务向云计算转型。在相关政策的引导和扶持下，浪潮、华为、华胜天成等企业推出了云计算产品，阿里巴巴、盛大等企业推出了公众云服务。2011 年浪潮先后发布了中国首款云计算数据中心操作系统"浪潮云海 OS"、首款模块化数据中心产品"浪潮 SmartRack 云服务器"。浪潮云海 OS 在计算资源弹性管理、系统可用性、系统安全性等方面达到了国际先进水平，可实现数据中心节能 70%，资源利用率提高 3 倍以上。浪潮云海 OS 已广泛应用于国内电子政务、医疗卫生、公共安全、交通、教育等多个领域。浪潮 SmartRack 云服务器突破了高密度、低功耗、高效能设计技术，在国际服务器能效标准测试中排名第一，国内市场占有率超过 50%。

近年来随着企业信息化的日臻成熟、社会化网络的兴起，以及云计算、移动互联网和物联网等新一代信息技术的广泛应用，全球数据的增长速度之快前所未有。国际 IT 企业纷纷将包含专用设备、数据分析、商务智能等硬件、软件与服务的大数据技术和产品推向战略前沿。近年来，IBM、甲骨文、EMC、SAP 等厂商花费巨资用于研发和收购相关数据管理分析厂商，已基本实现大数据领域的技术及产品整合。

大数据已经渗透到当今每一个行业和业务领域，成为重要的生产要素，大数据应用是拉动信息消费增长的核心动力。大数据处理和分析已经成为新一代信息技术融合应用的核心支撑节点。大数据因其巨大的商业价值和市场需求正成为推动信息产业持续高速增长的新引擎。对大数据的利用将成为国家和企业提高核心竞争力、并抢占发展先机的关键。对于信息技术产业，大数据将加速推动数据存储技术持续发展以及促进数据分析技术不断创新。

我国腾讯、百度、阿里巴巴等互联网企业已经将大数据技术成功应用于其客户分析、创新服务、金额风险评估等多个业务领域，取得了巨大的社会和经济效益。同时，以浪潮为代表的国内少数传统 IT 厂商也投入大量研发力量，自主开发出技术先进、创新鲜明的大数据处理系统产品。浪潮于 2012 年发布国内首个大数据处理系统"浪潮大数据一体机"。浪潮大数据一体机突破了异构混合加速、多级数据缓存、高效数据压缩、内存计算、实时流式分析等技术，显著提升了海量数据分析处理效率。数据写入能力较传统技术提高近 20 倍，存储空间节省 80%。浪潮大数据一体机在国内金融、公共安全、交通等领域得到应用。济南公安采用浪潮大数据一体机，有效地解决了数据分散、数据结构不统一等问题，实现智能人像识别、快速指纹比对、网络信息侦查和行动轨迹分析等，执法效率得到了极大提升，对保障社会公共安全起到了重大作用。

进入新世纪以来，世界主要国家都将发展信息技术作为国家战略重点和主要经济增长点，掌握装备制造业和信息产业核心技术的自主知识产权已成为提高国家竞争力的突破口。随着信息技术的迅速发展和应用的普及，信息产业已成为我国的支柱产业，其规模已居世界第二位。我国正处于信息产业发展的重要战略机遇期。在战略必争的核心装备方面应进一步加大研发投入，加大自主可控产品的应用推广力度，实现可持续发展；在云计算、大数据等战略新兴产业方面，应加强关键核心技术和前沿技术研究，强化企业技术创新能力，建设产业创新支撑体系，推动我国信息产业实现跨越式发展。

（二）小米和 MIUI 技术分析

1）小米手机

小米公司迄今已经宣布了 3 轮融资。第一轮在 2010 年底，小米公司完成融资金额为 4100 万美元，投资方为晨兴资本、启明和 IDG，估值达 2.5 亿美元。2011 年 12 月，小米公司完成第 2 轮 9000 万美元融资，估值达到 10 亿美元，投资方包括启明创投、顺为基金、IDG 投资、晨兴资本、高通投资和淡马锡六家投资机构。2012 年 6 月 26 日在北京卷石天地召开的媒体沟通会上，雷军在会上宣布，在端午节当天，小米公司完成第三轮融资 2.16 亿美元。小米公司现在估值达到了 40 亿美元。

小米手机 2013 年全年销售小米手机 1870 万台，增长 160%，含税销售额 316 亿元，增长 150%；12 月当月销售手机 322.5 万台，含税销售额 53 亿元。2012 年总出货量达 719 万台，销售额（含税）达 126 亿元，其中，来自小米官网销告的小米手机占比达到 70%，其余部分为与运营商电商合作销售方式。2011 年总出货量达 10 万台，销售额（含税）达 1.999 亿元。

小米手机 1（第一代）是中国首款双核 1.5GHz 高性能发烧级智能手机，由小米公司独立研发完成，并于 2011 年 10 月正式发售；小米手机 IS（第一代升级版）是一款双核 1.7GHz 高性能发烧级智能手机，于 2012 年 8 月正式发售。小米手机 2（第二代）是一款四核 1.5GHz 高性能发烧级智能手机，于 2012 年 10 月正式发售。小米公司截至 2013 年 3 月底在市场的三款机型有：小米手机 IS 青春版、小米手机 IS、小米手机 2（小米手机 1 现已停产）。

前两场次小米手机 1 和小米手机 2 的首次发布会都无一例外地选择了北京非常有名的艺术中心——798 艺术区。798 是国内名声最大也最成熟的艺术区，原是 798 厂等电子工业的老厂区，后来一些艺术家集聚于此，人们穿梭在艺术和工业之间，不断地感受现实与虚幻的冲撞并能感受到精致与粗犷并存。小米手机选择这样的地方向小米手机发烧友及媒体宣扬和发布自己的最新产品，无疑在中国手机界是独一无二的。

小米手机在发布新产品的时候，其核心新产品的性能几乎在当时手机界里是最强的，硬件配置是顶级和超前的。但新产品发布时宣扬的售价可能只是当时最新苹果 iPhone 的一半左右，对于热衷于追求惊艳硬件配置而不愿意购买昂贵的如类似苹果手机的用户来说最新的小米手机是个极好的选择。小米手机自上市以来，其产品关注率迅猛上升，见图24。

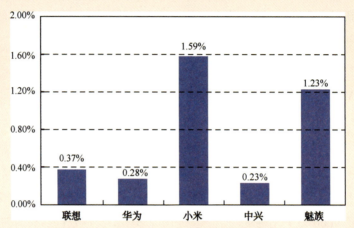

图24　2012年国产手机主流品牌单品关注率对比
（资料来源：互联网消费调研中心（ZDC））

2013 年 6 月小米手机在中国手机市场占有率已位居第三，仅次于苹果和三星，见图25。

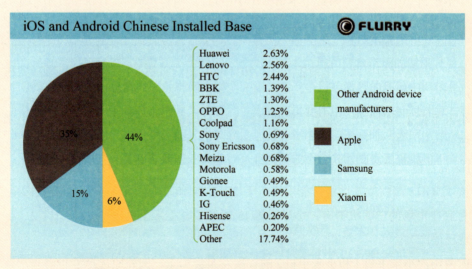

图25　2013 年 6 月中国手机市场（苹果占有率第一，小米第三）
（Source: Flurry Analytics, random sample of 18,310 Chinese owned iOS and Android devices.）

2013 年中国主流电商平台手机品牌销量排行中，小米手机的销量位居第一，见图26。

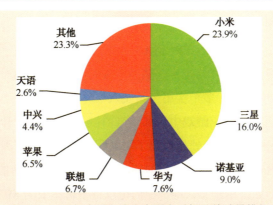

图 26　2013 年中国主流电商平台手机品牌销量排行

（资料来源：iEcTracker，基于电商平台数据抓取，多家电商数据合作及 40 万样本网络行为综合推算，2014.3 iReieorchinc.）

而且 2013 年第四季度智能机排名中，小米手机已经超越苹果，跻身前五，见图 27。

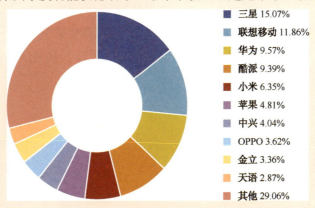

- 三星 15.07%
- 联想移动 11.86%
- 华为 9.57%
- 酷派 9.39%
- 小米 6.35%
- 苹果 4.81%
- 中兴 4.04%
- OPPO 3.62%
- 金立 3.36%
- 天语 2.87%
- 其他 29.06%

图 27　2013 年第四季度智能机市场排名

2）MIUI（米柚）操作系统

小米手机的操作系统为小米公司设计的 MIUI 系统，它是小米公司基于 Android 定制的适合中国人自己使用的操作系统。MIUI 系统是基于最新版的原生 Android 系统深度开发，超过 200 项改进的系统；它针对中国用户特有习惯设计，独享全球最大的手机美化主题库，力求创造最好的电话、短信体验以及原创主题系统。小米公司和消费者通过小米网站或微博互动交流，几乎每周保持更新，用户可以从小米网站自由下载最新 MIUI 系统。今年 1 月，MIUI 宣布用户量超过 1000 万。MIUI 从系统工具化产品转变，添加了数据备份同步、图库、便签等功能，还推出应用商店、主题商店、游戏中心、支付系统等。随着平台体系基本搭建完成，MIUI 正从云服务、应用商店、游戏中心等层面更多地切入到云服务和生态圈建设当中。借移动互联网的东风，MIUI 正变成小米公司新的收入来源。据小米公司内部人士透露，MIUI 单月营收已突破千万。MIUI 收入来自几大方面：游戏、搜索、主题分成以及应用商店下载。其中，MIUI 去年 9 月才开始运营小米游戏中心，但随着手机游戏市场爆增，小米游戏正在给 MIUI 贡献大笔收入。

MIUI 从 2010 年 6 月 1 日开始推广，从当年 8 月 16 日发布第一版，坚持每周迭代，涵盖桌面、六大核心功能、二十多个实用工具及八个移动互联网核心应用（浏览器、音乐、阅读、视频、应用商店、主题、游戏中心和小米商城）。其创新设计和易用功能点很多，MIUI 处处都有云服务的影子，处处显现出了互联网手机的基本基因。

如果小米用户关注小米官网或 MIUI 的新浪微博以及腾讯微博的话，每次 MIUI 的更新都会及时得到告知；如果用户感兴趣，他们可以将手机里旧的 MIUI 系统升级成最新版的，以增加手机使用的便利性和运行效率。

为使更多的人使用 MIUI 系统，小米公司不仅使 MIUI 支持小米公司自己生产的小米手机；也可以兼容小米手机竞争对手的多种型号手机：如 Google，三星，HTC，MOTO 及华为等。

目前，小米生态链已初步形成，2013 年 MIUI 用户数突破 3000 万，12 月当月向开发者分成超过 1800 万元，小米配件及周边产品全年营收超过了 10 亿元，其中单单是米兔玩偶就售出了 50 多万只。

3）小米手机的商业模式

一个公司的商业模式简单来说就是该公司采取什么样的方式去盈利，选择一个好的商业模式就意味着这个公司离商业成功靠近了一半。一个没有任何特色的商业模式一般不会取得大的成功和突破。

小米公司的手机用户定位是为手机发烧友而定制的，"为发烧而生"是小米手机公司的产品理念。我们在市场上所看到的各种手机型号大多用户定位是面向普通大众消费者，它们的价格从几百到几千不等，手机的用户包含工人、农民、公务员、白领以及商业人士等各个阶层。但对手机发烧友的这一独特群体却没有一家专门的手机公司去给予关注和了解，小米手机公司独特的互联网基因恰好能敏锐地捕捉到这一特殊群体的需求，从而不断推出专供手机发烧友需要的高性能手机并快速地赢得市场。手机发烧友并非全是"高富帅"或"白富美"的阶层，他们一般是对手机行业有一定的了解并且喜欢追求最新手机硬件和软件的都市青年以及大学生群体；这些群体将很多业余时间花在了用手机与朋友、家人沟通上面，他们利用手机购物和网上娱乐，他们对新鲜事物充满好奇，有充裕的时间使他们成为移动互联网最为活跃的团体。

小米公司现阶段的营销手段比较独特，它与一般的传统制造型手机公司不同。从产品类型来看，小米手机的类型不是很多，几乎保持一年推出一款到二款手机，这种产品的推出方式与苹果手机非常相似；每款小米手机在推出时都是手机行业中硬件配置最高的，几乎与同期在市场上销售的最新版苹果手机硬件媲美，但价格一般为苹果手机售价的一半，高配低价是小米手机的杀手锏之一。从小米手机的产品软件端来看，小米手机的软件尤其是 MIUI 手机操作系统是通过与小米手机发烧友共同参与的形式进行开发的，MIUI 每周都会推出新的版本，这些版本升级的来源很多是源自于小米手机发烧友的直接反馈，改善小米手机用户的软件体验极大地强化了小米手机公司与小米手机用户的黏性。

小米手机定位于发烧友手机，从小米手机的促销手段来看，小米手机的销售主要依靠口碑营销以及体验营销。小米手机天生就属于智能手机的范围，所以就决定了小米手机的销售密切与互联网联系在一起。从小米手机的第一次和第二次上市来看，小米公司充分利用了雷军及小米公司高层人士在互联网行业的影响力，将小米手机的宣传和促销做到了极致。每次小米手机有新的信息发布，在各大互联网站点上都会有巨大篇幅的报道和宣传，在发布会的现场除了热情高涨的小米手机发烧友外，各类平面或互联网主要媒体都会派得力干将采访报道，一时间小米手机的最新新闻无疑会成为新闻媒体和互联网的热门话题。另外，小米公司也借助各小米名人的微博进行宣传，甚至利用诋毁小米手机的名人进行反宣传。仅关注雷军微博的粉丝已达到 456 万人，加上小米公司腾讯微博和新浪微博的粉丝以及小米公司其他高层的微博粉丝总人数已超过千万人。这么庞大的受众人群一旦知道小米公司的新信息发布，经过大家口口相传之后或微博、微信再传播，那将是近亿的接收人群。小米手机的另一个营销方式是饥饿营销，这实际上也是体验营销的一种方式。

小米手机最新型产品首次推出时一般会选择性地卖给小米公司的资深论坛用户或对小米手机公司提出过质量反馈以及良好意见的小米手机买家，尤其是在推广小米工程机的初期。这些对小米手机有着深厚感情的手机玩家、发烧友们，往往会第一时间将自己在使用小米手机的心得体会一五一十地告知小米公司，督促小米公司在最快的时间里进行改进。这种饥饿营销一方面是由于新产品的产量不足，另一方面也客观上延缓了新产品批量上市的风险，万一有产品质量问题发生，至少在市场上已上市的小米手机数量是可控的，不至于将小米公司的声望一下子降至冰点。

小米手机公司的元器件供应商几乎都是手机行业前 3 名的行业巨头，如第一代小米手机就是使用美国高通公司的全球第一款 MSM8260 1.5GHz 双核处理器，第二代小米手机使用了高通公司全球首发的 APQ8064 1.5GHz 四核处理器。除了处理器外，小米手机的其他硬件也都是在全球范围内选择最主流、最先进的元件供应商供货，例如显示屏的供应商是在显示行业大名鼎鼎的日本夏普；小米手机的 PCB 板也选用了行业内排名前列的供应商——台湾欣兴电子及台湾华通电脑；小米手机的具体生产也由在电子制造服务业的巨头——台湾富士康和台湾英业达代工生产。这些手机行业巨头们的大力协助和支持能使小米手机保持世界一流手机硬件标准。

小米手机的销售渠道现阶段主要为两种，第一种直接在小米手机公司的官方网站直接线上销售。这种方式简单明了，小米手机的潜在购买用户可以自由的在小米公司网站上浏览自己感兴趣的小米手机类型和详细功能介绍、价格。如果发现自己满意的小米手机产品后可以立即预订或购买。小米公司的物流部分地借助了雷军投资的凡客诚品公司的如风达物流体系，另外其他国内的大物流公司（如顺丰快递、EMS、申通、圆通）也都与小米手机公司有着良好的合作，快速的物流交付能使购买小米手机公司产品的客户能在规定的时间里及时收到订购的货物。

第二种销售方式是通过电信运营商定制销售，目前小米手机公司已经与中国联通和中国电信建立了很好的合作关系。一方面小米手机公司利用自己官网在上面建立了一个"营业厅"模块供愿意选择中国联通或中国电信网络的潜在用户选择手机和具体合约。由于中国联通或中国电信运营商会为购买小米手机并入网的用户提供补贴，所以小米合约手机的价格只会略比单独买小米裸机但自由选择运营商的价格稍微高一点，如果用户能选择较高的话费套餐，甚至能享受到零元购机的优惠。在小米手机的高硬件配置的诱惑以及运营商的大力补贴政策的双重吸引下，小米手机的潜在用户极有可能毫不犹豫地投入小米公司的怀抱。另一方面中国联通或中国电信运营商为了争夺更多的电信用户，它们自己也利用自己的网站或营业厅甚至请京东商城、苏宁易购、国美在线等电商巨头推行其合约机，高曝光率无疑加大了小米手机在市场的影响力和销售热潮。据小米公司的数据显示，在 2012 年中国联通定制的合约机就达到了 137 万台，如果中国电信能有中国联通这么强大的定制合约，那小米公司在未来的销售量将更加巨大。

4）小米公司的组织结构和企业文化

小米公司于 2010 年在北京市注册成立，属于国内有限责任公司。公司是由前 Google、Motorola、微软、金山等公司的顶尖高手组建，是一家专注于 Android 等新一代智能手机软件开发与热点移动互联网业务运营的公司。2010 年 4 月正式启动以来，已经获得众多知名投资人及风险投资公司如 Morningside、启明等公司的巨额投资。小米手机公司的组织较为简单，呈现扁平化和高效的特征，图 28 是小米手机公司的组织结构图。

从图 28 可以看出，小米公司的组织结构简单，在管理方面，小米公司分工明确，各司其职，本着以客户为中心、以产品质量为基础的思想，建立高效、快速的管理团队，培养了产品设计、生产管理、质量控制的多面手，加强了供应链管理和快速反应。同时小米公司减少浪费，尽可能加快物流、资金流和信息流，一切以满足客户需求为目标。小米公司高效的管理也提高了公司的内部效率。小米公司的企业文化崇尚的是和谐与合作，建立和谐的文化氛围。公司内部员工之间保持愉悦的工作氛围，员工之间深度合作，工作积极性很高，工作效率也有很大幅度的提升。小米公司没有森严的等级，每一位员工都是平等的，每一位同事都是自己的伙伴。小米公司厌恶冗长的会议和流程，希望在轻松的伙伴式工作氛围中发挥自己的创意。小米公司同样也相信用户就是驱动力，坚持"为发烧而生"的产品理念。

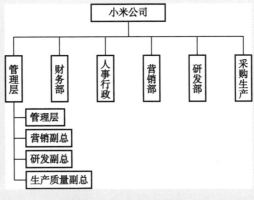

图 28　小米公司组织结构

六、发展重点

（一）计算机领域

1）继续支持采用通用处理器的高端服务器研制

国家从战略层面继续支持服务器产业的发展，特别是进一步安排科研项目，支持高端服务器技术持续研发，支持企业牵头，"产学研用"相结合，在"十一五"科技部 863 计划"高端容错计算机"重大项目成果的基础上，继续研发下一代高端服务器，实现在金融、电信等关键行业核心应用上的全面推广，形成与国外大厂商可相抗衡的高端服务器产业化能力。

2）进一步支持全国产系统的研制

国家进一步支持全国产系统的研制，解决国产服务器系统稳定性、可靠性及芯片、外围 IO 扩展兼容性问题，推出一系列满足国内用户需求的全国产服务器产品；推进国产操作系统、数据库、中间件针对全国产服务器的兼容性开发，解决系统兼容性问题；提升系统整体性能，提高系统的应用效率，实现国产基础软件在全国产服务器系统上的广泛应用，推动国产处理器、操作系统及应用软件的产业化。

3）加速面向云计算数据中心的超大规模服务器研发

面向未来云计算数据中心需求，研制性能功耗比和整体服务能力较现有水平提升 5～

10 倍的低成本、低功耗、高效能的超大规模服务器系统（也称"云服务器"），以支撑未来云计算应用的需求。

单台云服务器系统必须达到千量级节点，整体服务能力比现有水平提升约 10 倍，具备支撑亿级并发的能力，日处理 500 亿次网络请求、100PB 数据的能力，和支撑千万量级应用服务的能力；性能功耗比比现有水平提升 5～10 倍，其中单位能耗网络请求处理能力由 4 万～6 万次/度提升至 40 万～60 万次/度，单位能耗后台数据处理能力由 20GB/度提升到 100～200GB/度；单位性能总体拥有成本下降 10%以上。

项目支持的研究方向主要包括：研究性能功耗比可持续优化的云服务器体系结构，基于自主高效能处理器的机器间互联技术，满足多样性服务需求的云服务器系统模块化和可定制化技术，适应规模化服务需求的，云服务器系统低耗能、高密度及可扩展技术；云服务器系统高效调度和统一监控管理技术；研究云服务器系统资源虚拟化及其相关技术；研究满足稳定运行、可持续服务要求的云服务器系统可靠性、可用性技术，适应容量、带宽、规模化服务需求动态变化的云服务系统高可扩展技术。

4）推动全国产化存储装备研发与产业化

在研制国产存储专用芯片的基础上，开发基于国产芯片的存储控制器。以当前国产 CPU 为核心，设计适用于数据存储与安全的加速硬件逻辑，并集成到芯片中，提供高效、高性能、安全的存储专用芯片。研究支持多种协议的主机接口芯片，研制同时支持万兆 iSCSI、8Gb FC、FCoE、Infiniband 等接口协议的主机接口芯片。

5）支持下一代高端存储装备研制

研究横向扩展存储架构，使装备具有更好的扩展性，满足大数据需求；研究自动精简配置技术、存储分层技术、重复数据删除技术、数据压缩技术等数据优化技术；研究 SAN 协议与 NAS 协议混合技术；研究存储资源虚拟化技术，兼容异构设备；研究分布式存储、列式存储等大数据管理技术；研究分布式存储应用基础框架，提供数据计算分析能力；研究绿色节能技术。

6）支持超大规模 EB 级云存储系统研究

研究适合大规模云存储应用的存储系统体系结构及元数据管理技术；研究云存储系统构成基础单元弹性扩展的云存储装备技术；研究超大规模存储系统自管理技术；研究资源动态配置与可控共享技术；研究广域数据高效迁移和共享方法；研究适合云存储环境的低功耗技术。

7）研究全闪存高可靠存储基础装备

研究全闪存高可靠存储基础装备，发挥固态硬盘高性能、低功耗的特点，代替传统机械硬盘基础装备，带动我国信息化发展实现跨越式发展，并最大化降低能源消耗，实现真正意义上的绿色节能。

8）建立示范工程

建立国产高端服务器在金融、电信、政府等行业的示范应用工程；面向区域（省区）的公共云计算服务平台示范应用工程；面向重点行业的行业云服务平台示范应用工程；面向重点行业的大数据平台示范应用工程。

（二）软件与信息服务领域

1）基础软件替代工程

国家继续实施"核高基"国家科技重大专项，以应用为驱动力，鼓励企业参与中上游产业链条的研发，突破通用数据库、大数据库、移动操作系统等领域关键技术，提升自主创新能力，占据高端软件市场。完善基础软件发展环境，增强其可持续发展能力，在党、政、军及重点领域逐步实现国产基础软件推广应用。

2）工业软件提升工程

国家重点围绕工业产品设计和企业管理领域，大力发展 CAD/CAM、MES、PLM、PCS、BI 等软件产品以及工业信息安全软件，提高产品设计效率和企业管理效率。加快开发面向 3D 打印的三维软件、基于云计算和移动平台的工业软件，构建重点领域工业云服务平台，实现工业软件服务化，达到全生命周期业务活动、全产业链的协同化、智能化。

3）信息安全软硬件推广工程

加强数据安全、网络安全、办公安全、个人安全等关键技术和产品的研发力度，加快发展云计算、物联网、大数据环境下的安全技术和产品，发展针对不同用户和企业的个性化信息安全服务。建立和完善各项标准、制度、法规，建立信息安全标准、制度和法规，完善信息安全产品检测标准和服务体系。在个人信息安全、企业信息安全、国家信息安全方面开展软硬件推广工程。

4）新一代信息技术创新示范工程（云计算、大数据）

针对政府、金融、通信、交通、贸易、物流、科技、教育、医疗、社保、环保等不同行业的信息化需求，加快云计算、大数据、移动互联网领域的发展，开展新一代信息技术创新示范工程。建立高新技术领域标准规范，以应用示范带动技术进步，推动模式创新。

5）龙头企业和产业集群培育工程

立足国内市场，利用国内成本优势和本土化服务优势，加强与软件强国的合作，培育龙头软件企业，严格控制软件质量，发展品牌产品。大力发展软件产业集群和软件名城工程，提高产业集中度，优化产业机构，推动产业链协同发展。

七、发展路线

（一）计算机领域

1）发展路线（见图 29）

		2015—2020年	2020—2025年
需求		200万台/年	300万台/年
典型产品		服务器、存储设备、高性能计算机	
核心基础零部件	CPU	达到国外同类产品2015年水平：15核，3GHz，性能相当	达到国外同类产品2020年水平：至少50核，3GHz，性能相当
	CPU（专用加速器件）	达到国外同类产品2015年水平：千核，8Tflop/s，性能相当	达到国外同类产品2020年水平：万核，100Tflop/s，性能相当
	内存	内存串行高速化，容量提升10倍；非易失内存，访问速度、成本、寿命等指标达到可商业化采用规模	内存堆叠技术，容量再提升10倍；非易失内存，访问速度、成本达到2020年传统内存水平
	硬盘	传统磁介质硬盘容量增长10倍，将被固态存储所代替	传统磁介质硬盘被固态存储取代
	互联网网络	1000GB互联	5000GB互联
关键基础材料（PCB板）		线缆PCB板	光互连PCB板
基础工艺（PCB工艺）		与国外同期水平相当	与国外同期水平相当
产业技术基础		CPU研发平台、内存工艺技术研究平台、整机技术研究平台	
保障措施		加大对CPU、内存、互连网络、PCB、整机技术、工艺的研发投入	

图 29　计算机领域发展路线

2）发展现状及需求

近年来，在国家发展自主可控产品、鼓励自主创新政策的推动以及云计算、大数据等新型产业发展的带动下，国内企业在计算机（服务器和存储）领域取得了突飞猛进的发展。在市场方面，2014 年国内服务器厂商已经占据了中国市场将近 60% 的市场份额，其中高端服务器方面取得从无到有的突破，达到 14%；2014 年国内存储厂商也占据了 40% 的市场，在一些关键领域逐步替代了国外产品。在技术方面，中国的高性能计算机继续占据全球性能第一；高端服务器和高端存储产品打破国外垄断，性能、功能达到国际同类产品平均水平；互联网定制化服务器达到国际领先水平。

随着云计算、大数据的发展，计算机产业具有广阔的发展空间。据 IDC 保守预测，全球数据总量将在 2016 年增至 4.1ZB，2020 年全球数据总量将达到 35ZB，Gartner 表示，到 2016 年，将有 36% 的消费者的数字内容被存储到云中。同时，在高性能计算方面，2030 年，前沿领域计算能力需求达 1ZFlop/s。终端的快速增长和云计算、大数据等新型技术的发展，使得数据中心设备需求持续增长。2014 年，全球服务器出货量达到 920 万台，预计到 2020 年，全球服务器出货量达到 1200 万台，2025 年超过 1500 万台。

预计到 2020 年，中国计算机产品总体市场规模将接近美国。国产服务器占据全球市场份额的 30%，中国市场份额的 80%；高端服务器总体性能指标与美国同类产品相当，在国内金融、电信、智慧城市等关键领域得到大规模应用；高性能计算机继续保持全球领先地位；采用国产 CPU 的品牌服务器实现产业化应用。到 2025 年，中国计算机产品技术和产业能力将进入世界强国行列，形成完整的产业体系和创新体系。国产软硬件达到国际先进水平，国产化应用实现自主可控。国产服务器市场份额与美国同类产品"三分天下有其一"，国产服务器占据全球市场份额的 40%，中国市场份额的 80% 以上；其中高端服务器占据国内市场 50% 以上市场份额；高性能计算机整体规模达到全球第一；采用国产 CPU 的品牌高性能计算机和服务器占据中国市场 50% 以上份额。

从行业市场来看，传统市场（金融、电信、政府等）稳步增长，新兴的互联网市场增长迅猛。传统的互联网巨头 BAT（百度、阿里巴巴、腾讯等）仍然是市场采购的主力，其他互联网企业采购规模也在快速增长。互联网的采购越来越趋向定制化，存储服务器、高密度服务器等行业专属产品已经成为主流的出货品类。

国内计算机（服务器和存储）产业发展迅速，但是也存在了较多的问题，特别是在计算机领域的核心技术和工业基础方面，与国外还存在较大的差距。

计算机（服务器和存储）产业的重要特点是某些核心技术和产品占据着产业链的高端环节，对整个产业的垄断性和掌控力很强，能够极大地影响产业发展和技术创新的途径。不掌握核心技术，意味着相当一部分后续创新受制于人。目前我国在计算和存储领域的关键技术与国外相比差距仍然比较明显，如 CPU 被 Intel 和 AMD 控制，磁盘技术完全被希捷、日立控制。国外在新型存储介质 SSD 完全处于领先，后端接口芯片，如 RAID 芯片、SATA/SAS 控制芯片、SAS expander 交换芯片，主要被国外 LSI、PMC 厂商把控；前端接口芯片，主要被 QLogic、Emulex、Marvell 少数几个厂商控制，万兆网卡目前采用 Intel、Broadcom 厂商的产品，基本也是被国外厂商垄断。系统设计方面，目前国内已经能够设计制造出高、中、低端系统，能做出产品，但做出精品能力差。如在存储体系架构方面主要集中在单控、双控，浪潮和华为在高端存储体系结构方面有了较大的突破，已经完全掌握了整个 I/O 栈的数据存储 I/O 控制技术，具备大型高端存储系统设计能力。但在高速内部互联、数据冗余与容错、高效 I/O 处理与数据管理、高端产品工程技术等关键、核心技术方面仍弱于国外。

由于计算机（包括服务器和存储）领域几乎所有的重要核心技术都掌握在美国手中，我国计算机产业增加值比例普遍较美国企业低，美国计算机制造企业的增加值比例超过65%，而国内企业增加值比例一般处于35%左右，处于低级组装阶段的产品不在少数。我国企业虽然在某些技术领域取得了一些突破，但从全局来看，与美国企业的差距仍然相当大，在竞争方面基本上只能依靠成本优势。

3）典型产品及核心/关键技术

（1）典型产品。

基于国产 CPU 的高性能计算机和高端服务器（含万核级高端服务器、E 级高性能计算机）；面向云计算和大数据的融合架构数据中心、跨地域/多维度/多类型融合的云存储设备。

服务器：服务器方向重点关注的产品是高端服务器和面向云计算的融合架构服务器（数据中心）。2015 年，国产 64 路（千核级）高端服务器和亿级云服务器发布，未来仍然向高性能、高可靠、低功耗方向迈进；2020 年，高端服务器和云服务器的性能将再提升10 倍，同时尝试采用国产处理器设计高端服务器；2025 年，高端服务器和云服务器的性能将再提升 100 倍，采用国产处理器的高端服务器将拥有成熟可靠的性能。

存储：存储方向基本保持 5 年 10 倍的速度，2015 年、2020 年、2025 年分别达到 EB级、10EB 级和 ZB 级；同时面向云计算的云存储产品逐步成熟，2020 年出现完全软件定义的云存储，2025 年形成跨地域、多维度、多类型融合的云存储系统。

HPC：HPC 保持 10 年 1000 倍的发展速度，2015 年达到 100P 级，2020 年达到 E 级，2025 年达到 Z 级。

（2）关键技术。

计算机（服务器和存储）领域的关键技术可以分为两个部分，一部分设计和制造计算机设备所涉及的关键技术，另一部分是计算机设备所使用的基础零部件。

计算机设计和制造技术方面，服务器方面重点关注的技术是 CPU 互联、资源调度和能耗管理。CPU 互联技术，近期和中期，千核级和万核级高端服务器的 CPU 互联技术仍然是现有技术的扩展，将逐步实现掌握和突破，并达到成熟；远期，一方面要将这些技术扩展到国产处理器领域，另一方面要探索新型的互联技术，如板级光互联技术等，以满足更大规模互联的需要。资源调度管理技术，近期，面向云计算的硬件（I/O、内存等）资源池的调度管理技术主要以软件调度为主；中期，将出现可以在硬件层面动态调整的资源池技术，可以有效提升云服务器应对资源按需分配的能力；远期，软件和硬件对资源的调度将进一步融合，实现完全意义上的软件定义的硬件。能耗管理方面，近期以整机为单位，主要控制 CPU/内存等主要器件；中期，将能够实现计算机所有器件的单独功耗控制；远期，还需要结合新型的、控制力度更细的元器件（如芯片模块）实现更精细化的管理。

存储方面关注的技术包括新型存储材料的应用、大数据和云存储。

大数据处理涵盖了服务器和存储等多个领域，近期的发展将以数据量较大的非结构化/半结构化数据处理技术为主；中期将重点关注传统的结构化数据处理技术，并出现多维度/多类型大数据融合的大数据处理平台，对现有技术进行充分融合；远期，大数据处理技术将出现新的突破，出现新型大数据处理平台。

近期，固态存储（SSD）将得到广泛采用，固态存储的高效利用技术将成为重点；中期，相变存储（PRAM）等存储技术将逐步成熟；远期，将继续研究多种类型的存储材料的融合利用技术。

云存储方面，重点关注软件定义存储技术和跨地域、多维度、多类型融合的云存储技术。

HPC 方面，近期和中期重点仍然是异构混合计算技术、高速互联技术，以及应用开发技术等；2020 年后，计算技术的发展将逐步遇到瓶颈，需要在量子计算等新型计算领域取得突破，才能保证计算性能的持续提升。云计算数据中心方面的关键技术已经涵盖在服务器和存储技术中。

计算机基础零部件方面，国内 CPU 整体水平基本上比国外领先产品（Intel 至强处理器）落后 5 年左右的水平，2020 年、2025 年分别能达到 Intel 2015 年和 2020 年的水平，性能、稳定性水平稳定提升；专用加速部件方面，2020 年可以达到千核，8Tflop/s 水平，2025 年可以达到万核，100Tflop/s 水平；内存方面，2020 年实现内存串行高速化，容量提升 10 倍以上，非易失内存访问速度、成本、寿命等指标达到可商业化采用水平，2025 年实现内存堆叠，容量再提升 10 倍，非易失内存访问速度、成本达到 2020 年普通内存水平，传统磁介质硬盘逐步替换为固态硬盘；内部互联网络，2020 年达到 1000GB，2025

年达到 5000GB。

此外，在关键基础材料和工艺方面，2025 年实现光互联 PCB 板，国产板材和工艺达到国外同期水平。

4）保障措施

（1）进一步加大关键技术和基础零部件的研发支持力度。

重点支持高端服务器、高端存储、融合架构数据中心、云存储、高性能计算机等产品的研制，重点支持国产 CPU、内存、硬盘等关键部件的研制，加大对 PCB 材料和工艺、互联网络、整机技术和工艺的研发投入。

（2）加快国产计算机的研制和推广。

进一步支持国产系统的研制，解决国产服务器系统稳定性、可靠性及芯片、外围 I/O 扩展兼容性问题，研发满足国内用户需求的国产服务器产品；推进国产操作系统、数据库、中间件针对全国产服务器的兼容性开发，解决系统兼容性问题；提升系统整体性能，提高系统的应用效率，实现国产基础软件在全国产服务器系统上的广泛应用，推动国产处理器、操作系统及应用软件的产业化。

（3）建立示范工程。

建立国产高端服务器和存储设备在金融、电信、政府等行业的示范应用工程；面向区域（省区）的公共云计算服务平台示范应用工程；面向重点行业的行业云服务平台示范应用工程；面向重点行业的大数据平台示范应用工程。

（二）软件与信息服务领域

1）发展路线（见图 30）

2）发展需求

随着新一代信息技术的不断发展以及网络安全和信息安全形势的日益严峻，全球软件和信息技术产业正在进行新一轮的重大变革，新的市场需求不断扩大。

（1）国产化替代市场需求迫切。

一直以来，我国软件与信息服务领域产品缺乏核心技术、创新不足的问题尚未得到根本改变。我国在高端客户、高端领域的软件产品和信息服务技术方面仍然被跨国公司垄断，政府、军队、电力、金融、交通等关键信息基础设施大部分依赖国外芯片、操作系统和数据库。在重大、关键领域信息技术应用过程中，国内企业还难以满足用户需求，无法提供相关软件产品。

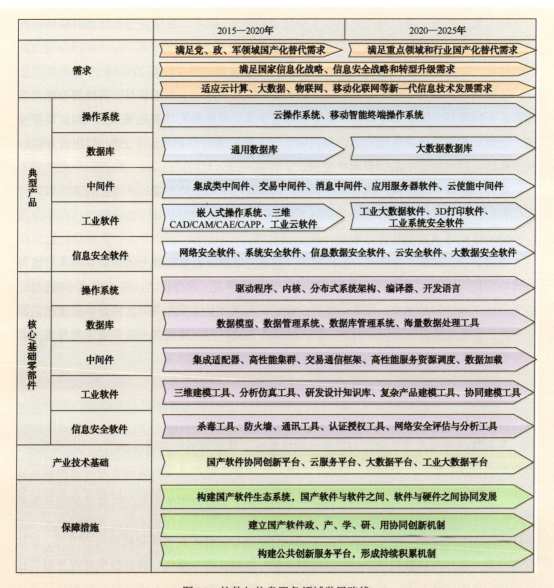

		2015—2020年	2020—2025年
需求		满足党、政、军领域国产化替代需求	满足重点领域和行业国产化替代需求
		满足国家信息化战略、信息安全战略和转型升级需求	
		适应云计算、大数据、物联网、移动化联网等新一代信息技术发展需求	
典型产品	操作系统	云操作系统、移动智能终端操作系统	
	数据库	通用数据库	大数据数据库
	中间件	集成类中间件、交易中间件、消息中间件、应用服务器软件、云使能中间件	
	工业软件	嵌入式操作系统、三维CAD/CAM/CAE/CAPP，工业云软件	工业大数据软件、3D打印软件、工业系统安全软件
	信息安全软件	网络安全软件、系统安全软件、信息数据安全软件、云安全软件、大数据安全软件	
核心基础零部件	操作系统	驱动程序、内核、分布式系统架构、编译器、开发语言	
	数据库	数据模型、数据管理系统、数据库管理系统、海量数据处理工具	
	中间件	集成适配器、高性能集群、交易通信框架、高性能服务资源调度、数据加载	
	工业软件	三维建模工具、分析仿真工具、研发设计知识库、复杂产品建模工具、协同建模工具	
	信息安全软件	杀毒工具、防火墙、通讯工具、认证授权工具、网络安全评估与分析工具	
产业技术基础		国产软件协同创新平台、云服务平台、大数据平台、工业大数据平台	
保障措施		构建国产软件生态系统，国产软件与软件之间、软件与硬件之间协同发展	
		建立国产软件政、产、学、研、用协同创新机制	
		构建公共创新服务平台，形成持续积累机制	

图 30　软件与信息服务领域发展路线

当前，网络安全、信息安全向复杂化、多样化和全球化方向发展，有组织的网络犯罪增多，网络攻击的目标更加具有针对性，针对重要信息系统的恶意攻击频繁发生。在政府、能源、金融、交通、工业控制等领域进行国产化替代已经刻不容缓，这将为国产软件的发展提供良好的发展机遇和发展前景。

（2）国家战略的推进为软件发展提供广阔的市场空间。

未来一段时期，随着我国工业化、信息化、城镇化、信息安全、经济结构转型升级等国家战略的推进、战略性新兴产业的发展以及日益完善的政策法规，都将为我国软件产业未来的发展提供难得的机遇。同时也对软件产品和软件服务释放出巨大的市场需求。

在实现由传统工业化道路向新型工业化道路转变、促进工业结构整体优化升级的进程中，以软件为代表的信息技术在工业各领域及生产各环节持续深化应用，与汽车、船舶、机械装备、新型材料等行业加速融合，为软件产业发展创造了广阔的市场空间。

随着我国互联网带宽的日益提高、智能终端的快速普及，用于通信、网络等方面的消费需求大幅增长，推动移动支付、位置服务等个人信息消费市场高速增长。同时，智能家居、智能汽车等也将产生强烈的信息消费需求，推动企业级信息服务的快速成长。所以，基于移动互联网的强劲的信息消费需求，正在成为国内软件产业新的增长点。

此外，随着节能环保、高端装备制造、新能源汽车等战略性新兴产业的崛起，以软件为代表的信息技术在经济和社会各领域将得到更为深入、更为广泛的应用。

（3）新兴技术推动软件产业新一轮繁荣发展。

当前，以云计算、物联网、无线宽带、移动互联网、大数据等为代表新兴技术引发新一轮信息技术革命，催生新技术不断涌现，使业务模式、服务模式、商业模式不断创新，成为全球共同关注的热点，是推动软件产业进一步发展的重要引擎。这些新兴技术的发展和应用，必将催生出一系列新技术、新产品和新模式，为全球软件产业的繁荣发展带来新的驱动力。

3）典型产品及其核心/基础零部件

（1）基础软件。

基础软件领域未来需要大力发展云操作系统、移动智能终端操作系统、通用数据库、大数据数据库、集成类中间件、消息中间件、应用服务器软件和云使能中间件等基础软件产品。加快研发大数据环境下的数据库管理系统、数据处理应用软件，培育开发基础软件平台。

在操作系统方面，重点部署开发驱动程序、内核、分布式系统架构等核心部件；在数据库方面，重点突破数据模型、数据管理系统、数据库管理系统、海量数据处理工具等核心部件；在中间件方面，重点突破集成适配器、高性能集群、交易通信框架和数据加载等核心功能部件。

预计到 2020 年左右国产基础软件技术研发将会取得突破，在关键技术、产品稳定性等方面缩短与国外产品的差距至 2～3 年。2025 左右年形成完善的操作系统产品、大数据产品和解决方案，实现基础软件国内市场占有率约为 50%。

（2）工业软件。

重点围绕工业产品设计和企业管理领域，大力发展基础嵌入式操作系统、嵌入式数据库、嵌入式软件开发平台、三维 CAD/CAM/CAE/CAPP，等软件产品以及工业信息安全软件，提高产品设计效率和企业管理效率。加快开发面向 3D 打印的三维软件、基于云计算和移动平台的工业软件。

在工业软件方面，重点开发三维建模工具、分析仿真工具、复杂产品建模工具、协同建模工具、研发设计知识库等核心功能部件。

预计到 2020 年完成构建工业云平台，实现工业软件服务化，达到全生命周期业务活动、全产业链的协同化、智能化。预计到 2025 年突破工业软件基础理论的研究，包括各种集成建模方法和优化理论，使国产工业软件市场占有率平均达到 50%，完成工业软件架构与平台应用标准的制定，建成重点领域的工业云服务、工业物联网、工业大数据平台。

（3）信息安全软件。

加强数据安全、网络安全、办公安全、个人安全等关键技术和产品的研发力度，加快发展云计算、物联网、大数据环境下的安全技术和产品，发展针对不同用户和企业的个性化信息安全服务。

在信息安全软件方面，重点开发杀毒工具、防火墙、通讯工具、认证授权工具、网络安全评估与分析工具等基础功能部件。

预计到 2020 年使国产防火墙、杀毒软件、数据安全软件成为国内市场主流产品，建立信息安全标准和制度，完善信息安全产品检测标准和服务体系。到 2025 年基本摆脱安全软件领域核心软、硬件受制于人的局面。使个人信息安全、企业信息安全、国家信息安全得到全面、有效的保障。

4）保障措施

（1）构建国产软件生态系统。

鼓励企业积极开展技术创新活动，实现技术创新和经济效益的双赢，加大政策扶植的力度，营造技术创新的良好环境和氛围，同时鼓励企业围绕市场需求和生产经营的需要，开展技术创新活动。

构建健康、合理的国产软件生态体系，避免企业之间以及行业之间无序和无效的竞争，确保国产软件与软件之间、软件与硬件之间的兼容、协同和同步发展。

（2）建立公共创新服务平台。

建立完善的投融资环境，设立基础软件、高端工业软件、信息安全软件等专项发展基金，鼓励技术创新和产品创新，转变国产软件企业应用模式，发展壮大国产工业软件研发、应用和运营服务队伍。

引导社会资源向软件与信息服务领域倾斜，鼓励各类商业金融机构支持软件产业重点领域自主创新和产业化。完善风险投资和信用担保机制，鼓励、支持国内外风险投资基金投向符合产业政策导向的领域。

第二章 通信设备

摘要

我国通信设备制造业经过近 30 年的快速发展，已逐步实现由跟随到引领的跨越式突破，不仅通信设备产业规模位居全球第一，且涌现出华为、中兴等一批在全球处于前列的通信设备企业，在第五代移动通信、下一代光通信与数据通信等技术领域，已经成为全球创新的引领者。然而与国外相比，我国在通信设备关键芯片、元器件、软件等领域还无法完全自主提供，能够自主提供的部分则在产品性能上与国外存在明显差距，成为制约我国通信设备制造业未来发展的关键瓶颈。

本报告系统分析了移动通信、光通信和数据通信三类主要通信设备所涉及的十余种关键元器件及相关基础软件和材料。总体来看，在网络处理器（NP）等通信设备专用芯片和专用软件（包括嵌入式操作系统）方面，由于国内通信设备企业进行了持续性创新研发，已经基本实现自主提供，且与国外差距不大；在光收发芯片、PON 核心芯片、光纤预制棒等光器件方面，我国初步实现自主提供，但核心技术掌握程度、产品性能水平还与国外存在一定差距；在 DSP、FPGA、AD/DA 等通用芯片和器件领域，我国还与国内存在较大差距，目前基本依赖进口。

结合通信设备主要四基产品的市场规模预测与技术重要性分析，下一步应继续强化在 NP 等通信设备专用芯片领域的竞争优势，逐步提高光收发芯片、PLC 分路器、光纤预制棒等器件的技术水平和自主提供能力，力争在 FPGA、PA 等通用芯片领域实现质的飞跃，大幅提升此类国产芯片的自主供货能力，同时加大对 SDN 等新型通信设备系统和软件的布局，掌握未来通信设备产业竞争的关键点。

一、通信设备四基发展现状及国内外差距分析

（一）移动通信设备四基发展现状及国内外差距

（1）DSP：众多企业停止技术更新，TI 独扛大旗。

数字信号处理（Digital Signal Processor，DSP）是将信号以数字方式表示并处理的理论和技术。DSP 芯片则是用以快速实现各种数字信号处理算法的集成电路芯片。DSP 芯片大量使用于移动核心网和接入网设备中，如在 BBU 设备中进行基带算法处理。

DSP 芯片广泛应用于通信、计算机、医疗、军事、仪器仪表等领域，但用于通信中的占据着过半的比例。目前，主要的 DSP 生产企业有 TI、ADI、Freescale、NXP 等，此外还大约有 80 家厂商。TI 是最大的 DSP 芯片供应商，占据着全球 45% 的市场份额，而在我国国内市场更是拥有超过 80% 的比例。国内发展 DSP 的厂商不多，大都采用大厂商的 DSP 解决方案。

主流品牌几乎垄断了主流基站厂商的 DSP 订单，国内外主流的基站设备商开始致力于独立开发或二次开发专用的 DSP，以满足成本、功耗等要求。而有某些人认为 DSP 已是迟暮，会被 ARM 或 FPGA 取代，ADI、Freescale、NXP 早已停止了新技术的发展。

国内通过"核高基"等国家重大科技专项课题促进 DSP 研究，并且取得部分成果。如 2012 年 11 月中国电子科技集团 38 所完成了拥有完全知识产权的"魂芯一号"的测试，在 2013 年 10 月的中国（合肥）集成电路年会上表示在军事等领域应用取得成功，下一代产品将走"民用化"路线。虽然"魂芯一号"已经取得了巨大的进步，但相比于国外产品仍有很大差距。采用 55nm 工艺技术的 32 位 DSP 产品"魂芯一号"的主频为 500MHz，而 DSP 大佬 TI 的同样 32 位产品，如 66AK2E05/02 采用 28nm 工艺，其频率已经达到 GHz 水平。此外，国内产品产业化明显不足，目前仅在某些领域少量运用，而国内通信设备基站的 DSP 芯片则仍然几乎为国外厂商所垄断。

（2）FPGA：市场呈现垄断之势且仍在加强。

现场可编程门阵列（Field-Programmable Gate Array，FPGA）作为专用集成电路（ASIC）领域中的一种半定制电路出现，既解决了定制电路的不足，又克服了原有可编程器件门电路数有限的缺点。FPGA 也广泛应用于移动核心网和接入网设备中，完成数据处理、接口转换等功能。

在全球 FPGA 市场中，Xilinx 和 Altera 两大公司长期稳居第一第二的位置，对 FPGA 的技术和市场均占有绝对主导地位。2015 年，英特尔收购 Altera 进入 FPGA 市场。2016 年，Xilinx 和 Intel（Altera）两大公司合计占据近 90% 的市场份额，专利达 6000 余项。其中，Xilinx 相关业务营业收入为 21.67 亿美元，Intel（Altera）为 14.86 亿美元。

美国政府对我国的 FPGA 产品与技术出口进行苛刻的审核和禁运，使得国家在航天、航空乃至国家安全领域都受到严重制约。FPGA 技术与产品对打破美国企业和政府结合构成的垄断以及国家利益意义深远。

在政府的大力支持下，国内冲出"黑马"企业——京微雅格。之前世界上的 FPGA 一直被美国所垄断，而近年京微雅格逐渐脱颖而出，其具有完全自主知识产权的独特 SoC 结构获得越来越多用户青睐，并获得国家和政府的支持，正在逐渐取代国外品牌，建立自主品牌。京微雅格在 2005 年开始专注于自主知识产权的集 FPGA、CPU、存储器为一体的可编程系统芯片，首创了芯片上可配置应用平台 CAP（Configurable Application Platform），并占据领军者地位。

除京微雅格之外，目前国内还有几家以逆向工程和军工市场为主的企业。如时代民芯公司拥有自主研制的从万门到百万门 FPGA 共三个系列的 10 多个产品，该公司在 FPGA 研发方面以客户应用为牵引，走差异化路线，开发面向特殊应用的 FPGA，满足空间应用和小型化产品的不同需求。

国内企业在 FPGA 领域取得突破性进展，但目前仍然主要集中在数万到百万门级的中低端领域，从产品工艺到产品的容量、性能等方面均与国外存在差距，而面对 Xilinx 和 Altera 双寡头垄断的局面，国内企业想要获得一定的市场地位，仍然需要付出巨大的努力。

（3）PA：国内企业举步维艰，缺乏产业化能力。

功率放大器是发射系统中的主要部分，在发射机前级电路中，调制震荡电路产生的射频信号功率很小，需要经过一系列的放大以获得足够的射频功率，才能馈送到天线上辐射出去。

目前基站设备厂商主要采用国际上主流功放厂家的产品，如 Freescale、NXP、Infineon等。国内功放厂家规模普遍较小，缺乏产业化能力，难以保证大批量生产的稳定性，甚至缺乏正规的生产线。

　　除了规模较小，难以保证批量生产稳定性的产业化问题以外，国内企业产品与主流厂商产品在性能上存在着一定的差距。高效率[①]、高工作带宽[②]和非线性失真[③]是功率放大器的设计核心，国内企业能够实现各通信制式下的基站功率放大器产品，但效率普遍在20%～40%，工作带宽也相对较窄，如芯通科技产品工作带宽较好的一款 TDD-LTE 产品，发射频段为 300M（3400～3700MHz），而领先的基站功率放大器厂商飞思卡尔的 Airfast RF 功率解决方案系列产品可达到 65%的平均效率，其 2014 年的产品 MMZ25333B 可覆盖 1500～2700MHz 的所有频段。

　　（4）AD/DA：领先厂商不断提升产品性能，国内依然缺乏生产能力。

　　国外生产数模/模数转换器的最著名厂家有 TI（德州仪器）、ADI（模拟器件）、NS（国家半导体）、MAXIM（美信）等。这些公司起步较早，研发实力雄厚，拥有先进的系列芯片，能够满足不同领域的需求，占据了 AD/DA 芯片的高端市场。

　　国内 AD/DA 芯片起步较晚，研究和技术水平比较落后，能够进入商品市场、批量供应的产品不多，造成了我国 AD/DA 芯片巨大需求与国内芯片产业落后之间的巨大矛盾。此外，由于高端芯片产品受到国外的进口限制，对我国国防现代化发展以及民用电子通信等的发展均非常不利。

　　国内目前基本处于空白，只有极少数企业生产，且产品性能差距巨大。例如国内昆腾微电子股份有限公司的 16 位 DA 产品具有 800MSPS 的采样率，而德州仪器在 2014 年初推出的 16 位 DA 产品 DAC38J84，速率高达 2.5GSPs[④]，可支持适用于速率高达 12.5Gb/s 的数据转换器。

　　（5）Filter：国内厂商占据全球基站设备商主要份额。

　　因滤波器的研发和生产难度较低，较少涉及芯片设计等国内弱势技术，国内滤波器技术和产业化能力已经达到了国际领先水平，目前国内外基站设备商主要采用国内厂商的滤波器，国内厂商与国外主流的基站设备商建立了比较稳定的合作关系，面向全球市场供货。国内基站滤波器供应商与基站设备商建立了稳定的合作关系，见图 1。

---

① 效率：放大器效率指输出功率与电源供给的直流功率之比。通俗来讲，放大器需要消耗一定"能量"，实现一定的"贡献"，其贡献与消耗之比，即为放大器的效率。
② 工作带宽：指放大器能够实现预期的功率放大功能的带宽（频率范围）。
③ 非线性失真：功放电路是在大信号下工作，不可避免地会产生非线性失真，同一功放管输出功率越大，效率越高，非线性失真往往越严重，使效率或者说输出功率与非线性失真成为一对主要矛盾。
④ SPs：模数/数模转换的重要性能参数-转换效率-的单位，SPs 表示"每秒的采样次数"。

图 1　国内基站滤波器供应商与基站设备商建立了稳定的合作关系

（二）数据通信设备四基发展现状及国内外差距

（1）NP 芯片：我国企业华为占领制高点。

网络处理器（Network Processor，NP），根据国际网络处理会议（Network Processor Conference）的定义：网络处理器是一种可编程器件，它特定的应用于通信领域的各种任务，包括包处理、协议分析、路由查找、声音/数据汇聚、防火墙、QoS 等。

NP 芯片可以分为通用和专用两种。

通用 NP 即市面上可以买到的商用网络处理器芯片，每个设备厂商都可以购买使用，目前的代表性企业主要是 Mellanox（EZchip）、Broadcom 等。国内厂商华为、中兴在起步研发路由器时一般采用由 Intel、IBM 生产的通用 NP 芯片。

专用 NP 芯片是指设备商自主研发的网络处理器芯片，主要用于高端路由器等产品，由于这些芯片市场空间小、实现技术难度大、成本高，以及设备厂商为体现竞争优势而选择自主研发高端 NP 等一系列问题，第三方厂商已经逐渐退出这一市场。目前只有主要的设备厂商包括华为、思科、Juniper、阿尔卡特朗讯等具备了自主研发高端 NP 芯片的能力并将其嵌入到了自己的设备当中。

华为从早期使用市场通用 NP 芯片到如今具有自主研发能力，并已经在产品性能上取得了领先的地位。基于华为自己的 NP 芯片所生产的核心路由器已经领先思科等企业一年甚至更长的时间。继 100G、200G 路由器线卡之后，华为在 2012 年就发布了 480G 路由器线卡，在 2013 年 4 月又率先发布了 1T 路由线卡和 100T 多框集群路由器。而思科则是在 2013 年 6 月才宣布年底其 CRS-X 具备 400G 能力，规模商用则仍需时日。

但与此同时应该看到，虽然国内 NP 芯片在处理能力上略高一筹，但在安全功能、QoS 等性能上还并未完全领先。

（2）SDN 软件：南向接口具有多种国际标准，北向接口尚无公认标准，SDN 控制器软件竞争激烈。

SDN 北向接口是通过控制器向上层业务应用开放的接口，其目标是使得业务应用能够便利地调用底层的网络资源和能力。通过北向接口，网络业务的开发者能以软件编程的形式调用各种网络资源；同时上层的网络资源管理系统可以通过控制器的北向接口全局把控整个网络的资源状态，并对资源进行统一调度。

SDN 控制器负责整个网络的运行，是提升 SDN 网络效率的关键。当前，业界有很多基于 OpenFlow 控制协议的开源控制器实现，如 XOX、Onix、Floodlight 等，能够实现链路发现、拓扑管理、策略制定、表项下发等支持 SDN 网络运行的基本操作。

SDN 南向接口实现控制器对网络的控制，将与 SDN 交换机相关的设备状态和控制指令经由其传达。如解决如何由控制层把 SDN 交换机所需的用于和数据流作匹配的表项下发给转发层设备的问题。

SDN 三层架构及相关要素见图 2。

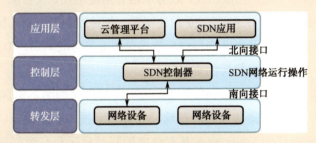

图 2　SDN 三层架构及相关要素

SDN 南向接口（协议标准见图 3）相对成熟，不局限于 OpenFlow，众多已有的成熟协议获得发展空间。

图 3　南向接口协议标准

SDN 控制器软件的实现向多元化发展。多数厂家采用开源代码，基于通用硬件实现。但只有少部分商业代码（收费）中才能提供完整的功能集，因此仍然存在一定的封闭性。开源力量和激烈竞争交织，共同推动控制器的多元化发展。SDN 控制器软件厂商及代表产品见表 1。

表 1　SDN 控制器软件厂商及代表产品

代码/语言	厂　商	代表产品
Python	Nicira	NOX/POX
Python	NTT	Ryu
Java	Jaxon	Jaxon
Java	Beacon	Beacon
Java	Cisco	ACI
C	Nicira	ovs-controller
C/Ruby	Trema	Trema
未公布	Juniper	Opencontrail
未公布	Huawei	SNC

与南向接口方面已有 OpenFlow 等国际标准不同，北向接口方面还缺少业界公认的标准，不同的参与者或者从用户角度出发，或者从运营角度出发，或者从产品能力角度出发提出了很多方案。据悉，目前至少有 20 种控制器，每种控制器会对外提供北向接口用于上层应用开发和资源编排。虽然北向接口标准当前还很难达成共识，但是充分的开放性、便捷性、灵活性将是衡量接口优劣的重要标准。

相较于国际领先水平，我国产业发展存在明显落后的局面，原因是多方面的。从技术上讲，美国是 SDN 关键技术的起源地，相关企业技术积累深厚；从产业方面讲，美国有强大的 IT 和互联网企业，拥有具有众多的开源社区和开源创新环境；从应用方面讲，美国众多互联网企业的 SDN 部署应用起步较早，拥有更多和更加完善的 SDN 产品。

（三）光通信设备四基发展现状及国内外差距

（1）半导体激光器（LD）：高端产品缺失，上游配套不足。

半导体激光器广泛应用于光通信、光存储、激光打印、激光医疗、自动控制、监测仪表等领域。半导体激光器在光通信中被广泛用作光模块的光源。半导体激光器国内外参与企业见图 4。

国内在激光器领域开展研究比较早，理论和实验上都取得了不少研究成果。但与国外相比还存在较大差距，特别是高性能光纤激光器领域，仍然大量进口国外产品，产业中上游企业数量少，技术水平落后，激光器厂商大量采购国外外延片和芯片等材料和部件。

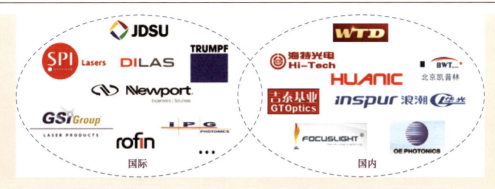

图 4 半导体激光器国内外参与企业

（2）光收发芯片：中低端产品可自主生产，高端产品仍需依赖国外。

光收发芯片是光收发模块中的集成电路，是光纤宽带网络物理层的主要基础芯片，包括跨阻放大器、限幅放大器、激光驱动器等，它们被用于光纤传输的前端，用来实现高速传输信号的光电、电光转换，这些功能被集成在光纤收发模块中。

随着全球光通信市场的快速发展，光通信元器件市场不断扩大。近两年全球主要的光收发芯片厂商，包括 Phyworks（全球最大的光收发芯片提供商，已被美信-MAXIM-收购）、VITESSE、MINDSPEED 等厂商在我国国内市场业务量大幅度增长。

我国光器件制造在全球地位快速提升，国内企业约占据全球 20%～25% 左右的市场份额，光迅、海信已跻身全球光器件市场排名的前 10 位，但主要徘徊在中低端有源光器件、无源光器件领域。目前，国内企业在高端光收发芯片（10Gb/s 以上）方面制作工艺不足，如 WTD 的 XFP[①] 芯片集中于 10Gb/s 的速率，国外的 40Gb/s 和 100Gb/s 的光收发芯片相当成熟，已经开始了 400Gb/s 的光收发芯片研究，在高端市场中，国内仍需要依赖国外生产。

（3）PON 核心芯片：国内少数设备企业介入，但整体主要依赖国外。

PON 核心芯片方面，高端领域基本没有国内厂商。XPON 作为新一代光纤接入技术，在抗干扰性、带宽特性、接入距离、维护管理等方面均具有巨大优势，其应用得到了全球运营商的高度关注，XPON 光接入技术中比较成熟的有 EPON 和 GPON。

EPON 芯片商主要有四家，包括 Cortina、PMC-Sierra、Teknovus（被 Broadcom 收购）以及 Opulan（原为中国厂商，被 Atheros 收购），四家企业几乎占据了 EPON 的全部市场。GPON 芯片提供商则相对较为分散，包括 Broadlight、PMC-Sierra、Broadcom、Marvell、Cortina、Infineon、Ikanos 等近十家厂商。

国内企业 WTD、光迅科技等拥有 XPON 的芯片产品，但产品质量和产量上并不占据优势。如 WTD、光迅科技的芯片产品的数据速率普遍为 1.25Gb/s 或 2.5Gb/s，而国际大量的 PON 芯片产品已经达到 10Gb/s 的数据速率，国内市场对 PON 核心芯片的需求整体上

---

① XFP：Form Factor Pluggable，可热插拔的、独立于通信协议的光学收发器。

仍然依赖国外。

（4）PLC 芯片：核心芯片取得突破，但满足需求还需要很长时间。

PLC 分路器是 FTTH 的核心无源器件。我国是 PLC 分路器的生产大国，但却并非是生产强国。国内可生产 PLC 分路器的企业多达百家（含外资企业），但大多从事产业链上下游的封装生产，直至四五年前，PLC 芯片都几乎全部依靠进口，利润大部分被国外的芯片厂商所掌握。

近几年，国内 PLC 芯片取得突破，仅有少数几家企业拥有自主知识产权及量产能力（见图 5）。如上海鸿辉、杭州天野相继展出了自主知识产权的 PLC 晶圆或芯片，河南仕佳光子成为国内首家正式量产 PLC 芯片的厂商，武汉光迅收购丹麦 IPX 公司，增强了 PLC 芯片的研发能力。但目前国内生产能力仍然有限，PLC 芯片仍然需要大量依靠进口，国内 PLC 芯片产业化道路还需要很长时间。

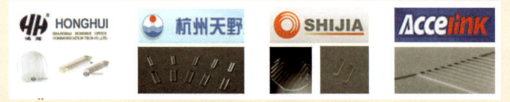

图 5 国内 PLC 芯片主要厂商

国内厂商的 PLC 产品种类较少，大部分为 1×N 类型，在所拥有的产品中，产品的插入损耗、偏振相关损耗、均匀性等性能方面与领先厂商的产品相比略有不足。

（5）光纤预制棒：我国是光纤生产大国，但光纤预制棒仍受限。

根据 CRU 数据显示，2015 年全球光纤产量为 3.84 亿芯千米，其中我国生产量占全球总产量的一半，我国已然成为全球光纤生产大国。光纤市场国内外占比见图 6。

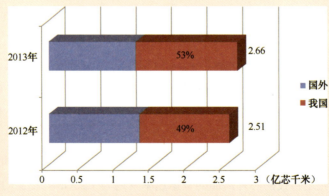

图 6 光纤市场国内外占比

光纤预制棒行业发展不断提速，技术实力仍有待提升。对于占整个光纤、光缆利润 70% 的光纤预制棒，我国需求量大，2016 年国内需求占全球的 57%。但由于技术瓶颈的限制，我国直到 2013 年才有所突破，国内企业不断加大研发，提升产能，我国光纤预制棒自给率从 2007 年的 20% 提高至 2016 年的近 80%。然而，国内厂商的光纤预制棒生产基本上都是通过外资合作的形式，部分厂商掌握了核心知识产权，但仍难以摆脱国外厂商的束缚。光纤预制棒国内外生产与消耗占比见图 7。

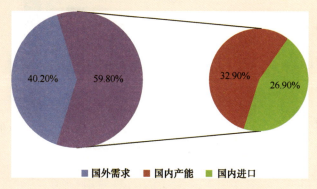

图 7　光纤预制棒国内外生产与消耗占比

（6）四氯化锗：国内生产远无法满足市场需求。

四氯化锗是光纤预制棒生产用的重要掺杂剂，其作用是提高纤芯折射率，从而满足光的无损耗传输。光纤预制棒所需四氯化锗纯度要求较高，需要高达 99.999%，国内除武汉云晶飞、北京国晶辉等企业外，大部分企业生产的四氯化锗纯度均无法达到要求，自主生产的产品产量不足国内需求的 10%，远远无法满足市场的需求。

二、通信设备四基需求分析

（一）国内外通信设备市场规模

全球通信设备（不含终端）市场规模（见图 8）在 2011—2015 年为 1180 亿～1320 亿美元，复合年均增长率为 2.5%；2015—2020 年为 1320 亿～1490 亿美元，复合年均增长率为 2.3%；2020—2025 年预计为 1490 亿～1650 亿美元，复合年均增长率为 1.9%。

我国通信设备（不含终端）市场规模（产品销售收入）在 2011—2015 年为 140 亿～170 亿美元，复合年均增长率为 4%；2015—2020 年预计为 170 亿～200 亿美元，复合年均增长率为3.3%；2020—2025年预计为200亿～240亿美元，复合年均增长率为3.5%。国内通信设备市场规模见图9。

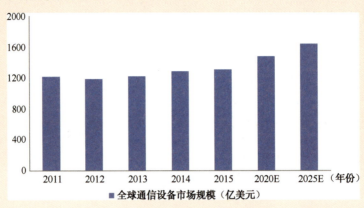

图8　全球通信设备市场规模

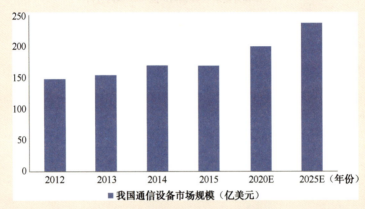

图9　国内通信设备市场规模

中国通信设备市场在2015年占据全球18%的市场份额，2020年上升为21%，到2025年全球市场占比将达到25%。

（二）移动通信设备四基需求

（1）DSP市场需求。

全球DSP市场规模已经开始呈现下降趋势，在2011—2015年为53亿～45亿美元，年均复合增长率降低约为4%；2015—2020年为45亿～38亿美元，年均复合增长率降低约为3.5%；2020—2025年为38亿～32亿美元，年均符合增长率降低约为3.5%。

我国 DSP 市场需求在 2011—2015 年为 9 亿～8 亿美元,之后相当长的一段时间内,国内设备产业整体占比规模的上升和 DSP 市场的下降两相抵消,从 2015—2025 年基本在 8 亿美元波动。

(2) FPGA 市场需求。

全球 FPGA 市场规模在 2011—2015 年为 50 亿～80 亿美元,年均复合增长率约为 12.5%;2015—2020 年为 80 亿～110 亿美元,年均复合增长率约为 6.5%;2020—2025 年为 110 亿～140 亿美元,年均复合增长率约为 5%。

我国的 FPGA 市场需求已经超过欧洲,成为全球首位,约占全球 FPGA 市场的 50%。也就是说,2011—2015 年,国内 FPGA 市场需求为 25 亿～40 亿美元,2015—2020 年为 40 亿～55 亿美元,2020—2025 年为 55 亿～70 亿美元。

(3) PA 市场需求。

全球功率放大器市场规模在 2011—2015 年为 33 亿～40 亿美元,年均复合增长率约为 5%;2015—2020 年为 40 亿～50 亿美元,年均增长率约为 4.5%;2020—2025 年为 50 亿～60 亿美元,年均增长率约为 4%。

国内市场对功率放大器的需求量在 2011—2015 年为 10 亿～12 亿美元,2015—2020 年为 12 亿～15 亿美元,2020—2025 年为 15 亿～20 亿美元。

(4) AD/DA 市场需求。

全球 AD/DA 市场规模在 2011—2015 年为 30 亿～42 亿美元,年均复合增长率约为 9%;2015—2020 年为 42 亿～60 亿美元,年均增长率约为 7%;2020—2025 年为 60 亿～75 亿美元,年均增长率约为 5%。

国内市场对 AD/DA 的需求量在 2011—2015 年为 9 亿～13.5 亿美元,2015—2020 年为 13.5 亿～20 亿美元,2020—2025 年为 20 亿～25 亿美元。

(三)数据通信设备四基需求

(1) NP 市场需求。

全球 NP 芯片市场规模在 2011—2015 年为 18 亿～23 亿美元,年均复合增长率约为 6.3%;2015—2020 年为 23 亿～29 亿美元,年均复合增长率约为 5%;2020—2025 年为 29 亿～35 亿美元,年均复合增长率约为 3.5%。

国内市场对 NP 芯片需求量在 2011—2015 年为 3 亿～4 亿美元,2015—2020 年为 4 亿～6 亿美元,2020—2025 年为 6 亿～8.5 亿美元。

（2）SDN 软件。

全球 SDN 软件市场规模在 2015 年约为 4 亿美元；2015—2020 年为 4 亿～70 亿美元，年均复合增长率约为 77%；2020—2025 年为 70 亿～210 亿美元，年均复合增长率约为 25%。

国内 SDN 软件需求在 2015 年约为 7200 万美元，2015—2020 年为 0.72 亿～15 亿美元，2020—2025 年为 15 亿～50 亿美元。

（四）光通信设备四基需求

（1）激光器市场需求。

全球激光器市场规模在 2011—2015 年为 85 亿～100 亿美元，年均复合增长率为 4%；2015—2020 年为 100 亿～120 亿美元，年均复合增长率约为 3.5%；2020—2025 年为 120 亿～140 亿美元，年均复合增长率约为 3.5%。

国内激光器市场需求在 2011—2015 年为 15 亿～20 亿美元，2015—2020 年为 20 亿～26 亿美元，2020—2025 年为 26 亿～38 亿美元。

（2）光收发芯片市场需求。

全球光收发器市场规模在 2011—2015 年为 15 亿～30 亿美元，年均复合增长率为 19%；2015—2020 年为 30 亿～50 亿美元，年均复合增长率约为 10%；2020—2025 年为 50 亿～70 亿美元，年均复合增长率约为 8%。

国内光收发器市场需求在 201—2015 年为 4.5 亿～9 亿美元，2015—2020 年为 9 亿～15 亿美元，2020—2025 年为 15 亿～21 亿美元。

（3）PLC 光分路器市场需求。

全球 PLC 光分路器市场规模在 2011—2015 年为 6 亿～10 亿美元，年均复合增长率为 14%；2015—2020 年市场规模为 10 亿～14 亿美元，年均复合增长率为 7%；2020—2025 年市场规模为 14 亿～18 亿美元，年均复合增长率约为 5%。

国内 PLC 光分路器市场规模在 2011—2015 年为 2.5 亿～4.5 亿美元，2015—2020 年市场规模为 4.5 亿～6 亿美元，2020—2025 年市场规模为 6 亿～7.5 亿美元。

（4）光纤预制棒市场需求。

全球光纤预制棒市场在 2011—2015 年为 8000～12000 吨，年均复合增长率为 10%；2015—2020 年为 12000～15000 吨，年均复合增长率为 5%；2020—2025 年为 15000～17500 吨，年均复合增长率约为 3.5%。

国内光纤预制棒需求在 2011—2015 年为 4500～8000 吨，2015—2020 年为 8000～

10000 吨，2020—2025 年为 10000～13000 吨。

（5）四氯化锗市场需求。

全球四氯化锗市场在 2011—2015 年为 650～950 吨，年均复合增长率为 8%；2015—2020 年为 950～1200 吨，年均复合增长率为 4.8%；2020—2025 年为 1200～1400 吨，年均复合增长率约为 3%。

国内四氯化锗需求在 2011—2015 年为 360～650 吨，2015—2020 年为 650～800 吨，2020—2025 年为 800～1000 吨。

三、通信设备四基发展趋势

（一）通信设备四基发展趋势

（1）内外驱动零部件/元器件持续发展。

除个别产品逐渐被融合或取代外，大部分产品在内外驱动之下持续发展。

从内部讲，搭乘半导体技术的快速发展列车，各种通信芯片从制造工艺到产品的性能将进一步提高。集成电路在 2015 年已经实现 16/14nm FinFET 工艺，正进入 10/7nm 时代，FPGA 领域已经实现 22nm 量产，Xilinx 和 Altera 两大巨头也确定了 14/16nm 产品工艺。

从外部讲，新兴市场发展所产生的需求和挑战推动通信芯片的不断进步。一方面，网络的高速度大带宽要求通信芯片拥有更高的性能；另一方面，在诸如云计算、大数据的新环境下也有同样的需求。例如，云计算带来的高速网络、网络安全、低延时、虚拟机间切换等要求对 NP 芯片（网络处理器）提出可编程、多线程、支持多 DDR3 通道、支持网络/存储的 I/O 接口、外围元件、X86 计算子系统、支持 I/O 虚拟化和负载平衡、支持多层次安全协议等众多要求，推动 NP 芯片的持续演进。

（2）高速化是通信芯片发展的关键。

通信芯片是构建通信系统和网络的基础，通信系统的发展与推广应用无不取决于通信器件技术的突破与实用化。随着通信网络向着高速度大容量的方向发展，通信技术的更新与升级促使通信器件依然向着"超高速、超大容量"这一重要方向不断发展进步。当前，10Gb/s 系统已大批量装备网络，40Gb/s 的系统的实际工程也已经开通并逐步推广，核心网单波长速率向 100Gb/s 乃至更高速率方向演进。根据 LightCounting 数据，全球光收发器市场在 2010—2015 年间复合增长率为 9%，2016 年增速达到 18%，全球光连接需求强劲。

（3）智能光网络对光通信芯片提出智能化要求。

智能光网络系统设备的灵活性主要取决于用于其中的光电子器件与模块的智能化和动态可调谐水平。因此多功能集成、参数可调和网络性能动态监测的光电子器件与模块是智能光网络的核心与基础，是构建下一代智能光网络的关键。

针对智能光网络对光通信器件的动态可调谐、可管理等性能的要求，研究关键光通信器件与模块相关技术，包括：智能化光放大器技术；可重构的光分插复用器关键技术；单片集成宽带可调谐半导体激光器技术；宽带可调光滤波器技术；基于 MEMS 技术的全光交叉连接器件关键技术等，研制智能化光通信芯片与模块，以支撑智能光网络技术的快速发展和应用。

（4）多结构融合的系统级电路成为发展方向之一。

集成多种结构的系统级芯片发展到了关键点，多种功能芯片集成在一起，形成拥有更加强大的处理能力集成芯片。DSP 与微处理器融合互补，产品可以兼具智能控制和数字信号处理两种功能，可以加速个人通信产品、智能电话、无线网络产品的开发，简化设计、缩小 PCB 体积、减小功耗并降低系统成本等，TI 等企业早已有相关产品推出；FPGA 与 DSP 集成在一块芯片上，实现宽带信号处理，提高信号处理速度，Xilinx 的 Virtex-II 系列采用 FPGA+Turbo 内核，在无线通信、多媒体等领域有广泛应用。通信芯片已经从单一功能向集成 ARM 核、DSP、模拟电路、存储器等几乎无所不包的系统级电路发展。

集成趋势在光通信器件领域也同样存在，如在 40G 光接入网的激光器与光合波器、探测器与光分波器间的集成产品已经存在。目前光集成正处于从科研到产业化的转化期，国内光器件企业应抓住这一战略机遇期，努力开发有核心竞争力的高端光集成器件产品，走上良性发展的道路。

（5）绿色环保成为通信设备零部件/元器件发展的切实需求。

通信设备零部件/元器件发展到今天，绿色环保早已经不是一种口号，而是产品切切实实的需求，可以帮助零部件/元器件厂商获得更多的订单。

随着通信芯片集成度和密度的不断提升，功耗已经成为不可忽视的问题，性能和功耗之间的矛盾成为需要花费大力气解决的问题，企业已经将功耗作为设计的出发点，即使牵扯到众多的架构、线路设计、软硬件协调等复杂工作，也仍然将其作为先决条件，保证从原始架构到最后实现整个过程中功耗问题的完整性，寻求高性能与低功耗之间的平衡，尤其是某些耗电量极大的器件更是如此。如基站功率放大器，随着无线通信的带宽、用户数目和地理覆盖范围的扩大，基站无线功率放大器所消耗的功率超过了基站运行所需功率的一半，对于基站功放，效率哪怕仅仅提升 1% 也会使电量的消耗大幅下降。

（6）软硬件解耦，SDN 软件成为竞争焦点。

设备通用性打破产业垂直紧耦合。设备功能由软件实现，当需要某种网络功能时，通过开发和安装软件完成。硬件机构趋于统一，通用的硬件架构向虚拟层提供接口，相应硬件资源抽象成虚拟资源供上层调用。整机不再是"品牌机"，用户随需求组装自己的硬件。

在这种情况下，SDN 控制器成为网络核心，受到产业链不同角色的激烈争夺，SDN 的接口软件、控制器软件成为竞争焦点。

（7）光通信零部件/元器件领域产业格局持续调整。

与数字芯片和模拟芯片关键产品较为稳定的产业竞争格局不同，光器件市场还处在完全竞争阶段，市场份额较为分散，竞争更为激烈。

在全部的光通信元器件中，有源器件约占 85%，由于有源器件技术门槛低，参与企业较多，全球约有 50 多家，具有一定规模的也有近 20 家；相较于有源器件厂商的分散程度，无源器件虽然相对集中，但也有十数家企业，且产业主体并未确立绝对的竞争优势，未来一段时间内，主要参与者将继续竞争以形成较为稳定的产业格局。例如在 PLC 器件市场，起于 2012 年的市场冷淡，使行业进入洗牌期，部分企业转向需求量大但竞争更为激烈的跳线市场，部分企业离开了光通信行业，还有部分有实力的企业向更高端的产品线转移。

预计未来一段时间内，光通信零部件/元器件市场将继续保持众多企业竞争的状况，但部分企业将逐渐确立优势。长期来看，部分企业将会被市场所淘汰，产业集中度有所上升，大部分市场份额将向领先的几家企业集中。

（二）通信设备四基发展经验

通信设备关键零部件/元器件领域极具竞争力的企业基本都来自于国外，国内只在极少数领域具有优势，而大部分领域则处于生产低端产品甚至缺乏生产能力的尴尬境地。分析国外关键元器件发展经验，对增强我国通信设备基础元器件产业有着重要借鉴作用。

（1）培育具有研发能力的 IC 设计龙头企业。

我国（大陆地区）IC 设计行业发展迅速，2015 年海思、展讯跻身全球 IC 设计公司排名前 10。然而我国 IC 设计企业约有 500 多家，众多企业规模仍然较小，散乱弱小仍是我国设计企业的现状。而在集成电路领域，真正能够引导产业发展的往往是具有强大研发能力的龙头企业，这些企业往往是新技术新产品的提出者和开拓者，相比于处于跟随的企业，这些企业往往更能在市场上屹立不倒，获得最大的发展和利益。

最早提出网络处理器开发的时间是 1997 年，芯片正式商用于 2000 年。Intel、IBM、Motorola、MMC Networks、Ezchip、Lucent、Vitesse（Sitera）等厂商参与了网络处理器的早期研究，而 Intel、IBM、Motorola 等企业至今仍是 NP 芯片领域的佼佼者。不论对于 NP 芯片还是其他关键元器件，理念的提出以及强劲的研发能力，都能够使企业在整个产品或产业发展中占尽先机，从而更好地占领市场，获得市场利润。

（2）培育市场需求牵引产业发展。

产品生产的最终目的是在市场上销售以获得利润。反过来，市场需求的存在是产业发展的必要条件。想要推动国内通信设备核心元器件市场的发展，除了产业本身提升以提供足够竞争力的产品以外，市场需求的培育也是重点之一。

自从 DSP 芯片诞生以来，DSP 芯片得到了飞速的发展。DSP 芯片高速发展，除了得益于集成电路的发展，巨大的市场需求也是 DSP 产品发展不可或缺的重要因素。在短短的几十年时间里，DSP 芯片已经在信号处理、通信、军事、医疗、仪器仪表等许多领域得到广泛的应用。

（3）掌握最具竞争力的核心环节。

对于某些产业来说，技术、利润可能仅仅集中于产业链条中的一个或少数几个环节上，无法掌控这些主要环节，通常会导致竞争中的被动地位，产生投入大量人力物力但无法从根本上推动产业发展的情况。

光纤预制棒是生产制作光纤光缆产品的基础，技术含量高，是各大光纤光缆生产厂商竞争力的核心所在。我国光纤光缆产量占全球总量的一半左右，但利润占比 70% 的光纤预制棒有近半需要依赖进口，即便是国内企业，也大部分是通过外资合作的形式生产。如我国产能较为领先的企业中，长飞合资方为荷兰德拉克、德国贺利氏；富通合资方为日本住友公司；法尔胜公司中，日本信越占比高达 75%，亨通光电中，美国 OFS 占比 51%，烽火通信中，日本藤仓占比达到 60%。对国外核心知识产权的依赖是我国光纤预制棒产业难以摆脱国外厂商的根本原因，掌握核心知识产权，才能使我国光纤光缆产业从"大而不强"向"大而强"转变。

（4）明晰有效的研产结构促进产业的良性发展。

国外各著名大学和实验室里都有大量的研究人员从事于各种数模/模数转换器的结构与基础研发工作，其研究目标主要集中在新型系统结构、单元电路和具体技术难点的突破；而公司、生产厂家则主要对已经证实为准确、可靠的 AD/DA 转换技术，从设计、工艺、生产成本等方面进行改进和完善，以期让这些技术和产品尽快获得应用。

不论是在 AD/DA 领域还是其他领域，国外有效的研究和生产结构为产业发展提供了良好的互动促进机制，促进产业的良性发展，是值得我们学习和借鉴的地方。

（5）合理的产品布局确立龙头企业优势。

合理的产品布局是企业顺利发展的重要因素之一。产品过于聚焦可能会导致市场过小而利润微薄，产品布局过于宽泛则可能增加企业压力和负担，降低竞争优势。综合考虑产品特征和企业自身实力，确定合理的产品布局，以促进企业发展，逐步构建龙头企业优势。

高精尖的产品布局：20 世纪 90 年代后期，FPGA 市场经过一番激烈的竞争整合。时至今日，FPGA 市场的主要业者仅剩数家，包括 Altera（现被 Intel 收购）、Xilinx、Actel（现被 Microsemi 收购）、Atmel、Lattice 等，但主要市场掌握在 Altera 和 Xilinx 两家，曾在该领域占据一席之地的 QuickLogic（后淡出该市场）公司的首席执行官 E. Thomas Hart 曾经直言："Altera 与 Xilinx 是 FPGA 领域的'可口可乐'和'百事可乐'"。言下之意就是，除此之外的第三家 FPGA 业者很难有窜头的机会。这两家公司只专注于 FPGA 芯片，但却是 FPGA 领域占据绝对地位的"双寡头"。

全面的产品布局：在光器件领域，龙头企业往往有着较为全面的产品布局。光有源器件 Top 5 和无源器件 Top 5 企业纷纷互相进入。在光通信元器件领域，不关联性相对较低，例如 PLC 芯片在多种光模块中都会采用。因此光通信器件企业全面布局不但不会因为覆盖太广而难以为继，还可以使拥有实力的企业获得一定的竞争优势。

（6）持续不断地创新与改进保持企业竞争优势。

通信设备元器件更新换代周期短，停止创新与改进的企业绝对无法在该产业领域长久生存下去。即使是龙头企业也是在持续不断地进行着创新与改进，甚至是依靠不断地创新与改进保持着本身的竞争优势。

国外厂商在射频功放领域起步早，研发实力雄厚。除此之外，国外领先企业能够在该领域持续保持竞争力的重要原因在于其坚持不断地创新与改进。2013 年底，飞思卡尔、英飞凌、NXP 都相继推出新的产品。2013 年 8 月，NXP 推出 BLF188XR 系列，"超耐用" LDMOS 射频功率晶体管；2013 年 11 月，英飞凌推出新型射频功率电晶体瞄准 UHF TV 功率放大器设计；2013 年底，飞思卡尔发布了全新射频功率解决方案，可支持 700～2700MHz 频段。

四、通信设备四基发展典型案例分析

通信设备涉及的关键基础零部件/元器件众多，每种零部件/元器件的典型成功企业或地区发展不尽相同，下面将对一些典型企业和地区进行简要分析。

（一）移动通信设备四基典型案例分析

（1）TI：DSP 芯片领域的领头羊。

世界上第一个单片 DSP 芯片应当是 1978 年 AMI 公司发布的 S2811，1979 年美国 Intel 公司发布的商用可编程器件 2920 是 DSP 芯片的一个主要里程碑，1980 年，日本 NEC 公司推出的 μPD7720 是第一个具有乘法器的商用 DSP 芯片。

在这之后，最成功的 DSP 芯片当数美国德州仪器公司（Texas Instruments，TI）的一系列产品。TI 公司在 1982 年成功推出其第一代 DSP 芯片 TMS32010 及其系列产品 TMS32011、TMS320C10 /C14 /C15 /C16 /C17 等，之后相继推出了第二至第六代产品。TI 公司的一系列 DSP 产品已经成为当今世界上最有影响的 DSP 芯片。TI 公司也成为世界上最大的 DSP 芯片供给商，其 DSP 市场份额占全世界份额近 50％。时至今日，TI 公司仍然不断推动 DSP 芯片，在内核结构、功耗、尺寸等方面不断改进，提升 DSP 芯片性能。

（2）京微雅格：FPGA 芯片的自主突破。

京微雅格是我国政府扶持的 FPGA 企业。早在 2005 年开始，京微雅格就专注于研发具有自主知识产权的集 FPGA、CPU、存储器为一体的可编程系统芯片，是目前美国硅谷地区以外唯一利用自主知识产权开发出商业化 FPGA 芯片产品的公司。京微雅格目前还无法与国际巨头 Altera 和 Xilinx 相抗衡，但却极具代表性，在产业平台、销售、采购、产品策略等方面都有独特之处。

产品平台方面，京微雅格首创了芯片上可配置应用平台 CAP（Configurable Application Platform），并占据领军者地位。该平台基于 Tile 构架，不仅帮助客户大大缩短了产品上市时间，提高产品设计灵活度，而且通过摊薄高额流片费用降低了客户进入市场的成本。配合高效的软件套件及面向应用需求的丰富的软硬 IP 模块，CAP 平台可被广泛运用于可重构系统芯片设计，以增强系统供应商的竞争力。

销售方面，京微雅格采取以用户设计（design-in）为先导的销售方式，以直接服务客户的直销模式为主，代理商（渠道）销售模式为导向，提供双赢服务。考虑到 FPGA 的灵活性等特点，公司不仅提供不同领域内通用的整体解决方案，还针对客户的特殊需求，提供专门的设计服务。这是 ASIC/ASSP 芯片无法做到的，也是 Xilinx/Altera 等 FPGA 巨头不能做的事情。公司计划建立强大的创新应用与设计服务中心，每年至少推出 200 个用户设计和 30 个解决方案。

采购方面，京微雅格采用国际先进的无晶圆片（Fabless）生产模式，芯片生产委托中芯国际等来执行，成本会计入芯片成本，使公司专注于自己擅长的含金量高的芯片设计和产品创新上，而产品质量上也有更多的保证，价格更具优势。同时生产计划和库存变得更为灵活和易于实施，减少不必要的流通环节。

产品策略方面，京微雅格一方面储备技术，积极研发面向通信领域的系列产品，和 Xilinx/Altera 开展高端通信市场的争夺；另一方面开拓低端系统集成业务；以 CME-M 系列产品为牵制和平衡，以撬动 CPLD/FPGA/MCU 的中低端市场。

京微雅格在全球范围内引进了 FPGA 领域的领军人才，培养了我国首批可编程技术的本土人才，填补了我国可编程领域自主进行硬件设计和软件开发的空白，是国内 FPGA 研制的"黄埔军校"。京微雅格的成功，将打破美国 FPGA 产业在世界上的独家垄断及其在高端产品上对我国的封锁，实现我国电子信息产业的大突破、大跨越。

（3）飞思卡尔：功率放大器的持续创新与改进。

飞思卡尔（Freescale Semiconductor）是原摩托罗拉半导体部，是全球领先的半导体公司，为规模庞大、增长迅速的市场提供嵌入式处理产品和连接产品，包括传感器、射频半导体、功率的管理及其他模拟和混和信号集成电路。

飞思卡尔在射频功率放大器领域从未停止创新和改进。2013 年底，飞思卡尔发布了全新射频功率解决方案，覆盖了所有主要的蜂窝基础设施频段；2014 年 4 月，飞思卡尔推出了面向移动无线电和蜂窝网络的 Airfast RF 功率解决方案和高性能增益功率放大器；2014 年 6 月，飞思卡尔推出专为坚固耐用型应用而设计的首款塑料封器件，继续保持在射频功率技术领域的长期领导地位。

（二）数据通信设备四基典型案例分析

（1）华为：NP 芯片的赶超之路。

NP 芯片的早期研究阶段参与者主要是国外企业，而真正将网络处理器投入商业应用的厂商是中国的华为。

1999 年华为开始研制基于 ASIC 架构的第一代 Solar 芯片，并在 2004 年正式商用，推出其旗舰路由器 NE5000E。自主研发芯片的采用，使华为的集群系统降低高达 40% 的功耗，且具备业界创新性的 ISHE（In-service Hardware Expansion）特性，无须更换任何硬件，系统端口容量可从 1.28T 平滑扩展到 80T，满足运营商持续发展的业务需求，具备业界最灵活的扩展性。

在 Solar 2.0 中，华为不仅实现了芯片本身的高性能和多业务支持，还独创了 MIP 宏指令功能和 EQC 能力。引入 MIP 宏指令技术以及低功耗技术，解决带宽提升的同时功耗和运维成本的上升的问题；在业务层面，提出 EQC 的概念，试图解决可扩展的业务支持、流量控制和疏导、业务质量监控、DDOS 安全防护、快速故障定位等问题。

之后的 Solar 3.0 不仅在 Solar 1.0 和 Solar 2.0 的基础上提升了性能和容量，而且采用最新的 40 纳米半导体工艺，集成度大幅提升，在业界最小尺寸的单板上实现 1Tbit/s 线速业务转发处理能力，还通过 IFA（Intelligent FrequencyAdjust）、Smart Memory 等持续创新的技术，降低芯片功耗，保证 1T 单板的商用可部署能力。另外，Solar 3.0 预留了 OI（Open Interface）接口，强化可编程能力，满足未来向 SDN 的演进。

华为 NP 芯片从零起步，历经四代，终获业界领先。从 10G 时代到 1T 时代，从 2004 年到 2013 年，华为基于 NP 芯片的核心路由器十年间完成了"国产"落后到赶超。

（2）美国：SDN 软件。

美国是 SDN 发展的领先国，拥有技术、产业、环境等众多方面的优势。

首先，SDN 诞生于美国 GENI 项目资助的斯坦福大学 Clean Slate，经过不断演进和发展，于 2009 年入围 Technology Review 年度十大前沿技术，自此获得了学术界和工业界的广泛认可和大力支持，相关企业的技术积累也非常深厚。

其次，美国具有强大的 IT 与互联网产业，众多企业是 SDN 技术研发的主要推动力，包括 Google、Facebook、微软、思科、IBM、HP、戴尔、英特尔（Google、Facebook、

NTT、Verizon、德国电信、微软、雅虎）等龙头企业，同时包括 ONF、Open Daylight 等论坛也均有美国的大力推动。

再次，美国首先开始 SDN 的应用推动。2012 年 SDN 完成从实验技术向网络部署的重大跨越，覆盖美国上百所高校的 INTERNET2 部署 SDN；2012 年 4 月，谷歌宣布其主干网络全面运行在 OpenFlow 上，并且通过 10G 网络链接分布在全球各地的 12 个数据中心，使广域线路的利用率从 30% 提升到接近饱和。

（三）光通信设备四基典型案例分析

（1）JDSU：光通信元器件的全面布局。

JDSU 为目前全球最大的光纤零件供应商，光通信领域巨头之一。

JDSU 成立于 1981 年，经过 30 余年的发展，不断推行收购的战略，逐步成为全球光电企业的龙头老大。通过收购，JDSU 的光器件几乎覆盖光通信领域的所有光器件，从无源到有源，从芯片到模块，发展成为光电器件的龙头企业。

2015 年 8 月 1 日，JDSU 成功完成将其 CCOP 和 WaveReady 业务拆分组建为现在的 Lumentum Holdings 公司。Lumentum 公司包括光通信和激光器两大业务，其中光通信业务收入超过 80%。2015 年，Lumentum（JDSU）在全球光器件市场排名第二，在光模块市场排名第四。

（2）日本：光纤预制棒的绝对掌控。

日本是光纤预制棒生产大国，在全球前六的光纤预制棒生产企业中，日本占据四个席位，分别是信越公司、住友公司、藤仓公司和古河公司。另外两家企业是美国的康宁公司和荷兰的德拉克公司。日本占地面积小，人力、资源相比于一些大国差距巨大，但日本十分擅长于把握产业中的关键环节，在日本领先的众多产业中，基本都在技术或核心竞争力上掌握着垄断或绝对领先的优势。

在光纤预制棒的生产中，除了日本本土企业已经占据着绝对优势，更是瞄准了我国这个光纤光缆生产大国，与国内企业合资建立公司生产，在许多公司中更是占据着过半的合资份额，最大限度地获得光纤预制棒产业的利润。

五、通信设备四基发展重点

（一）移动通信设备四基发展重点

1. 重点产品：FPGA

（1）主要技术参数或性能指标：集成门级数量和容量。

（2）市场需求预测：2015—2020 年为 40 亿～55 亿美元，2020—2025 年为 55 亿～70 亿美元。

（3）关键技术：集成电路设计、制造技术。

（4）研发及产业化目标：

短期（2015—2020 年）：面向中低端的低成本、广适用、高集成、低功耗的十万至百万门级器件的量产，占据国内 50%市场份额；研发针对云计算、100G 光传输网络等高端市场的百万门级器件，采用 40nm/28nm 工艺制程，实现产业化；预研究超高容量、超高性能的千万门级器件。

长期（2020—2025 年）：全面占领国内中低端市场；针对云计算、100G 光传输网络等高端市场的产品占据国内 50%的市场份额；超高容量、超高性能的千万门级器件研制成功并实现量产，采用 22nm/14nm 工艺制程，与国际差距缩小到一代，在 FPGA 市场形成一定竞争力；预研究 10nm/7nm 先进工艺制程的亿门级器件，为追平世界先进水平打下基础。

（5）涉及的上下游环节：半导体材料、集成电路制造工艺。

（6）政府支持：重点支持研发与产业化。

2. 重点产品：PA

（1）主要技术参数或性能指标：效率，工作带宽，非线性失真。

（2）市场需求预测：2015—2020 年为 12 亿～15 亿美元，2020—2025 年为 15 亿～20 亿美元。

（3）关键技术：集成电路设计、制造技术。

（4）研发及产业化目标：

短期（2015—2020 年）：实现各通信制式下功率放大器产品性能提升，产品效率普遍达到 40%左右，研究效率在 50%左右的产品；实现产品较宽的工作频率，最佳产品工作带宽达到 500～800M 水平；通过政府扶持和市场竞争，培育至少 1 家企业实现具有较为稳定的生产能力；

长期（2020—2025 年）：继续提高产品性能，产品效率达到 60%甚至更高，工作带宽达到千兆水平，性能追平国际领先产品或仅存在微小差距；2～3 家企业建立完整生产线，可满足国内市场 50%需求。

（5）涉及的上下游环节：半导体材料、集成电路制造工艺。

（6）政府支持：重点支持研发与产业化。

（二）数据通信设备四基发展重点

1. 重点产品：NP

（1）主要技术参数或性能指标：吞吐率。

（2）市场需求预测：2015—2020 年为 4 亿～6 亿美元，2020—2025 年为 6 亿～8.5 亿美元。

（3）关键技术：集成电路设计、制造技术。

（4）研发及产业化目标：

短期（2015—2020 年）：进一步提升产品性能，实现单芯片 T 比特吞吐率以满足未来网络流量增长，研发生产面向未来智能网络的具有高可扩展性的产品，以满足未来虚拟化/SDN 技术下的网络架构。

长期（2020—2025 年）：全面提升产品性能，如 QoS 等与思科产品仍然存在差距的指标，实现性能全面领先。实现性能全面领先、面向未来网络架构的产品产业化，满足国内市场需求。

（5）涉及的上下游环节：半导体材料、集成电路制造工艺。

（6）政府支持：不需政府过多支持，以市场和企业为主。

2. 重点产品：SDN 软件

（1）主要技术参数或性能指标：

（2）市场需求预测：2015—2020 年为 0.72 亿～15 亿美元，2020—2025 年为 15 亿～50 亿美元。

（3）关键技术：SDN 控制器技术、接口技术。

（4）研发及产业化目标：

短期（2015—2020 年）：基本解决 SDN 等新兴网络架构在技术上的诸多瓶颈，在数据中心大规模应用，运营商网络和企业网络领域获得一定应用，国内通信设备/互联网领先企业进入第一梯队，国际上具有一定影响力。

长期（2020—2025 年）：积极将 SDN 应用于设备及网络，把握关键设备（如控制器）和设备软件以及解决方案主导地位，SDN 大规模商用，在数据中心全面部署，运营商及企业网络应用普及，国内部分企业进入全球领导者行列。

（5）涉及的上下游环节：通信设备制造。

（6）政府支持：适当支持推进，但发展仍以企业为主导。

（三）光通信设备四基发展重点

1. 重点产品：光收发芯片

（1）主要技术参数或性能指标：速率。

（2）市场需求预测：2015—2020 年为 9 亿～15 亿美元，2020—2025 年为 15 亿～21 亿美元。

（3）关键技术：光芯片设计、制造技术。

（4）研发及产业化目标：

短期（2015—2020 年）：进一步提升国内自主光收发芯片的数据速率，研发突破 40Gb/s/100Gb/s/400Gb/s 的光收发芯片产品，缩小与国外产品差距；提升产业化水平，中低端产品满足国内需求，高端产品研发突破并开始产业化。

长期（2020—2025 年）：技术与产品性能追平国际领先水平，研究灵活可变的光收发芯片；产业化能力进一步增强，自主产品基本与国内需求持平，并开始初步的国际化拓展。

（5）涉及的上下游环节：光芯片材料、光芯片制造工艺。

（6）政府支持：重点支持研究开发。

2. 重点产品：PLC（平面光波导）分路器

（1）主要技术参数或性能指标：插入损耗、偏振相关损耗、均匀性。

（2）市场需求预测：2015—2020 年为 4.5 亿～6 亿美元，2020—2025 年为 6 亿～7.5 亿美元。

（3）关键技术：光芯片设计、制造技术。

（4）研发及产业化目标：

短期（2015—2020 年）：增加国内产品多样性，如继续开发 1×128、2×N 等类型产品，进一步提升产品性能，降低插入损耗、偏振相关损耗，提高分光均匀性；提升国内厂家自主产品的量产能力；

长期（2020—2025 年）：实现国内产品多样性，拥有全品类产品提供能力；产品性能达到国际同步水平；产品产业化取得一定成绩，可以满足过半的市场需求。

（5）涉及的上下游环节：光芯片材料、光芯片制造工艺。

（6）政府支持：重点支持产品大规模生产，促进产业化。

3．重点产品：光纤预制棒

（1）主要技术参数或性能指标：长度，外径。

（2）市场需求预测：2015—2020 年为 8000～10000 吨，2020—2025 年为 10000～13000 吨。

（3）关键技术：沉积稳定性技术、高效延伸技术。

（4）研发及产业化目标：

短期（2015—2020 年）：研发开发低损耗和超低损耗光纤所需的光纤预制棒产品，继续增强国内自主知识产权以摆脱对国外厂商的束缚；产量与效率双方面提升，继续扩大国内产品产业化，解决国内市场过半需求需要依赖国外进口的状况，光纤预制棒产量 90% 实现自给。

长期（2020—2025 年）：调整产品结构，侧重生产低损耗光纤所需的光纤预制棒产品；进一步提升产业化水平，满足国内需求并向国际市场拓展，且同时密切关注市场避免生产过剩的问题发生。

（5）涉及的上下游环节：光纤预制棒生产材料。

（6）政府支持：不需政府过多支持，以市场和企业为主。

4．重点产品：四氯化锗

（1）主要技术参数或性能指标：纯度。

（2）市场需求预测：2015—2020 年为 650～800 吨，2020—2025 年为 800～1000 吨。

（3）关键技术：四氯化锗提纯技术。

（4）研发及产业化目标。

光纤预制棒所需四氯化锗纯度要求较高，国内仅武汉云晶飞、北京国晶辉等企业可以生产，产量不足国内需求的 10%。未来四氯化锗产业的路线主要包括产品纯度提升和产业化两个方面的目标。产业化目标分为短期和长期。

短期（2015—2020 年）：国产化原料自给率达到 60%；

长期（2020—2025 年）：国产化原料自给率达到 90%。

（5）涉及的上下游环节：四氯化锗提纯工艺，光纤预制棒生产。

（6）政府支持：重点支持四氯化锗提纯技术研发与产品生产产业化。

六、通信设备四基发展路线

（一）通信设备四基发展路线总图（见图 10）

		网络与通信设备产业四基发展路线总图	
		2015—2020年	2020—2025年
全球趋势	市场需求	750亿～850亿美元，年复合增长2.5%	850亿～930亿美元，年复合增长1.8%
	技术发展	处理速度、传输速度提升，降低损耗、确保信号质量、减小功耗	
	产品形态	关键产品市场地位不断变更，少量产品逐渐消亡，新兴领域及技术推动新型产品出现	
国内目标	总体目标	缩小传统关键基础元器件差距，争取新兴领域关键基础的引领，突破数个产品，部分实现产业化，培育若干具有自主研发与生产能力的企业	
	市场需求	137亿～175亿美元，年复合增长5.5%	175亿～230亿美元，年复合增长5.5%
	传统关键元器件	突破数个核心元器件产品，性能差距缩小到一代左右，中低端产业化	突破的数个产品性能基本达到与国际同步，产业化满足国内一定程序需求
	新兴关键元器件	紧密跟踪新兴领域及相关新兴关键基础产品，培养自主解决技术问题能力，推动新兴产品的实验与产业化	把握新兴领域及相关关键基础产品的技术走向，占据相关市场优势市场地位，培育国内企业进入领导者行列

图 10　通信设备四基发展路线总图

1．通信设备四基发展趋势

（1）通信设备关键元器件市场需求增长逐步放缓。随着通信设备市场规模增长的放缓，与之相关的设备零部件/元器件需求增长也逐步降低。2015—2020 年全球通信设备零部件/元器件市场需求规模约为 750 亿～850 亿美元，年均复合增长率约为2.5%；2020—2025 年约为 850 亿～930 亿美元，年均复合增长率进一步降低为 1.8%左右。

（2）通信设备关键元器件性能进一步增强。通信设备关键元器件是设备与网络功能和性能实现的关键，未来设备关键元器件性能将进一步增强，处理速度、传输速度进一步提升；降低信号在传输过程中的损耗，确保信号质量；不断降低关键元器件在工作过程中的能源消耗，以满足带宽与速度不断提升的通信网络。

（3）关键基础产品的产品形态持续变换，市场地位不断变更。少量产品可能逐渐消亡，如曾经在市场大放光彩的 DSP，其市场由于 FPGA 性能的提升而逐渐被蚕食，未来单 DSP芯片可能逐渐消失；新兴领域及技术的不断发展，将会推动原有产品性能与功能的不断改进，新产品也可能随之出现。

2．我国通信设备四基发展目标

我国通信设备四基发展的总体目标为"缩小传统关键基础元器件差距，争取新兴领域关键基础引领，突破数个产品，部分产品实现产业化，培育若干具有自主研发与生产能力的企业"。具体分为市场需求、传统关键元器件（研发与产业化）、新兴关键元器件发展目标。

（1）关键元器件市场需求保持稳定增长。2015—2020 年，国内市场对通信设备关键零部件/元器件的需求在 135 亿～175 亿美元，年均符合增长率约为 5.5%；2020—2025 年，市场需求约为 175 亿～230 亿美元，年均符合增长率仍然保持在 5.5%左右。

（2）传统关键元器件产品突破和产业化取得一定成绩。2015—2020 年，突破数个核心元器件产品，性能差距与国际领先产品缩小到一代左右，中低端产品实现产业化；2020—2025 年，上一阶段实现突破的产品性能基本达到与国际同步，产业化满足国内一定程度需求。

（3）争取新兴领域关键元器件的引领地位。我国在传统领域起步较晚，导致目前的落后局面，新兴领域是国内争取引领的关键。短期（2015—2020 年）内紧密跟踪新兴领域及相关关键基础产品，培育自主解决技术问题的能力，并积极推动新兴产品的实验与产业化；长期（2020—2025 年）争取把握新兴领域与相关关键基础产品的技术走向，在相关市场占据优势的市场地位，培育国内企业进入领导者行业。

3. 通信设备四基发展思路

通信设备"四基"发展以设备产业为基础，以提高关键元器件/零部件研发与产业化为核心，以企业为主体、市场为导向、政府为必要推动力，采用以点带面、选择性率先突破数个关键产品的方式，加快提升通信设备产业"四基"能力，进而推动通信设备制造业由"大而不强"向"既大且强"方向转变。

（二）移动通信设备四基发展子路线图（见图11）

			2015—2020年	2020—2025年
	典型产品		MME、PGW/SGW、SGSN、BBU、RRU	
全球趋势	设备需求		440亿～490亿美元，CAGR-2.2%	490亿～520亿美元，CAGR-1.3%
	基础零部件/元器件		提高处理与传输速率，提升信号质量，降低功耗	
国内目标	国内设备需求		115亿～130亿美元，CAGR-2.5%	130亿～145亿美元，CAGR-2.2%
	核心基础零部件/元器件	FPGA 市场需求	40亿～55亿美元，CAGR-6.5%	55亿～70亿美元，CAGR-5.5%
		FPGA 技术/性能	十万～百万门级，40/28nm工艺	百万～千万门级，22/14nm工艺
		FPGA 研发与产业化	中低端占国内市场50%，预研千万门级产品	中低端满足国内需求，高端国际占比50%，调研10/7nm亿门级产品
		PA 市场需求	12亿～15亿美元，CAGR-4.5%	15亿～20亿美元，CAGR-5.5%
		PA 技术/性能	产品效率40%，带宽500～800M	产品效率60%以上，带宽千兆水平
		PA 研发与产业化	预研效率在50%左右的产品，培育至少一家具有稳定生产能力的企业	2-3家企业建立完整生产线，可满足国内市场50%的需求
	关键基础材料		..	
	基础工业		..	
	产业技术基础		..	

图 11　移动通信设备四基发展子路线图

1. 移动通信国际趋势

（1）全球移动通信设备市场需求。

2018年后，5G大规模商用将带动移动通信设备规模的增长。预计全球移动通信设备在 2015—2020 年市场规模约为 440 亿～490 亿美元,年均复合增长率为 1.8%;2020—2025 年约为 470 亿～510 亿美元,年均复合增长率约为 1.6 %。

（2）移动通信设备关键零部件/元器件。

移动通信设备关键元器件在处理速度、传输速度、功耗等方面性能不断提升。随着网络覆盖和速率的进一步提升,设备的核心基础零部件的处理速度、传输速度、传输带宽进一步提升;与此同时,基础零部件/元器件尤其是对设备能耗影响巨大的零部件/元器件的功耗将进一步降低。

2. 移动通信关键基础选择

移动通信设备进行无线信号的发射接收,关键器件主要是负责信息处理的处理芯片和负责将信号调制放大发射/解调接收的射频芯片。

移动通信设备中的关键处理芯片有 CPU、DSP、FPGA。其中:

（1）CPU 是通用芯片,在此不做研究。

（2）DSP 未来可能被取代,衰退之势已经初步显现,市场正在被逐渐蚕食,单独的数字信号处理芯片未来重要性将逐渐降低,不是未来移动通信设备发展的“关键基础”发展。

（3）FPGA 是移动通信设备中进行信号处理、提高产品性能的重要器件,由于美国对我国进行 FPGA 产品和技术禁运,使我国严重依赖美国,对国家经济和国防安全可能产生重大影响,需要作为未来“关键基础”发展。

移动通信设备中的射频芯片有功率放大器、数模模式转换器（AD/DA）,滤波器、振荡器等。其中:

（1）功率放大器是移动通信设备领域的专用器件,同时对基站运营成本有重要影响,因为功率放大器是基站耗能的主要产品,约占整个基站能耗的 40%～60%,其效率的提升对节约成本具有重要意义,需要作为“关键基础”发展。

（2）AD/DA 产品虽然也需依赖国外,但考虑一段时期内只能选择性突破,相比于功率放大器在基站中的作用、成本占比、对国外依赖程度等,暂不将 AD/DA 列为“关键基础”发展。

（3）其他关键移动通信射频芯片技术门槛相对较低,国内可自主生产,某些产品甚至占据了国际市场上的主要份额,如基站滤波器产品,不列为“关键基础”发展。

3. 移动通信关键基础零部件/元器件发展路线图

1）关键基础零部件/元器件——FPGA 发展路线

FPGA 广泛应用于移动核心网和接入网设备中，完成数据处理、接口转换等功能，其主要技术参数/性能指标包括集成门级数量和容量。预计 2015—2020 年我国 FPGA 的市场需求为 40 亿～50 亿美元，年均复合增长率为 6.5%左右，2020—2025 年为 55 亿～70 亿美元，年均复合增长率约为 5.5%。

短期（2015—2020 年）：面向中低端的低成本、广适用、高集成、低功耗的十万至百万门级器件的量产，占据国内 50%市场份额；研发针对云计算、100G 光传输网络等高端市场的百万门级器件，采用 40nm/28nm 工艺制程，并实现产业化；预研究超高容量、超高性能的千万门级器件。

长期（2020—2025 年）：全面占领国内中低端市场；针对云计算、100G 光传输网络等高端市场的产品占据国内 50%的市场份额；超高容量、超高性能的千万门级器件研制成功并实现量产，采用 22nm/14nm 工艺制程，与国际差距缩小到一代，在 FPGA 市场形成一定竞争力；预研究 10nm/7nm 先进工艺制程的亿门级器件，为追平世界先进水平打下基础。

2）关键基础零部件/元器件——PA 发展路线

PA 是基站发射系统的主要部分，对调制振荡电路产生的小功率信号进行系列放大，以达到能够馈送至天线辐射出去的功率，其主要的技术参数/性能指标包括效率、工作带宽等。预计 2015—2020 年我国 PA 的市场需求为 12 亿～15 亿美元，年均复合增长率在 4.5%左右，2020—2025 年为 15 亿～20 亿美元，年均复合增长率约为 5.5%。

短期（2015—2020 年）：实现各通信制式下功率放大器产品性能提升，产品效率普遍达到 40%左右，研究效率在 50%左右的产品；实现产品较宽的工作频率，最佳产品工作带宽达到 500～800M 左右水平；通过政府扶持和市场竞争，培育至少 1 家企业实现具有较为稳定的生产能力。

长期（2020—2025 年）：继续提高产品性能，产品效率达到 60%甚至更高，工作带宽达到千兆水平，性能追平国际领先产品或仅存在微小差距；2～3 家企业建立完整生产线，可满足国内市场 50%需求。

（三）数据通信设备四基发展子路线图（见图12）

			2015—2020年	2020—2025年
典型产品			路由器、交换机、网关设备	
全球趋势	设备需求		650亿～730亿美元，CAGR-2.4%	730亿～820亿美元，CAGR-2%
	基础零部件/元器件		高速的包处理、协议分析、路由查找，技术/软件产品逐渐成熟，网络智能管控	
国内目标	国内设备需求		55亿～100亿美元，CAGR-13%	100亿～150亿美元，CAGR-8.5%
	基础零部件/元器件	NP · 市场需求	4亿～6亿美元，CAGR-8.5%	6亿～8.5亿美元，CAGR-7.2%
		NP · 技术/性能	单芯片T比特吞吐率	提升QoS等指标，实现性能全面领先
		NP · 研发与产业化	研发生产面向未来智能网络的具有高可扩展性的产品	实现性能全面领先，面向未来智能网络的产品产业化，满足国内需求
	基础软件	SDN · 市场需求	0.72亿～15亿美元，CAGR-84%	15亿～50亿美元，CAGR-27%
		SDN · 技术/性能	基本解决SDN技术上的诸多瓶颈	把握关键设备软件及解决方案主导
		SDN · 研发与产业化	数据中心大规模应用SDN，国内部分企业进入第一梯队	SDN大规模商用，国内部分企业进入行业领导者行列
	关键基础材料		..	
	基础工业		..	
	产业技术基础		..	

图 12　数据通信设备四基发展子路线图

1. 数据通信国际趋势

（1）全球数据通信设备市场需求。

全球数据通信设备需求增长速度逐步降低。预计全球数据通信设备在 2015—2020 年市场规模约为 620 亿～720 亿美元，年均复合增长率为 3%；2020—2025 年约为 720 亿～800 亿美元，年均复合增长率为 2.2%。

（2）数据通信设备关键零部件/元器件/软件。

数据通信设备处理芯片性能进一步提升，以完成更加高速的包处理、协议分析、路由查找等工作，虚拟化/SDN 等技术和软件产品逐渐成熟，网络实现智能管控。

2. 数据通信关键基础选择

数据通信设备进行信号的转发与传送，因此处理芯片是其最主要的关键器件。此外，在新的网络架构下的基础软件也是重要基础。

数据通信设备中的关键芯片有 CPU、MPU、NP 芯片等。其中：

（1）CPU、MPU 是通用芯片，在此不做研究。

（2）NP（网络处理器）芯片是通信领域的专用芯片，特定应用于通信领域的各种任务，如包处理、协议分析、路由查找等，是数据通信产品的关键器件。我国通信设备商的 NP 芯片仍有一些性能与国际水平存在差距，为实现数据通信设备产品的提升，需要将 NP 芯片作为"关键基础"重点发展。

数据通信设备中的基础软件有传统设备软件（驱动、操作系统、协议）、管理软件（SDN）、支撑运维软件（OSS、BSS）、应用软件（IM）等。其中：

（1）传统设备软件中驱动与设备产品硬件相关，操作系统因厂商产品间的封闭性带有封闭性，协议根据协议规定编写，因此基本为设备企业根据自己的产品进行生产，因此对外依赖较小，不作为"关键基础"发展。

（2）管理软件中 SDN 作为未来被广泛看好的网络管理软件，被业界广泛看好。我国起步相对较晚，与国际水平存在差距。一方面，该软件对于未来网络至关重要，另一方面为了避免未来受制于人，将其作为"关键基础"重点大发展。

（3）支撑运维软件和应用软件属于上层的软件，在此不做研究。

3．数据通信关键基础零部件/元器件发展路线图

1）关键基础零部件/元器件——NP 发展路线

NP 特定的应用于通信领域的各种任务，比如包处理、协议分析、路由查找、声音/数据的汇聚、防火墙、QoS 等。预计 2015—2020 年我国 NP 的市场需求为 4 亿～6 亿美元，年均复合增长率在 8.5%左右，2020—2025 年为 6 亿～8.5 亿美元，年均复合增长率约为 7.2%。

短期（2015—2020 年）：进一步提升产品性能，实现单芯片 T 比特吞吐率以满足未来网络流量增长，研发生产面向未来智能网络的具有高可扩展性的产品，以满足未来虚拟化/SDN 技术下的网络架构。

长期（2020—2025 年）：全面提升产品性能，如 QoS 等与思科产品仍然存在差距的指标。实现性能全面领先、面向未来网络架构的产品产业化，满足国内市场需求。

4. 数据通信关键基础软件发展路线图

SDN 软件作为关键基础软件应用于控制面与数据面分离的新型创新网络架构中的设备及网络。

短期（2015—2020 年）：基本解决 SDN 等新兴网络架构在技术上的诸多瓶颈，在数据中心大规模应用，运营商网络和企业网络领域获得一定应用，国内通信设备/互联网领先企业进入第一梯队，国际上具有一定影响力。

长期（2020—2025 年）：积极将 SDN 应用于设备及网络，把握关键设备（如控制器）和设备软件以及解决方案主导地位，SDN 大规模商用，在数据中心全面部署，运营商及企业网络应用普及，国内部分企业进入全球领导者行列。

（四）光通信设备四基发展子路线图（见图 13）

			2015—2020年	2020—2025年
典型产品			端机、光收发器、波分复用设备、光交换机、光缆	
全球趋势	设备需求		180亿～200亿美元，CAGR-2.2%	200亿～220亿美元，CAGR-2%
	基础零部件/元器件		提升传输速率，降低传输损耗	
国内目标	国内设备需求		50亿～60亿美元，CAGR-4%	60亿～70亿美元，CAGR-3%
	基础零部件/元器件	光收发芯片 市场需求	9亿～15亿美元，CAGR-11%	15亿～21亿美元，CAGR-7%
		技术/性能	40G/100G/400G光效发芯片	灵活可变的光效发芯片
		研发与产业化	中低端满足国内需求，高端产业化起步	自主产品基本与国内需求持平
		PLC分路器 市场需求	4.5亿～6亿美元，CAGR-5.5%	6亿～7.5亿美元，CAGR-5%
		技术/性能	多类型产品，降低损耗，提升均匀性	全品类产品提供，性能国际同步
		研发与产业化	提升国内厂商自主产品的量产能力	满足国内过半市场需求
		光纤预制棒 市场需求	8000～10000吨，CAGR-4.5%	10000～13000吨，CAGR-5.5%
		技术/性能	低损耗和超低损耗光纤所需光棒制备	
		研发与产业化	90%需求实现自给，研发低损产品	侧重低损产品，满足国内，拓展国际
	关键基础材料	四氯化锗 市场需求	650～800吨，CAGR-4.5%	800～1000吨，CAGR-5.5%
		技术/性能	提升国产四氯化锗产品的纯度，达到光纤预制棒需要的99.999%	
		研发与产业化	国产原料自给率达到60%	国产原料自给率达到90%
	基础工艺		..	
	产业技术基础		..	

图 13　光通信设备四基发展子路线图

1. 光通信国际趋势

（1）全球光通信设备市场需求。

全球运营商骨干网络升级、数据中心互连设备需求推动光通信设备增长。预计全球光通信设备在 2015—2020 年市场规模约为 190 亿～230 亿美元，年均复合增长率为 3.6%；2020—2025 年约为 230 亿～270 亿美元，年均复合增长率为 3%。

（2）光通信设备关键零部件/元器件。

随着未来网络的传输和接入速率的不断提升，相关核心基础零部件/元器件性能需随之提高，提升传输速率，降低传输过程中的损耗。

2. 光通信关键基础选择

光通信传输媒质的特殊性，使得光器件成为光通信设备中最关键也最为基础的器件。此外，光纤作为光通信的传输线缆，其制造基础零部件和材料也应作出考虑。

光通信设备中拥有众多的关键模块，如光放大器、光转发器、光调制解调器、光分波/合波器、交叉连接器、交换路由器等。众多基础关键光通信芯片用于多个不同模块中，包括激光器、光收发芯片、PLC 芯片等。

（1）激光器用于放大器、调制解调器等设备，但我国差距较大的高功率激光器较少运用于通信领域，在此不将其列为"关键基础"发展。

（2）光收发芯片在大量光器件中都需要使用，是最重要的光芯片之一，在整个光器件市场中占很大比重，作为光通信领域的专用、特种产品，国内在高端产品方面对国外的依赖程度很高，需要将其作为未来"关键基础"发展。

（3）PLC 是光分波/合波器、交叉连接器等模块中的重要部分，对于实现设备功能至关重要，国内产品目前性能有所欠缺，产业化能力不足，需要将其列为"关键基础"发展。

光纤光缆也是光通信的重要部分，光纤上游的光纤预制棒以及预制棒的生产材料四氯化锗也应考虑是否作为"关键基础"发展。

（1）光纤预制棒在光纤生产产业中利润占比约为 70%，且我国作为光纤生产大国，每年约生产全球半数光纤，而光纤预制棒的技术能力仍然不足，因此有必要将光纤预制棒作为"关键基础"，在未来规划提升。

（2）四氯化锗是制作光纤预制棒的重要原材料，我国满足要求的产品生产尚不足市场需求的 10%，是目前大量依靠进口的"卡脖子"产品，有必要作为"关键基础"发展。

3. 光通信关键基础零部件/元器件发展路线图

1) 关键基础零部件/元器件 —— 光收发芯片发展路线

光收发芯片是光收发模块中的集成电路，是光纤宽带网络物理层的主要基础芯片，被广泛用于光纤传输前端，实现高速传输信号的光电、电光转换，速率是其主要性能指标。预计 2015—2020 年我国光收发芯片的市场需求为 9 亿～15 亿美元，年均复合增长率在 11% 左右，2020—2025 年为 15 亿～21 亿美元，年均复合增长率约为 7%。

短期（2015—2020 年）：进一步提升国内自主光收发芯片的数据速率，研发突破 40Gb/s/100Gb/s/400Gb/s 的光收发芯片产品，缩小与国外产品差距；提升产业化水平，中低端产品满足国内需求，高端产品研发突破并开始产业化。

长期（2020—2025 年）：技术与产品性能追平国际领先水平，研究灵活可变的光收发芯片；产业化能力进一步增强，自主产品基本与国内需求持平，并开始初步的国际化拓展。

2) 关键基础零部件/元器件 —— PLC（平面光波导）分路器发展路线

PLC 分路器用于无源光网络中连接局端和终端设备，可实现光信号的分路，其主要技术参数/性能指标包括插入损耗、偏振相关损耗、均匀性等。预计 2015—2020 年我国 PLC 分路器的市场需求为 4.5 亿～6 亿美元，年均复合增长率在 5.5% 左右，2020—2025 年为 6 亿～7.5 亿美元，年均复合增长率约为 5%。

短期（2015—2020 年）：增加国内产品多样性，如继续开发 1×128、2×N 等类型产品，进一步提升产品性能，降低插入损耗、偏振相关损耗，提高分光均匀性；提升国内厂家自主产品的量产能力；

长期（2020—2025 年）：实现国内产品多样性，拥有全品类产品提供能力；产品性能达到国际同步水平；产品产业化取得一定成绩，可以满足过半的市场需求。

3) 关键基础零部件/元器件 —— 光纤预制棒

光纤预制棒是用于拉制光纤的主要部件，其主要技术参数/性能指标包括长度、外径等。预计 2015—2020 年我国光纤预制棒的市场需求为 8000～10000 吨，年均复合增长率在 4.5% 左右，2020—2025 年为 10000～13000 吨，年均复合增长率约为 5.5%。

短期（2015—2020 年）：研发开发低损耗和超低损耗光纤所需的光纤预制棒产品，继续增强国内自主知识产权，以摆脱对国外厂商的束缚；产量与效率双方面提升，继续扩大国内产品产业化，解决国内市场过半需求需要依赖国外进口的状况，光纤预制棒产量 90% 实现自给。

长期（2020—2025 年）：调整产品结构，侧重生产低损耗光纤所需的光纤预制棒产品；进一步提升产业化水平，满足国内需求并向国际市场拓展，且同时密切关注市场避免生产过剩的问题发生。

4．光通信关键基础材料发展路线图

高纯四氯化锗作为关键基础材料主要用作预制棒纤芯掺杂剂，以提高纤芯折射率，实现光纤的全反射、无损耗并提高传输距离，总纯度要求大于 99.999%，纯度是其主要的性能指标。预计 2015—2020 年我国四氯化锗的市场需求约为 650～800 吨，年均复合增长率在 4.5%左右，2020—2025 年为 800～1000 吨，年均复合增长率约为 5.5%。

光纤预制棒所需四氯化锗纯度要求较高，国内仅武汉云晶飞、北京国晶辉等企业可以生产，产量不足国内需求的 10%。未来四氯化锗产业的路线主要包括产品纯度提升和产业化两个方面的目标。产业化目标分为短期和长期目标。短期（2015—2020 年）内国产化原料自给率达到 60%；长期（2020—2025 年）国产化原料自给率达到 90%。

（五）政府重点支持项目

以下两种情况需要政府重点支持：一是产品自身虽然重要，但企业自身缺乏研究开发能力或产业化动力；二是单靠企业自身力量难以进行研究开发或推动产业化发展。根据以上两点标准，判断重点任务中哪些需要政府重点支持。

FPGA 是移动通信设备中的关键器件，美国对我国进行的 FPGA 产品和技术禁运致使我国在 FPGA 上对美国依赖严重，可能对国家经济和国防安全产生重大影响。在政府的扶持下，我国培育了少数具有自主研发 FPGA 产品能力的企业，但在产品性能和市场的规模化发展方面还需要很长一段时间，需要政府给予重点支持。

功率放大器是移动通信设备领域的专用器件，其功耗占基站能耗的 40%～60%，对基站运营成本具有重要影响。国内厂商规模普遍较小，产品性能与先进水平差距较大，缺乏稳定的批量生产能力，在国际国内市场几乎没有竞争力，需要政府给予重点支持。

NP 芯片是数据通信设备中的关键器件，对设备的性能有至关重要的影响。我国设备企业华为为获得设备产品的竞争优势，自主生产专用 NP 芯片，已经进入第一梯队。后续国内 NP 芯片发展继续依靠企业自身即可，不需要政府重点支持。

SDN 是当前产业的热点，被业界普遍视为未来网络演进的方向。我国 SDN 发展起步晚于国外，在 SDN 软件上与国外也有所差距，但作为未来重要方向的 SDN 被企业普遍关注，众多企业纷纷布局，在市场机制的作用下，市场参与者会积极发展 SDN 软件，政府

在必要时给予支持，不需要以政府为主重点支持。

我国光收发芯片已经发展多年，低端产品生产已经有相当规模，但在高端产品（10Gb/s 以上）方面的制作工艺不足，产品仍然依赖国外。多年困局证明仅靠市场和企业力量，产业发展较慢，需要政府出手干预给予重点支持。

PLC 分路器是 FTTH 的核心无源器件，我国直到近几年才开始取得突破，只有少数几家企业掌握自主知识产权及量产能力，但产能仍然不足。依靠少数几家企业自身力量完成产品的产业化需要更长时间，因此政府可以重点支持 PLC 分路器的产业化。

光纤预制棒是用于拉制光纤的重要材料。我国是光纤生产大国，对光纤预制棒的需求巨大，目前国内产量仅能满足一半左右的市场需求，产业化能力需要进一步提高。但总体来说，主要依靠市场调节和企业自身力量发展就可以，不需要政府对其重点支持。

四氯化锗是生产光纤预制棒的重要掺杂材料，我国在四氯化锗的提取技术上能力不足，仅有少数企业可以生产出满足要求的产品，且产量远不能满足国内市场的需求。要促进满足需求的高纯度四氯化锗的快速发展，需要政府重点支持其研究开发和产业化。

综上所述，需要政府重点支持的项目包括以下几方面。

（1）FPGA 研究开发与产业化。

（2）功率放大器研究开发与产业化。

（3）高速光收发芯片研究开发。

（4）PLC 分路器产业化。

（5）四氯化锗提纯技术研发与产品生产产业化。

（六）通信设备四基发展措施建议

（1）提升产业技术积累，增强产业技术创新能力。

技术是产业提升的根本前提，我国通信设备器件产业起步晚，技术落后，提升产业技术积累可以从以下几个方面着手。

一是充分利用外部资源，学习和借鉴国外发展经验和实现路径，利用合作交流等方式获得国外先进技术，仔细求证，大胆运用，提升我国技术水平。

二是牢牢把握弯道超车机会，面对出现颠覆性技术或多种发展路线时，充分研究是否存在跳过部分阶段或技术的可能。

三是持续提升创新突破能力，对于国内缺失或被封锁的关键领域，充分调动国内资源，进行自主创新，突破相关技术和产品。

（2）夯实产业基础，推进集成电路产业发展，建立良好供求关系链。

产业本身方面，一是促进芯片设计、制造、封装企业的发展，进一步改善国内企业在集成电路生产流程各环节中的落后现状，逐步缩小与国际水平的差距；二是鼓励企业进入通信设备关键器件领域，而非固步在外围器件市场中，从而改变我国在通信设备关键基础元器件领域的空白缺失现象。

产业链方面，逐步建立良好的市场供求关系。提升国内通信芯片产品质量的同时，引导国内设备厂商尽量选择国内品牌的通信芯片，从而建立良好的供求关系链，促进国内通信设备芯片企业的进一步发展。

（3）突破部分关键产品研发与产业化。

选择部分通信设备关键元器件率先进行产品研发突破。

传统设备芯片方面，一是突破以 FPGA 为代表的关键通用处理芯片，提升基于通用芯片的二次开发能力；二是进一步突破光收发芯片、PLC 芯片等光通信芯片的研发与产业化，实现上述产品的大规模商用；三是探索布局功率放大器、AD/DA 芯片等射频芯片，提升产业对系统设备的支持力度。

新型设备芯片方面，一是探索实现单一芯片平台对多种不同系统设备支持的通用芯片的研发；二是投入 SDN 交换机芯片等新兴热点产品的研发与产业化。

（4）培育和扶持具有示范作用的产业主体。

大力培育和扶持通信设备关键芯片领域的国内领先企业。一是可以提升领先企业能力，带动国内产业整体实力提升并支撑上游设备企业发展；二是增强企业的竞争力，以促进这些企业可以与国外企业相竞争，并在竞争中持续学习和发展；三是可以给国内其他企业树立标杆，为其他企业的发展提供参考和借鉴，以带动整体产业群的发展。

附表

附表 1　核心基础零部件/元器件需求

序号	产品名称	2015 年需求量（亿美元）	2020 年需求量（亿美元）	2025 年需求量（亿美元）
1	DSP	8	8	8
2	FPGA	40	55	70
3	PA	12	15	20
4	AD/DA	13.5	20	25
5	NP	4	6	8.5
6	激光器	20	26	38
7	光收发	9	15	21
8	PLC	4.5	6	7.5
9	光棒	8000 吨	10000 吨	13000 吨

附表 2　关键基础材料需求

序号	材料名称	2013 年产量	2013 年销售收入（亿元）	2015 年需求量	2020 年需求量	2025 年需求量
1	四氯化锗	<100 吨	—	650 吨	800 吨	1000 吨

附表 3　核心基础零部件/元器件发展重点

产品名称	主要技术参数/性能指标	市场需求预测	关键技术	研发与产业化目标	涉及的上下游环节
FPGA	集成门级数量，容量	2015—2020 年为 40 亿~55 亿美元，2020—2025 年为 55 亿~70 亿美元	集成电路设计、制造技术	短期（2015—2020 年）：面向中低端的低成本、广适用、高集成、低功耗的十万~百万门级器件的量产，占据国内 50%市场份额；研发针对云计算、100G 光传输网络等高端市场的百万门级器件，采用 40nm/28nm 工艺制程并实现产业化；预研究超高容量、超高性能的千万门级器件； 长期（2020—2025 年）：全面占领国内中低端市场；针对云计算、100G 光传输网络等高端市场的产品占据国内 50%的市场份额；超高容量、超高性能的千万门级器件研制成功并实现量产，采用 22nm/14nm 工艺制程，与国际差距缩小到一代，在 FPGA 市场形成一定竞争力；预研究 10nm/7nm 先进工艺制程的亿门级器件，为追平世界先进水平打下基础	半导体材料、集成电路制造工艺

产品名称	主要技术参数/性能指标	市场需求预测	关键技术	研发与产业化目标	涉及的上下游环节
PA	效率，工作带宽，非线性失真	2015—2020 年为 12 亿～15 亿美元，2020—2025 年为 15 亿～20 亿美元	集成电路设计、制造技术	短期（2015—2020 年）：实现各通信制式下功率放大器产品性能提升，产品效率普遍达到 40%左右，研究效率在 50%左右的产品；实现产品较宽的工作频率，最佳产品工作带宽达到 500～800M 水平；通过政府扶持和市场竞争，培育至少 1 家企业实现具有较为稳定的生产能力； 长期（2020—2025 年）：继续提高产品性能，产品效率达到 60%甚至更高，工作带宽达到千兆水平，性能追平国际领先产品或仅存在微小差距；2～3 家企业建立完整生产线，可满足国内市场 50%需求	半导体材料、集成电路制造工艺
NP	吞吐率	2015—2020 年为 4 亿～6 亿美元，2020—2025 年为 6 亿～8.5 亿美元	集成电路设计、制造技术	短期（2015—2020 年）：进一步提升产品性能，实现单芯片 T 比特吞吐率以满足未来网络流量增长，研发生产面向未来智能网络的具有高可扩展性的产品，以满足未来虚拟化/SDN 技术下的网络架构； 长期（2020—2025 年）：全面提升产品性能，如 QoS 等与思科产品仍然存在差距的指标，实现性能全面领先。实现性能全面领先、面向未来网络架构的产品产业化，满足国内市场需求	半导体材料、集成电路制造工艺
光收发芯片	速率	2015—2020 年为 9 亿～15 亿美元，2020—2025 年为 15 亿～21 亿美元	光芯片设计、制造技术	短期（2015—2020 年）：进一步提升国内自主光收发芯片的数据速率，研发突破 40Gb/s/100Gb/s/400Gb/s 的光收发芯片产品，缩小与国外产品差距；提升产业化水平，中低端产品满足国内需求，高端产品研发突破并开始产业化； 长期（2020—2025 年）：技术与产品性能追平国际领先水平，研究灵活可变的光收发芯片；产业化能力进一步增强，自主产品基本与国内需求持平，并开始初步的国际化拓展	光芯片材料、光芯片制造工艺
PLC 分路器	插入损耗、偏振相关损耗、均匀性	2015—2020 年为 4.5 亿～6 亿美元，2020—2025 年为 6 亿～7.5 亿美元	光芯片设计、制造技术	短期（2015—2020 年）：增加国内产品多样性，如继续开发 1×128、2×N 等类型产品，进一步提升产品性能，降低插入损耗、偏振相关损耗，提高分光均匀性；提升国内厂家自主产品的量产能力； 长期（2020—2025 年）：实现国内产品多样性，拥有全品类产品提供能力；产品性能达到国际同步水平；产品产业化取得一定成绩，可以满足过半的市场需求	光芯片材料、光芯片制造工艺

续表

产品名称	主要技术参数/性能指标	市场需求预测	关键技术	研发与产业化目标	涉及的上下游环节
光纤预制棒	长度，外径	2015—2020 年为 8000～10000 吨，2020—2025 年为 10000～13000 吨	沉积稳定性技术、高效延伸技术	短期（2015—2020 年）：研发开发低损耗和超低损耗光纤所需的光纤预制棒产品，继续增强国内自主知识产权，以摆脱对国外厂商的束缚；产量与效率双方面提升，继续扩大国内产品产业化，解决国内市场过半需求需要依赖国外进口的状况，光纤预制棒产量90%实现自给；长期（2020—2025 年）：调整产品结构，侧重生产低损耗光纤所需的光纤预制棒产品；进一步提升产业化水平，满足国内需求并向国际市场拓展，且同时密切关注市场避免生产过剩的问题发生	光纤预制棒生产材料

附表 4　关键基础材料发展重点

材料名称	主要技术参数或性能指标	市场需求预测	关键技术	研发与产业化目标	涉及的上下游环节
四氯化锗	纯度	2015—2020 年为 650～800 吨，2020—2025 年为 800～1000 吨	四氯化锗提纯技术	光纤预制棒所需四氯化锗纯度要求较高，国内仅武汉云晶飞、北京国晶辉等企业可以生产，产量不足国内需求的 10%。未来四氯化锗产业的路线主要包括产品纯度提升和产业化两个方面的目标。产业化目标分为短期和长期：短期（2015—2020 年）：国产化原料自给率达到 60%；长期（2020～2025 年）：国产化原料自给率达到 90%	四氯化锗提纯工艺，光纤预制棒生产

课题组成员名单

陶泽荣　中国信息通信研究院　工程师

刘　默　中国信息通信研究院　高级工程师

罗振东　中国信息通信研究院　高级工程师

邬明罡　中国信息通信研究院　工程师

张恒升　中国信息通信研究院　高级工程师

付国强　中国信息通信研究院　工程师

汤瑞中　国信息通信研究院　工程师

房超中　国信息通信研究院　工程师

田洪川　中国信息通信研究院　工程师

司先秀　中国信息通信研究院　高级工程师

冯　骋　中国信息通信研究院　工程师

第三章 消费电子制造业

一、前言

20 世纪 90 年代以来，作为全球高技术产业主体之一的消费电子产业获得了突飞猛进的发展。我国抓住全球消费电子产业分工和跨国转移的重要战略机遇，发挥比较优势，发展成位居世界前列的消费电子产品生产大国和出口大国。当今，在物联网、云计算、移动互联网快速发展的背景下，消费电子产品作为应用服务载体、交互互联端口，成为新一代信息技术产业的重要基础性产业，在国民经济发展中的地位进一步凸显。

然而，我们也应该认识到，在整机生产能力已达到相当规模的情况下，我国消费电子制造业创新能力仍然不强，在核心基础元器件、关键基础材料、先进基础工业和共性技术基础方面与发达国家还有较大差距，极大地限制了整机进一步集成创新提升的空间。为进一步促进我国消费电子制造业向高端发展，强化产业发展基础，有必要对消费电子制造业的强基战略进行研究。

二、消费电子制造业在我国工业发展中的重要作用

（一）消费电子产品是信息技术和服务的基础载体

受到数字化智能制造、移动互联网技术应用、云计算等新技术、新产品应用加速的影

响，一条隐藏于我国消费电子产业内部的"智能制造、智慧产品、全云连接"的智能产业链也浮出水面，各类消费电子终端开始前所未有的互联互通，是信息技术和服务不可或缺的硬件载体。

（二）消费电子是工业产业富有活力的增长点

从产业规模看，2013 年我国手机、计算机、彩电等主要消费电子产品的产量分别达到 11.8 亿部、3.5 亿台、1.3 亿台，占全球出货量的比重均超过 50%，产量稳居世界首位[①]。从出口情况看，消费电子产业 2012 年出口总额为 2069 亿美元，约占全国外贸出口总额的 10%[②]。此外，消费电子产业在制造业行业中保持了较高的增长活力。在我国工业经济增长速度整体放缓的背景下，消费电子产业仍然呈现出良好的发展势头，手机产量同比增长 23.2%，高于 2012 年同期 18.9 个百分点[③]，平板电脑产量同比增长超过 40%[④]，极大地带动了集成电路、片式元器件、LCD 显示器件、锂离子电池、材料等上游制造业的发展。

（三）消费电子是工业转型升级的驱动器

消费电子产业能够促进新兴产业的发展，提升产业结构。随着我国信息技术加快渗透，加速了智能手机、智能电视、可穿戴设备新兴产业的兴起和迅速壮大。这些均是技术密集型的高附加值产业，与传统成熟产业或衰退产业相比，这些新兴产业有着远大发展前景，地位和影响力趋于上升，技术创新特点明显，符合产业发展的时代要求。随着这些产业发展壮大，我国的产业结构也得以提升。此外，消费电子产业的发展应用能够改变传统的生产工作组织方式，显著提高生产工作效率，极大带动其他产业的发展。特别是随着移动智能终端（手机、平板、可穿戴设备等）和个人 PC 等电子产品向轻薄化、小型化发展，消费电子产业对制造工艺的精细和复杂程度要求不断提高，推动相关装备制造业向智能化升级。

---

① 数据来源：工业和信息化部 2013 年电子信息产业统计公报。
② 数据来源：根据海关进出口数据整理。
③ 数据来源：工业和信息化部。
④ 数据来源：Gartner。

（四）消费电子是扩大内需的新引擎

国务院印发《关于促进信息消费扩大内需的若干意见》，表明我国把推动信息消费提高到国家战略层面。在当前外需对经济增长贡献率变小、汽车等消费增长趋缓的背景下，信息消费将成为实现内需驱动的有力抓手。

消费电子产业本身是信息消费的重要增长点。2013 年上半年，我国信息消费规模超万亿元，同比增长约 20%，超同期 GDP 的增长速度近一倍，其中电子信息终端产品消费 4019 亿元，同比增长 25.7%，占信息消费的 29.1%[①]。随着消费电子产业领域新产品推出速度不断加快，以及国家刺激信息消费政策的逐步实施，消费电子产业本身的市场需求会保持快速增长，成为扩大内需的重要力量。

消费电子产业能有效带动其他信息消费的快速增长。消费电子产业领域的手机、彩电、计算机等不仅本身是信息消费的组成部分，还是向消费者提供其他信息服务的重要载体。如消费者通过手机获取互联网信息、内容服务等，也构成了信息消费。截至 2013 年年底，我国手机普及率 90.8 部/百人；城镇居民的彩电、计算机拥有率超过 136 台/百人和 82 台/百户[②]，这些都为其他部分信息消费的扩大奠定了良好的基础。

三、我国消费电子制造基础产业现状

下一代消费电子将是以智能化和健康化两大主题为发展的核心。智能电子产品将整合物联网、家庭服务、ASIC（SoC）芯片、声光电传感器、控制器、软件及安全等技术领域，全力开发适合智慧家居、移动接收的新型智能应用，在保护用户隐私的前提下，解决消费者迫切需求的产品智能、节能及新功能方面的需求；健康家电将涉及与消费者健康生活密切相关的洁净空气、纯净水、食品安全及医疗健康等诸多方面，以改善家居生活环境为目标，保障人民群众健康、安全、幸福的生活权利。我国消费电子制造业在核心基础元器件、关键基础材料、先进基础工业和共性技术基础方面的发展现状具体如下。

---

① 数据来源：工业和信息化部。
② 数据来源：工业和信息化部。

（一）核心基础元器件的发展现状

1）发展情况

我国消费电子电子元器件制造业经过了多年的发展，已经具有了比较健全的产品体系和相对完整的生产供应链，整体上具备了位于世界前列的生产规模、实力和一定的国际竞争力。在此基础上，与国际电子元器件制造强国相比，我国尚有不足，主要表现为：企业相对盈利水平较低，自主研制、设计技术能力不高，对国外技术转移和市场依赖大，造成了我国在关键、高端产品上的缺口较大。

（1）电子元器件行业涉及面广，行业构成繁杂。

电子元器件是组成电子系统的基本单元，包含了难以计数的产品类型。这些庞大的产品族群是手机制造、计算机制造、通信制造、家电制造和汽车制造等现代制造业的产品或装备的基石。高水平的电子元器件已经支撑了互联网应用产品、机顶盒、平板电脑等消费产品的迅速启动及飞速发展，已经实现了普通电话、光通信网络和移动通信的普及。

数十年来，电子元器件行业已经从电阻、电容、电子管等早期较少的产品门类发展为一个包括了十余个行业门类的庞大家族。庞大、复杂的产品，使得细分市场特别多，业内对于电子元器件行业覆盖的门类划分并不一致。按照产业链的上、中、下游划分的集成电路行业的设计（上游）、流片制造（中游）和封装测试（下游）；按照电子装联行业划分的有纱布、环氧树脂和铜箔（原材料）、基材（上游）、印制板（中游）和装联（下游）。按照产品差异划分的有显示器中的显像管和平板显示。按照国家统计局在国民经济分类中给出的分类，电子元器件行业主要由电子元件和电子器件两部分组成，主要包括电阻器、电容器、电位器、电感器、机电元件（电连接器）、开关、微特电机、磁性元件、频率元件、继电器、电线电缆、电真空器件、电声器件、半导体分立器件、集成电路、激光器件、电子显示器件、光电器件、传感器和印制电路20个不同的行业。

（2）电子元器件产业规模大，是工业发展的基础。

截至2013年，我国电子元器件行业规模以上企业约7000家。行业规模不断扩大，从业人数约400万人，资产总额约1.83万亿元，销售额约2.3万亿元。我国的电子元器件行业目前在国内电子制造业中已稳居第二位，仅次于电子计算机制造业。我国电子元器件行业在国际市场上占据很重要的地位，产量已占全球的39%以上。

电子元器件无处不在，不论是日常的消费电子产品还是工业用电子设备，都是由基本的电子元器件构成的。我国电子元器件行业的GDP达到了全国的4.5%以上。2014年1—3月，规模以上制造业增加值增长11.3%，与2013年同期水平基本持平，高出工业平均水平 2.6 个百分点。高速增长说明，元器件行业有力地支撑了我国电脑、手机、消费电子、无线通信、船舶、航空航天、汽车和工程装备制造业快速发展。

（3）电子元器件产业保持较快增长，结构有一定提升。

截至 2013 年，我国电子元器件行业从业人数较 2008 年时增长了约 26.8%；资产总额较 2008 年时增长了约 48.7%。截至 2013 年第 4 季度，我国电子元器件行业销售额达到了 2.3 万亿元，较 2008 年时增长了约 76.9%，年增速接近 8%。2014 年全行业仍将保持平稳增长态势，增速预计在 7%左右。

2008 年以来，我国电子元器件行业收入和工业增加值的增速都高于产量增速，表明中、高端产品的比重（产品结构）有所提高。例如，2008 年半导体分立器件产量增速仅为 2.7%，但电子器件制造业的主营业务收入和工业增加值的增速都高达 29%。

（4）电子元器件对外贸易增长快，已融入世界电子产业分工体系。

2012 年，我国电子元器件进出口总额约 3.3 万亿元（4928 亿美元），其中电子元件及组件、电子印制电路版、敏感元件及传感器等产品出口 906 亿美元，进口 941 亿美元；真空电子器件、光电子器件及其他电子器件、半导体分立器件、集成电路、微特电机、电子电线电路、光纤、光缆、电池等产品出口 891 亿美元，进口 2190 亿美元。

我国电子元器件行业在国际市场上占据重要地位。部分门类电子元器件的产量已居全球首位，包括电容器、电阻器、电声器件、磁性材料、压电石英晶体、微特电机、电子变压器和印制电路板。再如，我国电声行业的某一大型企业微型 MIC 出货量排在全球第三位，其产品对苹果、三星等国际大客户的支持速度增长较快。

（5）产品质量能够满足中低端需求，多数厂家获得了质量管理认证。

总体上看，我国电子元器件行业已经能够生产几乎全部的传统结构产品和大部分中、低端的新型结构的产品并已大量出口。在这些产品种类中，大部分产品达到了比较好的质量水平，例如，钽电容器最高工作温度可达 200℃，铝电容器、瓷介电容器等工作温度范围已达-55～+125℃。电阻器已可大量生产 0402、0201 等尺寸产品。其他如各种传统连接器、程控机用继电器、多模光纤和单双面印制板等均已大批量生产并被广泛用于电子信息行业中。许多公司已通过 ISO、美国 UL、德国 VDE、我国 CCEE 等认证，为产品质量提供了担保。

（6）产业集中于东部地区，技术由应用创新所牵引。

电子元器件制造业主要分布在区域经济比较发达的东南沿海的珠三角、长三角及环渤海地区，行业的资产和收入主要集中在江苏、广东、浙江、山东、上海、北京、天津等省市。行业前十个省市的利润累计比重为 92.77%，资产累计比重为 89.72%，收入累计比重为 93.20%。其中，江苏省和广东省总利润分别占全国的 38.17%、20.43%，总资产分别占全国的 31.60%、26.67%，总收入分别占全国的 33.20%、29.98%，其余地区的各项比重都要低于 10%，占行业利润总额 8.10% 的上海市利润增长较快。可见江苏省和广东省是我国电子元器件制造业的最重要分布地区。

新技术和新概念的推广引领着电子元器件领域技术的潮流。除了来自应用端的创新要求外，生产效率等方面的提升也反映了技术和市场应用的创新要求。目前业内普遍认为比较重要的创新应用来自"物联网"、低碳电池、触摸屏/触控面板等领域。

2）与强国的差距

总体上看，我国电子元器件产业与国外先进产业比较在产品和市场表现出了核心技术受制于人、高端匮乏，盈利和技术能力较低的特点。主要表现在以下几个方面。

（1）核心原材料和市场受制于人，高端产品依赖进口。

我国电子元器件产业的诸多原料、生产设备大多需要国外进口；市场是以为国内、国际下游消费类电子整机大厂配套为主。处于中间的配套供应商地位，既不能控制上游大宗原料价格波动，又不能控制下游整机企业产品价格，所以大部分企业实际上缺乏自主定价能力。

长期以来，我国约 3.3 万亿元的电子元器件类产品进出口中，主要是大量进口高端产品、大量出口低端产品。以半导体器件为例，我国在相对集成电路技术含量较低的分立器件，尤其是传统普通二极管和普通三极管等方面具有明显的成本优势，因此具有一定竞争力。不过，在平均要求较高的集成电路领域中，2013 年我国集成电路的进口额达到 2322 亿美元，出口额仅是进口额的 37.8% 且差距连续四年扩大。据统计，虽然中国产业规模已由 2001 年不足世界集成电路产业总规模的 2% 提高到 2012 年的 10%，但国内集成电路产业规模与市场规模之比始终未超过 1∶5。我国集成电路市场的实际自给率还不足 10%，严重依靠进口。

（2）低端产能发展较快，产品盈利水平不足。

近几年，我国电子元器件产能取得了快速发展。例如，2003 年起始到 2017 年 5 年间，半导体分立器件、集成电路、电子元件的年平均复合增长率分别为 33.5%、28.1% 和 19%，都远高于同期全球增速。国产的电容器、电阻器、磁性材料、电子变压器、压电石英晶体器件、电声器件、微特电机、印制电路板等的产量已居世界首位，而且一半以上的产品出口国际市场。我国电子元件行业近年来发展稳定，电子元件产品产量占全球总产量的 39% 左右。

但从销售额来看，我国电子元件占全球总销售额还不高。我国电子元器件企业主要是依靠低价格、低成本的加工制造业，极少涉及核心技术持续研发、品牌维护和渠道建立。低成本驱动造成企业的持续盈利能力弱。电子元器件子行业的人均销售收入只有 20 万～30 万元/人的水平，仅是国外同行几分之一或几十分之一。例如，半导体二极管其需要大量进口的高端产品的单价是出口产品单价的 3 倍左右。

（3）新型元器件开发技术受限，高端产品发展较慢。

目前，国外先进在以片式化、小型化、高频化等为特征的新型电子元器件产品开发上取得了长足进展，而我国产品尚存不足。例如，2002 年，日本电阻器的片式化率达 89%，陶瓷电容器片式化率达 80%。同年，日本、美国电感器片式化率均已达 70%，信号电路用的电感器片式化率已达 80% 以上；开关的片式化率达 20% 以上。目前，我国电阻器、电容器、电感器片式化率达到了 70%，但 90% 的手机用的片式压敏电阻仍依赖进口，国内生产无法满足下游智能手机的推广。国外已生产 5mm×5mm×5mm 的微型电子变压器和厚度仅为 0.2mm 的平面电子变压器，而国内还尚待开发。

（二）关键基础材料的发展现状

1. 发展情况

我国消费电子制造业的关键基础材料主要包括集成电路制造用材料、平板显示材料、印刷电子材料、电子电路基材和锂离子电池材料。

1）集成电路制造用材料方面

在 02 专项等国家相关科技计划支持下，我国国产集成电路制造用部分材料已开始批量进入 8 英寸制造厂，CMP 工艺用抛光液、溅射靶材、铜电镀液及添加剂、高纯三氟化氮和六氟化钨等材料已应用于 12 英寸生产线，还有一批材料正在进行应用认证考核。相关企业在重视技术开发的同时也加大了质量控制、精益化管理、客户服务等能力的提升，全行业综合能力有所提高。《国家集成电路产业发展推进纲要》的发布将引导制造进入新一轮建线高潮。虽然我国集成电路制造用材料企业取得了一定的成绩，但总体而言，国内企业人都集中于 6 英寸及以下生产线用材料的低端环节，8 英寸及以上生产线所需材料的供应绝大部分都依靠国际公司。

2）印刷电子领域

印刷电子是将印刷工艺用于制造电子产品的新兴工业技术，具有多学科、交叉性及多种工程复合性的特征。与传统电子产品的制造工艺进行对比，印刷电子工艺技术具有节能、节约资源、绿色环保、设备投资少、低成本、大面积、可卷对卷生产的明显特点。产品具有柔性、轻便、个性化的优点。尽管目前印刷电子产品在集成度、信息容量、分辨率等方面尚达不到硅基微电子产品的水平，但导电墨料、射频天线、传感器、低密度存储器、廉价薄膜电池，以及有机光伏电池、铜铟镓硒（CIGS）光伏电池等印刷电子产品，已占有一定市场份额。而在整个印刷电子产业中，材料是整个产业的基础。

印刷电子作为新兴的技术产业领域，近几年内迅速受到电子加工与制造产业的重视。三星、索尼、西门子等国际电子企业都已经广泛开展印刷电子取代传统电子加工技术的研究与产业推广。

全国印刷电子产业技术创新联盟是我国印刷电子行业内各企业、高校及研究院所共同发起成立的以提升印刷电子产业技术创新能力为目标的全国性技术创新合作组织。自2011年10月联盟成立至今，已开展了一系列卓有成效的工作，吸收了包括材料生产、装备制造、软件开发、技术研发等在内的企业、院所、高校共50家，联合承担了科技部"十二五"科技支撑计划、工信部2011年物联网发展专项等一系列重大科技项目。

目前，新兴的印刷电子产业在全球范围内处于导入期，其中韩国、日本及中国台湾为主的亚太地区和美国、加拿大为主的美洲地区，以及英国、德国为代表的欧洲国家发展十分迅速，而亚太地区呈现快速增长的潜力。

中国工业界从2009年开始关注印刷电子，2010年以来，中科院化学所、中科院苏州纳米所，以及北京印刷学院和天津大学、复旦大学相继组建了印刷电子技术研发团队和研究中心；2010年7月，国内首届印刷电子技术研讨会在苏州举行；2011年中科院化学所、北京印刷学院与中科院苏州纳米所等共同组建了"印刷电子产业技术创新联盟"；中国科学院战略先导研究计划进行印刷电子的布局，并成功应用于2014年北京APEC会议电子门卡的天线印制。2014年广东省由TCL集团牵头，联合中山大学、华南理工大学、华南师范大学等高校成立了广东省印刷电子产业联盟，并聚焦于印刷显示领域。这说明我国对印刷电子的重视在不断加强，越来越多的研发机构和人员投入这一新兴领域，我国印刷电子正在快速发展。

当前印刷电子产业尚处于发展的初级阶段，机遇和挑战并存。预计未来5～10年，全球印刷电子将进入高速发展期，市场前景极为广阔。伴随着印刷业服务领域向印刷电子、功能材料印刷领域的扩展，印刷电子将作为一种新型制造手段服务于现代新型制造业。印刷电子产业的未来发展，材料方面将基于电子器件的组成围绕印刷防护层、介电层、连接电路、半导体功能层及其他应用层方向延伸发展，其同无机纳米电子材料和有机及聚合物电子材料的发展密不可分；工艺方面从传统的丝网印刷扩展到数字喷墨、凹印、压印等工艺，印刷精度从数十微米级向微米、亚微米甚至纳米尺寸发展；印刷方式从单张印刷到卷筒印刷再进一步拓展到卷到卷高效快速印刷；印刷电子产品从局部印刷向全印刷方式发展；应用方面趋向于大面积、轻薄化、柔性化、透明化电子电路及元器件方向发展，并逐步应用于电子纸、柔性可弯曲、可折叠、可穿戴以及透明的电子产品，市场前景极为广阔。

3）电子电路基材

我国是世界上最大的印制电路生产国，作为印制电路的上游材料，我国印制电路基材的产量与消费量同样是世界第一，也孕育出了诸如广东生益等世界一流的电子电路基材生产企业。但与国外相比，我国在高端产品方面还比较匮乏，在挠性、高密度互联、微波及环保等方面，与国外的差距还比较明显。

大量可选的基材种类和特征参数可以组合形成不同的印制电路基材种类，涵盖了从对可靠性要求极低的消费类产品到航空航天严酷条件下使用的特殊要求产品。覆铜板通常综合了用途、力学性能和结构类型的因素进行分类。种类主要是多层板基材、挠性覆铜板、纸基覆铜板、玻璃布覆铜板、复合基覆铜板、特殊基材等共约 110 个规格的产品，不同规格的产品使用 FR-4 等型号表示。图 1 所示为主要基材产品分类结构示意图。

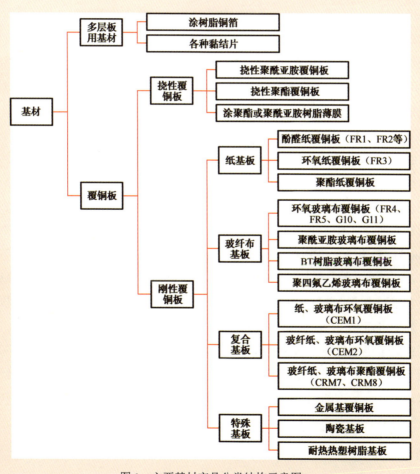

图 1　主要基材产品分类结构示意图

4）锂电池材料领域

锂离子电池材料包括正极材料、负极材料、电解液、隔膜、集流体、封装材料等。正极材料、负极材料、电解液和隔膜是锂离子电池电芯的四大核心材料。从国内产能产量及市场需求来看，正极材料、负极材料、电解液总体过剩，隔膜产能较为落后。从全球来看，正极材料、负极材料、电解液及隔膜目前均呈现过剩状态。

锂电正极材料厂商主要集中于日本、韩国和中国。其中，韩国优美科占据全球第一位置，份额约为 24%，日本日亚化学排名第二，份额接近 20%。我国正极材料企业占全球份额的 28%左右。但从技术水平上来看，日本和韩国的企业相比我国企业具有较强优势。我国企业虽然在全球正极材料的总体份额较高，但产品定位相对低端，同质化较为严重。

目前负极材料以碳素材料为主，占锂电池成本较低，在我国基本全面实现产业化。负极材料产业集中度高，从企业来看，全球前四大企业日立化学、深圳贝特瑞、JFE、三菱化学，市场份额合计占比为 78%，负极材料表现出高度集中化的特性。从区域看，中国和日本是全球主要的产销国。近几年，随着中国生产技术的不断提高，中国又是负极材料原料的主要产地，锂电负极产业不断向中国转移，市场占有率不断提高。由于在锂电池四大材料中，我国负极材料相关技术发展最为成熟，我国产能较大，但受产能相对过剩的影响，负极材料的价格近几年呈现下降的趋势。

隔膜方面，随着中国锂电池隔膜产能大量投产，全球隔膜市场集中度出现下降情况。2013 年日本旭化成、美国 Celgard、韩国 SKI、日本东丽东燃四家企业占据了全球 56.8%的市场份额，市场集中度相较 2008 年大幅下降。同样，我国隔膜主要是中低端市场，高性能隔膜仍被日韩企业垄断。

电解液方面，日本仍以三菱化学、宇部、富山药业等老牌厂商为主，韩国领先厂商为Panax-Etec 与 LG 化学，我国电解液厂商包括国泰华荣、新宙邦、天津金牛、广州天赐、北化所等，电解液产量已经超过全球份额的 50%。同时，电解液关键原材料六氟磷酸锂电解质已有多家国内企业陆续实现批量化生产，不断拉低六氟磷酸锂的价格，但是电解液添加剂仍有赖于进口。

我国锂离子电池材料生产企业数量众多，存在恶性竞争，产品质量参差不齐，尚未形成大型规模化生产。未来锂离子电池材料应继续着重提高正极材料和负极材料的比能量，注重功能性电解液的创新，提高隔膜产品的技术水平和质量，降低锂离子电池材料的成本。

5）平板显示材料

中国平板显示产业日新月异、如火如荼，其面板制造业、整机制造业、零部件配套业近年来取得了重大突破，全球的平板显示产业中心已经发生转移。我国京东方科技集团、深圳市华星光电技术有限公司、天马微电子集团等面板制造业已经形成规模，拥有全球最大的下游应用市场，已成为平板显示产业中心。

2．与强国的差距

1）集成电路制造用材料方面

目前，集成电路制造用硅材料、掩模、电子气体、工艺化学品、光刻胶、抛光材料、靶材、封装材料等在我国有一批相关的企业，也拥有生产这些材料的有色金属、有机、无机化工产业基础以及矿产资源禀赋，基础产业较为完备，这是其他一些国家和地区的集成电路行业所不具备的优势。但是我国遇到了集成电路制造用材料的技术要求接近其技术发展极限，品质管控要求做到极致，产品价格还要做到具有经济性的问题。这些材料产品无一例外的是各类材料的最高端，而我国企业相对于国外优势企业的短板就在于通向高端领域的综合实力不足。

2）印刷电子领域

印刷电子产业由印刷电子材料、印刷电子工艺与装备及印刷电子产品应用三大部分组成。这三大部分组成中，我国与国外强国均存在一定的差距。

印刷电子材料包括导电墨水、功能性墨料及印刷电子基材。在材料方面我国国产的纳米导电银浆等材料已经可以部分替代国外产品，但在半导体浆料、碳导电浆料、有机导电浆料等高端产品方面和纳米铜浆等低成本产品上，我国还与国外有着不小的差距。

在印刷电子工艺装备方面，我国与国外强国差距是明显的。我国生产印刷电子专用生产设备的企业极少。而日本、韩国、美国、德国等先进企业已经开发出各种卷对卷印刷技术与工艺设备，印刷质量好，印刷速度快。尤其是纳米压印技术，作为众多印刷工艺中印制精度最高的方法，正逐步从实验室走向工艺生产。

材料及工艺设备上的落后最终导致了我国在印刷电子产品及应用上与该领域强国的巨大差距。在日本、美国、韩国、德国等制造业先进国家，采用印刷电子技术制造的显示器、电子标签、光伏组件、纸电池乃至传感器等都具有相当高的质量，产量也逐年提高。而我国产品种类单一，距离国外先进技术还有较大差距。

3）电子电路基材

在高端产品方面，我国与国外强国差距还比较明显，比如在挠性基材、高密度互联基板、微波用金属基及陶瓷基板以及环保无卤基板等方面，我国产品无论从产品质量还是产能产量上都与国外有着一定的差距。另外，虽然我国在该领域产量庞大，但相当一部分的产量来自外资在国内所设工厂。随着我国经济的发展，人力成本的红利逐渐消失，不排除在未来国际大厂将更多的工厂安排在东南亚等人力成本更为低廉的地区。

4）锂电池材料

虽然我国电池材料在国际市场已经占有相当份额，但是新型锂离子电池材料技术依旧薄弱，批量生产能力不足。以新型三元材料镍钴锰酸锂为例，镍钴锰酸锂被认为是替代钴酸锂的首选，国内产品在能量密度、循环寿命方面与国外发达国家存在差距。

受国外技术壁垒的限制，高端锂离子电池材料不能满足国内需求。国产锂离子电池隔膜在孔隙率、膜厚均匀性、闭孔性能、高低温性能等方面与日韩企业存在较大差距。六氟磷酸锂电解质和电解液添加剂长期受国外专利的限制。近两年，随着六氟磷酸锂电解质在国内规模化生产，大大拉低了产品价格，与国外产品处于博弈阶段。各种功能性电解液添加剂依然主要依赖进口。

5）平板显示材料

目前制约我国平板显示产业发展的一个重要因素是上游原材料的国产化和本土化。上游原材料稳居平板显示行业利润的顶端。在平板显示产业所需的基板玻璃、液晶材料、光学元件等关键材料上大部分仍依赖进口，这成为我国平板显示产业在全球市场阔步向前的障碍。

液晶材料尽管只占液晶面板总成本的3%，但它却是液晶面板中最为核心的材料之一。近两年，随着我国出台的一系列推动液晶材料国产化的政策引导，薄膜场效应晶体管（TFT）液晶材料的国产化开始出现转机。尽管如此，由于起步较晚，国内相关企业的技术水平有限，我国液晶材料产业的总体生产规模和技术实力与器件产业的发展不相称，更与国际先进水平有不小的差距。另外，国内TFT-LCD生产厂家对使用国产材料的积极性还不高。要提高国产液晶在我国TFT-LCD产业中的市场份额，不仅需要我国企业不断加大研发力度，提高产品竞争力，更需要政府在政策和资金等方面的大力支持。基板玻璃作为构成液晶显示器件的一个基本部件，也是我国配套产业环节中的一个"软肋"。尽管该部件只占液晶面板总成本的17%，但最为娇贵，运输成本非常高，且其产量直接影响到5代线以上彩色滤光片等零部件的产量。然而，我国基板玻璃多依赖进口，实际从事基板玻璃生产的企业也比较少。预计在2015年前后基本可以满足我国6G以下面板产线的需求，但我国液晶面板产线未来将以8.5G为主，当前国内的基板玻璃还不能满足这方面的需求。

作为液晶平板显示的关键光学元件主要包括偏光片、彩色滤光膜、光学薄膜等。偏光片方面，全球主要偏光片企业超过15家，生产线约有80多条，主要集中在日本、韩国和我国台湾地区。其中，日本企业的市场占有率超过50%，而在偏光片的其他原材料中，日本企业也居于垄断地位。目前，国内所有 TFT-LCD 用彩色滤光膜的供求关系基本保持平衡，但国内生产彩色滤光膜的主要原材料仍然主要从国外进口。除此之外，TFT-LCD 的原材料还包括背光模块、驱动 IC、湿化学品、靶材、超纯气体等，但与国外相比，国内相关企业也不具备突出优势。

平板显示产业主要原材料长期被美国、日本、韩国等垄断，没有原材料的国产化和本土化，我们的平板显示产业很难形成在国际舞台的核心竞争力，也得不到平板显示制造业发展带来的经济效益。

（三）先进基础工艺的发展现状

1. 发展情况

1）先进制造工艺，如 3D 打印技术

随着我国从消费电子产品制造大国向制造强国的角色转变，在加工制造方面，更多地开始关注制造精度、制造效率、制造质量。以 3D 打印技术为代表的新型机械加工手段已经从小规模、概念性的应用逐步拓展到更加广阔的应用领域。

在我国，对 3D 打印设备，尤其是大型 3D 打印设备的研发处于国际领先水平，在航空航天领域开展了一些应用。但是，在消费电子领域，无论是家用 3D 打印机，还是更加复杂精密的工业用 3D 打印设备，都尚处于概念展示阶段，并没有得到大规模的应用。尤其在制造加工环节，3D 打印设备所具有的开发周期较短、可依靠 CAD 工具实现复杂形状的设计、加工精度高、加工一致性好等特点，都还没有能够在整个产业环境中体现出来。对此类新型加工工艺的推广和应用将是未来一段时间内提高产业制造能力和产品质量的一个重要考量。

2）先进测试仪器设备和工艺

在生产设备、检测设备方面严重依赖进口，生产技术相对落后，自动化生产程度较低。数字电视系统原则上可划分成"头端"、"传送网络（通道）"和"终端"三大环节。为确保各电视系统的正常运行和服务质量，各系统的每个环节都需要检测仪器，这些测试仪器品种繁多、性能各异、规格参差不齐，诸如用于各种系统前端和传送环节（节点）的码流分析仪、误码分析仪、信号质量分析仪、频谱分析仪、场强仪和信道参数模拟器（或网络参数分析仪）、服务信息分析仪、信号内容和安全监管仪等；专用于覆盖或布网现场的便携式路测仪。用于终端的测试信号发生器、测试码流发生器、测试发射机、视频信号综合分析仪、音频信号综合分析仪等。因此数字电视测试仪器本身就是个庞大产业。

3）纳米技术

近 10 年间，我国集成电路生产线的主流技术已由 5 英寸、6 英寸，0.5μm 以上工艺水平提升到 8 英寸 0.18～0.25μm，12 英寸 110nm、90nm 和 65nm、55nm/45nm。以中芯国际、华润微电子、华虹 NEC、上海宏力、上海先进等为代表的本土集成电路企业迅速崛起。中芯国际在先进技术制程方面的技术进步令人瞩目，其规模已居世界第 5 位，技术水平正向 28nm 提升；华润微电子在特殊加工技术领域进步明显，其模拟和高压技术制程在业内独树一帜，处于领先地位。

2. 与强国的差距

1）先进制造工艺，如 3D 打印技术

目前，在欧美等发达国家，3D 打印技术的应用已较为广泛，大到飞行器、赛车，小到服装、手机外壳甚至是人体组织器官。尤其在一些交叉学科领域中，3D 打印的应用更加明显。美国 3D 打印设备的数量占全世界的 40%，而中国只有 8% 左右。随着美国"再工业化、再制造化"的驱动，3D 打印所打造的少劳动力制造将带给美国极大的发展动力。在全球 3D 模型制造技术的专利实力榜单上，美国 3D Systems 公司、日本松下公司和德国 EOS 公司遥遥领先。

中国与国外在 3D 打印上的差距主要表现在：产业化进程缓慢，市场需求不足；国外 3D 打印产品的快速制造水平比国内高；烧结的材料尤其是金属材料，质量和性能比我们的好；激光烧结陶瓷粉末、金属粉末的工艺方面还有一定差距；国内企业的收入结构单一，主要靠卖 3D 打印设备，而国外的公司是多元经营，设备、服务和材料基本各占销售收入的 1/3。国内 3D 打印在技术上存在瓶颈，材料的种类和性能受限制，特别是使用金属材料制造还存在问题。成形的效率需要进一步提高。在工艺的尺寸、精度和稳定性上迫切需要加强。

展望未来，3D 打印是以数字化、网络化为基础，以个性化、短流程为特征，实现直接制造、桌边制造和批量定制的新的制造方式。其生长点表现在：与生物工程的结合，与艺术创造的结合，与消费者直接结合。

2）先进测试仪器设备和工艺

目前的情况是，除信号内容和安全监管仪，因国外也无成熟的产品乃至方案，并与国情的需求过于密切，仅有一些国产初级产品外，其他设备，绝大部分的品种和数量都来自进口。码流分析仪、信号质量分析仪、场强仪、路测仪等虽已有国产的品种，多半只用于性能规格要求较低的场合，基本没有能与国外抗衡的产品。用于终端测量的测试信号发生

器、测试码流发生器等国内有多个企业生产。同样鉴于标准多样性，国内实际的采用情况以及产品出口情况，国外的数字电视测试设备起步较早，占据了国内市场的很大份额；国内的测试设备研发生产企业相对势单力薄，应该借助目前 4K/8K 的技术潮流和国家相关标准的发布实施，加大研发力度，加大市场占有率，壮大民族品牌。

3）纳米技术

目前，全球材料科学、化学、物理学和纳米技术等高科技产业的领导者已经开始讨论 10nm 技术的商用，并开始大力推进 7nm 和 5nm 技术，美国国防部先进研究项目局预计，2020 年 7nm 技术有望实现商用，2022 年将推出 5nm 技术。IBM 将在未来 5 年里投资 30 亿美元用于研发 7nm 芯片和碳纳米管等多项技术，以推动计算机处理器行业的发展。IBM 表示，未来 5 年里，它的第一个目标是开发晶体管直径仅为 7nm 的芯片；第二个目标则是在当今一系列前沿芯片技术中进行有选择性的研发，其中包括碳纳米管、石墨烯、硅光子、量子计算、类大脑结构和硅替代品等。IBM 日前宣布，IBM 的一个八人研究团队已经找到一种能够准确地将碳纳米管放在电脑芯片上的方法。这种方法能比以前的排列纳米管的方法要密集 100 倍，是减少芯片制造成本最关键的一步，而且 IBM 已经制造出一块用 1 万个碳纳米管晶体管的芯片。可以将单个的碳纳米管放置在他们想要放的特殊的沟道里。而且在构造碳纳米管场效应装置（CNTFET）时，能够达到每平方厘米 10 亿个纳米管的密度。

（四）共性技术基础的发展现状

1. 发展情况

1）高端专用芯片设计及制造技术

国内市场终端芯片技术，主要是处理器芯片设计技术（Cadence、Synopsys、Mentor 三大公司占 90% 份额）以及通信芯片的相关算法、调制、安全加密等技术为国外企业（高通等公司）所占有，国内企业处于跟随地位。

高端大规模高集成度芯片无法自主研发生产。受到技术积累和相关领域技术的快速进步以及长期以来形成的市场割据的影响，国内企业在大规模芯片组上技术积累不足，无法提供有性价比竞争力的产品。而国内一体机制造企业自身研发能力不足，对芯片组制造商依赖性强，导致新进入企业的研发难度极大。

核心技术差距仍较大，没有脱离依赖进口的局面。在通用 CPU、存储器、微控制器和数字信息处理器等通用集成电路和一些高端专用电路上，还存在多处技术空白。

投资规模不持续，影响行业的长远发展。集成电路行业是资金密集型产业，工艺的提升、产能扩充以及技术研发的突破，都需要长期连续的、大规模的资金支撑和稳定的长期战略。

高端人才短缺和劳动力供应不足在行业中同时存在。

2）印制电路板制造技术

国内印制电路板产业主要集中在中低端产品上，我国电子企业所使用的高密度印制电路板中，国产电路板使用率仅为10%左右，产品更多依赖于进口。高密度印制电路板主要为电子工业中所使用，是特种、专用、关键的产品和技术。高密度、高可靠性的印制电路板关系到电子产品的可靠性。

我国大陆印制电路板产值第一，企业数量众多。自20世纪80年代起，欧洲、美国、日本等发达国家和地区的印制电路行业向低劳动力成本的我国大陆转移，以维持利润。由此我国印制电路板行业产能发展迅速，产值已经稳居世界第一位。我国大陆印制电路板市场产值2008年为12066.9百万美元，占世界的28%；2009年已经升至36%（同期，日本、欧洲下跌到20%以下）。但是就整体水平而言，产品仍处于中低档。我国大部分印制电路板企业规模不大，中小规模的企业达到了2000余家。行业的规模效益是依靠整个产业的规模体现的，也就是厂商之间的分工达成的规模经济。

3）新型显示技术

2014年，我国平板显示产业继续保持较快增长态势。核心竞争力随着面板产能、技术水平的稳步提升而逐渐增强，已有7条高世代面板线进入量产阶段，在建、拟建面板线超过10条。全球市场份额不断提高，面板自给率快速攀升，有机发光显示技术（AMOLED）、低温多晶硅（LTPS）、氧化物（Oxide）等技术产业化进程不断推进，高分辨、窄边框、低功耗、广色域等新型技术水平与国际先进差距逐渐缩小，本土产业链不断完善，配套体系逐步形成，产业发展进入良性循环轨道。

但是，仍然要清楚地看到，我国新型显示的核心技术不足，技术标准差距大。国内现有的几条高世代TFT-LCD生产线，在技术上除京东方以收购的形式获得外，其余都是依靠引进生产线，我国企业缺少核心专利技术。

4）无线传输技术

在全球范围内，"无线取代有线"已经成为一个不可逆转的趋势，在消费电子领域这种趋势更加明显。可以说，无线技术是消费电子产品智能连接的关键，消费电子制造业已经成为先进无线技术的竞技场。目前，消费电子制造业中最流行的无线传输技术主要包括WiFi、ZigBee、Z-Wave和蓝牙。

WiFi 技术（基于 IEEE802.11b/g/n 协议）。WiFi 是全球应用最广的无线技术之一，其优势在于传输速度快、覆盖范围广、产品成本低，可与智能手机、平板电脑等直接互联，而且由于家庭普及程度较高，WiFi 设备具备了天然无线连接互联网的能力。但是 WiFi 也存在安全性、稳定性较差、功耗大、组网能力低、扩展空间受限制等缺点，限制了 WiFi 技术在可穿戴设备、物联网、智能家居中的应用。

ZigBee 技术（基于 IEEE 802.15.4 标准）。ZigBee 技术有几大优势：首先，具备较高的安全性。ZigBee 技术采用 AES 加密（高级加密系统），严密程度相当于银行卡加密技术的 12 倍，至今为止，ZigBee 技术在全球还没有发生一起破解先例。其次，组网能力强。Zigbee 采用蜂巢结构组网，每个设备均能通过多个方向与网关通信，网络稳定性高。理论上，一个 ZigBee 网关可以连接 65 000 多个设备，目前的实际应用中已经可以组成超过 100种设备的稳定网络，这样的网络规模已经远超 WiFi、Z-Wave、蓝牙等技术，在可预见的将来也足够满足物联网、智能家庭等的需求。再次，功耗低。ZigBee 技术采用了极低功耗设计，理论上一节电池可以使用 10 年以上，节能环保。这种低功耗技术使其在智能家居领域应用广泛。最后，Zigbee 具备双向通信能力，不仅能发送命令到设备，同时设备也会把执行状态反馈回来，这对消费电子终端的使用体验至关重要。ZigBee 的缺点主要是产品开发难度大、开发周期长、产品成本高，一般的初创企业难以承受开发风险，这也是ZigBee 技术目前在全球也只有少数几家企业掌握的重要原因。

Z-Wave 技术。Z-Wave 的数据传输速率为 9.6Kb/s，信号的有效覆盖在室内 30m（室外大于 100m），适于窄带宽应用场合，且具备一定的安全性和稳定性，不过目前只应用于家庭自动化方面。其缺点主要有三点：一是节点较少，理论值为 256 个，实际值可能只有150 个左右，算是其能容纳设备数量的上限，实际上很多厂商只能做到容纳 20 或 30 个设备；二是树状组网结构，一旦树枝上端断掉，下端的所有设备将无法与网关通信；三是没有加密方式，安全性差，易受到攻击。

蓝牙技术（基于 IEEE 802.15.1 标准）。蓝牙技术由于其低功耗，成本介于 WiFi 与 Zigbee两者之间及与智能手机天然互联的优势，在众多的可穿戴设备以及无线音频应用中占据重要地位，通过手机中转，蓝牙设备也能链接到互联网实现远程通信。蓝牙产品可以提供一些较为私人化的使用体验，例如蓝牙耳机、蓝牙音箱、智能秤等。但是，蓝牙传输距离最短，属于一种点对点、短距离的通信方式，所以并不适合组建庞大的家庭网络。

5）人机交互技术

人机交互（Human-Computer Interaction，HCI），是指人与计算机之间使用某种对话语言，以一定的交互方式，为完成确定任务的人与计算机之间的信息交换过程。简单地说，就是让机器"能听会说，能写会识"，甚至可以感知人们的想法并为之服务的过程。随着消费电子向智能化方向发展，人机交互技术已经成为关乎消费电子用户体验的最基础技术，将成为引领消费电子产业的又一次深刻变革的关键技术。

目前，人机交互技术的发展已经呈现百花齐放的局面，比如有最传统的鼠标、键盘、遥控器、触控屏等交互技术；有主要以语音识别为基础的智能语音人机交互技术；有对手势、肢体、面部和眼睛的运动进行跟踪，依靠姿势完成的体感人机交互技术；有主要利用电磁、超声波等方法，通过对头部运动进行定位交互的技术；以及在不同的操作系统，不同的终端设备之间可以相互兼容跨越操作，通过无线网络连接的方式，实现数字多媒体内容的传输，同步不同屏幕的显示内容，通过智能终端实现控制设备等一系列操作的多屏互动技术等。

作为一门交叉性、边缘性、综合性的学科，人机交互技术是消费电子产业的竞争焦点从硬件转移到软件之后，又一个新的重要研究领域。当前，人机交互技术正朝着自然和谐的人机交互技术和用户界面的方向发展。人机交互技术的好坏直接影响着消费电子产品的可用性和效率，影响人们日常生活和工作的质量和效率。

6）新一代广播电视传输、音视频编码标准及产业化

我国已经完成了第一代信道传输标准 DTMB、音视频编码标准 AVS、DRA、AVS+ 的研究开发工作并实现了产业化和规模应用。目前国内相关的研究机构已经在新一代的信道传输标准、音视频编码标准的关键技术上开展了大量的研究工作，但是相关的标准化工作国家尚没有正式启动。

超高清显示领域，国内自主研发的针对于视频信号的编解码技术尚未普及，技术标准受制于国外。由于超高清视频的分辨率是普通高清视频的 4 倍甚至 16 倍，因此，需要压缩效率更高的视频编码标准。在这一方面，我国自主研发的 ASV2 标准尚未普及，从目前来看，仍然受制于国外。

7）无线充电和快速充电技术

无线充电技术（Wireless Power Transmission，WPT），指的是利用电磁感应、电磁共振、无线电波等物理原理，直接通过空气介质进行电能传输的技术。简而言之，就像 WiFi 一样，无论你身处何地，只要有无线充电覆盖的区域，就能够为电子设备提供充电服务，让你的电子产品真正脱离电量的困扰。无线充电就是指用户不需要使用连接线就能给无线联网的消费电子设备充电。虽然无线充电技术已经存在了一段时间，并且已经从第一代电感技术向第二代谐振技术升级，但到目前为止，它还没有成为主流技术之一。主要存在的问题：一是电磁辐射对人体健康有影响；二是电能转化率低。基于电磁感应、电磁共振技术的无线充电器，即便近距离充电的转化率，也只能达到 70%～80%；三是无法克服充电距离问题。目前，市场上的无线充电器充电时必须与充电器接触才能满足充电要求。即便

采用谐振无线技术，充电也限制在 1m 以内，谈不上真正意义上的无线充电。除此之外，目前无线充电器还面临着发热严重、体积过大、价格昂贵、电磁干扰等问题。

无线充电技术的关键是解决标准统一的问题。目前，无线充电联合会（A4WP）和 PMA 联盟（PMA）都在大力推广谐振无线技术有望结束无线充电行业的混乱。谐振无线充电技术只需使用一个发射器天线，可以支持多台接收器，它还有一个使用蓝牙 Smart 通信技术的综合性无线充电控制系统。这种技术打破了空间上的限制，用户可以利用一台发射器同时给多台设备充电，而且对充电设备所处的位置也没有特别的要求。谐振无线充电技术有助于促成不同标准之间的协作，让它们趋向于统一和融合。

随着消费电子设备的智能化趋势，电池的续航能力和充电时长越来越受到关注，消费者在这方面的需求也越来越严苛，快速充电技术成为一种发展趋势。国内的 OPPO、小米等终端厂商已经推出拥有自主知识产权的快速充电技术，将充电速度提高到 4 倍以上。

2. 与强国的差距

1）高端专用芯片设计及制造技术

高端专用芯片无法自给自足。以电视接收机为例，我国数字电视终端接收机（包括接收一体机和机顶盒）已经产业化，HDTV 功能样机系统也已研制成功，并开始向国外出口符合欧美制式的高清晰度电视机。但是，目前我国数字电视接收机中专用集成电路、软件及关键元器件等仍采用国外产品，国内企业在核心技术和关键件方面依然进展不大。在数字电视专用集成电路方面，数字电视产业化的核心之一就是芯片的产业化，而目前我国市场上的数字电视产品几乎都是选用国外的芯片开发设计的。关键器件的核心技术均被国外企业所掌握，国内电视生产厂商只是在做二次开发，在数字电视产业链中从事的依然是较低端、利润率较低的加工。

此外，由于绝大部分电视产品主要解码芯片来自国外企业或者具有中国台湾地区背景的外资，伴之而来的是软件系统没有选择权，自主化程度进一步降低的问题。经过不懈的努力，2014 年 8 月，创维与海思联合推出应用了中国首款具有自主知识产权并实现量产的智能电视芯片的 LED 电视，该国产芯片的电视集成 1.5GA94 核 CPU、Mali4508 核 GPU，可以称得上是迄今为止最强大的电视芯片解决方案。

2）印制电路板制造技术

印制电路板生产企业主要分布在中国大陆、中国台湾地区、日本、韩国、北美及欧洲六大区域。全球印制线路板行业比较分散，生产商众多，尚未出现市场主导者。世界著名的印制电路板企业都在中国内地建立了工厂。虽然我国印制线路板产业规模全球第一，但从总体技术水平来讲，仍然落后于世界先进水平。在产品结构上，多层板占据了大部分产值比例，但大部分为 8 层以下的中低端产品，HDI、挠性板等有一定的规模但在技术含量上与日本等国外先进产品存在差距，技术含量最高的 IC 载板在国内更是很少有企业能够生产。我国外资企业数量只占到我国印制电路板企业数量的 10%，但是产值占到我国 PCB 行业的 2/3。我国企业产品集中在中低端，行业企业没有几个国际知名品牌。

3）新型显示技术

我国在新型显示技术方面的产业链配套率低，主要生产设备依靠进口。近年来，随着我国新型显示产业全球市场份额进一步增大，材料与设备配套能力缺失对产业发展的制约将更加凸显。在国家政策的支持和引导下，本地化配套能力不断提升，骨干企业本地化配套率超过 30%。但与国际先进国家和地区相比，国内配套产业起步晚，技术基础弱，对进口依赖程度大，核心工艺设备被少数国外厂商垄断，基板玻璃、液晶材料、偏光片、光学薄膜等上游关键材料配套方面受到的制约仍然较大。据市场调查机构 Display Bank 统计数据显示，日本面板产业配套率已达 76%，韩国为 82%，中国台湾地区为 85%，我国内地仅为 11%。已建、在建的高世代 TFT-LCD 面板生产线 90% 以上的工艺设备、70% 以上的零配件和材料仍依赖进口，关键材料和核心装备已成为制约我国新型显示产业发展的瓶颈。此外，国内企业跨国经营能力相对较弱，在全球品牌影响力仍不足。国内平板显示企业整体实力偏弱，上游配套企业基本属于中小企业，技术与资本沉淀不足，技术研发投入有限，与世界消费电子大企业相比还有一定差距。

4）无线传输技术

无线传输技术所依据的通信协议和相关技术标准都掌握在发达国家手中。如 WiFi、ZigBee、Z-Wave 和蓝牙等都是基于 IEEE 的相关协议。而 ZigBee 和 Z-Wave 等技术基本被国外控制，已经形成技术壁垒，研发和应用的门槛较高。我国的企业只能加入 ZigBee 和 Z-Wave 的阵营之中，才能使用相关技术，因此在国内的应用尚未普及。而 WiFi 和蓝牙等技术又由于自身的缺陷，将制约未来消费电子产业发展。

5）人机交互技术

中国消费电子一直处于跟随而无法进入世界一流水平，根源在于没有设计感，缺乏消费电子对人最核心的价值——审美，国内企业更多将消费电子产品作为工具来生产和制造，擅长的也是硬件集成。加之，目前消费电子朝着贴身化发展，人机交互技术的突破使得人机互动日渐频繁，机器与人的互动益发突出，成为决定消费电子产品价值的重要元素。因此，中国消费电子产业能力的提升，迫切需要突破的是人体工程学的天花板，真正提高中国消费电子的"质感"。但是，这样的技术无法靠市场引进解决，而需在国内产生成体系的学派、技术体系。

目前，人机交互技术正在各国的实验室里被大力开发，也逐步成为各国新的战略性关键技术。美国在国家关键技术中，已将人机界面列为信息技术中与软件和计算机并列的六项关键技术之一，并称其为"对计算机工业有着突出的重要性，对其他工业也是很重要的"。欧共体的欧洲信息技术研究与发展战略计划（ESPRIT）还专门设立了用户界面技术项目，其中包括多通道人机交互界面。

人机交互技术正在各国的实验室里被大力开发，也逐步成为各国新的战略性关键技术。Google、IBM、苹果、微软、三星等一些国际巨头已经或正在智能人机交互方面申请了大量的专利和相关的知识产权，以形成他们在国际上的技术壁垒。比如谷歌公司开始研发脑电波操控机器，并取得了一定进展；同样微软也在致力于语音识别翻译的技术，其效果等同于目前人类的同声翻译。

6）新一代广播电视传输、音视频编码标准及产业化

国内自主研发的编解码技术未普及，技术标准受制于国外。随着数字电视产业的发展，产业链的不断完善，用户需求的数字电视交互标准不仅能为用户提供交互业务的服务，同时对发展数字电视增值业务具有重要的意义。目前，国际上涉及交互业务标准化组织成熟并大量应用的数字电视行业标准有欧洲的 DVB（Digital Video Broadcasting，数字视频广播），北美的 MCNS（Multimedia Cable Network System，多媒体电缆网络系统协会）以及日本的 ISDB（Integrated Services Digital Broadcasting，综合业务数字广播）等，他们分别制定了各自的交互标准。其中，欧洲标准是基于 ATM 的数据传输系统，具有实时传输优势；北美标准是基于 IP 的数据传输系统，侧重于对系统接口的规范，具有灵活的高速数据传输优势；日本标准在是在欧洲标准基础上定下来的，具有柔软性、扩展性、共同性等特点，可以灵活地集成和发送多节目电视和其他数据业务。我国的 AVS（数字音视频编解码技术标准）作为我国自主研发的第二代信源编码标准，具有编码效率高、技术方案简洁，芯片实现复杂度低、自主知识产权等特点。今年推出的 AVS2 视频编码标准，主要是应用目标是为超高清晰度视频提供压缩率更高的视频编码标准，测试表明，AVS2 的压缩效率较 AVS/H.264 标准提高了近一倍，在场景类视频编码方面大幅度领先于最新国际标准。但是，这一标准到目前并未得到广泛的认可以及应用，其所推出的编解码器产业化程度尚待提高。

我国标准化工作严重滞后。欧美发达国家的标准化工作明显超前。目前欧洲已经完成第二代地面数字电视传输标准的制定工作，美国正在开展第三代地面数字电视标准的制定工作。新一代的音视频编码标准 H.265 已经颁布并开始产业化应用。国外标准制定由产业界主导，政府作为监管。但是我国标准则由政府主管部门下达计划，我国在新一代地面数

字电视传输系统（DTMB-A）和音视频编码的标准化工作至今尚未正式开展，明显落后于国际同行。

7）无线充电和快速充电技术

目前，主流的无线充电标准有三种：Qi 标准、Power Matters Alliance（PMA）标准、Alliance for Wireless Power（A4WP）标准，均为国外主导。Qi 是全球首个推动无线充电技术的标准化组织-无线充电联盟（Wireless Power Consortium，WPC）推出的"无线充电"标准，具备便捷性和通用性两大特征。Qi 标准联盟成员包括 Verizon、NTT Docomo、诺基亚、三星、德州仪器、华为等公司，覆盖无线充电解决方案各生产环节。Qi 采用了目前最为主流的电磁感应技术，目的是为所有电子厂商提供统一的通用标准。2010 年 9 月，无线充电联盟将该标准引入中国。IMC Research 估计，到 2015 年，无线供电设备的出货量将达到 1 亿美元，同时 Pike Research 研究表明，至 2020 年，市场规模将达到 150 亿美元。

Power Matters Alliance 标准是由 DuracellPowermat 公司发起的，而该公司则是由宝洁与无线充电技术公司 Powermat 合资经营，拥有比较出色的综合实力。除此以外，Powermat 还是 Alliance for Wireless Power（A4WP）标准的支持成员之一。已经有 AT&T、Google 和星巴克三家公司加盟了 PMA 联盟。PMA 联盟致力于为符合 IEEE 协会标准的手机和电子设备，打造无线供电标准，在无线充电领域中具有领导地位。

A4WP（Alliance for Wireless Power）标准由美国高通公司、韩国三星公司及 Powermat 公司共同创建的无线充电联盟创建。该联盟还包括 Ever Win Industries、Gill Industries、PeikerAcustic 和 SK Telecom 等成员，目标是为包括便携式电子产品和电动汽车等在内的电子产品无线充电设备设立技术标准和行业对话机制。

由我国提出 iNPOFi 技术有望成为无线充电技术的第四大标准。iNPOFi 技术创造性的使用电场传导技术来替代目前主流的电磁转换模式，由于整个充电过程没有任何电磁转换过程，因此完全没有电磁辐射。此外，iNPOFi 技术的充电效率高达 90%以上，并且发热量低、芯片尺寸微小，各项指标均领先于其他无线充电标准。

快速充电技术方面，目前主流的技术主要有高通的 Quick Charge 2.0 快速充电技术（QC2.0），德州仪器推出 TI MaxCharge 快充技术，苹果的 Apple 20V 快充技术，USB 3.1 PD 充电规范和 MTK 推出"MTK Pump Express Plus"快速充电方案。这些快速充电技术可以充电 30 分钟将 2060mAh 手机电池从 0%充到 75%的电量；充电 5 分钟可通话 2 小时，而充电 10 分钟可通话 3 小时。以色列特拉维夫创业公司 StoreDot 甚至已经开发出了一种可以在 60 秒钟内完成充电的新型电池组。而我国的快速充电技术与国外还有不小的差距。

（五）"四基"中涉及绿色制造的发展现状

1）发展情况

随着资源环境问题的日益凸显，绿色发展的理念已经基本被我国消费电子制造业所接受。在全球化竞争环境的驱动下，我国陆续推出了节能、有害物质限制使用、废弃电器电子产品回收处理等一系列针对或包含消费电子产品的绿色发展政策，同时着力开展能源管理体系、碳排放与碳减排、节水等领域政策的研究。以此为基础，在绿色制造领域，全生命周期理念逐渐被接受并推广，绿色制造因此辐射到消费电子制造业的全产业链，在产品供应链上形成共振。以有害物质限制使用为例，由于限值有害物质在均质材料中的比例，消费电子整机产品要实现有害物质控制，其基础材料、基础零部件/元器件必须首先满足有害物质的限制要求；再以产品碳足迹评价为例，由于需要量化从原材料获取到废弃产品回收处理全生命周期的温室气体排放，消费电子整机产品碳足迹的降低往往也有赖于其基础材料、基础零部件/元器件的节能减碳。从发展现状来看，消费电子制造业的绿色制造基础相对薄弱，整机企业绿色发展意识已有启蒙，但作为基础的上游供应链绿色发展意识不足，绿色制造能力有待提高。

2）与强国的差距

目前绝大多数产品绿色制造要求皆源于欧美等发达国家，我国消费电子产业的绿色发展一直处于被动跟随的状态。从趋势上看，绿色发展必将成为企业参与全球化竞争的有力武器和手段，但政策不到位、技术能力缺失等原因造成现阶段我国消费电子制造业，尤其是上游基础产品制造业的绿色发展能力明显不足。

在绿色制造领域，我国消费电子制造业与强国的差距主要存在于材料、工艺、管理和技术基础等方面。

材料方面，现阶段有害物质在我国仅有标识要求而尚未进行限制使用，与欧盟 RoHS 要求有一定差距，材料中的有害物质替代尚未做好准备；从资源再利用的角度，回收料在产品中的应用也不够广泛。

工艺方面，制造过程中的物耗、能耗和废弃物排放严重，消费电子产品制造工艺水平不高，生产车间粉尘、油烟、水雾、噪声及废弃物排放等对生产人员身体健康和自然环境危害严重，无铬电镀、无铅焊接等工艺仍有待发展。

管理方面，消费电子产品整机企业的管理水平相对较高，对资源与环境的管理相对较好，但上游元器件及材料企业的质量、环境管理体系还有待推广；此外，能源、限用物质管理体系相关标准刚刚出台，也亟待普及。

技术基础方面，绿色制造技术规范、标准、法规体系缺乏，难以满足消费电子制造业绿色制造发展和出口需求；绿色制造基础技术研究不够，基础数据缺乏，标准制定时绿色属性指标难以定量；缺少统一的标准数据及信息，使得绿色设计、绿色评价工作的开展受到制约；在全生命周期的产品绿色设计和评价过程中，由于基础数据积累不够，绿色制造开展的难度较大，基础数据库的建立、公共服务平台的建设都存在缺失。

总体来说，在有害物质的材料替代、产品能效、环境管理与能源管理、温室气体排放、产品全生命周期评价等绿色发展领域，我国消费电子制造业、尤其是上游供应链的绿色制造能力皆有待提高，与强国有较大差距。

（六）与强国差距的原因分析

从整体而言，我国消费电子制造业面临的问题主要有以下几方面：一是自主创新能力不强，缺乏核心技术，多数产品处于全球产业链的末端；二是产品质量问题还比较突出；三是资源利用率比较低，能耗比较高，污染比较严重；四是产业结构不是很合理，低端产品产能严重过剩，高端产品能力比较差，产业结构亟待调整。这些不利条件一定程度上难以使消费电子制造业产业做大做强。总结起来，产生上述差距的主要原因包括以下方面。

1）消费电子制造业技术创新能力十分薄弱，缺乏核心技术

近些年，伴随着"走出去"战略的不断深化推进，中国消费电子制造业得到了长足发展，但是中国消费电子制造业的生产技术，特别是关键技术以及部分核心器件、元器件主要依靠国外的状况仍未从根本上改变。因此，缺乏具有自主知识产权的技术和品牌，一直是阻碍我国制造业提高发展水平、国际竞争力和经济效益的一个重要因素。

国内消费电子企业专注于硬件集成创新，对产品的品质、美感以及其文化意味没有予以足够重视，跟随和"山寨"国外知名品牌风气盛行，鲜有企业致力于产品形态、产品架构、产品价值等引领性创新。因此也无力以整机的创新带动上游产业链的变革。

目前，中国多数行业的核心技术与装备基本依赖国外，大部分产品没有自主知识产权，基本停留在仿制的低层次阶段；绝大部分制造业企业缺乏技术创新的主体，技术开发能力和创新能力薄弱，原创性技术和产品甚少，导致自主开发的产品缺乏足够的竞争力，能够参与国际主流渠道竞争的产品很少。

究其原因，主要集中在以下几个方面：

（1）自主开发能力薄弱，缺少自主知识产权的高新技术，并且缺乏对于知识产权的认识，未能践行以自主创新为中心的标准战略，开展对自主创新和产业发展具有重大影响的重要技术标准的研究。

（2）对国外先进技术的消化、吸收、创新不足，基本上没有掌握新产品开发的主动权。

（3）大型企业或大型企业集团，科研开发能力与国外先进水平有较大的差距，缺乏技术创新的机制和优秀人才。

（4）行业整体的融合水平较低，高新技术与现有技术、机械制造技术与其他领域技术、硬件技术与软件技术的融合和发展都较慢，因而消费电子制造业产品更新周期长，市场反应速度慢，新兴产业群体发育迟缓。

综上所述，科研开发人才与能力的匮乏、创新激励制度的不完善以及对于知识产权的不重视，已经成为影响中国消费电子制造业形成核心竞争力、提升创新能力的严重障碍。

2）消费电子制造业的劳动生产率及附加值低

一直以来，要素红利是中国高速增长的第一驱动力。但随着中国要素价值的重估，劳动力成本这一影响制造业成本的唯一因素的不断增加，这一切都在发生改变。尽管我国不少消费电子制造产品的产量位居世界前列，但是从动生产率（人均增加值）和增加值率来看，与美国、日本等工业发达国家相比存在着很大差距。

消费电子制造业，作为制造业中的重要一环，同样面临着获利能力不强、制造业技术水平较低、在生产中的物耗比重偏大、加工程度低下、技术含量不高等问题带来的消费电子产品附加值较低的尴尬。与此同时，我国消费电子制造业在质量上与发达国家仍存在差距。从中间投入贡献系数来看，发达国家 1 个单位价值的中间投入大致可以得到 1 个单位或更多的新创造价值，而中国只能得到 0.56 个单位的新创造价值，价值创造能力相差巨大。

3）消费电子制造业竞争优势层次低下、产业组织不合理

国内消费电子自改革开放以来，长期执行"三来一补"、"来料加工"、OEM 的产业产略，对上游产业链的投入和创新不足，导致产业两头在外，加工、组装在内的产业格局，产业基础缺失严重。

目前，我国消费电子制造业的产品及生产能力大多集中在低水平层次上，增值能力有限，附加值较低，以劳动密集型产业居多，高技术产业严重不足，从而造成了低水平消费电子制造产品的相对过剩，高技术含量制造产品依赖进口的现象。

造成这种现象的重要原因是：

（1）市场结构依然过于分散，企业竞争过度集中于价格竞争，同时，与国外大型企业相比，我国企业在这方面经营规模和专业化协作与国外存在巨大差距。

（2）国内消费电子制造业企业进入和退出存在障碍，大都未能及时建立符合国际产业发展趋势的产业结构，在高附加值、高效益产品上投入不够。

（3）企业规模普遍偏小，具有国际竞争力的大型企业缺乏，影响了产业整体竞争效率

的提高。

（4）合理的分工合作秩序尚未形成，企业生产专业化水平仍较低，不能完全发挥后发优势，促进产业结构的高效化。

4）管理水平仍有较大差距

管理水平集中于三个方面，即产品质量、生产效率和经济效益。对于消费电子制造业的产品质量，一方面，市场急需的高技术含量、高附加值的技术装备和产品严重短缺，不得不长期依赖进口；另一方面，低水平、低技术含量的消费电子制造产品严重积压、生产能力严重过剩。对于消费电子制造业的生产效率，和世界电子制造强国相比，我国的消费电子制造业的生产效率较低。对于消费电子制造业的经济效益，由于我国消费电子制造业的经济效益较低，所以制造业内部资金积累和再投资的能力也一直处于较低的水平。

5）市场恶性竞争严重

国内消费电子主流商业模式是：产品硬件做加法（提升各类参数）+价格做减法。企业一方面无兴趣于软硬件的纵向整合，提升产品的服务能力和应用创新，只一味做硬件堆叠；另一方面企业以低价掠夺市场份额，行业陷入"囚徒困境"，使整体利润水平持续下滑，国内产业链因此无力做长期的投入，始终走不出引入国外硬件，加以组装并快销的怪圈。

各类创新主体（主要为终端产品生产商和有关开发企业）与国际性跨国性大企业相比实力较弱，缺乏开发资金。对创新性开发投入不够，产业共性技术研发供给体系存在功能性缺陷。究其原因国家层面对实体经济在政策面支持不够，缺乏宏观的产业共性技术支撑战略，产业共性技术研发支持政策效力不够。产学研合作良性互动机制尚未形成，我国高校和科研机构的研究成果转化成生产力的比例不足10%，远落后于发达国家。产业共性技术研发与供给之间存在脱节现象。技术市场发育相对落后，有利于产业共性技术创新的生态市场环境尚未形成。高层次、复合型科技创新人才缺乏，制约产业共性技术创新水平的提升。产业技术创新资源分散，针对共性技术创新的系统稳定持续的投入机制尚未形成。

6）绿色发展政策缺失，绿色制造能力不足

在应对欧美等发达国家绿色发展政策的过程中，我国出台的相关政策往往由于国内企业绿色制造能力不足等原因而无法完全对接，部分政策甚至迟迟无法出台。基于现状，消费电子制造业急需推动产业绿色发展的鼓励政策，推进绿色设计和全生命周期评价方法研究与应用，建立生命周期评价基础数据库和公共服务平台，开展有害物质材料替代技术、回收料应用技术、无铅焊接技术、无铬电镀技术、低碳技术、绿色制造标准化与合格评定技术等的研发，改进制造工艺和实施清洁生产，推动质量、环境、能源、限用物质管理体系的普及和推广，推动传统设备节能化改造，开发废旧产品回收资源化与再制造技术，加强绿色制造基础技术积累，建立绿色技术规范与标准体系，完善绿色制造的相关政策，加强基地和队伍建设，促进产业绿色制造整体能力的提升。

具体到消费电子核心基础元器件制造业，与强国差距的主要原因如下。

（1）行业收益率低，科研投入不足。电子元器件制造业作为电子信息产业的重要组成部分，属于高技术产业，其基本特征之一是研究与发展投入强度比较高。发达国家高技术产业的研究与发展投入强度均超 5%（美国、英国、法国、日本）。由于我国电子元器件制造业科技投入低，从根本上制约了自主技术创新能力，致使本身创造知识产权的余地小，关键技术和零部件主要依靠进口，严重束缚了国际竞争力提高和产业长远发展。拥有规模较大的科技人员队伍，而且具备一定的科研基础，但是总体上技术力量薄弱，研究与发展投入强度低，自身所拥有的知识产权产品少，主要依靠外部技术引进。我国电子元器件制造业科技人才短缺，科技投入普遍低于国家 2% 的投入比例，与其高技术产业地位很不匹配。目前我国电子元器件制造业发展的技术支撑不是依靠企业自身的研究与发展投入和技术创新，而主要来源于外界的技术引进和技术外溢（研究、发展经费投入与技术引进、消化吸收和购买国内技术经费支出比为 1∶1.630）。

（2）位于产业链分工底端，配套不完备。我国电子元器件制造业具有熟练性劳动密集型产业的特点，原始研制和设计能力弱，自主生产技术水平较低，关键技术和产品来源于国外；一半左右的产品销往国外。国内下游应用市场相对不发达，直接抑制了中游企业对于新技术和产品的推进，很多元器件公司只能沦为零部件代工公司，难有高利润。因此，从产业联系上从属于国际发达国家产业链。产业配套不完备，关键技术和设备依靠技术引进和技术转移；高、精材料主要依靠进口。从产业分配的不完善，例如：全球半导体产业链中，芯片制造占整个半导体产值最高，占比达 58%，而在国内，芯片制造厂在设计、工艺、封测三个环节中占比最小，只有 24%。芯片制造产业严重影响了国内整个半导体产业链的健康发展。对国外高精尖配套设备和原料严重依赖，例如：连接器端子要求加工设备国外精度能达到 ±0.002mm，而一般国产设备只能达到 ±0.01mm。业内传输速率最高的 40Gb/s 高速背板连接器测试能力达到要求的采样示波器、网络分析仪和误码仪全部依赖进口，国内测试设备无法满足精度需求，而某些国家的部分高端设备对国内禁运，直接压制了国内高速产品的研制进度。国内生产的橡胶圈密封的性能如抗撕裂强度、拉伸性能等以及弹簧的弹性与各点力的控制均与国外存在一定差距；造成国内流体连接器的插拔寿命较短目前产品只有 500 次，而国外产品可达 3000 次；插合力比国外产品大，如钢珠锁紧式 $\phi5mm$ 通径流体连接器，国内产品插合力 55N，国外产品插合力 47N。

（3）产品技术平均水平不高，新型产品企业外资为主。我国产品技术平均水平未达到国际高端。例如，行业发展前景看好的 MLCC 的本土厂商竞争实力较弱。我国与日本、韩国等 MLCC 强国在材料技术和叠层印刷技术方面还有一定的差距。日本厂家在 D50 为 100nm 的湿法 $BaTiO_3$ 基础上添加稀土金属氧化物来制造高可靠陶瓷粉料，但是国内的技术为在 D50 为 300~500nm 的湿法 $BaTiO_3$ 基础上添加稀土金属氧化物来制造高可靠陶瓷粉料，与国外的先进粉料技术还有一段差距。再如，国际 Amphenol、FCI、TYCO 等的高速连接器已经发展了数十年，100G 以太网等协议已经将 25Gb/s 高速接口纳入标准体系并开始大规模工程应用，速率达 40Gb/s 的高速背板产品已经经过实验室认证。国内高速背板连接器大量工程应用速率为 6.25Gb/s。国内 25Gb/s 高速背板连接器刚经试验验证，而 40Gb/s 的高速连接器还在理论研究过程中。技术研发的成熟除了投入外，也需要产业积累到某阶段才能升级。但是，国内企业普遍规模较小，技术底子较薄，对知识产权保护等问题认识不足，因此很多内资企业在发展时需要更高的发展成本。例如，集成电路封测行业规模企业 340 余家。国内前三大 IC 封测企业均为外资，前十家中仅有两家内资。从销售额来看，内资仅占 11.6%。前十家 IC 封测企业占 IC 封测业总收入的 71.4%。因此，新型技术向我国产业转移的阶段还未到来。

关键基础材料领域，与强国的差距为：

（1）集成电路制造用材料方面。首先是资金需求巨大，而且需要持续不断地投入。比如月产 10 万片 90nm 300mm 硅片生产线大约需要投资 30 亿元，而 90nm 硅片市场很快就被 45nm 所取代，更进一步要求要达到 22nm 甚至 14nm，在前期投入还没有收回的情况下，又要对关键工艺设备和检测仪器进行升级及重新配置。光刻胶、工艺化学品、抛光材料等也是如此，虽然投资体量不如硅材料那么大，但与面向普通市场的同类材料相比，其投入强度也有 10 倍甚至几十倍的差距。比资金问题更难克服的是材料的准入门槛。由于材料对整条制造生产线的稳定运行关系极大，制造厂轻易不愿更换供应商。现在我国高端集成电路生产线应用的都是国际大公司的材料，即使国内制造企业十分重视材料的国产化进程，也能对材料企业的努力给予积极配合，但是漫长的认证流程是材料企业面临的难题。材料进厂检验通过之后，都要经过单机测试、小批量上线考核和用户产品可靠性认证等环节，顺利通过这个周期的时间通常在 1 年半到 2 年，材料企业在这个过程中无法实现产品销售，还必须保持生产线稳定运行并不断向用户供应产品，很多规模小、产品单一的材料公司根本坚持不了这么长的时间。另一个问题是材料企业走向高端的意愿不足。小的专业化材料企业由于自身规模和财力有限，不敢冒险开发高端产品，大多集中在低端市场，造成同质化和压价竞争。而传统的大型化工、有色等材料公司拥有基础材料的生产和资金优势，具备向精细产品发展的条件。集成电路材料这类精细化的高端产品利润虽然比基础产品高，但其产品技术难度大、品质控制要求严苛、运行管理精益程度高、客户服务要求细致周全、高端人才依赖度强，对于习惯于大宗商品生产和销售的企业来说难度大、见效慢、市场容量不足，短期内投入产出不成正比。目前的现状是国际大公司从中国低价进口基础原材料，利用其先进的技术和管理生产出精细化高端产品，再以高价出口给中国制造企业。

（2）印刷电子领域。在印刷电子领域，我国与领域强国直接的差距是多种因素构成的。首先，研究开展起步较晚。我国工业界从 2009 年开始才开始关注印刷电子技术，但在 2010 年之前，我国并未将印刷电子作为一个独立的技术领域看待，与国际上的交流也比较缺乏，使得我国与国外相比，起步相对较晚。不过由于该领域在国外发展的时间也不算太久，还未形成技术垄断，因此只要我国抓住机遇，还是有迎头赶上的机会。其次，政府支持力度不够。欧洲、美国、日本、韩国等国都将印刷电子技术视为未来电子产业发展的革命性解决方案，在政策和资金上给予了大力支持，对一些研究生产中的瓶颈问题，直接组织多方力量协作攻关，以促进印刷电子产业的快速发展。欧盟第 6、第 7 框架计划先后投入大量资金，对印刷电子技术中关键课题进行协作攻关；美国通过国防先进项目研究署、陆军研究实验室以及国家标准和技术研究所对印刷电子项目进行资助，2001—2013 年 12 年间累计投资超过 3 亿美元；在韩国，印刷电子领域政府是投资的主体，各类研究计划主要由政府相关的研究机构负责进行。

（3）电子电路基材。我国电子装联市场汇集了全球各国的厂商。我国本土厂商则投资比重相对较少。第一大投资外资厂商为中国台湾地区厂商，其投资有专业分工，显示台资厂商不仅投资大，而且应对整机产品所需不同类型的印制电路板也进行了分工。其次为香港地区厂商，其拥有地利及资金优势迅速成长，并也投入更高阶载板产品生产，不过在中国台湾地区印制电路板厂商大举进入华东，并把技术层次较高的 HDI 板、载板移到大陆后，港资厂商比重逐渐减少。在印制电路基材方面，我国产品线齐备，但产品结构尚待进一步提升。我国虽然是全球 PCB 第一大生产国，也是产品线最完整的国家。但深入分析产品类别，可以发现我国产品结构中高附加值产品种类相对缺乏。

（4）锂电池材料。国外发达国家在锂离子电池材料研发方面远远早于我国，在知识产权方面做了严密的布局。国内企业生产锂离子电池材料要么缴纳高额的专利权费用，要么通过新技术开发绕开专利保护。长期以来，国内在锂离子电池材料基础研究方面投入不足，新型锂离子电池材料开发缺乏足够的理论支持。由于国内生产设备技术水平较低，导致新材料开发出来以后难以实现批量化生产或者批量化生产后产品性能质量不理想，与实验室做出的材料存在较大差距。国内锂离子电池材料厂商众多，企业往往以低价掠夺市场份额，使行业利润率不断下滑，进而导致新技术开发投入减少。

四、我国消费电子制造基础产业的需求分析

根据消费电子制造强国技术路线图，到 2020 年我国消费电子产品产量将占全球消费电子总产量的 70%，于此相对应，我国在消费电子制造的基础产业方面也将是消费大国，具有广阔的市场需求空间。

（一）核心基础元器件的需求分析

随着移动通信及物联网的发展，越来越多的设备需要具备存储和计算功能。根据 BI 预测，2018 年全球可联网设备（个人电脑、智能手机、可穿戴设备、智能电视及物联网设备）市场需求约为 180 亿台，这为集成电路产业提供了巨大的增长空间。未来几年我国集成电路市场需求将以 8.2%～8.6%的速度增长。Gartner 发布的 2013 年半导体市场报告，智能手机和平板的芯片需求总和首次超过了个人电脑。由于智能手机和平板内部的芯片数量远少于电脑，另外中低端平板和手机的数量，超过了高端移动设备，因此会对集成电路需求有一定的影响。

随着电子信息产业的迅猛发展，新设计、新理念、新功能的电子产品层出不穷，有力地拉动了电子元器件的市场需求。高速度、高储存密度、轻薄化的电子产品直接带动了体积小、性能好、功能多、可靠性高、集成度高、频率高的片式电子元器件的发展。 基于市场需求的新特点，电子元器件正在向超微化、片式化、数字化、智能化方向发展，中国电子元器件行业发展前景乐观。

1. 集成电路

全球半导体市场经历 2012 年的衰退后，在智能手机、平板电脑、机顶盒及汽车电子产品等市场强劲需求的推动下，2013 年恢复增长。我国集成电路行业抓住市场契机，在国家加快推动集成电路产业发展相关政策的支持下，全年完成销售产值 2693 亿元，同比增长 7.9%，增幅高于上年 2.9 个百分点；累计生产集成电路 866.5 亿块，同比增长 5.3%。

据海关统计数据显示，2013 年我国集成电路出口额为 877 亿美元，同比增长 64.1%，

增速与上年持平；从全年发展态势来看，集成电路出口量和增速均有逐季下降态势。从出口的集成电路种类看，传统处理器比重下降 5%左右，存储器比重下降近 1 个百分点，其他新型芯片比例明显提高。

2. 小型元件

1）电阻器

电阻器产品成熟，全球整体需求平稳。中国是全球电阻元件及材料最重要的生产基地和消费中心，产量处于领先地位，2012 年我国总产量约为 16530 亿只。1988—2012年我国产量年均增长约为 24.61%。根据中国电子元件行业协会电阻电位器分会统计，我国各类电阻 2013 年出口达 11288.17 亿只和 13.84 亿美元，同比增长 6.77%和 5.21%；进口达 10375.85 亿只和 22.38 亿美元，同比增长 10.75%和 8.82%。我国 2013 年各类电阻器的进出口量中，片式电阻的进出口量分别占 95.19%和 91.74%，其他电阻的进出口量仅占 4.81%和 8.26%。但是由于片式电阻负荷功率小，大功率引线电阻仍存在一定的市场。

2）电容器

小型化、大容量、高电压、高频率、抗干扰和阵列化是陶瓷电容器的发展方向。陶瓷电容器是目前的主流产品，占电容器总销量的 60%，销售额达 40 亿美元。铝电解电容器占 25%，其他钽电容器和薄膜电容器占 15%。在电力、铁路、通信、国防、消费性电子产品等众多领域均有着巨大的应用价值和市场潜力。

3）LTCC 滤波器

LTCC 射频元器件主要应用于移动通信、数据传输等无线通信领域，应用对象主要有手机、蓝牙模块、WiFi 模块、WLAN 模块及移动电视、PND、卫星收音机及卫星高频头等电子产品。LTCC 射频元器件拥有着极其广阔的市场前景，其销售单价较高，市场容量巨大。根据中国电子元件行业协会的统计数据，LTCC 射频元器件占全球无源电子元器件产值的比重为 4%。

4）磁性元件

磁性元件中最具发展前景的产品是非晶或微晶的磁芯。此类产品具有损耗小、密度高，能量转换效率高的特点。广泛用于高铁、新能源汽车、电源、智能电表、通信、家庭医疗器械、电脑、智能手机、家电、PC 电源等方面。目前世界永磁铁氧体的生产重心已转向中国，2005 年我国永磁铁氧体产量就已达全球产量 50%左右。2012 年我国永磁铁氧体行业市场需求量为 77.61 万吨，市场容量为 107 亿元。伴随技术进步，磁性材料产品正逐步向高端市场扩张。

5）继电器

相关机构的统计显示，我国继电器行业蕴藏巨大的市场潜力。2009 年继电器市场容量达到 11.6 亿元，继电器出口达 3800 多万美元，2010 年，我国继电器销售额约为 16 亿美元。预计，继电器的需用量和应用领域将继续发展壮大，传统的机电式继电器将以约 8%的速度增长，固态继电器的发展速度将保持在 15%左右。光继电器、高频继电器等特种继电器种类将会以 20%以上的速度迅猛发展。这些高可靠、小体积、高抗浪涌电流冲击和抗干扰性产品广泛应用于信息家电、电力及能源、汽车、工业控制、通信等领域。

3．微波器件

随着智能手机、平板电脑等消费电子设备的发展和普及，为微波器件带来了极大的市场需求。经调研，2005—2009 年，国内微波器件市场需求规模从 100 亿元增加到 168 亿元，其中移动通信基站设备用微波器件 2005 年为 969 万套，2009 年为 3022 万套；手机射频用微波器件 2005 年为 3.34 亿套，2009 年为 6.19 亿套，GPS 用微波器件 2005 年为 218 万套，2009 年为 1651 万套，因此，借鉴以往数据并考虑到市场增长因素，特别是近年来智能手机以及平板电脑的爆炸式的发展，未来市场的需求和产量将是可观的。

4．连接器

2012 年我国连接器市场规模达到了 758 亿元，同比增长 6.5%，预计到 2017 年可达到 1081 亿元。由于成本优势的下降，我国本土连接器产业发展的未来在于开拓新兴产品的市场，如：2010 年，包括高速背板连接器、高速 I/O 接口、高速夹层连接器、高速卡边沿连接器等高速连接器的采购量约为 30 亿元，仅高速背板连接器的采购额就有 3 亿～4 亿元，且每年的需求大约以 30%的速度增长。高可靠性流体连接器预计从 2015 年到 2025 年流体连接器的市场需求量可达几千万只。高密度柔性互联光纤连接器件未来 15 年内年需求量预计为 5000 万只左右。

5．传感器

随着物联网、汽车电子、智能手机、可穿戴设备的发展会为传感器带来极大的市场需求。据统计，我国物联网产业规模在 2015 年突破万亿元规模，其中传感器份额也将突破

2000 亿元，产品需求种类涉及力、热、电、光、磁、声等多种传感器。汽车电子近年来发展迅速，每辆车内部传感器所用传感器有一百多个，成本达到 1000 多美元，而高端轿车中，传感器的使用量更为庞大。智能手机对于传感器的需求量也非常巨大，据资料统计，手机中所用的 MEMS 加速度计、陀螺仪、压力、温度、指纹、图像、距离、磁场传感器的出货量已达到百亿支，市场份额突破千亿美元。

6. 微特电机

微电机品种多达 5000 余种，规格繁杂，市场应用领域十分广泛。世界微电机的市场容量正以每年 6%的速度增长。我国微电机行业生产及配套厂家在 1000 家以上，从业人员超过 10 万人，工业总产值超过 100 亿元。我国已引进 50 余条生产线实现 25 个大类、60 个系列、400 个品种、2000 个规格的微电机大批量、规模化生产。但技术含量高的微电机，如精密无刷电动机、高速同步电动机、高精度步进电动机、片状绕组无刷电动机、高性能伺服电动机以及新原理新结构超声波电动机在国内尚未形成商品化或批量生产能力，国内对高精密电机仍依赖进口。

7. 印制板

根据 Prismark 公布的统计数据，2011 年印制电路板行业的全球产值约为 554.09 亿美元。在中国成为电子产品制造大国的同时，全球 PCB 产能也在向中国转移，从 2006 年开始，中国就超过日本成为全球第一大 PCB 制造国，2000 年中国 PCB 产值占全球的比重为 8.2%，2012 年这一比重已经上升到 39.78%。2012 年，中国大陆地区的 PCB 产值约为 216.36 亿美元。整体上，印制板的主要市场驱动力是：（1）手机、笔记本电脑等产品促进了印制板的发展。以手机为例，全球手机年产量数亿部。每部手机上，全少有 1 块印制板，可以想象需求量是巨大的。（2）BGA、CSP 和 DCA 等高密度组装元器件的广泛使用，需要大量使用芯片载板。（3）高频高速电路的广泛应用对高频印制板提出了大量需求。

（二）关键基础材料的需求分析

1）集成电路制造用材料方面

《国家集成电路产业发展推进纲要》的发布将引导制造进入新一轮建线高潮。按照《纲要》发展目标，集成电路产业销售收入到 2015 年超过 3500 亿元，到 2020 年全行业销售收入年均增速超过 20%。这意味着材料市场将在目前基础上扩大 50%以上，并且以年均

20%的增长速度发展，市场空间巨大，预期发展前景广阔。

2）印刷电子材料方面

纳米金属导电油墨，以其优异的导电性能、较低的烧结温度和高精度的导线制作等特性而受到广泛关注，但银的价格高于一般金属，这使其在规模生产和应用中成本偏高，成为产业发展的关键瓶颈。需要开发低成本的纳米导电油墨及其应用技术。更进一步强化印刷电子技术在低成本、环保方面的优势。

3）电子电路基材方面

随着智能手机、平板电脑等智能硬件设备的流行，高密度互联以及具备挠性特征的电子电路基材的需求将产生井喷式的发展，我国作为电子制造大国，这方面的需求将成为行业发展的重大动力。

4）锂离子电池材料方面

未来消费电子类锂离子电池市场增长主要来自智能手机、平板电脑以及移动电源市场的增长。目前，欧美平板电脑市场已经达到饱和，而新兴市场如中国、印度、巴西等地市场的需求将持续高涨。全球智能手机出货量将在 5 年内占到手机出货量的 80%以上，到 2017 年年底，智能手机出货量将达到 18 亿部。未来五年，移动电源年均增长率在 30%左右，印度、印度尼西亚等国家将成为移动电源重要市场，增速将超过中国。随着智能手机、平板电脑及移动电源的市场增长，消费电子类锂离子电池材料市场将随之平稳增长。到 2020 年，正极材料需求量为 7 万吨，负极材料需求量为 6 万吨，隔膜材料需求量为 15 亿平方米，电解液需求量为 10 万吨。

5）平板显示材料方面

自 2008 年至 2013 年，中国大陆累计采购中国台湾地区显示面板超过 1 亿片，金额逾200 亿美元。2013 年，中国大陆彩电显示面板产量达 4400 万片，而彩电产量为 1.3 亿台，有超过 7000 万片的市场缺口[①]。我国面板产业配套率也较低，据市场调查机构 DisplayBank 统计数据显示，日本面板产业配套率已达 76%，韩国为 82%，中国台湾地区为 85%，我国国内仅为 11%。到 2015 年全球面板需求面积每年有 10%增长（折合成 8.5 代线约需 9～10 条）；而产能面积的增长大致在 4.5%～6%（未来产能的增长主要在中国大陆），面板产业逐渐转向供不应求[②]。

---

① 数据来源：中国电子视像行业协会。
② 数据来源：Display Search。

（三）先进基础工艺的需求分析

对于纳米工艺来说，基于 28nm、20nm、16nm、10nm 工艺的芯片将广泛用于手机、平板、电脑中，每年的需求量将超过 21 亿套片。

对于 3D 打印来说，技术和工艺成熟以适应市场需求还需要 5～10 年时间，届时 3D 打印将广泛应用于产品消费电子产品的设计与生产中。

（四）共性技术基础的需求分析

消费电子逐渐向智能化方向发展，将对无线传输技术，无线充电技术和人机交互技术产生巨大需求。据全球著名的能源研究公司 HIS 数据显示，2013 年全球无线充电接收器的出货量已达 2 千万套，大多数都整合于手机与平板电脑中，以实现与支持无线充电功能。IHS 预计这一数字将在 2018 年增长至 7 亿套。

ABIResearch 预测全球无线智能家居市场持续增长。2013 年，无线嵌入式智能家居监控设备（包括各种接触传感器、运动传感器、智能恒温器和智能插头）的销售量达到 1723 万台，几乎较 2012 年的出货量增加了一倍。持续增长的势头将确保到 2018 年，全球无线智能家居监控设备安装数超过 5 亿套。分析师们预计，到 2018 年的时候，全球无线联网设备总量将增至 300 亿台（部）。

据最近的媒体报道称，平均每户美国家庭需要充电的设备数量高达 10 台（部），包括智能手机、平板电脑和智能手表等。随着联网设备的继续增加，预计这一数据还将继续增长。

据市场研究公司 ABI 预计，全球无线联网设备的总出货量将在 2018 年增至 4 亿台。

据来自 GSM 联盟的数据，到 2020 年将有大约 500 亿个采用无线通信方式的装置，其中移动手持和个人计算机仅占 1/4，其余的是采用非用户交互方式与其他机器通信的自主互联装置。据 IMSResearch 研究报告显示，在消费电子领域，2013—2014 年将是无线充电市场的转折点。2015 年无线充电器的出货量接近 2 亿台，2020 年超过 13 亿台。

（五）"四基"绿色制造的需求分析

面对我国消费电子制造业在绿色制造领域与强国的差距，我们必须深入研究消费电子制造业绿色制造面临的基础理论和关键共性技术问题，取得源头创新成果，为突破绿色制造基础理论和关键技术瓶颈、提高绿色制造技术水平、推动绿色制造产业发展提供强有力的基础理论与关键共性技术支持。重点突破绿色设计、绿色工艺、绿色回收资源化、再制造、绿色制造技术标准等关键共性技术，推动技术、标准、产品、产业协同发展。具体见表1。

表1　绿色制造关键技术基础需求

项目名称	主要建设内容	建设目标
消费电子产品生态设计评价	消费电子产品生态设计是按照全生命周期的理念，在消费电子产品设计开发阶段系统考虑原材料选用、生产、使用、回收处理等各个环节对资源环境造成的影响。消费电子产品生态设计评价项目的主要建设内容是，根据消费电子行业发展水平和国内外资源环境法规与相关标准的具体要求，研究建立合理可行的消费电子产品生态设计评价指标体系，制定消费电子产品生态设计标准，推进消费电子产品生态设计试点和示范工作，在满足国内外法规和相关标准要求的基础上，引导产业逐步建立和完善产品生态设计，应用先进资源节约和环境保护技术实现节能、节材、环保及资源综合利用等目标，并对无毒无害或低毒低害的绿色材料、资源利用效率高和环境污染小的绿色制造技术等提出需求，推动相关技术的研发与推广应用	加快推进消费电子产品生态设计工作，以生命周期理论为依据，开展产品全生命周期的绿色产品评价，进而推动产品全供应链，尤其是基础元器件和材料的绿色制造，开发符合国际市场需求的绿色环保产品，提高产品的国际竞争力，实现产业健康可持续发展
绿色数据平台（含基础数据库）	以消费电子制造业为试点，构建消费电子产品绿色数据平台，分行业逐步实现对相关领域材料数据和产品生命周期数据资源的全方位柔性数字化建模与存储；研发通用可定制化的材料数据系统，实现产品供应链各环节材料数据的填报、流转、沉淀和分析、挖掘；开发产品全生命周期评价系统，实现产品全生命周期评价数据的分类管理、生命周期清单分析、环境影响指标评价及产品生态设计报告、自我声明报告的生成；集成消费电子产品绿色数据平台统一门户，为产品生产商、零部件供应商、半成品供应商、原材料供应商、政府行业提供全程化、一体化、定制化的产品绿色数据综合服务	实现消费电子产品在供应链的资源消耗和环境影响数据收集，平台基础数据与外部数据的导入、导出和在线输入，数据质量评价，行业数据库建设，数据分析、报告和管理，对国内外环境政策法规的合规性分析等功能
绿色制造工厂评价技术	依据我国在工业节能减排领域发布的相关法律法规、产业政策要求，将现有的绿色产品、管理体系、绿色建筑评价指标进行梳理、分类、整合、增加，充分考虑评价指标的科学性、完整性、可行性，同时兼顾消费电子制造业及具体评价产品的特点，从消费电子的基础元器件/部件产品及基础材料产品出发，围绕绿色制造的体系结构及工厂作为绿色制造主体的特点，建立包括基础设施、管理体系、产品、供应链、环境排放、环境绩效（综合评价）6个维度的全方位的消费电子制造业绿色制造工厂评价指标和评价方法体系	以相关研究为基础，从消费电子的基础元器件/部件产品及基础材料产品领域入手，通过对相关基础元器件/部件产品及基础材料产品企业的调研，摸清我国消费电子制造业上游工厂的节能环保水平现状，制定综合性的绿色制造工厂评价指标、方法和步骤

五、我国消费电子制造基础产业的发展趋势

（一）核心基础元器件的发展趋势

总体来看，电子元器件产品的技术发展向着片式化、小型化、复杂和集成化、高频化等方向发展。

1. 集成电路

20 世纪 60 年代后期，硅栅自对准工艺的发明奠定了半导体规格的根基。摩尔 1965 年提出的晶体管每两年一次的更新换代的"摩尔定律"，以及丹纳德 1975 年提出的"丹纳德定律"，促进了半导体产业的成长，一直到 21 世纪初，进入传统几何尺寸的按比例缩小（Classical Geometrically Driven Scaling）时代。进入等效按比例缩小（Equivalent Scaling）时代的基础是应变硅、高介电金属闸极、多栅晶体管、化合物半导体等技术，这些技术的实现支持了过去十年半导体产业的发展，并将持续支持未来产业的发展。

1）产品

半导体器件成本和性能将继续与互补金属氧化物半导体（Complementary Metal-Oxide-Semiconductor Transistor，CMOS）的维度和功能扩展密切相关。从材料上看，应变硅、高介电金属闸极、多栅晶体管的广泛应用，促使 III-V 族元素材料和锗等更高的迁移率的材料；为了利用和完善硅平台的优势，预计新的高迁移率材料将在硅基质外延上附生。

从结构上看，无论逻辑器件还是存储器件正在探索如何使用垂直维度（三维）架构和低功率器件，将通过多层堆叠晶体管来实现单位面积上晶体管数量的增加。三维封装对于减少互联电阻提供了可能的途径，主要是通过增加导线截面（垂直）和减少每个互联路径的长度来完成。未来十年内可能出现处理碳纳米管、石墨烯组合物等无边包裹材料将替代铜，实现互联方面新的突破。

然而，CMOS 或目前正在研究的等效器件（Equivalent Device）的横向维度扩展最终将达到极限。未来半导体产品新机会在于：一是通过新技术的异构集成，扩展 CMOS 平

台的功能；二是开发支持新一代信息处理范式的设备。

2）复杂集成

集成电路设计正从以性能驱动为目标向以低耗驱动为目标转变，使得多种技术在有限空间内（如 GPS、电话、平板电脑、手机等）可以异构集成。简言之，今天最小化功耗的目标将引领集成电路设计。

异构集成的基础依赖于"延伸摩尔"（More Moore，MM）设备与"超越摩尔"（More than Moore，MtM）元素的集成。例如，微机电系统（MEMS）设备被集成到汽车、视频投影仪、平板电脑、智能手机和游戏平台等各种类型系统中。MEMS 设备为系统添加了有用的功能（MEMS 加速度计可检测手机的垂直方向，并旋转图像显示在屏幕上），增强系统的核心功能（没有 MEMS 设备，基于数字光投影技术的录像机和喷墨打印机将无法正常工作）。

3）制造

集成电路制造的精度将在未来 15 年内达到几纳米级别。运用任何技术测量芯片上的物理特性已经变得越来越困难，通过关联工艺参数和设备参数将基本实现这个任务。通过控制设备稳定性和工艺重现性，对特征尺寸等过程参数的精确控制已经能够完成。

晶圆片由 300mm（12 英寸）向 450mm（18 英寸）转型面临挑战。应着眼于对 300mm 和 450mm 共性技术的开发，450mm 技术的晶圆厂将因适用 300mm 晶圆片的改进技术而受益。

系统级芯片和系统级封装集成将持续升温。集成度的提高推动着测试解决方案的重新整合，以保持测试成本和产品质量规格。优化的测试解决方案可能需要访问和测试嵌入式模块和内核。提供用于多芯片封装的高品质晶粒的已知合格芯片（KGD）技术也变得非常重要，并成为测试技术和成本折中的重要部分。

2．小型元件

"轻、薄、短、小和多功能化"是元件发展的重要趋势。

1）电阻器

片式电阻器仍将是主流产品，居主导地位。产品尺寸将继续缩小，0402 和 0201 等尺寸产品需求将扩大。高功率电阻、射频电阻、高稳定电阻和高精密电阻将是电阻器发展的方向，同时其噪声等指标将进一步下降。

2）电容器

电容器中片式陶瓷电容将继续占据主导，其方向是小型化、大容量化、高耐压化和高频化等。铝电解电容器的方向是小型化、大容量化、长寿命、高耐温和低 ESR。更安全（阻燃）、片式化、大容量化是膜电容的趋势。

3）LTCC 滤波器

LTCC 小型滤波器将从 3mm×2mm 向 0.5mm×0.25mm 的尺寸发展，未来 10 年将发展为 0.25mm×0.25mm。同时，频率将从目前 2GHz 逐步发展到 5GHz 以上；随着未来产品大数据量的传输以及处理速度要求的不断提升，大功率的要求将越来越迫切。

4）磁性元件

提高磁性元件的开关频率，从而可有效降低产品的体积和质量，满足终端产品对小型化的需要。每个磁性元件都是磁回路和电回路的结合，要求产品平面化的呼声日起，从而在高频下增大产品的散热面积，提高功率密度。近年磁件的集成化发展很快，也就是将多个磁元件集成到一个铁芯结构上，或将磁性元件和电路等结合在一起。这意味着可以为产品最终性能提供最佳的电路和磁路方案。

5）继电器

低高度、高灵敏度、高可靠的继电器是产品的主流。固体继电器增长较快，其可靠性、体积、耐浪涌性和抗干扰性等性能不断提升，未来将逐步向智能化发展。射频、光电等新型继电器需求日渐旺盛。

3. 微波器件

微波器件的重点产品是高性能氮化镓功放、低噪声放大器和滤波器，而关键技术发展在于：（1）建立更精确的有源器件模型，包括物理模型、小信号模型、非线性模型、温度模型、噪声模型。模型的精度决定了电路设计的准确性，同时还可以从内部机理出发指导高性能的有源器件设计。（2）减少仿真技术灵敏度、容差分析的矛盾。电路仿真速度快，容易进行灵敏度容差分析，但是不精确；电磁场仿真精确，但是速度慢，难以进行灵敏度容差分析。

4. 连接器

现代计算机、信息技术及网络化技术要求信号传输的时标速率达到兆赫频段的高端，脉冲上升时间达到亚毫秒，因此高速连接器是发展的必然。同时，随着微电子技术的发展，元件越来越小、电路密度越来越高，客观要求高速连接器向小型化发展。当路由器性能达到 1T 甚至更高时，其必将朝着高度集成化方向发展，因此，机箱内部留给元器件的安装空间将越来越有限，柔性互联光纤组件等产品也必将朝着高密度、高集成化的方向进一步发展。

5. 传感器

传感器整体向着微型化、多样化、集成化的方向发展。传感器的集成度越高，必然带来了加工制造技术的微型化和集成化，以 MEMS 传感器为例，一般所采用的工艺线宽为 μm 级别，但随着单芯片上集成的敏感元件数量的增多，工艺线宽甚至会降低到 100nm 以下。为了进一步减小传感器的体积如 TSV、3D 封装的封测技术也被引入到 MEMS 传感器中，采用这类封装可以完成晶圆级芯片的横向和纵向堆叠，大大降低了芯片面积，提高了集成度和单晶元芯片的产量。利用 MEMS 技术和新型封装技术可以将诸多传感器及处理电路完美的集成在一起，例如，新型 CMOS 图像传感器，可以把 MEMS 微镜、数字集成电路、CMOS 图像识别模块集成在一个传感器芯片中，应用于鼠标等人机交互产品上，完成对鼠标轨迹、人体动作的精准识别。

6. 微特电机

微特电机产品的技术发展趋势将是节能和智能化；微、轻、薄和高速化；无刷化和驱动、控制电路集成化和专用化；低噪声、低振动、低干扰。主要的发展方向可以概括为以下几方面。

1）无刷化

无刷化主要发展无刷直流电机，以提高产品的可靠性和寿命。有刷电动机有很多缺点，如换向火花大、电磁干扰严重、寿命短等，目前正逐渐被无刷电动机所替代。例如，在变频空调器中采用无刷直流电机替代异步电动机，效率可明显提高。

2）直驱化

现代微特电机通常是运行在每分钟数百至数千转的速度，但是很多应用场合需要很低或很高的转速，这样就需要一套转速变换机构。还有些应用场合要求线性运动或其他的运动方式，就需要一套变换运动方式的机构。这些机构不仅会增加系统体积、降低可靠性，还降低了系统效率和控制精度。所以，直接驱动是现代微特电机驱动的一个重要研究方向。

3）高速化

随着计算机外设存储密度的不断提高，要求为其配套的主轴无刷电动机在 8000r/min 以上高速运转。传统的电机驱动系统中，电机往往是工作在开/关方式的。频繁的开关对电机、控制器和电网（电源）都带来很大的冲击，可靠性降低。被控对象（电机的负载）的性能也会受到影响，例如，传统开关方式的空调的舒适度比采用变频调速方式的空调要差得多。因此，现代微特电机经常采用调速运行的方式，既可克服上述缺点，还可以提高整个系统效率与性能。

4）小型化

为了满足信息产品小型化和随身携带的需求，对其配套电机提出了小型化和片状化的要求，更小型的片状振动电机也在研制。为了达到小型、微型化的目的，一方面需要不断使用新型的高性能材料与电子元器件，提高电机的功率密度，另一方面还要不断研究新型的电机拓扑结构和运行原理。电机驱动与控制采用集成电路后，其最大的优点是电路简化，有利于电机的轻薄短小化，并使驱动精度和可靠性提高，同时降低成本。随着电机性能的提高，要与其配套的检测技术精确度更高，并且向高效和自动化方向发展。因此，信息产业用的电机小型、片状化、微型化是未来发展趋势。

5）机电一体化和智能化

现代微特电机已经不仅仅局限于传统电机的范畴，它涵盖了电机本体、计算机与电子控制器、功率变换器、传感器和控制技术等多个方面，而且在电机的设计、制造时，还往往要与后级的执行机构和负载（如各种机械、液压、气动装置）整合起来。这样，现代微特电机往往已不是一个零件级的执行器，而是一个可以实现预定功能的完整的机电一体化系统。现代微特电机不仅仅是简单地提供动力，还要提供高精度的复杂的运动控制，具备自适应、自学习、自保护等功能。这些功能的实现，都离不开智能化。而智能化的实现，又离不开现代控制理论、传感器技术、电子技术和新型材料。所以，现代微特电机是一种多学科交叉的综合性科学技术，其发展方向也是广泛、多样的。

7. 印制板

整体上，印制电路产业未来的主要发展呈现出以下三大技术发展趋势。

1）高频高速化

手机等产品传输信息使用的频率不断上升，为高频/高速印制板的发展提供了直接的驱动力。目前，高频高速消费电子产品应用广泛，一般第一、第二代手机的频率为 800～

900MHz；3G 手机则在 1.8～2.4GHz。随着 4G 手机的来临，不但给印制板行业带来了机遇，同时也对印制板上电路的信号传输性能提出了新的要求：使用低介电常数和低损耗的印制板材料，数字信号/RF 信号的混合设计；高频材料的钻孔和电镀技术；RF 电路的光刻控制，热管理方案和测试评估手段等。除终端设备外，100G 的主干网络通信也在逐渐开启商业序幕。100G 对于印制电路板来讲，其单通道的速率将由 10G 演变为约 25G。对于印制板及其材料厂商来讲，以 25G 为基础的工程研究和工艺研究都比较少，预期将成为印制板产业发展的一个分水岭。

我国高频印制电路板产值在印制电路板整体中的比重不断增加。在未来几年里，网络覆盖产品和网络终端产品的不断发展，我国此类印制电路板市场规模将达到 87.95 亿元，与 2009 年相比复合增长率达到 17.78%。

2）高密度化

终端电子产品小型化是高密度电路板应用的典范。智能手机的更新换代，促使高密度电路板产品从 HDI/BUM 技术不断进步，并向嵌入元器件技术方向发展。BGA、CSP 和 DCA 等高密度组装元器件的出现，将印制电路板向高密度方向推动，其中 HDI/BUM 印制板是主流产品，集中体现了导线的精细化、孔的微小化。目前手机主流主板是 50μm/50μm（线宽/间距），而 iPhone 5S 主板是 10 层 BUM 技术，最小线宽/间距为 40μm/70μm，Galaxy S4 也同样是 10 层 BUM 技术，最小线宽/间距为 25μm/25μm。

对于轻、薄、结构紧凑的消费电子产品而言，挠性印制板是实现复杂的 3 维装联的重要技术。挠性封装能够比传统配线方案减少约 70% 的空间。未来挠性及刚挠结合印制板的发展集中在材料和技术两个方面：一是发展低介电常数、无黏结层或无流动性的挠性层压材料；二是目前难以量产多层挠性印制板线宽／间距为 25μm/25μm，孔径 40～100μm，主要应用在手机、数码相机等方面；层数为 6、8、10 层的刚-挠结合板。

为了进一步实现小型化、轻量化和高性能，欧、美、日、韩等国的 Ibden、Nippon、Samaung 等印制板厂商实现了将有源/无源器件嵌入到印制板内部。将元器件嵌入印制板后，可以缩小约 40% 的印制板面积，缩短元器件间的互联距离，减少印制板面的焊点数量，从而达到高密度化，改善电气性能和提高可靠性的目的。

3）多功能化

随着光接口技术的发展，今后应确立在印制板上实现光配线技术、光印制线路板技术、光表面安装技术以及光电合一的模块化技术。随着电子系统功率的不断提升，印制板同时兼具了热沉的功能，在印制板上实现了电气的导通和热路径的传导设计技术等。

（二）关键基础材料的发展趋势

1．集成电路制造用材料方面

目前，我国集成电路材料企业的数量不少，但大都集中于 6 英寸及以下生产线用材料的低端环节，8 英寸及以上生产线所需材料的供应基本都依靠国际大公司。满足 8 英寸及以上规模工艺用的硅单晶抛光片、电子气体、化学试剂、光刻胶、显影液、去胶剂、光刻掩膜版、CMP 抛光料、靶材以及高密度封装材料仍是未来发展趋势。

2．印刷电子领域

印刷电子技术的兴起，表明了我国消费电子制造业从摆脱高污染、高耗能的粗放型生产，在向绿色环保制造业的方向发展。具体到印刷电子行业，目前我国正处在从科学研究向产业化发展的转变中，发展低成本高质量的印刷电子导电材料，开发快速高效的工艺设备是我国印刷电子行业的发展趋势。材料作为整个印刷电子行业的基础，应是整个印刷电子行业发展的一个突破口，用材料的发展来进一步带动印刷电子产品应用的发展。通过印刷电子材料以及工艺技术的提升，未来将在包括显示平板、电子标签、光伏电池、LED、传感器以及印制板等多方面采用印刷电子这种绿色环保的技术。

3．电子电路基材

印制电路是消费电子产品的基础元器件，而电子电路基材又是印制电路的基础材料。其发展趋势是与整个消费电子领域的发展趋势相同的。随着可穿戴设备、便携式电子装备以及高性能 LED 装备的兴起，在电子电路基材方面，材料也向着挠性化、高密度化以及高散热性发展。

4．锂电池材料

锂离子电池材料需加紧新型高端材料的自主研发，提高正负极材料的能量密度和循环寿命，开发功能型电解液及核心添加剂，改善隔膜材料质量可靠性。

5．平板显示材料

产能扩大带来平板价格持续下跌，企业面临经营压力，知识产权成为制约我国面板企业追赶世界水平的羁绊，终端产品需求变化将带动平板产品结构出现较大调整，产业规模迅速增长并对本土配套能力提出更高要求。

（三）先进基础工艺的发展趋势

3D 打印：一些结构件和消费电子外壳等将更多引入 3D 打印技术，来进行设计和样件制造。据有关机构统计，未来 3D 打印制造技术将会占到消费电子制造业 20%的份额。

广泛采用新材料、新工艺：关键基础件是传统产品，其技术创新多为集成创新，主要体现在产品结构优化、材料优选和工艺革新上。

（四）共性技术基础的发展趋势

（1）芯片复杂度和集成度日趋提高。未来将出现集成模拟前端、信道解调、信源解码和中央处理器一体化的单芯片解决方案。

（2）终端产品的实现复杂度将大大降低，消费电子产品制造业进入门槛将大幅度降低。

（3）消费电子制造业将出现专业化分工。传统一个企业完成整机制造的现象将日趋萎缩。整机厂家将趋于功能需求定义和模块化组装。

（4）消费电子产品将向"大"和"小"两级趋化。家用终端如电视机的尺寸将逐渐增大，显示分辨率不断提高，支持的功能范围不断扩大；便携终端的功耗不断减小，终端制造所需要的电子元件用量不断减少。

（5）产品生命周期向"长"和"短"两级趋化。家用终端如电视机将支持智能软件升级、硬件可重构、通用网络接口，这使得在支持新的功能时不需要重新设计硬件，通过软件重新加载即可完成。这将使得家用终端的产品生命周期不断延长。对于便携式移动终端等产品，受到产品功耗、系统性能、产品价格等因素的影响，产品升级换代将不断加快，产品生命周期将大大缩短。

（6）8K×4K 及以上超高清显示技术是未来的平板电视的发展趋势。显示技术从 480P、720P 一直发展到如今的 1080P、4K×2K、8K×4K，2016 年超高清将走进 1000 万户家庭，并将有数以千计的影视节目采用超高清格式进行录制。超高清在过去很难实现主要是因为带宽限制，现在光纤到户再加上 H.265 这样的技术将可以解决带宽问题，同时显示技术和内容将来都会跟上，这会是一场很大的革命。日本已经确定在 2020 年的夏季奥运会上会用 8K 进行赛事转播，并且会提前在 2016 年进行 8K 电视的实验广播。我国这几年在液晶平板器件产业上有了大幅进步，应该在面向未来的 8K 数字电视广播方面提前布局，争取在这一产业机会上取得先机。

（7）产品技术与高新技术相互融合：产品技术与以信息技术、网络技术为代表的高新技术相互融合，有力推动关键基础件产品结构的优化与升级，以及应用体验的升级。

（8）模块化、组合化、集成化技术得到高度重视：人们越来越重视零件或部件的通用性、互换性，从源头考虑产品的通用性、互换性问题，模块化、组合化、集成化技术不断发展。

（9）高性能和环保成为行业发展的主题：高性能成为衡量关键基础件竞争力的重要指标。同时，人们也更加关注产品与环境的关系。高性能和环保都将是机械基础件技术发展永恒的主题。

（10）印制电路板朝着高密度互联方向发展。

（五）"四基"绿色制造的发展趋势

基于全生命周期的绿色设计产品成为主流，产品向节能、低碳、环保方向发展，并辐射到包括基础材料、基础零部件/元器件的消费电子制造业全产业链。

六、典型案例分析

京东方科技集团股份有限公司（以下简称"京东方"）创立于 1993 年，经过 20 多年的发展历程，已成长为目前国内唯一完整拥有半导体显示核心技术和自主创新能力的国际化知名企业。截至 2014 年 3 月，京东方注册资本 135.2 亿元，总资产 1264 亿元，员工人数 26922 人。在北京、四川、安徽、内蒙古、重庆、河北、江苏、福建等地拥有多个研发制造基地，营销和服务体系覆盖欧、美、亚等全球主要地区。2013 年，京东方液晶面板出货量及市占率位列中国大陆第一（占比超过 50%），超越日本夏普位列全球业内前五；智能移动液晶面板出货量位列全球第一；累计可使用专利超过 20000 项，2013 年新增专利申请量突破 4282 项，年新增专利申请量全球业内前二、研发人员年人均新增专利申请量全球业内第一。截至 2014 年 6 月，京东方主持制定/修订国际国内技术标准共计 18 项（含 IEC 国际标准 3 项，中国国家标准 2 项），参与制定/修订国际国内技术标准 30 余项。

依托国家发展和改革委员会授牌的"TFT-LCD 工艺技术国家工程实验室"和"国家级企业技术中心"等国家级科技创新平台，京东方在 LTPS-LCD，Oxide-LCD，LTPS-AMOLED，Oxide-AMOLED 等半导体显示技术攻关和成果转化方面取得重大进展：全球最大尺寸的 98 英寸 8K×4K 超高清显示屏、55 英寸 UHD 至臻和 55 英寸 UHD 裸眼 3D 显示屏、采用混合结构的 30 英寸 FHDAMOLED 显示屏、9.55 英寸 AMOLED 柔性显示屏、6 英寸分辨率达 550PPI 的 ADSDSLTPS-TFT 显示屏、全球首款 5 英寸单色 ZnONOLED 显示屏等相继在京东方问世，标志着公司的科技创新实力已跻身全球显示行业第一阵营。特别说明的是，在美国圣迭戈举办的 SID2014 显示周（全球顶级的显示领域盛会）上，京东方自主研发的全球最大尺寸 8K×4K（QUHD）超高清显示屏，荣获本届 SID 显示周"BestinShow"奖。美国媒体 DisplayCentral 表示，京东方"已经进入显示的顶层殿堂"。

七、我国消费电子制造业强基发展重点

（一）核心基础元器件的发展重点

1）中央处理单元

主要技术参数或性能指标：数据线位数、最大时钟频率、电源电压、指令速度、最大允许功耗、指令集体系、地址位数、I/O 总线宽、总线结构、机器周期、内部时钟频率、可管理存储器位数、寄存器数量、地址访问模式、指令集、中断类型、输入低电平压、输入高电平电压、输出低电平电压、输出高电平电压、输入漏电流、输入维持电流、输出（入）电容、片上 ROM/RAM。

应用产品及市场需求预测（2025 年）：CPU 是计算机的核心，负责处理、运算计算机内部的所有数据，必须实现自主可控。

2）DSP

主要技术参数或性能指标：电源电压、电源电流、工作频率、指令速度、最大允许功耗、发射宽度/并行部件数、数据/地址位宽、片内存储器、外设接口、输入电压、输出电压、输出钳位电流、输入钳位电流、输出高电平电压、输入高电平电压、输出高电平电流、输入高电平电流、输出（入）电容、循环时间、下降时间、上升时间、片上 ROM/RAM、L1 缓存、L2 缓存、DA 模块、三态输入输出漏电流。

应用产品及市场需求预测（2025 年）：DSP 广泛应用于通信、计算机、医疗、军事、仪器仪表等领域。

3）FPGA

主要技术参数或性能指标：系统门、最大输入信号转化时间、输入电压、输出高电平电压、输出高电平电流、输入电容、输出电容、输入漏电流、I/O 到 GCK 的建立时间、I/O 到 GCK 的保持时间、数据保持电压、GCK 有效到输出的延迟。

美国政府对我国的 FPGA 产品与技术出口进行苛刻的审核和禁运，使得国家在航天航空乃至国家安全领域都受到严重制约。

4）存储器（DRAM）

主要技术参数或性能指标：结构形式、最大存取时间、电源电压、最大电源电流、最大备用电源、最小写循环时间、读出延迟时间、最大允许功耗、输出高电平、输入低电平、输出高电平、输入低电平、输出漏电流、输入漏电流、输出电流、输入电流、输入电容。

应用产品及市场需求预测（2025 年）：几乎每台电子设备，从智能手机到服务器，都使用了某种形式的 RAM 存储器。SDRAM 仍然是大多数计算机的主流存储器技术。DDR 是双倍数据速率的 SDRAM，已经成为今天存储器技术的选择。

5）AD（模拟信号转换为数字信号）

主要技术参数或性能指标：分辨率、转换时间、工作频率、输入信号幅度范围、线性误差、积分非线性误差、微分非线性误差、转换误差、电源电压、电源电流、输出信号电平、零点误差、零点误差漂移、电源抑制比、内部基准输出电压、总谐波失真、信噪比、满量程误差、共模输入电压范围、输出类型。

应用产品及市场需求预测（2025 年）：国内依靠国际厂商，产业尚且处于空白状态。

6）DA（数字信号转换为模拟信号）

主要技术参数或性能指标：分辨率、工作频率、线性误差、输出摆幅、建立时间、差分非线性误差、电源电流、最大功耗、电源抑制比、增益误差、输出漏电流、基准输入阻抗、输入高电平电压、输入低电平电压、输入漏电流、增益温度系数、输出电容、数据复位时间、数据保持时间、输入失调误差、积分非线性、微分非线性、满量程误差。

应用产品及市场需求预测（2025 年）：国内依靠国际厂商，产业尚且处于空白状态。

7）40Gbps 高速背板连接器

主要技术参数或性能指标：传输速率，40Gb/s；仿真能力，40Gb/s；仿真速度，20h/次；测试速率，40Gb/s；装配能力，自动装配，500 只/天。

应用产品及市场需求预测（2025 年）：市场年需求量约为 30 亿元。

8）流体连接器

主要技术参数或性能指标：设计周期 10～15 天；插拔寿命 3000 次；具备小流量（<3L/min）、泄漏量测试能力。

9）高密度柔性互联光纤组件

主要技术参数或性能指标：产品互联路数 1200 路，厚度 3mm，质量<100 克，附加损耗≤0.3dB，设计、生产周期为 25 天。

10）芯片载板（PCB）

主要技术参数或性能指标：内层电路 25μm/25μm（线宽/间距）、外层 5μm/5μm（线宽/间距）、孔径为 50μm、焊盘大小为 130μm、埋孔大小为 45μm、IC bump 焊盘为 100μm 以及金丝焊盘为 80μm。

11）低温共烧陶瓷滤波器

主要技术参数或性能指标：尺寸未来为 0.5mm×0.25mm，未来十年将发展为 0.25mm×0.25mm；传输频率未来将逐步发展到 2.4～5GHz。

（二）关键基础材料的发展重点

1）集成电路制造用原材料

主要技术参数或性能指标：形成满足 8 英寸工艺用原材料生产能。

应用产品及市场需求预测（2025 年）：自给率达到 30%。

关键技术（技术难点）：着重发展光刻胶、显影液、去胶剂、光刻掩膜板、高纯气体、化学机械抛光磨料的生产技术。

研发和产业化目标：国内企业实现 8 英寸、12 英寸工艺用原材料生产能力全覆盖。

涉及的上下游环节（材料、应用产品、技术基础）：上游产业涉及化工、矿冶原材料。下游产业涉及 IC 制造。

2）锂离子电池材料

主要技术参数或性能指标：（1）提高正极材料的可充电电压和容量，钴酸锂容量达到 225mAh/g，三元材料达到 250 mAh/g。（2）提高石墨负极材料的能量密度和倍率性能，降低极片膨胀，开发高容量硅碳复合负极材料、高容量硬碳负极材料和高容量软碳负极材料等新型材料。（3）开发生产多种功能型电解液，研发新型锂电解质盐、新型添加剂，形成自主知识产权，提高电解液与高压实负极材料的浸润性以及与高比能量正负极材料的相容性。（4）开发高端锂离子电池隔膜，3C 产品用锂离子电池隔膜厚度达到 12μm 以下。

应用产品及市场需求预测（2025 年）：正极材料，8.5 万吨；负极材料，7.5 万吨；隔膜材料，18 亿平方米；电解液，12 万吨。

关键技术（技术难点）：正极材料和负极材料的技术难点在于提高材料的能量密度；电解液的技术难点在于电解质和功能添加剂自主技术的开发；隔膜的技术难点在于提高批量生产隔膜性能的均一性和稳定性。

研发和产业化目标：基本实现高端锂离子电池用正极材料、负极材料、电解液、隔膜及其前驱体的自给自足。

涉及的上下游环节（材料、应用产品、技术基础）：上游各种原材料制备技术和设备技术；下游锂离子电池制造工艺。

3）印刷电子材料

主要技术参数或性能指标：（1）抗氧化、高固含量、分散稳定的纳米铜制备；（2）功能性高分子导电连接料的设计、制备及应用；（3）印制匹配性——未来印制电子将融合多种印制方式，尤其是快速灵活、成本更低的新型卷对卷工艺。因此，纳米金属油墨需满足须满足印刷成型工艺所需的物理、化学性能要求，还需与各种印制工艺的匹配性，以高容量、高产率地印制出各类消费电子产品；（4）纳米金属油墨与基板的附着性；（5）产业化工艺技术与装备研发制造。

印刷电子材料与技术方面的关键共性技术及重点产品包括：（1）柔性承印基材的功能性表面改性、环保型-低成本导电油墨用功能材料、封装材料；（2）薄膜印刷系列导电油墨；（3）综合性印刷电子装备、卷到卷印刷工艺的设计开发与应用；（4）印刷电子化学品的质检方法与标准等研发。

研发和产业化目标：2020 年实现印刷电子精细化化学品研发与产业化；2025 年实现低成本薄膜印刷系列导电油墨产业化及应用。

涉及的上下游环节（材料、应用产品、技术基础）：上游产业涉及化工、矿冶原材料；下游产业涉及印刷电子产品。

4）电子电路基材

主要技术参数或性能指标：完成"电子电路基材超薄化、高精密化"生产制造系统的研究、开发与产业化应用，主要指标：基材产品厚度≤50μm，厚度公差<10%；基材产品合格率>95%；基材绝缘性，Hi-pot耐压满足应用要求。

关键技术（技术难点）：高密度互联（HDI）用高性能无卤基材关键技术和产品。（1）高性能无胶挠性基材关键技术和产品；（2）高速信号传输用高性能低损耗高速基材关键技术和产品；（3）高频微波用高性能高频基材关键技术和产品；（4）（LED等）先进热管理用高导热基材关键技术和产品；（5）（高密度）芯片（IC）封装用高性能电子电路基材关键技术和产品。

研发和产业化目标：构筑电子电路基材关键核心技术，打破国外对电子电路基的高端技术和先进产品的垄断；建立在电子电路基材发展战略必争领域做大、做强的技术和产品基础；形成产业链上下游合作、协同发展的新局面；不但做大，而且做强国内电子电路基材产业，关键技术和产品领域处于国际先进水平；建立支撑国家（消费）电子制造业发展的电子电路基材基础。

涉及的上下游环节（材料、应用产品、技术基础）：上游产业涉及化工、矿冶原材料；下游产业涉及电子产品。

5）平板显示材料

主要技术参数或性能指标：TFT-LCD面板用配套原材和AMOLED全彩面板用核心材料规模化应用。

关键技术（技术难点）：在OLED新材料技术领域如延迟荧光材料技术、应用喷墨打印或涂覆印刷技术制备大尺寸OLED面板所用的OLED新型材料关键技术。

研发和产业化目标：满足国内高世代线TFT-LCD面板用配套原材料（基板玻璃、液晶材料、彩色滤光片）国产化应用；AMOLED全彩面板用核心材料（电子传输材料、空穴注入材料、蓝光染料及相应主体材料、红光、绿光高性能染料及对应主体材料）实现批量生产。

涉及的上下游环节（材料、应用产品、技术基础）：上游产业涉及化工、矿冶原材料；下游产业涉及平板显示器。

（三）先进基础工艺的发展重点

1）绿色制造工艺

（1）主要技术参数或性能指标：在制造过程中实现低物耗、低能耗、低排放，对环境影响最小、资源能源利用率最高、人体健康与社会危害最小，并使企业经济效益与社会效益协调优化。

（2）应用产品及市场需求预测（2025 年）：随着经济发展与资源环境之间的矛盾日益凸显，实现绿色制造的产品将获得更好的政策适应性、成本优势及社会认可度，市场需求极大。

关键技术（技术难点）：（1）资源节约技术；（2）能源节约技术；（3）低排放技术。

研发和产业化目标：至 2025 年，绿色制造技术在我国消费电子制造业全产业链得到广泛应用。

涉及的上下游环节（材料、应用产品、技术基础）：涉及的技术基础：（1）绿色制造工厂评价技术；（2）绿色数据平台（含基础数据库）。涉及的材料、应用产品：（1）实现有害物质替代或减量的电子专用材料；（2）实现生态设计及绿色制造的电子元器件。

2）生态设计工艺

主要技术参数或性能指标：在产品设计过程中实现全生命周期的资源节约与环境保护，包括材料选择、节能降耗设计、减少或消除环境有害物质、清洁生产、延长产品使用寿命、可资源化设计、产品包装、减少产品使用过程中影响人体健康的有害排放等。

应用产品及市场需求预测（2025 年）：随着经济发展与资源环境之间的矛盾日益凸显，采用生态设计工艺的产品将获得更好的政策适应性、成本优势及社会认可度，市场需求极大。

关键技术（技术难点）：（1）节能降耗设计；（2）有害物质替代或减量化；（3）清洁生产技术。

研发和产业化目标：至 2025 年，生态设计技术在我国消费电子制造业全产业链得到广泛应用。

涉及的技术基础：（1）产品生态设计评价技术；（2）绿色数据平台（含基础数据库）；

涉及的材料、应用产品：（1）实现有害物质替代或减量的电子专用材料；（2）实现生态设计及绿色制造的电子元器件。

3）大尺寸、高清晰度显示屏制造工艺技术

主要技术参数或性能指标：（1）具备 40 英寸以上大屏幕制造能力，制备技术达到可量产水平。（2）具备柔性显示屏制造能力，LED 显示屏制备技术达到可量产水平，产品性能与日本、韩国主要产品持平。

应用产品及市场需求预测（2025 年）：（1）随着电视智能化程度的不断提高，电视屏幕尺寸一直呈现不断增大的趋势。统计数据显示，2015 年市场销售的电视接收机尺寸已经达到 40 英寸。而我国大尺寸屏幕的制备能力和产量极不匹配，大量依赖进口。（2）在柔性显示技术研发能力方面，我国远远落后于日本、韩国，限制了产品形态的更新及用户体验的提升。

关键技术（技术难点）：（1）大尺寸显示器玻璃面板制备工艺，尤其是中高端玻璃面板的制造技术。（2）OLED 显示屏基础研发能力。（3）OLED 显示屏制造工艺。

研发和产业化目标：（1）大尺寸显示屏的产量、性能能够满足国内整机企业产品生产及更新换代需求。（2）OLED 显示屏的研发和生产能力能够满足国内智能终端产品对显示器件的性能需求，与日本、韩国主流产品持平，可满足国内市场 80%左右的产量需求。

4）先进纳米工艺

研发和产业化目标：到 2020 年，20nm、16nm 和 10nm 将普及，到 2025 年芯片制造将进入 7nm 时代。

5）3D 打印

研发和产业化目标：到 2020 年，3D 打印逐渐应用于消费电子产品的生产制造中，到 2025 年，金属及其他材料 3D 打印将逐渐实现商用。

（四）共性技术基础的发展重点

1）超高清显示技术

主要技术参数或性能指标：突破 8K 显示技术难关，具备 8K 显示屏研发、制造、检测能力，产量基本满足国内终端厂商的需求。

应用产品及市场需求预测（2025 年）：清晰度的提高是显示产品的发展趋势，我国 4K、8K 显示器件研发能力薄弱，产能低、检测能力配套较差，将极大限制终端产品的性能提升。

关键技术（技术难点）：（1）4K/8K 超高清显示器件制造工艺；（2）超高清显示器件测试仪器及测试码流研发能力。

研发和产业化目标：通过对 4K/8K 超高清显示器件研发和制造能力的提升，带动以智能终端为代表的整机企业的发展，提升显示品质。同时，带动相关测量仪器和仪表关键技术的进步，具备适应国内整机厂商及元器件生产厂商研发、制造需求的测试水平。

涉及的上下游环节（材料、应用产品、技术基础）：测量仪器和仪表关键技术的突破。

2）生态设计工艺

主要技术参数或性能指标：在产品设计过程中实现全生命周期的资源节约与环境保护，包括材料选择、节能降耗设计、减少或消除环境有害物质、清洁生产、延长产品使用寿命、可资源化设计、产品包装、减少产品使用过程中影响人体健康的有害排放等。

应用产品及市场需求预测（2025 年）：随着经济发展与资源环境之间的矛盾日益凸显，采用生态设计工艺的产品将获得更好的政策适应性、成本优势及社会认可度，市场需求极大。

关键技术（技术难点）：（1）节能降耗设计；（2）有害物质替代或减量化；（3）清洁生产技术。

研发和产业化目标：至 2025 年，生态设计技术在我国消费电子制造业全产业链得到广泛应用。

涉及的技术基础：（1）产品生态设计评价技术；（2）绿色数据平台（含基础数据库）。

涉及的材料、应用产品：（1）实现有害物质替代或减量的电子专用材料；（2）实现生态设计及绿色制造的电子元器件。

3）大尺寸、高清晰度显示屏制造工艺技术

主要技术参数或性能指标：（1）具备 40 英寸以上大屏幕制造能力，制备技术达到可量产水平。（2）具备柔性显示屏制造能力，LED 显示屏制备技术达到可量产水平，产品性能与日本、韩国主要产品持平。

应用产品及市场需求预测（2025 年）：（1）随着电视智能化程度的不断提高，电视屏幕尺寸一直呈现不断增大的趋势。统计数据显示，2015 年市场销售的电视接收机尺寸已经达到 40 英寸。而我国大尺寸屏幕的制备能力和产量极不匹配，大量依赖进口。（2）在柔性显示技术研发能力方面，我国远远落后于日本、韩国，限制了产品形态的更新及用户体验的提升。

关键技术（技术难点）：（1）大尺寸显示器玻璃面板制备工艺，尤其是中高端玻璃面板的制造技术；（2）OLED 显示屏基础研发能力；（3）OLED 显示屏制造工艺。

研发和产业化目标：（1）大尺寸显示屏的产量、性能能够满足国内整机企业产品生产及更新换代需求。（2）OLED 显示屏的研发和生产能力能够满足国内智能终端产品对显示器件的性能需求，与日本、韩国主流产品持平，可满足国内市场 80%左右的产量需求。

4）虚拟现实技术

主要技术参数或性能指标：（1）手势识别、体感识别、全息 3D 等关键技术取得进一步发展，语音识别辨识率进一步提高。（2）计算机视觉技术取得大幅进展，增强传感器技术取得突破。并形成人机交互技术研发产业化平台，持续不断地对最新的人机交互技术进行跟踪研究。

应用产品及市场需求预测（2025 年）：重点集中在手机、电视、平板电脑等传统优势领域，在可穿戴设备等新兴领域要积极寻求突破。人机交互技术直接影响用户体验，虚拟显示技术的突破将为我国消费电子产品产品类型更加丰富，为业务形态的创新提供硬件支撑。

关键技术（技术难点）：多种类型的虚拟现实技术在消费电子终端产品中得到应用，产品类型越发丰富，人机接口更接近"自然"，控制识别精度提高。

研发和产业化目标：到 2020 年，拥有自主知识产权的人机交互技术研究取得进展，拥有国际知名的人机交互技术和产品，终端产品的控制识别模式趋于"自然"，产品国际竞争力大幅提升。

涉及的上下游环节（材料、应用产品、技术基础）：随着虚拟现实技术中各项关键技术的突破及应用的日益普及，消费电子产业链上下游产业均得到拉动。消费电子终端产品的用户体验将更为"自然"，并带动相关应用业务形态的创新。

5）无线传输技术

主要技术参数或性能指标：提出具有自主知识产权的无线传输标准，对现有技术进行改造升级（如广播电视 DTMB 地面传输标准改造用于新兴媒体传输），解决无线传输技术中存在的安全性、稳定性、功耗、组网能力、扩展空间等问题。

应用产品及市场需求预测（2025 年）：主要应用于消费电子产品间的互联，使其成为智能家居的最优解决方案，并推动成为物联网的解决方案。推动自主知识产权的无线传输标准成为国际主流标准，推动自主研发的无线传输技术成为国际主流技术，并大量应用。

研发和产业化目标：到 2020 年，推动自主知识产权的无线传输标准成为国际主流标

准，推动自主研发的无线传输技术成为国际主流技术，并大量应用，市场占有率达到 20%
左右。

6）新型显示技术

主要技术参数或性能指标：柔性显示应用领域不断增加，新显示技术将出现。透明显
示屏关键技术研发正在取得进展。立体显示技术日益成熟，舒适度问题得到解决。

研发和产业化目标：2021—2030 年，立体 3D/全息显示技术日益成熟，在消费电子产
品中出现应用。

7）新一代信道编码调制技术标准

主要技术参数或性能指标：主要性能指标达到或优于欧洲 DVB-T2 标准；与现有的
DTMB 系统前后端具有良好的兼容性。

应用产品及市场需求预测（2025 年）：市场年需求量约 8000 万片。

关键技术（技术难点）：高频谱效率、高抗干扰能力、与现有地面数字电视信道基础
设施的兼容。

研发和产业化目标：实现新一代地面数字电视信道编码调制标准、演示系统、产业化
终端以及示范区。

8）新一代音视频编码技术标准

主要技术参数或性能指标：主要性能指标达到或优于 H.265 标准。与现有的传输信道
和显示接口具有良好的兼容性。

应用产品及市场需求预测（2025 年）：市场年需求量约 8000 万片。

关键技术（技术难点）：高压缩率、高分辨率、低延时、与现有数字电视系统基础设
施的兼容性。

研发和产业化目标：实现新一代音视频编码标准、演示系统、产业化终端以及示范区。

9）液晶面板超窄 GOA（GateonArray）技术

主要技术参数或性能指标：用 TFT 在屏的玻璃基板上构成超窄控制极（Gate）驱动
电路（Driver ICs）代替外接硅片制作的驱动 IC。

关键技术（技术难点）：在阵列基板上制作控制驱动电路；利用薄膜晶体管开发超窄
栅极驱动电路的。

研发和产业化目标：利用制程技术将功能集成电路积集在玻璃基板上，完全实现薄型、
轻量，以及低成本化。

涉及的上下游环节（材料、应用产品、技术基础）：高度电路积集技术。

10）无线充电技术

主要技术参数或性能指标：提出具有自主知识产权的无线充电标准，解决无线充电技术中电磁辐射伤害，电能转化率低，充电距离短等难题。

关键技术（技术难点）：手机、笔记本电脑、平板电脑等智能终端，智能眼镜、手环等可穿戴设备以及路由器、机顶盒、数码相机等影音产品。

研发和产业化目标：到 2020 年，推动自主知识产权的无线充电标准成为国际主流标准，实现无线充电技术产业化，产量占全球产量 20%左右。

（五）"四基"绿色制造的发展重点

基于我国绿色发展政策缺失、绿色制造能力不足的现状，我国消费电子制造业急需由政府提出推动产业绿色发展的鼓励政策，建立生命周期评价基础数据库，开展有害物质材料替代技术、低碳技术、绿色制造标准化与合格评定技术等的研发，促进产业绿色制造整体能力的提升。急需开展的重点项目包括以下几方面。

1）消费电子产品生态设计评价

主要建设内容：消费电子产品生态设计是按照全生命周期的理念，在消费电子产品设计开发阶段系统考虑原材料选用、生产、使用、回收处理等各个环节对资源环境造成的影响。项目的主要建设内容是根据消费电子行业发展水平和国内外资源环境法规与相关标准的具体要求，研究建立合理可行的消费电子产品生态设计评价指标体系，制定消费电子产品生态设计标准，推进消费电子产品生态设计试点和示范工作，在满足国内外法规和相关标准要求的基础上，引导产业逐步建立和完善产品生态设计，应用先进资源节约和环境保护技术实现节能、节材、环保及资源综合利用等目标，并对无毒无害或低毒低害的绿色材料、资源利用效率高和环境污染小的绿色制造技术等提出需求，推动相关技术的研发与推广应用。

项目目标：加快推进消费电子产品生态设计工作，以生命周期理论为依据，开展产品全生命周期的绿色产品评价，进而推动产品全供应链，尤其是基础元器件和材料的绿色制造，开发符合国际市场需求的绿色环保产品，提高产品的国际竞争力，实现产业健康可持续发展。

应用领域：应用于消费电子的基础材料产品、基础元器件/部件产品及整机产品，实现产品的全生命周期评价。

2）绿色数据平台（含基础数据库）

主要建设内容：项目以消费电子制造业为试点，构建消费电子产品绿色数据平台，分行业逐步实现对相关领域材料数据和产品生命周期数据资源的全方位柔性数字化建模与存储；研发通用可定制化的材料数据系统，实现产品供应链各环节材料数据的填报、流转、沉淀和分析、挖掘；开发产品全生命周期评价系统，实现产品全生命周期评价数据的分类管理、生命周期清单分析、环境影响指标评价及产品生态设计报告、自我声明报告的生成；集成消费电子产品绿色数据平台统一门户，为产品生产商、零部件供应商、半成品供应商、原材料供应商、政府行业提供全程化、一体化、定制化的产品绿色数据综合服务。

项目目标：实现消费电子产品在供应链的资源消耗和环境影响数据收集，平台基础数据与外部数据的导入、导出和在线输入，进行数据质量评价、行业数据库建设、数据分析、报告和管理，对国内外环境政策法规的合规性分析等功能。

应用领域：应用于消费电子产品及其供应链，用于解决各类产品生命周期评价基础数据缺乏的问题。

3）绿色制造工厂评价技术

主要建设内容：项目依据我国在工业节能减排领域发布的相关法律法规、产业政策要求，将现有的绿色产品、管理体系、绿色建筑评价指标进行梳理、分类、整合、增加，充分考虑评价指标的科学性、完整性、可行性，同时兼顾消费电子制造业及具体评价产品的特点，从消费电子的基础元器件/部件产品及基础材料产品出发，围绕绿色制造的体系结构及工厂作为绿色制造主体的特点，建立包括基础设施、管理体系、产品、供应链、环境排放、环境绩效（综合评价）6 个维度的全方位的消费电子制造业绿色制造工厂评价指标和评价方法体系。

项目目标：以相关研究为基础，从消费电子的基础元器件/部件产品及基础材料产品领域入手，通过对相关基础元器件/部件产品及基础材料产品企业的调研，摸清我国消费电子制造业上游工厂的节能环保水平现状，制定综合性的绿色制造工厂评价指标、方法和步骤。

应用领域：应用于消费电子的基础元器件/部件产品及基础材料产品制造工厂，以及消费电子整机产品制造工厂，实现全方位的消费电子制造业绿色制造工厂评价。

附图：消费电子制造业四基发展路线图

		现状	至2020年	2020—2025年
技术趋势			芯片复杂度和集成度日趋提高，终端产品的实现复杂度将大大降低，产品制造业进入门槛将大幅度降低	芯片复杂度和集成度将大大降低，消费电子
			消费电子制造业将出现专业化分工，传统一个企业完成整机制造的现象将日益萎缩	消费电子
			终端产品的实现复杂度将大大降低，消费电子产品制造业进入门槛将日益萎缩	终端产品制造业进入门槛将大幅度降低
			消费电子产品向"大"两级粉化，产品生命周期向"长"和"短"两级粉化	消费电子产品向"小"两级粉化
			8K×4K及以上超高清显示技术是未来的平板电视的发展趋势	产品技术与高新技术相互融合，有力推动关键基础件产品结构的优化与升级，以及应用体验的升级
			模块化、组合化、集成化技术得到高度重视，高性能和环保成为行业发展的主题，引入3D打印技术进行设计和样件制造	
先进基础工艺	纳米工艺		20nm　16nm　10nm	7nm
	3D打印	以3D打印技术为代表的先进制造工艺、在材料、制备工艺和设备等方面具备一定实力，应用推广还依赖进口	解决打印效率、打印精度、材料成本、打印设备制造等问题	广泛应用于产品机械部件设计与制造，创意产业领域
	高密度印刷电路板制备	产值第一，企业数量众多，技术水平处于中低端，高端度印刷电路板基本依赖进口	线路密度不断增加	逐步摆脱对国外进口产品的依赖
	智能终端操作系统	基本为国外产品垄断，国内自主研发的操作系统面临标准不一致，应用领域受限等问题	完成操作系统研发，性能指标达到2013年年初国际同类水平并开始销售	优化系统性能，主要性能指标与国际同类产品相当，市场占有率不低于20%
	新一代数字电视传输技术	相关标准和产业化基本具备一定的基础，新一代技术适用的标准制定工作需尽快启动	完成关键技术研发、性能指标达到2013年年初国际同类水平并开始销售	在全球推广应用，并开展未来技术演进研究
	新一代音视频编码技术	相关标准和产业化具备一定的基础，新一代技术适用的标准制定工作需尽快启动	完成操作系统研发、性能指标达到2013年年初国际同类水平并开始销售	在全球推广应用，并开展未来技术演进研究

附图1 先进基础工艺和关键技术基础的发展路线图

关键技术基础		现　状	至2020年	2020—2025年
	玻璃基板制备技术		8带线LTPS基板技术	
	无线传输技术	通信协议和相关技术标准都掌握在发达国家手中，研发和应用门槛较高，限制了应用推广	推动自主知识产权的无线传输标准成为国际主流标准	推动自主研发的无线传输技术成为国际主流技术，并大规模应用，市场占有率达到20%左右
	无线充电技术	没有解决无电距离问题的关键同题	推动自主知识产权的无线充电技术成为国际主流标准	实现无线充电技术产业化，产品占全球产量20%左右
	人际交互技术	消费电子领域的战略性关键技术。我国的研究起步较晚，和国外领先水平存在较大差距	终端产品的控制识别模式趋于"自然"；拥有自主知识产权的人机交互技术研究取得进展	据有国际知名的人机交互技术和产品；产品国际竞争力大幅度提升
新型显示技术	瓶颈	核心技术不足，技术标准差异大，产业链配套率低，品牌影响率低，企业整体实力偏弱		
	高性能TFT-LCD制	实现400PPI以上高分辨率产品的生产	推动分子激光结晶化、离子注入、退火等关键技术开发；解决大尺寸Oxide背板均匀	实现55英寸以上高性能产品的小批量生产；实现4K2K超高分辨率产品定量产，完成8K4K显示量产
	AMOLED显示技术	提高LTPS背板的性能	提升小尺寸AMOLED产品性能，实现5英寸以上量产；开发适用于大尺寸AMOLED器件的产品，高迁移率、高稳定性产品；推动精细金属光罩（FMM）、发光器件构成、高性能发光材料等关键技术	掌握高性能、高均匀性LTPS背板工艺技术；完成高开口率新型像素设计、高效补偿技术和驱动；掌握长寿命、高效率AMOLED器件；推动封装材料、封装温度条件、成膜工艺、UV固化工艺等关键材料和技术
	柔性显示技术	推动柔性基板技术、低温半导体背板技术、薄膜封装技术、完成量产技术储备	实现55英寸以上产品小批量生产；柔性器件技术	开发10英寸以上柔性显示器件
	其他显示技术	推动激光显示源性提升技术、激光干涉噪声抑制技术、激光显示技术总体集成技术等核心技术	实现激光显示的规模化生产	攻克碳材料、量子点在触控、显示等方面的应用关键技术难点
	高端专用芯片设计及制造技术	缺乏自主技术，技术积累不足，产品性价比竞争力差，无法满足产品升级需求		

附图1　先进基础工艺和关键技术基础的发展路线图（续）

		现状	2020年	2030年
集成电路制造用配套材料	发展瓶颈	高纯试剂方面的高纯度技术 / 单晶硅方面、高纯度、低缺陷密度以及高质量的表面 / 高端电子气体，99.9999%的纯度是最大部分集成电路制造工艺用气体有待突破的瓶颈 / 高端化学试剂、光刻胶、高纯靶材、高端电子气体 / 化学机械抛光液方面、磨料粒径的细化及粒度分布均匀 / 硅晶体材料 / 靶材方面的高纯度技术		
	发展目标		8英寸硅单晶抛光片约1500万片/年，力争满足8英寸生产工艺要求的高纯气体50%可实现国产 / 12英寸硅单晶抛光片800万片/年，18英寸硅单晶产品重点突破、光刻胶实现突破 / 进一步提高封装基材、BGA、芯片级封装、多芯片封装、高密度SIP、三维封装等新型封装材料的发展	靶材方面的高纯度技术 / 高端化学试剂、光刻胶、高纯靶材、高端电子气体是最大部分集成电路制造工艺用气体有待突破的瓶颈、高端化学试剂、高纯靶材、高端电子气体、高端化学机械抛光液等均需要从外进口 / 靶材方面的高纯度进口 / 18英寸单晶自给率达20% / 4～12英寸工艺用高纯气体、高纯化学试剂、靶材、化学机械抛光液及光刻胶等材料自给率至2020年提高一倍
	发展重点		12英寸硅单晶抛光片 / 化学机械抛光液 / 薄膜制备、掺杂、等离子刻蚀工艺用气体以及载气 / 光刻掩膜板 / 4～8英寸工艺用光刻胶、显影液 / 8英寸工艺用高纯靶材 / 高纯化学试剂 / 微电子封装材料	12英寸工艺用高纯靶材 / 18英寸单晶光片 / 薄膜制备、掺杂、等离子刻蚀工艺用气 / 光刻掩膜板 / 微电子封装材料 / 高纯化学试剂 / 8～12英寸工艺用高纯光刻胶 / 化学机械抛光液 显影液
	实现路径		通过产学研相结合的方式，促进集成电路制造用配套材料的前端研究及产业化	
	重点政策		实施国家重大科技专项，设备到产品整个产业链实施系统化开发 / 实施国产集成电路制造用配套材料的应用推广扶持政策，鼓励集成电路制造厂商采用国产材料，加大标准化在促进集成电路设备领域应用材料与设备产业升级、健康发展中的作用 / 进一步完善《关于进一步鼓励软件产业和集成电路产业发展的若干政策》	
电子电路基础材料	发展瓶颈	欧美、日本等发达国家牢牢控制电子电路基础材料产业的高端技术、产品、市场和应用，形成产业垄断联盟 / 国内源头芯片和电子电路互联技术设计薄弱、缺少原创、布局知识产权保护，构成贸易壁垒、同时上下游缺乏合力、不能形成产业协同合力		不但做大、而且做强国内电子电路基础产业、关键技术和产品领域达到国际先进水平 / 建立支撑国家消费电子制造业发展的电子电路基础材料基础
	发展目标	构筑电子电路基础材料关键核心技术、打破国外对先进发达国家掌握核心技术的高端技术和先进产品的垄断	建立在电子电路基础材料发展战略必争领域做大做强的技术和产品基础 / 形成产业链上下游合作、协同发展的新局面	
		高密度互联（HDI）用高性能无卤基材先进技术和产品		

附图2 消费电子制造业先进基础材料的发展路线图

附图2　消费电子制造业先进基础材料的发展路线图（续）

先进基础材料		现状	2020年	2030年
电子电路基础材料	发展重点		高性能无源件基材关键技术和产品；高速信号传输用高性能低损耗高速基材关键技术和产品；高频微波应用高性能高频基材关键技术和产品；（LED等）先进热管理用高导热基材关键技术和产品；（高密度）IC芯片封装用高性能电子电路基材关键技术和产品	
	实施路径		立足自主研发、技术创新；产业纵纵向合作；协同创新；加强产学研用横向合作	
锂离子电池材料	发展瓶颈	正极材料钴酸锂的容量提升空间有限；新型正极材料与发达国家距离较大；电解液面临的挑战主要是其浸润性以及与高能量正负极材料的相容性；国内企业在关键材料、配方方面缺乏研究，产品合格率低，一致性差，无法大规模生产	负极材料的容量已经达到360mAh/g，接近372mAh/g的理论容量，提升空间有限；传统制备隔膜工艺的相关专利基本被美国、日本等垄断	
	发展目标		提高正极材料的可充电电压和容量，钴酸锂容量达到225mAh/g，三元材料达到250mAh/g；进一步提高磷酸铁锂和锰酸锂新型正极材料的性能并扩大产能；开发富锂锰基材料以及NCA材料等新型正极材料；进一步提高三元高容量负极材料的能量密度和倍率性能，降低膨胀；开发高容量硅碳复合负极材料，高容量便碳负极材料和高容量碳载碳负极材料，初步实现商品化；开发新型锂电解质盐、新型添加剂，提高锂电解液与高压正负极材料的浸润性以及与高比能量正负极材料的相容性，同时开发低温电解液、高温电解液；开发高端锂离子电池隔膜，3C产品用锂离子电池隔膜厚度达到12μm以下，提高动力电池和储能电池隔膜的国产化率	进一步提高三元正极材料达到容量，基本实现三元正极材料达到的自给；基本实现动力电池用磷酸铁锂和锰酸锂材料产业化，高容量便碳复合负极材料、石墨烯碳负极材料；实现高容量硅氧载碳负极材料的自给；基本实现锂离子电池隔膜的自给；实现富锂锰基材料的产业化
	发展重点		正极材料重点发展三元材料、磷酸铁锂、富锂锰基材料等；负极材料重点发展硅碳复合负极材料、便碳负极材料、软碳负极材料及石墨烯负极材料等新型材料；开发利用天然晶石墨材料；六氟磷酸锂电解质、六氟磷酸锂新型隔膜、动力电池和储能隔膜、电解液、高温电解液；重点发展超薄隔膜、动力电池和储能电池用隔膜	正极材料：三元材料、磷酸铁锂、富锂锰基材料等；负极材料：硅碳复合负极材料、石墨烯负极材料等；电解液：低温电解液、高温电解液；隔膜：动力电池和储能电池用隔膜
	实施路径		通过产研相结合的方式，促进新型三元正极材料的研究及产业化；通过添加剂增强电解液对负极材料的浸润性；通过添加添加剂和高温电解质、参与正极成膜；针对钴酸锂负极材料，加强硅负极成膜，减少硅碳负极负极材料在六氟磷酸锂电解液的负面反应；隔膜方面：通过溶剂体系开发，降低电解液年度；提高企业的自主创新水平，注重隔膜产品质量的专用原料的研发；确保产品质量一致性	正极材料：三元正极材料的研究及产业化；负极材料：石墨负极材料的自给，参与正极成膜，解决电池高温性能和循环；自主创建有自己工艺特色的隔膜生产线

领域	项目	现状	2020年	2030年
平板显示材料	重大政策		实施国家重大科技专项，从原材料、设备到产品整个产业链实现系统化开发	
			实施塑料离子电池应用推广扶持政策，鼓励塑料电池产采用国产锂电池材料	
	发展瓶颈		TFT-LCD用玻璃基板供应在6代线以下，8.5代线国内生产企业尚未涉足	
			高档光学基膜产品的国内乐居，几乎都被日本的东丽、美国3M、三菱和韩国的SKC等公司的产品垄断	其他原材料膜层方面，日本也居于垄断地位
			偏光片的各膜层中，TAC膜日本富士写真和柯尼卡美能达占据90%的份额，日本可乐丽则占据全球PVA膜市场的65%	液晶材料领域Merck、JNC、DIC等市场占有率超过90%，国内企业处于劣势地位
			高性能全彩AMOLED有机及光材料核心技术未被日本、韩国、美国垄断，国内材料企业对高纯电子材料制备经验及OLED器件研究制备经验不足，缺乏OLED材料评价设备	
	发展目标		实现8.5代线TFT-LCD用玻璃基板、高档光学基膜、偏光片用TAC膜和PVA膜、高性能TFT-LCD用混合液晶材料等产品的技术突破，打破国外技术垄断，在面板企业实现应用	基本实现高世代线TFT-LCD用玻璃基板、高档光学基膜、偏光片用TAC膜和PVA膜、高性能TFT-LCD用混合液晶材料等产品的自给
			实现AMOLED全彩面板制备用核心材料（如电子传输材料、空穴注入材料、蓝光染料材料及绿光主体材料、红光、绿光高性能主体材料）实现专利技术突破及高性能面板企业中规模化应用	在OLED新材料技术领域如延迟荧光材料技术，应用喷墨打印或溶液涂覆印刷技术制备大尺寸OLED面板所用的OLED新型材料在技术关键领域拥有话语权
	发展重点		高性能红色、绿色磷光染料材料开发，制备及纯化技术	高性能延迟荧光材料技术
			8.5代线TFT-LCD用混合液晶材料	
			高档光学基膜、偏光片用TAC膜和PVA膜	
			高载流子迁移率电子传输及空穴及传输材料（电子传输/注入材料）	小分子或高分子喷墨打印OLED材料技术
			高性能蓝光染料及匹配主体材料）蓝色材料、红色材料、绿光材料	
	实现路径		高校研发机构同材料企业联合进行核心技术攻关	
			面板企业同材料企业联合进行材料产品开发及产业化应用评估	
	重大政策	进口海外材料时提高关税，鼓励面板制造企业使用国产材料，加强上游原材料企业的财政支持		
		资助和激励有研发实力并且有实际产品应用的材料企业建立国家工程实验室，组建新材料实验测试、器件应用评价平台，以点带面辐射到小型的材料开发制造企业，享有这个材料评价平台的测试服务		
印刷电子领域	发展瓶颈	纳米金属导电油墨在规模生产和应用中成本偏高		
	发展目标		实现印刷电子精细化学品研发与产业化	低成本喷膜印刷电子装备，产业化应用
			柔性承印基材的功能性表面改性、环保型-低成本导电油墨应用	综合性印刷工艺的设计开发与应用
				卷型卷印刷系列导电油墨应用

附图2　消费电子制造业先进基础材料的发展路线图（续）

领域	项目	现状	2020年	2030年
印刷电子领域	发展重点		薄膜印刷系列导电油墨、印刷电子化学品的质检方法与标准等研发	印刷电子化学品的质检方法与标准应用等
	实现路径		综合性印刷电子装备、卷到卷印刷工艺的设计开发与应用	过渡到企业投入为主，实现关键核心技术的产业化
			高校和科研所开展前期研发、企业密切参与，学研用合作方式实现产业化	
	重大政策		国家列专项支持、政策支持企业参与	
电子电路基材超薄化、高精密化	研究意义	随着高密度芯片封装技术发展的日新月异，更新换代和智能手机等下一代移动互联网能广泛应用和不断发展，对电子电路基材超薄化、高精密化提出了越来越高的要求。电子电路基材现有的基于FR-4的传统生产制造系统（包括制胶、上胶、层压等关键设备及工艺无法满足"基材超薄化、高精密化"的生产制造系统。其中包括要求基材厚度≤50um，厚度公差<10%甚至更高，满足更高技术要求发展的需要，必须开发满足"基材超薄化、高精密化"的生产制造系统		
	主要内容	基材超薄化、高精密化的制胶系统研究。开发与产业化应用。	基材超薄化、高精密化的上胶系统研究。开发与产业化应用；基材超薄化、高精密化的生产制造系统研究、开发与产业化应用	基材超薄化、高精密化的层压系统研究、开发与产业化应用
	发展目标		基材产品厚度≤50um；基材绝缘性、Hi-pot耐压满足应用要求；厚度公差<10%，合格率>95%	"电子电路基材超薄化、高精密化"生产制造系统的工程技术水平及其基材产品处于国际先进
	实施专项步骤		2014—2016年，调研、制定方案；2016—2018年，研发、试验及开发与验证、方案优化完善；2018—2020年，方案工程实施与产业化应用	
重大工程	重要意义	印刷电子技术是一项利用卷到卷印刷工艺制备电子电路及电子元器件的交叉性制造技术，可应用于印制电路板（PCB）、柔性显示、OLED照明、柔性器件、光伏器件、晶体管、智能传感器等，是战略性新兴产业，对于消费电子产业发展具有重要作用。印刷电子绿色加法制造，低能耗、低成本。短流程、柔性化、低成本。传统PCB主要为蚀刻法制造，需经过基板覆铜、胶片成像、曝光晒版和化学蚀刻等工序。使我国同时成为了该领域污染大国和制造大国，不符合国家绿色环保和可持续发展战略。印刷电子技术则可规避上述问题，并因此对我国印刷电子产业可持续发展，具有重要的市场前景和战略意义		
	主要内容	（1）苏氧化、高固含量、分散稳定的纳米铜制备；（2）功能性高分子导电连结料的设计、制备及应用；（3）印刷匹配性：未来印刷电子将融合多种印刷方式，尤其是快速灵活、高产率低成本印制出各类消费电子产品。（4）纳米金属油墨与基板的附着性；（5）产业化工艺技术与装备研发制造		
	发展目标		柔性承印基材的功能性表面改性、环保型—低成本导电油墨用功能材料、封装材料；薄膜印刷系列导电油墨	
印刷电子油墨及其应用技术			综合性印刷电子装备、卷到卷印刷工艺的设计开发与应用	综合性印刷电子装备、卷到卷印刷工艺的设计开发与应用
			印刷电子化学品的质检方法与标准等	印刷电子化学品的质检方法与标准应用等

附图2　消费电子制造业先进基础材料的发展路线图（续）

分类	现状	至2020年	2020—2025年
集成电路的关键基础产品			重点领域：中央处理单元、DSP、FPGA、存储器、AD/DA、NP（网络处理器）、射频（RF）基带芯片
传感器 MEMS传感器和热敏电阻器	MEMs大产业正向着大尺寸晶元、高集成度、大批量化的方向发展		更低成本、更高精度、更多功能，是未来热敏电阻器发展的趋势
微波器件 高性能氮化镓功放或底噪声放大器	关键技术：建立精确的有源器件模型、仿真技术灵敏度、容差分析存在矛盾；需考虑芯片尺寸、电磁兼容、可靠性等问题		无线领域的重点产品是小尺寸嵌入式天线，保证天线的性能指标是需解决的关键技术
电动汽车充电电接口连接器	具备可靠的铠装结构，接触件的商可靠模像流动能力	满足全天候10000次使用寿命的商可产品能够后期进行维护	实现防触电、防止误操作、阻燃。满足大电流、高电压条件使用要求
40Gbps高速背板连接器	2010年，包括高速背板连接器、高速夹层连接器，高速卡边I/O连接器等高速连接器的采购量约为30亿元，且每年的需求大约以30%的速度增长	满足大电流、高电压条件使用要求	
高可靠性流体连接器		预计从2015—2025年流体连接器的市场需求量可达几千万只	
高密度柔性互联光纤组件		预计未来15年内该类产品的年需求量在2000万元左右	
医疗用大功率光纤连接器		未来，我国激光医疗器件领域的需求量将会不断增长，市场也将迎来一个新的繁荣期。	
市场需求	总的市场规模约为360亿瓦时，消费型约占93%，动力型约占6%，储能类不超于1%。消费类锂离子电池市场基本上逐渐趋于饱和	电动汽车对锂电池需求将从目前的2351MWh增加到数千亿瓦时以上。储能类锂离子电池需求随着新能源应用的发展也将快速增长。	
高能量单体电池及电池组（含系统）		消费型单体电池能量重密度≥230Wh/kg，电池组能量重密度≥180Wh/kg，聚合物电池体积能量密度≥580wh/L。循环寿命≥800次，且容量保持率≥80%。动力型单体电池能量重密度≥150Wh/kg，循环寿命≥1200次，且容量保持率≥80%。储能型单体电池能量密度≥130Wh/kg，循环寿命≥2000次，且容量保持率≥80%	消费型单体电池能量重密度≥260Wh/kg，聚合物电池体积能量密度≥650wh/L。电池组循环保持率≥80%。动力型单体电池能量重密度≥220Wh/kg，电池组能量重密度≥160Wh/kg，循环寿命≥1500次，且容量保持率≥80%。储能型单体电池能量密度≥160Wh/kg，循环寿命≥2500次，且容量保持率≥80%
高性能正极材料		满足电压高比能正极材料：比能量≥200Ah/kg，电压≥4.35V	满足电压高比能正极材料：比能量达≥220Ah/kg，电压≥4.6V
高性能负极材料		循环寿命≥2000次，比能量≥130Ah/kg，产品满足行业批量生产要求	循环寿命≥2500次，比能量≥140Ah/kg，产品满足行业批量生产要求
高性能电解液		比能量≥400Ah/kg，电化学窗口不低于4.35V，工作温度范围（-40~60℃）	比能量≥600Ah/kg，电化学窗口不低于4.6V，电导率≥11mS/cm，工作温度范围（-40~60℃）
高性能隔膜		采用聚烯烃类材料（聚乙烯和聚丙烯，单层膜或多层复合膜及惰性改性技术），闭孔温度≤135℃，附孔温度>170℃，安全性满足动力电池要求，每平米成本低于10元。	电导率≥11mS/cm，隔膜厚度15~40μm，厚度偏差±1μm，熔断

附图3　消费电子制造业核心基础元器件的发展路线图

类别	项目	现　状	至2020年	2020—2025年
小型元件	射频功率型固定电阻器		主要应用于通信领域，包括移动通信(3G,4G)、雷达、卫星通信等，是通信设备的关键元器件，直接影响通信设备工作的可靠性	
	大容量耐高温高压低损耗型电容器		陶瓷电容器是目前的主流产品占电容器总销售的60%，销售额达40亿美元，铝电解电容器占25%，其他铝电解电容器和薄膜电容器占15%	
	高频化、低噪形陶瓷元件		非晶或微晶的磁芯芯片具有损耗小、密度高、能量转换效率高的特点	
	磁性吸波材料	军用方面，广泛应用于隐身技术中，在战略武器、舰载武器装备等领域的兼容性，做隐身性能提高	民用方面，吸波材料面临着向高可靠、小体积、高抗混而电流冲击和抗干扰性，向小型、薄型和塑封方	电子信息保密、环保及人体防护等诸多领域
	智能化固体继电器	光继电器、高频继电器等新型继电器向可靠性向发展		
纤维光学元器件	光纤预制棒	掺着土元素的有源光纤预制棒光纤产品质量与可靠性不高，我国该类产品无法从研制、制造，还是配套使用仍处于摸索、分析和积累经验阶段，从预制棒到拉丝技术等关键技术尚待解决		
	高频高速印制板	2013年，我国印制电路板市场规模达到8795亿元，与2009年相比复合增长率达到17.78%	复杂高频高速电路图形的制造、高导热低小电数低损耗电路板材料技术发展，到2020年达到能与国际同类产品水平	实现高频电路板及其材料产业化
	高密度印制板及其材料	2008年，中国HDI市场规模达到26.64亿美元，同比增长17.70%，HDI产值约占国内PCB总产值的15%	芯片不在闪层电路25μm/25μm，外层5μm/5μm，孔径50μm，埋孔130μm，埋孔45μm，ICbump/焊盘100μm以及金丝焊接80μm	HDI电路板及其材料产业化
		芯片载板必须具有精细的且同对应技术、线路成形技术、电镀技术、钻孔技术、表面处理技术	外层5μm/5μm，孔径50μm，焊盘130μm，埋孔45μm，IC bump/焊盘100μm以及金丝焊接80μm	芯片载板产业化
印制板及装联	嵌入式印制板及其材料	嵌入电阻、电容等无源元件，销售厚度小18μm，热缘层厚度最小75μm，导线间距最小40μm，装联点点⌀70μm，节距120μm	嵌入电阻、电容等无源元件：最大嵌入尺寸为25mm×25mm×0.5mm，导线同层厚度最小0.5mm，装联	嵌入电阻、电容等无源元件产业化、嵌入IC芯片等无源元件的研发和产业化
	特种印制板	此类印制板大规模尚未商业化应用	在印制板中分散光纤维，实现光芯片与芯片互联，板与板之间互联低串扰	利用挠性基板进行光波分布、实现挠性光波结构成光信号网络的开发
	挠性印制板	2012年全球挠性电路板产值为107.88亿美元，比前一年增加了17.2%，产量较前一年增加了16.6%	内层电路20μm/20μm，外层30μm/30μm和孔径50μm，埋孔45μm，或具有低孔常数口细耗150μm，焊盘	焊盘、板与板互联、板与芯片互联、焊盘
微特电机	重点领域	加速无刷直流电机、交流伺服电机、微型振动电机，更好地节能、节材、提高电机效率	为我国通信计算机、机器人、电动汽车等高新技术产业的发展，传统工业改造、家电产品更新换代提供先进的产品	加快工程塑料制造电机正在机中的应用，减轻重量，降低成本
	发展目标	微纳敏整制的特殊磁力和薄磁能的温度系数大等同题，促其成长大型应用于微电机中，以速高电机发展能力	加快微电机的表面处理技术，以速高电机外观质量	加快对国外先进的追踪和攻关步伐，提高自主创新能力
	新材料应用领域	加快发展机电一体化产品	加快电子信息技术在微电机中的应用普及，加变调速驱动技术，加变频控制技术，集成发向电路、DSP控制技术等	超声波电机等产品开发和产业化步伐

附图3　消费电子制造业核心基础元器件的发展路线图（续）

课题组成员名单

邬贺铨　课题组顾问、中国工程院原副院长、院士

赵　波　课题组组长、中国电子技术标准化研究院院长

杨知行　课题组副组长、清华大学教授、数字电视国家工程实验室主任

贺志强　课题组副组长、联想集团有限公司高级副总裁、研究院院长

张文军　课题组副组长、上海交通大学原副校长、数字电视国家工程研究
　　　　中心首席科学家

赵新华　中国电子技术标准化研究院副院长

郭庆存　海信集团副总裁

翟翌立　海尔集团总工、研究员

刘卫东　海信集团多媒体研发中心副主任

杨　骅　TD 产业联盟秘书长

殷惠清　数字电视国家工程研究中心副总工程师

吴　伟　深圳创维-RGB 电子有限公司总工程师

马松林　TCL 工业研究院副院长

张恩阳　四川长虹电器股份有限公司技术中心主任

邵　巍　四川长虹电器股份有限公司技术中心市场总监

何建民　京东方多媒体科技有限公司整机事业首席产品官、教授级高工

王学民　华为技术有限公司标准研究部部长

宋　涛　小米公司董事长助理

郝亚斌　中国电子视像行业协会副会长兼常务副秘书长

张　红　中国电子技术标准化研究院电子设备与系统研究中心副主任

宋红茹　中国电子技术标准化研究院认证中心主任

王宝友　中国电子技术标准化研究院基础产品研究中心副主任

刘　筠　中国电子技术标准化研究院污染控制技术与新材料研究中心副主任

项道才　中国电子技术标准化研究院产业发展研究中心主任

陶伶俐　中国电子技术标准化研究院产业发展研究中心主副任

段炎斐　中国电子技术标准化研究院产业发展研究中心工程师

谢小可　中国电子技术标准化研究院产业发展研究中心工程师

赵晓莺　中国电子技术标准化研究院电子设备与系统研究中心高级工程师

杨　瑛　中国电子技术标准化研究院信息技术研究中心高级工程师

黄　寅　中国电子技术标准化研究院信息技术研究中心工程师

杨　檬　中国电子技术标准化研究院认证中心高级工程师

王　香　中国电子技术标准化研究院污染控制技术与新材料研究中心高级
　　　　工程师

付雪涛　中国电子技术标准化研究院污染控制技术与新材料研究中心高级
　　　　工程师

曹　易　中国电子技术标准化研究院基础产品研究中心高级工程师

公　静　中国电子技术标准化研究院产业发展研究中心高级工程师

祁　麟　中国电子技术标准化研究院产业发展研究中心工程师

第四章　新型显示领域

一、现状分析

新型显示产业是电子信息领域重要的战略性和基础性产业,对国民经济和社会发展具有重要意义。当前,全球显示产业稳步发展,技术进步和应用创新不断涌现,我国已初步具备了参与国际竞争的基础和能力,需要进一步加大引导和支持的力度。新型显示产品中,显示面板作为最基础、最核心的元器件,决定着显示尺寸、分辨率、色彩还原性、对比度、功耗等关键性能指标;此外,新型显示产品中的元器件还包括 IC(Integrated Circuit,集成电路板)(本文重点介绍显示面板部分)等。据统计,在平板电视、笔记本电脑、移动手机等电子终端产品中,显示面板及集成电路占据了近 70% 的成本,重要性可见一斑。

显示面板制造过程中,涉及的基础材料种类繁多,重点包括液晶材料、玻璃基板、偏光片、彩色滤光片、OLED(Organic Light-Emitting Diode,有机发光二极管)用有机材料、背光模组、掩膜板、靶材等。

(一)显示面板发展概况

近年来,由于全球经济复苏,云计算、物联网、大数据和穿戴显示等行业的发展对显示应用的需求刺激,全球面板市场需求持续稳定增长。目前,全球显示产业呈现出韩国、日本、中国大陆和中国台湾地区"三国四地"的激烈竞争格局。

近年来,我国新型显示产业迎来了机遇与挑战并存的重要时期。在全球显示产业发展陷入瓶颈的大环境下,中国大陆企业逆势而上,实现快速发展。我国显示面板产业规模持续扩大、各种技术竞相发展,实现了稳步的增长,产值增速超过韩国、日本和中国台湾地区,产业发展趋势向好。据群智咨询数据显示,2014 年我国新型显示面板产业规模达 1680

亿元，同比增长 54.6%，全球面板出货量占比从 2013 年的 20.3% 提升至 28.0%，本土电视面板自给率达到 36.9%。

近几年，国内显示面板企业发展势头强劲：以龙头企业京东方为例，2014 年京东方全年实现营业收入 368.2 亿元，同比增长 9.01%，其中，净利润为 25.6 亿元，同比增长 8.87%；近三年的营业收入呈现稳步提升趋势；同时，2014 年京东方智能手机和平板电脑 LCD（Liquid Crystal Display，液晶显示器）面板市场占有率分别为 20%、31%，均位列全球第一，全球首发产品覆盖率高达 38%；天马集团 G5.5 LTPS（Low Temperature Poly-silicon，低温多晶硅技术）生产线在 2012 年 12 月首款样品点亮；2013 年 10 月 AMOLED（Active Matrix/Organic Light Emitting Diode，有源矩阵有机发光二极体面板）量产项目启动，2014 年净利润约 6.87 亿元；2014 年，华星光电实现销售收入 179.64 亿元，净利润 24.34 亿元；2014 年 9 月，华星光电第 6 代 LTPS（Oxide）（氧化物）LCD/AMOLED 显示面板生产线在武汉光谷左岭正式开工建设。

（二）显示面板基础工艺及技术现状

显示面板技术类别较多，从不同角度划分会有不同的分类定义，但业界共识的主要分类包括 TFT-LCD（Thin Film Transistor Liquid Crystal Display，薄膜晶体管液晶显示器）、AMOLED 等，近几年 Flexible Display（柔性显示）也已成为热点。

近两年，京东方、天马、华星光电等国内面板厂商在自主创新能力提升方面获得巨大进展。TFT-LCD 技术方面，我国龙头企业已基本掌握了核心技术自主知识产权，自主建设 TFT-LCD 高世代液晶面板生产线取得突破进展，新技术研发实力稳步增强，2014 年京东方成功推出全球最大尺寸的 98 英寸 8K×4K 超高清显示屏（荣获 SID 2014 显示周"Best in Show"奖）、65 英寸曲面 LCD TV、55 英寸 UHD（Ultra High Definition，超高解析度）裸眼 3D 显示屏、6 英寸分辨率达 500PPI 的 LTPS-TFT 显示屏以及镜面显示、全高清透明拼接显示等应用创新产品并展出，表明国内龙头企业在 TFT-LCD 技术创新方面已取得长足进步。

AMOLED 方面，自主面板企业已将重心转向了 LTPS 和 Oxide 等背板演进技术的研发，2014 年，京东方开发完成了 55 英寸 UHD AMOLED TV 样机，并成功参展同年 6 月美国 SID 展，同时推出了世界首款采用 ZnON（氮氧化锌）TFT 驱动的 OLED 14 英寸模组、透过率达到世界领先水平的 4.8 英寸 OLED 透明样机、4.8 英寸 LTPS-OLED 柔性样机等一大批研究成果；维信诺研发完成了 7.6 英寸全彩 AMOLED 柔性显示屏；天马研发完成了 5.5 英寸 HDAMOLED 和 5.5 英寸 FHD AMOLED 样机；2013 年华星光电研发完成了 31 英寸 Oxide AMOLED 样机。

其他新型显示技术方面，中国科学院理化技术研究所以许祖彦院士为学术带头人，率先在国内实现了三基色激光投影显示，2006 年便成功研发 60 英寸、80 英寸、140 英寸、200 英寸等系列激光显示样机；并逐步进行产业化攻关，提出了以红绿蓝三基色半导体（LD）激光源为核心的激光显示产业化发展路线图，推动了我国激光显示产业的快速发展，为我国发展自主知识产权的激光显示产业奠定基础。

（三）显示面板基础材料现状

近年来，我国显示面板基础材料国产化取得了一些进展：第 5、第 6 代 TFT-LCD 面板生产线用基板玻璃开始进入小批量产业化阶段；高世代产线用液晶材料实现批量供货；大尺寸电视机用偏光片实现产业化；LED 背光模组自主供货能力大幅提升；镀膜、切割、清洗、搬运等专用设备研发取得实质性突破；OLED 用有机发光材料、金属掩膜版等关键配套具备研发和部分量产能力。2014 年我国部分 5 代线材料本地配套率达到 70%，其中玻璃基板国产化率达到 70%，彩色滤光片达到 60%，偏光片达到 100%，液晶材料达到 60%。

同时需要看到，除上述显示面板基础材料国产化有部分突破以外，我国新型显示领域关键材料的供应仍然主要由国外企业掌控，如显示面板中的玻璃基板、液晶材料、偏光片以及驱动 IC 等，特别是高端产品，全球几大供应商市场占有率非常高，并长期形成垄断局面。关键材料的自主供应能力缺失已经成为制约我国新型显示产业健康发展和转型升级的主要瓶颈之一。

1. 玻璃基板

玻璃基板是构成显示器件的一个基本部件，是显示面板的关键基础材料之一。目前全球液晶玻璃基板市场由美国康宁、日本旭硝子、日本电气硝子等公司长期垄断供应。

近几年，随着中国进入液晶面板高世代线时代，由此对应的上游材料配套产业也获得了长足发展，以彩虹、东旭为代表的一批中国本土企业开始进入玻璃基板领域，涉足 G4.5、G5、G6 玻璃，初步具备 TFT-LCD 用玻璃基板的生产及技术品质保证能力，2014 年两家合计出货面积已占国内面板厂总需求的 14% 左右。

2. 液晶材料

目前，德国默克（Merck）、日本捷恩智（JNC）和大日本油墨（DIC）等外资在中国大陆的液晶材料市场占有率超过 90%，在 TFT 液晶材料市场基本属于垄断地位。而诚志永华、烟台万润、永太科技、江苏和成等中国企业大都为这些国际巨头的原材料供应商，处于劣势地位。由于技术壁垒、相关人才缺乏及过去面板生产线的匮乏等原因，我国液晶材料产业的生产能力、技术水平远远落后于世界先进水平。直至近两年，因产业政策的多方面支持、国内高世代面板生产线的陆续投建以及同国外同行业企业的合作交流逐渐增加，液晶材料行业的本土化水平在稳步提升。

3. 偏光片

偏光片是 TFT-LCD 面板材料中技术含量较高的一种，其性能的好坏对 LCD 关键指标有着重要影响。全球主要偏光片企业主要集中在日本、韩国和我国台湾地区，偏光片供应长期主要依靠进口，而我国大陆本土企业在偏光片领域生产规模偏小，主要厂商有盛波光电、三利谱、乐凯等。这一情况在 2014 年有所好转。随着大陆面板产业规模的逐渐扩大，偏光片产业面临着难得的发展机遇，据市调机构 HIS 统计，2014 年偏光片市场占有率方面韩企为 25%，台企为 33%，而中国大陆本土偏光片企业占据 23.2%。

4. 彩色滤光片

作为 LCD 实现彩色显示的关键零部件，其性能直接影响到液晶面板的色彩还原性、亮度和对比度。我国目前生产彩色滤光膜的主要原材料仍然主要依靠进口，例如光刻胶，该产品的国产化进展缓慢。目前，广电富士等国内厂商经过几年的技术积累，产品良率已接近国外企业。

5. 背光模组

背光模组为 TFT-LCD 显示面板的关键零组件之一。为了配合企业液晶模块生产线需要，日本、韩国及我国台湾地区都在中国大陆设有背光模组厂家，本土也有大量背光模组厂商，该环节是国产化程度最为充足的领域，基本能满足国内液晶模块厂商生产的需要。

6. 靶材材料

目前日本、韩国、奥地利等国家在靶材的制备方面处于领先地位，掌握着高品质靶材的核心制备技术。国内 ITO（Indium Tin Oxide，铟锡氧化物）及金属靶材生产厂商如常州苏晶、北京冶科、宁夏中色东方、北京安泰、宁波江丰等国内企业也初步具备部分 TFT-LCD 用靶材的生产及品质保证能力。

7. 取向液（PI 液）

PI 液是决定液晶配向的关键原材料。目前 PI 液市场基本由日本日产化学、JSR 等厂商垄断供应，而珠海彩珠等国内企业已经开始介入 PI 液产业，初步具备 TFT-LCD 用 TN 型 PI 液的开发及生产能力。

8. 其他关键材料

在其他关键材料方面，光学膜市场由日本和韩国厂商占主导，随着康得新、乐凯等国内企业自身技术实力的不断提高，已逐渐具备了生产研发光学膜材的能力；LED 封装方面，日本的 Nichia、韩国的 LGIT、三星以及我国台湾地区的亿光、东贝等业界大厂占据主位，国内吉乐、三安光电、易美芯光等供应商也在逐步成长中。

（四）与显示领域发达国家存在的差距及原因

我国显示产业发展虽处于蓬勃上升期，但与显示领域发达国家相比仍有较大差距，主要存在以下一些突出问题，亟待解决。

1. 产业规模仍相对较小、投资主体分散

产业规模小、投资主体分散是我国显示产业发展中最主要的两个问题。纵观韩国、我国台湾地区、日本，韩国的面板企业只有三星和 LG 二家，产能却占到全球 40% 以上；我国台湾地区厂商数量虽然多一些，但这几年也在不断进行整合，两个龙头企业友达和群创二家的产能总和也超过了全球 30%；日本厂商整合不断进行，厂商数量这几年不断减少，目前仅有夏普进入全球前六大厂商队列；而中国大陆目前面板企业数量是全球最多的，但大部分厂商产能极小，京东方在国内产能份额超过 60%，但在全球的份额也不足 10%。

由于产能规模较小，本土面板企业在销售和采购中的议价能力处于劣势，单位产品分摊的研发费用、水电及设备等运营费用也相对较高，企业成本和综合竞争力都会受到严重影响。

2. 新兴显示技术研发投入不足

显示产业是技术高度密集的产业，需要大规模的技术研发和产品开发投入。以京东方为例，2014 年科技经费支出超过 24.7 亿元，占销售收入比重约 6.96%，但与国外一线厂商相比在绝对数额上差距仍很大（三星电子 2014 年研发投入达 134 亿美元）。同时受产业资源分散、配套不完善等因素影响，我国 LTPS、Oxide、AMOLED 等新兴显示技术发展步伐相对缓慢，产业化进程落后于显示产业发达国家和地区。另外，随着显示产业的快速成长，人才争夺战日趋激烈，本土面板企业也面临着人才紧缺和流失的巨大压力。

3. 关键材料和设备配套能力仍有待完善

产业链建设是一项长期、艰巨的系统工程，短期内难见明显成效，但长期来看却将显著影响显示产业的健康发展。受制于我国相对薄弱的制造业基础，我国目前显示产业链还很不完善，产业所需的关键上游基础材料及电子元件、核心设备对外依存度过高，配套资源大多掌握在日本、韩国、美国、欧洲企业手中，国内上游设备与材料产业发展相对滞后，国产化配套能力尤为不足，制约了我国显示产业发展。

二、需求分析

（一）显示面板的需求情况

根据行业研究机构 DisplaySearch 数据分析，2015—2020 年，全球显示产业市场需求累计将达到 12 亿平方米（$1.2 \times 10^9 \, m^2$），如图 1 所示是全球显示产业面板市场需求统计与预估。

从不同显示技术对应的显示面板发展趋势看，以氧化物 AMOLED、低温多晶硅 AMOLED、氧化物 LCD、低温多晶硅 LCD 等新技术为代表的新型显示面板的出货金额持续保持高速增长态势，传统的非晶硅 LCD 产业规模较大，增长趋势平缓。图 2 是不同显示技术对应的显示面板出货金额的预测分析。

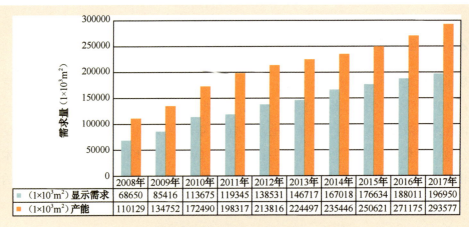

图 1　全球显示产业面板市场需求统计与预估

（资料来源：DisplaySearch 2015Q1）

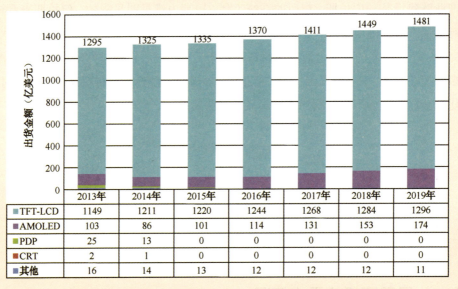

图 2　不同显示技术对应的显示面板出货金额的预测分析

（资料来源：DisplaySearch 2015Q1）

（二）显示面板基础工艺及技术需求

TFT-LCD 作为当前新型显示的主流技术，预计到 2020 年仍将保持 80%以上的份额。发展 TFT-LCD 产业，重点将从背板工艺、高画质、低功耗，3D 及 Touch（触摸）应用等方向寻求技术能力突破和工艺水平的提升。

AMOLED 经过近 10 年的技术积累和产业化摸索，已成为 TFT-LCD 以外最具竞争性的成长性技术，预计到 2020 年其产业规模将占据新型显示 12%以上的份额。在中小尺寸方面进一步提升分辨率、大尺寸方面实现规模量产并有效控制成本是未来 AMOLED 要解决的关键问题。发展 AMOLED 产业，重点将从背板工艺、有机成膜、封装、高画质、透明应用等方向寻求突破。

柔性显示是区别于传统显示的新型产品形态，带来全新的客户体验。据 IHS 公司"柔性显示器技术与市场预测"的报告显示，预计 2020 年柔性显示器的全球出货量将增至 7.92 亿个，而 2013 年只有 320 万个，同期整体营业收入将从区区 10 万美元剧增到 413 亿美元，并以移动产品中的应用渗透为主，其产品发展路径将为：防摔→可弯曲→可卷曲，终极产品形态将实现可随意弯折、随形，其柔性背板技术、卷对卷工艺是研究发展的重点。

（三）显示面板基础材料需求

1. 玻璃基板

据统计，2015 年全球 TFT-LCD 玻璃基板面积产能年成长率预计为 5%，超过 4.8 亿平方米（$4.8 \times 10^8 \text{m}^2$）。但随着中国显示产业不断发展，预计未来 5 年，中国液晶玻璃基板市场将保持年均 50%左右增长率，市场规模也将在此期间突破 1 亿平方米（$1 \times 10^8 \text{m}^2$）。中国高世代面板发展为本土玻璃基板厂商带来前所未有的契机，但同时外商的进驻也会给中国本土厂商带来空前的压力与挑战（见图 3）。

	2012年	2013年	2014年	2015年	2016年	2017年
合计	411.4	437.6	456.3	480.8	501.6	518.3
增长率	12%	6%	4%	5%	4%	3%

图 3　2012—2017 年 TFT-LCD 玻璃基板年面积产能与增长率

（资料来源：DisplaySearch 2015Q1）

2. 液晶材料

单体液晶的全球用量从 2009 年的 531 吨增长到 2012 年的 705 吨。全球液晶单体的需求维持稳定增长，2014 年全球液晶单体的需求量约 800 吨，市场规模接近 50 亿元，2010—2014 年年均复合增长率接近 10%（见图 4）。

	2009年	2010年	2011年	2012年	2013年	2014年
合计	531	580	638	705	770	845
增长率	9.3%	9.2%	10.0%	10.5%	9.2%	9.7%

图 4　2009—2014 年全球液晶单体材料需求量及增长率

（资料来源：FPDisplay.com 2013）

3. 偏光片

预计全球市场在未来 3～5 年内的年 TFT 偏光片需求量将超过 11 亿平方米（$1.1 \times 10^9 m^2$），市场规模达到 290 亿元以上。在面板产能逐渐转移到我国的情况下，下游客户普遍有强烈意愿配套使用国产偏光片，中低档产品中国产偏光片已经占有相当比例（见图 5）。

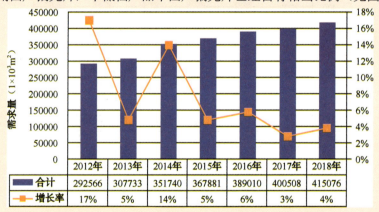

	2012年	2013年	2014年	2015年	2016年	2017年	2018年
合计	292566	307733	351740	367881	389010	400508	415076
增长率	17%	5%	14%	5%	6%	3%	4%

图 5　2012—2018 年偏光片年面积需求量与增长率

（资料来源：DisplaySearch 2015Q1）

4．彩色滤光片

据 DisplaySearch 报告，全球 TFT-LCD 用彩色滤光片从 2008 年 1 亿多平方米（$1\times10^8 m^2$）增长到 2013 年的 2.47 亿平方米（$2.47\times10^8 m^2$），年增长率平均达到了 16% 左右。2014 年达到 2.6 亿平方米左右（$2.6\times10^8 m^2$），2015 年需求量预计超过 2.7 亿平方米（$2.7\times10^8 m^2$）。（见图 6）

	2012年	2013年	2014年	2015年	2016年	2017年
合计	236571	247693	260828	277606	300193	322753
增长率	8%	5%	5%	6%	8%	8%

图 6　2012—2017 年全球 TFT-LCD 用彩色滤光片需求量与增长率

（资料来源：DisplaySearch 2014Q4）

5．背光模组

据 DisplaySearch 报告，2014 年 CCFL BLU（冷阴极荧光灯背光模组）需求量骤减，且 2015 年需求量将继续下降；LED BLU 需求量稳中有增；而 AMOLED 需求量将持续增加（见图 7）。

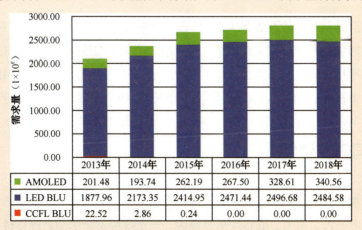

	2013年	2014年	2015年	2016年	2017年	2018年
AMOLED	201.48	193.74	262.19	267.50	328.61	340.56
LED BLU	1877.96	2173.35	2414.95	2471.44	2496.68	2484.58
CCFL BLU	22.52	2.86	0.24	0.00	0.00	0.00

图 7　2013—2018 年全球背光模组（BLU）需求量

（资料来源：DisplaySearch 2015Q1）

三、发展趋势

（一）技术发展趋势

TFT-LCD 发展已近 20 年，技术发展已相对成熟，增速放缓，份额开始稳中有降，但总体规模已经很大，且自身也在不断寻求技术的突破与升级，包括以 Oxide 为代表的新型 TFT 技术、窄边框、500PPI 以上的高 PPI、8K×4K 超高分辨率、低功耗和新液晶模式等都将成为 TFT-LCD 技术的创新方向，这些都将使其保持持续创新的动力以维持其主导地位，被认为在未来相当一段时期仍将在整个显示产业中占据主导地位。

AMOLED 成长迅速，被认为是 TFT-LCD 之后最具竞争力的主要方向，AMOLED 已进入大规模产业化的启动期，但 AMOLED 当前量产的产品还集中在中小尺寸移动产品领域；大尺寸 AMOLED 2013 年开始有电视产品推出，但高世代生产线和大尺寸产品的背板技术及 EL 工艺路线现阶段还没有绝对优势的技术胜出，产品的良率和成本控制尚不具备市场竞争力。AMOLED 要成为显示产业的主导力量还需要一个过程，产线的投资积累和上下游产业链的成长成熟是一方面的原因，另一方面的原因是目前的技术成熟度还有待提升。

柔性显示产品目前还没有大量上市，只有小数量特殊应用的一些实例，但中长期来看，柔性显示技术的应用和产业化是必然的，一方面是产品的柔性化，将创新性拓展显示产品的应用领域和应用方式；另一方面产品柔性化，使得工艺方式可以对应到卷对卷生产等，将大幅减少设备投资、简化生产流程、降低生产成本，或将对显示产业变革产生巨大影响。

（二）国外发展经验

日本曾经拥有最先进的显示技术，最完备的上游产业，最强大的品牌影响，但在全球竞争格局下，由于人工成本、战略决策等原因，产业规模不断缩小，重心转向核心技术攻关和产业链配套服务。夏普的液晶事业面临着出售和整合；东芝、索尼、日立则在日本政府产业革新机构的主导下合并成日本显示公司，在小尺寸显示方面表现有所起色；日本在上游关键材料和设备上，仍然保持着领先地位。

韩国的三星和 LG 两家企业就占据了全球显示行业 40%的出货量，不仅拥有强大的规模优势，还拥有强大的垂直整合能力。例如，三星既拥有 IC、玻璃、芯片、偏光片等上游材料产业，又拥有手机、电视、平板电脑等一批竞争力极强的下游整机和品牌产业，在新技术储备方面，韩国企业更是表现强劲，84 英寸 UHD 3D TV，55 英寸 OLED TV，柔性 OLED TV 等产品陆续推出，在显示行业几乎全线领先。韩国政府一直对显示行业高度重视，全方位支持，并不惜动用国家力量打压正在崛起的竞争对手，2012 年又决定在柔性显示方面重点扶植 LG 等公司，希望在下一代显示中持续保持领先地位。

中国台湾地区起步较韩国晚约 4 年，凭借中国台湾地区政府"两兆双星"产业战略和全方位的支持，迅速崛起为全球显示行业格局中第二极力量。友达和群创两家企业的产能规模已分列世界第三和第四，两家企业的产能在全球行业占比达到了 30%，15 年的技术和产能积累，台湾在显示技术竞争力方面也积累了较强的基础，但市场出海口和再投资乏力已成为制约中国台湾地区持续发展的主要因素。

四、典型案例

京东方科技集团股份有限公司（BOE，以下简称"京东方"）创立于 1993 年 4 月，是全球领先的半导体显示技术、产品与服务提供商。产品广泛应用于手机、平板电脑、笔记本电脑、显示器、电视、车载、数字信息显示等各类显示领域。

京东方坚持"技术领先、全球首发、价值共创"的创新理念。2015 年，全球首发产品覆盖率 39%，年新增专利申请量 6156 件，其中发明专利超过 80%，累计可使用专利超过 40 000 件，位居全球业内前列。此外，京东方在手机面板、平板电脑面板出货量市场占有率连续两年位列全球第一。

目前，京东方拥有北京第 5 代和第 8.5 代 TFT-LCD 生产线、成都第 4.5 代 TFT-LCD 生产线、合肥第 6 代 TFT-LCD 生产线和第 8.5 代 TFT-LCD 生产线、鄂尔多斯第 5.5 代 AMOLED 生产线、重庆第 8.5 代 TFT-LCD 生产线等 7 条生产线，还有一条建设中的成都第 6 代 AMOLED 生产线、一条建设中的福州第 8.5 代 TFT-LCD 生产线和一条建设中的全球最高世代线——合肥第 10.5 代 TFT-LCD 生产线。

截至 2015 年 12 月 31 日，京东方归属于上市公司股东的净资产为 775 亿元，总资产为 1526 亿元。在北京、四川成都、安徽合肥、内蒙古鄂尔多斯、重庆、河北固安、江苏苏州、福建厦门等地拥有多个制造基地，营销和服务体系覆盖欧、美、亚等全球主要地区。

在强劲的技术创新力驱动下，京东方全球首发产品覆盖率达 39%，各类高端显示新品迭出：推出全球领先的 10K、8K 等超高清产品，多次斩获 SID "Best in Show" 奖、"IFA 产品技术创新大奖"、CEATEC "生活方式创新产品大奖" 等国际荣誉，其中全球最薄 65 英寸 8K 超高清显示屏，采用全贴合背光工艺，最薄处仅为 3.8mm；另一款 82 英寸 10K 曲面显示屏是全球最高分辨率的曲面显示产品。此外，京东方还推出获 iF 设计金奖、红点大奖、IFA 奖的自有品牌新概念显示终端 BOE Alta；全球最大尺寸 65 英寸 4K OGS 超高清触控显示屏；全球首款且唯一一款为色觉缺陷人群设计的 27 英寸色觉矫正屏；集柔性和透明显示于一身的 9.55 英寸柔性透明 AMOLED 显示屏、弯曲半径达 10mm 的 4.8 英寸柔性 AMOLED 可穿戴臂环、弯曲半径仅为 5mm 的 4.35 英寸可折叠显示屏；手机屏产品中全球像素密度最高达 941PPI 的 4.7 英寸 4K 超高清 LTPS 显示屏，像素密度高达 806PPI 的 5.5 英寸 4K 超高清 LTPS 显示屏、像素密度高达近 1600PPI 的 2.8 英寸 LTPS AR/VR 显示屏等多款亮点产品，均受到市场广泛关注与好评。同时，京东方还推出了异形曲面车载显示、透明显示、镜面显示、防偷窥显示、字母显示等一系列面向物联网时代的创新应用产品。

五、发展重点

（一）显示面板

重点支持有条件、有基础的企业在已初步形成规模的北京、长三角、珠三角、蓉渝汉等产业聚集地发展，防范盲目建设和低水平重复建设，打造具备国际竞争力的产业集群和龙头企业。重点支持上述区域内具有自主核心技术的骨干企业规划建设新型显示面板生产线项目。支持已有 TFT-LCD 生产线进行技术升级改造，提升产品竞争力；支持已有 AMOLED 生产线解决核心工艺问题，提升生产良率。

（二）显示面板先进技术及工艺

推动企业加速掌握 LTPS 和 Oxide 背板大规模生产技术，推动 TFT-LCD 向高分辨率、低功耗、窄边框等方向发展，实现产品结构调整。突破 AMOLED 背板、蒸镀和封装等关键工艺技术，实现 AMOLED 面板量产和柔性显示等新型应用。强化前瞻技术研究，布局全息、激光等显示技术，以及碳基、量子点等新型显示材料领域。

1．高性能 TFT-LCD 制备技术

推动准分子激光晶化、离子注入、退火等关键技术开发，掌握高性能、高均匀性 LTPS 背板工艺技术，实现 500PPI 以上高分辨率产品的规模量产。解决大尺寸 Oxide 背板均匀性问题，实现 55 英寸以上高性能、低成本产品的小批量生产。完成高开口率新型像素设计、高效补偿技术和驱动技术的开发，结合背光源效能提高和新型低阻材料应用，提升高分辨率、低功耗、超窄边框等性能，实现 4K×2K 超高分辨率产品稳定量产，完成 8K×4K 显示技术储备。

2．AMOLED 背板技术

提高 LTPS 背板的性能和稳定性，提升小尺寸 AMOLED 产品性能，实现 5 英寸以上产品量产。开发适用于大尺寸 AMOLED 器件的高迁移率、高稳定性 Oxide 背板，实现 55 英寸以上产品小批量生产。

3．AMOLED 有机发光技术及封装工艺技术

推动精细金属光罩（FMM）、发光器件结构、高性能发光材料等关键技术的攻关，掌握长寿命、高效率 AMOLED 器件生产工艺。推动封装材料、封装温度条件、成膜工艺、UV（辐射）固化工艺等关键材料和技术的探索与验证，完成低水氧透过率、高均匀性、长寿命封装技术的开发。

4．柔性显示技术

推动柔性基板技术、低温半导体背板技术、薄膜封装技术、柔性器件技术等核心技术的开发，完成量产技术储备，开发 10 英寸以上柔性显示器件。

5．其他显示技术

推动激光光源性能提升技术、激光干涉噪声抑制技术、激光显示总体集成技术等核心技术的攻关，实现激光显示的规模化应用。通过碳材料、量子点在触控、显示等方面的应用技术探索，攻克主要技术难点和工艺细节，掌握相关知识产权，完成技术储备，制定发展路线图。

六、发展路线

（一）显示领域发展"四基"路线

1．提高自主创新能力

企业积极进行技术升级改造，加强前瞻性技术的研究，关注知识产权的积累和应用；注重开展新产品、新技术、新工艺的研发，满足技术升级需求，开拓新应用领域。

2．提升产品竞争力

通过产品创新提升产品的竞争力，提高产品质量，拓宽市场，树立良好品牌。树立以客户需求为导向的产品创新理念，坚持科技引领的产品创新战略，为消费者提供新的消费体验，丰富产品结构，打造我国显示产业自主品牌，推出一批品牌知名度高、市场竞争力强、消费者喜爱的新产品。

3．强化制造基础

1）工艺及工艺流程

持续优化生产工艺及工艺流程，提升 G5 代以上 TFT-LCD 生产线良率，降低生产成本，简化生产工艺，重点研究 AMOLED 及高世代 TFT-LCD 生产线的工艺流程优化方案提高经济效益，探索形成新型、高效的制造工艺，推进先进工艺的推广应用。

2）制造装备和材料

产业链上游企业应在大尺寸 TFT-LCD 和 AMOLED 面板制造上游关键材料和设备的配套

技术突破及产业化应用方面加强研究。重点进行 AMOLED 及高世代显示用玻璃基板、AMOLED 高性能、长寿命有机发光、电子传输和高性能空穴注入/传输材料、喷墨印刷、封装材料、偏光片、光学膜等多种材料的研发和生产；重点进行 5.5 代以上 AMOLED 制造中的曝光设备、有机膜成膜设备、准分子激光退火设备及高温退火炉等关键设备的研发和生产。

4. 结构优化

1）产业布局

加强区域布局规划，有序引导显示产业向已初步形成规模的北京、长三角、珠三角、蓉渝汉等产业聚集地区发展。发挥面板制造核心企业的规模效益，建立生产配套体系。加强行业交流与协作，鼓励上下游企业联合开展核心技术攻关和产业化应用推广。以制造为中心，围绕材料–芯片/面板–模组–整机纵向产业链，形成以大型骨干企业为核心、完整产业链配套、完善的产业服务体系为支撑的新型显示产业集群。

2）培养具有国际竞争力的大企业

集中优势资源，重点培育 2~3 家龙头企业。坚持以企业为龙头带动产业整体发展的原则，利用市场和资金方面的优势，充分发挥投资效益，加快发展一批有核心技术、创新体系完善、产品结构丰富、品牌知名度高、全球竞争力强的面板制造企业。

（二）重点支持项目

1. 攻克关键核心技术

建议设立国家显示产业重大科技专项，从国家战略性新兴产业中长期发展的战略需要考虑，进一步对氧化物、低温多晶硅、有源有机电致发光、柔性显示等新型显示技术和产业化给予支持，以此带动器件、材料和装备国产化，确保国家产业链安全，促进基础科学、高端装备制造的进步，实现产业领先。

2. 国产化配套的开发及产业化

进一步加大产业链建设力度，持续支持显示产业国产化配套。充分发挥政府的引导和推动作用，引导上下游企业共同开展关键技术攻关，建立面板商、材料商、设备商、终端产品制造商共同参与的技术创新与应用平台，联合开展智能装备的技术攻关。国家持续对关键设备、材料国产化给予资金、政策方面的支持。

附图

			2015—2020年	2020—2025年
	需求分析		显示面板产能需求约11.88亿平方米	显示面板产能需求超过12亿平方米
基础元器件（显示面板）技术	TFT-LCD技术	高画质	600ppi研发 / 700ppi研发	>700ppi研发
			8K4K 60Hz量产	>8K4K 240Hz量产
		低功耗	小尺寸产品（以5.5in FHD为例）700mW量产	600～400mW量产
			大尺寸产品（以46in FHD为例）0.6W/in量产 / 0.5W/in量产	0.4W/in研发
		3D	ELC 3D研发及量产	SCAN ELC 3D研发及量产
		Touch	大尺寸OGS/Mobile in cell量产 / 触觉反馈功能开发	3D虚拟触控研发
	AMOLED技术	高画质	400ppi量产	>400ppi Mobile及量产
			>50in 4K2K量产	>110in 8K4K研发
		透明显示	透明OLED 30% 200ppi研发及量产	透明OLED 30%≥300ppi研发及量产
	柔性显示技术	性能	曲面技术开发	弯曲/卷绕稳定性能研发及验证
		背板材料	低温LTPS/Oxide技术研发及量产	
			有机/石墨烯等新材料研发	
	前瞻显示技术	LCOS	FHD LCOS技术开发	4K2K LCOS技术量产
		激光显示	激光显示器件工艺研究	激光显示产品研究
		真三维显示	全息显示技术开发	全息器件性能提升
显示面板基础材料	玻璃基板		更低热缩率，耐高温（≥500℃） / 耐腐蚀	高杨氏模量
			面积更大（≥G10），更轻，更薄（≤0.1mm），更平滑	
	偏光片		耐高温（≥105℃） / 更薄（<80μm）	更低的光吸收率 / In cell偏光片
	彩色滤光片		像素排列RGBW / 纯染色RGB	量子点RGB / 等离子
			减薄，高透过率	
	液晶材料		IPS/VA/Nega FFS 降低粘滞系数，增加极性和弹性常数	SA/VA 蓝相技术量产
			PS-VA量产	
			高透过率，高对比度，高响应速度，高稳定性	
	OLED材料		亮度>500nit，寿命>50000h	提高蓝光材料光效>10Cd/A、提高寿命>20000h
显示面板基础材料	高性能TFT-LCD制备技术		中大尺寸LTPS/Oxide研发及量产验证 / 大尺寸LTPS/Oxide	高性能LTPS/Oxide研发
			15cm²/μs Oxide量产 / 30cm²/μs Oxide研发及量产	>30cm²/μs Oxide研发
	AMOLED背板技术		PMOS 8 MASK量产 / PMOS 7-6 MASK研发及量产	PMOS 5 MASK研发
			COA色彩饱和度：72%量产 / COA色彩饱和度：85%量产	COA色彩饱和度：100%研发
	AMOLED有机发光技术及封装工艺技术		R(30cd/A)G(90cd/A)B(5cd/A)量产 / R(45cd/A)G(100cd/A)B(12cd/A)研发及量产	性能进一步提升
			薄膜封装，电视基板7mm量产	薄膜封装，电视基板6～4mm研发及量产
	柔性显示技术		400℃及以下LTPS工艺技术研发 / Oxide工艺研发	LTPS/Oxide量产
			卷对卷工艺技术研发 / 卷对卷工艺平台建立	停业及前进工艺量产
保障措施	产业支持		设立国家级显示产业基金	
			设立显示产业国家重大专项	
			集中支持具有自主创新能力与核心技术的显示产业龙头企业发展，促进行业有序发展	
	财税政策		提高面板进口关税，国内面板企业进口物资免税等	
			企业所得税优惠，研发费100%加计扣除等	

附图 1　新型显示产业 "四基" 发展路线图

核心基础零部件/元器件名称	发展重点
显示面板	重点支持有条件、有基础的企业在已初步形成规模的北京、长三角、珠三角、蓉渝汉等产业聚集地发展，防范盲目建设和低水平重复建设，打造具备国际竞争力的产业集群和龙头企业。重点支持上述区域内具有自主核心技术的骨干企业规划建设新型显示面板生产线项目。支持已有 TFT-LCD 生产线进行技术升级改造，提升产品竞争力；支持已有 AMOLED 生产线解决核心工艺问题，提升生产良率

附图 2　核心基础零部件/元器件发展重点

工艺技术名称	发展重点
高性能 TFT-LCD 制备技术	推动准分子激光晶化、离子注入、退火等关键技术开发，掌握高性能、高均匀性 LTPS 背板工艺技术；解决大尺寸 Oxide 背板均匀性问题
AMOLED 背板技术	提高 LTPS 背板的性能和稳定性，提升小尺寸 AMOLED 产品性能；开发适用于大尺寸 AMOLED 器件的高迁移率、高稳定性 Oxide 背板
AMOLED 有机发光技术及封装工艺技术	推动精细金属光罩、发光器件结构、高性能发光材料等关键技术的攻关，掌握长寿命、高效率 AMOLED 器件生产工艺
柔性显示技术	推动柔性基板技术、低温半导体背板技术、薄膜封装技术、柔性器件技术等核心技术的开发，完成量产技术储备
其他显示技术	推动激光光源性能提升技术、激光干涉噪声抑制技术、激光显示总体集成技术等核心技术的攻关，实现激光显示的规模化应用。开展碳材料、量子点在触控、显示等方面的应用技术探索，攻克主要技术难点和工艺细节

附图 3　先进基础工艺发展重点

课题组成员名单

董友梅　京东方科技集团股份有限公司执行副总裁

李新国　京东方科技集团股份有限公司副总裁

孙小斌　京东方科技集团股份有限公司助理总监

李　玥　京东方科技集团股份有限公司高级专员

第五章　集成电路

一、现状分析

我国集成电路产业从 20 世纪 90 年代开始，逐步由大而全的综合制造模式走向设计、制造、封装三业并举，形成了相对游离、独立发展的格局。集成电路设计、集成电路制造和集成电路封装各自按照自身的发展规律不断演进，取得了不小的进步，成为全球集成电路产业的一支重要的有生力量。但是，由于起步晚、基础薄弱、规模小，整个集成电路产业的发展与我国国民经济、特别是信息产业的发展需求相比，仍有很大的差距。

（一）集成电路设计

经过"十一五"和"十二五"的快速积累，集成电路设计业目前已具备一定的实力。根据 2014 年中国半导体行业协会设计分会的统计，全国有集成电路设计企业 681 家，全行业 2014 年销售总额达到 982.5 亿元，约合 159.76 亿美元，比 2013 年增长 12.35%，全球集成电路设计业占比达到 18.8%，比 2013 年提升 2.07 个百分点，设计技术水平达到 28nm。681 家企业中，有 134 家企业的销售额超过 1 亿元；销售额 5000 万元至 1 亿元的企业数量为 158 家，销售额 1000 万元至 5000 万元的企业数量为 198 家，销售额小于 1000 万元的企业为 191 家。但是，与国际水平相比，我国集成电路设计业仍然规模不大、能力不足。根据对 100 家较大规模设计企业的抽样调查，这些企业的平均毛利率为 30.86%，比国际公认应该达到的行业平均毛利水平（40%）低了 9.14 个百分点。在集成电路进入高成本时代的今天，没有足够的规模和毛利空间，也就意味着企业的再投入能力不足。2014 年我国前 10 大集成电路设计企业（见表 1）的平均毛利率为 37.05%。

表1　2014年中国集成电路设计企业 Top 10

排序	企业名称	销售额（亿元）
1	深圳海思半导体有限公司	146.00
2	上海展讯通信有限公司	72.00
3	中电华大半导体有限公司	32.00
4	大唐半导体有限公司	28.60
5	深圳中兴微电子有限公司	25.00
6	北京南瑞智芯微电子科技有限公司	24.00
7	锐迪科微电子（上海）有限公司	21.00
8	格科微电子（上海）有限公司	20.00
9	杭州士兰微电子股份有限公司	19.50
10	英特尔亚太研发有限公司	18.00
总　计		406.1

目前，我国集成电路设计企业的主流产品仍集中在中低端，尚未全面进入国际主战场。除了在通信领域有了比较重要的突破外，在微处理器（CPU）、存储器、可编程逻辑阵列（FPGA）、数字信号处理器（DSP）等大宗战略产品领域的建树不多。虽然在"核高基"等国家科技计划大力支持下，上海兆芯研发的桌面 CPU 和"龙芯"系列 CPU 在特定领域实现批量应用，但受制于知识产权、加工能力和基础设计能力的不足，我国企业还未能在上述领域进入规模化量产，更谈不上全面参与市场竞争。虽然我们在超级计算机用高性能多核 CPU、动态随机存储器、嵌入式 CPU 等领域取得了重要进步，但在整个集成电路领域总体上与国际先进水平相比还有不小的差距。如果在高端通用芯片领域不能取得决定性的突破，我国集成电路设计产业的发展空间将会受到极大的限制。

我国集成电路设计企业的基础技术竞争力仍相对弱小。过去的 10 年中，我国的设计企业更多的是在依靠工艺和电子设计自动化（EDA）工具实现自身产品的进步。表现为所使用的工艺技术节点远远超前于所开发芯片的性能所需。以微处理器为例，英特尔公司早在 0.18μm 工艺节点就实现了 2GHz 的主频，但我国企业今天使用 65nm 工艺还做不到 2GHz。大量使用第三方 IP 核尽管加快了企业产品入市的步伐，但是依赖甚至滥用 IP 核的现象也愈演愈烈。有些曾经辉煌一时的企业，由于基础能力上的欠缺，强烈依赖第三方的先进 IP 核、先进工艺和外包设计服务，导致产品竞争力下降，经营业绩大幅下滑。

（二）集成电路制造

2014 年我国集成电路制造业的销售收入为 712.1 亿元，约合 115.8 亿美元，比上年增长 18.5%。国内前 10 大芯片制造企业销售额为 494.6 亿元（见表 2），占国内总销售额的 69.5%；前 10 家企业中有 5 家是国际大公司在中国设立的分公司；纯本土制造企业的销售额为 242.5 亿元，占各类所有制企业的销售收入比例为 49.0%，比上年下降 9.7 个百分点，占中国集成电路市场销售收入的 34.1%，下降 10.27 个百分点；具备先进制造技术（40nm 及以下线宽）的仅中芯国际 1 家；技术水平相差 1.5～2 代；全部 12 英寸月产能约 10 万片硅圆片。

表 2　2014 年中国集成电路制造企业 Top 10

序号	企业名称	收入（亿元）
1	中芯国际集成电路制造有限公司	120.2
2	SK 海力士半导体（中国）有限公司	112.3
3	三星（中国）半导体有限公司	50.5
4	华润微电子有限公司	50.4
5	上海华虹宏力半导体制造有限公司	40.3
6	台积电（中国）有限公司	39.3
7	英特尔半导体（大连）有限公司	33.8
8	西安微电子技术研究所	19.0
9	和舰科技（苏州）有限公司	16.2
10	吉林华微电子股份有限公司	12.6

从盈利能力来看，国际集成电路晶圆代工业龙头台积电的毛利率一般都超过了 40%，最高时超过 50%，但是国内龙头企业中芯国际在盈利状况较好时的毛利率也仅为 20.5%。在自主可控能力方面，国内集成电路制造企业还有很大的改进空间。国内企业的技术一般比国际最先进水平落后 1～2 个技术代，很多核心知识产权都被国家大公司掌控。在技术开发过程中除了自主研发，还需与国际大公司形成战略合作伙伴关系，寻求专利保护；集成电路制造业的产业链上游，装备和材料绝大部分需要依赖进口。经过国家"极大规模集成电路装备及成套工艺"重大专项（02 专项）的支持，已有部分工艺装备及材料进入生产。有赖于集成电路制造业的上游设计公司的快速成长，2014 年，来自中国大陆的设计公司为国内集成电路晶圆代工业贡献了约 50% 的销售额。国内的集成电路制造工艺涵盖了逻辑、模拟和数模混合、射频、闪存、嵌入式闪存、功率器件、功率驱动、汽车电子等工

艺技术。

2014 年 2 月，中芯国际与国内最大的封装服务供应商江苏长电科技股份有限公司正式签署合同，建立具有 12 英寸凸点封装（Bumping）及配套测试能力的合资公司。同时，长电科技将就近建立配套的后段封装生产线，共同打造集成电路（IC）制造的本土产业链，为针对中国市场的国内外芯片设计客户提供优质、高效与便利的一条龙生产服务。

此前，国内芯片制造的各个环节较为割裂，并没有一条相对完整的产业链。但随着移动互联网浪潮的到来，移动通信芯片的更新换代加速，产业结构面临升级。只有上下游变成利益共同体，改变上下游企业间的"买卖关系"，使其真正形成"战略合作关系"，才能相互交底，从而避免走弯路。

（三）集成电路封装和测试

根据中国半导体行业协会的统计数据，2014 年我国集成电路封装测试业的销售收入为 1255.9 亿元，约合 204.2 亿美元，比上年增长 14.3%。表 3 给出了 2014 年中国集成电路封装 10 大企业名单。其中，中国本土企业总收入为 197 亿元，占 10 大企业全部收入的 431.2 亿元的 45.7%，占封装业总收入的 15.68%；具备先进封装技术（3 维封装）的仅江苏新潮科技 1 家；尚无法制造超过 1200 个以上凸点封装引脚的高密度集成电路封装；技术水平与国际上相差 5 年以上。

表 3 2014 年中国集成电路封装企业 Top 10

序号	企业名称	收入（亿元）
1	江苏新潮科技集团有限公司	69.1
2	威讯联合半导体（北京）有限公司	63.0
3	飞思卡尔半导体（中国）有限公司	53.9
4	南通华达微电子集团有限公司	52.1
5	英特尔产品（成都）有限公司	42.6
6	天水华天电子集团	40.3
7	海太半导体（无锡）有限公司	35.5
8	三星电子（苏州）半导体有限公司	25.9
9	上海松下半导体有限公司	25.5
10	星科金朋（上海）有限公司	23.3

江苏新潮科技集团公司（以下简称新朝科技）2011 年进入全球封装测试前 10 大厂商

名单，位列第 8 位，2012 年上升为第 7 位。这是近年来我国大陆半导体封装测试业快速发展的重要标志。新潮科技 2014 年的销售额为 69.1 亿美元。目前新潮科技已拥有 BGA、QFN、QFP、SiP、WLCSP、凸点封装等数百种封装形式，并拥有从芯片中测、封装设计、封装合格性认证、封装加工和产品测试等一站式全套服务能力。近年来新潮科技成功开发并量产了拥有完全自主知识产权的铜凸栓封装技术和预包封互联系统（MIS）基板技术。铜凸栓封装被广泛认为是 45nm 及以下制程技术的主流封装形式之一。MIS 封装技术广泛用于手机基带芯片、AP 移动处理器、各种 RF PA 射频功率放大器等高端产品的封装，具有独特的技术性能和成本优势。此外，新潮科技还拥有多项国际封装主流技术，如硅通孔（TSV）技术、SiP 射频封装技术、圆片级三维再布线封装技术、高密度 FC-BGA 封测技术、封装体三维立体堆叠封装技术、50μm 以下超薄芯片三维堆叠封装技术以及 MEMS 等新兴产品封装技术等。高端封装产品已占到国内大型骨干企业 20%～30%以上的产量份额。

（四）集成电路制造装备和材料

当前，我国集成电路制造装备和材料还很难满足国内产业技术发展和规模生产的需求。

集成电路制造装备最近几年在国内产业发展形势的促进下和"02 专项"的支持下，有了长足的发展。6～8 英寸制造装备大部分实现国产；14 种 12 英寸国产制造装备，实现从无到有的突破，以刻蚀机为代表的部分高端制造装备产品通过大生产线验证考核，实现小批量销售并销往海外；12 英寸制造装备的关键零部件有所突破，多种产品已产业化并进入国际市场。目前，3 种 65nm/12 英寸设备和 2 种 28nm/12 英寸装备实现了销售，3 种 65nm/12 英寸设备正在验证，6 种 28nm/12 英寸设备接近完成验证考核，前道设备累计销售 233 台，后道封测设备累计销售 670 台；以气体流量计、机械手、干泵等为代表的关键零部件已向国内主要设备厂商实现批量销售，为整机研制发挥了重要支撑作用。但关键装备的研发进度令人担忧，集成电路制造中的核心装备——光刻机，由于技术复杂、技术革新速度快，加之我国基础薄弱，无论是光刻机的光源系统、曝光系统、双工件台系统等关键部件，还是整机装配，在研发过程中都遇到不同程度的困难，致使开发进程大幅延后。时至今日，90nm/193 光刻机仍在开发之中，产品化还有待时日。

集成电路制造中所用材料主要包括：硅和硅基材料、光刻胶、特种气体、高纯化学试剂、抛光材料、靶材、超高纯金属材料等。总体来讲，我国在各类材料中均有所突破。目前，开发完成了部分 8 英寸硅片、12 英寸硅片和 SOI 材料等关键技术；但产业化程度不高、产业规模亟待扩大，在满足国内集成电路制造需求方面，仍面临着巨大压力。

一批 12 英寸系列光刻胶、抛光液、化学试剂、特种气体、溅射靶材开始实现进口替代，部分达到国际先进水平。紫外正性光刻胶（G、I 线）已批量生产，主要产品已能够达到国内 6 英寸集成电路生产要求，部分产品开始进入 8 英寸生产线。铜、铜阻挡层、多晶硅和钨抛光液已成功进入国内外 12 英寸集成电路制造生产线使用，部分产品已进入 45nm 及以下技术节点，TSV 抛光液的技术水平在国际上处于领先的地位，和世界领先的几家抛光液供应商分享全球市场，已建成万吨级生产线。部分刻蚀气体，如 NF3、SF6 和氟碳类气体等，已能够达到 12 英寸集成电路生产干法刻蚀和清洗工艺要求，并实现大批量供货；但其他工艺环节用气体与国际先进水平仍有较大差距。

溅射靶材产业近年来发展迅速，已形成年产各类靶材 50000 块生产能力，国内市场占有率约 50%，国际市场占有率约 3%；8 英寸（含）以下半导体制造用铝、钛、铜、钽靶材已批量进入国内外主流半导体制造企业，部分品种的 12 英寸靶材，钛、铝、钽、铜靶材等实现了批量销售；12 英寸靶材能够满足 90～65nm 工艺要求，部分产品已批量进入市场，45～28nm 靶材正在开发当中；建立了高纯钽原材料国内生产供应体系。

工艺化学品总体上达到 SEMI C7 水平，能够满足 0.8～1.2μm，6 英寸以下分立器件工艺要求，并成为国内市场的主力供应商。部分产品可以达到 SEMI C8 水平，如双氧水等开始在 8 英寸集成电路工艺中应用。目前尚没有产品能够达到 SEMI C12 要求，12 英寸工艺用化学品大部分还主要依赖进口。

二、需求分析

（一）集成电路产业整体发展需求分析

全球集成电路市场规模在 2016—2020 年约为 3280 亿～4000 亿美元，复合年均增长率为 4%；2021—2030 年约为 4000 亿～5375 亿美元，复合年均增长率为 3%。

中国集成电路市场（本地销售）规模在 2016—2020 年预计为 1180 亿～1734 亿美元，复合年均增长率为 8%；2021—2030 年约为 1734 亿～2445 亿美元，复合年均增长率为 3.5%。

中国集成电路市场在 2020 年将占到全球市场的 43.35%，到 2030 年将占到 46%，成为全球最大集成电路市场。

中国集成电路的本地产值在 2020 年预计达到 851 亿美元,满足国内市场需求的 49%;2030 年预计达到 1837 亿美元,满足国内市场需求的 75%。从上述数据可以看到,满足国内市场需求,提升集成电路产品自给率,始终是集成电路产业发展的最大需求和动力。

集成电路制造工艺在 2014 年全面进入 28/14nm 时代,在 2018 年开始进入 10/7nm 时代,2026 年左右有望进入 5/3nm 时代。集成电路芯片的集成度在 2013 年已进入 10 亿只晶体管规模,2017 年将到达 100 亿只晶体管规模,而到 2030 年将会在单片上集成大约 1000 亿只晶体管。集成电路封装方面的需求在 2015 年以前集中在多芯片封装(MCP),在 2016 年至 2019 年集中在三维封装(3D Package),而此后将进入到多原件封装(MCO)阶段。

集成电路产业发展的核心需求来自"满足国家安全和特定领域应用需求"以及"战领战略性产品市场"两个方面。

(二)集成电路材料需求分析

集成电路制造工艺节点进入 20nm 及以下节点以后,传统器件结构无法维系,新器件结构及所需新材料亟待突破,解决集成电路制造中的新问题。

高 K 金属栅:高 K 金属栅技术是 28nm 及以下集成电路制造技术需要采用的新型栅结构。该技术以高 K 材料代替传统的二氧化硅或者氮氧化硅作为栅介质,用金属材料代替传统的多晶硅作为栅电极,可以在维持栅泄漏电流的满足要求的前提下进一步减小栅介质的等效电学厚度,消除多晶硅耗尽效应,提高器件性能,降低功耗。现在主流的高 K 栅介质一般为氧化铪,金属功函数材料为 TiN、TiAl、TaN 等的多层结构,电极材料为铝或钨。在 28nm 节点,高 K 栅介质的等效电学厚度应在 12A 以下,在 20~14nm 节点应在 10A 以下。金属功函数要求在靠近带边 0.2eV 之内。

SiGe 和 SiC 应力:为进一步提高器件的性能,利用选择性外延生长器件源漏,对沟道施加应力。从 40/28nm 技术节点开始,在 PMOS 器件中采用嵌入式 SiGe 作为源漏材料能够使得 PMOS 器件性能提高 20%~30%;从 20nm 技术节点开始,在 NMOS 器件器件中采用嵌入式 SiC 作为源漏材料能够使 NMOS 器件性能提高 10%~15%。

高迁移率沟道:在 90nm 节点之后,在集成电路工艺中采用了多种应力技术来提高沟道迁移率以满足技术发展的需求,预计到了 10nm 节点,外加的应力技术将无法满足技术发展的需要,必须采用新型的沟道材料来维持迁移率的持续提高。NMOS 将采用 III-V 族化合物材料,迁移率的提高超过 1 倍;PMOS 将采用 SiGe 或 Ge 材料,迁移率也能提高 60%以上。

TFET/量子器件/石墨烯：集成电路制造工艺发展到 5nm 节点时，采用何种器件结构尚未明朗。TFET 以其工艺兼容性、高亚阈值斜率被低功耗应用看好；量子器件在计算机 CPU 应用被看好；石墨烯以其理想的二维结构、高迁移率、高导热性等优点被看好。这些新型器件和材料亟待突破。

18 英寸硅片：随着芯片特征尺寸的缩小，硅片的尺寸开始从现有的直径 300mm 向 450mm 发展。国际上集成电路制造产业的巨头英特尔、三星、全球代工和台积电已经开始 450mm 的产业技术研究。关于 450mm 技术的主要争议是研发经费的浩大，是一般企业无法承担的。但是，每个芯片的制造成本有望节约 30%～40%的巨大空间，对集成电路制造企业依然有极大的吸引力。为此，整个产业的结构，包括商业模式、制造和运行模式、供应链结构等将需要大规模的变革。

（三）集成电路关键元器件需求分析

FPGA 与动态可重构器件：在集成电路制造工艺投资激增、设计与工艺紧密结合的情况下，集成电路产品的设计费用也将大幅度增长。据预测，芯片设计费用将由 32nm 的 5000 亿～9000 万美元增加至 22nm 时的 1.2 亿～1.5 亿美元。这样一个 32nm 芯片从投资回报率角度需要售出 3000～4000 万块，而到 20nm 时需要 6000 万～1 亿块才能达到财务平衡点。因此，从财务角度来看，只有通用性的平台化产品才会被芯片设计企业和制造企业所接受。再从技术角度来看，在 22nm 节点，每平方毫米的平均逻辑门数达到 156.6 万个，利用率则下降到 57.45%；以 20mm×20mm 计算，单个芯片上可以集成 6.26 亿个逻辑门，或 25 亿只晶体管。这样的芯片一定不会是专用集成电路，只可能是通用电路，或平台化的电路，或数量巨大的 ASSP，如移动通信终端芯片，或数字电视芯片等。从集成电路产品发展历史角度看，专用集成电路和通用器件呈现出"交替主导"的特点。按照许居衍院士提出的"许氏循环"理论估计，在 2018 年以后，集成电路产品将进入通用器件主导的时期。因此，在"后摩尔"时代，除了少数领域，今天的 ASIC 将退出历史舞台。FPGA 和动态可重构平台器件将成为主流。

DRAM 和 eDRAM：在国际半导体市场中，半导体存储器是非常重要的组成部分，国际 IC 制造产能的 47%被用于半导体存储器的生产。半导体存储器是电子整机不可或缺的重要组成部件，我国作为电子整机业大国，对半导体存储器的需求量非常巨大。随着手机、MP3、笔记本电脑等消费类电子整机制造业快速向我国转移，我国半导体存储器的市场年需求也将达到千亿元规模。高速、大容量 DRAM 在未来相当长的一段时期内仍将是半导体存储器的主流技术，在 2018 年左右 eDRAM 将会占据主要市场。

服务器/桌面 CPU：国产服务器/桌面计算机 CPU 历经 10 年发展，虽然初步实现产业化，但是纵观服务器/桌面计算机主流市场，仍然鲜见搭载国产 CPU 的产品。国产 CPU 仅在教育等政府扶持的领域偶有突破，市场推广困难重重，难以打开个人和商用桌面计算机市场。国产服务器/桌面 CPU 的研发策略是：①进一步探索和推进多核架构，基于多核并行提升处理器的整体处理能力；②采用更加先进的工艺，提升处理器的主频和处理能力。

嵌入式 CPU：随着现代通信技术的飞速发展，数字化、网络化和信息化已经成为未来社会发展的主旋律，形形色色的嵌入式系统正在日益融入人们的生活之中，对于改变人民生活方式和改善生活质量起到越来越重要的作用。作为嵌入式系统的核心关键部件——嵌入式 CPU 的市场也得到长足的发展。我国嵌入式 CPU 发展将坚持自主创新指令系统设计，以应用为依托，根据应用特征定制嵌入式 CPU 产品，继续推进国产嵌入式 CPU 软硬件支撑环境的研发。

三、发展趋势

当前，国际集成电路产业发展呈现出如下趋势。

（一）升级换代逐渐放缓

几十年来，集成电路制造工艺一直以来严格按照"等比例缩小"的方式不断前进，在 90nm 工艺之前，基本保持了每两年一个工艺时代的升级换代速度。然而当特征尺寸逐步接近物理极限时，技术难度不断加大，投资需求不断攀升，在一定程度上延缓了升级换代的步伐。从 90nm 到 65nm 再到 40nm、28nm 的发展历程看，下一个先进工艺节点替代上一次工艺节点的周期已从两年延长至三年。逻辑芯片 28nm 工艺的良率提升经历了漫长的过程，英特尔公司的 22nm 工艺量产时间比计划推迟了四个季度。当传统的每 2 年一个工艺代的规律变得不可预测，预计会频繁出现中间节点（Half-node）。

另外，集成电路产品基于新一代工艺的量产速度也会降低，主要原因是 IP 核的成熟度和成品率的提升将需要更多的时间。工艺浮动等因素使得集成电路产品向新一代工艺迁移的过程中会遭遇成品率的重大挑战。芯片设计工程师必须深入了解芯片制造过程，以及工艺参数的变化，并采用 DFM 和 DFY 等设计技术以解决成品率的问题。这都将增加向新一代工艺迁移的复杂度，延缓迁移的速度。

（二）产业格局调整步伐加快

全球集成电路产业经过近几十年的高速发展，整体产业呈现出区域聚集的特点，形成了北美、欧洲、东亚等几个产业发达地区，造就了一批产业巨头，在某些领域形成了垄断态势，给产业后来者的发展带来了无形中的阻碍。

最近，随着世界经济形势的变化，全球集成电路产业发展格局正在发生调整，而我国则是此轮产业布局调整的目的地。究其原因，高额投资和市场变迁是产业布局调整的重要内因。一方面，随着集成电路工艺技术的发展，特征尺寸不断缩小，所带来的直接影响是集成电路制造设备、工艺成本的快速上升。这就使得集成电路产业必然向资本活跃地区转移，以获得产业发展所必备的资金支持。我国近年来经济始终保持高速增长、外汇储备充足，资本市场活跃，已经具备集成电路产业发展的资本基础。另一方面，经过改革开放以来近 30 年的发展，我国电子整机产业取得了长足进步，我国消费类电子产品的生产和销售规模已跃居世界前列。电子整机产业的发展使我国目前已成为全球主要集成电路产品市场，给集成电路产业的发展带来了巨大机会。因此，全球集成电路产业形成了向我国转移的趋势。

目前，国际重要的 IDM 企业纷纷走向 Fabless 模式。飞思卡尔（Freescale）、恩智浦（NXP）、英飞凌（Infineon）和德州仪器（TI）等传统 IDM 企业陆续分拆制造业务或宣布不再自行发展新一代的集成电路制造技术，转而寻求与芯片代工厂进行合作。据美国著名咨询公司 Dataquest 统计和预测，2015—2020 年，全球由芯片代工厂生产的集成电路芯片数量将超过集成电路芯片总量的 50%。

从国际产业格局看，旧有的产业联盟正在逐渐瓦解，新的产业联盟正在形成。在这一关键时期，我国台湾地区和东南亚等国家也正在全力抢夺产业资源，TSMC、UMC、Chartered 等集成电路代工厂不断收购其他代工厂的产能，正在努力构建以代工厂为核心的集成电路产业联盟。我们需要高度警惕的是，周边国家和地区已经在全球集成电路产业布局调整中成为我国的强有力竞争者。

（三）集成电路代工模式面临挑战

在"后摩尔"时代，高昂的工艺开发和工厂建设投入使得具有先进工艺的代工厂数量显著减少，这将使得具有先进工艺节点产品的企业和代工厂形成某种形式的捆绑，它们之间的关系变得微妙，传统的单纯集成电路代工模式面临变革。

一方面，在 20nm 和 14nm 工艺节点，由于设计的复杂度，受工艺的相关性、产品成熟需要的时间等因素的影响，代工厂能够同时支持的产品研发数量大大减少（见图 1）。同时，随着特征尺寸的缩小和硅圆片面积的增大，单个制造厂的产能将大幅提升，代工厂迫切需要数量巨大的产品来填充生产线。这必然使得代工厂优先考虑那些通用产品，例如存储器、微处理器、可编程逻辑阵列和其他可编程、可配置的平台产品等。另一方面，由于产品研发费用太高（例如在 14nm 工艺节点，预计为每颗芯片研发成本为 1.5 亿～2 亿美元），设计企业也不太可能将一个成熟的产品轻易转移到另外一个代工厂生产。这意味着，设计企业和代工厂之间的合作关系不会轻易改变。

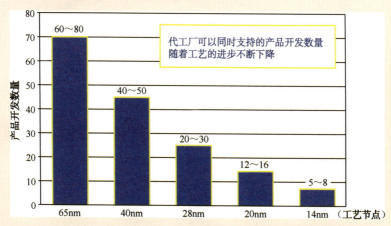

图 1　集成电路代工厂可支持的产品开发数量变化情况

（资料来源：Process Technology and Ecosystems，IBS，2012）

芯片设计企业和代工厂之间将通过"双向选择"的方式形成某种联盟，双方合作需要考量的核心因素是：产品的盈利能力、设计企业的技术力量和代工厂的工艺先进性。这种形态不同于今天的"Fabless+Foundry"模式，与传统的 IDM 模式有部分相似之处，我们可以将之称为"虚拟 IDM"模式。

（四）"拓展摩尔"成为重要发展路径

国际集成电路学术界和产业界已经形成共识，"延续摩尔（More Moore）"与"拓展摩尔"是未来集成电路发展的两个重要方向。"延续摩尔"所指的是继续以"等比例缩小"的方式延续"摩尔定律"对集成度和性能的追求；而"拓展摩尔"则着眼于 CMOS 之外的多功能器件及异质异构集成。当集成电路特征尺寸逐渐逼近物理极限，"延续摩尔"越发困难的情况下，"拓展摩尔"的发展路径就变得越发的重要（见图2）。

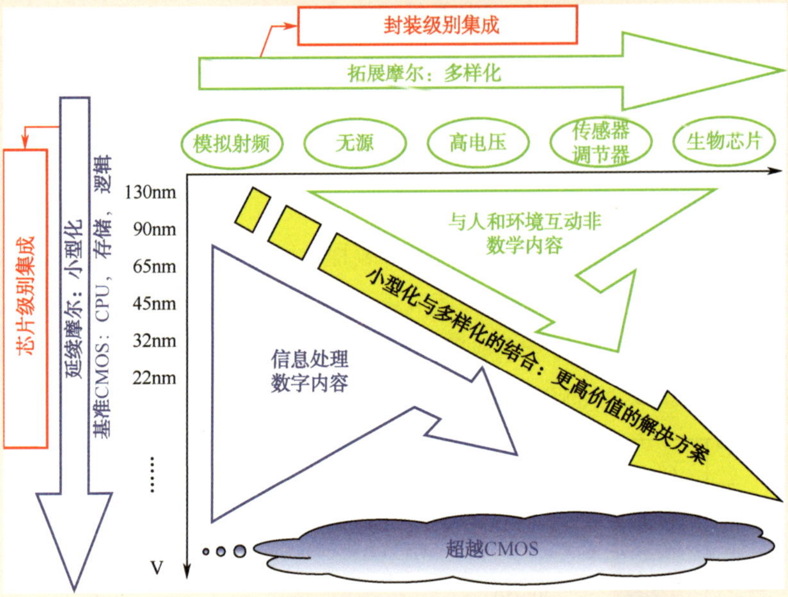

图2 "延续摩尔"和"拓展摩尔"

"拓展摩尔"的发展路径利用先进封装技术（如多层薄膜封装、三维硅通孔、MEMS真空封装和微组装等）将多种非常规CMOS器件（如SiGe晶体管、高压晶体管、MEMS器件、光电器件、图像传感器、生物芯片等）集成为高附加值的集成电路产品。

"拓展摩尔"发展路径的潜力在近几年的一些全新平台上已经可见一斑，如苹果电脑的iPhone、任天堂的Wii等平台中，其核心处理器和应用处理器性能远远比不上多核CPU，但是其多样化的、趣味性的丰富应用，却迷倒了全球成千万上亿的用户。其中各种传感器、高性能编解码器等模拟和混合信号产品扮演着极其重要的角色。可以预见，"拓展摩尔"为集成电路产业的发展开辟了另一个维度上的发展道路，将会引发集成电路产业的变革。

（五）"马太效应"日益突出

集成电路产业是资金密集行业，经过近几十年的高速发展，造就了一批产业巨头，在某些领域形成了垄断态势。尤其是近几年国际金融危机席卷全球，业界巨头乘势扩张，"大者恒大"的马太效应在全球集成电路业界进一步显现。

2008年以来，收购和并购成为国际集成电路产业的主旋律，业界巨头纷纷通过产业整合扩展市场份额。2009年，日本芯片巨头NEC电子与瑞萨科技合并成立瑞萨电子，一跃成为全球最大的微控制器厂商。2009年，阿布扎比ATIC公司和AMD合资成立Global

Foundries；2010 年 1 月，GlobalFoundries 完成对新加坡特许半导体的兼并；2011 年，该公司的计划资本支出从 25 亿美元调高到 50 亿美元，用以扩展半导体业务，这一资金规模甚至超过该公司全年销售额。ATIC 公司表示，增加对 GlobalFoundries 的投资是对英特尔、台积电等竞争对手纷纷作出增大资本投入做法的回应。2011 年 4 月 4 日，德州仪器公司（TI）与国家半导体（Natioinal Semiconductor，NS）签署最终协议，前者以每股 25 美元，总额约 65 亿美元的现金收购后者；交易完成后，国家半导体将并入德州仪器的模拟部门，该部门营收将占据德州仪器总营收的近一半。2012 年 6 月联发科技（MediaTek Inc.）宣布将以 38 亿美元的价格收购晨星半导体（Morning Star Semiconductor Inc）公司，此次交易将结束这两家台湾芯片设计公司之前的竞争，有利于联发科技拓展电视和手机芯片产品的市场份额。

2015 年，中国资本在集成电路产业的投资风起云涌。清华紫光继成功收购展讯通信和锐迪科之后，再次并购同方国芯；而在此之前，同方国芯成功收购了西安华芯半导体有限公司，武岳峰资本成功收购芯成半导体公司，清芯华创收购的全球最大的 CMOS 传感器生产商豪威电子成功落地；建广资本出资收购荷兰恩智浦公司的射频功率器件部门等。在国际半导体市场掀起了一股中国资本的并购浪潮。

这些眼花缭乱的产业整合既是国际金融危机大背景下企业生存发展的个体选择，也是"后摩尔"时代集成电路产业整体对资本需求的巨大压力下的大势所趋。未来还将有更多的案例来印证"大者恒大"这一集成电路产业的普适原则。

（六）政府主导至关重要

世界各国的发展充分说明，国家的意志和政府的支持是集成电路产业得以发展的关键。美国、新加坡、韩国、我国台湾地区的集成电路产业发展无不说明了这一点。在"后摩尔"时代，集成电路产业所需投资急剧攀升的情况下，政府的引导和推动作用将更加至关重要。

政府的主导作用将体现在多个层面，在国家层面，统一的顶层设计和扶持政策将是集成电路产业发展的根本保障；在地方政府层面，需要行之有效、可落实到位的政策细则，充分调动产业界的积极性，创造良好的发展环境，集中更多资源投入到集成电路产业中来。

四、发展重点

（一）提高自主创新能力

1. 集成电路数字化智能化制造装备的开发及产业化

加快国产装备的开发可以使我国集成电路制造业实现自主的数字化智能化，并且摆脱国外对我国集成电路产业发展的制约。围绕集成电路制造生产线的需求，需要进一步加大制造装备和材料的国产化，2020 年前国产工艺设备在整个生产线中占比达到 30%，国产工艺材料在生产中占比达到 50%。从技术节点来看，2016 年前主要开发 90～32nm 节点的工艺设备与 65～32nm 节点的工艺材料；2020 年前主要开发 20～14nm 节点的工艺设备与工艺材料；2020—2030 年将逐步投入开发 18 英寸硅片工艺设备的开发，并将工艺材料的原材料逐步国产化。

2. 数字化车间（工厂）示范及推广应用

我国应加大资金投入及进度，集中力量支持 1～2 条的 300mm 晶圆 10 万片/月以上的先进的全自动化生产线。在研发资金有保障的前提下，利用先进的生产线加快技术开发，每一代技术可以赶上近 1 年，通过三代技术加速研发，有望将差距缩小到一年内。

3. 选准集成电路制造的技术路线

目前，在 16/14nm 节点采用 FinFET 已经在工业界达成共识，但是在 22/20nm 技术节点采取什么样的技术路线还有很大的不确定性。在体硅平面器件、FinFET 和 FD SOI 三种技术路线的选择上需特别谨慎。Intel 公司已在全球率先实现了 22/20nm 节点的 FinFET 技术，TSMC 由于受到苹果公司的压力，仍然在体硅平面工艺上探索，IBM 则力推 FD SOI 技术。从三种工艺的性能、成本和功耗的比较上看，体硅平面工艺应该首先被淘汰，FinFET 技术在性能上有优势，但是其工艺复杂度较高，带来的成本优势不强，所以比较适合于 CPU/DSP 等高毛利、高性能集成电路产品的生产。FD SOI 在性能上比 FinFET 技术稍差，但是其成本和功耗优势明显，针对移动智能终端 SoC 而言是最好的选择。在 10/8nm 技术节点，目前还没有定论，Intel 也没有发布任何这一节点的技术路线，相反 IBM 认为 SOI FinFET 也许是 10/8nm 技术节点的最佳选择。之前，FD SOI 技术受限于衬底材料（Substrate）的不成熟，迟迟不能进入量产，现在这个问题已经解决。由于 FD SOI 技术比较好地延续了摩尔定律的等比例缩小趋势，所以在 22/20nm 技术节点具有较强的竞争力。在全球范围内，除了欧洲的意法半导体（STMicroelectronics）已经深入介入 FD SOI 技术外，最近韩国三星半导体也有可能宣布采用 FD SOI 技术。另外，Global Foundries 也在积极探索走向 FD SOI。之所以有如此众多的企业转向 FD SOI，其深层次原因除了 FD SOI 具有的先天优势，更重要的是 FinFET 技术的研发实质上遇到了严重的困难，TSMC 的 16/14nm FinFET 研发遇到了器件性能不佳的尴尬，Intel 公司的 16/14nm FinFET 研发大幅度延迟。事实上，世界上还没有一家企业对 16/14nm FinFET 的技术难点有深入的了解。作为集成电路设计企业，目前深受工艺技术路线的困扰。美国高通公司原来寄希望于 TSMC 的 16/14nm FinFET 技术，但是最近宣布延迟基于该技术的产品研发，而转向 FD SOI。这也许是韩国三星最终下决心走向 FD SOI 的原因之一。

对我国而言，一个比较合理的技术路线选择是，在 22/20nm 技术节点采用 FD SOI 技术，同时对 16/14nm 技术的 FinFET 技术进行跟踪。这是因为我国的优势集成电路产品主要集中在移动智能终端 SoC 等需要低功耗的领域，22/20nm 技术的 FD SOI 可以很好的契合这一需求。同时，掌握 FD SOI 技术，对在 10/8nm 技术节点采用 SOI FinFET 技术也是一种探索。

4. 攻克关键技术

集成电路制造方面，为了缩小与国际最先进水平的差距，国内的集成电路制造企业可以对一些具有共性的关键技术开展合作开发，产业链上下游也应参与其中。但是，必须清醒地看到，在集成电路工艺走向 22/20nm 技术节点之后，工艺技术的共同点越来越少，长期以来集成电路工艺转移所采用的精确复制（Copy Exactly）将不再适用。即使一套工艺在一个厂家成功，也很难将其复制到其他厂家。设备、环境和材料的微小差异都将导致工艺中大差别。所以，应在集成电路制造厂明确自身定位、选定商业模式后，加大研发投入，包括建立企业研发中心和加强与高校和研究院所的合作，同时，要强化与集成电路设计企业的前期合作，在器件模型、工艺参数选定、IP 核开发方面形成联合攻关体，这样才有可能加快先进制造工艺的成熟。

5. 基础设施建设

集成电路制造业的发展需要所在区域在供水供电方面的保证，以及配套厂商的气体、液体、热能等供给，配套产业的数字化和智能化也是集成电路制造业实现更高程度数字化智能化的有力保证。

（二）强化制造基础

1. 器件与技术

器件是集成电路的基础，过去集成电路的发展一直基于 CMOS 平面器件，在进入 22/16nm 节点时，传统平面器件已经无法满足集成电路对于性能和功耗的需求，三维 FinFET 器件已经成为未来几个技术代的主流器件。超薄硅膜 SOI 器件也有可能在 16/14nm 节点被应用于规模量产。预计到 10/7nm 节点时，采用高迁移率沟道材料的 FinFET 器件将替代传统硅沟道 FinFET 器件；而到 7nm 节点以下，更新型的器件将被采用，现在需要重点研究的有围栅硅纳米线器件、隧穿型器件（TFET）、石墨烯、碳纳米管、量子器件等。

我国企业作为后来者，在基本器件技术上一直采取跟随战略。由于从 22/20nm 节点开始，传统的平面体硅工艺已经无法延续"摩尔定律"每代工艺比上一代工艺集成度提升 100%，速度提升 40%，功耗下降 50% 的趋势，所以 22/20nm 工艺节点到底采用什么技术现在成为一个极具争议的课题。国际上在 16/14nm 节点采用 FinFET 技术已经成为共识，但在 22/20nm 节点出现了三种不同的技术路径。Intel 公司较早选择了 FinFET，TSMC 则受到美国苹果公司的压力，仍然采用平面体硅结构，而 IBM 等则倡导使用全耗尽绝缘硅（FD SOI）架构。从器件性能上看，22/20nm 的 FD SOI 技术可以提供与 16/14nm FinFET 技术相当的集成度、功耗和略差的性能，被普遍认为是适合移动智能终端 SoC 发展的最优路径。因此，一个较好的技术路线应该为：我国在 28nm 节点即开始采用 FD SOI 技术，因为它可以提供与 22/20nm 节点 FinFET 基本相同的器件集成度、性能和功耗，延续等比例缩小的优势，后续演进到 22/20nm 的 FD SOI，利用这一技术支持国产移动智能终端 SoC 的发展；与此同时，应积极开展 16/14nm 的 FinFET 技术研发，满足国产 CPU、DSP 和 FPGA 的高性能要求。这一路线的优势在于，移动智能终端 SoC 可以不必停留在 28nm 节点获得持续向前发展的工艺支撑，也可以降低 16/14nm FinFET 工艺研发给芯片设计带来的不可控风险。

2. 工艺及工艺流程

工艺技术的发展是随着器件的发展而变化的。目前针对平面器件正在开发中的重点工艺技术包括 193nm 浸没式光刻、高 K 金属栅技术、SiGe/SiC 应变技术、后高 K 技术、后硅化物技术、局域互联技术、超低 K 铜互联技术等。接下来为顺应 FinFET 器件需要重点开发的工艺技术包括浸没式多次曝光、自对准双曝光、自对准接触孔、高迁移率沟道技术、TSV 三维集成。在后 FinFET 时代，EUV 光刻技术、DSA 技术、18 英寸硅片、光互联，甚至纳米压印光刻、电子束/离子束曝光都需要开展研究。

3. 制造装备和材料

重点开展关键工艺设备的研发，使满足 28/14nm 节点技术要求的关键工艺设备获得产业化应用。刻蚀机、离子注入机、氧化扩散炉等在现有基础上进一步提高技术水平，提高稳定性，增加市场占有率。光刻机应重点研究关键技术，首先以样机试制为目标，进而再开发满足生产需求的光刻机。

关键工艺材料以实现 12 英寸硅抛光片和外延片、光刻胶等的产业化应用为目标，继续提高其他工艺材料的采用率，逐步开拓国际市场，已经获得产业化应用的工艺材料应进一步实现原材料的国产化，真正实现自主可控。

（三）产业结构优化

1. 产业布局

加强区域布局规划，有序引导集成电路和平板显示产业向已初步形成规模的长三角、环渤海、珠三角、成渝鄂等产业聚集地区发展。发挥集成电路和面板制造核心企业的规模效益，建立生产配套体系。加强行业交流与协作，鼓励上下游企业联合开展核心技术攻关和产业化应用推广。以制造为中心，围绕材料-芯片/面板-模组-整机纵向产业链，形成以大型骨干企业为核心、完整产业链配套、完善的产业服务体系为支撑的新型显示产业集群。

集成电路制造是本轮发展的重中之重，应充分依托现有的产业基础，选择优势企业，在比较短的时间内形成布局合理、分工有序、优势突出的产业格局。（1）可以依托中芯国际打造近期目标世界第 3，远期目标世界第 2 的世界级代工企业。中芯国际可以 TSMC 为标杆，以代工为商业模式，以服务全球、重点支撑国内设计业为主要任务，努力形成价格比 TSMC 低 30%，性能达到 TSMC 的 80%，服务与 TSMC 持平的能力，产能建设达到每月 30 万片 12 英寸晶圆片，工艺技术代差与 TSMC 相比缩小到 0.5～1 代。（2）依托上海华力半导体，打造以特色工艺为主的虚拟 IDM 企业。华力应以 CPU、DSP、FPGA、高压、功率器件为主要产品方向，建立产品导向的专用工艺，与设计公司形成紧密捆绑，逐渐过渡到虚拟 IDM。产能建设初期达到每月 5 万片 12 英寸晶圆片，远期达到 10 万片/月，工艺技术代差与 TSMC 相比缩小到 1～1.5 代。（3）依托武汉新芯半导体，打造专业化半导体制造企业。武汉新芯应以 DRAM、Flash、PCM、RRAM 等半导体存储器为主攻方向，建立存储器专用生产工艺，产能初期达到每月 5 万片 12 英寸晶圆片，远期达到 20 万片/月，工艺技术代差与三星公司相比缩小到 1.5 代。

在集成电路设计领域，应充分利用龙头企业的带头作用，通过资本运作的方式，加大集成电路设计企业的整合力度，形成 1～2 家能够进入世界前 10 的世界级集成电路大企业。继续依托北京、上海和深圳的集成电路设计产业化基地，重点扶持区内的大型企业，在以北京为中心的环渤海京津地区、以上海为中心的长三角地区和以深圳为中心的珠三角地区打造集成电路设计产业集聚区。在集成电路封装领域，应加大投资力度，提升优势企业的技术能力并积极创造条件促进封装企业的整合，打造出技术先进、产业领先的产业集团和龙头企业。应集中力量在长三角地区以产点科技为龙头，建立封装产业群，形成区位优势。

2. 培养具有国际竞争力的大企业（集团）

集中优势资源，重点培育 2～3 家龙头企业。坚持以企业为龙头带动产业整体发展的原则，利用市场和资金方面的优势，充分发挥投资效益，加快发展一批有核心技术、创新体系完善、产品结构丰富、品牌知名度高、全球竞争力强的集成电路和平板显示企业。

集成电路制造企业应选择基础较好的企业如中芯国际、上海华力和武汉新芯为培育重点，集中财力、物力和人力资源。通过 5 年的努力，在 2020 年前，使得中芯国际成为世界前 2 的代工企业，上海华力成为进入世界前 10 的 IDM 企业，武汉新芯成为进入世界前 5 的存储器专业制造企业。在集成电路设计领域，努力培育展讯通讯和海思半导体等龙头企业，在资本和市场的双重作用下快速成长，使其达到移动智能终端 SoC 和通信芯片出货量世界第 1，销售收入世界第 2。在集成电路封装领域，使长电科技的销售收入达到 40 亿～50 亿美元，成为世界前 3 的先进封装企业。

五、发展路线

（一）制定国家层面的集成电路发展规划和实施战略

面对国际上先进技术的发展状况，我国在"后摩尔"时代集成电路的发展前景不容乐观，必须下定决心、坚定信心，采取非常手段才有可能绝处逢生。

应尽快在国家层面上做好集成电路科技和产业发展的顶层设计。集成电路是战略性产业，国家意志要得到充分体现。政府作用不能缺位，不能以市场经济为理由将责任推给产业，甚至企业。政府、企业界、学术界应联合制定中国集成电路发展行动计划，包括规划、实施战略、资源配置等。彻底扭转目前我们有规划、无战略、资源配置不落实的局面。充分发挥社会主义制度能够集中力量办大事的优越性，集中资源，打造和夯实集成电路产业的发展基础。

（二）设立跨部门的集成电路科技和产业发展领导机构

改革现行的国家微电子科技与产业发展管理体制，由国务院领导直接挂帅，建立统一的、跨部门的集成电路科技和产业发展领导机构，做好顶层设计，制定切实可行的战略，落实投资。目前政策在发改委，科研在科技部，产业在工信部，资金在财政部，相互牵制、政出多门、效率低下，无法做到统一协调、统筹安排。

（三）重点发展集成电路制造，带动设计业和装备材料发展

经过三个五年计划的努力，我国已经具有一定集成电路制造业基础，形成了中芯国际、华虹集团、华润上华、先进半导体、上海贝岭等一批制造业企业。在"后摩尔"时代，集成电路制造企业在整体产业链上将占据举足轻重的地位，制造能力仍然是制约中国集成电路设计业发展的关键。因此，我们应以战略眼光看待集成电路产业的发展，不怕暂时的亏损，下定决心，持续、高强度投资集成电路制造，通过独立研发、国际合作等多种方式掌

握更先进的工艺技术，从而夯实集成电路制造基础。

目前，集成电路设计业是整个集成电路产业中最为活跃的部分。根据 GSA 的统计，2011 年，全球 Fabless 行业的销售收入接近 800 亿美元，约占全球集成电路产业的销售收入的 26.7%。集成电路设计企业在新兴产品的开发上扮演着关键作用。在中央处理器（CPU）、数字信号处理器（DSP）、半导体存储器、可编程逻辑阵列（FPGA）、专用集成电路（ASIC）和系统芯片（SoC）等主流产品领域，都可以发现集成电路设计企业的身影。今天，除了桌面计算机用 CPU、高端 DSP 和半导体存储器仍然由 IDM 所把持，在其他的产品领域中，集成电路设计企业都无一例外地占有主导地位。尤其是 20 世纪 90 年代以来，移动通信、互联网、第三代移动通信和近年来兴起的移动互联网产业所依赖的核心芯片基本上由集成电路设计企业所垄断。集成电路设计企业已经成为集成电路产业的核心力量。因此，我们应顺应产业潮流，优先发展我国的集成电路设计业。

（四）选择差异化的工艺路线，抓住 FD SOI 技术机遇

我国在 28nm 体硅平面工艺的研发上落后 TSMC 约 3 年。我国企业的 28nm 体硅平面工艺与 TSMC 相比不会有明显竞争力。我国在 20nm 节点如果选择体硅平面工艺，会遇到与 TSMC 相同的问题，不会更有优势。即使我国的 20nm 工艺完全可以和 TSMC 相媲美，也无法使我国的设计企业取得优先。我国企业无法跳过 20nm 工艺节点；14nm 工艺采用 FinFET 已经成为全球产业界共识；由于我国设计企业的规模、市场占有率和工艺能力有限，能否使用 14nm FinFET 并不确定。从竞争的角度看，中国的设计企业急需在 20nm 节点上找到优于现行体硅平面工艺的解决方案。否则 28nm 可能是我们可以使用的最后一个代工工艺节点。中国的 20nm 工艺的技术路线选择将对中国的半导体制造产业和芯片设计业产生巨大和深远的影响。

FD SOI 技术在 28nm 节点上可以提供略低的成本，30% 的性能提升及约 30% 的功耗优势。在 20nm 节点上，可以提供 20%～30% 的成本优势，30%～40% 的性能优势和 50% 的功耗优势。最大的竞争对手 TSMC 没有开发 FD SOI，虽然现在意识到这个问题，但已经没有足够的资源；FD SOI 的技术来源主要是 IBM，具有很好的可持续性，且产业链各环节基本完整；FD SOI 为后续 10nm 节点的发展具有先导性；我国如果具备 FD SOI，则可以为我国的芯片设计企业提供一个不可多得的先进工艺选择，并具备竞争优势。FD SOI 是一个我国半导体制造业进行差异化竞争，实现"弯道超车"的难得机遇。

（五）创新人才引进和培养机制

集成电路产业是智力密集型产业，人才是产业发展的基础。为此，应坚持以人为本的原则，探索新形势下的人才队伍建设和人才引进机制，建立行之有效的激励机制，保证产业发展所需的智力资源。

一方面，充分利用"千人计划"等国家引智工程，按照引进海外高层次人才的有关要求，吸引国际优秀人才到我国工作，特别要注意成建制团队的引进，挖掘国际智力资源，为我所用。

另一方面，加强本土集成电路专业人才的培养，改革集成电路培养课程，提升基础能力，提升人才培养质量和数量。应尽快将微电子提升为一级学科。继续做好"集成电路人才培养基地"的建设，提升工程硕士的培养质量；加大工程博士的培养数量。

（六）制定和完善集成电路发展政策

从集成电路产业发展历史和我国近年的产业发展情况来看，政府主导的产业发展政策对集成电路产业发展起到了巨大的促进作用。我们应根据产业发展的新形势、新任务，从国家层面继续完善激励措施、明确政策导向，优化产业发展环境，增强科技创新能力，提高产业发展质量和水平。

为配合国家层面的集成电路发展政策，各地区、各有关部门应高度重视，加强组织领导和协调配合，制定并实施真正有效的、可落实到位的细则，把地方政府、产业界积极性充分调动起来，并集中更多的资源投入到集成电路这一战略性、基础性产业中来，为其发展创造良好的环境。

第六章　半导体分立器件报告

功率半导体分立器件可分为功率型的二极管、功率晶体管、晶闸管等几大类产品，其中功率晶体管主要包括 MOSFET 和绝缘栅双极型晶体管（IGBT）。

我国是功率半导体分立器件的制造大国，但在核心基础器件、关键基础材料、先进基础工业和共性技术基础方面与发达国家还有较大差距。为进一步促进我国功率半导体分立器件制造业向高端发展，强化产业发展基础，有必要对功率分立器件制造业的强基战略进行研究。

一、功率半导体分立器件制造业在我国工业发展中的重要作用

功率半导体分立器件最初主要用于与电网相关的强电装置中，因而也被称为电力电子器件。目前功率半导体器件的应用范围已大幅扩展，渗透到国民经济与国防建设的各个领域，是航空、航天、火车、汽车、通信、计算机、消费类电子、工业自动化和其他科学与工业部门至关重要的基础部件。功率半导体分立器件的应用领域主要分为以发电、变电、输电为代表的电力领域和以电源管理应用为代表的电子领域。在电力领域，功率半导体器件以超大功率晶闸管、IGBT 为代表，为实现对电能的传输转换及最佳控制提供支持，技术趋势是继续向高电压、大电流的方向发展；功率半导体分立器件主要在电路中起开关、整流、放大等作用，在消费电子、航空、航天、电动汽车、风力发电、太阳能发电等领域发挥着重要的作用。

（一）IGBT 是我国实现节能的重要技术手段

电力电子器件是功率半导体分立器件的重要分支，绝缘栅双极晶体管（IGBT）是电力电子领域的主流技术。IGBT 综合了双极型晶体管（BJT）和金属氧化物场效应晶体管（MOSFET）两种器件的优点，具有电压控制、输入阻抗大、驱动功率小、开关损耗低、工作频率高、安全工作区宽和导通电阻小、电流密度大等特性。非常适合应用于直流电压为 600V 及以上的变流系统如交流电机、变频器、开关电源、照明电路、牵引传动等领域。

1．IGBT 是电动机节能的关键

电动机驱动是电能消耗的主要途径，通过应用变频调速技术改善电动机驱动方式，能够使电动机在最节能的转速下运行，可以大大降低轻载运行时的电能消耗。应用变频器的电动机节能效果明显，平均可以实现节电 30% 的效果，其中石油系统平均节能 38%、石化系统 46%、冶金系统 42%、城市供排水系统 45%、化工系统 24%。我国风机、水泵、压缩机系统总装机容量约 1.6 亿千瓦，年耗电近 5000 亿千瓦时，通过改变调节方式，可实现系统节电 10%～15%，约为 500 亿～700 亿千瓦时。变频器具有卓越的调速性能，20 世纪 90 年代以来，随着人们节能环保意识的加强，变频器作为节能装置的应用也越来越普及，逐步成为用于电机调速的主流装置。变频器的应用领域非常广阔，广泛应用于起重机械、纺织化纤、油气钻采、冶金、石化和化工、煤炭、建材、市政、电梯、食品饮料烟草、造纸印刷等行业。

IGBT 是变频器的关键部件之一。IGBT 作为生产高压变频器的重要零部件，单台高压变频器中 IGBT 所占成本比重多在 4%～15%。至于中低压变频器方面，根据深圳英威腾的资料显示，IGBT 占中低压变频器原材料总成本的 26% 左右。

2．IGBT 在新能源汽车领域发挥重要作用

为了有效达到节能和环保的目的，汽车技术发展正朝着车辆节能化、能源多元化、动力电气化、排放洁净化等方向积极推进，发展节能汽车与电动汽车。国家多次出台相关政策，鼓励新能源汽车的发展。在此背景下，新能源汽车，尤其是电动汽车成为国内乃至世界各汽车公司的研发重点。

电动汽车中需要用到大量的 IGBT，IGBT 是电动汽车中的核心器件之一，是动力系统的重要组成部分。IGBT 应用在电动控制系统中，通过脉冲宽度调制（PWM）的方式控

制 IGBT 开关，可以将电流从直流转换到交流（电池到电机，驱动电机）或者从交流转化到直流（电机到电池，刹车、下坡时能量回收）。IGBT 还应用在车载空调控制系统。据统计，IGBT 的成本占整车成本的 10%左右。

对新能源汽车来说，充电桩的意义已经取代了传统加油站，IGBT 模块主要运用于充电桩的逆变器中，即将直流电逆变为指定频率的交流电，让 IGBT 把外接的交流电转换为可充电的直流电。

3．IGBT 是消费电子领域节约能源的关键

任何用电设备都离不开电源，电源是用电设备的动力。在日常生活中，一般电力（市电）都是电能质量较差的原生态电源（粗电），需要经过转换才能符合人们使用的需要，通过把交流转换成直流，高电压转换成低电压等方法，将其转换成能够满足使用者要求的直流电压（精电）。

传统的稳压电源是线性电源，功率晶体管工作在线性模式，这种电源技术功耗较大、效率很低，一般不到 50%，而且为了保证电压输出稳定，需要体积较大的变压器和散热器，无法满足现代电子设备发展的需要。

与线性电源相比，开关电源一般由脉冲宽度调制（PWM）控制分立器件（主要是 IGBT）构成，让半导体分立器件工作在导通和关断两种状态，开关电源通过"斩波"，把输入电压斩成等于输入电压幅值的脉冲电压，输入电压被斩成交流方波后，其幅值可以通过变压器升高或降低，再经过整流、滤波后就可以得到直流输出电压。由于半导体分立器件导通时，电流很大，电压很小；关断时，电流很小，电压很大，半导体分立器件的伏-安乘积很小，其功耗也就很小，散热器也随之减小，效率高达 70%以上。

4．IGBT 在其他领域的作用

IGBT 在电网、轨道交通、风力发电和太阳能发电领域也发挥着极为重要的作用。

IGBT 器件作为电压控制型器件，具有容量大、损耗小、易于控制等优点，可使换流器拓扑结构更加简单、损耗更小，因此成为高压柔性直流输电领域核心器件。近年来，我国长距离高压柔性直流输电领域发展迅猛，IGBT 器件也因此具备十分广阔的应用前景。

交流传动技术是现代轨道交通技术的核心技术之一。在交流传动系统中，牵引变流器是关键部件，而功率器件是牵引变流器的最核心器件之一。目前，IGBT 器件已成为轨道交通车辆牵引变流器和各种辅助变流器的主流器件。

太阳能和风能发电一直是人类探索新型能源的重要领域。近 20 年来，我国光伏产业和风力发电产业得到了快速发展，特别是近年来国家实行节能减排政策，大力发展太阳能

和风能发电。要将太阳能发电机组产生的直流电并入电网，就必须用逆变器将直流电转化为交流电。由于市场对可再生能源的需求上升，太阳能逆变器的市场也在不断增长。而这些逆变器需要极高的效率和可靠性，对于需要 1200V 功率开关的太阳能逆变器来说，IGBT 是理想的选择。在风力发电领域，IGBT 在变流器中的应用也起到至关重要的作用。

（二）MOSFET 是消费电子的动力源泉

MOSFET 是金属氧化物场效应晶体管的缩写。MOSFET 是电压控制器件，通过控制电压的大小调整输出电流的大小。与传统的双极型晶体管相比，MOSFET 具有开关速度快、驱动功率小、安全工作区域较宽、抗过载能力强、并联容易等优点，已逐步取代双极型晶体管。

凭借着 MOSFET 在消费类电源适配器、镇流器等产品中的庞大用量，消费电子领域对于 MOSFET 产品的需求量位列各领域之首，而 MOSFET 在计算机主板、笔记本、计算机类适配器、LCD 显示器等产品中的广泛使用使得计算机领域仅次于消费电子位于市场需求量的第二位。网络通信、工业控制、汽车电子以及电力设备领域对于 MOSFET 的需求量位于第三位至第六位。从重点应用产品来看，主板、笔记本电脑、镇流器、计算机类电源适配器中 MOSFET 用量都较大。

（三）微波功率半导体器件是通信设备的核心部件

微波功率半导体器件目前拥有每年 20 亿美元的全球市场，在很多应用中它是不可缺少的非常重要的一类半导体器件。它的应用主要分为三大类：以手机射频功放为代表的输出功率小于 5W，工作频率为 S 波段以下的中功率射频器件；以移动通信基站功放为代表的大功率射频器件；以及主要用于通信、雷达等领域的 X 波段及更高频率的微波毫米波功率器件。

半导体材料包括第一代的硅，第二代的砷化镓、磷化铟以及第三代的氮化镓和碳化硅等。不同材料适合不同应用。目前砷化镓异质结双极晶体管（GaAsHBT）是手机射频功放的主流技术；移动通信基站功放则主要用硅横向扩散金属氧化物半导体场效应器件（SiLDMOS）；微波毫米波功放主要用砷化镓制作高电子迁移率晶体管（GaAspHEMT）。但其他材料和器件结构也在参与激烈竞争，尤其是第三代半导体材料氮化镓（GaN）和碳化硅（SiC）的出现带来了新的希望。

根据 Strategy Analytics 调查数据，2013 年全球砷化镓微波功率半导体市场总产值约为 64.7 亿美元，较 2012 年 59.3 亿美元成长 11%。

根据 MA-COM 预计，未来随着氮化镓半导体在新能源、智能电网、信息通信设备及 4C 产业的应用逐步拓展，全球氮化镓半导体市场潜在规模达 94 亿美元（替代砷化镓器件情况下）。Market Focus 统计 2013 年，全球氮化镓射频器件市场为 1.6 亿美元，到 2020 年预计达到 4 亿美元。Yole Development 对 SiC 和 GaN 功率器件做的市场预计 2015 年市值 2 亿美元，到 2020 年，这两种器件的功率器件市值能达到 13 亿美元。

根据以上数据分析，预计到 2020 年化合物半导体市场总市值在 100 亿美元左右。

二、我国功率半导体分立器件制造基础产业现状

我国功率半导体分立器件制造业在核心基础器件、关键基础材料、先进基础工业和共性技术基础方面的发展现状具体表现为以下几方面。

（一）核心基础器件的发展现状

1. 发展情况

我国功率半导体分立器件制造业刚起步，与国际半导体分立器件制造强国比，我国尚有不足，主要表现为：企业相对盈利水平较低，自主研制、设计技术能力不高，对国外技术转移和市场依赖大，造成了我国在关键、高端产品上的缺口较大。

1）行业涉及面广

功率分立器件的行业涉及面和分立器件总体上基本一致，目前，已经从二极管、晶体管等早期较少的产品门类发展为一个包括了十余个行业门类的庞大的家族。庞大、复杂的产品，使得细分市场特别多，业内对于分立器件行业覆盖的门类划分并不一致。按照产业链的上、中、下游划分的有，分立器件行业的设计（上游）、流片制造（中游）和封装测试（下游）；按照产品差异划分的整流二极管、开关二极管、肖特基二极管、信号二极管、双极型晶体管、场效应晶体管、IGBT 等分立器件行业；按材料划分的第一代半导体材料（硅和锗）、第二代半导体材料（砷化镓）和第三代半导体材料（碳化硅、氮化镓）。

2）产业规模大，是工业发展的基础

半导体分立器件的用途非常广泛，除了用于传统的计算机、网络通信、消费类电子行业外，还在平板电脑、新能源、电子器械方面有着广泛应用。半导体分立器件应用市场的不断扩大，为行业发展带来了新空间。据美国半导体产业协会公布的数据显示，2015 年，半导体分立器件行业的销售排名已占电子市场总份额的前三。而在未来两年间，半导体市场成长率将保持 7.9%左右，半导体分立器件应用范围的不断拓展，将为行业发展带来新契机。

从半导体分立器件的市场发展看，功率器件产品已成为市场的热点。由于功率器件在高频状态工作时更加节能、节材，还能大幅减少整机设备的体积和质量，功率半导体技术已成为促进分立器件产品持续发展的主要动力。在产品应用方面，电子整机产品对功率变换、电源管理等日益增长的需求直接推动了功率晶体管产品的向前发展。随着全球经济对节能环保的重视，功率半导体技术将进一步得到发展，从而带动分立器件市场的快速增长。

3）分立器件产业保持较快增长

根据博思数据研究中心数据，2013 年我国功率半导体分立器件产业产量为 4605.97 亿只，与 2012 年相比增长了 11.10%，销售收入为 1535.95 亿元，较 2012 年同比增长了 10.50%。预计 2014 年、2015 年、2016 年的销售收入分别是：1698.8 亿元、1885.70 亿元、2098.80 亿元。随着国内节能环保、新能源、新能源汽车等下游应用产业的快速发展，以及国家产业政策对下游新兴产业的大力支持和对传统行业的升级改造，我国半导体分立器件市场的销售将随之稳步增长。

4）功率分立器件是份额最高的半导体分立器件

我国的半导体分立器件产业在国际市场占有举足轻重的地位并保持着持续、快速、稳定的发展。据海关信息网统计，2014 年 1～11 月我国出口二极管及类似半导体器件 3204 亿个，较去年同期（下同）增长 8.4%；价值 226.7 亿美元，增长 0.5%。

从产品结构来看，功率晶体管仍是占我国分立器件市场份额最高的产品。

5）产业集中于东部地区

我国分立器件产业地区分布相对集中。按国内半导体分立器件行业销售总额比重分布，其中长三角地区占 41.3%，京津环渤海湾地区占 10%，珠三角地区占 43.2%，其他地区占 5.5%。我国生产分立器件的企业主要分布在江苏、浙江、广东、天津等省市，占到全国的 76.4%以上。

IGBT 模块的目前国内主要的生产线是株洲南车。此外，部分国企如西安 877 也正在建立 IGBT 生产线，国内很多半导体企业具备 IGBT 设计能力，但不具备封装和测试能力，设计所用芯片业以进口为主，需要借助封装厂进行封装。

2. 与强国的差距

总体看我国功率半导体器件特别是 IGBT 和微波功率分立器件产业与国外先进比较在产品和市场表现出了核心技术受制于人、高端匮乏，盈利和技术能力较低的特点。

1）核心原材料和市场受制于人，高端产品依赖进口

我国半导体分立器件产业的诸多原料、生产设备大多需要国外进口；市场是以为国内、国际下游消费类电子整机大厂配套为主。处于中间的配套供应商地位，既不能控制上游大宗原料价格波动，又不能控制下游整机企业产品价格，所以大部分企业实际上缺乏自主定价能力。

长期以来，我国半导体分立器件市场主要是大量进口高端产品、大量出口低端产品。功率半导体分立器件尤其明显，目前产品依然大量依赖进口，特别是 IGBT 芯片。目前中高压 MOSFET 产品售价已经非常低，利润非常薄，除了一些对产品可靠性要求较高的领域外，国产 MOSFET 已经得到广泛应用，国外企业正逐步退出这个市场。

2）低端产能发展较快，产品盈利水平不足

近几年，我国半导体分立器件产能取得了快速发展。例如，2003 年起始 5 年间半导体分立器件的年平均复合增长率为 33.5%，远高于同期全球增速。

但从销售额来看，我国半导体分立器件占全球总销售额还不高。我国半导体分立器件企业主要是依靠低价格、低成本的加工制造业，极少涉及核心技术持续研发、品牌维护和渠道建立。低成本驱动造成企业的持续盈利能力弱。如半导体二极管其需要大量进口的高端产品的单价是出口产品单价的 3 倍左右。

在中高压（200～600V）MOSFET 市场方面，国内供应商已经非常多，但在产品的可靠性方面与国外厂商相比还有些差距，主要原因是国内厂商片面追求利润，打价格战，在质量把控方面用心不足。

3）新型元器件开发技术受限，高端产品发展较慢

（1）IGBT。

目前，全球 IGBT 市场中最主要的供应厂商由国外少数大公司控制，它们代表着国际 IGBT 技术的最高水平。包括日本三菱、东芝，德国英飞凌、瑞士 ABB 等公司，其中 3300～6500V 等级 IGBT 主要由英飞凌、ABB、三菱与东芝等少数几家所垄断，其 IGBT 技术基

本成熟，已实现了大规模商品化生产，IGBT 产品电压规格涵盖 600～6500V，电流规格涵盖 2～3600A，形成了完善的 IGBT 产品系列。其中，西门康、仙童等企业在 1700V 及以下电压等级的消费级 IGBT 领域处于优势地位；ABB、英飞凌、三菱电机在 1700～6500V 电压等级的工业级 IGBT 领域占绝对优势，3300V 以上电压等级的高压 IGBT 技术更是被英飞凌、ABB、三菱三家公司所垄断，它们代表着国际 IGBT 技术最高水平。

目前，我国 IGBT 企业在芯片生产技术方面与国外存在巨大的差距，掌握的核心技术太少。国内 IGBT 厂商基本上采用的是第二代、第三代的生产工艺，而先进功率器件半导体厂商的 IGBT 产品都采用第五代、第六代的生产工艺了。我国自产的 IGBT 芯片技术还基本上采用国际上 20 世纪 80 年代末期推出的 NPT-IGBT 技术，其后国际上出现了更先进的产品，如沟槽栅 FS-IGBT、表面载流子浓度增强 IGBT 等，我国还没有开发成功或者还没有开始开发。

国内供应商仅南车时代具有 IGBT 芯片设计、封装、测试的完整产业链，东光微电、比亚迪电子、中环股份、台基股份等企业也已经在部分领域取得了突破。

（2）微波器件。

20 世纪末，我国就开展了 SiC（碳化硅）、GaN（氮化镓）等化合物半导体材料及其器件的研究。当前的研究水平和产业水平总体上与国际水平还有较大差距。

在 GaAs 方面，2004 年后 GaAs（砷化镓）材料和器件进入高速发展期，国内成立了以中科稼英公司、中科圣可佳公司为代表的多家 GaAs 单晶和外延材料公司，开始小批量材料供应，并取得一定的市场份额。中科院微电子所通过自主创新率先在国内建立了 4 英寸 GaAs 工艺线，并成功地研制出 10Gb/s 激光调制器芯片等系列电路。传统的器件研制单位中电集团 13 所和 55 所通过技术引进完成了 2 英寸到 4 英寸的工艺突破，初步解决了 Ku 波段以下的器件和电路的国产化问题，其中 8-12GHz T/R 组件套片已成功地应用大型系统中，但在成品率、一致性、性价比等方面尚存在一定的差距，在民品市场中尚缺乏竞争力。Ka 波段以上的 GaAs 器件和电路尚没有产品推出，严重地制约了我国信息化建设。

在 InP 器件方面，中科院和中电集团先后在 3 英寸 InP 晶圆上实现了亚微米发射极宽度的 InP 基 HBT 和亚 100nm T 型栅的 InP 基 HEMT 器件，截止频率超过 300GHz。在毫米波电路的研究方面，中科院和中电集团已成功地研制出 W 波段的低噪声放大器、功率放大器和 VCO 样品；此外采用 InP DHBT 工艺实现了 40GHz 分频器、比较器和 W 波段的倍频器、混频器等系列芯片，为 W 波段系统的应用奠定了基础。

在 GaN 器件方面，国内建立了四条 GaN 功率器件研制线，研制出覆盖 C-Ka 波段系列内匹配器件和电路。X 波段和 Ka 波段器件输出功率密度分别达 17W/mm 和 3W/mm 以上；8～12GHz GaN MMIC 脉冲输出功率 20W，功率附加效率为 32%；15～17GHz GaN MMIC 脉冲输出功率 17W，功率附加效率为 27%；Ku 波段内匹配器件脉冲输出功率 20W，功率附加效率大于 25%；Ka 波段 MMIC 脉冲输出功率达到 3W，W 波段器件 fT 大于 174GHz、fmax 为 215GHz。上述器件和电路的技术指标已达到国际先进水平，但在可靠性方面尚存在一定的差距，目前处于样品阶段。目前国内已有企业推出了 6 英寸 GaN 外延材料和 2000V 高电压开关器件，在大面积 GaN 外延材料生长和增强型器件设计制造技术上与国际竞争对手的技术发展阶段相差较小。目前我国从事 GaN 材料研发和生产单位主要有：江苏能讯高能半导体有限公司和江苏能华半导体有限公司。

（二）关键基础材料的发展现状

目前，分立器件制造用硅材料、掩模、电子气体、工艺化学品、光刻胶、抛光材料、靶材、封装材料等在我国有一批相关的企业，我国同时拥有生产这些材料的有色金属、有机、无机化工产业基础以及矿产资源禀赋，基础产业较为完备，这是其他一些国家和地区的分立器件行业所不具备的优势。但是分立器件制造用材料的技术要求几乎接近其技术发展极限：品质管控要求要做到极致，产品价格还要做到具有经济性。这些材料产品无一例外的是各类材料的最高端，而我国企业相对于国外优势企业的短板就在于通向高端领域的综合实力不足，特别是在大尺寸硅片和化学试剂方面。

例如，焊锡是焊接型 IGBT 的关键材料，其品质直接影响器件的电特性和热特性，我国虽然是焊锡的生产大国，但是，由于 IGBT 对所用焊锡要求较高，国内的焊锡满足不了 IGBT 封装的要求，只好全部依赖进口。

（三）先进基础工艺的发展现状

上游行业发展状况对半导体分立器件行业的发展有着举足轻重的影响。首先，从上游行业来看，长期以来我国半导体制造业上游行业发展水平低下，严重制约了我国半导体制造业的发展，行业发展水平大大落后于国际先进水平。改革开放之后，随着全球发达经济体解除了一些关键装备对我国的出口限制，以及 20 世纪末国家适时出台的一系列鼓励半导体行业发展的政策，我国半导体制造业水平得到较大提升。尽管如此，我国半导体行业上游发展水平仍远远不能满足行业的发展要求，特别在外延及 CVD 设备、光刻机、干法工艺设备、金属化设备、离子注入设备、亚微米和深亚微米器件等方面与世界先进水平还存在相当大的差距。

由于大部分生产设备国内不能生产，而进口设备价格昂贵，为降低成本，国内半导体分立器件生产厂商绝大部分靠引进二手生产设备的方式建线，因此，国内半导体分立器件行业技术水平难以实现超越，这在很大程度上影响了我国半导体产业的发展。

例如，特定耐压指标的 IGBT 器件，芯片厚度也是特定的，需要减薄到 200～100um，甚至到 80um，然后再进行背面离子注入、金属化等工艺。现在国内晶圆一般只能减薄到 175μm，由于晶圆比较薄容易破碎，一般晶圆生产线的设备无法进行如此薄硅片的加工，需要专用的减薄设备。目前，国内大部分厂商的芯片减薄工艺达不到规定要求，导致国内高端 IGBT 器件的芯片主要依靠进口。

（四）共性基础技术的发展现状

尽管我国已经成为全球半导体分立器件产业的重要市场，但我国半导体分立器件的设计、制造能力还有待提高，我国半导体分立器件企业的生产条件和工艺技术大多仍停留在国外 20 世纪 90 年代水平，关键技术依旧掌握在少数国外半导体公司手中。目前，我国新型功率半导体器件尤其是 IGBT 产业还处于起步阶段，上下游的配套尚不完善。据统计，目前国内市场所需的高端半导体分立器件仍然依赖进口，缺乏核心技术将严重制约我国半导体分立器件产业的健康发展。

三、我国功率半导体分立器件制造基础产业的需求分析

（一）核心基础器件的需求分析

1. IGBT 芯片和模块

国内市场上，2010 年，我国 IGBT 行业市场规模超过 63 亿元；到 2013 年，我国 IGBT 行业市场规模达 122 亿元，增长率为 26%。目前国外供应商占到中国 IGBT 市场的 90% 以上的份额，国内前 10 大 IGBT 供应商均为国外企业，主要是日本和欧美品牌，包括英飞凌、三菱、FUJI、ABB、IR、飞兆等。其中，英飞凌 IGBT 芯片产量和收入位居全球市场首位，一些电力半导体厂家均从英飞凌购买 IGBT 芯片封装 IGBT 模块。英飞凌在国内的 IGBT 市场占据 13.3% 的份额。

国内供应商仅南车时代具有 IGBT 芯片设计、封装、测试的完整产业链，东光微电、

比亚迪电子、中环股份、台基股份等企业也已经在部分领域取得突破。而在节能减排的大背景下，IGBT 的国产化符合国家节能与新能源产业发展需求，未来必然大幅替代进口，这是巨大的市场空间。

新能源、高铁、电动汽车等绿色经济产业在未来十年甚至更长的时间里将保持每年 20%～30% 的高速增长，发展绿色经济成为全球各个主要经济体的共识。作为绿色经济的功率"芯脏"，IGBT 市场发展前景一片光明。

目前，国内还没有完全掌握 IGBT 芯片、封装、测试和应用全系列技术的厂商，大部分 IGBT 及其配套产品，尤其是高压大功率 IGBT 产品基本依赖进口，市场通常供不应求，在交货周期和采购价格上完全受制于国外公司，使我国电力电子装备产业存在潜在风险。国内 IGBT 企业需要在产品系列化和产品创新力方面不断提升，以便尽快建成我国 IGBT 全创新链与全产业链。

2. MOFET

国内市场上，2010 年，我国 MOSFET 行业市场规模超过 371 亿元；2013 年，我国 MOSFET 行业市场规模达 581 亿元，增长率为 17%。

从电压级别上看，电压小于 50V 的 MOSFET 产品需求量最大，而主要用于 AC/DC 的 600～800V 需求量次之。受到 CRT 电视和 CRT 显示器产量减少的影响，200～400V 产品需求量出现负增长。800～1000V 以及 1000V 以上的 MOSFET 产品主要应用在电力设备和工业控制领域中，由于其应用领域有限，市场需求量不大。

从封装结构上看，TO-220、SOT-23/TO-92/SC-70/SC-75、SO-8、DPAK 是需求量位于前四位的 MOSFET 封装形式。其 TO-220 主要应用在 AC/DC 中，而 SOT-23/TO-92/SC-70/SC-75、SO-8 由于其封装尺寸比较小，主要应用在消费电子领域以及笔记本计算机等计算机整机产品中。在主板产品中则主要采用了 DPAK 封装形式的 MOSFET 产品，LFPAK 则在显卡和主板中也有一定比例的应用。

随着节能高效意识的不断增强，MOSFET 产品应用将更加广泛。另外，受到 LCD TV 等新型产业快速发展的带动，2008—2010 年，中国 MOSFET 市场将继续保持快速增长态势。2008—2010 年，中国 MOSFET 市场需求量年均复合增长率为 18.5%。从各应用领域上看，2008—2010 年，电力设备领域需求量年均复合增长率为 26.5%，工业控制领域需求量年均复合增长率为 21.4%，计算机领域需求量年均复合增长率为 16.4%，汽车电子领域需求量年均复合增长率为 28.6%，网络通信领域需求量年均复合增长率为 8.5%，消费电子领域需求量年均复合增长率为 21.7%。从电压结构上看，计算机及消费电子领域 MOSFET 用量的增加将推动 LV MOSFET 市场发展，节能、高效产品需求的增长则推动 HV MOSFET 市场发展，未来 200V 以下的低压 MOSFET 仍将占据市场主流地位。

3. 微波功率器件

随着国内 4G 牌照的发放、4G 网络建设与无线通信应用的展开，市场对 4G 局端与终端设备、无线接收发射等的需求将快速增长，这将直接拉动国内通信设备制造业的发展，并带动对各类微波功率器件产品需求的增长。

就移动通信而言，砷化镓材料在功率放大器市场占 85%的市场占有率。2014 年全球手机销量达 16.3 亿只，81%在中国生产。未来随着 4G 手机渗透率的不断提升，手机用砷化镓元件还将不断增长。

由于砷化镓高频传输的特性，除了在手机应用中飞速成长外，平板电脑、笔记本电脑中搭载的 WiFi 模组、固定网络无线传输，以及光纤通信、卫星通信、点对点微波通信、有线电视、汽车导航系统、汽车防撞系统等，也分别采用 1~4 颗数量不等的功率放大器，这都是推动砷化镓材料成长的强大动力。

根据 Strategy Analytics 调查数据，2013 年全球砷化镓微波功率半导体市场总产值约为 64.7 亿美元（102 亿只器件），目前全球砷化镓和氮化镓半导体规模合计近百亿美元。我国已经是全球功率半导体最大消费市场，占到了全球一半的份额。

（二）关键基础材料的需求分析

1. 特种气体（砷烷、磷烷）

砷烷、磷烷是半导体工艺中的掺杂剂，对于必须使用离子注入掺杂的 MOSFET 和 IGBT，没有上述特种气体，器件的功能就根本不能实现。这两种特种气体国内不能生产，完全依赖美国进口。但二者均为剧毒，可用于制造化学武器，美国对砷烷、磷烷的出口控制及其严格。国家应把上述特种气体的国产化给予足够的重视。

2. 碳化硅单晶片（4~6 英寸）

碳化硅单晶片的质量在国际上也未完全解决，因此面积较大的芯片合格率很低，是阻碍碳化硅器件发展的重大障碍。国内目前虽有碳化硅的单晶片生产，但质量明显不及国外，需要国家支持碳化硅单晶生产企业进行质量攻关。

（三）先进基础工艺的需求分析

我国对分立器件制造设备，特别是外延及 CVD 设备、光刻机、干法工艺设备、金属化设备、离子注入设备等方面有着迫切的需求。

对 IGBT，区熔中子辐照硅晶圆是制造电力电子器的关键材料，技术难度大，全球区熔单晶硅制造商很少，IGBT 器件用 8 英寸区熔中子辐照硅晶圆技术难度更大，只有日本信越公司、德国 Siltronic 公司可批量提供 8 英寸区熔单晶硅片，但满足不了 IGBT 器件生产的需求，我国急需掌握中子辐照区熔硅制造工艺。

（四）共性基础技术的需求分析

我国需要提高半导体分立器件的设计、制造和测试、试验能力。我国半导体分立器件企业的生产条件和工艺技术大多仍停留在国外 20 世纪 90 年代水平，关键技术依旧掌握在少数国外半导体公司手中。目前，我国新型功率半导体器件尤其是 IGBT 产业还处于起步阶段，上下游的配套尚不完善。

此外，功率器件所需的测试和试验技术要求高于普通的分立器件。国内研制单位很多缺少必要的测试和试验设备。例如，对功率器件，其芯片面积较大，器件工作时受热膨胀，由于芯片的热膨胀系数与焊锡和底座的热膨胀系数存在一定的差异，芯片与底座间存在一定的拉伸应力。要评价器件芯片承受通、断电带来的内部机械应力的能力，就需要对器件进行间歇工作寿命试验。器件的功率越大，对间歇工作寿命试验台的要求就要越高，国内很多单位缺少必要的间歇工作寿命试验台，不能评价和考核器件的间歇工作寿命。

四、我国功率半导体分立器件制造基础产业的发展趋势

半导体分立器件仍有很大的发展空间。半导体分立器件通常总是沿着功率、频率两个方向发展，发展新的器件理论、新的结构，出现各种新型半导体分立器件，促进电子信息

技术的迅猛发展。

（一）核心基础器件的发展趋势

1. IGBT 芯片和模块

目前，我国已成为全球最大的功率半导体器件消费市场。仅 2009 年功率半导体器件市场规模达到 1215.3 亿元，预计今后 5 年仍将有约 8%的平均增长。根据历史数据，功率 IGBT 模块的市场销售总额占整个功率半导体市场的 10%左右，但整个 IGBT 市场大部分由国外厂商占据。其中 IGBT 芯片完全依赖进口，关键技术被国外大公司垄断，国内难以实现突破，成本难以降低。在轨道交通、电动汽车、工业传动等领域，目前主要被国外的 ABB、英飞凌和三菱所占据，国内 IGBT 产品还处在起步阶段，1200V 以下产品开始有小批量国内封装的产品入市，开始尝试在电动汽车和城轨车辆上批量应用，但在轨道交通用高压大电流 IGBT 模块基本被外国品牌垄断。国内缺少 IGBT 的产业化设计、生产、封装、测试和可靠性试验等一套完整的技术，离掌握大功率 IGBT 技术还有很长一段路。IGBT 的主要供应方为德国和日本，目前我国部分厂商也已开始研发并生产 IGBT，未来 IGBT 的国产化，将使得变频器的主要原料成本存在下降空间。

2. MOSFET

宽禁带功率（电力电子）器件是用宽禁带半导体材料，如 SiC（碳化硅）、GaN（氮化镓）晶圆制造的，具有阻断电压高、工作电流大、工作温度高、抗辐射好等性能优势，其性能远高于目前使用的硅器件。其节能效果更为突出，有望使人类进入绿色能源时代，将为电力电子技术带来革命性的巨变，主导电力电子领域的发展。美国、日本、欧洲将宽禁带材料和器件的研发作为国家重点科技和产业项目。

MOSFET 是一种场控晶体管，具有输入阻抗高、驱动功率小、开关频率高的特点，有显著的节能效果，在中小功率工业和家电行业有广泛的用途，其市场远远高于 IGBT。国外主要厂商有英飞凌、仙童、IR、东芝、富士等公司，目前国内可以生产少量低档产品，但主要市场被国外占据，高端芯片（如超级结的 MOSFET）绝大部分依赖进口。

3. 微波功率器件

随着以砷化镓为代表的第二半导体材料的成熟和以碳化硅、氮化镓为代表的第三代半导体材料的发展，微波功率器件的发展进入了新的阶段。微波功率器件将向着输出功率增大、工作频率变高、工作结温提高的方向发展。

4. 封装技术向小型化片式方向发展

半导体分立器件封装技术的发展趋势仍以片式器件为发展方向，以适应各种电子设备小型化、轻量化、薄型化的需要。封装形式的发展，一是往小型化方向发展，由常用的SOT-23、SOD-123型向尺寸更小的，如SOT-723/923、SOD-723/923、DFN/FBP1006等封装形式发展；二是片式小型化向功率器件方向延伸，从1W功率的SOT-89一直到功耗10W的TO-252以及功率更大的大功率封装，如TO-247、TO-3P等；三是另一类则为更大尺寸、更大体积以满足各类更大功率的新型电力电子封装，如全压接式大功率IGBT及各类模块封装等。

（二）关键基础材料的发展趋势

1）砷化镓材料

砷化镓材料作为硅材料之后的半导体材料，已进入了高速发展事件。国际上，GaAs单晶材料正向大直径、高质量、大批量生产化发展。

2）碳化硅单晶

碳化硅单晶的尺寸由4英寸向6英寸发展。

3）氮化镓材料

目前市面上一般有三种材料可作为氮化镓衬底蓝宝石衬底、硅衬底和碳化硅衬底。

蓝宝石衬底。氮化镓基材料和器件的外延层主要生长在蓝宝石衬底上。蓝宝石衬底有许多的优点：首先，蓝宝石衬底的生产技术成熟、器件质量较好；其次，蓝宝石的稳定性很好，能够运用在高温生长过程中；最后，蓝宝石的机械强度高，易于处理和清洗。因此，大多数工艺一般都以蓝宝石作为衬底。

硅衬底。目前有部分LED芯片采用硅衬底。因为硅是热的良导体，所以器件的导热性能可以明显改善，从而延长了器件的寿命。

碳化硅衬底。采用这种衬底制作的器件的导电和导热性能都非常好，有利于做成面积较大的大功率器件。碳化硅衬底的导热性能要比蓝宝石衬底高出10倍以上。但是相对于蓝宝石衬底而言，碳化硅制造成本较高，实现其商业化还需要降低相应的成本。

（三）先进基础工艺的发展趋势

半导体分立器件发展初期，封装形式为金属、陶瓷等气密封装。随着塑封工艺的持续改进，塑封器件的可靠性已完全满足工业、汽车、消费类应用的需求。除少数大功率器件仍为金属、陶瓷封装外，大部分分立器件已改为塑料封装。塑料封装技术利于自动化、大批量生产。

（四）共性基础技术的发展趋势

信息产业数字化、智能化、网络化的不断推进，新材料（如氮化镓、氮化铝、碳化硅、锗化硅、锑化物、金刚石、有机材料等）和新技术（如微纳米、MEMS、碳纳米管等）的不断涌现，都将对半导体分立器件未来的发展产生深远的影响，将会从不同的侧面促进半导体分立器件向高频、宽带、高速、低噪声、大功率、大电流、高线性、大动态范围、高效率、高亮度、高灵敏度、低功耗、低成本、高可靠性、微小型等方面快速发展。

半导体分立器件未来的发展将会呈现以下几个特点。

（1）新型半导体分立器件将不断呈现，在替代原有市场应用的同时，还将开拓出新的应用领域。

例如，日本富士通开发出世界上第一只绝缘栅 GaNHEMT，输出功率在 100 W 以上。这种器件适用于下一代移动通信基站。英特尔开发出一种"三闸晶体管"，据称比 IBM 提出的使摩尔定律得以延续的碳纳米管解决方案好，因为这种晶体管与当前 65nm 工艺生产的晶体管相比，速度提高 45%，耗电量减少 35%，而且和 CMOS 工艺兼容。美国 Cree 公司开发出用于移动 WiMAX 用途的新的高功率 GaN RF 功率晶体管，在 40V、3.3GHz 下峰值脉冲输出功率达到 400W。又如，西铁城电子开发成功了可输出 245lm 光束的世界上最亮的白色发光二极管，发光效率与荧光灯的发光效率基本相同，准备用于照明设备和汽车前照灯等。

（2）为了使现有半导体分立器件能适应市场需求的快速变化，采用新技术，不断改进材料、结构设计、制造工艺和封装等，提高器件的性能。

例如，VishayIntertechnology 开发出一种双面冷却新型封装的功率 MOSFET，降低了热阻、封装电阻和封装电感，从而实现了更高效、更快速的开关功率 MOSFET。又如，飞思卡尔为了降低无线通信基站放大器的成本，推出了超模压塑料封装大功率 LDMOS。

（3）模块化。电子信息系统的小型化，甚至微型化，必然要求其各部分，包括半导体分立器件在内尽可能小型化、微型化、多功能模块化、集成化，有一部分半导体分立器件的发展可能会趋向模块化、集成化。例如，Semikron 与 ST 正在采用封装级集成技术为工业设备、消费类产品和汽车电子合作开发大功率模块，将 IGBT、MOSFET、ESBT（发射极开关双极晶体管）、二极管和输入电桥整流器集成组装在一个封装内，降低了分立解决方案的组件数量和电路板空间，同时又具有出色的连通性和内在的可靠性，满足了市场对功率平台的更高集成度和可靠性日益增长的需求。

五、典型案例分析

全球主要的半导体功率器件厂商的经营模式基本可以分为两类：（1）集成整合模式（IDM），业务涵盖设计、制造、封装、测试到对外销售的整个流程；（2）专业化分工模式（也叫虚拟 IDM 模式），如专门从事设计的 Fabless 模式和专门从事芯片代工的 Foundry 模式。下面就 IDM 模式和虚拟 IDM 模式的典型代表南车时代电气和嘉兴斯达半导体股份有限公司进行相关案例介绍。

（一）南车时代电气

作为我国最早开展电力电子器件研制与应用的企业之一，早在 1964 年，南车株洲所（以下简称株洲所）就利用硅整流器代替传统的水银整流管，应用到"韶山"电力机车上，开启了中国轨道交通装备的电力电子时代。经过 50 年的不懈努力，株洲所以晶闸管为代表的传统电力电子器件的技术相当成熟，曾开发出世界上第一只特高压直流电用 6 英寸高压晶闸管，打破了此前跨国公司在此市场的长期垄断。

为了在最为先进的 IGBT 领域尽快追赶世界一流步伐，早在 20 世纪 90 年代，株洲所就开始该项技术的理论研究，培养了一批高技术人才，在 IGBT 产品应用技术积累了丰富的经验。

2005 年 9 月，株洲所联合其他发起人设立南车时代电气，并将与电力电子器件研制与应用相关的业务与资产等注入至公司。

2008 年，公司成功并购英国丹尼克斯半导体公司，以"资金"换"时间"，实现公司在 IGBT 领域的第一次跨越；2009 年年底，公司在株洲建成国内首条高压 IGBT 模块封装线，首次实现高压大功率 IGBT 模块的国产化。截至目前，IGBT 模块已应用到轨道交通、智能电网等领域，年生产规模近 6 万只。

2010 年，公司在英国成立中国企业首个海外功率半导体研发中心，开展新一代功率半导体前沿技术和共性技术研究，着重开发新一代高功率 IGBT 芯片及其模块产品；2012 年 5 月，株洲所投资 15 亿元，建设国内第一条 8 英寸 IGBT 专业芯片线。2014 年 3 月，公司与株洲所订立备忘录，内容涉及有关大功率 IGBT 生产线的试运行使用权及租赁或购买 IGBT 生产线的权利，以进行大功率 IGBT 相关的业务。通过资本运作和自主创新相结合的方式，公司迅速掌握了 IGBT 芯片设计及封装成套关键技术与工艺，成为国内唯一自主掌握集 IGBT 芯片、模块、组件、应用全套技术的企业。

2014 年 7 月，南车时代电气的这条 8 英寸 IGBT 专业芯片线正式投产。这条 IGBT 芯片线在沟槽技术、高能离子注入、超薄片加工、激光退火与铜金属化工艺等关键技术的运用方面都走在了国际前列。一是工艺技术从丹尼克斯半导体公司现有的 6 英寸跨越到国际最先进的 8 英寸技术，实现芯片超薄片加工技术的突破；二是从目前平面栅工艺全面升级到沟槽栅技术，从而进一步提高芯片的技术指标；三是完成当前主流的铝金属化工艺到主宰未来的铜金属化工艺的技术升级，从而进一步提升产品的可靠性水平与产业的核心竞争力。

该项目将实现年产 12 万片 8 英寸 IGBT 芯片，配套生产 100 万只 IGBT 模块，年产值可达约 20 亿元。此条生产线全面建成投产，将大幅提升国内 IGBT 产品的技术水平和生产能力，打破国外高端 IGBT 芯片的市场垄断局面。

（二）嘉兴斯达半导体股份有限公司

嘉兴斯达半导体股份有限公司（以下简称"嘉兴斯达"）成立于 2005 年 4 月，是一家由归国留学生为主要技术骨干，专业从事 IGBT 芯片、模块研发和生产的国家级高新技术企业，总部设于浙江嘉兴，注册资金 1.2 亿元，投资 4 亿元以上，目前已成长为国内产量最大的 IGBT 厂家。根据 2014 年国际著名半导体领域研究及咨询公司 IHS Research 对全球功率半导体领域的市场报告，嘉兴斯达在 IGBT 模块领域的市场占有率占全球第 13 位，在国内为第 6 位，是国内 IGBT 领域的最大的国产厂家。

公司在全球拥有 360 多位员工（其中科研人员 100 多名），建立了一支知识密集、专业搭配合理、技术力量雄厚，且极具创新意识、创新激情和创新能力的人才队伍。目前公司主要技术骨干均来自美国麻省理工学院、英国剑桥大学、浙江大学、美国斯坦福大学等国际知名高校毕业的博士或硕士，在 IGBT 芯片和模块领域有 5～12 年的研发和生产经验。同时，公司还建立了 IGBT 芯片和模块设计中心，建设了完备的产品实验室、动态实验室，购置了先进的 IGBT 芯片、模块设计和热分析模拟软件，可实现 IGBT 模块产品的性能和动态测试、IGBT 模块工况模拟测试等。此外，公司也十分重视技术人员的培养，与浙江大学、中科院电工所等科研机构和企业建立了紧密的产学研合作联盟。根据国家专利局 2012 年对 IGBT 领域专利的调查报告，公司在 IGBT 领域获得的专利数为全国第一。

公司现已建成 3500 多平方米的万级无尘车间和世界一流的 IGBT 模块生产线，具备年产 300 万只 IGBT 模块的能力，是目前国内 IGBT 芯片和模块产能最大的企业，拥有雄厚的专业化实力。经过多年发展，公司已成功开发 400 多种 IGBT 产品，电压等级涵盖 100～3300V，电流等级涵盖 10～3600A。产品已被成功应用于变频器、逆变焊机、UPS、太阳能风力发电等领域。公司开发的 450A/600V、600A/650V 车用 IGBT 功率模块已给多家电动汽车厂家配套，运行效果良好。

嘉兴斯达经过多年的自主研究发展，打破了国内空白，实现了 IGBT 芯片和模块的产业化。根据 2014 年国际著名半导体领域研究及咨询公司 IHS Research 对全球功率半导体领域的市场报告，嘉兴斯达在 IGBT 模块领域的市场占有率占全球第 13 位，在国内为第 6 位，是国内 IGBT 领域的最大的国产厂家。公司每月生产各类 IGBT 模块共 25 万个以上，年产 300 万个以上，2015 年产值有望达到 6 亿元。

公司在浙江海宁专门成立了浙江谷蓝，专门从事 IGBT、FRD、MOSFET 的芯片和模块的研发、设计，在上海先进公司和华虹宏力公司的 6 英寸和 8 英寸线上进行芯片代工生产。为保证芯片背面工艺的加工，投入 2000 多万背面加工设备安装在上海先进公司。目前每月 2500 多张 IGBT 晶元，是国内采用虚拟 IDM 模式的成功典范。

为把握国家与上海市新能源汽车产业发展相关政策机遇，紧紧抓住产业大发展的有利时机，嘉兴斯达受上海市政府邀请，于 2013 年 1 月在上海市嘉定区新能源汽车及关键零部件产业园成立了专业研发生产车用功率模块和汽车电子的全资子公司上海道之，将目前嘉兴斯达在车用 IGBT 领域的技术部分转让到上海道之。注册资本 5000 万元，总投资近 3 亿元。上海道之位于嘉定区外冈镇新能源汽车与关键零部件产业园内，占地 30 亩。上海道之采用自主研发技术，新增国内外先进工艺设备，继续改进并开发新一代的符合市场需求 IGBT 芯片和模块，潜心打造车用功率半导体国家研发中心和产业基地。

为推进嘉兴斯达的集团化及国际化，与国际电力电子同台竞技，2014 年 5 月，嘉兴斯达成立斯达欧洲公司，总部设在瑞士 Cadenazzo，并在德国纽伦堡设立研发中心。斯达欧洲公司总裁 Peter Frey 于 1991 年加入全球功率半导体巨头赛米控（Semikron），相继担任过赛米控集团总裁、赛米控全球销售总裁及董事会成员等职务，负责赛米控集团的生产、技术和销售。2014 年加入嘉兴斯达半导体股份有限公司，担任斯达欧洲公司总裁。斯达欧洲研发中心主任 Christian Kroneder 在 IGBT 领域有着 19 年的丰富经验。在 2014 年加入斯达欧洲公司前，Kroneder 先生为赛米控公司（Semikron）研发部主管，主要负责 IGBT、碳化硅、整流模块等产品的研发和技术转让。

六、我国功率半导体分立器件制造业强基发展重点

（一）核心基础器件的发展重点

1．IGBT 芯片、FRD（续流二极管）和模块

（1）主要技术参数或性能指标：最高耐压、最大电流。

（2）应用产品及市场需求预测（2025 年）：主要应用在电动汽车、火车机车、太阳能发电、风能发电以及各类消费类电子产品中。

2．微波功率器件

（1）主要技术参数或性能指标：功率增益、效率、输出功率等。

（2）应用产品及市场需求预测（2025 年）：主要应用在卫星通信、移动通信基站和移动电话中。

3．功率 MOSFET

（1）主要技术参数或性能指标：击穿电压、放大倍数等。

（2）应用产品及市场需求预测（2025 年）：应用在各类消费电子产品中。

（二）关键基础材料的发展重点

1．碳化硅（SiC）材料

碳化硅（SiC）是第三代半导体材料，碳化硅的绝缘破坏电场强度是传统硅器件的 9

倍多，因此使用碳化硅工艺生产的功率器件导通电阻更低，芯片尺寸更小。此外相比普通硅功率器件，碳化硅器件的工作频率更高，还能够耐受更高的环境温度，可以用作氮化镓晶圆的衬底材料，而氮化镓器件是微波功率器件的发展方向。

碳化硅基电力电子器件使高铁电器系统降低能耗 20%、体积缩小 60%，使电器系统体积缩小 75% 以上，使智能电网、HVDC 的损耗降低 30% 以上；使大功率照明芯片可节能 80% 以上，寿命长达 50000 小时；显著提高信号传输效率，确保信号传输的安全及稳定性。

目前，碳化硅材料的发展尚未成熟。虽然 2010 年日本罗姆公司宣布量产碳化硅功率MOSFET，美国 Cree 公司随后也宣布量产 1200V 碳化硅功率 MOSFET，但是采用碳化硅材料作为芯片的器件尚未实现大规模商用化，主要的原因与碳化硅这种材料的特性有关，由于碳化硅材料较传统硅材料硬度高很多，因此在生成晶体的时候就容易出现缺陷，此外过硬也会导致生成晶体的速度变得很慢，晶圆的尺寸也做不大，现在只能做到 6 英寸。合格率低与生产速度慢，导致碳化硅的价格偏高。碳化硅功率 MOSFET 性能较硅基 IGBT更优，但高昂的价格使其在较长时期内难以取代 IGBT。目前碳化硅工艺发展面临最大的问题就是如何解决由于材料过硬导致的高昂成本。

国外碳化硅晶圆的厂商是 CREE、II-VI、Dow Corning、罗姆、SiCrystal、新日铁等公司，主要生产 4 英寸和 6 英寸零微管无位错的晶圆，占据了全球绝大部分市场份额。

我国的碳化硅单晶生长研究起步较晚，与国际先进水平差距较大，有 2～4 英寸高品质碳化硅晶圆，6 英寸碳化硅晶圆的研发已起步。我国市场需求以 4 英寸为主流，2 英寸、3 英寸碳化硅单晶衬底逐步被市场淘汰，目前我国 4 英寸碳化硅单晶衬底主要依赖进口。

2. GaN 晶圆

宽禁带半导体材料氮化镓具有优良的物理特性，可以用来制造各种高电压、高频率、高温器件，开辟硅器件难以胜任的全新应用。氮化镓材料主要应用集中电力电子器件、射频微波器件、LED 照明三大领域。碳化硅宽禁带半导体材料主要用于制造 2000V 以上的器件，氮化镓主要用于制造 2000V 以下的器件。氮化镓晶圆是用碳化硅或硅作为衬底外延生成而成，同时在外延时制造器件。

3. 覆铜板

DBC 技术主要是一种基于氧化物特别是氧化铝陶瓷基板发展起来的陶瓷表面金属化技术。陶瓷覆铜板有氮化铝基陶瓷覆铜板和氧化铝陶瓷覆铜板，是 IGBT 功率模块中芯片与散热衬底间关键材料，具有优良的绝缘性能和优良的导热性能。

日本东芝公司已研制出了氮化铝直接覆铜板，并用于 IGBT 模块的封装中；美国的 IXYS 公司、德国的 Curamik 电子公司均自行研制出各种规格的 AlN-DBc 电子封装基板，用于大功率电力电子器件中，且已基本形成工业化生产。

国内氮化铝陶瓷基片以及金属化技术仍处于研究阶段。目前，国内 AlN-DBC 电子封装基板已可小批量供应，但发展一直缓慢，生产能力远远无法满足发展的需要。且国内开发、生产的 AlN-DI 电子封装基板性能很不稳定，因而无法做到大批量工业化生产。进行大量的相关基础理论研究、优化工艺条件是我们达到国际水平、实现工业化生产的基础，同时也是我国电子封装基板发展的关键。

4. IGBT 封装用铝碳化硅散热基板

铝碳化硅复合材料具有高导热性、热匹配（CTE）可调性、低密度，高比强度、高比刚度的特点，是理想的电子封装材料，特别在大功率电力电子器件，如 IGBT 模块及航天领域电子器件封装中具有明显的优势。

国外生产铝碳化硅复合材料的气密封装产品，以满足军事和航天器件设备的需求，主要厂商有美国 TTC、CPS、AFT，日本的 DENKA 等公司。

5. 平板全压接大功率 IGBT 多台架精密陶瓷结构件

精密陶瓷结构件是制造平板全压接大功率 IGBT 的封装关键部件，IGBT 芯片的无应力压接式封装，解决了焊接 IGBT 单面散热和热疲劳的技术难题，提高了 IGBT 在高压（≥1700V）大功率（≥800A）变流领域的可靠性。在高压直流输电、轨道交通、大功率电源、新能源开发等领域有广泛的用途。

目前，新型平板全压接大功率 IGBT 器件几乎完全依赖进口，国内与之配套的多台架精密陶瓷管壳只有江阴市赛英电子有限公司生产，其产品已供株洲南车时代电气股份有限公司、北京新创椿树有限公司使用，并为欧美客户小批量供货。

6. 焊接型 IGBT 封装用焊锡

焊锡是焊接型 IGBT 的关键材料，其品质直接影响器件的电特性和热特性，由于国内的焊锡满足不了 IGBT 封装的要求，只好全部依赖进口。

（三）先进基础工艺的发展重点

1. 绿色制造工艺

（1）主要技术参数或性能指标：在制造过程中实现低物耗、低能耗、低排放，对环境影响最小、资源能源利用率最高、人体健康与社会危害最小，并使企业经济效益与社会效益协调优化。

（2）应用产品及市场需求预测（2025年）：随着经济发展与资源环境之间的矛盾日益凸显，实现绿色制造的产品将获得更好的政策适应性、成本优势及社会认可度，市场需求极大。

关键技术（技术难点）：①资源节约技术；②能源节约技术；③低排放技术。

研发和产业化目标：到2025年，绿色制造技术在我国消费电子制造业全产业链得到广泛应用。

上下游环节（材料、应用产品、技术基础）涉及的技术基础：①绿色制造工厂评价技术；②绿色数据平台（含基础数据库）。涉及的材料、应用产品：①实现有害物质替代或减量的电子专用材料；②实现生态设计及绿色制造的电子元器件。

2. 生态设计工艺

主要技术参数或性能指标：在产品设计过程中实现全生命周期的资源节约与环境保护，包括材料选择、节能降耗设计、减少或消除环境有害物质、清洁生产、延长产品使用寿命、可资源化设计、产品包装、减少产品使用过程中影响人体健康的有害排放等。

应用产品及市场需求预测（2025年）：随着经济发展与资源环境之间的矛盾日益凸显，采用生态设计工艺的产品将获得更好的政策适应性、成本优势及社会认可度，市场需求极大。

关键技术（技术难点）：①节能降耗设计；②有害物质替代或减量化；③清洁生产技术。

研发和产业化目标：到2025年，生态设计技术在我国消费电子制造业全产业链得到广泛应用。

涉及的技术基础：①产品生态设计评价技术；②绿色数据平台（含基础数据库）；涉及的材料、应用产品：①实现有害物质替代或减量的电子专用材料；②实现生态设计及绿色制造的电子元器件。

3. 先进的设计工艺

我国自产的 IGBT 芯片技术还基本采用国际上 20 世纪 80 年代末期推出的 NPT-IGBT 技术，其后国际上出现了更先进的产品，如沟槽栅 FS-IGBT、表面载流子浓度增强 IGBT 等，我国还没有开发成功或者还没有开始开发。

4. IGBT 芯片减薄工艺

特定耐压指标的 IGBT 器件，芯片厚度也是特定的，需要减薄到 $200\sim100\mu m$，甚至到 $80\mu m$，然后再进行背面离子注入、金属化等工艺。现在国内晶圆一般只能减薄到 $175\mu m$，由于晶圆比较薄容易破碎，一般晶圆生产线的设备无法进行如此薄硅片的加工，需要专用的减薄设备。

5. IGBT 芯片的背面工艺

背面工艺（包括了背面注入、退火激活、背面金属化等工艺步骤，由于正面金属的熔点的限制，这些背面工艺必须在低温下进行（不超过 450℃），退火激活这一步难度极大。背面注入以及退火工艺技术难度高。

6. IGBT 用区熔硅单晶中子辐照技术

区熔中子辐照硅晶圆是制造电力电子器的关键材料，技术难度大，全球区熔单晶硅制造商很少，IGBT 器件用 8 英寸区熔中子辐照硅晶圆技术难度更大，只有日本信越公司、德国 Siltronic 公司可批量提供 8 英寸区熔单晶硅片，但满足不了 IGBT 器件生产的需求。

我国 IGBT 器件用 8 英寸区熔中照硅晶圆全部依赖进口，现有只天津环欧公司一家在开发该产品。

7. 深沟槽刻蚀技术、多层外延技术

要提高 MOSFET 的性能，除了从碳化硅等新材料入手外，还可以从新结构方面入手。目前，国际上较先进的结构是超结结构，可以实现较低的通态电阻，降低器件自身的损耗。深沟槽刻蚀填充工艺是超级结大功率 MOSFET 技术中面临的一个业界难题，国内目前已

能刻蚀深度达到 40μm、宽度小至 5μm 的深沟槽，并通过多层外延将该沟槽填充。

（四）共性基础技术的发展重点

1. 功率器件的测试技术及测试手段

国外半导体分立器件厂商比较重视产品的测试技术，包括电特性的测试、机械和环境试验以及寿命试验。由于功率器件测试所需要的测试电压高、测试电流大，功率型器件的测试能力和设备成本高，国内大部分半导体分立器件厂商及第三方测试机构的测试能力不够，加之测试技术不成熟，不能满足功率器件的质量和可靠性测试的需求。

2. 功率半导体器件晶圆加工设备

国内功率器件晶圆加工基础较差，需要提高光刻机、匀胶显影机、离子注入机等晶圆加工设备的加工精度。

七、措施和建议

1. 先进经营模式

全球主要的半导体功率器件厂商的经营模式基本可以分为两类：（1）集成整合模式（IDM），业务涵盖从设计、制造、封装、测试到对外销售的整个流程；（2）专业化分工模式（也叫虚拟 IDM 模式），如专门从事设计的 Fabless 模式和专门从事芯片代工的 Foundry 模式。这两种模式各有特点，相互补充，相互依存。

我国中车株洲时代电气股份有限公司投资 14.1 亿元建成了国内首条国际第二条的 8 英寸芯片生产线，2014 年 6 月投产，是以 IDM 模式生产 IGBT 的代表。嘉兴斯达半导体股份有限公司投资 4 亿元，于 2007 年建立自主设计封装线，在华虹宏力 8 英寸线和上海先进 6 英寸线上外加工芯片生产 IGBT，是以虚拟 IDM（外加工）模式生产 IGBT 的代表。

众所周知，晶圆生产线投产后，为保证产品质量的一致性，一般是要连续运转的，即空气净化、去离子水等系统连续运转，炉温也要保持在一定温度，其运行成本非常高昂。要保证晶圆生产线的连续运转，必须维持一定的产量。

以株洲时代电气为例，该公司 8 英寸 IGBT 晶圆生产线的产能为每年 12 万片，能够封装 100 万只 IGBT 模块。仅靠国内机车市场是无法消耗如此之大的产能的。

因此，建议鼓励生产厂家研究并改进生产模式进行。例如，对株洲时代电气，可鼓励该公司采取 IDM 模式生产电压 1700V 以上的高端芯片，并进行封装和销售；对用于空调、微波炉等消费电子领域的低端 IGBT 芯片，可以采取虚拟 IDM 模式，为其他封装厂商提供芯片，从而维持生产线的运转，又不与自己的拳头产品形成竞争。

按照客户的需求为客户设计芯片或按客户设计的芯片进行生产，需要在对工艺参数具备足够了解的基础上对生产工艺进行调整，也需要较高的技术含量。

因此，建议国家出台相关政策，引导大型龙头企业开放自己的部分生产线为其他企业代工生产；同时在政策上引导、鼓励封装企业采用国产的芯片生产器件。

2．高端技术人才的培养

IGBT 的设计与集成电路的设计是不同的。集成电路的工艺在制造厂都有现成的标准，整个工艺流程都是锁定的，集成电路设计工程师只需要根据电路设计版图就可以了。也就是说只要版图没有问题，制造出来的芯片就没有问题。IGBT 则不同，制造厂里虽也有些流程，但这些流程对于器件设计工程师来说是开放的。也就是说 IGBT 的设计需要改变版图和工艺制程来优化器件性能。对于制造厂来说，工艺不锁定，制造出来的芯片的结果就更难预料了。这就是为什么集成电路设计工程师可以在不懂工艺的条件下设计芯片，而 IGBT 设计工程师必须非常精通每一个单步工艺。所以 IGBT 设计工程师一方面需要扎实的理论基础，另一方面还需要丰富的经验。

半导体行业最核心的资源是高端技术人才。长期以来，由于半导体行业基本被国外跨国公司所垄断，因此行业的顶尖人才也聚集在这些公司，重大的技术创新和发明均出自国外。而我国由于以往基础条件差，缺乏高素质人才成长的设施条件，掌握行业领先科技的高端人才严重缺乏，创新能力严重不足。

因此，建议出台支持分立器件企业引进科技人才、培养人才（包括但不限于海归）的政策措施，促进科技创新能力赶超国际先进水平。

附　图

		现状	至 2020 年	2020—2025 年
技术趋势		功率器件向大功率、高电压方向发展。微波功率器件向高频、大功率方向发展		
先进基础工艺	IGBT	实现先进的 IGBT（槽栅 FS-IGBT、表面载流子浓度增强 IGBT）的设计和制造能力。 实现 8 英寸区熔中照硅晶圆的国产化。 芯片剪薄达到 80μm 的能力。		
	MOSFET	实现新结构的 MOSFET 的设计和制造能力		
	微波功率器件	实现新材料和新结构的微波功率器件的设计能力		

附图 1　先进基础工艺的发展路线图

		现状	至 2020 年	2020—2025 年
功率器件制造配套用配套材料	发展瓶颈	关键原材料需要进口，制约了我国功率器件全产业链的发展。		
	发展目标	实现碳化硅材料的国产化；实现氮化镓晶圆的国产化；实现覆铜板的国产化；实现 IGBT 封装用铝碳化硅散热基板的国产化；实现平板全压接大功率 IGBT 多台架精密陶瓷结构件的国产化；实现焊接型 IGBT 封装用焊锡的国产化。		
	发展重点	碳化硅材料； 氮化镓晶圆； 覆铜板； IGBT 封装用铝碳化硅散热基板； 平板全压接大功率 IGBT 多台架精密陶瓷结构件； 焊接型 IGBT 封装用焊锡。		
	实现路径	通过产学研相结合的方式，促进功率器件制造用配套材料的研究及产业化。		

附图 2　功率器件制造业先进基础材料的发展路线图

		现状	至 2020 年	2020—2025 年
功率器件	IGBT	向高电压、大电流方向发展，在轨道交通、智能电网、电动汽车、风力和太阳能发电领域占据主导地位。		
	MOSFET	向新结构（超结 MOSFET）、新材料（碳化硅）方向发展，通态电阻和自身功耗逐步减小。		
	微波功率器件	硅基微波功率器件为主，砷化镓微波功率器件所占比例逐步上升。		砷化镓微波功率器件为主，氮化镓微波功率器件所占比例逐步上升。

附图 3　功率器件制造业核心基础元器件的发展路线图

附 表

附表 1 核心基础零部件/元器件发展重点

序号	核心基础零部件/元器件发展重点
1	IGBT 芯片、FRD（续流二极管）和模块功率
2	微波功率器件
3	MOSFET

附表 2 关键基础材料发展重点

序号	关键基础材料发展重点
1	碳化硅材料
2	氮化镓晶圆
3	覆铜板
4	IGBT 封装用铝碳化硅散热基板
5	平板全压接大功率 IGBT 多台架精密陶瓷结构件
6	焊接型 IGBT 封装用焊锡

附表 3 先进基础工艺发展重点

序号	先进基础工艺发展重点
1	绿色制造工艺
2	生态设计工艺
3	先进的设计工艺
4	IGBT 芯片减薄工艺
5	IGBT 芯片的背面工艺
6	IGBT 用区熔硅单晶中子辐照技术
7	深沟槽刻蚀技术、多层外延技术

课题组成员名单

赵　波　中国电子技术标准化研究院院长

肖向锋　中国 IGBT 技术创新与产业联盟秘书长

王宝友　中国电子技术标准化研究院基础产品中心主任

李　博　中国电子技术标准化研究院基础产品中心高级工程师

张　秋　中国电子技术标准化研究院基础产品中心高级工程师

陶伶俐　中国电子技术标准化研究院产业发展研究中心主副任

段炎斐　中国电子技术标准化研究院产业发展研究中心工程师

谢小可　中国电子技术标准化研究院产业发展研究中心工程师

公　静　中国电子技术标准化研究院产业发展研究中心高级工程师

祁　麟　中国电子技术标准化研究院产业发展研究中心工程师

周　航　中国电子技术标准化研究院产业发展研究中心工程师

领域课题 11

轻工制造业
强基战略研究

摘　　要

　　轻工制造业是我国国民经济重要的民生产业和具有国际竞争力的优势产业。按国家标准《国民经济行业分类》（GB/T4754—2011），并依据轻工业行业管理历史沿革及其现行行业管理范围，轻工制造业由九个大类行业和 23 个中小类行业组成。根据国家统计局、海关和轻工业联合会发布的 2013 年数据，可以说明轻工制造业具有五个主要特征：

　　一是满足内需型，涵盖食品、穿戴、日用、文教、娱乐等各个生活要素。轻工制造业总产值为 20.3 万亿元，约占全国工业总产值的 19.7%。二是出口导向型，出口额为 5583 亿美元，约占全国外贸出口总额的 25.3%。三是就业支柱型，规模以上企业吸纳了约 2000 万从业人员，全行业超过 3500 万，估算占全国工业从业人数的 1/4。四是三农服务型，70% 的行业、50%的产值来源于对农副产品深加工及其废弃资源的利用，大力发展轻工制造业是解决三农问题的重要手段。五是产业集群型，轻工制造业特色区域和产业集群达 400 多个，其产值占轻工制造业总产值约 30%，形成了新的竞争优势。

　　改革开放 30 多年来，轻工制造业实施"市场化、国际化"发展战略，取得了举世瞩目的成就。在不断提升产品档次和质量的基础上，几乎所有大宗轻工产品的全球市场份额居第一位。然而多数行业产品结构不适应消费升级需求，处于中、低水平，同质化现象较为严重，并且制造过程中的资源消耗、污染物排放指标等方面离国际先进水平差距较大，处于缩小差距速率的拐点后区间。究其根源，主要是部分行业的关键基础材料主要依赖进口，多数行业的关键基础材料虽为国产，但其性能和质量水平差距较大，影响产品档次的提升；其次是先进基础工艺和共性技术亟待突破，产业的自主创新能力有待增强；再次是高端装备（含核心基础零部件/元器件）严重依赖进口，其对应的"高端"价格大大提高了产品的固定成本（即折旧和财务成本），降低了市场竞争力。

　　显然，到 2025 年，轻工制造业要实现结构调整、转型升级、成为轻工制造强国，实施"轻工制造业强基战略"至关重要。本研究由两部分组成：

1. 家用电器行业强基战略研究

　　中国家电行业是改革开放中发展起来的优势行业，也是在充分市场竞争中成长起来的民生行业。据统计，2013 年中国家电行业主营业务收入达到 1.3 万亿元，实现利税总额约 1100 亿元，利润总额约 730 亿元。主要家电产品产量均居世界首位：2013 年我国电冰箱产量达到 9200 万台，空调器产量达到 1.05 亿台，洗衣机产量达到 7200 万台，制冷器具用压缩机产量达到 2.5 亿台。中国是家电大国，但不是家电强国。尽管中国家电行业在产品质量水平和企业创新能力上取得了巨大的进步，但是相比工业发达国家仍然存在差距。从差距上追根溯源，基础零部件/元器件、基础材料、基础工艺和质量技术基础这"四基"是制约行业转型升级的关键问题。面向"十三五"的中国家电行业，在经历大规模刺激政策后重新回归夯实行业基础的发展轨道，当前正处在产品升级、行业转型的新的发展阶段，同时也正面临着巨大的历史发展机遇。家电终端产品的健康化和智能化，以及家电制造环节的绿色化和服务化，这些发展趋势都将导向家电核心技术的高端化和自主化，并且需要得到"四基"的强力支撑。家电行业是典型的组装制造行业，是"四基"的重要应用行业。这使得家电行业的强基战略研究势必要以此为出发点，分析行业发展趋势，对准家电"四基"与国际水平的差距，明确战略和目标，结合行业"四基"发展的成功案例和实际情况，最终将战略研究落实到家电行业和企业切实可行的强基工程，为家电强国和转型升级打下基础。

2. 轻工其他重点行业强基战略研究

轻工业承担着繁荣市场、增加出口、扩大就业、服务"三农"的重要任务，是国民经济的重要产业，在经济和社会发展中起着举足轻重的作用。2013 年轻工行业规模以上工业企业累计实现主营业务收入 20.3 万亿元，同比增长 13.66%。利润 1.31 万亿元，同比增长 14.61%。工业增加值同比增长 10.16%，高于全国工业增速 0.5 个百分点。轻工进出口贸易总额 6834.58 亿美元。其中出口 5583.38 亿美元，同比增长 9.99%，高于全国增速 2.1 个百分点。进口 1251.2 亿美元，同比增长 5.54%。轻工行业贸易顺差 4332.2 亿美元。主营业务收入、利润总额、出口总额分别占全国工业的 19.7%、20.9%、25.3%。家用电器、皮革、塑料制品、食品、家具、表面活性剂及洗涤剂、五金制品等行业 100 多种产品产量居世界第一。特别是家电、皮革、家具、羽绒制品、自行车等产品占国际市场份额 50%以上，已成为名副其实的轻工大国。

重点行业包括电池、塑料制品、造纸、发酵、皮革、制笔及轻工专用设备制造业中的制浆和造纸专用设备、缝制机械、钟表与计时仪器等九个行业，都在充分调查的基础上，按"四基"的要求结合本行业的特点，做了较深入的研究。

由于共性技术的应用面宽，故另列两项共性技术：

- 工业酶制剂高效发酵生产及绿色应用技术，广泛应用于化工、医药、食品、能源及环保等领域；
- 生物质提取的技术与装备，广泛应用于医药、造纸、食品、能源等领域。

我们特别关注高端技术装备（含核心基础零部件/元器件）对国外的依赖性，重点研究了上述三个行业的核心基础零部件。

轻工装备（即轻工专用设备）在《国民经济行业分类与代码》（GB/T4754—2011）中有九个小类行业，如制浆和造纸专用设备制造，食品、酒、饮料及茶生产专用设备制造，塑料加工专用设备制造，缝制机械制造等。轻工装备和其他大多数装备一样，主要是核心基础零部件/元器件依赖进口或者性能和质量水平差距较大，如液压件和控制系统。这是装备制造业的共性问题，这里不做分析。我们选择了以造纸机为代表的高端技术装备中三个核心基础零部件：流浆箱、靴型压榨装置和钢制扬克缸。应该指出，高端造纸机几乎被外国公司全部垄断，其单台价格完全和波音、空客单机相当，从几千万到3亿多欧元。不攻克上述三个核心基础零部件的技术难题，高端纸机只能依赖进口。

另外，选择更具代表性的中小型装备中的缝制机械制造，这是我国在国际上的一个"强势"产业，具有很大的比较优势，全世界缝制机械产品95%以上的零配件由我国制造，但离高端技术装备这个层次尚有差距，其根源主要是"四基"有待强化。

对于钟表与计时仪器制造行业，具有耐用消费品和装备的双重属性，并有它在强基问题上的特殊性：急需解决并重点支持的引进核心基础零部件生产线项目，故列入本研究。

第一章　家用电器行业

一、家电行业"四基"发展现状

（一）"四基"概况

家电行业生产的典型特征是以整机组装制造为主，而组装加工过程中使用的基础零部件/元器件和基础材料绝大部分来自专业从事基础材料和零部件/元器件生产的众多上游企业。因此，涉及多个行业的"四基"应用水平对家电行业的整体发展具有极为重要的影响。中国作为家电产品的生产大国，对基础零部件/元器件和基础材料的需求量极大。作为面向终端消费者的民生行业和市场竞争充分的优势行业，一方面家电产品质量关系着千家万户的生命财产安全及生活健康便利；另一方面在市场竞争中家电企业不得不在"强基"过程中努力寻求化解日益高涨的成本压力的途径，这使得充分发挥质量技术基础的作用成为了推动家电行业持续快速发展的重要保障。目前，基础工艺对于家电行业发展的制约作用并不突出，在未来的智能制造过程中或许显现出需重点突破的技术障碍。

（二）发展现状与差距

1. 核心基础零部件/元器件长期依赖进口

目前，家电行业的整体研发能力和制造水平逐年提升，已经具备了较强的创新能力，但是主要家电产品中装配的国产核心零部件/元器件的关键技术指标与国际水平尚存在较大差距，不得不长期依赖进口。

最典型的例子就是制冷器具使用的压缩机。国内企业从事制冷压缩机开发和生产的时间相对较短，时间最长的也仅为 20 年左右，而国外同行如日本企业研发制造制冷压缩机产品的时间已长达半个世纪。国内变频电冰箱、空调的核心部件和技术，如变频控制主芯片和智能功率模块基本依赖进口解决；空调器压缩机用永磁同步电机的关键部件钕铁硼磁铁的专利还掌握在国外企业手中，国内绝大多数企业尚未掌握非稀土材料永磁体的制造技术且缺乏相应的工艺加工设备，为达到同样性能我国企业的用镝量是日本企业的 2 倍以上；目前我国高效冰箱压缩机的启动器中装配热敏电阻均依赖进口，国产热敏电阻与进口同类产品质量相比，主要差异体现在耐压性能、功耗、耐压参数的一致性以及使用寿命等多个方面。

在家用空调器领域，国外企业不断开发出各种具有特殊结构特点的换热器。我国家用空调器用微通道换热器的铝扁管、铝翅片的性能都较为落后。美国、日本等国家获得的微通道换热器专利的数量是我国专利数量的 25 倍，我们获得专利的时间落后了十几年。

电磁炉用 IGBT 的开发设计技术仍掌握在欧美及日本等西方发达国家的手中，我国在 IGBT 开发过程中对于 IGBT 的单一技术指标能够达到设计要求，但是还不能做到涉及 IGBT 的所有参数同时达到平衡匹配的要求。

国产电水壶使用的温控器主要性能和质量水平基本能够满足各种液体加热器的使用需求，但温度控制精度、性能参数的稳定性和一致性及可靠性等方面与国外同类温控器部件尚存在差距。

2. 关键基础材料研究严重不足

我国家电产业每年钢材的消耗量为 590 多万吨，各种非金属原材料消耗量为 250 万吨左右，还要消耗大量铜材、铝材等其他有色金属材料。但是，家电行业关键基础材料的研究严重滞后，特别在符合健康安全标准要求的基础性新材料的替代应用研究方面技术力量尤为薄弱。

以冰箱发泡材料为例，国外企业为不断提高材料的绝热性能，在两个方面开展了卓有成效的技术改进工作：一是研发环保型低导热系数的发泡剂，二是在冰箱箱体的发泡层中嵌入真空绝热板。对比之下，国内所有的冰箱生产企业均不具备自主开发新型发泡剂的技术能力，国内企业虽然已经开展了真空绝热板的研发和生产，但生产成本和销售价格较高，在冰箱企业的生产过程中还没有批量投入使用的报道。

3. 质量技术基础需大力夯实

以标准为核心的质量技术基础在提升家电产品质量水平上发挥着巨大作用，政府主导的家电标准体系在保护消费者生命财产安全、提升行业整体质量技术水平上功不可没。

目前在家电行业中,除了积极采用国家标准和行业标准外,业已出现了期待民间自发制定及采用协会标准和联盟标准的呼声。但发展至今,这两类标准在家电行业的应用情况并不理想。由于缺乏有效的标准管理机制,标准的层次不高、协调能力差、技术缺陷明显等问题都制约了标准体系的进一步完善和发展。从发达国家标准体系构成来看,民间标准化组织由于得到了相关国家政府在政策和资金方面的支持,使得民间标准化组织的专业化技术水平和制定社会发展急需的专业技术标准的能力得到了充分的展示,为建设和完善标准化体系发挥了重要的作用。相比较而言,我国家电行业标准体系建设中,民间标准化组织的作用以及民间标准的制定和使用仍有待发挥和加强。

（三）滞后原因分析

1. 发达国家垄断"四基"技术

从总体上来看,目前中国生产的家电整机产品与发达国家的同类产品相比,价格竞争优势突出。尽管在涉及产品整机的结构、功能特点、质量评价方法等方面国内外家电产品之间差别并不明显,但由于我国基础工业的整体水平依然明显落后于发达国家,加之发达国家为保持其产品的竞争优势,刻意限制或垄断关键基础材料、零部件以及基础工艺技术的出口和销售价格,致使国内品牌的高端家电产品的性能指标和制造工艺的精细程度仍处于竞争劣势的地位。

2. 产学研脱节阻碍了"四基"转化应用

客观地说,多年来国内的专业研究机构和大专院校在涉及"四基"的领域内,一直从事着大量的理论研究和探索性试验验证工作。但是理论研究和实验室内开展的应用研究存在着一定的局限性。无论是建模、仿真模拟还是试验方案设计,都需要在充分、合理的假设条件下才能进行。但是工业生产过程必须面对所有实际存在的问题,在理论阶段或实验室阶段已经解决的问题,在实际的产品研发及中试生产过程中,仍可能存在一些必须攻克的障碍。国内的家电企业,即使是在一些拥有知名品牌的大企业内部,也鲜有专门的涉及"四基"与整机产品匹配应用研究的部门和业务流程。理论及实验室成果与生产实践的脱节,阻碍了"四基"水平的不断提升和转化为实实在在的生产力。

3. "四基"的前瞻性研究缺失

国内家电企业在国际竞争中始终是游戏的参与者,而不是游戏规则的制定者。如果"四基"的前瞻性研究继续缺失将无助于改变这种局面。最典型的事例就是家用空调器和空调器压缩机企业面临的制冷剂替代问题。因制冷剂替代在行业内引发的"地震"绝不仅仅限于一种关键基础材料的更新换代而是直接关系到空调器制冷回路的压缩机、换热器、节流装置等关键部件结构的重新设计调整、制冷剂与冷冻机油的兼容性、空调器电气结构（包含易燃易爆和电气安全）防护的重新设计、空调器整机性能参数的重新匹配设计、总装生产线的技术改造，以及产品的现场安装、维修和报废处置方法的重新策划实施等。用"牵一发而动全身"来形容这一系列的变化是最恰当的，但是国内对于这一问题的研究仍未见明显成果。

4．现有的家电行业的共性技术支撑体系薄弱

一方面，对于产品新功能缺乏技术支撑措施，既无助于促使消费者理性选择产品，也难以规范无序化的市场竞争。对"健康"、"保鲜"、"舒适性"这些企业自主标榜的新功能，现行的产品标准中缺乏有效的评估方法，无法为破解家电产品销售市场上出现的鱼龙混杂局面提供有效的技术支撑措施。另一方面，对于在用家电产品质量衰变程度缺乏评价手段，既无助于促进废旧产品的淘汰处理，也难于激发市场对新产品的需求。根据目前了解的情况，无论是国际标准还是发达国家的著名家电企业，都没有针对正在使用中的家电器具的安全或性能指标的衰变程度提出具有可操作性的评价方法。

5．滞后的标准体系限制了行业发展的创新性

现代标准化体系是现代技术与现代经济标准的有机结合，它是国民经济和社会发展的重要技术基础，是推进技术进步、行业升级，提高产品、管理、工程和服务质量的重要因素，是信息化的重要技术基础，对经济的可持续发展起到了积极的影响。目前国家标准与行业标准立项、起草、审查、批准发布、实施周期一般需要二至三年，环节多、时间长、效率低、严重滞后于行业的发展。当标准制修订完成后，规范性技术要求和市场应用环境又发生了新的变化，新标准部分要求的适用性随之出现新的问题，造成已投入的时间、人力、物力成本的浪费。我们在对部分发达国家标准体制的研究中发现，美国、英国、德国是以民间标准化组织为主体开展国家标准化工作；日本、韩国是以政府为主体，委托民间标准化组织进行国家标准的制定。在这些国家中，民间标准在其标准化体制中都占据了举足轻重的位置。各国充分注意到了标准化组织制定的自愿性标准的重要价值，无论是政府授权的民间组织还是自发组成的行业协会类型的组织，都比政府机构更加贴近市场，制定的标准更符合市场的需求。

二、家电行业"四基"需求分析

（一）核心基础零部件/元器件（见表1）

表1　核心基础零部件/元器件需求

序号	产品名称	2014年产量	2014年销售收入	2015年需求量	2020年需求量	2025年需求量
1	制冷压缩机	25000万台	—	2.5亿台	3.5亿台	4.5亿台
2	空调器用换热器	2亿件	—	2亿件	3亿件	4.5亿件
3	家电专用嵌入式智能模块	1700万件	—	1700万件	3600万件	7800万件
4	智能功率模块（IPM）	8000万件	—	8000万件	1.4亿件	2亿件
5	绝缘栅双极晶体管（IGBT）	8亿只	40亿元	8亿只	14亿只	20亿只
6	净水器反渗透膜	6000万件	—	7000万件	1亿件	1.3亿件
7	空气净化器高效过滤器（HEPA）	5000万件	—	5000万件	1亿件	2亿件
8	电磁灶用电磁线圈盘	1000万件	—	1000万件	2000万件	3000万件

1．制冷压缩机

中国是制冷器具用压缩机产品的生产大国，产量占据了全球压缩机产量的70%～80%。2013年，空调旋转压缩机产量为13125万台，销量为12988万台，与2012年的产销量相比，增加10%～12%；空调涡旋压缩机产销量均为415万台，与2012年的产销量相比，增加7%左右；冰箱压缩机产量为11509万台，销量为11456万台，与2012年的产销量相比，增加4.5%左右。

目前，国内的冰箱压缩机企业为13～14家，中资企业为9～10家，合资或国外独资企业为3～4家。中资企业的冰箱压缩机产量占国内冰箱压缩机总产量的80%～85%。但从技术实力上分析，一些合资或国外独资企业在关键技术或领先技术上保持一定的优势（如恩布拉科、松下等企业的变频技术），黄石东贝、加西贝拉等内资企业虽产量很高，但在技术上仍有待突破。

国内空调器压缩机行业从一开始就呈现国内市场国际化竞争的局面。由于高投资、高技术等门槛，国内空调压缩机行业发展呈现出集约化的特点，压缩机企业的数量始终保持在 10 家左右。中资企业仅为 1～2 家，合资或国外独资企业占绝大多数。随着中国成为全球最大的空调生产、消费及出口基地，中国也成为了全球最大的空调压缩机制造基地。目前，中国空调压缩机产销量占全球空调压缩机总需求量的 80%～90%。

格力集团旗下的凌达公司压缩机年产量达到 2800 万台，美的集团旗下的美芝公司的压缩机的年产量达到 2700 万台，上海日立的压缩机年产量在 1600 万台，TCL 瑞智的压缩机年产量达到 1300 万台。上述四家空调器压缩机企业的年产量占据了全国空调器压缩机总产量的 67%以上。

2. 空调器用换热器

换热器（包括蒸发器和冷凝器）是影响空调器整机制冷效果和能效水平的关键性基础部件。在空调器产品设计中，可以采用增加换热器面积或调整换热器的结构形式，或同时采取调整换热面积和结构形式达到提高换热器效率的目标。一味地增加换热器的面积，不仅要增加换热器材料的消耗，也要增加制冷剂的充注量，造成资源的过量消耗和提高生产成本。目前，中国家用空调器年产量已超过 1 亿台，换热器需求量超过 2 亿件，铜材消耗量超过 50 万吨。在全球范围内铜材资源日趋紧张，而铝材资源相对丰富的情况下，在空调换热器的研发中，推动铝材代铜材的设计方案具有积极的经济意义。

微通道（平行流）换热器除了能够节省铜材资源以外，还具有紧凑高效、绿色环保、可靠性高、成本低廉等优势。以微通道换热器在家用和商用空调整机上的应用研究为重点，带动换热器模具、工艺、设备和原材料的研究。本着从易到难的原则，应优先开展将微通道换热器作为冷暖型空调器的室外机冷凝器的应用研究；相关的工艺和设备（翅片模具及配套的高速冲床和全自动组装设备）的应用研究也应作为急需解决的课题。

换热器小型化是目前冰箱和空调器产品开发过程中最热门的研究内容之一。冰箱和空调器产品价格竞争是国内销售市场的显著特征。所有企业都在试图使产品性能指标符合标准规定要求的前提下，减少材料消耗，降低成本。在此背景情况下，通过提高单位换热面积的换热效率达到换热器小型化、采用铝材以实现换热器轻量化、节省制冷剂充注量等设计目标。随着技术研发工作的不断深入，对换热器换热性能的评价方法的需求也随之愈发迫切。

3．家电专用嵌入式智能模块

家电智能化技术实质上是集现代微电子技术、信息技术、精密机械加工技术和传感技术等科学理论于一身的高自动化技术。这一开拓性的技术在世界家电领域占有十分重要的地位。

经过 20 多年的发展，我国家电产品已经从过去的传统家电发展到变频家电、智能家电，并正在向物联网家电产品迈进。家电产品的功能更加智能化、人性化，控制方法也由人工控制向网络控制转变。随着物联网行业的发展以及智能电网的建设，家电的功能又被赋予更深层次的内涵，以电能采集与可视化管理为核心的家庭能源管理系统将变得更加智能、高效，由此也将产生出巨大的经济利益和社会资源的合理配置。

智能家电的远程监测与控制，需要安全可靠的通信模块；智能家居与智能电网的融合，需要实时获取用电设备耗电信息的电参数采集模块；控制网络、电话网络、无线通信网络、电视网络到 Internet 网络的各项技术的不断发展，多网融合需要兼容多种网络协议的互操作 SoC 模块。智能家电、物联网家电的发展，需要首先集中解决这些共性、关键技术难题，优先开发家电产品通用的嵌入式智能模块，降低家电产品系统集成难度和生产成本。

目前，国内外各家电企业开展的相关研究基本为企业个体行为，工作重复，嵌入式模块的技术方案又彼此不兼容，造成资源浪费，尚未形成统一合力；研究成果大多停留在概念上，大都围绕某一特定领域，彼此之间功能割裂，没有统一执行的智能模块结构和参考模型，也没有一致的接口规范，安全、可靠性均没有得到有效的验证。

4．智能功率模块（IPM）

国内 IPM 研发和行业化工作已经进行了三年。目前也仅有两款产品在性能和品质上能接近国外产品的水平。国内多数企业仍然是通过引进芯片封装技术、购买国外的封装设备进行封装加工。

国内 IPM 创新性设计和开发尚未形成气候，主要是跟随进口 IPM 进行开发。国家虽然已经投入大量资金用于扶持功率半导体（IGBT、FRD）等行业的发展，但国产功率半导体器件在品质上和国外同类器件相比还有明显的差距。美的、比亚迪等国内 IPM 生产企业仍采用进口功率半导体器件进行生产。在材料方面，EMC、基板、银胶等 IPM 封装必备的材料上，国内仍达不到国外厂家同等的性能指标和品质水平。引线框架、焊锡、绑定线等方面，国内已经有部分企业能够达到国外同类材料的水平。

统计数据显示：自 2011 年起，在国内销售市场上，变频空调器产品占空调器产品销售总量的比例持续攀升。2011 年，变频空调器销量占比为 38.45%；2012 年变频空调器销量占比为 47.30%；2013 年变频空调器销量占比为 60%。变频空调器产销量的快速攀升，直接导致了空调器生产企业对 IPM 的需求量也随之急剧增长。

国产高品质的 IPM 的短缺、国内家电企业对 IPM 需求量的激增形成了突出的矛盾。大力推动国内企业自主开发满足市场需求的 IPM 恰逢其时。

5．绝缘栅双极晶体管（IGBT）

绝缘栅双极晶体管（IGBT）具有高速开关功能，用于实现电能与热能之间的转换，或者通过改变电场、磁场方向驱动负载设备。它广泛应用于能量转换控制、变频控制、压缩机控制、开关电源设计、计算机、网络通信等领域，是电子开关控制领域内最为基础的元器件。在家电行业中，IGBT 主要用于制作变频控制器用的 IPM 和生产电磁灶用的大功率开关装置。目前国外生产的 IGBT 已经发展到沟槽栅场终止型结构的第 7 代或第 8 代产品，国内企业的生产能力还停留在平面栅穿通型结构的第 2 代或第 3 代产品。国产 IGBT 具有体积大、成本高、开关损耗大等劣势，与国外同类部件相比存在较大差距。

据不完全统计，在过去的 5 年中，国内市场对 IGBT 单片或者模块总需求量达到 40 亿只左右，总产值超过 200 亿元人民币，其中 90% 的 IGBT 依赖于进口。

IGBT 的开发设计基本集中在欧美及日本等西方发达国家，如德国英飞凌，美国仙童、安森美、IR，意法半导体 ST，日本东芝、三菱等企业。这些企业在 IGBT 单体和集成模块的研发、生产及应用技术方面积累了非常丰富的经验，垄断着全球 80% 以上的 IGBT 消费市场，对核心技术的掌握也处于领导和明显优势地位。

国内对 IGBT 的开发设计起步较晚，目前仅具备最简单的低压 IGBT 系列设计能力，设计经验欠缺，可靠性设计水平尚未获得用户的充分认可。

目前，我国在 IGBT 开发过程中关键技术难点在于：对于 IGBT 的单一技术指标能够达到设计要求，但是还不能做到涉及 IGBT 的所有参数同时达到平衡匹配的要求；对于特定规格参数的 IGBT，如何做到小型化也是较大的技术难点。

在 IGBT 封装方面，主要还是通过购买晶圆的方式进行传统的标准模块封装或者是兼并部分功率半导体企业。在国内，对 IGBT 的设计与封装还未形成一套完整的行业链。

6．净水器反渗透膜

目前，净水产品在北京、上海、广州三大城市的普及率均已达到 15%，但在国内市场的整体普及率仅为 3%～5%。与目前欧美日韩等地家用净水设备 70% 的普及率相比，中国净水器的普及率还比较低，但从中也可以看出中国净水器市场的发展潜力巨大。净水器报告中提到，目前我国净水器行业，本土品牌占有中国净水器市场 98% 的份额，进口品牌占有中国净水器市场不足 2%的份额。国内大型家电企业、上市公司进军净水器行业促进市场快速增长，2013—2017 年，我国净水器行业规模生产能力扩大，年均增长率在 15%以上，预计 2017 年行业产量将达到 8719 万台。

我国净水技术和产品与国外最大的差距在掌控净水核心膜技术上。当前净水器主流的净化技术为超滤和反渗透技术。纳滤是纳米技术与过滤技术交叉渗透而创新发明的介于超滤与反渗透之间的一种新兴分离技术。纳滤最显著的特点是它在截留那些能透过超滤的有机物及重金属的同时，又能透滤部分被反渗透截留的矿物质，使浓缩与脱盐的过程同步进行，从而达到特定的分离纯化要求。

7. 空气净化器高效过滤器（HEPA）

HEPA 滤芯即高效过滤器，功能是去除空气中的颗粒物。主要性能指标为：过滤效率、阻力、容尘量。所用关键材料是规模化生产的熔喷聚乙烯滤材。此种滤材国内虽有多个厂家可以生产，性能也与国外产品类似，但其稳定性不够（受设备精度和车间环境温湿度影响较大）。国内空气过滤器生产（含出口）的所用材料 50%为韩国和日本生产，20%为美国生产，30%为国产。

国际先进国家，如德国、日本、美国等已经在纳米领域进行了较长时间的深入研究，国外某些高技术电子产品企业对于纳米离子技术的研究也取得了一定的技术和相关的成果，并且应用到实际的产品中，而且正在扩大其应用领域。例如，松下的 Nano-e、东芝的 Nano-mist、夏普等离子群技术、大金的流光能等技术，已经广泛运用在空气净化器、空调、冰箱、吹风机等生活与健康家电产品中。在未来 10 年甚至 20 年的时间内，不单只是空气净化器使用到该项纳米级水离子静电技术，生活电器中的各种产品也会越加需要该项技术的支持，从而提高其健康家电的行业地位。

8. 电磁灶用电磁线圈盘

全国生产电磁灶的企业超过 200 家，其中大中型企业占 30%，小型企业占 70%，大约 80%的生产企业集中在广东，其中以顺德和中山地区的企业最为集中；20%的生产企业分布在江浙地区，企业的生产规模也都比较小。

2013 年，国内电磁灶行业的产量约为 4500 万台。其中，国内市场销售量约为 3500 万台，外销量约为 1000 万台，与 2012 年基本持平。美的、苏泊尔、九阳等品牌的产品占据了国内市场中的绝大部分份额，奔腾、格兰仕、嘉德龙等品牌的占比在持续下降。

电磁灶产品的最核心部件是电磁线圈盘和 IGBT。国产电磁线圈盘与国外同类零部件的技术差距在于：

（1）磁性材料技术研究不足，无法达到国外技术水平；

（2）磁性材料生产工艺水平不足，无法制造高规格磁条；

（3）高速数字化控制芯片、计算方法等落后，无法实现负载兼容性；

（4）加热模块的元器件存在技术瓶颈，无法实现小型化和集成化设计，难以满足整机模块化和小型化设计要求。

（二）关键基础材料（见表2）

表2　关键基础材料需求

序号	材料名称	2014年产量	2014年销售收入（亿元）	2015年需求量	2020年需求量	2025年需求量
1	空调制冷剂	15万吨	—	15万吨	20万吨	25万吨
2	冰箱发泡剂	28万吨	—	28万吨	37万吨	50万吨
3	冰箱用真空绝热板（VIP板）	—	—			

1. 空调制冷剂

家用空调行业中，目前主要是采用R410A替代R22制冷剂。R410A虽不破坏臭氧层，但由于其具有高温室效应等缺点，只能作为过渡型的替代制冷剂。就目前的应用情况而言，由于HFC工质的R290和R32具有既不破坏臭氧层，又可兼顾降低温室效应的优点，有望成为供空调器使用的新一代环保制冷剂。但由于这两种制冷剂仍然存在着不同程度的易燃易爆特性，在一定程度上制约了其在各种规格、形式的空调器中的广泛应用。任何单一种类的制冷剂都不能做到适用于每一种制冷器具。未来需要针对具体应用场合，开发各自适用的环保制冷剂。为此，应加大我国在新制冷剂人工合成方面的研发力度；推动环保制冷剂空调的各类标准制定；制定相关环保型制冷剂空调的补贴政策，为环保制冷剂空调的推广应用创制良好的市场氛围。随着环保要求的提高，HCFCs淘汰管理计划的执行，环保制冷剂会逐步替代传统制冷剂。性能更为全面的新型制冷剂应具有低毒性、低可燃性、低ODP、高兼容性、优良的物理化学特性等特点。

2. 冰箱发泡剂

自2010年以来，冰箱广泛使用的硬泡生产技术主要是HCFC-141b法、环戊烷法。

HCFC-141b 由于臭氧消耗潜值不为零（ODP=11）等因素，美国早已禁用。国内冰箱绝热技术主要采用普通环戊烷发泡工艺。由于其自身的化学性质使得材料导热系数在 0.002W/m·K 左右，限制了产品向更节能方向转换。目前国内的短板主要是发泡体系单一，泡沫导热系数偏高。我国目前存在的两个问题是：第一，泡沫导热系数一直维持在 30mW/m·K 左右，继续降低导热系数难度较大；第二，发泡剂也面临着更新替代的问题，由 HCFC 改为节能环保的低导热泡沫。国外企业是在两个方向上进行提高绝热性能的技术改进：研发环保型低导热系数的发泡剂。

3. 冰箱用真空绝热板（VIP 板）

真空绝热板（VIP 板）是一种利用真空隔层来降低传热量的新型、高效节能材料。通过最大限度提高板内真空度并充填芯层绝热材料而实现绝热传导，从而达到保温、节能的目的。VIP 板的结构主要由三部分组成，即芯材、阻隔膜和吸气剂。当前发展的主要方向如下。

1）RFID 监测传感器的研制与应用

自从 VIP 板面世以来，如何在不破坏板材本身的基础上测量其内部真空度，始终是个关键性问题。综合传感器 RFID 解决了这一难题，传感器内嵌于 VIP 板内，整个传感器厚度仅为 0.8mm，直径 30mm，丝毫不影响 VIP 板的性能。综合传感器 RFID 的实施和应用在相当的程度上提高了 VIP 板的可靠性水平，充分保证了 VIP 板的绝热性能。

2）分成小块的真空绝热板

传统的真空绝热板由于其平面形状的限制，仅能应用于平的表面，CH IP Vacua 绝热板的出现扩大了 VIP 板的应用范围，属于 VIP 家族的一个新品种。同时，由于 CH IP-Vacua 采用分块设计技术，相当于多个 VIP 小板串联在一起，因而可有效避免在操作中由于切割或固定而对 VIP 板造成整块的破坏。

3）异型 VIP 板

传统的真空绝热板由于其平面结构应用范围受到限制，采用新工艺生产弧形 VIP 定位，贴装在热水器内胆，再喷涂或添加发泡料，可降低保温厚度，并且可提高保温效果。

（三）质量技术基础（见表 3）

表 3　质量技术基础需求

序号	技术基础名称	主要建设内容	应用领域
1	搭建家电智能与健康技术创新平台	通过搭建家电智能与健康技术创新平台，聚合与家电行业相关的产学研机构共同合作开展相关基础材料、基础零部件/元器件的应用研究，以及相关技术特性的评估分析研究，破除发达国家在上述"二基"方面的领先和垄断优势，解决行业面临的共性技术问题，为我国家电企业充分利用资源、积极参与创新创造条件	解决智能家电互联互通以及健康家电在信息数据和创新领域的公共服务
2	完善家电民间组织标准体系	搭建家用电器领域民间组织标准体系，明确民间组织标准在家电标准体系中的地位，以及与其他种类标准之间的关系。厘清家电民间组织标准的利益机制，摸索民间组织标准体系管理模式、运行机制及实施流程	解决目前标准体系周期长、效率低、更新不及时等制约行业创新性发展的问题
3	扩充家电检测认证技术基础	（1）空调器热交换器评价技术； （2）冰箱保鲜性能评价技术； （3）空调器舒适性评价技术； （4）在用家用电器产品质量衰变评价技术； （5）智能及物联网家电评价技术	建立健全关键部件和重要性能指标的评价体系，促进提高产品质量水平

1. 搭建家电智能与健康技术创新平台

当前，我国正面临环境、资源、食品、信息安全及健康等方面的挑战，老龄化与城镇化趋势明显。基于信息技术、生物技术、纳米技术，下一代家电将是以智能和健康为发展核心的家电。智能家电将整合物联网、家用服务机器人、芯片、传感器、控制器、软件及安全等技术领域，全力开发适合家电产品的新型智能应用，在保护用户隐私的前提下，解决消费者迫切需求的产品智能、节能及新功能方面的需求。健康家电将涉及与消费者健康生活密切相关的洁净空气、水、食品安全及医疗健康等诸多方面，以改善家居生活环境和人体健康状态为目标，特别是提升老年人社区和新型城镇化社区的健康管理水平，保障人民群众健康、安全、幸福的生活权利。未来所有家电产品将与智能和健康密不可分。

目前，该领域国内外发展基本同步，各方面技术均刚刚起步，单靠市场竞争和企业个体创新难以抓住机遇快速取得优势，应作为重点领域给予大力扶持，同时设立重大专项工程，尽快掌握下一代智能与健康家电的关键技术，重点推进标准制定、共性技术研究和用户研究、关键技术和重点产品研发、产业化应用等工作。由于企业在创新中的局限性，必须同时推进公共服务平台的建立，使家电行业及广大人民群众共同受益。

通过搭建家电智能与健康技术创新平台，聚合与家电行业相关的产学研机构共同合作开展相关基础材料、基础零部件/元器件的应用研究，以及相关技术特性的评估分析研究，破除发达国家在上述"二基"方面的领先和垄断优势，解决行业面临的共性技术问题，为我国家电企业充分利用资源、积极参与创新创造条件。搭建家电智能与健康技术创新平台，必须充分发挥科研院所、大专院校、中介技术服务机构在夯实技术基础和构建创新体系工作中的作用，使之成为促进全行业发展的非竞争性基础技术研发工作的主力军。

2. 完善家电民间组织标准体系

伴随着家电行业的飞速发展和竞争的日益激烈，技术和产品的更新速度也在不断提升，企业、消费者及行业发展对于标准化的需求越来越迫切。

企业需求主要体现在：掌握制修订行业领域标准的话语权和充分实现运用标准保护和推动企业核心技术创新的能力；消费需求主要体现在：标准能够充分包含对于产品智能化、健康化以及满足老龄化消费的要求；行业发展需求主要体现在：标准对于保障市场公平竞争的秩序，为行业技术升级提供有力的技术支撑作用。

近年来，在国家标准化政策的引导下，家电标准体系也提出并开展了一系列改革与创新措施。通过对工作模式、管理模式和标准制修订模式的改进，产生了良好的效果。企业的关注度、消费者满意度以及地方政府的重视程度大大提高，家电行业的行业结构日趋合理，国际竞争力不断加强。从 2013 年开始，政府有关部门针对标准化体系建设中现存的问题，鼓励和协调相关产学研单位大力开展建立民间组织标准体系的研究工作。这也将是今后家用电器标准化工作发展的主要方向之一。

民间组织标准的快速发展是标准化体系成熟的标志之一，也是标准化工作与市场高度结合的必然产物。通过分析国外先进标准体系的发展过程可以看出，国外先进国家的民间组织标准的可行性基础是：民间标准持续发展的可行性基础——尊重市场；民间标准约束性的可行性基础——政府支持；民间标准化机构健康运作的可行性基础——业务多元化。

3. 扩充家电检测认证技术基础

与家电整机产品相比，对其关键零部件的品质评价技术的需求更为迫切。对家电整机生产企业而言，无论生产所需的零部件是自制的还是外购的，从控制整机产品质量的一致性和优化整机产品性能指标及提升产品竞争力的角度，都需要不断加强对关键零部件的质量监控和筛选工作。现有的一些关键零部件（例如：冰箱、空调器的换热器）标准，明显缺失对于关键性能参数的评价方法。

1）空调器用热交换器评价技术

结合制冷剂的应用以及换热器材质的应用研究，研发具有快速、准确、重现性好等特点的热交换器换热性能评价技术。一方面，为空调器企业进一步深入研究和提高整机产品的特性指标提供技术支持；另一方面，为整机产品制造商与换热器制造商提供具有操作性、公正性和权威性的换热器部件质量验收与仲裁检验规范。

2）冰箱保鲜性能评价技术

冰箱保鲜性能的评价，急需解决下列问题：筛选可用于评价冰箱保鲜性能的物质；研究、筛选冰箱保鲜性能的试验项目；研究保鲜试验方法；研究保鲜性能的评价方法；制定科学合理的评价标准。其成果可为制定相关的技术规范、产品性能评价标准以及产品性能认证提供技术支撑。

3）空调器舒适性评价技术

舒适性评价技术研究的对象应包括：分析研究空调器热舒适性影响因素，确定评价项目；建立空调器舒适性评价试验方法；针对不同的空调器进行舒适性评价试验验证，确定空调器舒适性评价指标。其成果可为制定相关的技术规范、产品性能评价标准以及产品性能认证提供技术支撑。

4）在用家用电器产品质量衰变评价技术

借鉴防爆电器的质量评价体系要求，研究针对在用家用电器安全及性能指标的评价技术。为家用电器整机生产企业不断改进产品设计水平提供技术支持；同时也为用户针对在用家电产品的质量状态提供咨询和评估服务。

三、家电行业"四基"典型案例

（一）青岛海尔洗衣机有限公司

1995 年，海尔加入了洗衣机制造行业。海尔洗衣机始终以技术创新为目标，以做好模具、制造工艺、零部件等基础工作为主要着眼点，经过不懈地努力，2009 年海尔家用洗衣机销量全球第一,并连续保持 5 年全球第一。在此过程中始终围绕用户的需求引领行业技术发展,针对用户在大容量、节能环保和高转速上的需求,进行材料、工艺及自动化生产等诸多方面的创新。

1. 材料创新

根据用户对大容量洗衣机的需求日趋明显的趋势,海尔与国内外钢铁行业的核心企业在内筒金属材料方面合作进行创新性研发,将同行企业在滚筒洗衣机内筒普遍采用的普通铁素体不锈钢更换为超低碳氮的含铌不锈钢。既提高了材料的耐腐蚀性能和加工工艺水平,满足了用户对大容量洗衣机产品的需求,又推动了国产原材料的应用水平,与上游钢材生产企业实现了互利共赢。

2. 工艺创新

洗衣机行业的常规做法是采用扣缝结构或搭焊结构工艺进行内筒加工,但工艺的一致性较难控制。随着用户的需求变化,采用这种工艺加工的内筒的强度、外观等均已不适应高转速、大容量洗涤的发展趋势。海尔与国际顶尖企业合作,采用了激光焊接技术,实现了内筒的无扣缝连接,且焊缝的抗拉强度也有较大的提高,使得连接更为可靠,为进一步将洗衣机的转速提高到 1600r/min 的技术要求奠定了基础,大大提高了洗涤效率。

3. 自动化生产创新

海尔通过自主研发先进的自动化生产线,将原本需要 17 个工位、12 道工序才能完成的内筒部件生产线改造成为了金属卷材自动喂料、冲压、焊接、成型、装配、紧固、检测等全部工序的自动化操作,最终直接产出一个个独立的内筒部件,实现无人化操作。既节省了人工成本,使生产效率比原先提升了一倍,也将内筒部件的不合格品率降至接近零的水平。

4. 零部件创新

双动力洗衣机和无洗衣粉洗衣机是海尔的发明专利。这些产品的关键部件是传动装置和电解水部件。通过对传动系统和进水系统的技术改造使得双动力洗衣机和无洗衣粉洗衣机的发明成为可能。双动力洗衣机在批量生产的当年销量超过 20 万台,成为海尔高档洗衣机的主营产品。

（二）海立集团空调压缩机事业部

1993 年，海立集团空调压缩机事业部（上海日立电器有限公司）正式成立。这是一家由合资组建、中方控股经营，专业设计、生产、销售空调压缩机的企业。目前年产销空调压缩机 1800 万台，产品出口全球 100 多个国家和地区，占全球空调压缩机产品市场份额的 15%，位居世界前三。

1．技术创新

建立了独立自主的研发创新体系，开发拥有自主知识产权的技术和产品。

海立空调压缩机技术的发展历经"引进技术—消化吸收—联合开发—自主研发—自主创新"五个阶段，目前已经成为了集市场调研、产品企划、产品设计、技术开发、要素研究、加工试制、试验检测、制造技术、知识管理于一体的世界级的空调压缩机研发基地。

公司建立了空调压缩机业内唯一的国家级企业技术研发中心，包括 CNAS 认可的压缩机检测中心、空调压缩机加工分析中心、现代化制造技术中心等。公司已经具备了 CAE 应力分析、压缩机 CFD 模拟和优化设计、压缩机声场和噪声分析、电机电磁场解析技术分析、压缩机结构分析、3D 建模和 PLM 系统等研发能力。现已拥有 400 多项具有自主知识产权的关键核心技术和专利，获得 10 多项国家重点技术创新奖、上海市科技进步奖。公司开发的 APF 标准对应变频压缩机、双转子 3HP-5HP 空调压缩机、热泵专用压缩机、CO_2 自然工质压缩机、风光电能源压缩机、新能源汽车电动压缩机等已达到国际领先水平。

2．品牌建设

公司创立之初，使用的是"日立/HITACHI"品牌。中方投资者较早地认识到创建与培育自主知识产权的"海立/HIGHLY"品牌的必要性和紧迫性。1996 年，公司确立了空调压缩机产品的自主品牌——"海立/HIGHLY"，并相继在中国、美国、日本、英国等多个国家和地区成功地完成了商标注册。

（三）宁波圣莱达电器有限公司

1994 年，宁波圣莱达电器有限公司正式注册成立。该企业生产温控器的年产量达到近 2000 万套，年产量排名国内第一、全球第二。截至 2010 年，该公司已累计获得

10 余项温控器专利，其中德国专利 2 项。该企业是英国 STRIX 温控器专利全球唯一共享者。

1．机遇与挑战

该公司开发出的具有双边互补干烧保护结构的温控器，在技术上突破了国际著名品牌 STRIX 温控器采用的单边干烧双系统保护技术的垄断，给公司带来了难得的发展机遇，同时也使该公司陷入了国际上生产温控器的著名品牌企业的合力打压和围剿。

1）突破国际市场障碍

中国温控器的发展与技术突破，在国际市场上对外国公司尤其是对英国 STRIX 温控器制造公司的利益造成了极大的威胁。英国 STRIX 公司通过德国的第三方认证机构莱茵公司"设卡"（在产品认证检测过程中，有意颠倒产品认证标准规定的测试程序，将做完寿命测试后的温控器样品再继续做性能测试），在欧洲报纸的质量报道中诋毁圣莱达公司的温控器产品质量，将该公司的产品列入质量黑名单，企图阻止中国的温控器进入欧洲市场。随后经过圣莱达公司与莱茵公司的当面交涉，对方严格按照产品标准规定的测试程序和技术要求重新针对圣莱达申请认证的温控器产品进行了检测，该公司的产品最终通过了严格的测试并获得了莱茵公司颁发的产品认证证书。

2）赢得国内专利诉讼的胜利

在产品出口受阻的同时，拥有国际著名品牌的外国公司还将专利官司打到了中国国内，而且官司诉讼的时间长达 5 年。英国公司针对同一个母案的专利，向北京市第一中级人民法院和北京市第二中级人民法院同时递交专利侵权诉状，并获准在两所中级法院立案。在获知法院判决"浙江乡下人"专门抄袭而败诉后，圣莱达公司向北京市高级人民法院提出上诉。在圣莱达公司取得一审胜诉的情况下，北京市高级人民法院在同一法院、同一法庭、对同一案件的二审宣判圣莱达公司败诉。随后，圣莱达公司向最高人民法院提出再审的请求。最高人民法院受理了申请，经过再次审理最终驳回了英国公司的请求，历时 5 年的官司以最高人民法院判决圣莱达公司胜诉而宣告结束。在最高人民法院网站上，此案被认定为保护知识产权第一案。

在法院的调解下，英国 STRIX 公司最终接近免费地转让了两个专利给圣莱达公司使用，以防止类似事件的再次发生。圣莱达公司也做出让步，放弃了英、德、法等几个重要的西欧国家市场，减小了对 STRIX 的市场威胁。目前，除了西欧部分国家和中国国内市场之外的其他市场上销售的温控器产品，"阳光"牌温控器稳居市场销售第一品牌的地位。

3）国人的"弱基"认知

在中国普通国民的认知中，国外产品的产品技术、质量等方面均优于国内产品，受理此案件的初审法官亦有同样的看法。这使得圣莱达公司在与英国 STRIX 公司的官司纠纷中从一开始就处于被动地位。一审在不对专利技术区别分析的情况下，就判定侵权。

这类认知的形成主要是由于国内行业的起步较晚，缺乏相应的核心技术，同时市场管理缺乏统一有效的监管机制，导致山寨、三无产品充斥市场，诋毁了国内产品的整体形象，这是一种"弱基"认知。实际上，在发展近 20 年的专业制造温控器领域，国内正规制造温控器产品的制造厂商的质量控制能力并不低于国际品牌的生产企业。从近几年的市场变化中可以看出，国际品牌的小家电越来越多地采用中国制造的温控器产品，"阳光"牌温控器已被大多数国家的家电制造商作为优先选用的零部件装配在自己生产的家电产品中。然而在国内市场上的情况恰好相反，国内小家电企业更乐于使用国外品牌的温控器，来提高自己品牌的地位。

2. 温控器行业的发展与未来

温控器发展至今，STRIX 公司在国际上一直处于行业领先地位，而圣莱达公司一直以竞争者的姿态关注其发展动态，在目前产品质量水平基本趋同的状态下，一直在拼销售价格、拼市场份额。STRIX 温控器年产量近 4000 万套，圣莱达公司生产的"阳光"牌温控器年产量近 2000 万套。近年来，温控器的价格发生根本变化，"阳光"牌温控器的单个售价从 2001 年的 10 元一只下调至 2014 年的 6 元一只；STRIX 温控器价格也从 20 元一只下调至 8 元一只，目前该零部件产品的市场销售价格仍处于下降通道之中。在中国国内市场上，"阳光"牌与 STRIX 牌温控器的材料成本没有区别，在中国生产的 STRIX 牌温控器受益于其品牌影响力较高，在销售价格上稍高于国产温控器价格。但由于其企业规模及在国外的人工成本与中国国内的企业差距过大，其在英国本土企业生产的 STRIX 牌温控器已基本没有盈利。

四、家电行业"四基"发展趋势

"十一五"末期，"家电下乡"、"节能惠民"等刺激政策引发了家电行业的爆炸性增长，并且由此导致了行业和企业的深度整合。虽然产销量数据相比政策实施之前有着较大幅度的增长，但是这种增长具有明显的波动性，行业整体发展趋势非常不明朗。到"十二五"末期，家电需求透支后增长乏力，预计后政策时期的调整还会继续深入。深度的行业调整暴露了产能过剩、创新不足等问题，却也蕴藏了可以引领未来相当长一段时间的发展契机。2014 年开始，智能和健康两大主题正在家电行业展示出蓬勃的生机，为家电行业的转型升级提供了更为牢固的抓手。相信在"十三五"新的政策环境下，家电行业将重新进入稳定而快速的发展轨道。

家电行业发展的趋势也是"四基"的发展趋势，主要体现在两个方面：一方面是从产品角度，来自智能与健康家电的发展趋势；另一方面是从制造角度，来自智能和绿色制造的发展趋势。

（一）智能与健康家电

1. 智能化

相对于传统的家用电器而言，"智能化"是对家用电器产品被赋予了"自动化"能力的一种表达方式。家电产品在其特有的工作功能中可"模拟"多种人的智能思维或智能活动的功能，从而使家电从一种机械的用具变成一种具有智能的设备。家电智能化的实现技术通常是人工智能与控制相结合形成的交叉应用技术，如模糊控制、神经网络控制和专家控制技术等。智能家电结合了智能化技术、网络技术、云服务技术、大数据分析技术等，通过家电自身的感知器件以及外部的感知信息，同时也可以利用局域网、互联网、电信网等网络载体，实现家电自身的智能化操作，与家居其他设备互联、数据信息共享、各种家电的远程应用服务等，实现智能化感知、智能化管控、智能化决策和分析等功能。模糊控制技术、智能分析技术、RFID 技术、M2M 技术、传感网技术、云计算等，都属于智能家电技术的重要组成部分。这些技术在家电领域的应用形成了智能家电的技术基础。智能家电、物联网以及应用服务平台将构成智能家电系统，而这一系统将成为智能家居的重要组成部分，成为智慧社区、智慧城市的基本组成单元。未来智能家电行业发展战略强调以智能家电技术为基础，以智能家居平台为核心，使用服务运营商的各种应用服务。

2. 健康化

健康家电不仅包括监控人体健康的产品，还包括为人们的生产生活提供健康环境的产品，这几乎将所有家电产品都纳入到了健康家电的范畴。随着人民群众生活品质的不断提升，社会各界越来越关注如何保持健康的问题。加之近年来普遍发生的空气和水的污染，使得空气净化器和净水器的需求量越来越高。2013 年，全国净水器销售量以年均 40% 左右的速度增长，空气净化器也以年均 85% 左右的速度增长。但我国目前的空气净化器和净水器的高端市场基本为外国品牌所垄断，国产品牌产品的核心技术和过滤技术基本上源自于国外企业，许多关键部件也依赖进口或外资品牌的产品。同时，由于国内污染情况与国外不同，很多净化产品虽然是在国外享有口碑的优秀产品，但并不适合中国使用的实际情况。滤芯（耗材）作为空气净化器的核心部件，其性能的优劣决定着净化能力、产品耗能、使用寿命。目前，采用低阻、高效、长寿命、低成本的高性能滤芯已成为净化器产品发展的重要方向，而净水机的核心水处理部件是膜元件，膜技术直接决定净水产品的品质。

（二）智能和绿色制造

1. 绿色制造

绿色制造模式是一个闭环系统，也是一种低熵的生产制造模式。绿色制造模式是指在保证产品的功能、质量、使用寿命、生产和销售成本的前提下，综合考虑环境影响和资源使用效率的现代制造模式。它使产品从设计、制造、使用直到报废的全生命周期中不致产生生态环境污染或达到环境污染最小化的程度，符合国家环境保护法规的要求，达到资源利用率最高、能源消耗最低的社会发展目标。绿色制造首先要求采用绿色工艺，减少工艺制造过程对环境的破坏和造成的负面影响。此外，绿色制造还与产品的生态设计密切相关，即从产品设计的源头上实现原材料和零部件的减量化。

2. 服务型制造与云制造

"服务型制造"是制造与服务相融合的新产业形态，是新的制造模式，是传统的产品制造向"产品服务系统"（即上述"全过程"）和"整体解决方案"的转变。就总体趋势而言，制造模式的变革趋势包含以下几方面的内容：

（1）制造资源从以技术为中心向以知识、人员与组织为中心转变；

（2）组织结构从金字塔式的层级结构向扁平化的网络结构、虚拟组织转变；

（3）制造过程由按功能配置向按流程配置，由串行方式向并行方式转变；

（4）制造技术由传统制造技术向先进制造技术、信息技术、智能技术转变；

（5）竞争战略从质量、成本的产品竞争战略向快速响应市场的"服务型制造"竞争战略转变。

云制造是在"制造即服务"理念的基础上，借鉴了云计算思想发展起来的一个新概念。云制造是先进的信息技术、制造技术以及新兴物联网技术等交叉融合的产品，是制造即服务理念的体现。采取包括云计算在内的当代信息技术前沿理念，支持制造业在广泛的网络资源环境下为产品提供高附加值、低成本和全球化制造的服务。云制造是为降低制造资源的浪费，借用云计算的思想，利用信息技术实现制造资源的高度共享。建立共享制造资源的公共服务平台，将巨大的社会制造资源池连接在一起，提供各种制造服务，实现制造资源与服务的开放协作、社会资源高度共享。企业用户无须再投入高昂的成本购买加工设备等资源，只需通过公共平台来购买租赁制造能力。在理想情况下，云制造将实现对产品开发、生产、销售、使用等全生命周期的相关资源的整合，提供标准、规范、可共享的制造服务模式。

无论服务型制造还是云制造，其核心在于快速响应市场即用户需求，最优化地整合所有制造资源，而对于家电行业来说制造资源就是"四基"。只有强大的"四基"，而不再是垄断的核心部件和原材料，不再是落后的生产车间和流水线，不再是分散的检验、认证和设计服务，云制造的系统才能充分体现其经济价值和社会意义。

五、家电行业"四基"发展重点

确立与家电行业相关的"四基"发展重点应着眼于"标本兼治"的策略。在应用层面上，筛选出制约行业发展的关键材料、零部件、工艺及技术问题作为突破口，优先进行研究解决；在基础层面上，筛选出那些涉及面广，带有方向性、前瞻性的问题作为引导行业未来发展的重点问题予以研究，寻求解决的途径。

（一）核心基础零部件/元器件（见表4）

1. 制冷压缩机

制冷压缩机作为空调器和电冰箱产品的核心零部件，压缩机企业面临的技术改进需求主要包括：①提高加工工艺水平，确保阀片加工精度的一致性；②采用性能更好的零部件/元器件，如冷冻机油、电机绝缘材料等，摆脱依赖进口的局面；③采用自动化、可靠性更高的加工、装配设备，确保压缩机部件加工的精度。

表4 核心基础零部件/元器件发展重点

产品名称	主要技术参数/性能指标	市场需求预测	关键技术（技术难点）	研发和产业化目标	涉及上游技术环节（特种材料、先进工艺、技术基础）
制冷压缩机	机械制造加工中的精度、装配配合的稳定性、电气控制部件的可靠性和电气性能的稳定性，以及冷冻机油与压缩机各个部件、制冷剂之间的兼容性	25000万台	多联式空调机用大容量变频双转子压缩机、涡旋式空调器压缩机、无油/少油压缩机、CO_2冷媒压缩机	开发新型制冷压缩机，提高国产化比例	压缩机启动器热敏电阻、冷冻机油等材料，压缩机制造工艺、阀片加工工艺及相关设备
家电专用嵌入式智能模块	符合GB4343.2、GB/T17626.4、GB/T17626.5、GB/T17626.6、GB/T17626.11等标准的要求	1700万件	家电嵌入式智能模块的软、硬件接口规范；物联网家电互联技术	开发高可靠性、低成本，易于嵌入、安装、调试方便、升级、维护简单的无线射频通信模块、窄带电力线通信模块、电参数采集模块、多协议互操作SoC模块	家电嵌入式智能模块的检测评价方法
绝缘栅双极晶体管（IGBT）	额定电流、额定电压、额定最大允许工作温度、过流保护响应时间、过压保护响应时间	8亿只	IGBT驱动技术	联合开发应用于2100W系列单管谐振电路系统、8kW及以上电力开关系统的新一代智能IGBT	
智能功率模块（IPM）	技术参数一致性、可靠性水平	8000万件	IPM封装技术；HVIC、IGBT、FRD等芯片技术	提高国产IPM的技术参数一致性和可靠性水平	IPM测试评价技术、IPM结构及材料技术

1）冰箱压缩机阀片

目前冰箱压缩机的阀片是靠其自身的物理特性进行开启和关闭。阀片的刚度、质量及固有频率的不同，直接影响阀片的开闭动作。在冰箱的工作过程中，工况变化对阀片的开闭动作也有很大影响。而阀片的开闭动作的精准性与压缩机制冷效率的高低密切相关。传统的阀片系统由于不可控，使得压缩机只能在某一特定的开闭动作时可以发挥出最大制冷效率，在更多的情况下其制冷效率都会有很大的损失。为了进一步提高冰箱压缩机的制冷效率和降低能耗水平，亟须改进压缩机阀系统的控制模式。根据制冷系统运行的需要，精确控制阀片的开闭动作，提升压缩机的制冷量和制冷效率，避免阀片频繁开闭动作造成的制冷剂流失和汽缸内气压波动，减小气阀的动作应力，延长阀片的工作寿命。

2）冰箱压缩机启动器

冰箱压缩机用启动器是冰箱压缩机必备的最基础零部件之一。热敏电阻作为无功耗启动器的最核心部件，其性能指标和可靠性水平对压缩机运行的安全性和稳定性影响最大。为满足冰箱产品标准不断提升节能指标的技术要求，冰箱压缩机生产企业对启动器的材质、性能指标、工艺控制水平也相应提出了更高要求。

主要技术指标包括：①外壳材料关键技术指标。阻燃等级 5VA，灼热丝 GWIT750℃，CTI250V，无卤材料。符合这些技术要求的新材料，国内市场需求量为 2 亿吨/年。②热敏电阻关键技术指标。额定电压：250V，耐击穿电压：750V，功耗：≤2.3W，常温电阻：$15\Omega\pm20\%$，耐电流：8A。符合这些技术要求的热敏电阻，国内市场需求量为 1 亿件/年。

3）压缩机用冷冻机油

空调器压缩机冷冻润滑油的主要作用是：在正常工作温度压力范围内，确保压缩机内的所有运动部件都能够得到充分的润滑。冷冻润滑油应具有较好的传热、冷却、流动性能；具有较好的化学稳定性、热稳定性、低挥发性；具有与制冷剂的互溶性、与密封材料的兼容性。

冷冻润滑油的种类主要包括：聚烯烃酯（POE）、聚乙烯醚（PVE）、聚烷基醇（PAG）、高稳定聚烯烃酯（OE）、硬烷基苯（HAB）等。不同种类的冷冻润滑油，表征其特性的技术参数之间也存在一定的差异。

压缩机的形式、压缩机的工作特点，尤其是制冷剂的种类都与冷冻润滑油的选用密切相关。目前针对 R410A 和 R407C 制冷剂应用较多的是 POE、PVE 冷冻润滑油。

冷冻润滑油是影响压缩机制冷量、输入功率、能效比、油循环率以及可靠性水平的关键材料。目前国内企业对于冷冻机油本身的开发和测试工作比较少，尚未掌握其核心研发手段和评价方法，缺乏涉及摩擦润滑和微量化学分析等方面的技术积累和研究能力，严重制约了国内压缩机企业的技术进步。

空调器压缩机用冷冻润滑油目前主要依赖从日本、美国、韩国、西班牙进口。国内仅有少数几家公司生产压缩机用冷冻润滑油。

2. 家电专用嵌入式智能模块

围绕智能家电、物联网家电的共性技术需求，开发高可靠性、低成本，易于嵌入，安装、调试方便，升级、维护简单的无线射频通信模块、窄带电力线通信模块、电参数采集模块、多协议互操作 SoC 模块，符合 GB4343.2、GB/T17626.4、GB/T17626.5、GB/T17626.6、GB/T17626.11 等标准的要求。制定家电嵌入式智能模块的软、硬件接口规范；制定家电嵌入式智能模块的检测评价方法。

（1）基于白色家电产品技术特征，首先研究并制定家电嵌入式智能模块的软、硬件接口规范。

（2）研究无线射频通信技术，提出基于 433MHz 频点的智能控制终端与家电间无线通信与控制服务方案，开发家电通用的射频通信模块。

（3）研究窄带电力线通信技术，提出家庭控制网络中智能控制终端与家电间通信与控制服务方案，开发家电通用的窄带电力线通信模块。

（4）研究家电产品电力量测技术，提出对所连接家电的电流、电压、功率因数、用电量等各种用电信息采集的实现方案，精度等级达到有功 1 级。

（5）研究物联网家电互联技术，包括协议互操作整体框架、协议互操作服务接口定义、多协议互操作等内容，设计开发面向家庭异构网络的多协议互操作 SoC 模块，支持多种有线/无线网络协议，支持 IGRS 和 UPNP 国际标准，支持异构协议设备的互操作与协同工作。

（6）通过实证试验，验证上述嵌入式智能模块的应用特性、匹配特性，同时其功能和性能符合 GB4343.2、GB/T17626.4、GB/T17626.5、GB/T17626.6、GB/T17626.11 等标准要求。

（7）基于实证试验数据，提出家电嵌入式智能模块的检测评价方法，建设模块的技术测试与验证平台。

（8）研究智能家电通用嵌入式平台技术。

3. 绝缘栅双极晶体管（IGBT）

IGBT 的国产化研发工作应重点开展以下几项内容：

（1）IGBT 驱动技术，以单管谐振、板桥谐振为基础，在欠压、过流、过热、防直通等方面进一步提高可靠性设计水平；开发具有多种驱动功能、集成度高、性价比适中的 IGBT 驱动芯片及保护技术。

（2）开发新一代智能 IGBT，主要应用于 2100W 系列单管谐振电路系统。智能 IGBT 包括一颗完整的 IGBT 及一套完整的过流、过温、过压保护系统。主要参数拟定如下：额定电流规格：20A/30A；额定电压规格：1350V；额定最大允许工作温度：175℃；过流保护响应时间：25μs；过压保护响应时间：10μs；主要应用技术：FS-RC；IGBT 封装技术：TOP240；引脚数：5P。

（3）开发新一代智能 IGBT 模块，主要应用于 8kW 及以上电力开关系统。模块主要包括若干的 IGBT 和配套的过流、过温、过压保护系统，以及完整的驱动系统。主要参数拟定如下：额定电流规格：220A；额定电压规格：800V；额定最大允许工作温度：175℃；过流保护响应时间：25μs；过压保护响应时间：10μs；主要应用技术：FS-RC；IGBT 封装技术：定制模块；引脚数：定制。

4. 智能功率模块（IPM）

智能功率模块（IPM）是由数个 IGBT 部件构成的。进口的 IPM 具有技术参数一致性好、可靠性水平高等特点，主要是由于国外企业在基础材料的研究、元器件加工、大功率器件的开发设计以及生产测试技术等方面都具有较高的水平。不断创新的技术能力、产品更新换代的速度和较大的行业规模都使得国外企业能够长期处于技术和制造领先的地位。目前，晶圆制造的核心技术以及涉及封装材料的核心技术仍然被国外公司垄断。国内家电行业中，IPM 的主要用途是作为变频空调的核心部件，用于驱动变频压缩机、风机等转速受控的电机装置。由于变频空调器采用了变频压缩机、变频控制系统，使得该产品在节能、降低噪声、降温速度、精确控制温度、提供舒适性环境等方面具有非常明显的优势。

（1）IPM 封装技术，国产 IPM 模块的可靠性是其在国内家用空调器市场推广应用的前提。而具备成熟的 IPM 封装技术对 IPM 模块的可靠性和性能参数的稳定性起到决定性影响。目前迫切需要解决的问题是：加速实现 IPM 内部的 IGBT、MIC、BDi、FRD 晶圆国产化。MIC 的主要技术参数为驱动电压、驱动电流、驱动电阻、基本的保护功能、耐压能力。BDi 的主要技术参数为耐电压能力、导通压降、集成于芯片上的电阻值的大小等。FRD 的主要技术参数为导通压降、反向恢复时间、耐电压能力等。

（2）HVIC、IGBT、FRD 等芯片技术，特别是 HVIC 设计技术。HVIC 是 IPM 的专用集成电路，用于驱动 IGBT、MOS 等功率开关管。IPM 功能是否强大，IPM 工作是否可靠，很大程度上都依靠 HVIC 的设计技术。国外 IPM 厂家均使用自主设计的 HVIC 芯片。

（3）IPM 测试评价技术。

（4）IPM 结构及材料技术。

（二）关键基础材料（见表 5）

1. 空调制冷剂

环保制冷剂目前主要分为自然工质和 ODP 为零、GWP（全球变暖潜能）值较低（具体数值目前尚没有严格界限，但至少应低于 1000）的人工合成的氟化物。

表 5　关键基础材料发展重点

产品名称	主要技术参数/性能指标	应用产品及市场需求预测	关键技术（技术难点）	研发和产业化目标	涉及的上游环节（先进工艺、技术基础）
空调制冷剂	低毒性、低可燃性、低 ODP、高兼容性、优良的物理化学特性等	空调，需求量约 15 万吨	HCFC 替代技术、新制冷剂人工合成技术	研发新一代环保制冷剂 R290、R32	环保制冷剂空调的相关标准制定
冰箱发泡剂	导热系数、易燃易爆安全性、节能水平	冰箱，需求量约 28 万吨	HCFC 替代技术	推动 HCFC 发泡剂在聚氨酯硬泡领域的替代	发泡工艺

属于自然工质 HCs（碳氢类）的 R290 和 R600a 已得到了商业化应用。但这两种均属于具有高可燃性的制冷剂，目前仅限于低充灌量的制冷设备（如冰箱和小型空调器）使用；R744（二氧化碳）适合于空气源热泵热水器使用，在空调器运行工况下使用时，产品的能效水平较低；R717（氨）具有一定的毒性和微可燃性，广泛用于工业冷冻设备中，但不适宜在与日常生活密切相关的空调器中使用。

环保制冷剂 HFCs 目前主要为 R32、R1234yf 或 R134ze，均属于微可燃类。R32 已开始应用于家用空调器中；R1234yf 或 R134ze 主要用于汽车空调替代 R134a。

目前，已有部分家用空调器开始采用 R290 和 R32 制冷剂。但由于这两种制冷剂均具有可燃性，空调器生产企业为满足产品标准对制冷剂充注量的规定要求，R290 仅限于小型家用空调器。

低 GWP 环保制冷剂除 CO_2 外，都具有不同程度的可燃性，在应用上存在着一定的安全隐患。在生产、运输、售后安装和维修以及回收等各个环节都应采取必要的措施，这也是造成产品成本上升的原因之一。另外，配套的地方法律法规、维修标准尚未齐全，对于进行产品的市场推广活动存在一定的难度。CO_2 在空调中运行能效较低，而用于空气源热泵热水器中整机成本相对较高，需要政府补贴激励。

为满足环保要求，应大力开发具有较低 GWP 的 HFCs 的混合物。

2. 冰箱发泡剂

目前，各国冰箱行业都在进行 HCFC 发泡剂在聚氨酯硬泡领域的替代工作，以减少其对大气臭氧层的破坏。冰箱发泡剂的替代主要有环戊烷、HFC-245fa 和 HFC-365mfc。国内的冰箱生产企业大多采用环戊烷发泡制作箱体的保温层。环戊烷的缺点是易燃易爆，生产环节存在安全隐患，而且泡沫的导热系数相对较高，保温效果相对欠佳；HFC-245fa

的导热系数优于环戊烷且不可燃，生产安全性较好，但 GWP 值较高，不利于环保；HFC-365mfc 的导热系数优于环戊烷，但同样属于易燃易爆的物质，生产安全性较差。就目前的生产情况而言，现有的各种发泡剂难以兼顾满足保温性能、环保要求和安全生产的各项要求，有待于开发新型的硬泡发泡剂。美国率先使用全氟烃类化合物替代环戊烷作为全新发泡剂，泡沫导热系数可低至 0.017mW/m·K，比传统环戊烷体系降低 15%，整机耗电量降低 10%。韩国将助剂发泡技术应用在冰箱产品中，泡沫导热系数降低 10%，整机耗电量降低 7%。国内由于专利技术及价格等因素未批量应用。在工艺方面，真空发泡、多元混合发泡、变频发泡、减压发泡等专利技术在国外应运而生，使得环戊烷体系向低导、低密、低溢料、高反应速度（快脱模）三低一高的方向发展。

中国作为世界上首屈一指的家用电器生产大国，应基于国内外法律法规及国际公约的基本要求，自主进行空调器制冷剂和冰箱发泡剂的研发工作，为提高家用制冷器具相关制造行业的整体水平奠定基础。

对于冰箱的低导热发泡材料，资料显示，美国 Honeywell 公司已经开发出一种 HBA-2 型发泡剂。泡沫的导热系数可达 18mW/m·K，远远优于环戊烷，且该种材料具有不可燃、GWP 值较低等优点。具有超低导热系数的环保可降解聚氨酯发泡材料是今后家电保温技术的重要研究方向。

（三）质量技术基础（见表 6）

表 6　质量技术基础发展重点

序号	技术基础	主要建设内容	建设目标
1	搭建家电智能与健康技术创新	通过搭建家电智能与健康技术创新平台，聚合与家电行业相关的产学研机构共同合作开展相关基础材料、基础零部件/元器件的应用研究以及相关技术特性的评估分析研究，破除发达国家在上述"二基"方面的领先和垄断优势，解决行业面临的共性技术问题，为我国家电企业充分利用资源、积极参与创新创造条件	掌握下一代智能和健康家电的共性关键技术，核心部件和基础材料的自主创新能力显著增强，家电行业整体达到国际先进水平。形成完整的下一代智能和健康家电的产品阵容和应用创新体系，家电行业自主创新能力进一步增强，基本实现家电强国战略
2	完善民间组织标准体系	搭建家用电器领域民间组织标准体系，明确民间组织标准在家电标准体系中的地位以及与其他种类标准之间的关系。厘清家电民间组织标准的利益机制，摸索民间组织标准体系管理模式、运行机制以及实施流程	解决目前标准体系周期长、效率低、更新不及时等制约行业创新性发展的问题，建设更具有代表性、集约性、高效性和共通性的民间组织标准体系

1. 搭建家电智能与健康技术创新平台

在共性关键技术、公共服务平台、通用技术标准三个层次进行深入研究，建立具有我国自主知识产权的智能家电行业公共服务平台核心技术体系及标准体系，解决智能家电多业务、多系统、多类型、多企业综合集成的技术难点，包括构建智能家电公共服务平台模型、接口模型、一致性测试模型，重点突破制约产业发展的智能家电通用通信与控制协议、软硬件接口、数据融合与增值服务等方面瓶颈技术和急需解决的问题，建设开放的智能家电行业公共云服务平台，制定服务平台接口规范国家标准，并完成相应的试验验证及应用示范。

（1）强化智能传感技术、控制技术、网络技术、芯片技术、编码标识技术、云平台技术等在家电产品中的集成应用，提高家电单品的智能化水平，逐步实现智能家电的广泛应用，实现智能家电在智能家居、智慧社区等的规模化集成应用。

（2）建立家用电器行业公共服务平台，打破企业之间、行业之间的壁垒，实现不同企业、不同系统、不同类型家电间的互联互通，满足智能家电产品应用过程中各个环节的数据协同需要；实现与3～5个相关行业（领域）的应用实践，为消费者提供智能家居控制解决方案，为家电企业及上下游产业链提供各种应用服务和增值服务。

（3）分析智能家电系统互联互通及互操作的应用模式和相关主流技术，定义智能家电系统内各类接口，构建智能家电系统结构和参考模型、网络服务平台模型、可靠性测试模型，加强与行业、企业的沟通，建立适合我国家电行业发展需求的智能家电互联互通及互操作标准体系，制定智能家电系统接口规范及其他相关标准，建立智能家电互联互通及互操作标准的试验验证平台和智能产品通信可靠性测试评价平台，并在企业内开展基于标准技术方案的应用验证。

2. 完善民间组织标准体系

解决目前标准体系周期长、效率低、更新不及时等制约行业创新性发展的问题，建设更具有代表性、集约性、高效性和共通性的民间组织标准体系，应该成为下一阶段家电行业标准化工作发展的重点。在建设民间组织标准体系的过程中，通过标准制度和流程的建立，使民间组织标准具备领先性、综合性、专业性和灵活性等特点，充分把握市场需求，保证标准内容的技术先进性和专业性，满足相应产品的相关方的利益需求；通过灵活的机制和完善的管理，形成对于政府政策和标准的补充和支撑，在其生存和发展过程中体现出旺盛的生机和活力。基于上述分析的结果，为顺应市场发展趋势，我们建议质量技术基础在标准化方面发展研究的重点为：搭建家用电器领域民间组织标准体系，明确民间组织标准在家电标准体系中的地位以及与其他种类标准之间的关系。厘清家电民间组织标准的利益机制，摸索民间组织标准体系管理模式、运行机制以及实施流程。

在标准体系完善的过程中，需要政府在政策上予以支持，主要包括两方面：一是对地位和机制的认可，政府在标准管理层面，应明确民间组织标准的地位以及与国家标准、行业标准的关系，并对标准制定管理机构的工作机制予以认可；二是对职能和权力的授予，政府应对标准管理机构对于标准的立项权、审批权、发布权，以及针对民间组织标准的认可、检测职能予以授权。

六、家电行业"四基"发展路线

中国家用电器行业的迅猛发展起始于经济改革开放之初的大规模技术引进。在短短的一二十年内，在技术引进的基础上，家电产品的生产能力出现了爆发式增长的态势。当时具有标志性的事件之一就是国内多家企业先后引进了七条"阿里斯顿"冰箱生产线，同时生产不同品牌的"阿里斯顿"电冰箱产品。目前，中国已经成为世界上当之无愧的家用电器生产第一大国。由于家用电器行业上游的基础工业和基础性技术仍然处于较为薄弱的现状，致使中国还不能成为家电产品的制造强国。在本课题的研究过程中，由于缺乏充分有效的检测评估技术手段，我们只能"感受"到存在的问题，但不能详尽地通过技术数据表述问题的实质内容，不能深入地挖掘产生问题的原因以及探求解决问题的最佳方法。我们深深地体会到：优先夯实技术基础是破解基础材料、基础零部件/元器件和基础工艺存在的技术难题，推动家用电器行业可持续发展的重中之重。

（一）发展思路

1. 优先实施检测评估技术的开发和改进工作

例如：冰箱和空调器的换热器性能评价技术、可靠性及生态设计技术、系统优化设计技术、冰箱保鲜性能评价技术、空调器舒适性性能评价技术、在用家用电器产品质量衰变评价技术等。在此基础上通过建立完善的标准体系，为破解家电产品质量和档次提升的障碍、为产品的原创设计开发奠定基础。

2．与上游企业建立紧密型合作机制

家用电器产品作为耐用消费品与一般工业用品的最大区别在于：家电产品的使用对象和使用环境存在着更加宽泛的多样性。按照一般工业用基础材料、零部件标准设计生产的基础材料和零部件不一定能够充分满足家电产品的生产和使用需求。因此，需要家电企业与其上游企业之间持续保持良好的互动关系，共同研发适宜家电产品制造和使用的材料及零部件。

对于家电产品生产过程中急迫需要解决的基础材料、关键零部件等"燃眉之急"，例如：塑料模具加工、电磁及光电传感器、电磁线圈盘、IGBT、电热管用高镍铬合金不锈钢材料、压缩机启动器用热敏电阻、冰箱用真空绝热板、压缩机用冷冻润滑油等，通过有针对性地约请从事基础材料和零部件的企业参与家电产品整机的基础及开发性研究；鼓励有条件的家电企业收购、参股生产基础材料和零部件企业，组建专业化制造联合体等方式，在突破现有的技术瓶颈的过程中相得益彰，共同发展。

3．发挥政府部门在资源配置中的积极作用

针对家电行业发展中具有导向性和前瞻性的基础技术问题，以及涉及家电标准体制调整的重大事项，例如：空调器用制冷剂和冰箱发泡剂替代应用研究和建立民间组织标准体系等问题，应在政府部门的主导下，调动和协调社会相关部门和机构的力量，从理论与实际的结合上寻求突破点。

（二）发展目标

基于上述几点考虑，为了破解"四基"自身的薄弱对家电行业发展产生的掣肘现象，以及在充分竞争的市场环境中，家电企业不得不面对因产品制造成本提高导致的生存压力陡增的严峻现实，建议采用分段渐进的方式逐步实现提升家电产品技术水平，从家电生产大国到创造强国的历史性转变。

1．中期目标（2020 年）

以行业共性技术支撑体系为依托，针对不断变化的家电产品的市场需求，建立家电产品整机和专用关键零部件标准制修订的快速反应机制，用于指导产品创新设计和质量评估。进而以相关的标准为基础，将消费者对家电产品整机的市场需求及时地转

化为与家电产品生产相关的上下游行业链之间的供求关系；促进家电整机生产企业与上游基础材料和基础关键零部件/元器件生产企业建立紧密型战略合作伙伴关系或组建行业联盟。

2. 远期目标（2025 年）

依靠政府部门的主导作用，针对中国经济战略发展方向，通过顶层设计联合行业链和技术链的力量协同开展与家电行业技术提升相关的"四基"领域内的前瞻性基础和应用研究。最终彻底摆脱目前家电企业在产品研发和制造过程中涉及基础材料、基础零部件、基础工艺、基础性技术问题时所面临的双重窘境：要么是开发全部基于进口"四基"的高端产品；要么是安于"有什么，用什么"的现状，深陷低质低价竞争的旋涡。

（三）发展路线图（见表7）

表7 家电产业"四基"发展路线图

		2015—2020 年	2020—2025 年
需求		努力开发能够替代进口的材料和零部件	制定符合中国国情、具有世界先进水平的材料、零部件技术标准，研发出相应的材料和零部件
典型产品		重点开发与民众健康相关的水处理、空气处理、生活废弃物处理家电产品	立足于解决中国民众面临的健康环保问题，使之达到国际领先水平
核心基础零部件/元器件	制冷压缩机	加大技术投入，解决阻碍产品研发的关键零部件和加工工艺技术问题	自主开发新型制冷压缩机比例提高到50%以上
	家电专用嵌入式智能模块	家电嵌入式智能模块的软、硬件接口规范；物联网家电互联技术	开发高可靠性、低成本，易于嵌入、安装、调试方便，升级、维护简单的无线射频通信模块、窄带电力线通信模块、电参数采集模块、多协议互操作 SoC 模块
	绝缘栅双极晶体管（IGBT）	提高国内 IGBT 企业的产品设计与开发能力	形成几家具备完全自主核心技术的企业。实现 IGBT 开发设计技术的自主开发和生产能力
	智能功率模块（IPM）	掌握封装技术、芯片设计技术及评价测试技术等，可靠性、成品率接近国际水平	能够创造性地设计出功能性能超越国外大厂的产品，可靠性、成品率达到国际领先水平

		2015—2020 年	2020—2025 年
关键基础材料	空调制冷剂	建立国家层面的战略课题研究组，制定新型 HCFC 替代制冷剂研发技术线路图	研发制定具有国际水平的 HCFC 替代制冷剂标准；以此为基础建立空调器制冷系统、系统部件、检测方法和空调器整机评价体系
	冰箱发泡剂	建立国家层面的战略课题研究组，制定新型 HCFC 替代发泡剂研发技术线路图	研发制定具有国际水平的 HCFC 替代发泡剂标准；开发适用于新型发泡剂的发泡工艺，进一步提高冰箱产品的节能水平
质量技术基础	家电智能与健康技术创新平台	掌握下一代智能和健康家电的共性关键技术，核心部件和基础材料的自主创新能力显著增强，家电行业整体达到国际先进水平	形成完整的下一代智能和健康家电的产品阵容和应用创新体系，家电行业自主创新能力进一步增强，基本实现家电强国战略
	民间组织标准体系	推动标准化法的修订，使得民间组织标准具有相应的法律效力	建立民间组织标准体系，促进行业技术进步和市场竞争环境的法制化
保障措施		优先实施检测评估技术的开发和改进工作 加强公共技术服务平台的建设 与上游企业建立紧密型合作机制 发挥政府部门在资源配置中的积极作用	

第二章 轻工其他重点行业

一、轻工其他行业"四基"发展现状

（一）"四基"概况

轻工业是典型的制造业，特征是以上游原材料加工制造为主，而加工制造过程中使用的基础零部件/元器件和基础材料绝大部分来自于专业从事基础材料和零部件/元器件生产的众多上游企业，同时基础工艺技术的改进对提高产品质量和生产效率也是至关重要的。因此，涉及轻工行业的"四基"应用水平对轻工业的整体发展具有极为重要的影响。近年来，轻工业的基础性科研开发取得积极成效，轻工业整体基础能力和创新能力有所提高，全行业国家级企业技术中心达到144个，面向轻工行业产业集群的26个中小企业公共平台被认定为"轻工行业中小企业公共服务示范平台"，其中12个平台被认定为"国家级中小企业公共服务示范平台"。自2011—2013年中国轻工业联合会科学技术奖共评出获奖项目497项，轻工行业获国家科技发明奖5项，科技进步奖14项。产学研协同创新，夯实基础、科技成果商品化和产业化水平进一步提高，从而推动了轻工行业的发展。

（二）发展现状与差距

1. 电池行业

国际电池研究先进水平以美国、韩国、日本、德国为典型代表。

美国加大锂电池研发投入，成立的能源存储研究联合中心（JCESR）成为电池和能源存储研究的大本营；韩国力求成为锂离子电池第一生产大国；日本在正电极、负电极、隔膜和电解液等关键电池材料领域处于领先地位；德国建立"电动交通国家平台"，旨在凝聚德国各界的力量以电动车为契机，力争实现整个社会基础的深刻变革。

与国外先进水平相比，我国电池基础研究与产业结合效果差，关键技术与国外差距拉大，科研资金投入收效不佳，甚至在基础较差的情况下，急于将大量资金投入培育市场，产业基础不扎实，电池装备和检测设备仍处在重复依赖引进阶段。

2. 塑料行业

我国塑料加工业起步于 20 世纪 50 年代初期，经过两个 30 多年，特别是改革开放后的这 30 年，实现了历史性跨越。2013 年国内塑料制品规模以上企业产量达 6188 万吨，居世界首位，产值突破 1.9 万亿元，位居轻工行业第一。

行业的发展壮大，使塑料基础工艺、基础材料及质量技术基础得到了充分发展，但仍然存在着诸多问题。

与先进国家相比，行业目前整体存在着大而不强、产品结构不合理，部分通用、低端产品产能过剩、产品同质化严重，而中高档、功能化产品比例低；创新研发能力弱，缺少国家级技术研发团队；基础工艺、基础材料研发投入不够；部分已开发或已实现批量生产的产品存在知识产权不明晰、国外专利垄断以及产品技术基础不牢、质量不稳定等问题，整个行业面临着调整产品结构，淘汰落后工艺，从追赶、仿制国外产品向自主开发、自主创新转变的抉择。其中：

——国内聚氨酯、挤出聚苯乙烯（XPS）等泡沫塑料生产企业目前仍有 50%以上在使用国际上已经限时淘汰的氢氯氟烃类发泡剂，而国际上欧美等国家已基本淘汰并采用超临界 CO_2 发泡等先进、环保工艺进行生产。

——国内废旧塑料的回收和利用率仅为 26%，远落后于发达国家的 30%～70%。

——国内聚氨酯人造革合成革行业目前 85%的企业仍采用 DMF 等有机溶剂进行生产且未进行排放溶剂回收，而国外先进企业采用水性聚氨酯、无溶剂聚氨酯实现清洁生产。

——国内塑料复合、软包装彩印生产的塑料印刷、复合加工过程使用中无溶剂复合、水溶性油墨印刷生产工艺的不到 5%，和先进国家的 30%普及率相比溶剂不能回收产出的浪费和有机废气（VOC）的排放给环境造成的污染要大得多。

3. 造纸行业

我国是造纸技术的发明国，但近代造纸工业的发展一直落后于发达国家。2012 年我国纸及纸板产量首次超亿吨。但是，尽管我国纸和纸板总产量已经位居世界首位，2013

年人均纸张表观消费量只有 73kg，与发达国家人均 200kg 左右比较尚有很大的距离，可预见今后我国的造纸工业仍将保持较长期的稳定增长。

20 世纪 80 年代初，我国造纸工业生产过程中使用的化学品多数是自制的简单化学品。直到 20 世纪 90 年代初，我国造纸化学品仅有约 30 个品种近 200 种产品。目前我国造纸化学品总产量已达 200 多万吨，国外具有的主要品种系列，包括变性淀粉、聚丙烯酰胺、施胶剂、增白剂、消泡剂、脱墨剂等已基本实现国产化，但质量水平（如产品的稳定性）及高档纸功能性化学品和特种纸专用化学品等的开发应用尚有较大差距。

我国造纸化学品行业在未来的 5～10 年将是大提升、大发展时期。针对我国造纸工业国情，我国造纸化学品行业有望取得一批具有自主知识产权的新产品、新工艺、新技术，在一些重要品种上，无论是产品质量还是生产规模要求方面将达到或接近国际先进水平。

造纸行业重点发展方向包括：木材纤维节约技术和产品的研发，如非木材纤维专用化学品、再生纸专用化学品和纤维替代技术等；节能减排技术和产品，如高效助留助滤技术、造纸废水综合治理关键技术与产品等研发；高档纸功能性化学品、特种纸专用化学品的研发；造纸化学品绿色化共性和关键性技术研发；现代大型高速纸机化学品关键应用技术与装备的研发；大宗类造纸化学品（包括淀粉衍生物、聚丙烯酰胺、中性施胶剂、涂布胶乳等）规模化、绿色化、高端化、系列化关键技术与工程工艺的研发。

4．发酵行业

发酵工业是生物产业中生物制造领域的重点发展方向之一。发酵工业是运用现代生物技术，以含淀粉（或糖类）的农副产品为主要原料，采用生物细胞或酶的生物催化功能，进行人规模的物质加工与转化，生产高附加值产品的工业体系，是生物制造领域的重要组成部分。

虽然我国发酵行业取得了一定成绩，但在整体水平上与国外先进发达国家还存在很大的差距。一是源头开发不足，原料利用率与利用水平不高，资源综合利用深度不够，副产品附加值比较低；二是过程控制粗放，使得行业整体消耗比较高，分离提取成本高；三是末端治理有待提升，行业废弃物综合利用与治理水平有待进一步提升，环境压力依然较大；四是行业装备自动化和国产化水平有待提高，技术含量低。因此，在国家相关产业政策指导下，积极推进发酵工业结构调整和产业升级，逐步形成一批新技术、新工艺、新设备；提高资源综合利用水平，保持环境领域生态平衡，实现发酵行业健康、稳定地发展。

5. 皮革行业

我国皮革行业是一个具有国际竞争力的大行业，它涵盖了制革、制鞋、皮衣、皮件等主体行业及相关配套行业。同时它又是与"三农"关联度高、吸纳劳动就业的富民优势行业，主体行业一定规模以上企业直接从业人员达 500 多万人，全行业连同配套行业就业人员达 1100 万人，每年提供新的就业岗位达四五十万个，为促进我国城乡就业、维持社会稳定做出了很大的贡献。

为促进我国皮革工业的可持续发展、提高我国皮革产品的国际竞争力，皮革行业在开发先进、清洁工艺技术等方面做了大量工作，并已取得一批可以产业化的创新性研究成果，对我国皮革工业的技术进步产生了重要的推动作用。但是，也有相当一部分已经开发的先进工艺技术在产业化应用过程中遇到了难以逾越的技术瓶颈，即支撑这些先进工艺技术实施的一些关键化工材料必须依赖进口，并且尚有部分关键材料国内外均无成熟的商业产品。目前我国使用的各类皮革专用化工材料约 50 万吨/年，其中国外品牌皮革化工材料占我国高档皮革化工材料市场份额的 70%。

《国家中长期科学和技术发展规划纲要（2006—2020 年）》（以下简称《纲要》）中把"制造业"作为重点领域，并将"基础原材料"列为优先主题的重要内容，《纲要》"制造业（31）基础原材料"中明确指出要"重点研究开发满足国民经济基础产业发展需求的精细化工及催化、轻纺材料及应用技术，具有环保和健康功能的绿色材料"。皮革工业作为制造业的重要组成部分，其转型升级是国家宏观政策的必然要求。而皮革工业的转型升级首先依赖于新型皮革化工材料的开发和创新。因此，绿色制革关键材料及鞋用功能材料的开发与产业化完全符合《纲要》的精神。《轻工业"十二五"发展规划》明确将"绿色皮革化工新材料、鞋类产品舒适性研究"列入技术创新与产业化工程专栏中，对推动行业的清洁生产和整体技术的进步具有重要的意义。

6. 制笔行业

我国制笔行业经过改革 30 多年的发展已初具规模，形成了多门类、多品种的产品体系，成为世界上的制笔大国，各种笔类产量居世界首位。笔类产品年总产量近 400 亿支，占世界生产总量的 80%，但销售额只占全球的 25%，其中圆珠笔年产量达 140 亿支，80%供出口。2013 年制笔行业规上企业 225 家，实现销售收入 235.13 亿元，利润总额 15.11 亿元，出口交货值 68.76 亿元。

但在环保制笔材料制造技术方面，我国与发达国家相比还具有较大的差距，该类材料仍依赖进口。随着欧美等发达国家对笔类产品安规要求的日益提升，环保制笔材料制造技术的缺乏将严重影响我国笔类产品出口，制约我国制笔行业的健康发展。

7. 缝制行业

1）关键零部件材料有缺陷

缝制机械行业产品原材料为钢材和铸铁，另有少量的铝材、工程塑料及铜材等，全年铸铁用量在 16 万吨，钢材用量约为 12 万吨，主要以低碳合金钢 20Cr、40Cr 等为主。目前，国产基础材料基本能满足行业产品需要，但在部分关键及特种零部件方面，国内钢材尚无法有效满足行业需求，与国外同类材料相比，国内材料在稳定性、热处理一致性等方面存在差距。以机针为例，选用大连特种钢材厂高碳钢丝与进口日本六甲琴同类钢丝的产品性能差距相当明显，产品使用寿命平均只有进口原材料产品的一半左右。

2）核心零部件制造工艺相对落后

目前在部分加工工艺复杂、承受交变负载、使用在关键部位、对缝纫性能影响最大的关键零件方面，国产零部件与进口件之间还存在一定差距，如高速缝纫机用高精度、高转速部位紧固螺钉，各类高速、特种缝纫机等用的高精密旋梭、机针和弯针，以及各种高精度、高转速等特种传动零部件（轴、杆、凸轮、齿轮等），国内外产品在外观一致性、粗糙度以及挠度、硬度、耐磨性等机械方面都存在差距。

3）质量控制能力较弱，产品可靠性不足

由于行业整体起步较晚，相比发达国家成熟的经验和科学的管理方法，我国行业企业质量工作基础相对薄弱，工艺文件管理、零部件质量控制、现场质量监督、职工技能与素质等方面均需全面提升，产品质量保证体系尚不完善，行业发展的整体保障基础薄弱，基础的测试标准、测试方法还在摸索中，如对缝纫机刺料、挑线、勾线、送料机构的动力学研究，以及缝纫机力矩测量分析方法研究等。

8. 钟表行业

经过多年发展，我国钟表行业通过积极参与国际竞争，使钟表行业在产品研发、工艺技术、产品结构、制造水平等方面都有了长足的进步，形成了从原材料、外观件、机芯零部件/元器件到成品的上下游紧密相连的产业链，并已形成一批如海鸥、北京、上海、杭州、北极星等拥有核心技术和知识产权的企业。特别是近年来，代表我国精密加工水平的机械手表的生产增长迅猛，自主加工制造的机械手表机芯总量已达 2200 万只左右，占世界总量的最大比例。一批老牌手表生产企业已经具备了批量生产陀飞轮、万年历、三问、

计时码表等复杂多功能机械手表的能力，是目前除瑞士外唯一能够生产这类高档机械表的国家。我国钟表制造业已成为全球竞争力较强、规模最大的钟表制造基地。

尽管我国已成为世界钟表的制造大国，但在目前，我国中高档手表机芯主要还依赖于进口，主流产品的工艺质量、走时精度、走时稳定性和使用可靠性等基础指标与瑞士和日本先进国家相比还存在较大差距。由于在基础理论研究、材料科学、精密制造、机芯产品等一系列关键技术上落后于瑞士和日本，缺乏自主创新的核心技术，造成了我国钟表产品长期徘徊在低端市场，没有形成具有国际影响力的民族品牌，极大地制约了钟表产业的发展和提升。特别是代表我国精密加工水平的高端机械自动手表的生产，与瑞士的差距更加明显。从产品质量指标上看，目前国产自动机械手表的回修率为 7%~8%（较好水平），而国外仅为 1%，机芯走时误差国内为±15s（优等级），国外为±8s。零部件加工精度、表面光洁度等与国外的差距更是显而易见。长期的质量问题导致我国自己的品牌企业都不敢使用国产机芯。

我国主流产品基础机芯核心零部件/元器件的生产工艺和技术装备仍沿用 20 世纪 60、70 年代的进口设备，年久失修，加工精度难以达到要求，致使基础关键零件外形、工作面缺陷大，不能正常工作。而瑞士主流产品基础机芯制造早已完成机械化改造，普遍采用数控加工中心等高精度、现代化设备，并向数字化迈进。

（三）滞后原因分析

1. 电池行业

自主创新能力弱。缺乏基础产业共性技术研发队伍，基础产业技术薄弱；缺乏新技术新材料研究和推广平台，缺乏国际先进技术、信息、数据跟踪积累；缺乏共享信息平台；缺乏电池与相关产业发展战略研究与基础性研究平台和能力。

产业结构不合理，产品档次和附加值不高。我国电池产量中一次电池约占世界总产量的 35%，铅蓄电池产量占全球产量的 40%以上，锂离子电池产量约占世界总量的 1/3，但锂离子电池进口量和进口额连续多年大于出口指标，电池总产量超过世界总量的 30%，可是电池价格仅为国外品牌的一半或更少，利润少之又少。

电池生产装备落后。缺乏电池生产装备研发基地和生产基地，零星小企业生产辅助单机，不成规模，没有整线开发，缺乏自动化在线监测控制功能，不成体系。缺乏在线监测质量控制，同时采用高能耗、高污染工艺，低水平重复产能过剩，资源性材料消耗大。

2. 塑料行业

1）技术创新能力薄弱

——行业整体创新体系不健全。企业和研究机构研发与创新目标缺乏前瞻性、系统性研究，对基础共性、关键瓶颈性课题的研发投入不足。科研成果转化机制不畅，科研院所、大专院校的研究成果产业转化率偏低。

——专业技术人才不足，特别在众多中小企业中技术力量薄弱问题更加突出。行业专业技术人才、基础课题研究跟不上产业快速发展的需求，一些重大课题特别是基础性关键共性课题缺乏技术带头人；产品开发能力弱，具有自主知识产权的高技术含量、高附加值产品少，中、低档产品比例过大。

2）高端原料、助剂及加工设备等基础材料、加工技术水平制约行业发展

——国内塑料加工生产亟需的多种功能性树脂、特殊牌号树脂、专用料、高档助剂等关键基础材料在大量、高价进口。

——塑料机械产量虽居世界第一，但以中、低端设备为主，多种特殊及高端塑料成型设备、塑料制品在线检测设备等尚无较大突破，也需依赖进口。

3）先进基础工艺开发不够

——行业在生态化、环保绿色、清洁生产等基础工艺方面的研究开发不足。诸如微纳层叠共挤出、多层复合、合金及微发泡、微成型等环境友好、节能减排、环保、轻量化、高强材料加工技术等新型生产加工工艺的开发、普及率低。

二、轻工其他行业"四基"需求分析

（一）核心基础零部件/元器件（见表1）

1. 电池行业核心基础零部件/元器件：电池钢壳

我国圆柱形碱性锌锰电池 2012 年产量约 122 亿只，氢镍电池和镉镍电池产量约 10

亿只，每年需要耗用电池钢壳超过 130 亿只，但制作电池钢壳的钢带长期依赖从日本、韩国、德国进口，钢壳冲制设备也全部依赖进口。

表 1 核心基础零部件/元器件需求

序号	产品名称	2013 年产量	2013 年销售收入	2015 年需求量	2020 年需求量	2025 年需求量
1	电池钢壳	150 亿只	30 亿元	160 亿只	200 亿只	230 亿只
2	流浆箱	—	—	300 套/年	350 套/年	450 套/年
3	靴型压榨装置	—	—	125 套/年（其中核心部件靴套 1000 套）	150 套/年（其中核心部件靴套 1200 套/年）	250 套/年（其中核心部件靴套 2000 套/年）
4	钢制扬克缸	—	—	60 套/年	80 套/年	100 套/年

2．制浆造纸行业核心基础零部件/元器件

1）流浆箱

（1）国内流浆箱发展现状分析

目前高速造纸机流浆箱技术由国外的 Voith、Metso、PMT、PMP、Vaahto 等几家企业垄断，长期以来国内高车速的造纸机流浆箱几乎都是依靠进口（作为造纸机整机引进的核心部件或单独引进）。国内生产的流浆箱大多是敞开式或气垫式结构，水力式只有几家装备企业在研究试制。国内经过近十年的努力，虽然还没有建立起专业性的研发基地，但经过引进消化吸收再创新及集成创新，已开发了用于车速 1000m/min 及 1500m/min 的文化纸机的水力式流浆箱。

（2）国内外流浆箱技术的发展

按照其结构特点，流浆箱可分为三种基本形式：敞开式、气垫式和水力式。随着纸机车速的进一步提高，特别是夹网纸机的出现，对流浆箱的喷浆速度分布和浆料微湍动要求的提高，敞开式和气垫式流浆箱已达不到所需的要求。水力式流浆箱主要解决纤维分散即纸页匀度与横幅定量两大问题。

纵观水力式流浆箱，从 20 世纪 80 年代起，Beloit、Voith、Valmet 等公司都在为减小纸幅横幅定量差和可控微湍流方面投入巨大的研究力量，典型产品有 Beloit 公司的 Converflo 和 Concept 系列，Valmet 公司的 Sym-flo 和 Opti-flo 系列及 Voith 公司的 Module-jet 系列。到 20 世纪 90 年代，又出现了稀释水流浆箱和多层成形流浆箱。

到 2002 年，江河纸业作为用户为自身需要，开始自发研究适应高速纸机的水力式稀释水流浆箱，经过十年的努力，取得了一定的成绩，同时国内像杭州美辰、诸暨中太等几

家企业也陆续开始试制水力式稀释水流浆箱。

2）靴型压榨装置

（1）现状分析

靴压技术自 20 世纪 80 年代开发并用于包装纸和纸板以来，历经 20 多年的发展过程，靴型压榨已经从克重较大的纸种发展到低克重的纸种中。由于靴型压榨压区宽，压区停留时间长，出压榨干度比常规辊式压榨提高 4%～5%，每提高 1% 的进缸干度蒸汽消耗降低 5%，显著降低了烘干部的负荷，改善了纸的松厚度。由于这些突出的优点，使得靴型压榨技术被越来越多的造纸企业选用，而且逐渐成为现代化纸机中的标准配置。

目前，靴型压榨技术被芬兰美卓（Metso）、德国福伊特（Voith）、日本三菱重工（Mitsubishi）等少数几个大公司掌握。另据了解，芬兰瓦赫托（Vaahto）、意大利欧沃（Over）、意大利 PMT 也能生产靴型压榨装置。

靴型压榨装置中的专用核心基础零件是一直依靠进口的靴套（shoe belt or shoe blanket）部件，是首先要突破的"卡脖子"技术产品。

（2）需求分析和发展趋势

最近 10 多年以来，中国造纸工业迅速发展，很多大型造纸企业引进国外装备，造纸装备水平已经达到国际先进水平。大型造纸企业分别拥有一条或者多条进口现代化造纸生产线，这些进口造纸机绝大部分都配有靴型压榨装置。据统计，我国已有上百条进口纸机配有靴型压榨装置，每年消耗的靴套数量有几百条之多。

从长远看，由于节能的紧迫性，今后新增的大中型现代纸机和必须改造的老纸机，都将配置靴型压榨装置，作为易损件的靴套，需求量将会成倍地增长，这也是发展趋势。

3）钢制扬克缸

（1）行业现状

国内市场现在运行的造纸设备中，干燥部的烘缸绝大部分采用铸造烘缸。其原因是铸铁材料的流动性好、收缩性好，适用于烘缸的铸造成型，设备厂家便于生产制造，多年来一直沿用。

但是铸造工艺决定了产品抗拉强度低、可塑性差；会产生一定的缺陷，如气孔、砂眼等，尤其像烘缸这样的大部件，即使允许修补这些缺陷，它的安全系数也会降低，国内纸厂就出现过烘缸爆炸的现象，严重的会造成机毁人亡；另外，铸造对环境污染也比较大，对电的需求也多。

钢制扬克烘缸就是现阶段能替代铸造烘缸最先进的产品，在发达国家，该产品从生产到应用可以说是已经相对成熟，国内造纸机械行业在钢制扬克缸方面却一直没有突破技术瓶颈。个别造纸设备厂有的可以做到直径 2m 以下，车速 200m/min 以内的钢制烘缸，但直径 2.5m 以上，车速 200m/min 以上的就得依赖进口。

国产纸机已突破 1200m 以上，而国内钢制扬克缸技术一直没有跟上纸机发展的步伐。市场需求非常大，但技术上却受制于人，配套国外厂家，企业利润就会降低，就不会拿出更多的资金来发展高端技术。恶性循环也就势必影响我国造纸业的发展。

（2）行业发展中存在的问题和差距

钢制扬克缸有很好的市场前景，但对我们来说效率还很低，内壁槽的加工比较缓慢，批量问题难以解决，尤其是缸体外表面的喷涂问题，国内技术硬度及使用寿命远不及国外技术，难以完全满足国内更新换代和新建项目的需要。

（二）关键基础材料（见表2）

表2 关键基础材料需求

序号	材料名称	2013年产量	2013年销售收入	2015年需求量	2020年需求量	2025年需求量
1	电池新材料	6万吨	600亿元	7万吨	14万吨	18万吨
2	生物降解塑料材料	50万吨	70亿元	60万吨	120万吨	300万吨
3	皮革专用脱毛酶制剂及无铬鞣剂材料	—	—	在制革行业中的普及率达到10%以上	在制革行业中的普及率达到30%以上	在制革行业中的普及率达到50%以上
4	制笔记号笔专用材料及金属笔头材料	86亿支	67亿元	92亿支	110亿支	120亿支

1. 电池行业关键基础材料

1）锰酸锂正极材料

目前国内正极材料生产企业开发锰酸盐正极材料，应用领域主要集中在消费类电池市场，主要与钴酸锂掺混使用于低端的钢壳电池上，或者用于电动自行车的动力锂电池，距电动汽车使用要求尚有距离。通常情况下，锰酸盐系正极材料的质量比容量普遍低于100mAh/g，高倍率放电性能差，循环使用过程中电压下降，电池寿命较短。

2）磷酸铁锂正极材料

磷酸铁锂作为最成熟的磷酸盐系正极材料，其低温性能和倍率放电已可达到钴酸锂的水平。但是受制于技术瓶颈，磷酸铁锂电池一致性和能量密度较低。目前，业界一般认为磷酸铁锂比较适于储能系统，主要应用于基站和数据中心储能、家庭储能、风光电储能等领域。与全球技术水平对比来看，目前中国磷酸铁锂材料产业化的发展仍低于国外发达国家的水平，如材料生产和应用方面的连续性和稳定性都不足，能量密度也始终无法提高。据统计，2012 年全球磷酸铁锂应用的同比增速为 56.66%，而中国只有 5.77%。

磷酸盐系正极材料的电压平台一般低于 3.4V，材料批次均匀性差，克输出容量低，价格较高，低温性能差。

3）镍钴锰和镍钴铝三元系正极材料

三元材料由于其能量密度高，目前已渐被行业认为是最适合电动汽车用动力电池正极材料。目前在电动汽车上广泛使用的是镍钴锰比例分别为 1∶1∶1 或 5∶2∶3 的（以下简称 111 及 523 材料）体系的锰系三元材料。

镍钴铝三元系材料（以下简称 NCA 材料）目前我国与日本等还存在较大的差距，在稳定性控制上存在设备和技术上的双重障碍，开发明显落后，国外已在大量使用，中国产品尚未开发出来。

4）富锂相层状氧化物正极材料

根据美国 DOE、日本 NEDO 等机构的预测，到 2020 年，动力锂电的能量密度需达到 300Wh/kg 左右。层状富锂锰基复合正极材料 $xLi_2MnO_3 \cdot (1-x)LiMO_2$（M=Ni、Mn、Co、Fe 等）理论上具有接近 250mAh/g 的放电比容量，同时还兼具原材料价格廉价的优点，是最有可能的正极材料体系。国外对层状富锂锰基固溶体材料的开发还处于小试阶段，先进技术主要由美国阿贡实验室、德国巴斯夫公司、日本田中化学等企业和研发机构所掌握。

5）锂硫电池正极材料（能量密度>500Wh/kg）

动力电池的能量密度决定了新能源汽车的续航里程。现有的锂离子正极材料体系已无法达到 500Wh/kg 以上能量密度的需求。因此，锂硫、锂空气电池体系成为新一代动力电池的研究热点。

6）锂空气电池关键材料

锂空气电池是一种用锂作为负极，以空气中的氧气作为正极的电池。理论上，由于氧气作为正极反应物没有物料限制，所以锂空气电池的容量仅取决于锂金属电极，其能量密度可以达到 11140 Wh/kg，与汽油的能量密度相差并不多（约 12600Wh/kg）。但锂空气电池商品化尚需解决的问题还有很多。催化剂作为正极的核心材料还存在 O_2 还原催化剂还原效率较低、成本很高（贵金属作为催化剂），不能工业化大批量生产的问题。

7）锂离子电池隔膜

具体包括单向拉伸、双向拉伸 PP 或 PE 单层和复合膜，现阶段国产隔膜遇到的最多问题就是隔膜的一致性不好。

目前已经商品化的锂离子电池隔膜主要由聚丙烯和聚乙烯材料制成，厚度一般在 10～20μm，微孔尺寸为 50～250nm，孔隙率在 35% 左右。

8）硅基复合负极材料

在充放电循环过程中硅材料体积的变化，材料首次库伦效率偏低，长期循环稳定性受到影响。

9）正极载流体用铝合金箔材

目前，国内产品的机械性能有待提高，表面质量有待提高，制备工艺需要改进，与正极材料的剥离性能有待提高。

10）负极载流体用铜合金箔材

通常使用的铜合金箔材为压延铜合金箔材，主要用于油基负极材料的涂覆，目前主要采用日本生产的压延铜合金箔材，国内产品在机械性能上相差不大，但表面质量上差异比较明显，需要进一步研发。

11）锂离子电池铝塑封装膜

商业化锂离子电池铝塑封装膜是铝箔、多层塑料和黏结剂的多层复合膜，目前量产使用基本都是从国外进口，主要生产厂家为日本 DNP 和昭和电工，目前国内还没有实现规模化量产，这也是目前锂离子电池产业唯一没有实现国产化的材料。

12）超级电容器有机电解液

当前，中高端超级电容器还控制在日美等国手中，制约了我国新能源汽车、军事等行业的发展。超级电容器的发展需要电解液、电极等相关材料行业的配套发展。

2. 塑料行业关键基础材料：生物降解塑料

1）基本情况描述

生物降解塑料具有可再生、可降解、绿色安全等特点，可用于农用地膜、日用包装材料、纺织化纤、工程塑料等方面。受制于产能和成本等因素，已产业化的品种主要有淀粉基塑料、聚乳酸、二元酸二元醇共聚酯、二氧化碳基生物降解塑料等，主要应用于一次性包装材料、餐具、保鲜材料、一次性医用材料、地膜等方面。

生物降解塑料应致力于技术创新，产品方向偏重开发高附加值的医用材料、高端食品包装材料、可堆肥包装材料、农用制品、电器外壳、3D 打印耗材等。目前，国内只有少

数企业实现在医药器械和医用包装领域、高端食品包装材料、电器外壳、农用制品、3D
打印材料等的规模化应用，但仍未在行业内大规模推广。

2）应用领域及市场需求预测

生物降解材料的应用领域非常广泛，主要有：

（1）包装用生物降解材料，随着人们对不能自然降解的塑料制品造成的"白色污染"
问题的重视，可生物降解的包装材料已经取得了迅速发展，其产量逐年增加。

（2）农用生物降解材料，主要是农用覆膜：据农业部调查，目前我国地膜残留量一般
在 60～90 千克/公顷，最高达 165 千克/公顷。使用生物降解材料制造的地膜能够从根本上
解决这个问题。

（3）其他生物降解材料制品，如一次性餐具、塑料购物袋、垃圾袋、电器外壳、耗材、
日用制品等。

随着人们对环境保护和自然资源的重视，以及各国针对生物降解塑料的研究不断深
入，针对不同材料配方改进与加工制备方法的研究的更加深入，生物降解材料越来越多地
被用于取代传统非降解材料。

目前，全国一次性或难以回收塑料制品以 30%替代为全降解塑料计算，则全国全降解
塑料市场需求达到 450 万吨。虽然我国农用薄膜的市场需求量和产量在逐年增长，但是现
在全国适宜农膜覆盖的种植面积还有一半左右没有覆盖，未来我国农用薄膜的市场前景十
分广阔。

3. 皮革行业关键基础材料

1）专用脱毛酶制剂及配套助剂

兼顾脱毛效果和避免蛋白酶对皮粒面的过度作用，利用多酶复合系统的协同作用，更
有效地破坏毛囊及其周围成分，开发基于蛋白酶、糖化酶和脂肪酶的复合皮革脱毛系列酶
制剂，并利用酶作用的可控性，避免传统单一蛋白酶脱毛对皮粒面作用过强的缺点，达到
无（少）硫脱毛。

选择高 pH 值（12～13）下仍有较高活性的蛋白酶和糖化酶，并结合氢键破坏剂，开
发基于酶的皮纤维分散剂，代替石灰，在碱性条件下通过对包裹皮纤维束的蛋白多糖的破
坏及对胶原分子链间的主要连接键的破坏，在无（少）石灰下实现皮纤维的分散。

用于牛皮、羊皮和猪皮制革过程中的脱毛，生物酶制剂及配套助剂能够显著降低制革
脱毛过程产生的 COD、氨氮和悬浮物，同时可以进行回收利用，是一种非常有市场潜力
的环保型皮革化工材料，市场前景良好。

2）无铬鞣剂

鞣制是皮革及毛皮加工过程中的核心工序，而鞣剂则是实现鞣制的关键材料。铬鞣剂因其能赋予皮革极高的耐湿热稳定性及优异的物理和感官性能，而得到广泛的应用，成为占据主导地位的鞣剂。但是，在环境保护和资源利用日益受到重视的今天，铬鞣剂正面临严峻的挑战，皮革行业对无铬鞣剂的需求日益迫切。市场上现有的并在一定范围内使用的无铬鞣剂以改性戊二醛、恶唑烷、有机膦等醛类鞣剂为主，但它们在应用中都存在两方面的问题，一是鞣革负电性强，对后续阴离子染整材料的吸收利用率低，且最终成革质量与铬鞣剂有一定的差距；二是鞣后成革的游离甲醛超标，不符合我国及欧盟对于皮革中甲醛的限量要求。因此，鞣制性能优良的环保型无铬鞣剂的开发已成为国内外研究者致力攻克的难题。

4. 制笔行业关键基础材料

1）新型记号笔专用基础材料

我国记号笔类产品制造的核心关键技术与国外发达国家相比还具有较大的差距，由于记号笔专用基础材料（专用墨水、专用高分子笔头材料）研发的薄弱，导致各类记号笔产品质量水平与各产业对相关记号笔类产品的技术要求具有一定的差距。国外高端记号笔类产品制造国家在记号笔专用基础材料制造及应用方面具有深厚的基础，不断推出具有新功能的、应用于不同行业的特种记号笔专用墨水及笔头新型材料，垄断了高端记号笔市场。

新型记号笔专用基础材料是记号笔类产品制造核心材料，主要包括新型记号笔专用墨水材料和专用高分子笔头材料。从市场需求看，目前现有各类记号笔需求约100亿支，而新型功能性特种记号笔具有更为广阔的市场前景。

2）W/O型乳液环保墨水

传统的圆珠笔墨水主要是油性墨水，它是一类由染料（包括有色颜料和填充料）、矿物油、助剂等物质组成的均匀混合物，具有一定颜色与流动度的浆状胶连体。近年来，随着人们对健康、环境保护等方面保护意识的增强，更加环保、清洁的水性和中油墨水逐步取代油性墨水，在国内外高端制笔行业中已普遍使用。

书写质量较好的圆珠笔墨水，其基本的物理化学性质如黏度、润滑性和表面张力等都有一定的特异性。油性墨水黏度过高会导致出墨量过少，使书写间断、不流畅；而黏度太低则又会导致出墨量过大，甚至出现冒水、起笔和顿笔有超墨现象。中性墨水、水性墨水和中油墨水是目前国内外圆珠笔墨水主要发展的方向。从环保的角度而言，水性墨水最理想，但由于目前还存在一些技术问题并没有普及应用。当前，圆珠笔墨水使用最为广泛的还是中油墨水。

3）热敏可擦中性墨水

热敏变色颜料型中性墨水是在普通的颜料型中性墨水的基础上开发的一种新型的中性墨水产品，由于其具有在一定温度范围内可逆变化颜色，从而使墨迹消失以及恢复，备受广大消费者的青睐；而目前热敏变色中性墨水主要技术瓶颈是热敏变色色浆，以及色浆与中性墨水助剂的匹配问题；国内色浆产品，其在色浆浓度、稳定性、匹配性以及色泽等方面难以有合格产品，尤其是在热敏颜料的包覆以及处理方面。

传统的中性墨水产品我国每年至少有 3000 吨的消费量，且具有逐年增加的趋势，而热敏变色中性墨水不受传统中性墨水限制，可逐步替代一部分中性墨水，尤其在高端产品方面。

4）金属笔头材料

圆珠笔笔头材料有铅黄铜、镍白铜和不锈钢，但高档的圆珠笔头都是不锈钢材料，这种不锈钢材料的制造，必须具备高速易切削、刀具磨损少、加工后表面粗糙度及尺寸精度高的要求。随着国际笔类产品的发展，环保制笔材料的研发更为紧迫，欧美日等国金属笔头材料含铅量不超过 100PPM 的产品已进入市场，国内企业正在研发，力争 5～10 年内取得突破，形成规模化、产业化，达到或超过国际同类先进水平。

（三）先进基础工艺（见表 3）

表 3　先进基础工艺需求

序号	工艺名称	主要技术参数	应用领域及市场需求
1	锂离子电池隔膜涂覆工艺	一次性双面涂布工艺：提高涂覆层厚度的均匀性；提高隔膜高温尺寸稳定性；隔膜具有较好透气性，防止涂覆层脱落。基材宽度：600mm（可选择 400～2000mm）；涂覆机械速度：10～50m/min（最高可选 250m/min）	隔膜性能满足动力锂离子电池高安全性要求，满足新能源汽车、储能系统、电动工具市场对电池的需求
2	铅碳电池工艺	提高电池使用寿命，研究快速充电和能量回收特性。70%DOD 循环寿命超过 3000 次；充电电流可达 1CA 以上	应用于电动车辆、电动汽车、起吊设备、新能源发电系统储能等领域

续表

序号	工艺名称	主要技术参数	应用领域及市场需求
3	纯铅电池工艺	阀控铅蓄电池板栅采用纯铅或铅锡合金取代传统的铅钙合金技术，纯铅电池提高板栅耐腐蚀性能，板栅厚度可以降低，极板活性物质提高利用率，节约铅耗量10%以上；提高电池循环使用寿命	应用于通信、储能等系统
4	胶体铅蓄电池工艺	采用凝胶二氧化硅凝固电解质，解决电解液分层问题，防止铅膏剥落，提高电池耐振性能，提高电池使用寿命	应用于大容量铅蓄电池，适用于通信、储能等系统
5	启停铅蓄电池工艺	与普通启动电池相比，启停铅蓄电池具有频繁的大电流放电性能；并具有较好的过放电性能；具备较好的充电接受能力；电池使用寿命两年以上	应用于节能汽车、微混动力电动汽车
6	水性生态聚氨酯合成革制备工艺	材料的开发；设备的改进；水性湿法工艺的突破	预测到"十三五"末，水性聚氨酯合成革需求量为200万吨
7	高分子材料超临界 CO_2 微发泡成型技术工艺	采用二氧化碳作为主发泡剂，辅助X发泡剂生产聚苯乙烯挤塑板，提高二氧化碳在聚合物熔体中的溶解度，降低生产聚苯乙烯挤塑板的系统压力，改进所得的聚苯乙烯挤塑板外观和性能	应用于XPS塑料行业，能够减少相当于2020万吨 CO_2 的温室气体排放
8	有机酸高效发酵与系统集成技术	研究黑曲霉孢内葡萄糖氧化酶、过氧化酶和辅因子之间形成与再生规律；探索黑曲霉细胞内代谢规律和进行多尺度过程工艺优化，建立高效新型发酵工艺	主要应用在建筑、食品及电镀行业，生产的葡萄糖酸钠全球需求量预计为120万吨
9	工业酶制剂高效发酵生产及绿色应用技术	工业酶性能改造、高效表达及规模化制备、复配及稳定化等技术	应用于化工、医药、轻工、食品、能源及环保等领域，预测2015年全球酶制剂市场规模达270亿元，国内市场份额占15%
10	生物质提取技术	原料预处理、提取、精制、应用型产品开发技术及有害物质高效检测、提取物中有害物质去除工艺等	应用于食品、保健品、医药、化妆品等领域，预测2015年全球植物提取物市场超过120亿美元
11	智能化缝制单元数字控制技术	智能化缝制单元关键工艺与控制方法；嵌入式PLC和系统软件重构技术；缝制加工计算机辅助设计/制造（CAD/CAM）技术	主要应用于服装、鞋帽、箱包等三大领域，预计2015年全球智能缝制设备市场需求40亿元，2015—2025年预计智能化设备需求年平均增幅将超过30%
12	基于物联网的智能缝制机械监控及工业云平台产业技术	异构数据处理技术；海量实时/历史数据存储管理技术；工业云平台构建等	预计2015年将有5万台套工业缝制设备产品联网，行业新增年产值在10亿元，预计2025年联网设备500万台套左右，行业年产值在500亿元以上

续表

序号	工艺名称	主要技术参数	应用领域及市场需求
13	主夹板精密柔性加工工艺	加工精度的控制技术	满足年产 100 万只机芯的需求量
14	手表弹性元件——游丝发条精密加工技术	高精度多工位柔性制造和精密加工技术	

1. 电池行业先进基础工艺

1）锂离子电池隔膜涂覆工艺

目前商业化锂离子电池隔膜采用的聚烯烃微孔膜中破膜温度较低，安全性不够，高温下尺寸稳定性不够，难以满足动力电池高安全性要求。为解决普通隔离膜在高温状态发生收缩、机械强度较低等问题，无机粒子包覆隔离膜基底成为提高安全性能的一个重要方法。目前，日本和美国几大公司已经研制成功无机材料涂覆耐高温隔膜，并投向市场。国内虽然也有几家公司在进行研发，但产品性能中关键点：涂覆层厚度与高温尺寸稳定性问题、透气性和涂覆层脱落等问题仍难以解决。

2）铅碳电池工艺

铅蓄电池在循环使用场合，尤其是在部分荷电态（PSOC）或高倍率放电部分荷电状态下循环使用，电池极易发生负极板不可逆硫酸盐化，导致电池容量快速衰减，电池寿命缩短，不能满足电动汽车、再生能源发电储能等系统长寿命使用的要求。

铅蓄电池充电接受能力低，不能快速充电，不能满足大电流快速充电的要求。

铅蓄电池大电流放电性能差，不能满足大电流快速放电要求。

3）纯铅电池工艺

板栅合金腐蚀失效是铅蓄电池主要的寿命失效模式之一，目前的铅蓄电池板栅合金耐腐蚀性较差，电池的寿命短。

4）胶体铅蓄电池工艺

电池使用过程中，会发生电解液分层，在电池底部硫酸电解液密度大，上部硫酸电解液密度降低，进而导致极板下部腐蚀和硫酸盐化加快，极板上部活性物质能力得不到充分发挥，电池容量快速衰减，使用寿命缩短。

5）汽车启停型铅蓄电池工艺

汽车发动机启停就是在车辆行驶过程中临时停车（如等红灯）的时候自动熄火。当需要继续前进的时候，系统自动重启发动机的一套系统，汽车燃油节省可达 8%~15%。国内部分企业已经研发启停系统用 AGM 铅蓄电池，但国内微混汽车尚无形成商业规模。

2．塑料行业先进基础工艺

1）水性聚氨酯合成革制备工艺

水性聚氨酯合成革是使用水性聚氨酯树脂，以水性树脂代替油性树脂为原料，通过干湿法生产装备得到的生态型合成革产品。在化学性能上，由于水性树脂不含有毒的有机化学溶剂，减少 VOC 排放，在生产过程中挥发出来的主体是水蒸气，故对人体、环境无危害。另外，用水性树脂生产出的合成革产品中没有任何毒性物质的残留。在物理性能上，由于水性聚氨酯高分子链中存在氨基甲酸酯基等一系列多功能基团，从而使水性树脂具有耐水性、耐溶剂性、耐磨性等多种功能。相对于传统的油性合成革，生态革是真正意义上的高科技绿色环保产品。

2012 年我国合成革企业规模以上企业 549 家，2013 年全年人造合成革产量超过 400 万吨。目前正在开发的水性聚氨酯合成革可以做各类合成革产品，除传统的鞋、沙发、箱包、服装外，汽车内饰革、家居内饰墙革将有一个快速的增长。水性聚氨酯合成革替代油性合成革，到"十三五"末水性聚氨酯合成革将有一个快速增长，形成水性聚氨酯合成革产业化。

2）高分子材料超临界 CO_2 微发泡成型技术工艺

泡沫塑料的主要品种有聚氨酯（PU）软质和硬质泡沫塑料、聚苯乙烯（EPS、XPS）泡沫塑料和聚乙烯（PE）、聚丙烯（PP）泡沫塑料。泡沫塑料主要采用化学发泡或物理发泡技术生产。目前，我国泡沫塑料行业使用的主要物理发泡剂是含氢氯氟烃（HCFCs），是一种消耗臭氧层物质和强温室气体。按照《关于消耗臭氧层物质的蒙特利尔议定书》相关规定，我国正在开展第一阶段含氢氯氟烃淘汰工作。

采用超临界 CO_2 流体为发泡剂，在特殊设计的挤出机中直接挤出发泡，直接或珠粒再次成型工艺，生产过程无废水、废气等环境污染，可以大大减少消耗臭氧层物质和温室气体的排放，是环保、安全的绿色生产工艺。利用超临界二氧化碳与其他辅助发泡剂（无HCFC）生产新型建筑保温节能材料，降低成本，同时大大提升产品的阻燃性能。

3．发酵行业先进基础工艺

1）有机酸高效发酵与系统集成技术

国内葡萄糖酸钠年需求量 60 多万吨，主要分布在南方地区以及北方大城市；国外年需求量在 50 万吨左右，分布在美国、欧洲等。主要应用在建筑、食品及电镀行业，每年将以 5%～8%的比例增长。全球的年生产总量在 70～75 万吨，国内年产量突破了 50 万吨，国外主要生产厂家有法国的罗盖特和日本的扶桑化学，两公司生产能力约 30 万吨，目前葡萄糖酸钠全球的市场总缺口量在 30～35 万吨。

葡萄糖酸的生产方法主要有化学催化法和生物发酵法两种。生物发酵法利用葡萄糖经过黑曲霉产生的葡萄糖氧化酶脱氢作用而得到葡萄糖酸，已成为主要的葡萄糖酸钠生产方法。随着发酵优化技术的不断改进，葡萄糖酸水平最高能够达到 280 g/L，最高生成速率达到了 19g/L/h，远高于我国生产水平。

目前，该技术已经完成了菌种诱变和发酵基本特性等方面的研究，建立了较优化的工业发酵工艺技术，已获得了以玉米淀粉为原料，黑曲霉（A. niger）生物催化葡萄糖形成葡萄糖酸的发酵基本特性、黑曲霉形成葡萄糖氧化酶和过氧化氢酶胞内催化的调控因子和调控生理，以及菌丝剪切与生物催化能力的基本特性等，为工业研究提供了重要基础。

2）工业酶制剂高效发酵生产及绿色应用技术

工业酶是绿色高效的生物催化剂，广泛应用于化工、医药、轻工、食品、能源及环保等领域，对于实现节能减排、发展低碳经济和提升劳动密集型轻工产业具有重大意义。2013年世界酶制剂市场规模达到 45 亿美元，其下游支撑产业的产值是其数十倍甚至数百倍。

目前在酶制剂领域，国际上先进大型企业诺维信和杜邦杰能科无论在技术上还是产品覆盖面上都占有绝对的优势，在酶基因挖掘与改造、酶蛋白的表达与制备、酶制剂的应用等方面进行了大量的研究开发。虽然我国近年来酶制剂发展非常迅速，年产量的平均增长率高达 30%左右，但是在发酵过程控制和产品开发方面还落后于发达国家。相比国外先进发酵水平，国内由于缺乏高水平的微生物蛋白表达系统，在工业酶生产中几乎没有高产酶的基因工程菌，工业用菌多数是自然选育或经过物理化学处理筛选的高产菌株，发酵液中酶系复杂，发酵效率低。同时，我国酶制剂生产主要依靠传统的发酵技术，为提高酶的生产产量，在发酵条件和工艺水平上进行了改进和优化，如空气过滤系统的改造、培养基配方的优化、反应器的选择等，但是与国外先进水平相比，仍然存在差距。

随着近年来生物技术和工程技术的飞速发展，工业酶研究处于新一轮技术突破前沿，工业酶将迎来新的发展高潮。

近几年来随着全球酶制剂工业国际化程度的不断深入，世界工业酶市场竞争加剧，其市场朝着更高集中度方向发展。国际性的酶制剂公司数量在减少，但规模在扩大，诺维信、杜邦、帝斯曼等少数几家企业垄断了全球酶制剂市场 2/3 以上的份额。近 10 年来随着新华扬、蔚蓝生物和山东隆大等一批新型工业酶生产企业的崛起，我国工业酶进入一个高速发展期。2010 年，我国工业酶制剂产值约 11 亿元，仅占全球市场的 5%。到 2013 年，我国工业酶制剂的产值就达到近 25 亿元，全球市场份额提高到 10%。

3）生物质提取技术

植物提取物是经提取而得的含有效成分的物质，其原料主要是具有功能性作用的植物。在应用上，植物提取物总体上属于中间体的产品，用途非常广泛，不仅可以作为植物药制剂的主要原料，还可应用于营养补充剂、保健食品、化妆品等行业，是天然医药保健品市场的重要产品。

20 世纪 70～90 年代，我国的中药和食品企业中很多都设有植物提取物车间，国内基本上没有专门的植物提取物企业。90 年代之后，国内对植物药和天然保健品需求增加，而中国有着丰富的植物资源，自然带动了我国提取物行业的发展，最初主要是靠原材料优势，向国外提供粗加工产品。随着与国际市场接触的增加，产品类别和深加工产品才逐渐出现。目前，我国提取物行业还处于进一步的发展阶段，提取物企业普遍比较年轻，尚不成熟，其中近 70% 的企业为 2001 年以后进入植物提取物行业。行业发展比较缓慢，主要体现在生产厂家多、规模较小，规格品种多、产品品质差，作坊式生产多、工业化生产少，生产设备简陋、现代化设备少，工艺技术、产业规模、创新能力以及行业集中度仍需进一步提升。

（1）存在差距

美国、德国、日本、意大利在植物提取物技术领域一直走在世界的前列。规模化的大型植物提取物制造商也分布在以上国家，他们以植物的天然有效成分为目标，利用超临界萃取、大孔树脂吸附、逆流萃取、膜分离等先进的提取分离技术，开发出不同纯度的标准化植物提取物，采用 HPLC、LC-MS-MS、近红外分析仪等先进的仪器对原料、产品进行分析检测，并对加工过程质量加以控制。植物提取物通常被加工成胶囊剂、片剂、茶剂、酊剂、软胶囊等不同剂型，在美国的天然食品店、药店、小商店及大的专业连锁店中广泛销售。

（2）国内技术现状

工艺技术和装备：植物提取物对生产条件、生产技术要求较高，很多先进的提取、分离、纯化和干燥设备及技术应用于提取物的生产，这些技术和装备的应用大大提高了植物提取物行业技术和装备水平。但这些技术并非普及至每个提取物生产企业，更多的小企业由于资金、人才、信息的缺乏，技术和装备较为落后。

分析检测技术：在植物提取物的质量控制中，现代的分析仪器是必不可少的，以 HPLC 应用最为广泛，同时也常常用到 GC、HPCE、GC-MS、HPLC-MS、UV 和原子分光等方法和仪器。技术水平较低的企业往往不具备仪器分析能力，商业企业也很少具备这些条件。

2013 年世界植物提取物市场超过 100 亿美元，目前我国出口植物提取物的金额不到国际市场的 10%，发展空间巨大。从市场份额来看，全球植物提取物市场主要集中在亚欧美地区。据报道，在世界植物提取物市场总销售额中，亚洲占据了 40% 的份额，欧洲占 35%，北美洲占 17%，世界其他国家和地区合计 8%。在世界范围内，对植物提取物的认可，营造了巨大的天然植物产品市场。日本和美国是我国植物提取物最重要的两个出口市场。

4．缝制机械行业先进基础工艺

1）智能化缝制单元数字控制技术

主要包括以下 4 个部分内容研究：

（1）针对各种智能化缝制单元及其缝制工艺，开展自动折料、送料、下料等辅助机构及其运动控制方法的研究。

（2）采用开放的、模块化的软硬件结构，基于嵌入式 PLC 和系统软件重构技术，实现多种智能缝制单元的统一控制平台。

（3）对各种服装面料和缝线展开研究，掌握不同面料和缝线在各种缝制工艺下的缝制参数；以此为基础，通过优化速度控制策略、多轴同步控制策略、花样针迹插补算法、机械振动和噪声抑制等技术手段，在高速缝纫下获得良好的缝制品质。

（4）为满足智能缝制单元的现场应用，开发基于 PC 的缝制加工及工艺过程控制计算机辅助设计软件系统。

应用领域及市场需求预测：

智能化缝制单元主要应用于服装、鞋帽、箱包三大领域。

中国既是缝制设备制造大国，又是缝制设备使用大国。目前国内智能缝制设备普及率还不到 10%，智能化缝制单元的使用率就更小，其主要原因是由于国外进口设备价格太高，制约了智能缝制设备的普及。

2）基于物联网的智能缝制机械监控及工业云平台产业技术

基于物联网检测智能缝制机械的运行状态和衣料的传输情况，将大量分散的数据传输到云数据中心，基于人工智能学习算法对工人的加工行为进行分析，并通过网络和自动控制技术指导智能缝制机械运行，辅助加工，减少对工人技能的要求，提高效率。在此基础上，通过构建服装工业云平台，对组、车间的生产过程进行大数据分析，依靠多种调度技术，优化生产流程，消除生产瓶颈，实现生产平衡。

根据中国缝制机械协会统计分析，目前，缝机行业平缝类产品中电控类产品所占比值为 65.1%，根据其发展轨迹，"十二五"末此比值将达到 80% 以上，国内自动化缝制机械整体年产量应在450万套左右，该技术应用的产品基数相当庞大，物联网技术在缝机及服装行业应用前景十分广阔。

5. 钟表行业先进基础工艺

1）主夹板精密柔性加工工艺

主夹板是手表中的核心组件，是所有传动零部件的安装载体，其加工精度是机芯质量的关键，是整个手表质量的基础。目前我国主夹板加工普遍沿用单一功能加工设备分多次切削成型，与瑞士同类产品相比，加工精度差距很大，如各个轴、孔与台阶的定位精度在多次装卸加工中难以保证，同时也造成零件加工精度的离散度大，零件互换性差，影响各轮系装配后的垂直度及啮合深浅，累积误差大，产品走时稳定性和可靠性差。

2）手表弹性元件——游丝发条精密加工技术

游丝发条是机械手表机芯要求很高、不可或缺的弹性元器件，其宽度、厚薄、圈数、工作长度等的表面加工质量和尺寸加工精度直接影响机械表的走时精度及稳定可靠性。目前我国游丝发条制造设备、加工工艺传统落后，尺寸精度离散度大，表面质量粗糙等，不能满足高档表的需求。特别是市场看好的高档表和女表用游丝加工技术，是瑞士企业的垄断技术，由于技术难关不能突破，长期依赖进口，也难以形成规模化生产，已成为制约我国高档表发展的瓶颈技术。

（四）重要技术基础（见表4）

表4　重要技术基础需求

技术基础名称	主要建设内容	应用领域
电池管理系统（BMS）	发展新的电池管理系统技术对单体电池和电池模组进行全员管理	电池组充放电管理与安全管控

动力电池模组由几千个单体电池组成。我国目前电池管理系统（BMS）主要是对电池模组进行管理，没有对每个单体电池进行管理。一旦一个单体电池出现问题，会造成整个电池模组失效。如果不及时更换出现问题的单体电池，电池模组会不断对该单体电池充、放电，使整个电池模组存在燃烧、爆炸危险。

三、轻工其他行业"四基"典型案例

（一）造纸行业：杭州市化工研究院

杭州市化工研究院是我国造纸化学品研究开发与生产的龙头单位，长期从事造纸化学品的研究开发，其造纸化学品的研发水平居国内领先，并与国际上先进的造纸化学品公司有着密切的合作和联系，在过程性化学品、功能性化学品，尤其是废纸脱墨、表面施胶及涂布加工用化学品等各个领域都开展了研究，取得了丰硕成果。"非木材纤维造纸用变性淀粉系列产品"获得国家科技进步二等奖及中国石油和化学工业技术发明一等奖，"新型高留着型淀粉表面施胶剂"获得中国石油和化学工业科技进步一等奖，同时取得省市级科技进步奖近百项，拥有造纸化学品国家发明专利30多项，国家级重点新产品14项；并建有杭州纸友科技有限公司、杭州杭化哈利玛化工有限公司等10个成果产业化基地，产品已被包括 UPM、APP、理文等国内龙头外资企业，以及玖龙、晨鸣、华泰等大中型内资造纸企业所采用，已累计推广了上百万吨造纸化学品，可用来制造上亿吨高品质纸和纸板，创造了显著的经济和社会效益。

（二）发酵行业：江南大学

江南大学是我国最早开展工业酶研究的高校，经过多年的沉淀、传承与发展，江南大学在纺织工业用酶、食品工业用酶、有机合成用酶等领域成为我国同类研究单位中基础最好、国际影响最大的单位之一。

在优势学科和科研平台的支撑下，江南大学承担国家重大科技计划项目能力不断增强，"十一五"以来，在工业酶领域承担并完成了包括国家"973"、"863"、国家自然科学基金、国家重大专项、科技支撑计划等在内的国家、部省级数十项项目。在这些国家项目的支持下，江南大学在工业酶资源的发掘和利用方面积累了大量菌株和基因资源，具备丰富的工业酶研发经验和坚实的研究基础，形成了菌株筛选—基因克隆—定向改造—高效表达—功能评价—应用分析一个完整的研发链条，已开发获得了包括谷氨酰胺转氨酶、果胶酶、过氧化氢酶、淀粉酶、蛋白酶、甘露聚糖酶、脂肪酶等一批工业酶，获得多项新酶专利。形成从基因到酶产品的完整、高效、可自我良性循环的酶制剂研发价值链，并在此基础上开发新酶、新工艺，制定和完善相关行业的技术标准，提高酶制剂工业的国际竞争力。

四、轻工其他行业"四基"发展重点

（一）核心基础零部件/元器件（见表5）

表5　核心基础零部件/元器件发展重点

产品名称	主要技术参数或性能指标	市场需求预测	关键技术（技术难点）	研发和产业化目标	涉及的上下游环节（特种材料、先进工艺、技术基础）
电池钢壳	钢壳成品率；国产化率30%	2015—2025年，市场需求量160~200亿只	钢壳差壁厚冲制；预镀镍钢带；深孔后镀镍等技术	2015年钢壳用钢带国产化率达到30%以上	其不锈钢薄板材料适应差壁厚冲孔技术，并要求成品率高，适合深孔冲制不破裂
流浆箱	纸机车速、流浆箱结构	2015—2025年，需求量预测350~450套/年	高速纸浆流压力脉动衰减技术、稀释水的加入调节控制单元、复杂结构的流浆箱整体结构开发技术等	打破国外对高速纸机流浆箱的技术垄断	
靴型压榨装置	出压榨干度	核心部件靴套的年需求量近千条	靴型压榨技术	实现国产化，打破依赖进口的局面	
钢制扬克缸	干燥速率	每年有60~90套钢制烘缸的需求	内壁槽的加工以及缸体外表面的喷涂等问题	填补国内空白，打破国外技术垄断，完成批量生产和完成5m以上直径的钢制扬克烘缸	

1. 电池钢壳

（1）技术内容

研究钢带生产工艺与材质性能，提高钢带冲制加工性能，提高钢壳成品率，并适应钢壳差壁厚冲制技术，研究预镀镍钢带技术（钢带进行预镀镍处理后冲制钢壳），研究深孔后镀镍技术（即钢壳先冲压成型再镀镍）。

（2）目标

建立电池钢壳材料生产基地，2015 年钢壳用钢带国产化率达到 5%以上，2020 年达到 30%以上。

2. 制浆造纸行业核心基础零部件/元器件

1）流浆箱

（1）流浆箱的主要研究内容

对流浆箱的研究开发是突破高速文化纸机的关键技术，采用国际上最新的 CFD（计算流体力学）数值仿真模拟和 PIV（激光粒子成像速度场仪）等先进技术开发相应的稀释水控制调节系统软件，优化纸浆流送系统及布浆系统，优化流浆箱的湍流发生器和稀释水混合单元结构，完成水力式稀释水流浆箱的结构设计，研发出具有自主知识产权的达到国外先进水平的高速纸机水力式稀释水流浆箱，填补国内空白，缩小与国外先进技术的差距，以满足日益发展的我国造纸工业的发展需要。

（2）主要技术难点

① 关于水力式稀释水流浆箱的纸浆流压力脉动衰减技术，满流式流浆箱的一个弱点是对压力脉动非常敏感，因此除流浆箱本身结构改进外，研制压力脉冲衰减器，使纸浆进入流浆箱前，稳定纸浆流消除脉动，清除纸浆中的气泡和悬浮杂物。

② 等压布浆技术及布浆总管，等压布浆器是纸浆的流送和分布装置。纸张的匀度是建立在流浆箱进浆总管将纸浆流沿纸机横向均匀分布的基础上的。为了使纸浆沿纸机横向均匀分布，横向排列的布浆元件进口处的纸浆静压头必须大小一致，即把布浆器前的总管设计成等压管。另外，还需要支管或孔板的结构设计必须能保证沿锥管长度方向上均匀分布的支管或孔板中孔的尺寸及几何形状严格一致，压头损失相同，在锥管沿长度方向上的压力分布保持均匀相等时，纸浆流就能达到上述支管流量相等的要求。因此适用于高速纸机的水力式稀释水流浆箱除进浆总管采用等压管外，还必须保证布浆元件的结构大小与形状一致。

③ 水力式稀释水流浆箱控制系统，在稀释型水力式流浆箱中，进入布浆总管的纸浆流浓度和流量是恒定的。当纸页横幅上某处的定量偏离标准定量时，向对应于该处的阶梯扩散管的上游增加或减少稀释水的注入量，调节该处的纸浆流量与白水量的比率，即调节该处的纸浆浓度，从而保持纸页全幅横向定量的均匀一致。

④ 微湍流发生器的结构设计及湍流强度鉴别，研究对于微湍流强度鉴别方法及湍流发生器的结构设计，采用计算机模拟仿真和 PIV 试验研究的路线，采用收缩型、阶梯型湍流发生器的结构设计和稀释水混合单元的流体动力学模型，提出纸浆悬浮液流速数学物理方程。

⑤ 控制软件，水力式稀释水流浆箱需配有独立的控制系统，由主控制系统（流浆箱内总压力和浆水差压控制）、稀释水压力控制系统和热平衡控制系统（在宽幅流浆箱上配置）组成，留有通信接口，以便与纸机 QCS 系统连接。

⑥ 水力式稀释水流浆箱关键零部件制作工艺的研究，主要针对流浆箱的结构特点和特殊要求对关键零部件的制作工艺进行研究试制。有必要对不锈钢焊接件的去应力工艺进行研究和试验，通过反复进行热处理和振动工艺消除内应力。另外，孔板抛光、变截面管的冷拉、小唇板的加工等关键零部件均需要通过研究试验，设计出高效实用的制作工艺。

2）靴型压榨装置

（1）技术路线

① 聚氨酯底层：指在专用的靴套成型胎具进行成型时，紧靠胎具底部的一层聚氨酯弹性体。这部分聚氨酯弹性体由专用的聚氨酯弹性体旋转浇注机预先浇注在靴套成型胎体上，胎体预先刷涂特制的脱模剂，聚氨酯底层浇注完毕，进行预固化，之后放进专用的固化炉进行固化，但不进行最彻底的固化，底层聚氨酯仍然保留一定的可交联性。第一次固化炉固化结束后，拉出固化炉进行冷却，冷却到室温后，进行车削和粗磨，粗磨到一定厚度即可。

② 靴套芳纶增强层：将靴套成型胎具（已经带有聚氨酯底层）放在专用的编织机上，按照要求，在聚氨酯底层上编织无端的芳纶增强层。

③ 聚氨酯面层：芳纶增强层在电脑经纬编织机编好后，将靴套成型胎具重新安放到聚氨酯旋转浇注机上，旋转浇注聚氨酯面层。面层聚氨酯浇注完毕，不停地旋转进行预固化，待到面层聚氨酯预固化好不流动后，将整个靴套胎具吊入固化炉进行固化。二次固化完毕，冷却到室温，然后进行车削和磨削。如果是沟纹靴套，则还要进行车铣沟纹加工。最后将加工好的靴套从专用靴套成型胎具上拔出，一条靴套就加工好了。

（2）制造靴套的两种高分子材料

① 聚氨酯弹性体（polyurethane elastomer，简称 pu）。制造靴套的聚氨酯属于浇注型

聚氨酯（CPU），而且一定是聚醚型聚氨酯。因为只有聚醚型聚氨酯才具有耐水解能力，而且强度特高，耐磨性优秀，硬度也可以调整得很高，耐油性极佳，弹性模量高。

目前只有法国的博雷 BAULE 公司、奥地利 POLYTEC 公司的聚氨酯弹性体浇注机可以用于成型靴套，这两家公司也同时提供聚氨酯弹性体的预聚体。

② 芳纶纤维（Aramid fiber）增强层。芳纶纤维全称为"聚对苯二甲酰对苯二胺"，英文为 Aramid fiber（美国杜邦公司的商品名为 Kevlar，凯夫拉纤维），是一种新型高科技合成纤维，具有超高强度、高模量，以及耐高温、耐酸碱、重量轻等优良性能，其强度是钢丝的 5～6 倍，模量为钢丝或者玻璃纤维的 2～3 倍，韧性是钢丝的 2 倍，而重量仅为钢丝的 1/5 左右，在 560℃的温度下，不分解，不熔化。它具有良好的绝缘性和抗老化性能，在芳纶纤维生产领域，对位芳酰胺纤维发展最快，产能主要集中在日本和美国、欧洲。如美国杜邦的 Kevlar 纤维、荷兰阿克苏诺贝尔（Akzo Nobel）公司（已与日本帝人合并）的 Twaron 纤维、日本帝人公司的 Technora 纤维以及俄罗斯的 Terlon 纤维等。间位芳酰胺纤维的品种有 Nomex、Conex、Fenelon 纤维等。

3）钢制扬克缸

（1）行业发展趋势

从钢制扬克缸以下几个特点来谈一下将来的发展：主要优点在于钢材的力学性能比铸铁的好。钢制烘缸的缸体厚度可减小约 30%，系统的热交换能力也相应增加。以直径为 4570mm 的铸铁烘缸和钢制烘缸干燥速率的比较，由于缸和铸铁的热导率相近，因此厚度减小 30%就意味着干燥效率可提高 30%，假设一台标准卫生纸机的烘缸和气罩的干燥效率相当（各占 50%），那么安装钢制烘缸就能使产量提高 15%。

除了能提高干燥能力外，钢制烘缸的优点还有：

- 消除一切因铸件质量欠佳所引发的问题，例如，烘缸缸体的砂眼、气孔和不均匀性等。
- 钢材较高的柔韧性可大大降低缸体发生意外故障的风险，从而提高了安全性。
- 由于钢制烘缸都有金属喷镀层，因此缸体硬度较高，这就大大减少了因烘缸研磨所需的停机维修次数。
- 如果烘缸长度（缸盖到缸盖）相同，带有平面缸盖的钢制烘缸可以用来干燥更宽的温升纸页，这对于用钢制烘缸来替换现有的铸铁扬克烘缸有很大的吸引力。即使采用相同的扬克缸构造，也能增加表面卷纸机处的净纸宽度。
- 由于避免了烘缸研磨后缸体厚度变薄而导致的操作压力变低，所以不会造成生产效率的损失。

该项目尚属国内空白，国外也只有几家公司可以完全生产钢质扬克烘缸，而且产量很小，生产周期过长，远远不能满足市场需求。产品的供不应求及技术垄断，造成纸厂在订购国外设备时，价格超高，但是又不得不接受的被动局面。

（2）主要发展目标

该建设项目生产的产品质量优越，并且吨纸电耗、水耗、气耗都能大幅降低，新月型纸机（钢制扬克缸为其主要部件）主要部件项目研发试制投产后，能淘汰落后产能圆网、BF 等机型设备，公司将形成年生产该产品 30 台套的生产能力，年销售收入 1.2 亿元，缴纳增值税 400 万元，销售及附加税 50 万元，所得税 200 万元，税后利润 600 万元，可为公司及地方税收带来可观的经济效益。

（3）存在的困难、政策措施

据分析今后 3～5 年，每年有 60～90 套钢制烘缸的需求，单纯依靠国产难以满足需求，一部分还需依靠进口，国家还应该拿出一定的资金扶持企业技改升级。制作一些专用机床、专用工装，尽快使企业形成批量生产和完成 5m 以上直径的钢制扬克烘缸。

（二）关键基础材料（见表 6）

1. 电池行业关键基础材料

1）锰酸锂正极材料

（1）技术内容
通过 $LiAlO_2$ 等表面改性锰酸锂技术突破，主要适合电动自行车等应用。
（2）目标
重量比容量大于 120mAh/g，单体电池循环次数高于 1500 次。

2）磷酸铁锂正极材料

（1）技术内容
磷酸铁锂已经形成供应能力，可应用于电动汽车电池，通过纳米技术和掺杂包覆等表面修饰、改性技术提高材料的均匀性、能量密度、低温性能，降低材料成本。
（2）目标
重量比容量大于 150mAh/g，-20℃下容量大于 70%，单体电芯循环次数高于 3000 次。

表 6　关键基础材料发展重点

产品名称	主要技术参数或性能指标	应用领域	市场需求预测	关键技术（技术难点）	研发和产业化目标	涉及的上下游环节（先进工艺、技术基础）
锰酸锂正极材料	重量比容量大于 120mAh/g，单体电池循环次数高于 1500 次	主要应用于消费类电池市场或者电动自行车的动力锂电池	2015—2025 年，市场需求量为 15～40 万吨	LiAlO$_2$ 等表面改性锰酸锂技术	2015 年年产量 3 万吨以上	
磷酸铁锂正极材料	重量比容量大于 150mAh/g，-20℃下容量大于 70%，单体电芯循环次数高于 3000 次	应用于电动汽车电池	2015—2025 年，市场需求量为 4～12 万吨	纳米技术和掺杂包覆等表面修饰、改性技术	添加锰等材料修饰，研发磷酸铁锰锂等复合材料，2015 年产能规模近 1 万吨	
镍钴锰和镍钴铝三元系正极材料	锂离子电池的能量密度提高 20%～30%，达到 200～250Wh/kg	应用于电动汽车用动力电池	2015—2025 年，市场需求量为 6～20 万吨	三元材料的合成技术	2015 年年产量达到 1.2 万吨以上	
富锂相层状氧化物正极材料	重量比容量大于 200mAh/g，电池循环寿命高于 2000 次以上	应用于车用动力电池	2015—2025 年，市场需求量为 1～5 万吨	固溶体材料的开发技术	研发配套耐高电压电解液，富锂材料形成产业化，2015 年年产量 2000 吨	
锂硫电池正极材料	电池能量密度达到 350～400Wh/kg；电池循环寿命 1000 次以上	应用于新能源汽车	2015—2025 年，市场需求量为 0.5～2 万吨	复合工艺的筛选	工艺研发，形成小批量规模，2015 年年产量约 800 吨	
锂离子电池隔膜材料	孔隙率 30%～60%可调；厚度 20～50μm 可调，厚度均匀	应用于锂离子电池	2015—2025 年，市场需求量为 5～16 万吨	产品质量稳定与否取决于工艺、设备、原料，操作四大因素	国产化规模达到 4000 万平方米/年	
锂离子电池铝塑封装膜	膜宽：600～1000mm，膜厚在 85～150μm 可选；铝塑封装膜的冲深达到 6mm 以上	应用于锂离子电池	2015—2025 年，市场需求量为 2～4 万吨	多层膜材料的复合工艺	产业化规模年产量达到 3000 吨以上	

续表

产品名称	主要技术参数或性能指标	应用领域	市场需求预测	关键技术（技术难点）	研发和产业化目标	涉及的上下游环节（先进工艺、技术基础）
生物降解塑料		包装、农用、日用及其他塑料制品，全降解塑料市场需求预测达450万吨	2015—2025年，市场需求量为120～300万吨	以高效菌种构建为核心的单体制造关键技术，以及材料聚合、性能改进复合、绿色生物加工法等配套的高分子材料单体及材料产业化技术	形成一批知名的原料生产和制品加工企业，产业规模达到300万吨，同时开发新型的聚乳酸、聚羟基烷酸酯、二元酸二元醇、二氧化碳基生物单体及材料	上游生物发酵技术、化学工程、材料聚合技术，下游挤出等成型加工设备
专用脱毛酶制剂及配套助剂	脱毛率	应用于牛皮、羊皮和猪皮制革过程中的脱毛	在制革行业中的普及率达到50%以上	开发能降低碎液中酶分子的聚集程度，促进酶渗透，并与酶制剂相容性好的高效酶助渗剂	开发的脱毛酶产品单独脱毛效率在95%以上且无损伤皮的粒面，与无硫化物助剂配合使用，脱毛率达100%	
无铬鞣剂	湿热稳定性	应用于皮革及毛皮加工过程中的鞣制工序	在制革行业中的普及率达到50%以上	在无铬鞣剂的结构中引入适量阴离子基团或带正电荷的非铬金属离子，抑制金属配合物的水解配聚等技术	2020年，无铬鞣剂实现年产30000吨，在制革行业中的应用普及率达到50%以上	
新型记号笔专用基础材料	材料保质期、形变率及安全环保指标，如铅含量等	应用于记号笔类产品，各类记号笔的需求量约100亿支	110亿支	120亿支	适用于不同记号笔的、具有特定功能属性的专用染料、颜料，高分子助剂的开发；专用记号笔墨水的复配及制造技术	
金属笔头材料	铅含量、耐磨性能等	应用于圆珠笔制造	420亿支	600亿支	适合高速稳定切削的、金属材料定切削的笔头用易切削元素的不锈钢热塑性控制技术等	

3）镍钴锰和镍钴铝三元系正极材料

（1）技术内容

高镍锰系三元材料 622 材料（镍钴锰比例为 6∶2∶2）是目前镍钴锰三元材料研究的热点。与已批量使用的 111 材料相比，622 材料的重量比容量要高出 10% 以上。622 材料的应用有望将动力电池的能量密度提升至 180～200Wh/kg。国内企业对于高镍 622 三元材料研究较少，配套的前驱体供应商也仅限于小试开发，与国外同类产品性能及产业技术水平存在较大差距。

高镍铝系三元材料 811（镍 8 钴 1 铝 1）是美国特斯拉电动汽车用铝系三元材料，性能比锰系三元材料高出 10%～20%。镍钴铝酸锂材料（NCA）与镍钴锰三元材料的合成技术近似。2012 年 NCA 销售总量约为 4100 吨，占全部正极材料销量的 5% 左右（约 80000 吨/年）。这类材料的开发和使用在日韩的先进企业中已经成熟并进入大规模量产阶段。与国外竞争对手相比，国内生产企业，如当升科技、金天能源（主要关注前驱体方面）等虽已完成相关技术的初步探索，但尚有一些技术问题需要解决。

（2）目标

近期要加大对锰系高镍 622 三元材料和铝系高镍 811 三元材料的研发，使锂离子电池的能量密度提高 20%～30%，达到 200～250Wh/kg，满足电动汽车的需求。

4）富锂相层状氧化物正极材料

（1）技术内容

在充放电电压 2.0～4.6V 下，提高材料重量比容量大于 288mAh/g。新一代高容量正极材料获得应用。

（2）目标

我国"863"计划项目对富锂锰基固溶体材料电池的开发进行了支持，目标为：比能量密度大于 260Wh/kg、循环 100 周容量保持率 80%。

至 2020 年成为车用电池主流。长寿命高比容量富锂锰基正极材料新产品大电流充放电下重量比容量大于 200mAh/g，电池循环寿命高于 2000 次以上。

5）锂硫电池正极材料

（1）技术内容

目前主要的锂硫电池正极材料体系为有机硫化物材料（电化学反应中通过形成或断裂 S—S 键来进行能量存储和释放的有机物或聚合物）、硫/碳复合正极材料等。目前此类正极材料存在的主要问题有：

① S—C 键并不稳定，S 容易从有机链上脱落而失去反应活性造成这类材料的循环性

能欠佳。

② 碳材料种类繁多，复合方式也有球磨、热复合和湿法复合等多种方式，各种工艺的筛选等需要做大量的工作来完成。

（2）目标

锂硫二次电池（Li-S batteries）的理论能量密度为 2654Wh/kg，是锂离子电池理论能量密度的数倍，其电池能量密度可以达到 350～400Wh/kg，有望显著提高电动汽车的续航里程，解决循环寿命低的问题，从 500 次提高到 1000 次。

6）锂空气电池关键材料

（1）技术内容

在现有的催化剂体系下，电池的充电电压需要达到 4.5V 左右才能分解放电产物 Li_2O 或 Li_2O_2，为此需要开发可降低分解电压的新型催化剂。

（2）目标

从目前的技术难度上判断，预计 5 年内锂空气电池还无法形成商品化。

7）锂离子电池隔膜材料

（1）技术内容

产品质量稳定与否取决于工艺、设备、原料、操作四大因素，每一个环节都控制好才能保证产品质量的稳定性。对于涂覆工艺，隔膜质量取决于涂层均匀性、低张力运行稳定性及涂料干燥一致性。

（2）目标

国产隔膜提高孔率、厚度均匀性和热稳定性，提高电池安全性和使用寿命。推广应用涂有陶瓷微粉的耐热、不收缩隔膜。

隔膜性能达到：厚度 20～50μm 可调，厚度偏差±2μm，孔隙率 30%～60% 可调，熔点不低于 200℃，拉伸强度大于 70MPa（室温），断裂伸长率大于 30%，产业化规模达到1000 万平方米/年。

8）硅基复合负极材料

（1）技术内容

采用电化学方法原位制备硅基复合负极材料，硅基复合负极材料之间形成冶金级结合以提高材料长期循环稳定性。

（2）目标

至 2020 年，高比容量硅基复合负极材料首次库伦效率大于 85%，重量比容量大于1000mAh/g，循环寿命在 1500 次以上。

9）高稳定性电解质锂盐 LiFSI

（1）技术内容

选用新型锂盐 LiFSI，热分解温度接近 300℃，与水不反应，低温电导率高，有利于锂离子电池简化生产，提高安全性，拓宽温度适应范围，进一步提高环境友好性。

（2）目标

研究 LiFSI 在不同电池体系中作为主要电解质盐或辅盐的应用效果，力争形成具有自主知识产权的 LiFSI 电解液工业化生产体系。

10）正极载流体用铝合金箔材

（1）技术内容

需要对铝合金箔材的制备加工工艺进行进一步攻关，使得产品质量符合正极材料的涂覆要求，需要对表面处理工序进行改进。

（2）目标

生产抗拉强度大于 160MPa，延伸率大于 3%，表面油污少，亲水性好，与正极材料涂层附着力高的铝合金箔材，至 2015 年，可以达年产 15000 吨。

11）负极载流体用铜合金箔材

（1）技术内容

改善压延铜箔的表面处理工艺，提高亲水性，提高与负极涂覆材料的结合能力；对电解铜箔的电解工艺进行研发，并对其表面处理工艺进行攻关，以慢慢取代压延铜合金箔材，降低成本。

（2）目标

生产抗拉强度大于 400MPa，电导率大于 98%IACS，宽度大于 450mm，延伸率好，表面油污少，亲水性好，无斜纹、毛刺、针孔、褶皱、凹凸点，抗高温氧化能力好（180℃×60min），与负极材料涂层附着力高的铜合金压延箔材，至 2015 年，可以达年产 10000 吨。

生产抗拉强度大于 350MPa，延伸率大于 3%，表面油污少，亲水性好，无斜纹、毛刺、针孔、褶皱、凹凸点，抗高温氧化能力好（180℃×60min），与负极材料涂层附着力高的铜合金电解箔材，至 2015 年，可以达年产 5000 吨。

12）锂离子电池铝塑封装膜

（1）技术内容

铝塑膜的主要技术除了铝箔、聚丙烯膜等材料的筛选外，多层膜材料的复合工艺也是关键技术的突破。

（2）目标

● 膜宽为 600～1000mm，膜厚在 85～150μm 可选。

● 铝塑封装膜的冲深要达到 6mm 以上。

● 产品在电池组装后，具有较高的水分阻隔功能，不分层、耐高温、耐腐蚀，可靠和耐久，满足锂离子电池的性能要求。

13）超级电容器有机电解液

（1）技术内容

通过电解质盐分子结构设计、绿色合成提纯工艺设计、电解液与电容器其他材料适配设计与实验，开发具有自主知识产权的超级电容器有机电解液工业化生产工艺体系。

（2）目标

采用自主设计超级电容器电解质分子结构及绿色合成分离提纯工艺和电解液自动化生产工艺，确保超级电容器在长寿命（保证充放电≥30 万次）、高功率密度（平均功率密度达到 6～8kW/kg）、耐电压（保证耐电压≥3.0V）、抗低温（保证-40℃时内阻升高不超过常温的 1.8 倍）、耐高温（保证 65℃时 1500h 内容量降低不超过 20%）以及防漏液（充放电 30 万次不漏液）等方面提供高性能，确保电解液批次间品质的一致性；满足用于汽车动力电源的超级电容器的严格要求。

14）超级电池的碳纤维毡

（1）技术内容

采用普通碳纤维作为原料，经改性处理，在 3000℃以上的高温下进行结构重组，形成柔性多孔碳骨架；采用特殊的工艺技术在端部渗入铅形成导电筋和极耳；将电容性碳材料、氧化铅及复合膨胀剂用特殊的工艺填充至碳纤维毡中，形成具有电池和电容特性的电极，替代目前超级电池的铅基板栅。

（2）目标

电池能量密度比传统 AGM 铅蓄电池提高 50% 以上，电池模块达到 55～60kWh/kg，接近氢镍电池水平；比功率达到 700W/kg 以上。

节约用铅 20% 以上；实现有害物的减量控制。

低温性能大幅度提高，-40℃条件下，10h 放电率可达常温容量的 55% 以上，再充电能力提高 50% 以上。

动态充电接受能力大幅度增强，动态充电接受电流大于 1A/Ah，达到铅蓄电池的 5 倍，可满足中混及以下电动汽车的使用要求。

循环寿命大幅度提高，用于启停功能的汽车，循环寿命可达 20 万次以上，超过目前国际最高水平启停电池的 20% 以上。

较低的制造成本，电池目标成本与 AGM 电池接近，成本增加不超过 20%，比其他启停电池大幅度下降。

2. 塑料行业关键基础材料

1）生物降解塑料

（1）关键技术（技术难点）

生物降解塑料具有可再生、可降解、绿色安全等特点，其关键技术是生物降解聚合物的合成技术、可再生高分子聚合物或其关键单体的微生物合成、生物质原料的绿色生物加工工艺、低成本改性配方及其工艺技术，以及生物降解塑料的示范应用过程中的具体问题。

主要的技术创新是发展以高效菌种构建为核心的单体制造关键技术，以及材料聚合、性能改进与复合、绿色生物法加工技术等配套的产业技术；产品发展重点是聚乳酸（PLA）、聚丁二酸丁二酯（PBS）、聚对苯二甲酸己二酸丁二醇酯（PBAT）、聚碳酸亚丙酯（PPC）、生物聚酰胺材料（PA）、生物聚氨酯硬泡材料（PU）等生物基合成材料，以及淀粉基塑料，竹、麻、纤维素等生物质复合材料等。

在生物降解农用地膜方面，除完全生物降解塑料外，还存在大量短期内不能降解的塑料地膜。其自身技术，如更合理的工艺配方，更完善、更先进的成型技术和设备，准确的时控性，用后快速降解性和完全降解性以及边角料的回收利用技术等，还有待进一步提高和完善。

（2）主要技术参数或性能指标

● 聚丁二酸丁二酯（PBS）材料

实现生物基丁二酸及 PBS 的产业化。丁二酸成本低于 10000 元/吨，吹膜级 PBS 树脂特性黏数>1.5dL/g，熔融指数<8g/10min（190℃，2.16kg），拉伸强度>18MPa，断裂伸长率>400%，冲击强度>50J/m；挤片级 PBS 树脂熔融指数<12g/10min，拉伸强度>30MPa，断裂伸长率>200%，冲击强度>30J/m；注塑级 PBS 树脂熔融指数<30g/10min，拉伸强度>30MPa，断裂伸长率>80%，冲击强度>20J/m；纤维级 PBS 树脂特性黏数>1.2dL/g，熔融指数<20g/10min，拉伸强度>30MPa，断裂伸长率>200%，PBST 纤维强度>267MPa，断裂伸长率在 19%左右。

● 聚乳酸（PLA）材料

建设聚乳酸材料及其关键单体 L-乳酸和 D-乳酸的产业能力，乳酸单体光学纯度大于99.5%。挤出级聚乳酸黏均分子量高于 7 万，特性黏度为 2dL/g，注塑级聚乳酸黏均分子量高于 4 万以上，特性黏度为 1.5dL/g；熔融指数 2～30g/10min（190℃，2.16kg），其中挤出级聚乳酸熔融指数为 2～10g/10min（190℃，2.16kg），注塑级熔融指数为 10～

30g/10min（190℃，2.16kg），耐热级聚乳酸耐热温度≥110℃，成本控制在 2 万元/吨以内。

● 聚氨酯材料

支持生物基聚氨酯材料及其关键单体生物基多元醇的研发与产业化，开发羟值>300mgKOH/g、酸值<1mgKOH/g、黏度<10000mPa·s 的生物基多元醇产品及导热系数<0.024W/（m·K）、抗压强度>150kPa、拉伸强度>200kPa 的生物基聚氨酯硬泡产品。

● 淀粉基等生物质热塑复合材料

支持以木薯、秸秆纤维、木质纤维、竹纤维、木质素、甲壳素等生物质天然高分子为原料经热塑加工或热化学和生物转化技术制备功能性复合材料关键技术研发及产业化，热塑成型加工温度 100～200℃，生物降解率≥60%。

三醋酸纤维素指标：数均分子量>12 万，分子量多分散指数 PD<2.8，醋化值：60.5%～61.2%。膜热收缩率<0.3%，透过率>93%，折射率 1.40～1.50，浊度<0.2%。塑料级和纤维级的二醋酸纤维素的技术指标处于行业领先水平。

● 碳酸亚丙酯（PPC）

碳酸亚丙酯（PPC）及其关键单体生物化工行业废气二氧化碳回收和纯化技术、生物乙醇合成丙烯和丙烯氧化合成环氧丙烷核心关键技术的研发及其产业化，重金属锌含量≤1000mg/kg，重金属砷含量≤30mg/kg，重金属镉含量≤10mg/kg，生物降解率≥60%，成本控制在 18000 元/吨。实现薄膜、发泡材料、医用、食品包装材料的产业化应用。

● PHA

PHA 材料含氮量应≤0.25%；PHB、PHBV、PHBH 熔体质量流动速率 1～5g/10min；P（3，4HB）熔体质量流动速率 1～10g/10min；PHB、PHBV 特性黏度（氯仿溶剂）≥2.8dL/g；P（3，4HB）特性黏度（氯仿溶剂）≥1.6dL/g；PHBH 特性黏度（氯仿溶剂）≥1.2dL/g，有机溶剂含量不得检出。成本控制在 24000 元/吨。

● 一次性餐具

一次性餐具的卫生理化蒸发残渣（水）≤30mg/L、蒸发残渣（乙醇）≤30mg/L、蒸发残渣（正己烷）≤60mg/L、蒸发残渣（乙酸）≤60mg/L，餐具生物降解率达到 60%以上。

● 塑料购物袋、日用塑料袋及垃圾袋

塑料购物袋的生物降解率达到 60%以上，公称承重下耐提吊 3600 次，公称承重模拟物下 0.5m 跌落不破裂，封合强度≥6.0N/15mm；日用塑料袋的生物降解率达到 60%以上，公称承重模拟物下 0.5m 跌落不破裂，封合强度≥6.0N/15mm；垃圾袋由单一组分聚合物加工成型得到时生物分解率≥60%，垃圾袋由多种组分的混合物加工成型得到时有机成分≥51%，相对生物分解率应≥90%且垃圾袋材料中组分≥1%的各类有机成分的生物分解率应≥60%，重金属含量 Zn≤150mg/kg、Cr≤50mg/kg、Cu≤50mg/kg、Mo≤1mg/kg、Ni≤25mg/kg、Se≤0.75mg/kg、Cd≤0.5mg/kg、As≤5mg/kg、Pb≤50mg/kg、F≤100mg/kg、Hg≤

0.5mg/kg、Co≤38mg/kg，公称承重下 1.2m 跌落不破裂。

● 酒店易耗品

酒店易耗品生物降解率达到 60%以上，酒店用膜类易耗品膜拉伸强度≥10MPa、断裂标称应变≥150%，容器类用品容器耐压力≥50N。

● 地膜

我国目前正进行大范围的生物降解地膜试验，力争加快生物降解地膜的推广应用速度，目前国内农用完全生物降解吹塑地膜性能指标如下：厚度≤15μm；初始力学性能≥PE 地膜国家标准值（拉伸负荷≥1.3N，断裂伸长率≥120%，直角撕裂≥1.0N）；使用时间可控，满足作物生长周期（大田作物诱导期≥70 天，烟草、花生等诱导期≥35 天）；3 个月内地膜残片≤16cm^2，一年内 100%降解。

● 研发和产业化目标

全生物降解塑料产业发展目标：突破材料的合成、改性、加工核心关键技术，实现从基础研究、前沿技术、应用技术到示范应用的全创新链的重点技术突破，材料合成水平和制品质量达到国际领先水平，形成我国拥有独立知识产权的技术和工艺包。培育一批具有国际知名度的材料合成和制品加工企业，建立具有国际领先水平的公共研发平台和完善的标准、检测、认证体系，发展成为全生物降解材料产业强国。

2015 年：进一步提高聚合反应催化剂活性，改进聚合反应工艺，提升合成技术水平，降低聚合反应成本。研发针对生物降解塑料的专用改性剂及改性技术，实现在一次性塑料包装袋等领域的区域推广。

2020 年：解决从聚合、改性到加工的关键科学问题，形成完备的聚合、改性和加工技术并实现规模化推广，形成一批原料生产和制品加工企业，产业规模达到 300 万吨，同时开发新型的聚乳酸、聚羟基烷酸酯、二元酸二元醇、二氧化碳基生物基高分子材料单体及材料。

3．皮革行业关键基础材料

1）专用脱毛酶制剂及配套助剂

（1）关键技术（技术难点）

需兼顾脱毛效果和避免酶对粒面的过度作用，使酶的作用可以通过工艺的调节来控制，既实现无硫脱毛，又能保证产品的质量。

利用多种酶（蛋白酶、脂肪酶和糖化酶等）的协同作用代替单一蛋白酶的作用；通过助剂提高酶的稳定性、促进酶的渗透并对酶的作用进行控制，利用助剂和酶的协同作用，提高产品的作用效果和使用安全性。

（2）主要技术参数或性能指标

开发能降低溶液中酶分子的聚集程度、促进酶渗透，并与酶制剂相容性好的高效酶助渗剂；开发对蛋白酶作用进行调控的助剂；开发皮碱性膨胀调节剂。通过配套助剂的使用进一步提高酶脱毛技术的效果、安全性和可控性。

（3）研发及产业化目标

开发的脱毛酶产品单独脱毛效率在95%以上且不损伤皮的粒面，与无硫化物助剂配合使用，脱毛率达100%；开发的皮胶原纤维分散酶制剂无石灰助剂的结合使用，纤维分散的效果达到石灰分散的效果，得革率增加2%以上（与传统技术相比）。基于酶脱毛的清洁工艺在示范制革企业实施，与目前主要使用的材料和工艺相比，硫化物、石灰的使用和排放量减少70%，氨氮减排60%。

2）无铬鞣剂

（1）关键技术（技术难点）

① 鞣制后的染整过程，需加入大量的阴离子染整材料，以改善皮革性能，要求鞣制后的坯革应带有足够正电荷，能够促进阴离子材料与皮革的结合（传统铬鞣坯革能很好地满足这一要求）。因此，在无铬鞣剂的结构中引入适量阳离子基团或带正电荷的非铬金属离子，使无铬鞣剂在保证其鞣制性能的同时，还能强化染整材料的吸收，是关键技术之一。

② 醛类有机鞣剂与皮胶原有较高的反应活性，但其始终存在成革含游离甲醛的问题。因此，采用非甲醛反应物合成具有合适分子尺寸及较高反应活性的无铬鞣剂，使其能够在皮胶原间产生交联鞣制作用，也是需要解决的关键技术。

③ 铝、锆、钛等非铬金属鞣剂具有一定的鞣制性能，但其主要缺陷在于自身极易发生水解配聚，从而影响鞣制效果和成革性能。因此，设计并合成相应的有机配体，适当抑制金属配合物的水解配聚，提高金属配合物鞣剂的稳定性，也是需要解决的关键技术。

（2）主要技术参数或性能指标

① 此类无铬鞣剂可以是有机鞣剂或非铬金属鞣剂，应具有良好的鞣制性能，单独鞣制皮革的湿热稳定性≥80℃，与其他无铬鞣剂结合鞣制皮革的湿热稳定性≥90℃。

② 此类无铬鞣剂鞣制的坯革，能够满足片皮、削匀等机械操作及鞣后染整工艺的要求。

③ 此类无铬鞣剂及鞣制后的皮革中不含甲醛。

④ 应用此类无铬鞣剂鞣制生产的皮革的物理机械性能满足行业相关标准的要求，感官性能与常规铬鞣皮革相当。

（3）研发和产业化目标

无铬鞣剂的研发和产业化预计分3个阶段：

① 项目实施 2 年内，开发出满足制革要求的无铬鞣剂。

② 项目实施 4 年内，无铬鞣剂年产 10000 吨，在制革行业中的应用普及率达到 30%。

③ 项目实施 6 年内，无铬鞣剂年产 30000 吨，在制革行业中的应用普及率达到 50% 以上。

4. 制笔行业关键基础材料

1）新型记号笔专用基础材料

（1）关键技术（技术难点）

① 记号笔专用墨水材料。适用于不同记号笔的、具有特定功能属性的专用染料、颜料、高分子助剂的开发；专用记号笔墨水的复配及制造技术。

② 记号笔专用高分子笔头材料。适用于不同记号笔的、具有特定属性的高分子笔头材料的开发；专用记号笔类高分子笔头制造技术。

③ 记号笔专用基础材料应用技术。适用于各类记号笔的专用墨水、笔头材料的匹配应用技术开发。

（2）主要技术参数或性能指标

① 各类记号笔墨水、笔头材料性能指标符合各产业应用技术要求，墨水材料保质期 18 个月以上；笔头材料耐磨性好，形变率不超过 10%。

② 各类记号笔墨水、笔头材料安全环保指标符合欧美安规要求，其中包括铅等在内 19 种可迁移元素符合 EN71-3 2013 第二类限量要求：铅<3.4mg/kg、三价铬<9.4mg/kg、汞 <1.9mg/kg 等；记号笔专用基础材料中不应涉及欧盟 REACH 法规中的高度关注物质（SVHC），不含有毒芳香胺，甲醛（释放）<0.05%等。

（3）研发和产业化目标

① 研发目标。通过分析国外发达国家各类高端记号笔性能，研发具有自主知识产权的墨水专用基础材料及其复配技术；研究适用于各类记号笔的高分子笔头专用材料性能及其制造技术；研究记号笔高分子笔头与墨水的匹配应用技术；研究新型环保及功能性记号笔专用基础材料。

② 产业化目标。各类记号笔专用墨水和高分子笔头材料的产业化技术研究；笔头与墨水的匹配应用技术；符合欧美安规要求的高端功能性记号笔产品制造。

2）W/O 型乳液环保墨水

（1）关键技术

技术难点 1：掺水油墨体系的稳定性问题——由于油水两相的存在，二者不相溶，容易分层，影响体系储存的稳定。

解决方法：通过添加乳化剂，选用合适的树脂材料，添加相应助剂加以解决。

技术难点 2：油相中溶剂的选取——油相溶剂不仅要易于溶解苯基染料，还需要在后续步骤中易于与水混合，以提高乳液的稳定性。

解决方法：选用的溶剂在结构上最好含有苯环和羟基，油墨中常用的溶剂如苯甲醇、苄醇以及含羟基的笨醚等均可选择。

技术难点 3：油相中乳化剂的选取。

解决方法：主要选用油基乳化剂，如 span 系列和 tween 系列乳化剂进行调节。

技术难点 4：水相中溶剂的选取——水相中的溶剂不仅含有水，还需要含有能够溶解树脂的有机溶剂，而且该溶剂必须与水能够互溶。

解决方法：选用多元短链醇或者含醚基的短链醇。

技术难点 5：水相中乳化剂的选取。

解决方法：可选用的乳化剂比较多，除 span 系列和 tween 系乳化剂外，常用的一些乳化效果良好的小分子表面活性剂也在考虑之列。

技术难点 6：水相中高分子材料的选取。

解决方法：选用聚酮树脂和市场上常用的 PVP 系列树脂，以及合适的水基树脂如水性丙烯酸酯、水性环氧树脂等，通过优化选择其中的规格和用量。

技术难点 7：整个体系中其他助剂的选取。

解决方法：从常规的润滑剂、触变剂和长链醇、酸、胺等入手，选择合适的类型，再选择合适的链长，进行配伍以达到最佳效果。

（2）主要技术参数或性能指标

① 对目前的中油配方进行技术开发，降低 20%以上有机溶剂用量，开发油包水乳液型圆珠笔用墨水。

② 所开发出的配方应达到现有产品的稳定性要求，即在 3600r/min 下离心 8h 不分层。

③ 改进后的配方必须达到目前中油的技术指标：黏度为 800～2000mPa/s，酸碱度 7 左右，触变值 2.5。

（3）产业化目标

申请具有自主知识产权的"W/O 型乳液环保圆珠笔中油墨水关键开发技术"专利 1 项，建立一条 W/O 型乳液环保圆珠笔中油墨水中试示范生产线。

3）热敏可擦中性墨水

（1）关键技术

对于热敏中性墨水其主要研究难点是热敏颜料的制备以及微胶囊化。

① 热敏材料合成和工艺技术。微胶囊化颜料制造技术的关键在于解决微胶囊壁材的选择、颜料与壁材的有效合成、体系的稳定性，稳定性与微胶囊颜料的分子结构、表面特性、粒径及其分布等相关。颜料的微胶囊化、粒径筛选和稳定分散技术是墨水专用微胶囊颜料在热敏墨水研究中必须解决的关键技术难点之一。

② 微胶囊的包覆技术。

● 由于颜料体系受外界环境的影响比较大，把颜料体系控制在一个密闭空间成了核心问题，微胶囊材料的选择至关重要。

● 制备微胶囊体系材料和颜料体系材料的配比。首先保证不同体系之间的物质不能发生物理化学反应，相互不能影响各自功能的发挥；另外还要保证包埋完全且均匀，常温下胶囊颜色要有一定的深度。

● 控制粒径大小的方法。热敏墨水的平均粒径在 1～2μm 左右，且成正态分布，这就需要有效控制粒径的方法，尽量把粒径控制在较窄的范围内，这样有利于体系的稳定性。

③ 热敏墨水增稠、分散及触变体系研究。热敏墨水是利用触变性能实现优良书写性能的墨水。目前国外热敏墨水产品的保质期小于一年，显然体系的稳定性达不到要求。选择合适的触变剂并研究与相关助剂的关系是本课题的关键技术难点之一。

④ 热敏墨水色浆与助剂复配技术。热敏墨水涉及专用颜料、各种相关助剂、溶剂，其组分设计及复配工艺是影响中性墨水应用性能的关键因素。

（2）主要技术参数或性能指标

颗粒粒径分布：D90<2μm；黏度>1000mPa·s（25℃、二号转子、6r/min）；触变值（6，60r/min 下黏度值之比）≥2.5；表面张力 40±5mN/m；墨水的稳定性不小于 12 个月。热敏变色温度范围-10～60℃。

（3）研发和产业化目标

制备高浓度、高稳定性热敏变色颜料色浆，同时研究热敏变色色浆与中性墨水功能助剂之间的复配性能，随着市场的逐渐形成最终达到年产 2000～3000 吨颜料型热敏变色中性墨水生产线，实现热敏变色中性墨水核心原料与技术的国产化。

4）金属笔头材料

（1）关键技术

① 适合高速稳定切削的笔头用金属材料配方设计。

② 易切削元素 S、Pb、Te 等的加入方式及稳定回收技术。

③ 含有低熔点易切削元素的不锈钢热塑性控制技术。

④ 解决易切削金属线材制造过程中出现的偏析问题。

⑤ 解决易切削金属热轧及冷拉过程中材料性能不均一问题。

⑥ 适应批量化、产业化生产的熔炼、加工、制造工艺与技术的研究。

（2）主要技术参数或性能指标

① 金属笔头线材主要指标。铅的含量不超过 100PPM；屈服强度 500～800N/mm^2，抗拉强度≥700N/mm^2，延伸率 EL：3%～6%，硬度 HV：240～280。

② 金属笔头线材应用指标。切削性能：采用 MIKRON LX－24 工位笔头自动加工机床进行切削试验，保证刀具可稳定加工>50 万个合格笔头，切削表面粗糙度 Ra 0.4μm 以下；耐磨性能：采用 ϕ0.7mm、670 型中性及水性笔头，书写长度>400m，球座体磨损量小于 0.01mm；ϕ2.3mm 线材，横截面硬度变化每米不超过 10%，且材料内部无缩松、缩孔、开裂等缺陷；耐腐蚀性能符合 ISO14145 和 ISO12757 寿命测试要求。

（3）研发和产业化目标

形成 1000 吨/年的金属笔头材料生产能力；金属材料在不少于 5 家笔头制造企业推广应用。我国金属笔头材料由全部依赖进口提高到 20%国产化。

（三）先进基础工艺（见表7）

1．电池行业先进基础工艺

1）锂离子电池隔膜涂覆工艺

（1）技术内容

一次性双面涂布工艺，由于隔膜基材比重较低而容易游离，基膜经涂布后需确保膜不擦伤、不拉伸并且干燥均匀，则在此过程中，除了设备本身要有足够高的制造精度外，其涂布头精度、干燥效率、张力控制等方面则充分决定了涂布质量的好坏。

（2）目标

① 基材宽度：600mm（可选择 400～2000mm）。

② 机械速度：10～50m/min（最高可选 250m/min）。

③ 自动润版：主机停机后整套涂布结构自动后退离开基材，涂布辊慢速自转润版，手动/自动可选。

表 7　先进基础工艺发展重点

工艺名称	主要技术性能指标	市场需求预测（2015—2025年）	关键技术（技术难点）	研发和产业化目标	涉及的上下游环节（材料、应用产品、技术基础）
锂离子电池隔膜涂覆工艺	基材宽度：600mm（可选择400~2000mm）；涂覆机械速度：10~50m/min（最高可选250m/min）	满足动力电池高安全性要求	一次性双面涂布工艺：提高涂覆层厚度的均匀性，提高隔膜高温尺寸稳定性；隔膜具有较好的透气性，防止涂覆层脱落	形成2~3家隔膜国产化生产基地，国产隔膜国内市场占有率40%以上	干法或湿法工艺，隔膜双向拉伸
铅碳电池工艺	提高电池使用寿命，研究快速充电和能量回收特性。70%DOD循环寿命超过3000次，充电电流可达1CA以上	应用于新能源储能和电动汽车等	快速充电和能量回收	建立4~6家铅碳电池生产基地，铅碳电池占铅蓄电池销量比例达到15%以上	炭材料的优化研究与规模化生产配套
纯铅电池工艺	阀控铅蓄电池板栅采用纯铅或铅锡合金取代传统的铅钙合金技术，纯铅电池提高板栅耐腐蚀性，板栅厚度可以降低，极板活性物质提高利用率，节约铅耗量10%以上；提高电池循环使用寿命	应用于通信、储能等系统	采用纯铅或铅锡合金取代传统的铅钙合金技术	建立4~6家纯铅电池生产基地，纯铅电池占铅蓄电池销量比例达到15%以上	建立纯铅金属冶炼加工5~8家生产基地
胶体铅蓄电池工艺	采用凝胶二氧化硅凝固电解质，解决电解液分层问题；防止铅精剥落，提高电池耐振性，提高电池使用寿命	大容量胶体铅蓄电池应用于储能、通信系统，并拓展到电动汽车启动电池和电动自行车电池，以及短程轻型电动汽车	采用电池内化成工艺，减少酸雾和含铅废水排放。采用凝胶二氧化硅凝固电解质，解决电解液分层问题	推广应用胶体铅蓄电工艺，建立20~30家生产基地，胶体电池产量所占比例30%以上	纳米级二氧化硅材料与电液添加剂国产化

续表

工艺名称	主要技术性能指标	市场需求预测（2015—2025年）	关键技术（技术难点）	研发和产业化目标	涉及的上下游环节（材料、应用产品、技术基础）
汽车启停型铅蓄电池工艺	与普通启动电池相比，启停电池具有频繁大电流放电性能，并具有较好的过充电性能；具备较好的无电接受能力；电池使用寿命五年以上	应用于微混电动车，节油、减少废气排放	启停电池目前方案为在现有铅蓄电池基础上改进；研究采用锂离子电池、超级电容器、铅碳电池，或采用两种电池体系组合	现有研发企业超过3家，小批量试用。目前建立20家生产基地，形成30%以上节能车配套规模	启停电池管理系统
水性生态聚氨酯合成革制备工艺	开发功能性水性聚氨酯及助剂；提高一倍生产速度；突破水性湿法工艺	预测到2015年，需求量可达到20万吨，2020年需求量为200万吨，2025年需求量为300万吨，进一步拓展家居等各应用领域	提高使用水性聚氨酯生产合成革速度，降低制造成本	进一步开发系列配套材料，使用水性聚氨酯覆盖面提高30%	水性聚氨酯以及助剂材料开发、设备更新改造
高分子材料超临界CO_2微发泡成型技术工艺	采用二氧化碳作为主发泡剂，辅助其他发泡剂完全替代泡沫生产中使用的HCFCs发泡剂，减少消耗臭氧层物质和温室气体的排放；改进二氧化碳发泡泡沫材料的外观和性能	应用于XPS泡沫塑料等行业，预计到2025年，二氧化碳发泡泡沫材料年需求量约2000万立方米	生产设备在挤出系统的机械强度、密封、冷却、控制精度等方面的改进；开发基于二氧化碳的配方及生产工艺参数	实现产业化，满足二氧化碳发泡泡沫年需求量2000万立方米的要求	下游：建筑保温等
有机酸高效发酵与系统集成技术	产酸率，吨产品水耗，能耗	主要应用在建筑业、食品及电镀行业，生产的葡萄糖酸钠销售全球需求量预估约为120万吨	高性能菌种的培育；发酵过程的优化控制技术；发酵设备性能的提高	建立年产5~8万吨生产线，实现产值3亿元/年以上	
工业酶制剂高效发酵生产及绿色应用技术	酶制剂的品种与性能	应用于化工、医药、轻工、食品、能源及环保等领域，预测2015年全球酶制剂市场规模达270亿元，国内市场份额占15%	工业酶性能改造、高效表达及规模化制备、复配及稳定化等技术	实现食品、纺织、造纸、制革、有机化工等产业的绿色生物制造	

续表

工艺名称	主要技术性能指标	市场需求预测（2015—2025年）	关键技术（技术难点）	研发和产业化目标	涉及的上下游环节（材料、应用产品、技术基础）
生物质提取技术	原料预处理、提取、精制、应用型产品开发技术及有害物质高效检测、提取物中有害物质去除工艺等	应用于食品、保健品、医药、化妆品等领域，预测2015年全球植物提取物市场超过120亿美元	检测方法开发技术、有害物质去除技术	检测技术的准确度、精密度和检测限满足国内外技术法规和限量标准要求；有害物质指标降低至国内外限量标准以下	
智能化缝制单元数字控制技术	智能化缝制单元关键工艺与控制方法；嵌入式 PLC 和系统软件重构技术；缝制加工计算机辅助设计/制造（CAD/CAM）技术	主要应用于服装、鞋帽、箱包等三大领域，预计2015年全球智能缝制设备市场需求 40 亿元，2015—2025年预计智能化设备需求年均增幅将超过30%	智能化缝制单元关键工艺与控制方法；嵌入式 PLC 和系统软件重构技术；缝制加工计算机辅助设计/制造（CAD/CAM）技术	实现 5000 套以上的专用数控系统与同服驱动系统应用	数控技术、机器人技术、纺织纤维技术、服装工艺技术
基于物联网的智能缝制机械监控及工业云平台产业技术	异构数据处理技术；海量实时/历史数据存储管理技术；工业云平台产业建等	预计 2015 年将有 5 万台套工业缝制设备产品联网，行业新增年产值在 10 亿元，预计 2025 年联网设备 500 万台套左右，行业年产值在 500 亿元以上	异构数据处理技术；海量实时/历史数据存储管理技术	构建基于纺织服装加工的缝制设备物联网，实现 5 万台套以上缝制设备联网；实现各工序、工位的柔性生产，使企业生产效率提高 35%以上	服装工艺技术
主夹板精密柔性加工工艺	加工精度的控制技术	满足年产 100 万只机芯的需求量	夹板柔性生产线的改进	夹板加工的位置精度、孔径精度提高并接近瑞士水平，走时精度达到瑞士同等级水平	
手表弹元件——游丝发条精密加工技术	高精度多工位柔性制造和精密加工技术	应用于钟表等精密仪器制造	产品加工的一致性、稳定性	厚度、精度、温度系数及抗磁性均大幅提高	

④ 涂头形式：封闭式微凹版逆转吻涂（可选择：狭缝式挤压涂布、普通凹版涂布、逗号刮刀、D 棒涂布等）。

⑤ 涂布方式：单面涂布（可选择一次性双面涂布）。

⑥ 可在极低张力（5～10N）下涂布生产。

2）铅碳电池工艺

（1）技术内容

在传统阀控铅蓄电池的负极中添加过量的电化学活性炭材料，提高负极导电性和电容特性，兼有超级电容器的大电流充放电特性，而成为铅碳超级电池；铅碳超级电池可以广泛应用于新能源储能和电动汽车等领域。

（2）目标

研究铅碳电池在电动车辆、起吊设备、新能源发电系统储能等领域的应用，提高电池使用寿命，研究快速充电和能量回收特性。主要性能要求：

① 70%DOD 循环寿命超过 3000 次。

② 充电电流可达 1CA 以上。

3）纯铅电池工艺

（1）技术内容

阀控铅蓄电池板栅采用纯铅或铅锡合金取代传统的铅钙合金，由于纯铅板栅优异的耐腐蚀性能，因而板栅厚度可以降低，极板活性物质利用率得以进一步提高，可实现节约铅耗量 10% 以上；由于板栅合金中不含钙元素，因而没有阀控电池特有的无锑效应，电池具有优异的循环使用寿命，可以应用于通信、储能等系统。

（2）目标

2016 年建成纯铅电池生产线，实现纯铅电池的批量化生产。

4）胶体铅蓄电池工艺

（1）技术内容

采用凝胶二氧化硅凝固电解质，使得电解质不流动，无酸液逸出隐患，能阻止极板活性物质脱落，解决了电解液分层问题，提高电解液浓度均匀性，提高铅蓄电池高低温性能和循环寿命，以及耐震性能。

（2）目标

实施胶体与类胶体电池新技术，有效抑制电解液分层，提高电池寿命 50% 以上。技改或新建项目，胶体铅蓄电池代替普通铅蓄电池普及率达到总量的 30% 以上，扩大胶体技术在汽车用启动型铅蓄电池领域中的应用。

5）汽车启停型铅蓄电池工艺

（1）技术内容

与普通启动电池相比，由于启停系统频繁重启发动机，需要电池支持频繁的大电流放电；混合动力系统作为车辆动力时要求电池提供能量动力支持，并具有较好的过放电性能；车载充电机对电池充电时，要求电池具备较好的充电接受能力；要求电池使用寿命为普通启动电池的两倍以上。

（2）目标

主要骨干企业建成年产 300 万只或以上产能生产线，与汽车主机配套。

2. 塑料行业先进基础工艺

1）水性生态聚氨酯合成革制备工艺

（1）关键技术（技术难点）

① 材料及其性能上的限制。目前，树脂生产走在比较前沿的有德国拜耳公司和国内优耐克公司、科天化学、鸿兴瑞奇等。国外公司其产品固含量可达 60%，因此易于烘干，产品物性较好，可制作高档合成革，但缺点是成本太高，不适应国内的合成革产业市场。因此，高的性价比材料，尤其是低成本的水性树脂的开发完善，是推动水性聚氨酯合成革产业化极其重要的方面。

② 生产设备上的限制。由于水性聚氨酯树脂是以水为分散介质的，现市售水性树脂中含有 50%～70% 的水；与甲苯、DMF 等有机溶剂相比，水的挥发潜热是甲苯的两倍多。因此，在同等制革条件下，使用水性树脂比使用油性树脂生产合成革需要更多的能量来烘干革制品。迫切需要一种全新的带有更高效、低能耗烘干设备的制革生产线来代替传统的制革生产线，适用于用水性树脂生产生态合成革的生产技术要求。

③ 加工工艺上的限制。目前，水性树脂主要在干法工艺上取得了全面进展，水性湿法工艺上还在不断研究中。如果不突破水性湿法工艺，合成革用"贝斯"仍需要采用溶剂型聚氨酯树脂通过湿法工艺制得，会出现两个问题：一是虽然合成革行业已经使用水性树脂，但由于制革工艺的缺陷仍然只能部分达到环保要求，无法彻底实现行业生产过程零DMF 问题；二是导致革制品无法全面达到生态环保要求，无法从根本上提高我国合成革的档次。因此，突破水性湿法工艺或采用一种全新的制革工艺来代替传统的干法、湿法合成革生产工艺是生产生态合成革企业所探索的目标。

（2）主要技术参数或性能指标

水性聚氨酯合成革作为一大类合成革产品或未来顺利推出的一大类产品，须符合以下性能指标：

① 合成革物性指标。

拉伸负荷及断裂伸长率：参照传统鞋革及服装革标准。

抗撕裂强度：参照鞋革、沙发革标准。

耐折及低温耐折性：常温 5 万次，−20℃ 2 万次无裂纹。

耐磨耗性：不低于 500 转，完好不破损。

耐水解性：10% NaOH 72h 完好。

剥离强度：参照传统合成革沙发、鞋革标准。

耐化学品性：强极性溶剂下同一点轻擦 10 次不破。

② 合成革的加工及表观性能。

可改色性：颜色鲜艳，可以改色。

光雾度可调性：合成革光雾度可以调整。

手感可调性：合成革手感可以调整。

可水洗性：可以水揉，有水洗效果。

③ 化学安全性指标。

甲醛：达欧盟标准。

甲苯：无。

二甲基甲酰胺：无。

邻苯二甲酸酯类：达欧盟标准。

聚氧乙烯醚：达欧盟标准。

八大类重金属：达欧盟标准。

（3）研发和产业化目标

① 进一步筛选合成树脂原料，如可选用 MDI 原料代替当前价格上涨猛烈的 TDI 原料。

② 改变合成工艺路线。选择优化的生产工艺和生产路线，是水性聚氨酯企业的研究重点。

③ 开发生产与水性树脂相配套的高功能助剂。

④ 尽快形成水性树脂生产应用产业链，降低原材料生产成本和采购成本。

⑤ 开发高固含量达到 50%～60% 的水性树脂。

⑥ 使用适合于水性生态合成革的制革生产线。

2）高分子材料超临界 CO_2 微发泡成型技术工艺

（1）关键技术（技术难点）

① 主要技术内容。利用超临界二氧化碳与其他辅助发泡剂（无 HCFCs）生产新型建筑保温节能材料。该技术的难点是：首先，在生产设备上需要做大幅改进。二氧化碳在聚合物基材（PS、PE、PP 和 PU）中的溶解度较低且加工窗口很狭窄，需要大幅增加挤出压力，降低树脂黏度以增加二氧化碳的溶解度，这就给挤出系统的机械强度、密封、冷却等系统带来极大挑战，控制精度也需要大大增加。其次，需要开发基于二氧化碳的配方及生产工艺参数，在保证产品性能的同时降低成本，提升产品的阻燃性能。

② 关键技术：采用二氧化碳作为主发泡剂，辅助发泡剂生产挤出发泡材料，提高二氧化碳在聚合物熔体中的溶解度，改进挤出泡沫塑料的外观和性能。

（2）主要技术参数或性能指标

产品（技术）关键指标：以目前急需替代 HCFCs 的聚苯乙烯挤塑板（XPS）为例，功能性超临界 CO_2 发泡工艺替代含氢氯氟烃发泡生产 XPS 保温材料，减少消耗臭氧层物质含氢氯氟烃（HCFCs）的使用。产品技术指标可以达到使用 HCFCs 发泡生产的 XPS 保温材料的性能指标（10℃导热系数≤0.028W/（m·K），压缩强度≥150kPa，吸水率≤3.5%，阻燃级别 B1）。

（3）研发和产业化目标

超临界 CO_2 发泡工艺可以完全替代 XPS 保温材料生产中使用的 HCFCs 发泡剂，具有巨大的环境效益。按照我国 XPS 行业在 2015 年前削减 10031 吨 HCFCs 的计划，则能够减少相当于 2020 万吨 CO_2 的温室气体排放。

3. 发酵行业先进基础工艺

1）有机酸高效发酵与系统集成技术

（1）技术内容

针对葡萄糖酸生物发酵转化法，研究黑曲霉孢内葡萄糖氧化酶、过氧化酶和辅因子之间的形成与再生规律；探索黑曲霉细胞内代谢规律和进行多尺度过程工艺优化，建立高效新型发酵工艺。

① 葡萄糖酸产生菌黑曲霉发酵特性研究，探索葡萄糖酸产生菌黑曲霉的发酵动力学，获得产酶形成条件。

② 研究葡萄糖酸产生菌黑曲霉孢内葡萄糖氧化酶、过氧化酶和辅因子 FADH2 之间的形成与再生规律，以及孢内酶与孢外酶的比例与葡萄糖转化成葡萄糖酸的关系。

③ 基于多尺度发酵参数相关分析，探索葡萄糖酸发酵的条件优化与控制策略，包括流加策略、变温策略等。

④ 基于 CFD 模拟和 PIV 技术的大型发酵罐（100m³）设计与改造：黑曲霉菌丝对发酵搅拌的敏感性和葡萄糖生物催化在胞内的要求，以 50L 小试发酵罐为基础，研究：

菌丝对剪切力的耐受能力和对葡萄糖酸合成的影响规律；

菌丝结球与流场特性的关系，即不同搅拌形式下不同流场对菌丝结球的影响及对葡萄糖转化的影响。

基于以上结果和 CFD 模拟结果，通过 PIV 测定技术形成大型发酵罐设计模型，设计新型高效发酵罐。

设计和建设一条年产 5~8 万吨生产规模的生产线。

⑤ 葡萄糖酸生产系统集成。由于葡萄糖催化生成葡萄糖酸周期短、设备周转和原料配备要求极高，本技术从玉米淀粉制备、液糖制备、葡萄糖发酵转化、带放工艺、下游提取等主要工艺进行全流程系统集成与优化，建立自动高效的葡萄糖酸生产线。

（2）技术指标

实现产酸率（g/L/h）比目前水平提高 20% 的发酵水平；吨产品水耗降低 15% 以上，能耗降低 20% 以上。

（3）产业化目标

建立年产 5~8 万吨生产规模生产线，实现产值 3 亿元/年以上。

2）工业酶制剂高效发酵生产及绿色应用技术

（1）技术内容

① 绿色工艺应用性能指导下的酶分子进化。针对传统轻纺食品工业、有机合成工业过程中高温、碱性以及有机溶剂环境等特点，大幅度提升生物印染用酶的耐温、耐碱性能，造纸酶的耐碱及抗金属螯合剂，生物脱胶用酶热稳定性、耐碱性能，生物制革用酶抗重金属以及有机合成用酶专一性等工业应用属性。研究工业酶分子优良应用属性分子基础的生物信息计算机模拟、预测和辅助设计技术；优化全基因合成、多位点随机和定向突变、分子重排以及大容量的随机突变库高通量表达筛选等技术，建立和完善合理有效的工业酶分子进化技术体系，获得若干具有优良工业应用性能的酶基因突变体。

② 基于工业酶结构解析的酶蛋白分子理性设计。研究酶分子结晶及 X 光蛋白晶体结构解析方法，研究并比较分析影响工业酶性能的基因突变生物学基础；研究酶-底物复合体共结晶结构，解析酶催化反应的活性中心细部特征，比对分析对温度、pH 值、热稳定性等催化性质有重大影响的氨基酸位点；在此基础上研究序列与特性理论指导下的工业酶蛋白质分子理性设计与改造策略，大幅度提高酶的比活力、稳定性以及对纺织、造纸、制

革、麻类脱胶以及有机合成等工业环境的适应性,获得更适合绿色工艺应用的高效工业酶。

③ 工业酶的高效表达与规模化制备。以酵母与曲霉体系为例,着重研究酶表达系统优化策略,研究酶蛋白胞外高效分泌机制,实现印染用酶、食品用酶、造纸用酶、制革用酶以及有机合成用酶等重要工业酶分子的高效表达。研究以高细胞密度和高酶活力为目标的工业酶规模化制备工艺,采用多尺度分析、生化反应动力学、计算机模拟等方法,确定酶发酵生产过程的放大方法;开发基于膜处理技术的高效、低耗的工业酶提取新工艺;利用小分子化合物对酶的表面进行化学修饰保护酶的构象,改善酶抵抗热、酸、碱等性质,提高酶的稳定性。

④ 工业酶复配与绿色生物工艺的开发与应用。着重研究酶蛋白分子修饰技术,大幅度提高酶蛋白在工业环境下的稳定性;研究各类工业酶生物工艺应用特性评价模型,研究最佳生物处理效果的多种工业酶复配及稳定化技术,研究助剂种类和添加量对复合酶制剂生物加工处理效果的影响。研究工业酶在印染、纸浆漂白、制革、麻类脱胶、明胶生物制备以及生物有机合成中生物加工工艺,确立生物工艺过程关键控制点与工艺优化策略。研究新型生物加工工艺与传统工艺的匹配性,形成基于新型生物加工的高效绿色工艺。

重点突破方向:

- 生物印染用酶与生物印染工艺;
- 食品加工用酶的研发及应用;
- 生物造纸用酶与生物造纸工艺;
- 生物制革酶与生物制革工艺;
- 生物有机合成用酶及生物合成工艺;
- 工业酶开发的关键技术。

（2）拟突破关键技术

① 工业酶性能改造技术。目前我国工业酶分子改造尚处于随机突变或半理性设计筛选优秀酶突变基因的阶段,效率低下,不能达到在短期内大幅度提升工业酶性能的目标。利用酶-底物共结晶结构解析技术分析影响工业酶特性的分子结构特征,通过生物计算与模拟获得酶分子理性设计策略,以及新的突变进化策略,进而采取基于温度、酸碱、快速底物显色等高通量筛选技术获得一批具有高温、耐碱等抗逆性强的酶制剂品种,提高工业酶的工业应用属性,将为我国食品加工、制浆助漂、纺织印染以及麻类脱胶等新型工业酶创制奠定坚实的基础。

② 工业酶高效表达及规模化制备技术。酶蛋白的表达水平直接关系酶制剂的成本。我国酶蛋白表达量大多低于 10g/L,远低于国际上采用的表达量高达数十克的霉菌、芽孢杆菌等高表达体系,急需发展自主知识产权的高效表达体系,以大幅度降低我国工业酶的生产成本。结合原核或真核宿主细胞的高效启动子结构域改造、蛋白质合成途径重构、胞

外蛋白分泌强化等技术，可大幅度提高宿主的蛋白质表达能力，酶蛋白分泌能力可达到 20g/L 以上，使我国工业酶的直接生产成本降低 50% 以上，使之与国际先进水平相当，将显著增强我国工业酶的行业竞争力。

在实现工业酶基因高效表达的基础上开发工业酶制剂的规模化制备技术。研究小试研究到工业规模生产放大的关键技术问题；开展计算模拟条件下的发酵动力学研究，提高发酵放大仿真能力；研究自动化控制技术；研究发酵过程优化技术；研究高效低成本工业酶分离纯化技术、高效低成本的培养基和分离介质，最终在工业酶的规模化发酵、分离、制备等一系列中下游关键技术上获得突破，提高工业酶的规模化制备水平。

③ 工业酶应用工程技术。目前，我国工业酶应用工程技术大多基于单酶或多个酶简单复配处理等技术，处理周期长、效率低下，尚不能完全与化学加工过程竞争。酶蛋白在工业环境下的稳定性，多种工业酶复配及稳定化技术，助剂种类和添加量对复合酶制剂生物加工处理效果，工业酶在食品、印染、纸浆漂白、制革等工艺过程关键控制点与工艺优化策略的提升，将大幅度提升工业酶在纺织、造纸、制革、脱胶以及生物有机合成工艺中的应用效能，建立起新型生物绿色工艺，实现相关工业过程的水资源消耗、能量消耗、化学品使用量、污水排放量的大幅减少，实现节能减排。

3）生物质提取技术

（1）技术内容

从粗提物发展到高端提取物，是提取物产品发展的必然趋势。这个发展过程，必须依靠技术创新，提高工艺水平和质量标准水平。提高工艺水平，一方面体现在新技术、新方法的运用上，例如大孔吸附树脂技术、超临界流体萃取技术、高速逆流色谱技术、双水相萃取技术、膜分离技术等新技术应用；另一方面还体现在提高工艺装备水平、提高产品的质量标准水平、提高分析检测技术上。目前，HPLC、HPTLC、GC、GC-MS、HPLC-MS等分析仪器和技术正在逐渐被普遍采用，指纹图谱技术也将逐步成为常规的检验技术，这些都有助于提高提取物产品的质量控制水平。

（2）植物提取物生产关键技术、装备开发及产业化

① 主要技术参数（性能指标）。产品品质符合相关标准要求，产品得率达到行业最高水平，生产成本降到行业最低水平。

② 应用领域及市场需求预测。植物提取物由于具有天然、绿色的特点，广泛应用于食品、保健品、医药、化妆品等领域，并受到人们的大力推崇。美国、日本以及欧盟等是我国植物提取物出口的主要市场，近些年市场需求始终保持稳定增长，发展前景广阔。

③ 关键技术。原料预处理技术、提取技术、精制技术、应用型产品开发技术。

④ 研发和产业化目标。建设规模化、连续化、自动化大型生产线，可年产 1800 吨植

物提取物。

（3）植物提取物中有害物质检测与控制技术研发

① 主要技术参数（性能指标）。通过去除有害物质，控制污染来源，使产品品质符合最高标准要求，保证食品、药品安全，满足国际市场需求。

② 应用领域及市场需求预测。应用于食品、保健品、医药、化妆品等领域。

近年来国内外食品安全事件频发，已经引起人们的高度重视。国际市场对产品安全要求不断提高，农药残留、化学物质污染成为行业内特别关注的目标，因此开发有害物质去除方法，建立原料监控体系，将有效地保证产品品质，提高国际市场竞争力。

③ 关键技术。检测方法开发技术、有害物质去除技术。

④ 研发和产业化目标。开发有害物质高效检测技术，准确度、精密度、检测限满足国内外技术法规和限量标准要求，检测水平与 3 家第三方检测认证机构相当；阐明提取物中主要有害物质的污染来源；揭示有害物质在提取物生产过程中的迁移转化规律；开发提取物中有害物质去除工艺技术，应用实施后，有害物质指标能够降低至国内外限量标准以下。

4．缝制机械行业先进基础工艺

1）智能化缝制单元数字控制技术

（1）关键技术（技术难点）

① 智能化缝制单元关键工艺与控制方法。

② 嵌入式 PLC 和系统软件重构技术。

③ 缝制加工计算机辅助设计/制造（CAD/CAM）技术。

（2）主要技术参数或性能指标达到的技术水平

主要技术指标如下，整体指标达到国际先进技术水平。

① 控制轴数：　　　　　　3～7 轴

② 最大编程尺寸：　　　　9999.9mm

③ 最小位移输出：　　　　0.025mm

④ 最大针距：　　　　　　30mm

⑤ 最大缝纫速度：　　　　4200 针/分

⑥ 缝纫速度调节：　　　　200～4200 针/分

⑦ I/O 节点：　　　　　　≥64

⑧ 编程方式：　　　　　　直线、圆、圆弧、曲线、多边形

⑨ 人机界面：　　　　　　TFT 液晶显示，触摸屏操作

⑩ 语言选择： 中文、英文

⑪ 用户程序容量： 32MB

⑫ 用户数据接口： USB

（3）达到的目标

① 项目研究成果有效转化为产品，开发出应用于自动贴袋机、自动锁眼机、自动裤袢机、自动钉扣机、自动模板机等多种智能化缝制单元。

② 在项目执行期间实现 5000 套以上的专用数控系统与伺服驱动系统应用，500 台套以上的智能化缝制单元设备的应用。

2）基于物联网的智能缝制机械监控及工业云平台产业技术

（1）关键技术（技术难点）

① 异构数据处理技术。

② 海量实时/历史数据存储管理技术。

③ 工业云平台构建。

（2）主要技术参数或性能指标达到的技术水平

基于物联网的智能缝制机械监控及工业云平台产业技术，在国内外首次将物联网技术应用于复杂生产制造企业的多个层次，并结合实时技术和智能处理技术提供面向服装生产制造的全面解决方案，其技术处于国际领先水平。

具体的性能指标包括：

① 工业云平台同步优化的缝制方案到底层物联网节点的数量大于 10000 个。

② 单服务器支持物联网节点的数量大于 20000 个，支持分布式环境的数据采集与传输方式。

③ 支持 7×24h 连续运行，年可用率达到 99.9%，系统无故障运行时间超过 9000h。

④ 提供有损、无损两类主流压缩算法对传感器/RFID 数据进行压缩处理。在不损失原始数据精度的情况下，提供有损压缩处理流程对典型过程数据的压缩率至少达到 30：1，提供高速无损压缩处理流程最高压缩率至少达到 4：1 等。

（3）达到的目标

通过构建物联网基础设备，实现智能缝制机械的运行状态和衣料传输情况的监测，运用最先进的智能调度技术对制造资源进行动态分配，优化生产流程，实现各工序、工位的柔性生产，保证生产实时在线平衡。节约工人工资成本 5%左右，使企业生产效率提高 35%以上，使企业总利润增加 10%左右。

5. 钟表行业先进基础工艺

1）主夹板精密柔性加工工艺

夹板柔性生产线的引进可以提升我国主流产品基础机芯的质量,缩小与瑞士手表的差距,可实现单一装具完成所有工序,满足年产 100 万只机芯生产能力,将原来 80 道工序缩减到 30 道,大大减少单功能设备加工过程中的重复定位,加工精度和自动化程度达到瑞士品牌水平。通过引进和相关技术的国内开发与配套,可以打破国外的技术和设备垄断,提升高品质机械手表产品附加值和核心竞争能力。

项目完成后,夹板加工的位置精度由现在的 0.016～0.022mm 提高并接近瑞士的 0.004mm,合板同轴度由现在的 0.04mm 提高并接近瑞士的 0.02mm,孔径精度由现在的 0.008mm 提高并接近瑞士的 0.004mm,走时精度达到瑞士同等品牌水平。

2）手表弹性元件——游丝发条精密加工技术

通过引进设备和技术改造项目,可提高游丝、发条精密加工技术和装备水平,提高产品加工一致性和稳定性,摆脱长期依赖进口的现状。

项目完成后,各项技术将有效提高,尺寸厚度由 0.022mm 提高到 0.016mm,精度尺寸由±0.0005mm 提高到±0.0002mm;温度系数由 0.8s/(d·℃)提高到 0.2s/(d·℃);抗磁性由 30s/d 提高到 10s/d。

（四）重要技术基础（见表 8）

表 8　重要技术基础发展重点

技术基础名称	主要建设内容	建设目标
电池管理系统（BMS）	发展新的电池管理系统技术对单体电池和电池模组进行全员管理	使单体电池、电池模组在过充、过放、跌落、挤压、热冲击等条件时保证电池安全,有效发挥电池性能,延长电池使用寿命

技术内容包括研发新的电池管理系统技术对单体电池和电池模组进行全员管理。基于热力学与电化学、动力学参数,对单体电池和电池模组开路电压、介电常数、离子迁移速率、阻抗变化率等关键参数进行测量,并进行管理,及时发现并处理问题单体电池。

目标是单体电池、电池模组在过充、过放、跌落、震动、针刺、挤压、热冲击时保证电池安全,有效发挥电池性能,延长电池使用寿命。

五、轻工其他行业"四基"发展路线

（一）发展思路

为进一步提升轻工重点行业的基础能力建设，我们组织造纸、塑料、家电、电池、发酵、钟表、缝制机械等重点行业经过深入调研、论证，确定一批行业发展急需的基础零部件、基础工艺与基础材料突破方向，力争在2014—2018年取得突破性成果，在产业化的基础上，应用于企业技术改造，并在行业内逐步推广。

采取产学研结合模式，统筹组织突破一批制约重点行业发展的"四基"项目，造纸行业在靴型压榨技术、钢制扬克烘缸设备制造；家电行业在新型电机制造；塑料行业在完全生物降解地膜、超大口径钢带增强聚乙烯螺旋波纹管、水性生态聚氨酯合成革制备工艺及技术；生物发酵行业在有机酸高效发酵与系统集成技术、L-苏氨酸高效生产新技术新工艺、基于代谢工程的蛋白酶高效控制发酵技术、淀粉糖的绿色制造技术；电池行业在精密测量系统和制造执行系统（MES）、新型铅蓄电池非铅板栅、高比能量锂离子动力电池用富锂锰基复合正极材料；缝制机械行业在无油技术、高精度机壳制造；钟表行业在精密夹板加工工艺和技术、高精密弹性元件（游丝、发条）加工技术等基础领域，取得突破。利用新技术、新工艺、新材料、新设备推动企业节能减排，发展绿色轻工产品；针对轻工重点行业关键装备依赖进口的现状，以关键技术、设备和重点项目为突破口，提高重点装备自主化水平。以信息技术、生物技术、新能源为标志带动轻工新兴产业发展。一批核心技术的突破与应用，形成批量生产能力，带动轻工业基础能力建设的全面提升。

发展目标如下。

——完善科技创新体系。建成一批技术创新公共服务平台，在一些重点产业中构建技术创新战略联盟，形成比较完善的公共科技资源共享机制和服务体系。

——自主创新。重点行业研究与实验开发支出占主营业务收入的比重超过1%，骨干企业比重达到10%以上，以企业为主体的技术创新体系进一步健全；新产品产值率达到10%以上，自主创新能力明显增强。

——绿色制造。主要污染物排放总量减少，化学需氧量和氨氮分别减少10%，单位增加值能耗和用水分别降低20%和30%。

——提高关键技术装备自主化率。造纸关键技术装备自主化率由 30%提高到 50%；食品加工关键技术装备自主化率由 30%提高到 50%；塑料加工关键技术装备自主化率由 40%提高到 60%；皮革加工关键技术装备自主化率由 45%提高到 60%。

——增加科技资源总量。国家重点实验室由 14 个增加到 20 个，国家工程（技术）研究中心由 15 个增加到 20 个，国家级企业技术中心由 95 个增加到 150 个。

（二）发展路线（见表 9）

表 9　发展路线

	重点产品	2015—2020 年需求预测	2020—2025 年需求预测
轻工核心基础零部件/元器件	电池钢壳	180 亿只/年	215 亿只/年
	流浆箱	350 套/年	450 套/年
	靴型压榨装置	150 套/年（其中核心部件靴套 1200 套/年）	250 套/年（其中核心部件靴套 2000 套/年）
	钢制扬克缸	80 套/年	100 套/年
轻工关键基础材料	电池新材料	10.5 万吨/年	16 万吨/年
	生物降解塑料材料	90 万吨/年	210 万吨/年
	皮革专用脱毛酶制剂及无铬鞣剂材料	在制革行业中的普及率达到 30%以上	在制革行业中的普及率达到 50%以上
	制笔记号笔专用材料及金属笔头材料	100 亿支	120 亿支
轻工先进基础工艺	锂离子电池隔膜涂覆工艺	国产隔膜市场占有率 25%以上	国产隔膜市场占有率 40%以上
	铅碳电池工艺	铅碳电池占铅蓄电池销量比例达到 9%以上	铅碳电池占铅蓄电池销量比例达到 15%以上
	纯铅电池工艺	纯铅电池占铅蓄电池销量比例达到 9%以上	纯铅电池占铅蓄电池销量比例达到 15%以上
	胶体铅蓄电池工艺	建立约 20 家生产基地，胶体电池产量占比 18%以上	建立约 30 家生产基地，胶体电池产量占比 30%以上
	启停铅蓄电池工艺	建立约 9 家生产基地，形成 14%以上节能车配套规模	建立约 20 家生产基地，形成 30%以上节能车配套规模
	水性生态聚氨酯合成革制备工艺	180 万吨/年	230 万吨/年
	高分子材料超临界 CO_2 微发泡成型技术工艺	技术的应用能够减少相当于 2000 万吨温室气体排放	技术的应用能够减少相当于 2200 万吨温室气体排放
	有机酸高效发酵与系统集成技术	重点产品葡萄糖酸钠国内市场需求量约 70 万吨/年	重点产品葡萄糖酸钠国内市场需求量约 90 万吨/年

续表

	重点产品	2015—2020 年需求预测	2020—2025 年需求预测
轻工先进基础工艺	工业酶制剂高效发酵生产及绿色应用技术	国内市场份额占 20%以上	国内市场份额占 35%以上
	生物质提取技术	在行业中的普及率达到 20%以上	在行业中的普及率达到 50%以上
	智能化缝制单元数字控制技术	2015 年全球智能缝制设备市场需求约 40 亿元，年均增幅超过 30%	智能化设备需求年均增幅将超过 30%
	基于物联网的智能缝制机械监控及工业云平台产业技术	2015 年约 5 万台套工业缝制设备产品联网，行业新增年产值在 10 亿元	2025 年联网设备约 500 万台套，行业年产值在 500 亿元以上
	主夹板精密柔性加工工艺	满足年产 120 万只机芯的需求	满足年产 200 万只机芯的需求
	手表弹性元件——游丝发条精密加工技术	在钟表行业中的普及率达到 30%以上	在钟表行业中的普及率达到 50%以上
轻工产业技术基础	电池管理系统（BMS）	—	—
保障措施	政府做好顶层设计、统筹规划、统一协调，做好资源配置； 人才培养，改革对现有人才的考核、评价、激励机制； 积极支持轻工行业中小企业公共服务平台建设，支持具有"精专特新"特色的中小型企业在轻工业"四基"等方面的研究； 政策支持； 加强资金引导和支持，研究设立强基专项资金； 充分发挥行业组织的作用，加强对轻工业"四基"重点发展方向的研究、指导和落实		

（三）核心基础零部件/元器件发展路线（见表 10）

表 10　核心基础零部件/元器件发展路线

序号	名　称	核心基础零部件/元器件	主要技术参数/性能指标	应用领域及市场需求
1	电池产业核心基础零部件	电池钢壳	钢壳成品率；钢壳差壁厚冲制、预镀镍钢带、深孔后镀镍等技术	2015 年钢壳用钢带国产化率达到 30%以上，2015 年需求量 150 亿只
2	造纸产业核心基础零部件	流浆箱	高速纸浆流压力脉动衰减技术、稀释水的加入调节控制单元、复杂结构的流浆箱整体结构开发技术等	应用于高速造纸机。打破国外对高速纸机流浆箱的技术垄断
3		靴型压榨装置	出压榨干度；靴型压榨技术	实现国产化，打破依赖进口的局面；核心部件靴套的年需求量近千条

续表

序号	名　　称	核心基础零部件/元器件	主要技术参数/性能指标	应用领域及市场需求
4	造纸产业核心基础零部件	钢制扬克缸	干燥速率；内壁槽的加工以及缸体外表面的喷涂等问题	填补国内空白，打破国外技术垄断，完成批量生产和完成 5m 以上直径的钢制扬克烘缸；每年有 60~90 套钢制烘缸的需求

（四）关键基础材料发展路线（见表 11）

表 11　关键基础材料发展路线

序号	名称	关键基础材料	主要技术参数或性能指标	应用领域及市场需求
1	电池新材料	锰酸锂正极材料	重量比容量大于 120mAh/g，单体电池循环次数高于 1500 次	主要应用于消费类电池市场或者电动自行车的动力锂电池
2		磷酸铁锂正极材料	重量比容量大于 150mAh/g，−20℃下容量大于 70%，单体电池循环次数高于 3000 次	应用于电动汽车电池
3		镍钴锰和镍钴铝三元系正极材料	锂离子电池的能量密度提高 20%~30%，达到 200~250Wh/kg	应用于电动汽车用动力电池
4		富锂相层状氧化物正极材料	重量比容量大于 200mAh/g，电池循环寿命在 2000 次以上	应用于车用动力电池
5		锂硫电池正极材料	电池能量密度达到 350~400Wh/kg；电池循环寿命在 1000 次以上	应用于新能源汽车
6		锂离子电池隔膜材料	孔隙率 30%~60%可调；厚度均匀，厚度 20~50μm 可调	应用于锂离子电池
7		锂离子电池铝塑封装膜	膜宽：600~1000mm，膜厚在 85~150μm 可选；铝塑封装膜的冲深达到 6mm 以上	应用于锂离子电池
8	塑料新材料	生物降解塑料材料	发展以高效菌种构建为核心的单体制造关键技术，以及材料聚合、性能改进与复合、绿色生物法加工技术等配套的产业技术	包装、农用、日用及其他塑料制品，全国全降解塑料市场需求达到 450 万吨
9	皮革关键基础材料	专用脱毛酶制剂及配套助剂材料	开发能降低溶液中酶分子的聚集程度、促进酶渗透，并与酶制剂相容性好的高效酶助渗剂；开发的脱毛酶产品单独脱毛效率在 95%以上且不损伤皮的粒面，与无硫化物助剂配合使用，脱毛率达 100%	应用于牛皮、羊皮和猪皮制革过程中的脱毛

续表

序号	名称	关键基础材料	主要技术参数或性能指标	应用领域及市场需求
10	皮革关键基础材料	无铬鞣剂	湿热稳定性；在无铬鞣剂的结构中引入适量阳离子基团或带正电荷的非铬金属离子；抑制金属配合物的水解配聚等技术	应用于皮革及毛皮加工过程中的鞣制工序；2020年，无铬鞣剂实现年产30000吨，在制革行业中的应用普及率达到50%以上
11	制笔新材料	新型记号笔专用基础材料	通过采用适用于不同记号笔的具有特定功能属性的专用染料、颜料、高分子助剂的开发，专用记号笔墨水的复配及制造技术，实现墨水材料保质期18个月以上；笔头材料耐磨性好，形变率不超过10%，重金属含量等指标符合欧美安规要求	应用于记号笔类产品，各类记号笔的需求量约100亿支/年
12		金属笔头材料	采用适合高速稳定切削的笔头用金属材料配方设计，含有低熔点易切削元素的不锈钢热塑性控制技术等，铅等重金属含量指标符合欧美安规要求	应用于圆珠笔制造；形成1000吨/年的金属笔头材料生产能力，国内金属笔头材料由全部依赖进口提高到20%国产化

（五）先进基础工艺发展路线（见表12）

表12　先进基础工艺发展路线

序号	名称	先进基础工艺	主要技术参数/性能指标	应用领域及市场需求预测
1	电池先进基础工艺	锂离子电池隔膜涂覆工艺	基材宽度：600mm（可选择400~2000mm）；涂覆机械速度：10~50m/min（最高可选250m/min）	满足动力电池高安全性要求
2		铅碳电池工艺	提高电池使用寿命，研究快速充电和能量回收特性。70%DOD循环寿命超过3000次；充电电流可达1CA以上	应用于新能源储能和电动汽车等
3		纯铅电池工艺	阀控铅蓄电池板栅采用纯铅或铅锡合金取代传统的铅钙合金技术，纯铅电池提高板栅耐腐蚀性能，板栅厚度可以降低，极板活性物质提高利用率，节约铅耗量10%以上；提高电池循环使用寿命	应用于通信、储能等系统
4		胶体铅蓄电池工艺	采用凝胶二氧化硅凝固电解质，解决电解液分层问题，防止铅膏剥落，提高电池耐振性能，提高电池使用寿命	大容量胶体铅蓄电池应用于储能、通信系统，并拓展到汽车启动电池和电动自行车电池，以及短程轻型电动汽车

续表

序号	名称	先进基础工艺	主要技术参数/性能指标	应用领域及市场需求预测
4	电池先进基础工艺	启停铅蓄电池工艺	与普通启动电池相比，启停电池具有频繁的大电流放电性能；并具有较好的过放电性能；具备较好的充电接受能力；电池使用寿命五年以上	应用于微混电动汽车，节油，减少废气排放
5	塑料先进基础工艺	水性生态聚氨酯合成革制备工艺	开发功能性水性聚氨酯及助剂；生产设备技术改造，提高一倍生产速度；突破水性湿法工艺	预测到 2015 年，需求量可达 20 万吨，2020 年需求量为 200 万吨，2025 年需求量为 300 万吨，进一步拓展家居等各应用领域
6		高分子材料超临界 CO_2 微发泡成型技术工艺	采用二氧化碳作为主发泡剂，辅助其他发泡剂完全替代泡沫生产中使用的 HCFCs 发泡剂，减少消耗臭氧层物质和温室气体的排放；改进二氧化碳发泡材料的外观和性能	应用于 XPS 泡沫塑料等行业，预计到 2025 年，二氧化碳发泡泡沫材料年需求量约 2000 万立方米
7	生物发酵先进基础工艺	有机酸高效发酵与系统集成技术	研究黑曲霉孢内葡萄糖氧化酶、过氧化酶和辅因子之间形成与再生规律；探索黑曲霉细胞内代谢规律和进行多尺度过程工艺优化，建立高效新型发酵工艺	主要应用在建筑、食品及电镀行业，生产的葡萄糖酸钠全球需求量预计为 120 万吨/年
8		工业酶制剂高效发酵生产及绿色应用技术	工业酶性能改造、高效表达及规模化制备、复配及稳定化等技术	应用于化工、医药、轻工、食品、能源及环保等领域，预测 2015 年全球酶制剂市场规模达 270 亿元，国内市场份额占 15%
9		生物质提取技术	原料预处理、提取、精制、应用型产品开发技术及有害物质高效检测、提取物中有害物质去除工艺等	应用于食品、保健品、医药、化妆品等领域，预测 2015 年全球植物提取物市场超过 120 亿美元
10	缝制机械先进基础工艺	智能化缝制单元数字控制技术	智能化缝制单元关键工艺与控制方法；嵌入式 PLC 和系统软件重构技术；缝制加工计算机辅助设计/制造（CAD/CAM）技术	主要应用于服装、鞋帽、箱包三大领域，预计 2015 年全球智能缝制设备市场需求 40 亿元，2015—2025 年预计智能化设备需求年平均增幅将超过 30%
11		基于物联网的智能缝制机械监控及工业云平台产业技术	异构数据处理技术；海量实时/历史数据存储管理技术；工业云平台构建等	预计 2015 年将有 5 万台套工业缝制设备产品联网，行业新增年产值在 10 亿元，预计 2025 年联网设备 500 万台套左右，行业年产值在 500 亿元以上

续表

序号	名称	先进基础工艺	主要技术参数/性能指标	应用领域及市场需求预测
12	钟表先进基础工艺	主夹板精密柔性加工工艺	加工精度的控制技术	应用于钟表等精密仪器制造；满足年产 100 万只机芯的需求量
13		手表弹性元件——游丝发条精密加工技术	高精度多工位柔性制造和精密加工技术	应用于钟表等精密仪器制造

（六）重要技术基础发展路线（见表13）

表 13 重要技术基础发展路线

技术基础名称	主要建设内容	建 设 目 标
电池管理系统（BMS）	发展新的电池管理系统技术对单体电池和电池模组进行全员管理	使单体电池、电池模组在过充、过放、跌落、挤压、热冲击等条件时保证电池安全，有效发挥电池性能，延长电池使用寿命

课题组成员名单

组长负责人：陈克复

副 组 长：胡 楠 邝旭卫

成   员：陈 坚 沈建芳 姚献平 卢庆国 廖小红

王敬忠 曹国庆 田 岩 刘铸红 夏吉瑞

周志平 张小军 陈 戟 王德明 王淑琴

田晓俊 刘 挺 石文鹏 祁 冰 徐 鸿

纺织强基
战略研究

第一章　现状分析

一、纺织工业强基的现状基础

（一）纺织工业的总体现状

改革开放之后，尤其是 21 世纪以来，我国纺织工业快速发展，已经拥有世界上规模最大、产业链最为完整的纺织工业体系，在国际上具有明显的比较优势。同时，在为国民经济增加积累、解决社会就业、改善人民生活水平、进行产业配套等诸多方面都发挥了重大作用，并且推动着"三农"问题的解决和城镇化水平的提高。

纺织工业是我国传统支柱产业和重要民生产业。2013 年，全国规模以上纺织企业主营业务收入占工业的比重达 6.20%，在东部沿海省份这一比重更是接近 10%；纺织品服装出口额占全国出口总额的比重为 13.22%；全行业就业人数约 2200 万人，涉及全产业链的就业人数接近 1 亿人。作为国民经济最重要的产业之一，纺织行业近年来坚持科学发展观，在行业发展速度、技术进步、质量效益、市场活力、融入全球化等方面都取得了显著成绩，也引起越来越广泛的关注。

第一，生产规模全球领先。2013 年，我国纤维加工量达 4850 万吨，占全球纤维加工总量比重约 50%。我国化学纤维、棉纺织、毛纺织、丝绸纺织、服装等生产能力居全球第一；行业主要产品如化学纤维、棉纱、棉布、印染布、丝织品、服装等产量也居全球第一。另据我国海关数据显示，到 2013 年，我国纺织品服装出口额达 2920 亿美元，占全球纺织品服装贸易比例超过 35%。

第二，技术进步效果明显。国际国内先进装备得到广泛应用，行业重点大型成套装备的关键技术、自动化、智能化、数字化、高效性能等有了突破，替代国际先进水平的能力逐步提高。技术的进步极大推动了全行业生产效率的提升，据测算，2012 年我国纺织行业劳动生产率（按工业总产值计算）为 57.77 万元/年，已是 2000 年纺织行业劳动生产率的近 5 倍。

第三，质量效益持续提升。2012 年，行业规模以上企业的利税总额、利润总额分别达到 4668 亿元和 3015 亿元，分别是 2000 年的 7.8 倍和 10.2 倍，复合年均增长率分别为 18.7%和 21.4%。同时，行业管理水平和企业盈利能力得到不断提升。2012 年，规模以上纺织企业三费比例为 6.26%，表明行业管理水平持续提升。2012 年，规模以上纺织企业总资产贡献率 14.69%，比 2000 年（7.82%）提高了 6.87 个百分点，总资产周转率 1.56 次/年，比 2000 年 0.85 次/年加快了 83.5%，表明行业资产使用效率明显提升。

第四，结构调整不断优化。进入 21 世纪以来，我国纺织行业在区域结构调整方面持续推进。东部地区在产业转移的大格局中，积极优化提升产业附加值，构造新的发展提升空间。而中西部地区在承接转移、完善产业链、发展特色产业方面也成效显著。国家统计局数据显示，2012 年，我国东部地区纺织工业实际完成固定资产投资额占全国的比重为 55.2%，较 2000 年的投资占比（68.7%）下降了 13.5 个百分点。

第五，集群经济生机勃勃。改革开放之后，在我国东部沿海地区开始涌现出一批以县镇区域为依托、中小民营企业为主体、纺织经济占主导的纺织产业集群地区。截至目前，被中国纺织工业联合会授牌的纺织产业特色集群就有 190 多家，这些产业集群的纺织销售收入占全国纺织销售收入的 40%以上，纺织品服装出口占全国纺织品服装出口的 20%以上，是我国纺织工业的重要生力军。

（二）我国纺织工业科技发展的基础现状

2000 年以来，我国纺织工业就已经将加快科技进步作为推动行业结构调整和产业升级的重要支撑，积极贯彻落实"十一五"和"十二五"《纺织工业科技进步纲要》，围绕关键技术和先进适用技术，在纤维材料、纺织、染整、产业用纺织品、纺织装备、信息化应用等领域取得了明显成绩，带动了行业整体科技水平的提升。

第一，纤维材料技术研发取得明显成效。天然纤维中，棉纤维抗虫转基因品种已在全国推广，棉纤维大容量快速全面检验也开始实施。蚕丝维持了国际先进的基础。多种麻韧皮纤维复合（生物、化学、物理）脱胶技术取得了进展。化纤纤维中差别化、功能化化纤产品技术取得突破，差别化率不断提高。生物质纤维材料开发取得进展，丰富和提高了原料资源及品质。高性能纤维材料加工技术进一步提高，一批纤维产业化技术取得突破。化纤装备技术国产化水平提高。

第二，纺织加工技术和产品开发水平进一步提升。集聚纺系统及关键技术、高效短流程嵌入式复合纺纱技术，以及连续化、自动化、高速化新型纺织装备的广泛应用，使纺织产品的纱支、品质、品种有了质的飞跃。超高支纯棉、苎麻、羊毛面料加工关键技术等的研发及产业化应用，提升了天然纤维面料加工技术水平，大大提高了产品档次和附加值，满足了高端纺织品的市场需求。

第三，节能减排技术取得新成效。替代聚乙烯醇（PVA）的新型改性淀粉浆料开发及推广应用，从源头上减少了印染污染。棉冷轧堆染色关键技术、织物变性涂料连续染色新技术、冷转移印花技术、纺织品低温快速前处理关键技术、纺织印染废水微波无极紫外光催化氧化分质处理回用技术、印染废水大通量膜处理及回用技术、蜡染行业资源循环利用集成技术与装置等一批关键技术获得突破和产业化应用。

第四，产业用纺织品技术及产品开发迅猛。碳/碳复合材料工艺技术装备、凝胶纺高强高模聚乙烯纤维及其连续无纬布的制备技术、半刚性玻璃纤维网隔经编工艺及装备、高性能三维编织复合材料构件技术及装备等的研发成功及产业化应用，以及静电纺纳米纤维细化和宏量制造关键技术的突破、研发，大大拓展了新兴纺织品及其应用领域。

第五，纺织装备技术和制造水平不断提升。纺织关键装备研发和产业化攻关取得进展，纺织装备向着智能化、模块化、网络化、系统化方向发展。国产纺织机械国内市场份额达到 70% 以上，纺织企业 1/3 的装备达到国际先进水平。

第六，纺织产业两化融合水平进一步提升。纺织品印花调浆的全自动电脑调浆系统，纺织品数码喷印系统，棉纺设备网络监控系统，纺织服装生产数据在线采集与智能化现场管理系统，集数字化、信息化、工业化于一体的 RCMTM 定制平台等技术和系统的成功研发和产业化应用，以及纺织企业信息化示范工程、中国纺织行业公共信息平台建设、纺织产业预警平台建设等一系列重点信息化工程建设项目的建设，大大推进了纺织产业的信息化与工业化的两化融合。

第七，标准化建设取得新进展。自"十一五"以来，纺织行业积极制定、修订完善各项行业标准，归口标准总数达到 1900 余项，全面覆盖服装、家用、产业用三大应用领域及纺织装备，纺织品安全、生态纺织品、功能性纺织品以及新型成套纺织装备等领域的标准制定和实施工作得到加强，标准体系进一步优化完善，有 13 项标准分别获得中国标准创新贡献奖和行业科学技术奖。

（三）我国纺织工业与发达国家之间存在的科技差距

我国纺织工业经历了多年的发展，已成为名副其实的世界纺织大国，上述的发展成绩也为我国迈向纺织强国奠定了坚实基础。但与此同时，我国要成为世界纺织强国仍然存在一定差距。与国际先进水平相比，我国纤维材料领域的差距主要体现在具备原创技术和自主知识产权的高技术纤维和新型纤维的研发和产业化水平较为落后；国际领先水平的工艺技术大部分在国内都已经得到应用，但应用比例仍然较低，覆盖面小，自主研发的工艺技术比重较小；装备技术与国际先进水平还有较大差距，我国碳纤维等高性能纤维生产与国际还有差距，纺机自动化、连续化、信息化和智能化水平还亟待提高，整机产品可靠性较差，专用件和配套件生产水平不高；信息技术在国内大多数纺织企业得到了不同程度的应用，但是应用的覆盖面低于国际先进水平，在企业管理层面的局部应用较多，在生产制造等领域的应用则不够深入，企业信息化的协同与集成应用水平偏低，我国具有自主知识产权的行业信息化应用技术与产品和国际先进水平相比还存在一定差距；品牌建设刚起步尚未形成完整体系，质量、创新、快速反应和社会责任四位一体的品牌价值体系尚未完全建立，尚需营造适合自主品牌发展的品牌生态环境，技术环境、文化环境和商业环境等有待继续改善，国内的品牌消费习惯还需要引导，纺织产业的集中度较低也不利于行业品牌建设。

二、纺织基础材料现状

（一）纺织基础材料产业基本情况

纺织基础材料是纺织工业发展的基石，我国当前纺织基础材料中化学纤维的产业水平基本达到国际先进，较好地满足了纺织工业快速发展对纺织基础材料的需求。天然纤维方面供应基本平稳，但棉纤维、毛纤维、麻纤维等天然纤维的品质都存在有所下降的情况。

1. 化纤产业规模平稳增长、结构不断优化

截至 2013 年，我国化纤产量 4122 万吨，年均复合增长率达到 12.5%，占全球化纤产量的比重达 67.7%，纤维差别化率由 2003 年的 28% 提高到 2013 年的 55%，化纤产品的品种更加丰富，质量和附加值持续提高，其中高性能化学纤维的生产几乎覆盖了所有品种，总产能达到 7.2 万吨，高性能纤维总体达到国际先进水平，生物基化学纤维作为国家战略

性新型产业的重要组成部分，得到了快速发展，对于替代石化资源，形成新的绿色经济增长点，实现化纤工业的可持续发展，具有重要的战略意义。三大终端产品（服装：家纺：产业用）纤维消费量的比例由"十一五"期间的 51∶29∶20 调整为 2013 年的 48∶29∶23，产业用纺织品应用领域不断扩大，化纤在纺织原料中的比重由"十一五"末的 70% 达到 2013 年的 80% 以上，基本满足了纺织工业对纺织基础材料快速增长的需求。

2. 天然纤维应用稳步增长、应用技术不断提高

棉花、羊毛、桑蚕丝和麻纤维这些天然纤维仍然是纺织材料中的重要组成部分，2013年天然纤维消费量为 948 万吨，占纤维加工总量的比重为 19.5%，其中比重最大的是棉花，为 810 万吨。适应纺织产品不断升级的要求，天然纤维的生产和加工技术也有所进步，棉纤维正在由手工分散种植向集约化机械种植、收摘转变，极具中国特色的苎麻纤维、桑蚕丝的品质和效率提升也得到重视。

3. 创新能力明显增强、产品品质得到提升

化学纤维中，多项高新技术取得实质性突破，一批自主研发的科技成果和先进装备在行业中得到广泛应用。碳纤维 T300、芳纶 1313、芳砜纶、超高分子量聚乙烯、聚苯硫醚和玄武岩等高性能纤维实现产业化突破，全行业有 20 多项科技成果获得国家科学技术奖。技术装备更新速度加快，落后产能在市场机制作用下逐步退出，全行业工艺技术装备水平和生产效率稳步提高。品牌创新能力不断增强，已形成具有国际影响力的品牌 10 多个，年销售收入超过百亿元的品牌企业 50 多家。

4. 节能减排和循环利用再上新台阶

一批节能减排和资源循环利用新技术在全行业得到广泛应用。差别化直纺和新型纺丝冷却技术在化纤行业开始推广，废水余热回收、中水回用、丝光淡碱回收等资源综合利用技术在行业中推广应用比例超过半数，纺织基础材料再利用开发技术不断升级，以可再生、可降解的竹浆粕、麻秆浆粕为原料的粘胶纤维实现产业化生产。

（二）纺织基础材料领域存在的不足和原因

我国的化纤产业在取得巨大进步的同时，与发达国家相比在一定范围内仍有差距，高新纤维的号型系列化和品质有待提升，常规纤维的差别化及功能化有待丰富，技术和工艺

的稳定性有待改善，核心技术与装备的国产化与技术升级方面有待加强。生产线的清洁生产水平还较低，单体与副产物的回收利用率低，大容量、低温短流程等节能减排技术的开发和应用程度不高，高性能纤维的高品质低成本化水平亟待提升等。

1．纺织基础材料产业起步较晚，自主创新能力重视不足

纺织基础材料领域的企业对创新能力提升重视不够，普遍缺乏核心技术、知识产权和自主品牌，一些新兴产业的专利和核心技术仍由发达国家掌握，关键设备还需进口。虽然T300级碳纤维实现了产业化规模，T700级高强碳纤维突破了千吨级工程化技术，但T800级及高强中模和高强高模（M40J）碳纤维品种的工程化技术仍需攻克，更高端的T1000级高强中模和高强高模（M55J、M60J 及 M70J）碳纤维品种的制备关键技术尚待研究与突破。

2．配套基础支撑体系不完善，共性技术服务能力有待加强

目前我国纺织基础材料产业领域统一的设计规范、材料标准和工艺质量控制规范尚不完善。我国是化学纤维生产大国，但所涉及的数千种材料一直处于分散状态，未形成相关数据库和检测标准体系，制约了纺织基础材料产业的发展。另外，我国材料产业共性技术的服务能力还比较欠缺。新材料研发资源主要分布在大学、研究院所和少数企业，由于相互衔接关系不强以及长期存在的部门条块分割问题，材料产品的研发、产业化和商业化脱节，共性技术研发滞后，成果转化率不高，产能难于释放，创新产业链有待进一步完善。

3．天然纤维原料品质存在不断下降的趋势

天然纤维新品种培育中，存在重视提高产量而忽视纤维品质的现象。近 10 年棉花转基因抗虫棉花品种全面推广，在提高了单产的同时也使棉纤维变粗。我国特色纤维苎麻也存在纤维较粗现象，细纤维品种因为产量偏低而被淘汰，同时脱胶污水处理技术尚未完全解决。毛纤维生产中因为羊肉价格上涨快，纤维品质被忽视，不仅显著变粗而且净毛率下降快。茧丝方面也是茧层变薄、茧丝变粗和长度变短。

三、纺织基础零部件现状

（一）纺织基础零部件产业基本情况

经过几十年的发展，我国纺织基础零部件产业年产值约 60 亿元，有生产企业 2000 多家，从化学纤维生产到纺纱、织造、染整所需的多种纺织器材和纺织机械的配套件品种齐全，可以做到为主机配套服务，为纺织化纤企业维持再生产服务，一批名牌产品在国内市场占有率都在 30%以上，部分产品达到国内市场占有率 70%，已经有数十家专用基础件生产企业拥有自己的技术专利。尽管如此，大部分国产纺织基础零部件在世界上属中低档产品，欧洲和日本的产品占据高端，主要原因在于产品性能、质量、原材料（合金钢材等）和技术水平上有差异，虽然国产纺织机械专用基础件有价格优势，但高性能纺织机械配套的专用基础件大部分还是依赖进口，并有逐年递增之势。例如，纺织厂高端纺纱设备用的钢丝圈 90%以上都是用进口的，高速大圆机织针、印染导带等基本依靠进口。

（二）与工业发达国家对比存在的差距

1. 专用基础件原材料质量不稳定

纺织机械专用基础件所用金属等原料涉及的种类多，对材质的要求高，由于纺织专件企业小，金属原材料用量少，相关原材料企业往往忽视对纺织器材用料的研发和生产，造成国内原材料的供应品种缺失、渠道多且杂，质量不稳定。

2. 产品寿命与质量水平不高

国产纺织机械专用基础件与国际著名企业的同类产品相比，在技术水平、使用寿命和产品质量方面差距明显。大部分生产企业设备简陋，单台单机，没有先进的分析与测试手段，没有自动化、连续化、机电一体化程度高的制造装备。制造工艺离散、间断，造成国产纺织零部件质量一致性差、寿命短。

3．产品附加值偏低

由于在寿命等方面与高质量的产品存在不小差距，使得国产基础件的附加值偏低，价格水平低，企业利润薄。出口产品的价格相对较低，再加上原材料价格不断上涨，使多数纺织基础件产品的出口收益较低。

（三）发展滞后的原因分析

1．技术自主创新能力不足

与发达国家相比，我国的纺织机械专用基础件在原始创新能力、集成创新能力和引进消化吸收再创新能力上存在较大差距，对材料、金属加工、热处理及动力学理论等方面的基础理论研究也较少。我国多数是国外产品技术的转让和模仿，引进技术、消化吸收和二次开发能力较弱。产学研创新和推广应用平台尚未成形，企业与大学、研究院所的结合，大部分都是短期行为，没有建立长期或永久性的合作关系，使得关键技术难以突破。

2．工艺及工艺装备落后

虽然有个别企业采用了新的工艺、新的装备，但大多数企业还是采用非常陈旧的工艺与设备。生产长期采用分散工序、简式结构的机床，造成生产流程长，工件上下装拆次数多，定位基准变更多和人为因素多，而使加工质量不稳定。多数企业热处理仍处于20世纪60年代水平，先进的可控气氛热处理工艺不普及，新型淬火介质应用较少，除控制炉温外，很少控制炉气、碳势等。除气相沉积和真空炉外，具有先进控制技术的热处理设备应用少。表面处理技术差距明显，虽然个别企业投入大量资金进口了先进设备，但大多数企业还是沿用常规工艺，先进设备的提升效果不明显。

3．检测技术落后

加工过程中主动测量（在线测量）技术在国外的基础件生产中应用较多，这样既保证了质量，又提高了劳动生产率，而国内基础件生产中仍然较大量地使用极限量规和下机测量，而且一般只注重尺寸精度和形位公差的检测，却忽视了产品性能和内在质量的检测，有些测试手段还是空白。

4. 行业集中度较低

纺织机械专用基础件行业缺少龙头企业，行业集中度较低，业内价格竞争激烈，从而导致纺织机械专用基础件产品市场混乱。众多纺织基础件制造企业生产中低档同类产品，效益下降，资源浪费，创新无力。纺织机械专用基础件的生产企业大都是中小企业，人才缺乏，技术水平有限。在我国专用基础件通常作为主机的配角出现，制造企业和用户均重主机，轻配件。

四、纺织基础工艺现状

（一）纺织基础工艺基本情况

纺织行业基础工艺涉及化纤、纺纱、织造、印染、服装和家用纺织品织造、产业用纺织品织造等全产业链上的各环节，围绕不断提高生产效率、丰富产品品种、提高产品质量、提高节能减排水平，自动化、连续化和高速化技术的研发和产业化不断深入。集聚纺系统及关键技术、高效短流程嵌入式复合纺纱技术的应用，使纺织产品的纱支、品种、质量大幅提升。超高支纯棉、苎麻、羊毛面料加工关键技术等的研发及产业化应用，提升了天然纤维面料加工技术水平，满足了高端纺织品的市场需求。一批节能减排技术取得突破，对纺织行业实施清洁生产起到了很好的示范作用。产业用纺织品技工技术发展迅速，碳/碳复合材料工艺技术装备、凝胶纺高强高模聚乙烯纤维及其连续无纬布的制备技术、半刚性玻璃纤维网隔经编工艺及装备、高性能三维编织复合材料构件技术及装备等的研发和产业化应用，以及静电纺纳米纤维细化和宏量制造关键技术的突破，大大拓展了新兴纺织品及其应用领域。

（二）重点纺织基础工艺现状

1. 新一代仿棉聚酯纤维连续聚合直接纺丝工艺

以聚酯、聚酰胺为代表的合成纤维 2013 年产量达到 3731 万吨，其中以高品质、高功能、低能耗和低排放为特征的新一代合成纤维占比约 10%。新一代聚酯仿棉纤维不是一个单一品种，而是一个由不同性能和功能纤维组成的体系，其纤维的共性特征是基于高品质、高功能的亲水性和棉织物的触感和外观，并具有吸湿速干、常压染色、抗起球、抗紫外、抗菌、阻燃等针对不同用途的特定功能。

我国新一代合成纤维基础工艺的核心技术和设备水平落后于日本、德国等发达国家，添加分散与稳定系统、大容量聚合反应器、单体与副产物高效率低能耗回收等关键工艺需要加快自主创新；关键设备和控制系统的设计缺乏深入的工艺试验、在线检测手段和数值计算基础，工艺技术的精密化、高速化和可控性与发达国家相比有明显差距；工业化生产线的清洁生产水平较低。

2. 新一代锦纶（PA6）连续聚合纺丝工艺

锦纶凭借诸多优良特性，被广泛应用于服装面料、产业用丝、装饰地毯用丝和军工特品等领域。近年来，我国锦纶产业快速发展，2013 年我国锦纶纤维产量达到 211 万吨，约占世界总产量的 40%。目前，民用纤维部分多采用进口装备，工业丝生产以国产化设备为主，质量可达到国际先进水平，但产品的差别化、功能化以及产品附加值还需进一步提高。

虽然锦纶纺丝的国产化步伐越来越快，但在部分关键装置上工业发达国家仍然具有优势地位，如 PA6 阴离子聚合的工艺配方已初步满足工业生产要求，但在匀化、聚合、脱单三个关键环节开发新型高效设备的技术仍有待提高，PA6 阴离子聚合尚未在工程塑料和纺丝领域产业化。

3. 工业高温烟尘精细过滤用纺织品加工技术

高温过滤用纺织品可实现高精度过滤（排放物浓度可达 $10mg/m^3$ 以下），减少排放物中微细颗粒物含量。近年来，袋式除尘用纤维、滤料、配件和自动控制的技术水平都得到了长足发展，耐高温、耐腐蚀特种纤维的研发和生产取得突破，高端纤维的国产化带动了国产高端滤料的快速发展。2012 年，袋式除尘市场总产值约 146 亿元，其中纤维滤料相关总产值约 43 亿元，折合产量约 4300 万平方米。

目前，国内产品的过滤效率达到 99.99%，其中 PM2.5 颗粒过滤效率达到 90%以上，使用寿命可以达到 4 年以上，运行阻力 800～1000Pa，基本满足使用要求。我国滤料产品的生产加工接近国际先进水平，但整体质量稳定性与国际先进产品尚有差距，应加强滤料结构与工况环境、安装运行之间关系的研究，提高滤料及纤维材料的质量稳定性。

4. 高强聚酯长丝胎基布生产工艺

聚酯长丝纺粘针刺胎基布是迄今为止国际公认的性能最佳的改性沥青防水卷材胎体。因其具备强力高、延伸率大、热稳定性好、耐老化、抗蠕变等特性，赋予了防水卷材优异的使用性能。根据中国建筑防水协会统计，2010 年防水材料总产量达到 103100 万平方米，其中新型防水材料占比达到 86.99%。

目前，我国现有的涤纶纺粘针刺非织造布的生产设备和产品水平还不高，品种单调，产品的强力和均匀性、干热收缩率和稳定性还有待提高，一般只能用作土工布，部分企业采用进口生产线生产的涤纶纺粘针刺非织造布产品可以用作胎基布。

5. 低耗集聚纺高品质纱线生产工艺

集聚纺是 21 世纪环锭纺纱领域最重要的技术革命，是目前高端纱线生产广泛采用的技术方法，使毛羽减少、单纱强力提高、条干 CV 降低、纱线耐磨性提高，大幅度提高成纱质量。2013 年，我国约有集聚纺规模近 2000 万锭，是 2010 年的 4 倍，在全行业的普及率不到 20%，预计未来将以更快的速度增长。

集聚纺技术进入我国已有 10 多年，国内很多纺机企业已推出了自己的集聚纺装置，在环锭细纱机集聚纺改造技术、适用于中低支纱的低耗罗拉型集聚纺系统、适用于 100～200S 高支纱的四罗拉四皮圈结构超大牵伸设计等方面取得突破性进展。但国内主流的集聚纺系统还存在两个方面的瓶颈，即高效的高支集聚纺配套基础工艺研究和高效低耗对中细支纱具有普遍使用性的集聚纺技术研究。

6. 纯毛超高支面料纺纱工艺

近年，我国精梳毛纺在研究开发超高支面料方面有了突破性进展并有成果，如 PVA 伴纺、集成纺纱、嵌入式纺纱等。目前我国纯毛超高支纺纱主要有两种方式，一种是采用传统纺纱，可以纺纱 120Nm/2 以上，纺纱应用量占超高支面料总量的 70%～80%。另一种是采用高效短流程嵌入式复合纺纱新技术，纺纱支数定位在 200Nm/2 以上，目前已在有技术实力的企业应用，生产的超高支面料占总量的 20%～30%。

嵌入式复合纺纱新技术是我国首创，研制了"嵌入式系统定位新型纺纱技术"，由于时间短，与国外的赛络纺、赛洛菲尔纺、集聚纺纱新技术相比较应用推广面较小。而且国外在细羊毛超高支纺纱技术、新型纺纱技术应用、轻薄面料的研发方面经验积累多，特别是在关键工艺参数、产品设计理念以及染织后整理技术方面有较深入的研究。

7．麻纤维生物脱胶清洁生产工艺

苎麻、亚麻、无毒大麻（汉麻）和黄麻纤维在纺纱织布前都需要进行脱胶处理，尤其是苎麻纤维，每年需要进行脱胶处理的麻纤维有 25～35 万吨。经过生物脱胶处理后的麻纤维优于化学脱胶，具有更好的品质，纤维损伤少、纤维分离度高、纤维中木质素及胶质处理率较高、残留杂质少。经过生物脱胶处理后麻纤维的束纤维断裂强度≥4.5cN/dtex，精干麻残胶率≤2%，纤维制成率可提高 4%。

目前，已有麻纺企业与科研院校联合研究开发生物脱胶的关键技术，并取得一定效果。通过对生物酶、生物菌脱胶技术的研究，对生物酶及生物菌的培养技术，脱胶工艺流程改造，脱胶设备（煮炼锅、水洗设备等）、脱胶工艺参数等有所创新。苎麻纤维生物脱胶清洁生产技术是我国首创的，但还存在脱胶速率慢、同一批次中脱胶不均匀、不同批次之间品质不稳定、现有的生物脱胶技术适用性受限等问题。

8．鲜茧缫丝工艺

传统的蚕丝加工是将蚕茧进行高温（100℃以上）长时间（6～8h）烘干、杀蛹，干茧经高温蒸汽、高温热水煮茧后，进行缫丝。目前，在广西、广东、浙江、江苏、四川、山东等地已有众多缫丝企业采用鲜茧不烘干、无煮茧直接缫丝生产鲜茧生丝（以下简称为"鲜茧丝"），合计年产鲜茧丝达 1 万吨左右，约占年产生丝的 8%。从节约成本和环保方面，鲜茧缫丝都优于干茧缫丝。

鲜茧丝与干茧丝因受热处理、加工工艺等的不同，其性能存在差异，现有鲜茧丝在织造时的品质还略差于干茧丝，主要是鲜蚕丝的抱合力略低，使织造断头多、易起毛、丝胶粉末脱落、染色性能差等。

9．原液着色涤纶长丝机织物配色工艺

2013 年我国年产化纤长丝织物 400 多亿米，比 2010 年提高了 33.3%。2010 年原液着色长丝机织物在研制阶段并小试，没有形成大批量生产，而到 2013 年原液着色长丝机织物已经占全部长丝织物的 8%左右。直接采用原液着色涤纶长丝进行织造，可解决白坯布染整后的弹性不均、颜色不均、色牢度低、污水处理和加工费高等问题，有利于节能减排和保护环境。

目前由于色谱不太齐，使原液着色织物的色彩灵活性较白坯布染色低。在颜色管理方面，还缺乏与原液着色相适应的标准体系。还需要有适用从长丝织造到面料生产再到纺织

品设计的对色标准,同时加强原液着色长丝与面料开发的上下游联系,不断提高原液着色长丝色织技术的发展。

10．针织物平幅连续化冷轧堆前处理和染色技术

近几年针织行业发展迅速,2013 年的纤维加工量占纺织行业纤维加工量的 1/3,达到 1300 万吨,其中染色织物(包括漂白及色织织物)占 77%,达 1000 万吨,印花面料占比 10%,达 130 万吨。传统针织面料加工设备以溢流染机为主,其耗水量大,织物表面擦伤较重,布面质量不稳定,产品难以获得均匀一致的效果,不能满足高档针织面料印花及冷堆工艺的加工要求。近几年国内外先进针织染整设备生产制造商纷纷开发推出针织平幅连续式工艺技术及设备,有效解决了上述问题。目前我国已建成该生产线 15 条(包括针织平幅连续煮漂联合机组及冷轧堆染色机组全套生产线),其中国产线只有 3 条。

针织物连续平幅前处理技术有效解决了针织物冷轧堆染色对前处理质量均匀性要求,配合平幅冷轧堆染色方式,节能减排的效果明显。国内该技术的应用处于起步阶段,对染整工艺的基础理论研究仍然不足,设备对工艺的兼容性和可操作性不强。

11．超临界二氧化碳染色技术

超临界二氧化碳染色工艺是将染色系统中的液态二氧化碳,经增温增压至超临界流体状态。由循环泵使二氧化碳不断循环往复于染色罐和染料罐之间,边溶解染料边为织物上染,对涤纶纤维和某些高性能特殊纤维的上色效果尤其好。基本消除了传统水染色工艺的主要缺点,其优点主要是染色时间短,无助剂,能耗低,染料、介质可回收,染色废弃物少。与传统染色法相比,可节约能量达 20%以上,染色速度比水浴快 3~6 倍,整个加工时间可缩短 1~2h。基本实现"零"排放,不仅环保而且高效。

德国、美国、日本和中国等国相继进行了超临界流体染色技术的研究开发工作,我国超临界 CO_2 染色的系统研究始于 21 世纪初,目前工艺研究处于中试阶段。超临界 CO_2 流体染色技术是一个涉及纺织、化学、材料、机械、力学等多个学科领域的系统工程,需要政府组织和政策支持统筹研发及产业化的推进。

(三)纺织基础工艺存在的差距

1．领先的原创技术开发程度不足

长期以来纺织行业的先进工艺技术主要由欧洲、日本、美国等发达国家研发和控制,

我国以追随和模仿为主，我国原创并拥有自主知识产权的先进工艺技术数量较少。随着我国产业规模的扩大，在棉纺织、化纤、丝绸、麻纺织、毛纺织、染整等领域规模均超过全球的一半，发达国家由于产业转型纺织产业规模越来越小，技术研发的力量也在缩小，靠追随和模仿发达国家的技术已经不能支撑我国纺织工业的技术进步。因此，发展领先的原创技术是我国由纺织大国向纺织强国转变的必然要求，也是保持全球纺织产业不断进步和提升的必然要求。

2．先进工艺技术在中小企业的应用面仍需扩大

行业技术升级主要集中在具有较好资金条件的骨干企业，由于缺少行业性的技术推广机制和平台，先进工艺技术在广大小企业中的推广应用面仍急需继续扩大。如已经推广多年的无梭织机、自动络筒机等先进装备在棉纺行业中占有率仍不足 60%；具有突出节能减排效果的冷轧堆染色、小浴比间歇式染色、数码印花、冷转移印花等印染新技术的推广应用面仅有 5%～10%。

3．先进装备和先进工艺的结合不够紧密

纺织企业在技术改造中非常重视引进先进设备，但对先进设备的应用开发不够，经常是一流的设备生产常规化的产品，高额的设备投入主要带来效率的提高，在产品深度开发和附加值的提高上仍然力度不够。根据消费者需求以及时尚化和功能化的发展趋势，重视通过工艺的进步来实现产品的进步和升级。

五、纺织产业技术基础现状

（一）我国纺织产业技术基础现状

1．一批共性技术研究与公共服务平台取得较大工作进展

"十二五"以来，全行业新增国家级企业技术中心 10 家，达到 43 家，国家创新型企业 2 家，国家技术创新示范企业 11 家，7 项科技成果获国家科学技术奖，296 项科技成果

获中国纺织工业联合会科学技术奖。制修订完成并发布实施了 360 项标准（包括国标 53 项、行标 307 项）。截至 2014 年 7 月，共分五批确认和公布的 267 个国家新型工业化产业示范基地中纺织行业共有 10 个。2012 年工业和信息化部批复并支持的工业转型升级公共服务平台共 34 个，其中纺织行业 2 个。纺织行业的国家工程研究中心、国家工程技术研究中心、国家重点实验室等国家级纺织科技创新机构，积极开展了一系列基础性和前瞻性研究。新一代纺织设备、化纤产业、产业用纺织品等一批技术创新联盟逐步建立，初步发挥产学研用联合创新作用。纤维材料、先进纺纱织造、产业用纺织品、新型染整、节能减排等领域的基础研究和产业化应用，取得了一批阶段性科研成果。

2．纺织企业普遍增加科技创新投入

据国家统计局、科技部、财政部联合发布的《2013 年全国科技经费投入统计公报》，我国纺织产业规模以上工业企业（包括化学纤维制造业、纺织业、纺织服装服饰业）2013 年 R&D 经费投入达到 294.6 亿元，同比增长 14.6%。

3．产业技术人才培养稳步进行

目前，全国有近 90 所大学或高等职业学校、高等专科学校设有纺织类学科专业，培养纺织行业需要的专业人才，其中 25 所高校布局和设置了硕士以上学位点，5 所高校布局和设置了纺织科学与工程学科一级学科博士点，1 所高校拥有纺织科学与工程一级学科国家重点学科，每年纺织类专业大学及以上毕业生约 2 万名，为纺织行业持续发展提供了人才资源支撑。

4．广大纺织产业集群地积极搭建公共服务平台

随着形势的发展和实际需要，现在开展的公共服务内容丰富，包括设计创意、产品开发、质量检测、职业培训、人才培养、信息化、电子商务、物流、融资担保、专利保护、媒体宣传、大赛展会、品牌培育、指数发布等。这些公共服务的实施，为产业集群地区的提升创造了有利的条件，打下了良好的基础。

5．纺织产品质量管理取得进步

当前纺织行业质量工作取得长足进展，质量标准体系不断完善，先进标准达到 1500 多项。纺织企业更加重视质量管理，生产管理、营销反馈等全程质量管理体系不断完善。

更多企业采用了 ISO9001：2000 质量管理体系、5S 现场管理、卓越绩效模式以及六西格玛管理等先进管理标准。第三方检测机构、行业强制性标准等确保质量可信度提升。

（二）我国纺织产业技术基础的主要问题

1. 共性技术创新服务平台缺乏，协同创新能力弱

"十二五"以来，纺织产业虽在化纤、产业用、机械装备等某些细分领域的共性技术取得进展，但总体来看，共性技术创新平台依然缺乏，协同创新能力较弱。

其原因可以归结为五个方面。一是产业科技创新资源按隶属关系分散在高校、科研院所、大型企业中，由于传统的科研协作关系注重局部利益，对行业科技支撑是点状支持，难以形成针对行业整体的技术协作和集成。二是国家级创新主体数量少，资源分散，没有形成覆盖全产业链的国家级集成创新体系，特别是高技术纤维材料、高端装备关键技术供给缺乏。三是已建立的纺织产业技术联盟，还未形成产学研用紧密合作、解决行业共性难点问题的协同创新机制。四是同质化重复建设现象较为严重，先进技术推广和技术改造推进较慢。五是产学研用合作不够紧密、持久，从小试、中试到产业化循环推进的协作关系没有完全理顺，创新资源没有得到有效整合利用。

可以借鉴的是，在美国、日本、德国等发达国家，虽然中小企业是产业技术供给和产业化的主体，但企业数量多，技术创新能力强，以杜邦公司、帝人公司、巴斯夫公司为代表的大企业是产业重大核心技术供给和产业化主体，其共性技术创新平台发挥着不可替代的重要作用。

例如，美国国家纺织中心是产业技术基础（技术供给和技术服务）的主体，8 所主要涉及纺织科学的高校建立了研究财团（consortium），面向产业需求选择科研项目。国家纺织中心有三个目标之一——科研，就是针对现代美国纺织企业持续发展所需的新材料、材料制造及集成系统的科研、设计和开发。

德国与纺织相关的大学和研究机构 10 多个，以政府资助项目为主，进行跨学科、跨专业的前瞻性研究与新领域的开辟，如"蓝天"（基础）研究计划。德国四大学会——亥姆霍兹联合会（HGF）、马克斯•普朗克学会（MPG）、弗朗霍夫应用研究促进协会（FhG）和莱布尼茨科学联合会（WGL），都属非营利科研机构，下设有以纤维新材料为重点的研究所，通过与企业合作，为产业提供技术供给和技术服务。三家专业纺织科研机构——海恩斯坦研究院、登肯多夫国家纺织纤维研究院和图林根纺织塑料研究院（TITK），开展前瞻性应用研究，与企业合作密切，能够迅速将研究成果产业化。

大企业是日本产业技术供给和产业化的主体。东丽、帝人等大企业在新合纤领域基本

拥有除装备外的从纤维到纺织品较完整的技术创新链。企业设立有不同性质的研发中心和研究所，东丽、帝人等企业在海外设立有研究所，从事应用基础研究。同时，大学也为企业提供技术服务，联合进行项目研发、技术咨询服务。

2．科技投入不足，技术积累薄弱

产业技术基础供给主体对科技创新的投入不足，技术积累薄弱。其技术的可靠性、安全性提升和技术的持续性改进缺乏硬件条件和人才团队，力不从心，难以为行业提供国际领先的产业技术。在国内制造业 32 个行业中属于纺织行业的化学纤维制造、纺织、服装服饰业的年度 R&D 经费投入强度都低于 1%，而且纺织、服装服饰业的年度 R&D 经费投入强度排名居于制造业 32 个行业的中下游水平。

其原因可以归结为如下几个方面。一是现有的产业技术创新供给和产业化主体面临市场竞争等生存压力，不能集中精力开展关键核心技术研发，缺乏工程化试验基地，高端装备研发与生产工艺创新结合不够紧密。二是大多数中小企业为了维持现有的利益，创新意识不强，在生产过程中只是简单地模仿其他企业成果，有的甚至构成侵权。三是大部分企业内部的研发体系尚未建立或健全，个别企业刚刚开始建立研发体系，但面临资金投入不足、人才和技术积累薄弱的难题。

反观发达国家，维持研发投入的较高水平，并为技术基础供给主体提供高额且稳定的科研事业经费和科研项目经费。在美国、德国等工业发达国家，其研发投入大于 2.5%，企业平均研发投入占销售收入的比例也高达 2.4%。例如，德国四大学会每年研发经费预算达 70 亿欧元，欧瑞康、杜邦等公司研发投入占销售收入的比重超过 5%。

3．政策不完善，面向长远的创新动力不足

国家在纺织产业技术基础方面政策不够完善，不合理体制机制依然存在，产业技术基础供给主体面向长远的创新动力不足。同时，企业观望心态、担心风险等因素阻碍了技术推广。

其原因可以归结为如下几个方面。一是在市场竞争及企业利润的影响下，产业技术基础供给主体对未来技术的把握及新兴领域发展趋势的判断不明确，缺乏合理布局。二是面向产业技术创新的国家政策导向不明确，对产业技术重大创新支持的持续性、针对性不强，缺乏形成产学研紧密合作机制的政策引导和保障，先进工艺技术和清洁生产技术的推广缺乏政策支持。三是各类创新主体在行业科技创新中的地位、作用及相互间的协作关系没有完全理顺，制约纺织产业技术基础发展的体制机制等问题仍然较多。

发达国家在产业技术基础方面的体制机制、政策措施值得借鉴。美国国家纺织中心拥

有良好的政策环境，1993 年美国政府制定了 AMTEX（American Textile）纺织科技开发计划；强调政府的参与、指导及提供经费，加强政府与业界的合作、产学研之间的合作；推动高难度技术的解决，建立纺织成衣业的电子高速网络等，维持美国纺织工业技术创新的优势。

德国产业技术基础政策环境良好，政府通过项目计划和蓝天计划等，为创新直接提供支持；减免专职董事高于公司经理收入部分的个人所得税等，提高中小企业管理水平。政府积极扶持行业组织和企业，通过欧盟的纺织贸易协定对产业进行保护；不设立产地标示等规定，鼓励大宗产品生产外包，专注专业市场的高端技术和产品。德国政府通过年度工作报告对非营利科研机构进行监督，通过评估委员会定期对研究所和研究项目进行评估，尽力保障科研可持续发展的基地。

日本政府通过创造良好的外部环境降低交易成本，通过制度建设，促进高等院校与民间企业等开展协作研究、研究成果迅速转化为生产实用技术（推进科学技术制度、共同研究制度、新技术委托开发制度）；通过法律法规，保障了日本从事科技研发创新的个人和组织的权益，从而促进人们对创新研发的兴趣。（《科学技术基本法》等一系列法律，拥有号称"全世界最完善"的知识产权法律保障体系）。

4．产业技术基础方面的人才缺乏

产业技术基础方面的人才相对缺乏，导致基础理论研究和多学科综合研发能力薄弱。其原因可以归结为，一是人才队伍结构不合理，学术带头人紧缺；二是严重缺少高素质的科研、设计、管理人才和高水平的专业工程技术人才；三是相关高校的人才培养与实际应用结合不够紧密，产学研合作等人才培养机制尚未广泛形成；四是面向纺织企业提供人才培训服务的公共平台功能尚不健全。

工业发达国家和地区的先进经验值得借鉴，合理的人才管理机制是确保人才队伍凝聚和稳定发展的根本。通过国家立法，既保证了科技人才的合法权益，又在很大程度上为研究机构、大学的用人制度和队伍优化更新提供了有利的制度保障和政策环境。即通过一系列与人事管理有关的法律和政策，把科技人员的招聘、解雇、奖励、晋升等管理建立在客观公正和规范的程序上。

美国国家纺织中心三个目标中的另外两个即是教育和整合。通过人才培训，建立工业合作伙伴，创建确保创新技术应用的转移机制；通过项目组建跨专业的团队，人力资源、设备和设施实现共享以加强研究和教育。欧盟特别强调通过推动以培训为目的的跨国人才流动、专门技能开发以及知识转移，支持欧洲形成丰富的、世界一流的人力资源，并强调在欧盟层面推动这项行动的重大影响，采取的行动包括全面支持大学和研究机构、完善有关人员流动的管理机制、给予支持人才流动的国家和地区以及优秀人才以财政支持和奖励、支持高层次的研究队伍等，分配的经费则高达 18 亿欧元。德国与纺织相关的大学和研究机构的研发人员超过 2000 人，其中登肯多夫国家纺织纤维研究院是欧洲最大的纺织行业专业研究院，拥有超过 300 名的专职科研人员，是世界上唯一的研究领域覆盖了纺织行业产业链和价值链所有环节的专业研究院。台湾纺织综合研究所是台湾最重要的技术供给和服务主体，拥有研究人员 300 多名，涵盖从纤维到纺织品领域。

第二章　需求分析

一、纺织关键基础材料需求分析

经过近 30 年的高速发展，我国化纤工业开拓创新、与时俱进，不断推动行业技术进步，完成了大容量熔体直纺技术，化纤产能突飞猛进，已成为世界化纤大国。粘胶、涤纶、锦纶、腈纶、丙纶、维纶、氨纶等大类化纤品种齐全，差别化、功能化纤维制备技术世界领先；高强高模聚乙烯、碳纤维、芳纶等高性能纤维全面实现了产业化；生物基化学纤维及原料发展迅猛，为我国合成纤维石油替代战略打下了坚实基础；废旧纺织品回收、化纤再生循环利用，实现了化学纤维绿色革命，进一步推动了化纤工业的可持续发展。

至 2020 年，随着化纤产业的技术积累，我国的高新技术纤维、新型纤维等纺织关键基础材料都得到提升，有力地促进了产业转型升级和战略性新兴产业发展，为我国纺织强国建设起到重要支撑。

（一）高性能纤维需求分析

1．高性能聚丙烯腈基碳纤维

高性能聚丙烯腈基碳纤维是当前碳纤维系列的重要产品，具有重量轻、高强度、高模量、耐高温、耐腐蚀等多种特性。在传统领域，碳纤维可用于机械、汽车、压力容器、建筑、家电等行业；在新兴领域，可用于航空航天、风电、海洋工程等。国际碳纤维市场由日本和美国企业主导，日本企业约占全球碳纤维市场的 60%，美国企业约占 20%。美日企业除在全球碳纤维市场占垄断优势外，还掌控着碳纤维生产核心技术。近年来，我国碳纤维消费需求量增速较为稳定，其中体育休闲领域的碳纤维消费市场已经趋于饱和，未来发展速度将有所减缓,预计 2015—2020 年年均增长速度 4%~6%。我国碳纤维应用的重要、潜在市场以能源和工业用为主,未来市场的发展前景较好。预计到 2020 年,国内碳纤维总需求量将达到 22000 吨/年,未来碳纤维市场将出现稳定增长态势,年均增速将达 18.4%。

为满足航空航天等高科技领域的需要,我国与国外基本同步开始了聚丙烯腈基碳纤维的研制,目前 T300 级已经形成了规模化生产能力,T700 级已实现小批量供应,T800 级突破了研制的关键技术,为工程化中试奠定了技术基础。未来不仅要优化湿法纺丝制备技术,制备出良好的界面结构的原丝,利于碳纤维树脂基复合材料的形成;同时还优化低成本的干湿法纺丝技术,扩大在制备 T700 及 T800 等高性能碳纤维原丝中的应用;在碳纤维应用技术方面,加强对高性能碳纤维需经受编织、预浸、缠绕、拉挤技术的提升,促进碳纤维及其复合材料整体水平的提高。

2. 芳纶

芳纶纤维分为间位芳纶(1313)和对位芳纶(1414)两大品种。间位芳纶具有耐高温、本质阻燃、电绝缘、抗辐射、耐化学腐蚀等优良特性,广泛应用于军警安全防护服、高温环保滤材、工业安全防护服、高端电器绝缘材料、飞机及高速列车受力件、产业用纺织品等领域。对位芳纶具有高强度、高模量、耐高温、耐酸耐碱等优异性能,广泛应用于个体防护材料、先进复合材料、增强材料和摩擦密封材料。此外,对位芳纶还是火箭、导弹、战斗机、作战装甲、海军舰船等尖端武器装备的重要基础材料。基于芳纶纤维的优异性能,我国芳纶纤维需求量不断增加,未来几年,对芳纶的市场需求量还将持续增高,预计到 2020 年,国内间位芳纶需求将达到 1.5 万吨,年平均增速为 13%;对位芳纶需求量将达到 2.4 万吨,年平均增速可达 15%。

通过共聚改性提高芳纶的性能,改善加工生产条件和降低纤维生产成本;通过表面改性处理、混杂纤维及新型成型技术使芳纶适应各种用途,提高使用性能,降低应用成本。对位芳纶纤维要实现技术突破,重点是实现连续稳定的聚合工艺,实现连续稳定纺丝,生产过程实现全信息化,实现单线千吨级对位芳纶纤维生产能力及系列化制品配套。

3. 聚苯硫醚纤维(PPS)

聚苯硫醚纤维是由纤维级聚苯硫醚树脂采用熔融纺丝方法加工而成的一种新型特种高性能纤维,具有较好的阻燃性、耐化学腐蚀性、电绝缘性、良好的加工性能等,其主要用于工业燃煤锅炉过滤袋材料、气液过滤、电子工业专用纸、造纸机用布、电解隔膜、电绝缘体、防雾材料等。

由于国家大力推动新兴产业，相关环保措施带动了聚苯硫醚纤维需求。国内聚苯硫醚纤维的最大应用就是用于袋式除尘过滤材料，以减少如燃煤电站、水泥厂、垃圾焚烧场等灰尘的排放量。目前国内火电行业利用袋式除尘比例还不到10%，预计在排放标准日趋严格、执行力度不断加大的背景下，到2020年过滤袋应用领域对聚苯硫醚纤维的需求将达到2.2万吨。

聚苯硫醚纤维要实现技术上的突破，重点要在优化纺丝生产工艺、纤维产品的开发、改性纤维的研发着手。良好的纺丝工艺条件是稳定生产PPS纤维的基础，由于PPS树脂的熔程短，导致其纺丝温度范围窄，纺丝温度的变化对其可纺性影响很大。经熔融纺丝形成的初生纤维，须通过牵伸使纤维具有稳定的结构和一定的物理-机械性能。在纤维产品开发上，目前国产PPS纤维的品种仍然比较单一，以圆形截面、线密度为2.2~2.7dtex的PPS短纤维居多，下一步的工作重点是加快PPS纤维向超细、异形、改性、复合型等方面的研发应用。在PPS纤维的改性上，开发抗氧化PPS纤维，提高PPS纤维的综合使用性能。

4. 玄武岩纤维（CBF）

玄武岩纤维是玄武岩石料在1450~1500℃熔融后，通过拉丝漏板高速拉制而成的连续纤维，其性能介于高强度S玻璃纤维和无碱E玻璃纤维之间，具有良好的热稳定性、电绝缘性、抗腐蚀、抗燃烧、耐高温等优异性能，能够应用于国防建设、摩擦材料、交通运输、造船材料、建筑、隔热材料、汽车行业、石油化工、环保、电子、航空、航天等领域。

玄武岩纤维具有高性价比和低碳绿色特点，玄武岩纤维及其复合材料是优异的绿色建材（短切纤维、外墙外防火保温板、复合筋、土工格栅等），尤其在交通基础设施领域的应用前景广阔，其应用量将会占国内玄武岩纤维总量的50%以上。预计到2020年，全国玄武岩纤维的总销售量将超过2万吨。

玄武岩纤维技术发展重点解决800~1200孔拉丝漏板的生产技术，发展全电熔池窑年产3000吨电熔池窑装备稳定生产的技术及装备，发展玄武岩熔融拉丝的组合炉和窑炉的设备设计和生产工艺技术，连续玄武岩纤维的特种浸润剂研制、规模化生产的自动化控制、熔融拉丝过程中对"析晶"的有效控制等技术。

5. 聚四氟乙烯纤维（PTFE）

聚四氟乙烯纤维是用聚四氟乙烯为原料，经纺丝或制成薄膜后切割或膜裂原纤化而制得的一种合成纤维，具有优异的化学稳定性、耐腐蚀性和耐高温性，可应用于火力发电、垃圾焚烧、钢铁等行业的空气净化以及水处理领域。因为能有效控制微细粉尘排放控制，PTFE 袋式除尘器被广泛应用于 20 多个行业，PTFE 覆膜滤料在过滤风速、处理风量、压力损失、滤袋寿命及产量、节约能源等方面都优于其他普通非织造滤料。垃圾焚烧、电力、钢铁及水泥等各行业对 PTFE 覆膜滤料的需求将逐年增加，PTFE 纤维及其深加工产品具有更大的市场潜力。

提升聚四氟乙烯纤维质量的关键技术，实现 PTFE 微孔膜的万吨级规模化生产及膜裂纤维的 5000 吨级生产，同时研制各类基于 PTFE 纤维的复合应用产品。突破聚四氟乙烯直纺长丝技术，满足航天服耐高温、耐低温的需求。

6. 聚酰亚胺纤维（PI）

聚酰亚胺纤维是指分子链中含有芳酰亚胺的纤维，具有良好的热氧化稳定性，优异的机械性能、耐辐射性能及绝缘性能，应用领域十分广泛。PI 纤维具有优异的耐高温、耐辐射及高强高模等特性，与芳纶、聚苯硫醚纤维等相比具有很好的综合应用性，在航空航天、环保、防火等应用领域需求迫切。

随着环保要求的日益提高，PI 纤维在耐高温滤料领域的需求随之增大。PI 纤维在耐高温滤料领域主要应用于电厂、水泥行业、钢铁行业等的袋式除尘器。预计到 2020 年，聚酰亚胺纤维在耐高温过滤材料的需求量将达到 7000 吨左右。

聚酰亚胺纤维制备技术未来发展重点在于突破聚合物结构的调节和纺丝工艺的调控，实现纤维改性；开发复合纺技术，进一步提升耐热和力学性能；进一步优化合成技术和熔融或溶液纺丝成型技术；优化聚酰亚胺纤维湿法和干法纺丝成型技术；下游复合材料生产与应用技术；突破高强高模型聚酰亚胺纤维中试。

（二）聚酯多元化产品

我国聚酯产业，除了聚对苯二甲酸乙二醇酯（PET）产品取得飞速发展外，对聚酯多元化产品及技术装备的发展也应引起足够重视。聚酯多元化产品包括聚对苯二甲酸丙二醇酯（PTT）、对苯二甲酸丁二醇酯（PBT）、聚萘二甲酸乙二醇酯（PEN）、生物可降解共聚酯（PBST）等。这些多元化产品中，PTT 产品具有突出的耐化学性、回弹性、较好的染色性和色牢度，还具有良好的抗污性、耐紫外线等特性。PBT 纤维弹性优良，手感柔软，具有易染色、防皱、防虫蛀和霉菌、耐热耐洗、易于精巧卷曲等特性，适合制作仿丝织物。PEN 纤维具备高耐热性，玻璃化转变温度为 113℃，远高于 PET 的 65℃。

发展上述聚酯多元化产品，首要解决上述产品原料及纤维产业化问题。打造国产 PTT

纤维、加工和应用的优质产业链条，开创纤维品牌。解决 PEN 纤维纺丝关键技术难题，应用于新能源汽车和高端汽车轮胎及刹车管线等。提高常规纤维的高性能（模量、耐热性）化。

（三）差别化、多功能纤维

我国 2014 年常规纤维预计达到 4400 万吨，加快超仿真、功能性、差别化纤维产业化研发，调整我国常规纤维品种结构性过剩，发展新的差别化、多功能化纤维，满足日益增长的物资需要和提高人民的生活水平，利用新的技术促进消费增加。随着纤维的不同功能及差别化的推出，终端产品将以服装、家用、产业用等不同形式呈现，市场需求广阔。

有效提升差别化、多功能化纤维发展，重点是进一步围绕纤维的仿真型、功能型纤维深度研发，仿真型纤维的发展趋势是由高仿真向超仿真方向发展，重点开发"五仿"纤维（仿棉、仿毛、仿真丝、仿麻、仿真皮），增加亲水易染、亲水细旦、高亲水及阻燃功能，使纤维达到高性能。功能性纤维的开发是深度发挥纤维的潜在功能，促进纤维与时尚流行结合，与不同的科技发展融合，与不同品种的纤维融合，与高性能纤维、生物基等高新技术纤维融合，并进一步强化多功能融合带来的高附加价值。

（四）生物基化学纤维

1. 生物基合成纤维

生物基合成纤维是指由生化方法制得的单体原料经过聚合而成的纤维，包括聚对苯二甲酸丙二醇酯（PTT）纤维、聚乳酸（PLA）纤维、聚羟基脂肪酸酯（PHB/PHBV）纤维、聚丁二酸丁二酯（PBS）纤维、聚酰胺（PA56）纤维等。生物基合成纤维来源于可再生的生物质资源，能够解决合成纤维过度依赖化石原料的问题。生物基合成纤维除具有良好的物理性能指标外，还具有生物亲和性、可降解性以及原料可再生等比合成纤维优越的性能，已应用于纺织、医用材料、卫生防护、航天军工等领域。2014 年我国生物基合成纤维总产能 18 万吨/年，预计到 2020 年达到 100 万吨，年均复合增长率达 33.1%。

我国生物基合成纤维产品和市场相对成熟，需要解决产业化规模，进一步降低生产成本。

2. 海洋生物基纤维

海洋生物基纤维来自海洋，资源丰富而且可以再生，符合化学纤维绿色、环保的发展趋势。目前，开发的重点为甲壳素及其衍生物纤维、海藻酸纤维两类。海洋生物基纤维具有绿色、天然阻燃、良好的生物相容性和具有天然抗菌抑菌功能，已应用于生物医用、卫生防护、高档保健服装、家用纺织品等。目前，壳聚糖纤维产能 2000 吨/年，海藻纤维产能 1000 吨/年，甲壳素/纤维素复合纤维产能 15000 吨/年。预计到 2020 年海洋生物基纤维总产能达 5 万吨/年。

我国海洋生物基纤维的开发，完全具有自主知识产权，纤维应用市场成熟，"十三五"期间重点是要解决原料的多元化和无毒纺丝技术、纺丝液制备工艺、纺丝成型及后道关键技术、原液着色技术。

3. 新型再生纤维素纤维

新型再生纤维素纤维是我国的优势品种，其代表品种有竹浆纤维、麻浆纤维和莱塞尔（Lyocell）纤维。我国企业自主研发了竹、麻浆粕生产工艺和竹浆纤维、麻（秆芯）浆纤维生产技术和装备，总产能达 20 万吨/年，技术和产品达到国际领先水平。莱塞尔纤维是以 N-甲基吗啉-氧化物（NMMO）的水溶液为溶剂溶解纤维素后进行纺丝制得的一种再生纤维素纤维，生产过程绿色、环保，纤维性能优良，在服装面料市场得到广泛应用。新型纤维素纤维具有较高的干强、湿强和湿模量，优良的尺寸稳定性，产品应用市场成熟，预计到 2020 年总产能达 50 万吨/年。

重点解决竹、麻、秸秆等原料的多元化，用绿色环保的无毒纺丝技术替代传统的高能耗、高污染、高排放"三高"工艺路线，实现"过程替代"，开发环境友好型、生态环保型、资源可再生型的新型纤维素纤维。重点攻克新型溶剂的回收技术，进一步降低生产成本。

（五）废旧纺织品回收与再生化学纤维

化纤再生与废旧纺织品再利用是国家战略性新兴产业——环境保护及废弃资源综合利用产业的重要组成部分。目前，行业内一系列化纤物理法、化学法兼济的回收循环关键技术体系关键技术已突破。化纤再生与废旧纺织品再利用不但意义重大，而且市场巨大，2014 年我国再生聚酯纤维总产能达 800 万吨，预计到 2020 年化纤再生与废旧纺织品再利用总量将达到 1800 万吨/年。

针对废旧再生瓶片、塑料、纺织品的结构及材料组成，开发智能识别和连续分拣技术及装备。利用近红外光谱检测技术，建立已知成分纺织品原始光谱库，采用化学计量学方法建立定性鉴别纺织品成分的数学模型，利用传统分析方法建立定量分析纺织品成分的数学模型。为建立高效、自动的废旧纺织品回收体系确定方法学基础。到 2020 年，塑造全民参与的完善的回收体系、生产体系、认证体系、消费体系，产品领域全覆盖。

中国纺织关键基础材料需求见表 1。

表 1　中国纺织关键基础材料需求

序号	材料名称	2013 年产能	2013 年销售收入	2015 年需求量	2020 年需求量	2025 年需求量
1	高性能聚丙烯腈基碳纤维	9120 吨	1.5 亿元	1.35 万吨	2.2 万吨	5.7 万吨
2	芳纶	18600 吨	6.5 亿元	2.2 万吨 其中：间位 1 万吨，对位 1.2 万吨	4.2 万吨 其中：间位 1.8 万吨，对位 2.4 万吨	7.2 万吨 其中：间位 2.8 万吨，对位 4.4 万吨
3	聚苯硫醚纤维	16500 吨	3.2 亿元	1 万吨	2.2 万吨	4 万吨
4	玄武岩纤维（CBF）	17500 吨	0.8 亿元	0.5 万吨	2 万吨	3.7 万吨
5	聚四氟乙烯纤维（PTFE）	3000 吨	2 亿元	3000 吨	5000 吨	7000 吨
6	聚酰亚胺纤维（PI）	4000 吨	0.36 亿元	6000 吨	8000 吨	1 万吨
7	聚酯多元化产品	替代常规聚酯纤维品种，市场需求量大				
8	差别化、多功能纤维	替代常规纤维品种，满足差别化和功能化的消费需求，市场需求量大				
9	生物基化学纤维	257600 吨	70.7 亿元	2015 年总需求量 60 万吨。其中：合成纤维 15 万吨；海洋基 1 万吨；新型纤维素纤维 25 万吨	2020 年总需求量 155 万吨。其中：合成纤维 85 万吨；海洋基 5 万吨；新型纤维素纤维 65 万吨	2020 年总需求量 400 万吨。其中：合成纤维 210 万吨；海洋基 10 万吨；新型纤维素纤维 180 万吨
10	废旧纺织品回收与再生化学纤维	1100 万吨	1000 亿元	1300 万吨	1800 万吨	2000 万吨

二、纺织核心基础零部件需求分析

从行业需求的实际情况看，纺织机械专用基础件在国内市场有广阔的发展空间。其一，纺织工业维持生产需要专用基础件，目前我国共有年纤维加工总量约 5000 万吨的化纤、纺纱成套设备，还有近百万台的各种织机在运转，正常生产中的损耗需要及时补充。其二，国产主机需要配套的专用基础件，纺织工业发展每年都需要一定数量的纺织机械，而国产纺织机械占市场需求量的七成以上，需要大量的纺织机械专用基础件为其配套。其三，替代进口产品需要国产的专用基础件，国家每年要用不少的外汇进口专用基础件，包括随同主机进口的、专项进口的和为出口纺织机械而进口的专用基础件。

（一）新型多功能高速锭子

棉纺锭子数量多、速度高、连续运转、能耗占比多，对生产效率影响大，锭子与纱线生产成本、品质、管理效率和经济效益都有密切的关系。随着纺纱逐步向高速化、自动化、高效能的方向快速发展，纺纱企业及主机生产企业对于锭子提出了更多更新的要求。

纺纱的高速化、自动化带来两大重要转变，一是现在纺织企业新购细纱设备大部分采用自动落纱细纱机，在 2012 年国内销售自动落纱细纱机达 400 万锭，未来还要有更大的发展；二是在现有用户中，很多短车细纱机改造后带有自动落纱装置，以减少用工，提升纺纱自动化水平。两大改变带来锭子的改造与升级，原来光杆锭子将被淘汰，满足自动落纱要求的新型高速锭子将获得极大的发展。

（二）高性能纺纱用蓝宝石钢丝圈

纺织产品的多功能性需求不断增长，应用涉及军工、航空航天、汽车、矿产等多行业，用途涉及抗高温、抗腐蚀、抗辐射、抗摩擦等多方面。传统的钢丝圈已不能满足行业的发展要求，钢丝圈产品向高精度、高寿命的高端发展。纺织行业的一些高端企业所用的钢丝圈多数靠进口，其进口量占 10%，而进口的价值相当于国内产品价值的总和。

国内企业开发的蓝宝石钢丝圈比国产普通钢丝圈性能优异、价格合理，完全能替代进口钢丝圈，市场空间大。蓝宝石钢丝圈产销量将达到 20 万盒/年以上，占同类产品的 50%以上。预计近两年国内将有 200～300 家大中型知名纺织厂大批量选用或全部使用蓝宝石钢丝圈。

（三）自动穿经机用高性能钢片综

在国内众多生产钢片综的厂家中，仅有原陕西纺织器材厂从意大利引进了一条钢片综生产线，年产量在 300 万片左右。还有个别企业仿制进口生产线 8～10 条，由于生产效率低，总产量在 3000 万片左右，根本不能满足纺织厂对高优钢片综的需求。纺织企业需要高优钢片综，只能高价（0.75 元/片左右）进口或购买外资企业产品。我国每年进口高档无梭织布机约 20000 台，每台布机约需 10000 片，需求量约有 2 亿片，加上原有布机的补充，每年需 10～20 亿片，还有国际市场需求 20～50 亿片。高优钢片综市场前景广阔，经济效益显著。另外，自动穿经机用高性能钢片综价格不到进口钢片综的一半，而且交货快，有利于纺织企业实现快速反应。

（四）梳理器材——针布

梳理器材性能的好坏将直接影响成纱质量，并最终影响坯布乃至最终产品的质量。因此，纺织业内通常将梳棉机比喻为纺织厂的"心脏"，而梳棉机中的关键部件——梳理器材又是梳棉机的"心脏"。非织造领域由于加工流程短，梳理器材对非织造产品质量的影响更加直接。梳理器材不仅广泛应用于纺织产业的棉纺、麻纺、毛纺与非织布行业，还应用于纺织纤维的再生、织物的后整理行业和羊绒分离行业。近年来梳理器材市场规模快速增长，2010 年我国纺织梳理器材的市场规模为 20.8 亿元，是 2000 年的 4 倍。

纺织梳理器材的发展方向主要是产品的适应性和满足高速高产的要求。纺织纤维的多样性和纺织品多样性，对纺织梳理器材的适应性提出了更高的要求。随着纺织机械向高速高产方向发展，对长寿命与高可靠性的新型梳理器材产品需求增长迅速。同时，经编针织和纬编针织用针也需大力开发，特别是针织用针的合金钢需要得到国内相关企业的支持。

（五）差别化纤维纺纱用牵伸胶辊、胶圈

差别化纤维适用高效纺纱工艺，主要有转杯纺、集聚纺（紧密纺）、赛络纺、涡流纺。差别化纤维的纺纱工艺特征主要有重定量大牵伸、添加化纤用油剂、纤维表面异形结构等。普通纺纱器材用于纺差别化纤维会加快损耗，纺纱质量稳定性明显下降，维护保养难度加大。现有国产纺纱胶辊胶圈与进口先进胶辊胶圈相比，使用综合性能有明显差距。

目前我国化纤差别化纤维相关纺纱器材配套落后于纤维产品的发展，其中纺纱牵伸胶辊胶圈是关键器材，大量采用进口胶辊胶圈，价格昂贵，增加了生产成本。但国产普通胶辊胶圈抗绕稳定性差、耐磨性差、耐油剂性差，形成纺纱工艺不稳定，成纱质量衰减快，条干 CVb 值差，造成纺纱质量难于控制。国内棉纺织企业急需新型的国产化纤差别化纤维纺纱胶辊、胶圈，缩短该领域与发达国家的差距，实现进口替代。

（六）喷丝板

中国是世界最大的化纤生产国，生产能力已超过 4000 万吨。化纤产能不断增长，喷丝板的需求量大幅提高；随着超细纤维的迅速发展，要求喷丝板的微孔孔径越来越小，目前熔融纺丝涤纶喷丝板孔径已达到 0.12mm，甚至更小。

我国每年进口喷丝板金额大，2012 年进口喷丝板 1772 万美元，而同期我国出口喷丝板只有 716.7 万美元。我国喷丝板市场空间大，而且国内喷丝板与国际先进产品还有一定的差距，在满足纺丝工艺要求、材质、加工精度、质量监控等方面还需进一步提升。

我国纺织核心基础零部件/元器件需求见表 2。

表 2　我国纺织核心基础零部件/元器件需求

序号	产品名称	2013 年产量	2013 年销售收入	2015 年需求量	2020 年需求量	2025 年需求量
1	新型多功能高速锭子	350 万套	2.6 亿元	400 万套	600 万套	800 万套
2	高性能纺纱用蓝宝石钢丝圈	10.27 万盒	0.11 亿元	15 万盒	30 万盒	40 万盒
3	梳理器材——针布	金属针布 50 万盘，盖板针布 8.5 万套，固定盖板 8.5 万根	11.7 亿元	金属针布 52 万盘，盖板针布 9 万套，固定盖板 9 万根	金属针布 55 万盘，盖板针布 9 万套，固定盖板 9 万根	金属针布 55 万盘，盖板针布 10 万套，固定盖板 10 万根
4	差别化纤维纺纱用牵伸胶辊、胶圈	牵伸胶辊 820 万只，胶圈 1210 万只	0.4 亿元	牵伸胶辊 1500 万只，胶圈 3000 万只	牵伸胶辊 2000 万只，胶圈 4500 万只	牵伸胶辊 3000 万只，胶圈 6500 万只
5	自动穿经机用高性能钢片综	1.5 亿片	0.5 亿元	5 亿片	15 亿片	20 亿片
6	喷丝板	2013 年喷丝板产量约 28 万块	1.08 亿元	31 万块	40 万块	50 万块

三、纺织先进基础工艺需求分析

加大研究纺织品加工的优质、高效、节能、低耗材的先进基础工艺，以高效、智能化、自动化、连续化装备为重要支撑，改造提升传统纺织加工的生产方式，实现产品的低成本、高品质、高质量、环境友好。

（一）新一代仿棉聚酯纤维连续聚合直接纺丝工艺

新一代仿棉聚酯纤维具有良好品质、突出功能，市场需求量大。连续化技术、大容量技术和清洁生产技术带来低成本化和良好的环境效益。按照占聚酯纤维总量 20%的发展目标计算，2020 年新一代仿棉聚酯纤维的市场规模将达到 800～900 万吨。但技术和工艺的稳定、优化，核心技术与装备的国产化与技术升级还要提升。

通过对现有总量 800 万吨/年、单线产能小于 10 万吨/年的聚酯装置的少量改造来实现在线添加等核心技术与工艺的应用；在现有总量近 3000 万吨/年的直纺聚酯纤维装置上应用在线添加、异型微细旦与超细旦等技术。

（二）新一代锦纶（PA6）连续聚合纺丝工艺

随着己内酰胺（CPL）的国产化步伐加快，PA6 聚合装置的大型化和品质的提升，纤维广泛应用与高附加值的纺织品，新一代 PA6 纤维将可以直接替代现有产量 100 万吨以上；日产 400 吨国产化产品的价格竞争优势明显，浓缩液直接回用后经济效益和环境效益显著，高黏度工程塑料用产品替代进口；特种工程塑料和双向拉伸膜对共聚改性 PA6 需求较大，附加值高可替代进口；这些将给 PA6 的发展带来新的市场机遇，特别是民用应用领域会有比较大的发展空间。

目前，PA6 阴离子聚合的工艺配方已初步满足工业生产要求，关键在于设备。要在匀化、聚合、脱单三个关键环节开发新型高效设备。具体技术需求是，快速匀化器要求在 0.3～0.5s 时间内使分别含碱和异氰酸酯的两股己内酰胺实现微尺度匀化；国产 VK 管反应器和聚合工艺，萃取塔装置和萃取工艺；裂解反应器和裂解工艺在线添加装置和添加工艺。

（三）工业高温烟尘精细过滤用纺织品加工技术

工业烟（粉）尘的来源主要包括电力、冶金、建材、化工等行业，其中，燃煤电厂、水泥、冶炼 3 大行业的烟（粉）尘排放占工业烟（粉）尘排放量的 60%以上。针对大气污染情况，国家积极推进烟（粉）尘治理工作，并多次提高重点行业烟（粉）尘排放标准，给高温袋式除尘带来很大的市场发展空间。

高性能纤维国产化的发展，为袋除尘技术推广提供了基础支撑，袋式除尘用滤料行业一批骨干企业已经形成，在滤料选配、加工、复合、后整理方面积累了一定的经验。但是还需加强对均匀性非织造滤料的成套加工技术和设备、在线检测设备的研发，提高滤料生产的质量效率，提高滤料产品质量均匀性；加强滤料结构设计，研究提高滤料后整理、覆膜等技术，降低滤料风阻，提高除尘效率；针对超细粉尘控制、重金属脱除与粉尘协同治理、协同脱硝除尘、去除垃圾焚烧异味等差异化需求，研究新型功能性催化剂、差异化纤维及滤料成型以及功能性后整理技术。

（四）高强聚酯长丝胎基布生产工艺

随着未来各项基础设施建设的不断加速，对高性能长丝胎基布的需求不断增长。目前市场大量短纤油毡基布生产厂家纷纷寻求产品升级，以满足下游市场更高的产品质量要求，对长丝油毡基布生产技术需求迫切。长纤聚酯胎生产所用前纺关键设备的加工制造及应用技术已基本掌握，为国内长纤聚酯胎工业的发展提供了强有力的装备基础。但在"喷管拉伸"、"摆丝装置"及"负压抽吸成网"等装备及工艺方面还需尽快完善，对关键技术进行攻关，包括纺丝箱体及气流牵伸器设计、侧吹风装置设计、新型摆丝及成网技术、高速固结技术、纺丝箱体及牵伸风道优化设计、余热再利用技术等。

（五）低耗集聚纺高品质纱线生产工艺

国内在集聚纺技术应用上有两种措施，一是对原有环锭细纱机直接进行集聚纺技术改造，在使用能耗和机物料消耗以及产品开发方面还存在问题；二是整机引进国外先进的集聚纺纱系统，不但价格昂贵，同时在罗拉材质选择和整机风压一致性控制方面还存在问题。迫切需求对高效、低耗型集聚纺高附加值、多品种、高支化细纱生产基础工艺进行系统研究，为集聚纺技术在我国的普及推广奠定基础。本项目将分中细支紧密纱低耗生产技术、集聚纺多种纤维混纺纱生产技术、集聚纺高支细纱生产技术等系统研究。

集聚纺是目前高品质纱线的主要生产方式，高支纱是高档面料与特殊用布的加工原料，随着家纺产品和穿着服装中的高档织物需求量增加，使得高支紧密纱的需求量不断增加，并具有广阔的市场前景。预计未来集聚纺市场将以每年 200 余万锭的规模增长，高品质紧密纱每年以 10 万吨的规模增长。

（六）纯毛超高支面料纺纱工艺

嵌入式复合纺纱技术已应用于纯毛超高支面料纺纱加工，并在不断扩大应用企业，其产品的适用性也不断提高，纺纱新技术的应用提升了我国毛纺产品的市场地位。超高支毛纺服装面料及披肩等高档奢侈品高雅时尚、轻柔华贵、细腻挺扩，因而受到高端消费者的喜爱，丰富了毛纺产品的高端市场，随着全球气候变暖，将具有良好市场前景。

嵌入式复合纺纱技术突破了常规纺纱所用原料要求，下一步要深入研究毛纺超细产品的开发，提升织造和染整关键技术，实现设备改造工艺部件的标准化、操作法的规范化，加强与毛纺嵌入式纺纱相配套的系统加工技术研究，促进超高支面料纺纱加工工艺技术的发展。

（七）麻纤维生物脱胶清洁生产工艺

生物脱胶方法可以大大减少脱胶用水以及脱胶化学制剂的用量，对环境保护非常有利。我国每年需要进行脱胶处理的麻纤维 25～35 万吨，脱胶处理后的麻纤维市场需求相对稳定，其中脱胶处理后的苎麻精干麻每年约需 15 万吨。

目前已有不少企业在尝试不同的生物脱胶技术并取得了较好效果，只是由于纤维品种和产地的差异，对菌种和脱胶环境的需求差异等导致我国麻纤维生物脱胶技术也出现了多样性，因此需要优化脱胶工艺和设备性能，提高其技术的通用性。我国麻纤维生物脱胶技术需要解决脱胶速率慢、同一批次脱胶不均匀、不同批次之间品质不稳定的缺陷，通过优化各种脱胶工艺及设备性能，进一步提高脱胶效率和质量水平。

（八）鲜茧缫丝工艺

鲜茧缫丝技术采用鲜茧低温冷藏保鲜技术解决了鲜茧储存、易霉变的技术难题，但鲜茧丝检测、织绸及印染工艺等方面研究尚不成熟，需要进一步深入研究；鲜茧缫丝产品质量水平相对常规干茧丝还有待提高，需要通过技术改进，减少在织造过程中易断头、易起毛、丝胶粉末脱落、染色性能差等关键生产技术，尽快摸索适合生产高品位绸缎的鲜茧丝生产工艺，形成完整的生产标准和检验标准，从而推广鲜茧丝的应用。

（九）原液着色涤纶长丝机织物配色工艺

我国原液着色长丝产品快速增长，色彩品种不断丰富，为长丝织物产品的开发及应用领域提供了发展空间，产品不仅应用于服装和家用纺织品，还涉及产业用领域，预计未来将有 30% 的增长空间。

原液着色长丝织物与普通白坯织物染色相比，其色牢度更好，织物色彩均匀，后加工成本较低，应用领域广泛。但是，适应下游应用领域的要求，在提高原液着色长丝品种及质量要求的基础上，加强对原液着色长丝色彩特性研究与长丝机织物配色方法、机织物配色工艺及设计技术等系统研究。建立自动对色标准体系，研究自动分辨色彩装置对原液着色涤纶长丝颜色特征进行识别技术，研发原液着色涤纶长丝机织物自动配色方法与 CAD 设计技术等，形成色彩检测、分析、管理，配色设计应用系统。

（十）针织物平幅连续化冷轧堆前处理和染色技术

随着设备、工艺及新型配套助剂的不断开发和改进，有望推广应用到各种新型纤维针织产品，如再生纤维素纤维、粘胶及纤维素混纺产品，市场前景广阔。目前针织平幅连续式生产线国内已经实现了国产化，但是在工艺方面，配套的新型助剂应用有待进一步开发，还需加强对全流程的坯布张力控制、在线控制技术的研究，解决坯布卷边、张力稳定控制及面料前后左中右加工均匀性的问题，提高工艺路线的质量水平和节能减排效果。

（十一）超临界二氧化碳染色工艺

研究开发非水系统、低能耗、少排污的染色技术，从源头上彻底解决纺织印染业的环境污染问题、高耗水问题，维持纺织印染行业乃至整个经济社会的健康持续发展。国内外纺织品的超临界二氧化碳无水染色，尤其是针对涤纶产品的基础理论研究、设备开发和关键技术研发，已取得了明显进步。目前国内已取得了很大进步，尤其在小样和中试设备系统等方面与国外的研发水平基本同步，有的甚至处于领先地位。下一步针对化学纤维、纤维素纤维、蛋白纤维材料，开展超临界二氧化碳无水染色试验和工艺以及与之相适应的专用染料研究，实现散纤维、筒纱、绞纱、成衣和匹布等不同纺织产品的染色，并逐步实现产业化。

（十二）印染生产在线采集系统

"印染生产在线采集系统"可自动生成最佳生产工艺，在线检测和闭环控制染整生产全过程生产工艺参数，实现布匹流转、能源消耗及动态平衡、成本核算等生产要素的实时跟踪和生产计划的动态调整，保证主要生产设备产能的最大化。系统的研发及推广为实现纺织印染企业的全面数字化管理打下坚实的基础。现在已在重点企业的重点环节局部应用。

目前系统框架已建立，但局部单元技术及各模块集成技术进一步优化，规范染整设备接口，提高系统适应性。具体技术需求：

（1）需要研究染整生产过程在线检测和控制技术，建立生产过程在线检测和控制体系，实现生产过程闭环控制。

（2）需要开发高可靠性的前处理、印花、染色、后整理等印染设备检测控制系统的软、硬件接口平台，实现生产工艺参数、生产过程数据的交互共享和反馈控制。使不同厂家开发、生产的印染设备满足设备联网的要求。

（3）需要开发具有自学习能力的印染工艺数据库，实现印染工艺制定的智能化。提高工艺配方一次准确率，节能降耗。

（4）针对前处理、印花、染色、后整理等印染生产工艺过程，继续提高系统的稳定性和可靠性，实现印染生产过程检测控制的全面数字化和智能化。

我国纺织先进基础工艺需求见表3。

表 3　我国纺织先进基础工艺需求

序号	工艺名称	主要技术参数	市场需求	应用领域
1	新一代仿棉聚酯纤维连续聚合直接纺丝工艺	连续聚合直接纺丝单线能力从 6 万吨/年提高到 20 万吨/年；废液中单体与副产物高效提取利用，回收品质满足直接应用要求	2020 年达到每年 800 万吨	产品广泛应用于服装、家纺产品。在防护、军用等特殊应用领域应用
2	新一代锦纶（PA6）连续聚合纺丝工艺	国产 VK 管单线日产从 200 吨生产高速纺切片提高到 400 吨；单线日产 200 吨生产工程塑料用切片。浓缩液直接回用并能生产高速纺切片；国产单线日产 200 吨生产线利用在线添加连续聚合制备功能型 PA6 产品	2020 年达到 200 万吨/年	产品广泛应用于高端服装、家纺产品，以及工程塑料、包装膜、军用装备、生物医用产品等
3	工业高温烟尘精细过滤用纺织品加工技术	过滤效率≥99.99%，其中 PM2.5 颗粒过滤效率达到 90%以上，平均使用寿命≥4 年，最大阻力≤800Pa	燃煤发电袋除尘技术的应用比例达到 30%；水泥高温除尘部分应用比例达到 60%	工业高温气体除尘，不同工况适应性大大提高

续表

序号	工艺名称	主要技术参数	市场需求	应用领域
4	高强聚酯长丝胎基布生产工艺	产品的断裂强力、断裂伸长率、热稳定性、不匀率等性能指标达到国标 A 级胎基要求	从 2015 年的 8 万吨增加到 2020 年的 20 万吨	防水卷材，用于各类土工及建筑防水工程
5	低耗集聚纺高品质纱线生产工艺	与国内目前主流使用的集聚纺装置相比，在中细号成纱质量相同的情况下，系统能耗降低 5%～8%，使用中的机物料消耗费用降低 10%～15%，成纱综合性能达到乌斯特公报 5% 水平；在保证成纱质量的基础上，实现 100～200S 高支紧密纱的生产	2015—2020 年：集聚纺装置增加 300～600 万锭；2020—2025 年：集聚纺装置增加约 800 万锭	满足多组分纤维、特种天然纤维、高性能新型纤维的加工
6	纯毛超高支面料纺纱工艺	采用超细羊毛纺纱，细度 16.5μm 及以下，纺纱物理指标达到纺纱线密度为 8.3×2tex 及以下（120Nm/2 及以上）；应用高效短流程嵌入式复合纺纱技术，采用羊毛细度 18.5μm 及以下，或与其他天然纤维混纺，支数范围 200Nm/2 及以上	纯毛超高支面料纺纱加工工艺技术应用面提高到 30% 以上	扩大精梳毛纺、粗梳毛纺、半精梳毛纺、毛针织等服装、服饰面料应用范围
7	麻纤维生物脱胶清洁生产工艺	2015—2020 年：耗水量和残胶率分别降低 30% 和 10%；纤维分离度提高 10%，提高纤维可纺性，减少化学品使用量 80% 以上。2020—2025 年：减少化学品使用量 90% 以上，耗水量降低 50%	应用量在 15 万吨左右	麻纤维脱胶及生产
8	鲜茧缫丝工艺	生丝抱合≥105 次，断裂强度≥3.44cN/dtex，伸长率≥20%，清洁≥98 分，洁净≥94 分，鲜茧丝可用于织造高品位绸缎	年产鲜茧丝达到 3 万吨左右	制丝业
9	原液着色涤纶长丝机织物配色工艺	原液染色色织物日晒牢度达 7～8 级，水洗、汗渍、摩擦、熨烫等各项牢度达 4～5 级；色差 3 级以上	达到涤纶产化纤长丝织物的 30% 以上	装饰用、服装用和产业用机织物
10	针织物平幅连续化冷轧堆前处理和染色技术	布速提高到 40～50m/min，气蒸时间缩短至 15～20min，日加工量提高到 15～20 吨，布面拉伸率<5%～10%，与传统溢流机前处理相比节水 50% 以上，节能 50% 以上，减少污水排放 50% 以上	推广 50 条	用于针织物冷轧堆染色的前处理、印花后的平幅水洗等
11	超临界 CO_2 染色工艺	上染率、匀染性、色牢度、染色深度（K/S 值）等，工艺条件包括：流体压力、染色温度和时间、染料性能及用量等	实现散纤维、筒纱、绞纱、成衣和布匹等不同产品的染色	应用于合成纤维、纤维素纤维、蛋白纤维材料的染色
12	印染生产在线采集系统	生产计划制定准确率≥90%，工艺及配方制定准确率≥90%，采样频率≥50 次/s，印染设备关键参数采集率 100%	按照一家纺织印染企业配置一套印染生产在线采集系统计算，国内外市场容量就达 4900 套	纺织印染行业

四、重要纺织产业技术基础需求预测

（一）科技创新平台

"十二五"和"十三五"时期是我国纺织工业由大国向强国转变的关键时期，经过多年的快速发展，到"十一五"末我国已经是名副其实的纺织大国，我国纤维加工总量占世界的比重超过 50%，我国纺织品服装出口额占世界纺织品服装出口总额的比重超过 35%。与纺织大国不相匹配的是，高技术纤维材料、高端纺织机械装备、高性能纺织品等先进技术大多掌握在发达国家手中，而且随着发达国家在纺织制造领域逐渐退出和重新加入，我国纺织工业的研发必须从长期的追随为主向主动开发为主，在关键、核心领域建立强大的科技创新平台是由纺织大国向纺织强国转变的重要支撑和迫切需要。

（二）公共技术服务平台

截至 2013 年年底，由中国纺织工业联合会授予的纺织产业集群示范地区已达 197 个，各产业集群地也都积极致力于建设技术公共服务平台，这些平台的公共服务中包含了小部分的共性技术服务，技术合作和服务还停留在如面料分析打样、常规检测等浅层次技术服务上面，还没有深入到行业、企业的核心及重要的共性技术服务。技术创新由于对研发资金、专业化程度、研发时间跨度等方面有比较严格的要求，产业集群地成功运营的技术创新平台案例还不多见。建立具备公共服务功能的技术创新平台，是提升广大中小企业技术能力的需要。同时，政府主导的检测检验市场改革，将打破政府垄断的检测检验市场，鼓励市场良性竞争，鼓励独立第三方检验机构的发展，尤其是民营检测机构的发展。我国检测检验行业中近 50% 的检测机构为国有检测机构，改革成功后，国有资源的释放将带动整个行业的增长。

（三）关键领域产业技术创新联盟

为解决关键领域科技创新资源分散、割裂的问题，迫切需要纺织企业、科研机构、高校院所和其他行业的配套企业之间按照自愿原则，缔结产业技术联盟或技术创新联盟，进行产业链协同创新和工程化配套开发，共同投入研发资金攻克关键技术和共性技术，提高工程化水平，推进新技术新产品的产业化进程，加快新技术推广。在新型纤维材料行业建立包含原料、工艺、主要装备和配套材料各环节在内的产业技术联盟；在纤维应用领域建立纤维生产、纺织生产、染整面料、制品开发、终端产品使用、标准制定等各环节在内的产业技术联盟；在高性能纤维领域建立包含基础研究、工艺试验、专用装备开发、配套材料以及产业化试验各环节的技术创新联盟。

重要技术基础需求见表 4。

表 4　重要技术基础需求

序号	技术基础名称	主要建设内容	应 用 领 域
1	科技创新平台	一是选择具有相关学科和科研优势的高校或科研院所，布局建设统领国家纺织产业科技创新的"纺织国家实验室"，开展纺织前沿科学与跨学科研究，实施国家层面支持纺织产业创新驱动、转型发展的重大关键技术研发任务，系统突破纺织行业目前存在的产品附加值低、发展受制于资源环境制约、面向战略性新兴产业领域的新兴纺织品关键技术研发滞后等瓶颈问题。二是选择具有学科或科研优势的高校或科研院所，布局完善与纺织科技发展相关的国家重点实验室、国家工程技术中心，培育建设生物基纤维及原料、纺织加工技术、纺织装备等国家重点实验室、国家工程技术中心，负责对纺织产业链各环节关键技术应用基础研究、成果的产业化、工程化开发研究等研究和开发。三是进一步完善国家和省级企业技术中心，建立完善的研究、开发、试验条件，增强技术创新能力和研究开发投入，研发拥有自主知识产权的核心技术、知名品牌，培育建设国家级和省级企业技术中心	在科学技术上引领纺织行业发展方向，为纺织行业提供基础研究成果、前沿技术、共性技术、关键技术，在技术创新与成果转化、纺织新产品测试、纺织行业标准建立、纺织行业人才培养等方面为行业发展提供多方位的支撑与服务。同时，帮助提高行业领军企业的技术创新能力、成果转化能力和国际竞争力，使其成为具有国际领先地位的领军企业
2	公共技术服务平台	在纺织产业集聚区，布局和培育与产业链技术相关的公共技术服务平台。由政府主管部门与行业联合会联手，市场调节相结合，推进建立有一定规模的服务专业化、运行规范化的产业链相关技术中介服务机构，汇聚一支具有较高专业素质的纺织产业链相关技术中介服务专业人员队伍。推进纺织行业共性技术研究与应用研究的联动。建立技术转移机构和成果供需平台，由政府主管部门以政策支持，加大对纺织行业共性关键技术研发的投入和供给。通过政府采购促进纺织行业共性关键技术的转移和扩散，促进中小纺织企业的自主创新	为中小企业提供高效率、低成本的研发设计、检验检测、人才培训、信息咨询等技术服务。降低中小纺织企业"单打独斗"进行自主创新过程的风险

序号	技术基础名称	主要建设内容	应 用 领 域
3	关键领域产业技术创新联盟	针对战略性新兴领域和关键领域，推进学科链、研究链、产业链融合，建设国家层面的"关键领域产业技术创新联盟"。对先期有工作基础的联盟，优化联盟成员、完善联盟章程和合作机制，提高联盟的技术创新能力。依托联盟核心成员已有条件，建立重大关键技术的工程化试验基地，为技术创新提供长期、稳定的高水平和专业化支撑，提升技术的自主创新水平，提升技术的稳定性、安全性，加快技术的产业化。在现有的联盟基础上，在成熟领域建立新的联盟。加强保障和监督作用，确保产业技术创新战略联盟不断完善，发挥重大作用	运用市场机制集聚创新资源，实现企业、高等院校、科研机构等在战略层面的有效集合，为关键产业技术创新与产品研发，提供技术支撑与机制保障。以市场需求为导向，为企业规模化生产提供成熟配套的技术工艺和装备，并推动集成、配套的工程化成果向相关行业辐射、转移与扩散

第三章　发展趋势

一、纺织关键基础材料发展趋势

（一）技术发展趋势

进入 21 世纪以来，我国纺织工业抓住了重要战略机遇期，充分发挥我国人力资源优势和产业体系完整、结构不断调整优势，大规模吸引先进技术、资金和先进管理经验，同时积极提高企业研发创新能力，开拓国内国际两个市场，呈现出快速发展的良好局面。

化纤作为纺织工业的基础原材料产业，推进两化融合，应用信息技术对纤维生产进行技术改造，积极推广节能减排、清洁生产的纤维加工技术，推进纺织关键性基础材料的发展，将成为化纤工业发展的新趋势。

纤维的融合化是指运用信息化和工业化技术，将不同品种、不同范畴的纤维进行融合，将常规纤维与功能性纤维、战略新型纤维进行融合，生物基化学纤维与可持续发展融合，使纤维拥有不同特性，实现纤维的高仿真和功能性。

高品质不仅要求纤维均匀，性能、功能稳定，还要求纤维及其在织染后加工过程及纺织品使用过程中性能、功能稳定，耐久和安全，带来的舒适性和性能功能的显著提升。高品质还要求纤维细旦品种向更细发展，粗旦品种向更粗发展，高性能纤维的自身特性得到更广泛提高。

随着我国环境保护和绿色低碳要求的进一步提高，我国逐步改变高投入、高消耗、高污染、低效益的传统模式，这就需要我国的纺织基础材料工业不断加大产业转型升级，开发节能环保材料的力度，低能耗和低排放是指纤维材料从单体原料制备、聚合物合成与改性、纤维材料成型、纺织染整到产品的循环再利用整个过程中，能耗物耗、有害物质排放量和废弃物量显著降低。

（二）国际先进发展经验

当前，发达国家以重振制造业为核心的再工业化是加快转变经济发展方式的重要手段，对我国加快转变经济发展方式有重要的借鉴意义。欧美纺织业制造回归对我国纺织工业提出了新的挑战。发达国家为使关键基础材料产业得到快速发展，都是高度重视并采取行之有效的手段，日本将加强基础材料作为提高国际竞争能力的基本途径而加以重视。对有通用性并对制造业发展起到支撑作用的技术，认为即使在未来的信息社会，基础材料业始终是基础战略产业，必须持续加强和促进制造业基础技术的发展。并用法律与法规手段提升工业基础，建立产业共性技术研发机构，促进从基础研究到产业化全过程的研究开发，积极促进尖端研究成果实现产业化。实施质量革命，通过技术改造、推广先进质量管理方法、全员培训与持续改进迅速提升了质量水平。

德国高度重视应用性技术研究。设置弗朗霍夫促进会，拥有 66 个研究所和独立研究机构，员工队伍超过 22000 人，年研究经费约 19 亿欧元，其研发经费的 1/3 来自政府，剩下的 2/3 来自企业和公助科研项目委托。该机构通过合作改进技术系统与生产工艺，在微电子、制造、信息与通信、材料与零部件等领域取得突破，推动了德国工业的发展。德国政府采用"双元制"教育体系，开展在企业接受实践技能培训和在学校接受理论培养相结合的职业教育形式，建立技术职业教育体系，培养操作、技艺型人才。

美国设立国立研究机构并确保其权威性。美国共性技术研究的支持和管理由国家标准与技术研究院（NIST）承担。该机构在推进共性技术研究、支撑美国科技产业发展方面发挥重要作用。它不仅是一个共性技术研发平台，也具有一些政府管理职能。由于这种特殊的机构属性，保证了它在共性技术研究领域的权威，便于有效推进产业共性技术研发力量整合，快速响应国家发展意图。

二、纺织核心基础零部件发展趋势

（一）技术发展趋势

在纺织机械整机的高速化、高效率、模块化的技术要求下，高端纺织机械专用基础件需要加快技术进步和提高可靠性，重点要研发具有重大技术突破的高新技术纤维和功能性差别化纤维纺丝用喷丝板、计量泵、全自动卷绕头，高频加热的热牵伸辊等，纺部设备配套的高速锭子、纺锭轴承、高性能钢领及钢丝圈、高性能转杯、新型针布、自动络筒机用电子清纱器、高性能槽筒、捻结器，高性能无梭织机器材中的喷嘴、剑杆头、剑杆带、钢筘、钢片综，新型积极凸轮、电子多臂、电子提花等开口装置，针刺机针板、针织用针、输纱器、专用传动带等，以及用于纺织机械产品的在线检测装置及纺织检测仪器等。

加强纺织机械专用基础件企业的技术改造，促进纺织机械专用基础件企业的工艺技术进步和机床数控化率；研制自动化、柔性化、智能化精密加工专用加工设备，提高精密加工技术水平；研制生产效率高又能适应大批量生产的专用设备，降低用工成本；寻求与科研单位合作，开展对材料的研究，达到既耐磨又易加工；开发新型热处理、表面处理技术，提高使用性能；推进适合行业特点和管理要求的信息化管理软件应用和先进设计、制造软件的应用，提高企业管理水平。

加强可靠性工作的推动力度，提高行业、企业对可靠性的认识，企业决策层高度重视，推动从产品设计、制造、外协、外购、装配、安装调试到售后服务等全方位的可靠性提升。

（二）国际先进发展经验

德国、瑞士、意大利等发达国家纺织机械专用基础件在高端纺织器材产品的技术、性能和新产品开发力度上处于领先地位，注重新技术、新材料、新工艺的应用，注重产品带来的节能效果。致力于持续创新，并始终关注产品的各个细节，体现了精益求精的精神，重视采用各种有效手段进行知识产权保护。如国外企业的碳铝复合材料横梁综框和塑料综片，已批量投入市场，但国内几乎没有同类产品。再如国外钢领生产企业，在材料选用、机加工水平、表面处理、质量控制等方面都强于我国，特别是在钢领材料和表面处理技术方面更是不断探索。如瑞士 Bracker 公司的泰腾（TITAN）钢领，采用高压渗透方式将金属或非金属化合物均匀分布在钢领表面，其表层硬度可达 HV1100，表面粗糙度为 0.1μm，同时还具有抗氧化性，与钢丝圈有比较合适的摩擦因数，钢丝圈运行平稳，大大延长使用寿命，目前占领了国内的高端市场。

国外名牌生产商拥有设备完善的技术中心，为产品的研发提供了有力的支持。如 Erko 和 Fleissner 的特吕茨勒技术中心，促进了 TCC 针布和 Erko 梳棉机的紧密合作，提升了 TCC 针布的地位。国外先进企业还拥有全程在线检测，如特吕茨勒对生产全程在线检测，保证所有针布的每一个细节达到要求，提高了使用性能，保证了产品质量的一致性。

三、纺织先进基础工艺发展趋势

（一）技术发展趋势

1. 新型成纱与织造技术

纺纱加工将实现"智能化、连续化、信息化和绿色化"，以高效率、高品质、节能降耗、节约用工、提高可靠性和提高适纺性为目标的纺纱加工技术将成为新型纺纱装备和纺纱工艺的发展方向。广泛采用计算机自动配棉系统、切换便捷的清梳联系统、大容量的制品卷装系统、高速稳定的并条机械、精密的粗细络联系统、高速高质量易品种切换的转杯纺设备和喷气涡流纺设备、高效的自动络筒设备、紧密集聚纺纱装备、缆型纺纱装备、无有害毛羽络筒装备等。在机织方面，以高速、大卷装、高质量、高品种适应性、低维护、低损耗、环境友好技术为主要发展趋势。在针织方面，以高机号、多功能、高速、低维护、全成型等技术为发展方向。

在线监测技术的发展，为纺纱质量的稳定提供必要的保证。裕华与西班牙品特公司合作 EffiSpin 高效纺纱系统，可针对纺纱质量进行实时全流程控制及远程监控。EffiSpin 高效纺纱系统同时具备远程连接功能，可以实现互联网或局域网的连接。该系统可以安装在细纱机、粗纱机、并条机、织机、大圆机等设备上。印度普瑞美公司的 ULTIMO 细纱机在线监测系统提供了高速纺纱工艺解决方案，针对细纱机每个单锭的生产和质量进行全面在线监控，主要检测参数有：产量、停机、落纱、效率、断头率、接头时间等；同时还可以对每台细纱机的实际功率和牵伸效率进行实时监测，方便生产管理和工艺管理。

2. 非织造关键技术

非织造加工技术可以按照成网方式、纤网加固方式、纤网结构或纤维结构等多种方法进行。非织造布专用聚合物切片、差别化纤维、功能性纤维、新型绿色纤维、生物可降解纤维等在非织造产业领域得到大量应用，随着机电一体化技术、微电子技术、自动控制技术和各种新材料的广泛应用，非织造技术向高产、高速、高质、自动化方向发展。

3. 染整技术

染整加工技术向生态化发展，染料和助剂向绿色和更加安全发展，染整产品呈现高品质、多功能、高附加值。其主要技术进展表现为：高效短流程前处理、小浴比染色、高效节能水洗、节能烘干、等离子加工等节能节水生产技术，超临界染色加工技术，激光处理技术，微悬浮体染色技术，生物酶处理技术，数码喷墨印花技术，超声波加工技术，各种功能性整理技术等。

印染生产的在线采集系统的应用。针对前处理、印花、染色、后整理等印染生产工艺过程，研究开发新型的纺织印染企业数字化系统，实现印染生产过程的智能化检测与控制、物料自动配送。

4. 先进纺织结构复合材料技术

先进纺织结构复合材料是复合材料的重要分支，是发展现代工业、国防和科学技术不可缺少的基础材料。目前国内外主要研究传统纺织预制件织造技术、纺织结构复合材料成型技术和传统的复合材料设计。

（二）国际先进发展经验

1. 创新体系建设

欧、美、日等国家在化学纤维产品开发上，加强创新体系建设，实现新技术的引领。
（1）美国、欧洲建立完善的新纤维原料应用与评价体系，支撑可持续发展。

（2）日本、中国台湾有完整的纤维制备体系、技术升级与产品快速反应体系，提高产品开发效率，为产品开发提供科学体系；在产品宣传推广方面，将产品功能与实际应用环境结合展示，支撑网络销售。

（3）日本、欧洲面向下游的功能评价体系，在发展中不断提升，实现专业化的服务。

（4）欧洲、中国香港建立区域性的体验中心，如运动休闲服装、家纺体验馆，让消费者亲身体验舒适度等功能，打造专业化服务平台。

（5）欧洲、美国建立工程设计与应用中心、产业用新体系，实现专业化对接，提升专业化服务水平。

2．加强与科研院校的合作

美国国防部借助麻省理工学院军人纳米科技学院的研究力量开发高科技士兵制服；法国纺织企业联合法国国立纺织技术和工艺学校开发技术性纺织品。这是加强与科研院校的合作，共同研发新特品种和功能性产品，以达到技术创新和关键要素的优化组合，使科技成果及时转变为现代生产力，增强企业的产品竞争力。

3．产业链协作，政策支持

从国外生产工艺技术的发展经验来看，产业链的协同创新，政府的政策对新技术的研究和推广发挥了巨大的推动作用。一是在技术领域的开发上，需要技术专利商、各大科研院所高校、工程技术公司等技术研究的主体大力开展该领域的研究，从技术上得到较大的突破，同时政、产、学、研、用整个技术应用链条上每个环节都需要相互积极配合，在先进基础工艺的开发与装备、自动控制系统的开发协调方面相互融合，充分适应工艺的要求。二是长期运行的工业化单元设备或中试平台为工艺和设备的优化、升级奠定基础，配备柔性化生产装置，为企业配套产业化的装备，推进科研成果的产业化。三是国家在消费观念上的宣传倡导及支持政策的倾斜，并对从事再生生产企业给予税收、补贴扶持；在研究领域给予高校、院所、工程技术公司等研究主体一定的科研经费支持。

四、重要纺织产业技术基础发展趋势

（一）技术基础发展趋势

1. 产业技术创新的政策环境将陆续完善

在纺织行业主管部门、纺织工业联合会、产业界、科研机构的努力下，纺织产业技术创新的顶层设计和规划将得到加强。科技创新机制和财税金融政策将会陆续得以完善，引导企业加大技术创新投入，支持企业推进重大科技成果产业化。

2. 纺织科技应用基础研究将得以加强

纺织产业关键技术原理、机理、机制等应用基础研究将会得以加强，技术基础机构将开展跨领域、跨学科的交叉融合，集成现代生物、信息、纳米、新材料等新技术，创新纺织科技基础研究体系，支撑纺织产业科技持续创新。

3. 纺织产业科技原创和自主创新能力将得到大幅提升

研究主体继续大力开展原创性和自主创新纺织产业科技研究，形成我国原创和自主创新的纤维新材料、先进纺织加工、生态染整、先进服装设计与加工、新兴产业用纺织品、高端纺织装备、纺织信息化核心技术。

4. 大力推进纺织科技创新成果工程化、产业化

我国原创和自主创新的纺织产业各领域核心技术成果在主要纺织企业加快实施工程化和产业化，主要纺织企业新技术国内原创和自主创新的比例显著提高。

5. 纺织科技创新体系得以完善

在国家层面有望布局建设一批面向纺织产业各领域基础研究、工程技术研究的重点实

验室和工程研究中心，建成纺织国家实验室，统领我国纺织科技创新，整体完善我国纺织产业技术基础和科技支撑体系。

6. 加强纺织科技人才队伍建设

在创新人才资源匮乏的大背景下，加大纺织科技领军人才队伍建设，推进纺织科技创新团队建设，加强纺织科技人才培养，构建高素质、国际化、多层次的纺织科技创新人才体系。

（二）国际先进发展经验

发达国家和地区经济的增长方式由以工业为主体向知识经济转移，产业需求已经不能满足经济的发展，政府需转向"先导性"的技术研发策略，由创新研发的新技术催生新的产业，这期间民间科研力量在共性技术的研发中地位逐渐增强，政府的职能应转向监督、调控等辅助性行为。共性技术研发推广中，政府主导的性质应随着经济的发展逐渐弱化，逐渐转向市场主导。

以美国纺织产业为例，其共性技术研究与扩散就已经进入了第三个发展阶段。美国纺织工业已经成为世界上以高科技和诸多知识产权及发明创造武装起来的一个在全球最具竞争力的工业行业，其很多子行业已经发展变化或者衍生成为另外一种新兴的工业或者发展渗透和融入到了其他的工业中。目前，其主要的纺织品生产已经转向领先世界的高科技纺织品。美国技术基础机构的组织形式呈现多样化，有政府主导型、行业联合组织主导型、高校和研究机构主导型等，企业研发力量较强，政府职能主要是监督、调控等辅助性行为。

第四章 发展重点

一、纺织关键基础材料发展重点

（一）高性能聚丙烯腈基碳纤维发展重点

重点发展干喷湿法纺 T700 级及以上高性能纤维制造及应用技术。

2015 年：优化干喷湿法纺丝工艺技术，稳定 T700 级产品质量，实现 T700 级产品的稳定生产；实现 T700 级碳纤维在航空、电力等领域的初步应用，突破 T800 级碳纤维制备关键技术。

2016—2017 年：进一步稳定 T700 级碳纤维的生产，扩大在航空、电力、建筑补强及新能源等行业的应用；实现 T800 级碳纤维的小批量生产。

2018—2020 年：实现碳纤维成套装备国产化，突破尖端品种的关键生产设备、纤维生产及其下游制品生产的关键辅助材料等，实现国产高强、高强中模和高模高强等主要系列碳纤维制备及工程化技术的全面突破，产品实现工程应用。

（二）芳纶发展重点

重点推进对位芳纶制造产业化及应用。

2015 年：稳定 Kevlar29 类水平产品质量及稳定性，拓展对位芳纶应用领域，加强对 Kevlar49 类和 Kevlar129 类等高端产品关键技术研发，在填补国内高端产品空白的同时可逐步满足国内应用迫切需求。

2016—2017 年：对位芳纶产能突破 8000 吨，初步形成经济规模；突破对位芳纶主原料关键制备技术，丰富系列化产品，提高对位芳纶在安全防护等高端领域应用比例。

2018—2020 年：对位芳纶产能达到 50000 吨，单线规模实现高效的经济规模生产和原料自给，形成系列化产品，实现成套装备国产化，突破尖端品种的关键生产设备、纤维生产及其下游制品生产的关键辅助材料等，提高对位芳纶在航空航天材料、防弹衣、头盔和轮胎骨架材料、高强绳索等领域的应用比例。

（三）聚苯硫醚纤维（PPS）发展重点

提高聚苯硫醚纤维（PPS）的性能和稳定性，扩大在电力行业高温除尘的应用。

2015 年：纤维级树脂性能指标达到熔融指数 200，熔点 $T_m \geq 280℃$，灰分≤0.5%；形成聚苯硫醚纤维年产 20000 吨级以上产业化规模，提高纤维性能指标稳定性。

2016—2017 年：提高 PPS 超细、异形、改性和复合方面的研发力度，开发 PM2.5 级精细滤料专用规格（1D 以下）纤维及其复合滤料，PM2.5 以下微细粒子捕集率≥99%；提高 PPS 抗氧化能力，滤袋使用寿命普遍达到 3 年以上，电力行业应用普及率提高到 20%以上，纤维国产化率 60%以上。

2018—2020 年：产能规模达到 26000 吨，滤袋使用寿命普遍达到 4 年以上，电力行业应用普及率提高到 30%以上，纤维国产化率 80%以上；实现纤维与其他纤维混纺，增强防护服的穿着舒适性；实现 PPS 微多孔纤维膜，并在反渗透、透析、超滤和气体分离等方面得到应用。

（四）玄武岩纤维（CBF）发展重点

提高玄武岩纤维在工业锅炉烟气排放中的应用。

2015 年：通过表面处理技术和与其他高性能纤维混杂创新等方法提高纤维性能和可纺性，使之较好地适用于工业锅炉中烟气过滤。

2016—2017 年：突破 800 孔漏板生产技术，产能规模达到 20000 吨，降低生产成本，研发耐高温复合材料应用技术。

2018—2020 年：产能规模达到 30000 吨，进一步降低生产成本，纤维离散度确保控制在 5%，力争在 3%以内，发展 CBF 增强耐高温树脂基复合材料，树脂基耐高温指标达到≥220℃。

（五）聚四氟乙烯纤维（PTFE）发展重点

扩大聚四氟乙烯纤维在垃圾焚烧烟气排放中的应用。

2015 年：提高国产聚四氟乙烯纤维性能指标，降低生产成本。

2016—2017 年：产能规模实现 5000 吨，针对 PM2.5，开发 ePTFE 微孔薄膜复合滤料、高密超细面层的梯度精细滤料及多工艺复合加工的精细滤料，实现在垃圾焚烧领域袋式除尘应用比例达到 40%。

2018—2020 年：全面实现 PTFE 微孔膜和纤维及高性能过滤材料的国产化，拥有自主知识产权，进入国际市场参与竞争，产能规模达到 7000 吨，在垃圾焚烧领域袋式除尘应用比例达到 100%。

（六）聚酰亚胺纤维（PI）发展重点

扩大聚酰亚胺纤维在水泥行业除尘中的应用。

2015 年：耐高温聚酰亚胺纤维有效产能突破 2000 吨，单丝纤度为 2.0dtex，强度 >4cN/dtex，极限氧指数为 38%，达到国外同类产品水平；开发了高温过滤毡、高温隔热辊等多种高附加值复合材料，应用于高温过滤等领域。

2016—2017 年：产能突破 5000 吨，生产成本进一步降低，开发复合纺技术，进一步提升纤维耐热性能和力学性能；聚酰亚胺纤维滤料在水泥工业中的应用比例达到 30% 以上。

2018—2020 年：高强高模聚酰亚胺纤维完成中试突破，耐热型聚酰亚胺纤维产能达到 7000 吨，提高国产聚酰亚胺纤维滤料在水泥工业中的应用比例达到 70% 以上。

（七）差别化、多功能纤维发展重点

提高新一代聚酯仿棉纤维及其纺织品产业化和应用水平。

2015 年：连续聚合直接纺丝单线能力≥6 万吨/年，废液中单体与副产物高效提取利用；产品广泛应用于服装、家纺产品；6 万吨规模装置上的在线添加技术的运行优化，关键设备与工艺开发；完成 100 万吨/年的产能改造。

2016—2017 年：连续聚合直接纺丝单线能力≥10 万吨/年；废液中单体、副产物回收品质满足直接应用要求；产品广泛应用于服装、家纺产品；在防护、军用等特殊应用领域应用；完成 300 万吨/年产能的新建或改造。

2018—2019 年：连续聚合直接纺丝单线能力≥20 万吨/年；在民用、军工、防护等领域的服用和家纺产品中广泛应用；20 万吨规模装置上的在线添加技术开发。

（八）生物基原料产业化及应用

2015 年，突破 L-乳酸的提纯和万吨级 PLA 的聚合关键技术；建成国产原料 PDO 万吨级连续聚合产业化示范线；建设年产万吨级生物长链二元酸、万吨级戊二胺生产线。重点攻克海洋生物基化学纤维原料。

2016—2017 年，全面打通 L-乳酸→丙交酯→PLA 产业化生产，总产能达到 5 万吨/年；实现 PDO 全国产化连续聚合 10 万吨/年生产能力；生物基长链二元酸、戊二胺聚合能力达 5 万吨/年。开发国产虾、蟹壳、海藻等原料，实现原料多元化。

2018—2020 年，实现生物基合成纤维原料 60 万吨/年、海洋生物基原料 5 万吨/年，新型纤维素纤维原料 300 万吨/年。合成纤维原料替代率达 10%。

（九）生物基合成纤维产业化与应用

2015 年，PLA 纤维实现万吨级产业生产；PTT 纤维短纤单线产能 6 万吨，长丝单线产能 10 万吨；PA56 纤维实现千吨级产业化生产；PHBV/PLA 共混纺丝达到千吨级规模。推进生物基纤维在纺织服装、卫生材料等领域的应用示范。

2016—2017 年，PLA、PTT、PDT、PBT、PA56 等生物基合成纤维总量达到 30 万吨/年能力，重点推进 PLA、PTT、PBT、PA56 纤维，PHBV/PLA 共混纤维在纺织服装、卫生材料等领域的应用；实现万吨级以上规模 PBS、PET、PTT、PBAT 等聚合材料产业化生产，满足纤维、成型加工要求。

2018—2020 年，全面突破生物基合成纤维制造技术，进一步降低生产成本，形成生物基合成纤维 100 万吨/年的生产能力。

（十）海洋生物基纤维产业化与应用

2015 年，实现千吨级/年海藻纤维产业化生产；形成单线产能千吨级壳聚糖纤维和万吨级甲壳素复合纤维生产线，解决壳聚糖纤维、甲壳素复合纤维工程化、产业化的关键技术与设备，降低产品成本，满足纤维在纺织、卫生材料、过滤防护领域的应用。

2016—2017 年，海洋生物基纤维总量达万吨级产业化生产，推进在化纤纺织、卫生材料、航空航天、过滤防护等领域的应用。形成新的产业链和经济增长点。

2018—2020 年，"十三五"期间重点是要解决原料的多元化和无毒纺丝技术。纺丝液制备工艺、纺丝成型及后道关键技术、原液着色技术。形成海洋生物基纤维总量达 5 万吨/年生产能力。

（十一）新型再生纤维素生物基纤维产业化

2015 年，攻克新型纤维素纤维原料和新型纤维素纤维的制备技术的开发。建成竹、麻、秸秆等生物质原料到新型再生纤维绿色工艺示范生产线，用绿色环保的无毒纺丝技术替代传统的高能耗、高污染、高排放"三高"工艺路线，实现"过程替代"，开发环境友好型、生态环保型、资源可再生型的新型纤维素纤维。

2016—2017 年，形成单线产能 3～5 万吨/年绿色制浆和万吨级新溶剂纺丝纤维生产线，综合能耗下降 30%、水耗下降 50%、COD 排放下降 50%；建成麻类生物法脱胶，形成高附加值麻类纤维单线产能 3 万吨/年的绿色生物工艺示范工程，达到纺织高支麻类纱线的要求；高性能竹浆纤维单线产能达到 3 万吨，实现总产能 20 万吨，达到高端纺织品加工的要求。

2018—2020 年，形成 Lyocell、离子液体纤维素纺丝、低温碱/尿素溶液纤维素纤维、竹浆纤维、麻浆纤维总能力达到 50 万吨。

（十二）废旧纺织品的回收利用

2015 年，废旧纯涤纺织品连续破碎及输送技术及设备；废旧纯涤纺织品连续醇解技术及装备；杂质脱除技术及装备；高效连续聚合技术及装备；再生聚酯熔体直纺成套技术；形成万吨级规模装置的产业化。

2016—2017 年，建立废旧纺织品快速检测体系；混纺织物原料处理技术；混纺织品连续醇解技术及装备；涤棉分离、过滤技术及装备；技术集成的工程产业化技术；形成万吨级规模装置的产业化。

2018—2020 年，废旧纺织品快速检测体系；混纺织物原料处理技术；混纺织品连续醇解技术及装备；多种组分的分离、过滤技术及装备；技术集成的工程产业化技术；形成万吨级规模装置的产业化。

（十三）废塑料的回收利用

2015 年，研发快速高效废旧塑料（瓶片）分拣技术和装备，开发出相应专用分级设备和光学成像识别分级工艺，实现再生瓶片原料的高效连续分级，建立万吨级示范工程。

2016—2017 年，利用先进的集成技术解决废塑料处理过程中的金属、材质、颜色的高效分离。建立单线 5 万吨级示范工程。

2018—2020 年，利用先进的集成技术解决废塑料处理过程中的金属、材质、颜色的高效、高质、高值、无害、封闭分离。建立单线 10 万吨级示范工程。

（十四）再生纤维生产

2015 年，开发乙二醇的连续化醇解涤纶技术、BHET 回收提纯技术、BHET 聚合增黏技术，探索环保型催化剂，提高废聚酯解聚率和单体产率，优化工艺降低化学法生产成本。根据布泡料堆积密度较低的特点，研究具有超大压缩比、高效排湿功能的专用熔融装置；针对物料体系设计高效过滤除杂装置，探索减少固体杂质及易挥发物质含量的方法；开发液相增黏技术及装备，提高聚合物的纯净度和黏度，优化分子量分布；研究染料的溶解与沉析动力学，开发连续过滤装置与技术，实现染料气相提取及分离，保证循环系统连续稳定运行。

2016—2017 年，优化瓶片精细过滤工艺，开发合理的配料及合适的纺丝温度，克服纺丝过程中因黏度差异和分子量分布宽引起的问题，建立年产 20 万吨的瓶片—纤维生产示范线。

2018—2020 年，分析材料结晶与流变性能，确定 PP、PE、PEN 等共混组分对再生纤维性能的影响规律；通过分子结构改性、共混、异形、超细、复合等技术，开发高柔软性、高压缩弹性、抗菌、阻燃、远红外等功能化、差别化纤维，形成万吨级生产能力；开发适用的专用母粒，建立颜色补偿新方法和颜色复配体系，生产多规格、多系列的再生色丝；加强对原料的分级过滤，采用固相缩聚和液相增黏的方法提高其特性黏度，达到普通工业丝的使用标准，形成规模化产量。

关键基础材料发展重点见表 1。

表 1　关键基础材料发展重点

产品名称	主要技术参数或性能指标	应用产品及市场需求预测	关键技术	研发和产业化目标	涉及的上下游环节
高性能聚丙烯腈基碳纤维（T700级）	拉伸强度≥4.9GPa，CV≤5%，拉伸模量230GPa，CV≤5%	满足在碳芯电缆、汽车、建筑补强、体育休闲、能源领域等工业用领域的需求	优化大型、高效聚合导热体系；升级高稳定化干喷湿纺纺丝工艺及高倍牵伸工艺；升级快速氧化碳化装备和能有效节能的预氧化碳化装备；提升干喷湿纺纺碳纤维表面处理技术	优化干喷湿纺法纺丝工艺技术，稳定T700级产品质量，实现T700级产品的稳定生产；在实现T700级碳纤维在航空、电力等领域应用的同时，进一步扩大其在航空、建筑补强行业等能源新的应用	碳纤维复合材料设计、加工制造工艺
对位芳纶	断裂强度：20~22cN/dtex，断裂伸长率：3%~4%	满足汽车胶管和室内光缆应用，提高在航空航天、防弹衣、头盔和轮胎骨架材料、高温绳索等领域应用的应用	聚合分子量精确控制技术；聚合物的高效溶解、纤维细旦化（高强化）纺丝技术；高温热定型（高模化）制备技术	稳定Kevlar29水平产品质量及稳定性，拓展对位芳纶应用领域，加强对Kevlar49和Kevlar129等高端产品关键技术研发。实现成套装备国产化，突破尖端产品生产设备、纤维生产及其下游制品的关键辅助材料等	原料绿色化生产技术、对位芳纶、复合材料、蜂窝材料生产技术
聚苯硫醚纤维	纤维级树脂性能指标达到：熔融指数200，熔点Tm≥280℃，灰分≤0.5%；普通型聚苯硫醚纤维，细旦型纤维与细旦异形纤维产品纤维≤1.5dtex，强度>3.5cN/dtex，细旦异形纤维的异形度异形系数≥0.4	耐高温过滤材料（袋式除尘器）	纤维级树脂纯化技术；聚苯硫醚纤维差别化产品的开发与应用技术	提高纤维级树脂品质，提高纤维性能指标稳定性；提高PPS超细、异形、改性和复合方面的研发力度，开发PM2.5级精细滤料专用规格（1D以下）纤维及其复合滤料，提高PPS抗氧化性能，实现纤维与其他产品种类；增强防护服的穿着舒适性，实现高性能PPS微混纺，微孔纤维膜，超透膜和气体分离等方面得到应用	纤维树脂纯化工艺、纤维混纺、纤维纺纱、复合纺纱工艺
玄武岩纤维	抗拉强度3200~4840MPa；弹性模量70~11GPa；延伸率31%；最高工作温度350~700℃	交通运输、建筑材料、隔热隔热、汽车行业环保	多孔拉丝漏板技术；大规模池窑生产技术、工艺自动化控制技术；高性能、低成本连续玄武岩纤维的浸润剂技术、熔体掺杂改性技术	突破多孔漏板生产技术，降低生产成本，研发耐高温复合材料应用技术；通过表面处理技术和新等方法提高纤维性能和向纺织；发展CBF增强树脂基复合材料，扩大应用	高品质矿产优选工艺、树脂增基复合材料设计、加工、制造工艺

续表

产品名称	主要技术参数或性能指标	应用产品及市场需求预测	关键技术	研发和产业化目标	涉及的上下游环节
聚四氟乙烯纤维	长丝丝束小于100dtex，强度大于3.5cN/dtex、高温热降率小于1%；短纤细度达到0.5dtex、强度大于2.2cN/dtex	为PM2.5净化滤料、离子交换膜滤材等提供增强支撑网和缝纫线，同时为生物医疗、石化、环保提供新材料	膜裂法纺丝技术；纤维成型加工技术	提高国产聚四氟乙烯纤维性能指标，降低生产成本；开发ePTFE微孔膜复合薄膜复合滤料、超细面层的梯度精细度加工的精细滤料；全面实现PTFE微孔膜和纤维纤维及高性能过滤材料的国产化	车辆尾气过滤技术、表层过滤高效分离技术，高效除尘技术、高密度焚烧与脱硫脱硝用高效吸附、脱除技术，环保材料再生技术，PM2.5净化材料系列研究
聚酰亚胺纤维	单丝纤度为2.0dtex，强度>4cN/dtex、极限氧指数分38%	耐高温过滤材料（袋式除尘器）、阻燃特种防护服	聚合工艺技术；高均匀性纺丝原液的制备工艺；在线黏度控制技术、高精度过滤及恒温恒压输送技术、自动加料装置、高黏度聚合釜等设备备成套技术开发	开发高温过滤、高隔热熱辊等多种高附加值复合材料，应用于高温过滤等领域，降低生产成本，开发复合纺丝技术，进一步提升开纤维耐热性能和力学性能	关键单体的开发；树脂溶液合成工艺开发；细旦聚酰亚胺纤维后处理技术；工艺与整线控制技术；聚酰亚胺产业化应用技术研究
新一代聚酯仿棉纤维	连续聚合直接纺丝单丝单线能力≥20万吨/年，废液中单体、副产物回收利用满足品质应用要求	在民用、军工、防护等领域的服用和家纺产品中泛应用	20万吨规模装置上的在线添加技术开发；新型高效回收利用装置和工艺开发	在民用、军工、防护等领域的服用和家纺产品中广泛应用	
生物基原料1,3-丙二醇（PDO）,1,4-丁二醇（BDO）二元混醇、1,4-丁二酸、己二酸、L-乳酸（LA）、长链二元酸、戊二胺	聚乳酸单体L-乳酸和D-乳酸光学纯度大于99.5%，挤出级聚乳酸黏均分子量高于7万、特性黏度2dL/g，聚乳酸耐温>110℃。单体纯度≥99.9%，满足纤维化及聚合要求	替代石油基原料	生物基原料产业化应用项目；开发木薯淀粉、秸秆、玉米芯等非粮食资源生物原料，重点攻克生物二元醇产业化及应用技术	实现生物基合成纤维原料60万吨/年，海洋生物基原料5万吨/年，新型纤维素纤维原料300万吨/年，合成纤维原料替代率达10%	微生物学、合成生物学、分子生物学、化学工程、纳米生物、环境工程；工业微生物、工业酶及生物催化、在线检测技术

续表

产品名称	主要技术参数或性能指标	应用产品及市场需求预测	关键技术	研发和产业化目标	涉及的上下游环节
生物基合成纤维	PLA纤维断裂强度大于3.5g/d,断裂伸长率30%~35%。纤维聚合的1,3-丙二醇(PTT)纯度大于99.5%,色度小于10(Pt—Co标),水分≤0.2wt%,成本控制在1.5万元/吨以下,PTT熔体特性黏度大于0.8dL/g。对苯二甲酸混合二元醇酯(PDT)熔体特性黏度0.67~0.69dL/g,断裂强度大于3.8cN/dtex,断裂伸长率小于30%。PBT熔体特性黏度 0.9~1.10dL/g,纤维断裂强度大于3.0cN/dtex,断裂伸长率小于34%	婴儿用品、内衣、袜类、卫生材料、页岩气开采、高档服装	生物基合成纤维产业化与应用项目。优化PTT聚合工艺,解决聚合工程化关键技术与设备,PTT纤维的染色技术;生物基纤维材料复合技术;PHBV/PLA共混纺丝	2015年,PLA纤维万吨级产业生产;PTT纤维短纤单线产能6万吨,长丝单线产能10万吨;PA56纤维实现千吨级产业化生产;PHBV/PLA共混纺丝达到千吨级规模。推进生物基纤维在纺织服装、卫生材料等领域的应用示范。2016—2017年,PLA、PTT、PDT、PBT、PA56等生物基合成纤维总量达到30万吨/年能力,重点推进PLA、PTT、PBT、PA56纤维、PHBV/PLA共混纤维在纺织服装、卫生材料领域的应用;实现万吨级以上规模PBS、PET、PTT、PBAT等聚合材料产业化生产,满足纤维成型加工要求。2018—2020年,全面突破生物基合成纤维制造技术,进一步降低生产成本,形成生物基合成纤维100万吨/年的生产能力	纳米生物、环境工程,控制工程。高分子材料合成、聚合、纺丝、织造、印染、DCS控制技术、生物基纤维高性能化、功能化技术。
海洋生物基纤维	海藻纤维断裂强度≥2.2cN/dtex,断裂伸长率大于14%;壳聚糖纤维纤维断裂强度≥1.5cN/dtex,断裂伸长率长大于14%;甲壳素纤维纤维:纤维断裂强度≥2.2cN/dtex,断裂伸长率≥17%	生物医用、卫生防护、高档保健服装、家用纺织品、过滤防护	海洋生物基纤维产业化与应用。无毒纺丝技术。纺丝液制备工艺,纺丝成型及后道关键技术、原液着色技术	2015年,实现千吨级/年海藻纤维产业化生产;形成单线产能千吨级万吨级海藻纤维和万吨级甲壳素复合纤维工程化技术与设备,解决壳聚糖纤维、甲壳素复合纤维的关键技术与设备,降低产品成本,满足纤维在纺织、卫生材料、航空航天、过滤防护等领域的应用。2016—2017年,海洋生物基纤维总量达万吨级产业化生产,推进在化纤纺织、卫生材料、过滤防护等领域渐新的应用。形成链和经济增长点。2018—2020年,"十三五"期间重点要解决原料的多元化和无毒纺丝技术;纺丝液制备工艺、纺丝成型及后道着色技术、原液着色技术,形成海洋生物基纤维总量达5万吨/年生产能力	微生物学、合成生物学、分子生物学、化学生物、纳米生物,环境工程。工业微生物、工业酶及生物催化、湿法纺丝、自动控制技术。生物基纤维高性能化、功能化技术。

续表

产品名称	主要技术参数或性能指标	应用产品及市场需求预测	关键技术	研发和产业化目标	涉及的上下游环节
新型再生纤维素生物基纤维	竹纤维断裂强度≥2.2cN/dtex，断裂伸长率≥17%。（Lyocell）纤维断裂强度≥3.0cN/dtex，断裂伸长率≥17%。麻浆纤维断裂强度≥3.0cN/dtex，断裂伸长率≥17%。麻条纤维断裂强度≥3.2cN/dtex，长度32±5mm，分裂度4.0dtex；长度70mm，分裂度9.0dtex。纤维素/蛋白复合纤维断裂强度≥2.2cN/dtex，断裂伸长率≥15%	高档服饰、家纺、袜类、卫生材料等	新型再生纤维素生物基纤维产业化。绿色制浆和万吨级新溶剂纺丝纤维生产线。绿色制浆和生物酶和绿色制浆丝产业化。开发高效生物法处理过程工艺、绿色制浆与纤维生产一体化工艺	2015年，攻克新型纤维素纤维原料和新型纤维素纤维的制备技术的开发。建成竹、麻、秸秆等生物质原料到新型再生纤维素纤维绿色工艺示范生产线，用绿色环保的无毒纺丝技术替代传统的高能耗、高污染、高排放"三高"工艺路线，实现"过程替代"，开发环境友好型、生态环保型、资源可再生型的新型纤维素纤维。2016—2017年，形成单线产能3~5万吨/年绿色纤维素制浆和万吨级新溶剂纺丝纤维生产线，水耗下降50%，COD排放下降50%。建成麻类生物法脱胶，形成高附加值麻类纺织工艺示范工程，建成麻单线产能3万吨/年的绿色纱线，达到绿色纱线的要求。达到高性能竹浆纤维单线产能达到3万吨，总产能20万吨/年高端纺织品加工的要求。2018—2020年，形成Lyocell、离子液和竹浆纤维工业丝，低温碱尿素溶液纤维素纤维，竹浆纤维、麻浆纤维总产能力达到50万吨	化工技术、生物技术、化学工程、环境工程、湿法纺丝自动控制技术、生物基纤维高性能化、功能化技术
废旧织品	能够在10s以内快速分离出服装、家纺及产业用的混纺织物成分，准确率>95%，回收制备的聚酯熔体特性黏度>0.68dL/g，回收棉纤维的断裂强度>3.0cN/dtex。纤维能够循环使用。其他混纺能够回收回纺织品回收利用或能够回收或处理不造成环境污染	多应用领域、多成分回收，特别是产业用纺织品回收利用	高性能纤维快速检测体系；高性能纺织原料处理技术；多种组分的分离、过滤技术及装备；回收高性能纤维的碳化、研磨技术	2015年，废旧纯涤纺织品连续破碎及输送技术及设备、废旧纯涤纺织品连续醇解技术及设备；杂质脱除技术及装备；再生聚酯熔体直纺成套技术，形成万吨级规模装置的产业化。2016—2017年，建立废旧纺织品快速检测体系；混纺织物原料处理技术及装备；涤棉分离、混纺织品连续醇解技术集成的工程产业化规模技术及装置的产业化。2018—2020年，废旧织品原料处理技术；混纺织品连续醇解技术；多种组分的分离、过滤技术及装备；多种集成的工程产业化规模技术及装置的产业化	有机化学，纺织材料学

续表

产品名称	主要技术参数或性能指标	应用产品及市场需求预测	关键技术	研发和产业化目标	涉及的上下游环节
废塑料		高洁净度的食品级塑料的分拣、清洗、开发；高强度打包材料的分拣、多用途工程塑料的分拣、清洗、开发	废塑料的回收利用。用分级设备和光学成像识别分级工艺	2015年，研发快速高效废旧塑料（瓶片）分拣技术和装备，开发出相应专用分级设备和光学成像识别分级工艺，实现连续分级，建立万吨级示范工程。2016—2017年，利用先进的集成技术解决废塑料处理过程中的金属、材质、颜色的高效分离。建立单线5万吨级示范工程。2018—2020年，利用先进技术解决废塑料处理过程中的金属、材质、颜色的高质、高值、无害、封闭分离。建立单线10万吨级示范工程。	新型塑料、改性材料
再生纤维	低熔点纤维：熔点110~135℃，黏度≥0.45，杂质≤100ppm，水分≤1%。再生差别化长丝：黏度≥0.50，杂质≤100ppm，水分≤1%。瓶片：熔点258℃，黏度≥0.75，杂质≤100ppm，水分≤1%。再生有色长丝：沸水收缩率≤3.5%，CV%≤≤6。颜色均匀性：4级，强度≥3.2g/d	服装、装饰、过滤、填充材料、无纺布	再生纤维生产	2015年，开发乙二醇的连续化醇解涤纶技术，BHET回收提纯技术，BHET聚合增黏技术，探索环保型催化剂，提高废聚酯解聚率和单体产率，优化工艺，降低化学法生产成本。根据布泡料堆积密度较低的特点，研究具有超大压缩比、高效排湿功能的专用熔融装置；针对物料体系设计高效过滤除杂装置，探索减少固体杂质及挥发物含量的方法；开发液相增黏技术及装备，提高聚合物的纯净度和黏度，优化分子量分布；研究染料的溶解与沉析动力学，开发连续过滤装置与技术，实现染气相提取及分离，保证循环系统运行。2016—2017年，优化瓶料及合适的纺丝温度，开发合理的配料及分子量精细过滤工艺，克服瓶片过程中因黏度差异和分子量宽引起的问题，建立年产20万吨的瓶片—纤维生产示范线。	有机化学、化纤生产工艺

产 品 名 称	主要技术参数或性能指标	应用产品及市场需求预测	关 键 技 术	研发和产业化目标	涉及的上下游环节
再生纤维				2018—2020 年，分析材料结晶与流变性能，确定 PP、PE、PEN 等共混组分对再生纤维性能的影响规律；通过分子结构改性、共混、异形、超细、复合等技术，开发高柔软性、高压缩弹性、阻燃、抗菌、远红外等功能化、差别化纤维，形成万吨级生产能力；开发适用的专用母粒，建立颜色和颜色复配体系，生产多规格多系列的再生色丝；加强对原料的分级过滤，采用固相相缩聚和液相增黏的方法提高其特性黏度，达到普通工业丝的使用标准，形成规模化产量	

二、纺织核心基础零部件发展重点项目

（一）新型多功能高速锭子

棉纺锭子是棉纺细纱机上重要部件之一，使用数量多、转速高、运转时间长，锭子质量对纱线生产成本、品质、管理效率和经济效益都有重要影响。

大多数国产纺纱锭子在生产使用中高速下的可靠性和稳定性差，如在转速超过18000r/min后，受结构限制，易出现纺纱跳管等问题。欧洲知名企业生产的锭子纺纱速度在18000～22000r/min，最高可达到25000r/min，而国产锭子速度一般在15000～17000r/min左右，换油周期仅为2200～4500h。欧洲产锭子使用寿命在10～15年，而国产锭子只有5～8年，且早期故障和失效现象多。

国内企业研发的新型多功能高速锭子，最高转速可达22000r/min，寿命达到10年以上。该产品锭胆、上支承和下支承采用新结构，并通过精细化制造技术来保证产品的可靠性、产品的质量。

我国目前已拥有纺纱锭数1.3亿枚，纱锭规模、棉纱线产量占世界产能近50%。随着纺纱逐步向高速化、自动化、高效能的方向快速发展，纺纱企业及主机生产企业对于锭子提出了更高的要求。目前高速纺纱设备大多配备进口高速锭子，新型多功能高速锭子能满足用户的要求。

（二）高性能纺纱用蓝宝石钢丝圈

纺纱工业正朝着高速、高支、高密、自动化、集聚纺方向发展。除纺传统的棉纤维纱外，纺特殊纤维、新型纤维、碳素纤维、仿棉纤维的需求越来越多，原有的钢丝圈已不能满足行业的发展。

目前国内生产的钢丝圈材料多采用T9A，表面处理多为电镀。但钢丝圈使用寿命一般在3～5天，售价30～40元/盒，远远不能满足集聚纺纱和高速环锭纺纱等要求。国外知名企业的钢丝圈材料多采用合金钢，表面处理采用特殊工艺，其使用寿命15～20天，售价 600～800 元/盒。因此，纺织行业的一些高端企业所用的钢丝圈多数靠进口。

国内企业研究开发的蓝宝石钢丝圈已小批量投入市场，从使用情况看，完全可以和国外产品竞争。该产品采用特殊的表面处理技术使得钢丝圈的润滑性、耐磨性有了较大的提高，且甩掉了污染严重的电镀工序，实现了真正的清洁生产、节能减排。

蓝宝石钢丝圈选用 80WV 国内最好的合金钢材料和进口合金钢丝两种材料，增加钢材中钨（W）、钒（V）、镍（Ni）、钴（Co）等合金元素，提高了材料的机械加工性能、热处理性能及最终特殊表面处理性能。采用球化退火热处理技术和淬火回火一体化技术，将钨、钒、镍、铬等过渡族合金元素扩散渗透到钢丝圈基体，并保证一定的渗层深度，形成致密、均匀的牢固的膜层，使之具有很好的耐磨性、减摩性、防腐性。

蓝宝石钢丝圈满足高速、高支、高密、自动化、集聚纺的要求，减少纺纱过程中的毛羽、飞圈等不良现象的出现，使用寿命接近 15 天。

（三）自动穿经机用高性能钢片综

无梭织机已向高速、高密、宽幅方向发展，然而与其配套使用的国产钢片综，还在按工艺流程的顺序单机单工序冲制，由于冲切工序分散，多次定位，导致累积误差大，产品的一致性和平整度差，无法适应速度高、冲击力大和密度高、幅宽大、腐蚀性强的织机或织物的要求，完全不能适用于自动穿经机对钢片综外形尺寸高度一致的要求，与国外先进技术水平相比，差距较大。

国内企业研发的自动穿经机用高性能钢片综成型工艺颠覆了钢片综传统的制造工艺，可用于 1000r/min 的高速织机。该工艺利用级进式模具将纵向冲切改变为横向冲切，送料长度由 300mm 左右减小为 5.5mm，冲切速度大幅提升，每分钟可生产 90～130 支，生产效率翻番。由于把多套模具的功能集中在一套模具中完成，保证了生产过程中的最小制造误差，同一批钢片综外形尺寸极限偏差不大于 0.02mm；产品基本形状达到高度一致。产品的核心工艺技术包括：将传统的纵向冲切成型改为横向冲切成型的工艺技术；将多道手工冲切成型改为自动一次成型的工艺技术；干湿结合的抛光工艺技术。为改变钢片综传统成型工艺而设计的连续自动冲切模具，生产效率高，生产操作简便，同时产品尺寸一致性及质量能得到有效保证。

（四）梳理器材——针布

梳理器材不仅广泛应用于纺织产业的棉纺、麻纺、毛纺与非织布行业，还应用于纺织纤维的再生、织物的后整理行业和羊绒分离行业。目前国外著名的梳理器材制造商为瑞士的 GRAF 公司与德国的 TCC 公司，它们代表了目前国际的最先进水平。而国内的梳理器材也有了长足的发展，产品的适用性已经基本上能满足需求，但在产品的可靠性、一致性上与国际最先进企业的产品尚有一段距离。目前国内梳理器材领先企业的高端产品质量水平与国际最先进产品的差距在不断地缩小，即便如此，国际最先进企业产品在高端市场仍然处于垄断地位。

纺织梳理器材的发展方向主要是产品的适应性与适应纺织机械高速高产的发展。随着纺织纤维的多样性和纺织品多样性的快速发展，新产品开发速度的提升，对纺织梳理器材的适应性提出了更高的要求。随着纺织机械向高速高产方向发展速度的不断提升，对梳理器材产品的寿命、可靠性提出了更加苛刻的要求，长寿命与高可靠性是纺织梳理器材产品主要的发展方向。

（五）差别化纤维纺纱用牵伸胶辊、胶圈

差别化纤维纺纱用牵伸胶辊、胶圈采用活性电介质改性丁腈橡胶，作为抗静电、补强体系材料，提高纺纱抗静电缠绕和提高胶辊运转状态下的耐磨、抗压形变能力，提高纺纱胶圈运转状态下的抗压、抗拉、耐磨、耐油能力。该产品应用高科技纳米微型胶囊技术，对橡胶交联剂、硫化活性剂进行纳米微型胶囊化处理，优化胶辊、胶圈混炼胶工艺，缩短工艺流程，促使硫化交联体系分散匀称，减少混炼胶生产受热时间，降低丁腈橡胶的凝胶化程度，确保产品成型硫化组成均质三维交联结构弹性体。

目前国内棉纺企业纺化纤差别化纤维所使用的胶辊、胶圈以进口美国、瑞士、德国和日本的产品为主，印度产胶辊产品正在策划打入中国市场。产品质量以欧美为优。

差别化纤维纺纱用牵伸胶辊、胶圈立足国产原辅材料，进行改性深加工处理，提高材料综合应用能力，优化胶辊、胶圈配方性能，缩短工艺流程，提高产品加工生产效率，起到节支降本，增加产品利润空间和市场价格竞争力。产品从纺纱抗缠绕入手，减轻"走熟期"和回磨"后效应"造成抗缠绕性、纺纱条干变差的现象，全面优化胶辊物理化学性能，提高耐磨、耐油性能，表面采用紫外线光照处理，经物理化学效应生成适合纺纱工艺的表面功能膜，使胶辊纺纱性能接近或达到国际先进水平。同时根据纺纱滑溜牵伸机理，提高

纺纱胶圈与罗拉运转同步性，胶圈内外层与骨架线达到"三位一体"，内层配方防锈设计、外层配方抗静电和防黏附设计，纺纱胶圈配方经全方位协同效应设计后，全面优化胶圈使用性能，结合高分子材料改性和交联剂、硫化活性剂纳米微型胶囊化处理技术的应用，使胶圈纺纱性能接近或达到国际先进水平。

（六）喷丝板

加快研发孔径更小的微孔喷丝板和异形孔喷丝板；加快叶片为 0.06mm 以下的三叶形孔喷丝板、圆孔孔径 0.05mm 以下的湿法喷丝板、圆孔孔径 0.12mm 以下且具有更大长径比熔纺喷丝板等高端喷丝板产品的研发；生产更细的单丝、更高纺孔密度的喷丝板。加快研发更复杂的复合纺丝组件，复合纺丝已经由过去的两种组分复合发展到三种、四种组分复合。随着喷丝板微孔尺寸越来越小，长径比越来越大，微孔精度和光洁度越来越高，制造难度也随之增加，微孔直径公差要求达到±0.001mm，长度公差要求达到±0.007mm。

加快研究喷丝板涂层技术，提高其表面耐磨性和纺丝时聚合物与触面的剥裂性，以延长喷丝板的纺丝周期，降低生产成本。加快研发更适合纺丝工艺的新型材料，针对一些化纤新品种在纺丝时或清洗过程中对喷丝头、喷丝板具有较大的腐蚀性，需要研究具有更高耐腐蚀性的材料。

为适应新型喷丝板的研发生产，需要超前研究相应新的制造工艺和新的质量检测技术；开发新型数控加工设备和工装。

核心基础零部件/元器件发展重点见表 2。

表 2 核心基础零部件/元器件发展重点

产品名称	主要技术参数或性能指标	市场需求预测	关键技术	研发和产业化目标	涉及的上下游环节
新型多功能高速锭子	主要技术参数：在 20000r/min 纺纱条件下，最大振幅 0.08mm，空锭能耗 ≤10W、噪声 <70dB，清洁度 <3mg，使用寿命不低于 8 年，配备有自主知识产权的夹纱装置，自动化。实现尾纱 270°卷绕并能自动清除	随着集体落纱细纱机的大量使用，对配备锭子的性能和功能有特殊要求。另有大量短车落纱机改造为集体落纱装置，以适应锭子也要大量升级，锭子要大量高速化、自动化。据预测，新型多功能高速锭子于 2018 年后，每年会有 100 万套左右的市场增加量	1. 锭胆组件的减振技术及调心能力的研究，减振结构设计与制造；2. 锭子高速化配用精密微型轴承的开发；3. 锭子杆盘组件在高速回转力变化条件下的刚性、抗变形技术；4. 锭子回转部件的摩擦、润滑、磨损技术研究；5. 锭子能耗测试及节能设计技术；6. 夹纱装置的可靠性研究	满足国内纺纱设备向高速化、连续化方向发展。一是满足国内细纱机制造企业每年 400 万套以上的配套需求。二是满足纺织企业每年 50 万锭以上的改造需求。三是向印度、巴基斯坦等国家的出口	制造高速锭子，即特种料主要有三种，即轴承钢（棒材）、超硬铝合金棒材、具有弹性及减振阻尼冷轧板（高锰钢）（0.25～0.3mm）。先进工艺方面：深孔加工工艺、锭杆自动化精加工及超精加工工艺（防变形）、热处理设备及超精密轴颈等特殊表面处理工艺、高速切削工艺、精密清洗工艺、零部件连接及装配工艺等
高性能纺纱用蓝宝石钢丝圈	1. 显微组织均匀，表面光洁致密，具有优良耐磨性，润滑性及抗腐蚀性，使用寿命达到 15～18 天；2. 钢丝圈重量一致性偏差控制在 1%以内；3. 适合纯棉、混纺、化纤、麻纤维、竹纤维、竹节纱等多种纤维品种的纺纱	预计 2015 年销售 15 万盒（蓝宝石）达到 15 万盒，2020 年 30 万盒，2025 年 40 万盒	1. 满足不同类型纤维品种纺纱需求的圈形设计；2. 钢丝圈压取、成型、热处理、抛光、特殊表面扩散处理等工艺技术的研究，保证产品的加工精度，生产过程中产品的均匀性和一致性	1. 满足"高支、高速、高密"纺纱需求；2. 钢丝圈使用寿命达到 30 天以上，纺纱毛羽、断头、飞圈等减少 30%～50%；3. 替代并超过国外产品，引领行业发展方向；4. 实现出口创汇，达到国际先进水平并被国内外客户所接受	本项目涉及钢丝圈特殊用高碳合金钢；先进的数控轧机、拉丝机等；进口热处理炉、进口抛光设备等，以及先进的配套工艺；精密电镀镍铬、复合镀、离子镀等特殊表面处理技术及其工艺
梳理器材——针布	针布寿命达到或接近国际先进水平	替代进口高端针布会被市场接受，销售占比将超过 15%	提高原材料的物理机械性能，针布制造精度提升，热处理工艺水平提高	针布上机效果与国际先进水平相当，寿命达到国际先进水平并被国内外客户所接受	优质高质针布用钢丝和底布等主要原材料；给客户优良的技术支持，帮助客户正确使用产品针布等

续表

产品名称	主要技术参数或性能指标	市场需求预测	关键技术	研发和产业化目标	涉及的上下游环节
差别化纤维纺纱用牵伸胶辊、胶圈	胶辊扯断强度≥6.0MPa；扯断伸长率≥200%；扯断后永久变形≤10%；磨耗（阿克隆）≤0.1cm³/1.61km；冲击弹性≥20%；胶圈扯断强度≥15.0MPa；扯断伸长率≥250%；扯断后永久变形≤20%；磨耗（阿克隆）≤0.03cm³/1.61km	我国现有13000万锭纱锭，近几年中将有2000万左右纱锭改造为纺特种纤维、兼聚纺、集聚纺等。每锭配2只胶辊（每年消耗1.5只，年需求量达3000万只）、2只胶圈（每年消耗6只，年需求量达9000万只），具有极大的市场容量，产业化前景很好	特种丁腈橡胶高聚物改性、胶辊抗缠绕性、耐磨性、成纱质量和使用寿命研究，接近或达到国外先进水平；胶圈骨架线与内外层粘接"三位一体"	差别化纤维纺纱用牵伸胶辊3000万只/年，胶圈6500万只/年	本项目合理应用预处理活性电介质、表面功能助剂配伍等关键技术，应用高科技纳米微型胶囊技术，对橡胶交联剂、硫化活性剂进行纳米微型胶囊化处理，优化胶圈混炼胶型工艺
自动穿经机用高性能钢片综	1. 基本尺寸一致性要好，同一批钢片综基本尺寸之间的最大值和最小值偏差不大于0.05mm，综眼扭角α的最大值和最小值偏差不大于4°；2. 硬度不小于HV1480，同一批钢片综的硬度偏差不大于HV150；3. 表面应光滑无毛刺，综眼内沿呈圆弧状，表面粗糙度为Ra 0.4μm，其余部分粗糙度为Ra 1.6μm；4. 平整度要好，不允许有弧形	高密度材质重量轻，但要硬度要好，耐用性要强	1. 高性能的原材料，包括产品用钢带和模具材料；2. 高精度模具的制造；3. 抛光工艺和特种抛光设备的研发；4. 最佳形状设计	研发出最佳形状的钢片综，满足市场要求的高强度；产业化目标产量达到5亿片	钢带生产厂和模具材料生产厂家

续表

产品名称	主要技术参数或性能指标	市场需求预测	关键技术	研发和产业化目标	涉及的上下游环节
喷丝板	1. 常规圆孔喷丝板：孔径及一致性、孔长及一致性、粗糙度、表面处理； 2. 异形孔喷丝板：三叶、一字、椭圆、十字等、微孔孔型、孔径或叶长、孔长、粗糙度、表面处理； 3. 复合喷丝板、皮芯、并列、橘瓣、海岛； 4. 特殊品种喷丝板：熔喷板、纺粘板等	常规产品每年 35 万块，复合板 2 万块，特殊品种 2 万块	1. 不锈钢高精度微孔加工工艺技术； 2. 研发喷丝板导孔与微孔不同孔径范围的数控自动化加工机床； 3. 刀具设计与制造； 4. 研究喷丝板加工质量检验方法，开发自动化检验仪器	加工孔径最小达到 0.05mm； 异形孔叶片宽 0.05mm； 单板孔数达到 10 万孔	机床制造业（加工中心及发电加工设备），加工使用刀具、电极、冲孔工具等的制造工艺及材料

三、纺织先进基础工艺发展重点项目

（一）新一代仿棉聚酯纤维连续聚合直接纺丝工艺

主要技术参数或性能指标：连续聚合直接纺丝单线能力 6 万吨/年，废液中单体与副产物高效提取利用；连续聚合直接纺丝单线能力 10 万吨/年，废液中单体、副产物回收品质满足直接应用要求；连续聚合直接纺丝单线能力 20 万吨/年。

产品应用领域及市场需求：对现有聚酯涤纶装置改造后应用，产品将广泛应用于服装、家纺产品，在防护、军用等特殊应用领域应用；预计市场需求逐年递增，2015 年 20 万吨/年，2016 年 300 万吨/年，2020 年 800 万吨/年。

关键技术：应加强 6 万吨规模装置上的在线添加技术的运行优化，关键设备与工艺开发；10 万吨规模装置上的在线添加技术开发，阻燃、抗熔滴产品的工艺开发，新型高效回收回用装置和工艺开发；20 万吨规模装置上的在线添加技术开发。

研发和产业化目标：2015 年完成 100 万吨/年的产能改造；2017 年完成 300 万吨/年产能的新建或改造；2020 年完成 800 万吨/年产能的新建或改造。

时间安排：2015 年完成吸湿速干、亲水柔软等产品的工艺在工业装置上快速推广应用，阻燃、抗熔滴等新产品进行产业化技术开发；2017 年阻燃、抗熔滴等新产品进行工业化示范，新型高效回收利用装置稳定运行，回收产品品质满足直接应用要求；2020 年，新一代聚酯仿棉工艺大规模工业应用。

（二）新一代锦纶（PA6）连续聚合纺丝工艺

主要技术参数或性能指标：国产 VK 管单线日产 200 吨生产高速纺切片，国产 VK 管单线日产 400 吨；单线日产 200 吨生产工程塑料用切片。浓缩液直接回用并能生产高速纺切片；国产单线日产 200 吨生产线利用在线添加连续聚合制备功能型 PA6 产品。

产品应用领域及市场需求：产品广泛应用于高端服装、家纺产品，以及工程塑料、包装膜等。市场需求量 200 万吨/年。

关键技术：国产 VK 管反应器和聚合工艺，萃取塔装置和萃取工艺，裂解反应器和裂解工艺，在线添加装置和添加工艺等。

研发和产业化目标：2015 年日产 200 吨国产化工业示范线；2017 年建立日产 400 吨国产化工业示范线、日产 200 吨高黏度工业示范线、浓缩液直接回用工业化示范线；2020 年建立日产 200 吨在线添加连续聚合国产化工业示范线。

时间安排：2015 年，建设日产 200 吨国产化工业示范线并运行，浓缩液直接回用产业化技术开发与设备研制；2017 年，建设日产 400 吨国产化工业示范线、日产 200 吨高黏度工业示范线、浓缩液直接回用工业化示范线，推广应用日产 200 吨技术；2020 年国产单线日产 200 吨功能型 PA6 工业示范线建设运行。

（三）工业高温烟尘精细过滤用纺织品加工技术

主要技术参数或性能指标：过滤效率≥99.99%，其中 PM2.5 颗粒过滤效率达到 90% 以上，平均使用寿命≥4 年，最大阻力≤800Pa，产品寿命和阻力进一步降低。

产品应用领域及市场需求：应用于工业高温气体除尘，在不同工况适应性大大提高。2015 年，燃煤电厂袋除尘技术的应用比例达到 15%，水泥高温部分应用比例达到 40%。2017 年，燃煤电厂袋除尘技术的应用比例达到 20%，水泥高温部分应用比例达到 45%。2020 年，燃煤电厂袋除尘技术的应用比例达到 30%，水泥高温部分应用比例达到 60%。

关键技术：第一阶段加强对均匀性非织造滤料的成套加工技术和设备、在线检测设备的研发，提高滤料生产的质量效率，提高滤料产品质量均匀性；加强滤料结构设计。第二阶段针对不同需求开发机织、水刺滤料，研究提高滤料后整理、覆膜等技术，降低滤料风阻，提高除尘效率。第三阶段针对超细粉尘控制、重金属脱除与粉尘协同治理、协同脱硝除尘、去除垃圾焚烧异味等差异化需求，研究新型功能性催化剂、差异化纤维及滤料成型以及功能性后整理技术。

研发和产业化目标：在产业化的基础上，降低生产成本，扩大应用面。

（四）高强聚酯长丝胎基布生产工艺

主要技术参数或性能指标：断裂强力、断裂伸长率、热稳定性、不匀率等性能指标达到国标 A 级胎基要求。

产品应用领域及市场需求：防水卷材，用于各类土工及建筑防水工程。市场预测从 2015 年的 15 万吨增加到 2020 年的 30 万吨。

关键技术：纺丝箱体及气流牵伸器设计，以及侧吹风装置的设计；新型摆丝及成网技术，高速固结技术，纺丝箱休及牵伸风道优化设计，余热再利用技术。

（五）低耗集聚纺高品质纱线生产工艺

主要技术参数或性能指标：（1）实现低耗集聚纺装置的开发，与国内目前主流使用的集聚纺装置相比，在中细号纱成纱质量相同的情况下，系统能耗降低 5%～8%，使用中的机物料消耗费用降低 10%～15%；（2）成纱综合性能达到乌斯特公报 5%水平；（3）在保证成纱质量的基础上，实现 100～200S 高支紧密纱的生产，在细纱成纱支数相同的情况下，粗纱定量提高 30%～50%，实现高效生产；（4）混纺纱生产中混纺比与实际设计的偏差在±2%以内。

产品应用领域及市场需求：低耗集聚纺高品质纱线生产技术可应用于多组分花式纱生产加工与相应织物制品、特种天然动物绒纤维深加工与相应织物制品、高性能新型纤维加工与相应功能性织物制品等。未来集聚纺市场将以每年 200 余万锭的规模增长，高品质紧密纱每年以 10 万吨的规模增长。预计集聚纺装置增加 300～600 万锭，高品质紧密纱生产增加 10～20 万吨。

关键技术：集聚纺高支纱生产工艺研究，对集聚纺高支纱生产中原料优选工艺、高效梳理工艺、细纱高效牵伸工艺进行优化设计；集聚纺中细支纱生产低耗工艺研究，研究低耗型集聚纺装置加工工艺、集聚纺集聚区关键工艺优化；中细支、高附加值紧密纱生产工艺研究，包括多种纤维混合工艺研究、纱线内部纤维转移研究及细纱关键工艺研究。

研发和产业化目标：（1）成纱综合性能指标：达到乌斯特公报 5%水平；系统消耗：与国内目前主流使用的集聚纺装置相比，在中细号纱成纱质量相同的情况下，系统能耗降低 5%～8%，使用中的机物料消耗费用降低 10%～15%，实现具有高附加值纱线的生产，产品附加值提高 3%～5%。（2）实现集聚纺装置推广 40～80 万锭，优质紧密纱生产 1.5～2.5 万吨。

时间安排：2015 年，完成低耗型集聚纺装置中的窄槽式空心集聚罗拉高精密加工、耐用型异型管加工、低能耗集聚区优化设计；2016—2017 年，完成低耗集聚纺系统整体加工及其在国内主流环锭细纱机上的改造，完成可实现集聚纺大牵伸的高性能牵伸专件加工、牵伸设计及其在国内主流环锭细纱机上的改造；2018—2020 年，完成高支化紧密纱、高附加值功能性混纺紧密纱生产工艺研究。

（六）纯毛超高支面料纺纱工艺

主要技术参数或性能指标：嵌入式纺纱支数范围 200～300Nm/2 及以上（传统细羊毛

纺纱 120Nm/2 以上）。

产品应用领域及市场需求：包括精梳毛纺、粗梳毛纺、毛针织等服装、服饰面料。纯毛超高支面料纺纱加工工艺技术应用从 10%提高到 30%。我国纯毛超高支面料（200Nm/2 以上）市场占有率近 100%。国产 120Nm/2 超高支面料将逐步替代进口。

关键技术：（1）通过理论研究计算，进行细纱机关键工艺部件设计改造，主要解决牵伸机构、导纱传动装置、喂入原料定位、张力控制等工艺技术，在细纱机上实现复合纺纱技术；（2）通过络筒为纱线上蜡、采用刚性箭杆的低张力高密度织造技术；（3）通过平幅湿整或连续湿整设备改造，减少纤维损伤，完善退可溶性纤维工艺；（4）与设备制造厂完善改装件的通用性和标准化，实现细纱机整机定型设备。

研发和产业化目标：20%的精梳毛纺企业具备生产能力。

（七）麻纤维生物脱胶清洁生产工艺

主要技术参数或性能指标：脱胶菌种或酶培育和试验，菌种活性提高 20%，酶/菌使用量减少 15%；脱胶时间缩短 10%，耗水量和残胶率分别降低 30%和 10%；纤维分离度提高 10%，提高纤维的可纺性能；减少化学品使用量 80%以上。

产品应用领域及市场需求：麻纤维脱胶及生产。受麻资源的限制，麻纤维脱胶需求量 15 万吨/年。

关键技术：生物酶及生物菌的培养及筛选，优化脱胶工艺流程及相关设备性能。

研发和产业化目标：确定适合生物脱胶的生物酶及生物菌的菌种，结合新工艺进行小试和中试，最终全面推广先进生物脱胶工艺技术。2017 年完成中试并开始推广。

（八）鲜茧缫丝工艺

主要技术参数或性能指标：织造切断及起毛指标接近同庄口干茧丝，织造时切断、丝胶耐磨性能与同庄口干茧丝无明显差异，鲜茧丝可满足织造高品位绸缎质量要求。生丝抱合≥105 次，生丝断裂强度≥3.44cN/dtex，生丝伸长率≥20%，生丝清洁≥98 分，生丝洁净≥94 分。

产品应用领域及市场需求：主要应用于制丝业。目前在广西、广东、浙江、江苏、四川、山东等地均有鲜茧丝生产，合计年产鲜茧丝达 1 万吨左右，随着技术的成熟，预计可达到 3 万吨左右。

关键技术：提高鲜茧丝织造时的抱合性能，在采用鲜茧煮茧缫丝工艺时避免丝胶溶失过多，防止缫折过大。解决织造时断头多、起毛多等技术难点及改善丝织产品染色不均等性能。

研发和产业化目标：通过技术攻关，提高鲜茧丝在织造时的耐磨性和生产效率，改善鲜茧丝染色性能，满足高品位绸缎生产要求。

（九）原液着色涤纶长丝机织物配色工艺

主要技术参数或性能指标：原液染色色织物日晒牢度达 7～8 级，水洗、汗渍、摩擦、熨烫等各项牢度达 4～5 级，色差 3 级以上。

产品应用领域及市场需求：服饰用、装饰用、产业用机织物，随着产品质量和性能的提高，产品应用范围扩大。

关键技术：（1）研究自动分辨色彩装置对原液着色涤纶长丝颜色特征进行识别的方法；（2）研发原液着色涤纶长丝机织物自动配色方法与 CAD 设计技术等；（3）研究自动对色标准体系。

研发和产业化目标：满足服饰用、装饰用、产业用机织物要求，产品质量和性能优于白坯长丝织物。2015 年完成试样制备、织物色彩检测与分析；2016 年建立配色方法；2017 年形成配色设计技术体系。

（十）针织物平幅连续化冷轧堆前处理和染色技术

主要技术参数或性能指标：（1）技术参数：布速 35～45m/min，气蒸温度 100～102℃，气蒸时间 20～30min，日加工量 12～15t，布面拉伸率<5%～10%，加工效率提高 25%～35%。（2）节能减排指标（与传统溢流机前处理相比）：节水 30%～40%，节能 30%～40%，减少污水排放 30%～40%。随着应用技术水平的提高，指标值会更好。

产品应用领域及市场需求：用于棉型针织物冷轧堆染色的前处理、染色及印花织物的平幅后水洗等；用于针织物冷轧堆染色的前处理、印花后的平幅水洗等。

关键技术：解决坯布卷边、张力稳定控制及面料前后左中右加工均匀性的问题，加强在线控制技术。提高工艺路线的节能减排效果。

研发和产业化目标：2020 年前研发并推广应用 50 条线。

（十一）超临界二氧化碳染色技术

主要技术参数或性能指标：上染率、匀染性、色牢度、染色深度（K/S 值）等，工艺条件包括流体压力、染色温度和时间、染料性能及用量等。

产品应用领域及市场需求：可用于纱线、涤纶织物、尼龙织物、锦纶织物，通过技术攻关实现对天然纤维的染色。

关键技术：（1）染料分配的均匀性，增强染料的溶解和在纤维中的扩散；（2）混合染料拼色染色；（3）染后清洗；（4）高压操作下大容积染色釜的研制；（5）低聚物的去除技术。

研发和产业化目标：突破关键技术，建立 2~10 条中试生产线。2020—2025 年突破关键技术并实现产业化。

（十二）印染生产在线采集系统

主要技术参数或性能指标：（1）生产计划制定准确率≥90%；（2）工艺及配方制定准确率≥90%；（3）采样频率≥50 次/s；（4）印染设备关键参数采集率 100%。

产品应用领域及市场需求：按照一家纺织印染企业配置一套印染生产在线采集系统计算，按照国内外印染企业的市场容量可达 4900 套以上。

关键技术：研究染整生产过程在线检测和控制技术，建立生产过程在线检测和控制体系，实现生产过程闭环控制；开发高可靠性的印染设备检测控制系统的软、硬件接口平台，实现生产工艺参数、生产过程数据的交互共享和反馈控制；开发具有自学习能力的印染工艺数据库，实现印染工艺制定的智能化。

研发和产业化目标：系统可自动生成最佳生产工艺，在线检测和闭环控制染整生产全过程生产工艺参数，实现布匹流转、能源消耗及动态平衡、成本核算等生产要素的实时跟踪和生产计划的动态调整，保证主生产设备产能的最大化。系统应用后，工艺配方准确率提高 20%以上，生产一次成功率达到 90%以上，一等品率提高 2%以上；项目产品节能减排效果显著，与常规技术相比，节省染化料 15%以上，节水 17%以上，节能 10%以上。

（十三）先进非织造加工工艺

加强纤维成型和加固机理研究，多工艺复合系统整合技术，高速针刺固结技术，可冲散水刺工艺，细旦高速纺粘技术，特殊纤维湿法非织造布成网和加工技术、闪蒸法工艺、纺喷法工艺（Navol）。

发展目标：针刺负载频率突破 1800 次/min，噪声小于 90dB；PP 纺粘稳定生产纤维细度达到 1.3dtex，生产速度≥500m/min，解决 PLA 纺粘、PPS 纺粘加工工艺问题，解决抗撕裂耐老化聚烯烃纺粘土工布技术；可冲散水刺布性能满足欧美可冲散标准；突破闪蒸法工艺、特殊纤维湿法成网工艺和纺喷法工艺。

（十四）产业用纺织品特殊织造加工工艺

研究生物医用纺织品的仿生设计和成型加工关键技术，研究生物医用纺织品的仿生功能化设计，应用多维、多重、多体系纺织成型组合技术和物化表面修饰技术，研发微型化、精细化、多功能的生物医用纺织品。

发展宽幅重磅机织技术；发展全自动、低成本、高重演、低能耗的三维织造技术，研究不同纤维类别的织造技术，织物结构与力学性能的关系，研究用于船舶制造的大面积、厚度密度可调范围大的三维全自动机织结构织造技术；用于交通工具传动、石油钻杆等中小口径管件的全自动三维编织技术，用于大型管状结构的新型三维缠绕编织技术。

发展目标：突破生物医用纺织品功能与结构一体化设计和集成制造技术，推动新型生物医用纺织品及相关医疗器械的产业化发展。宽幅重磅织物满足土工、造纸、储运管道材料的性能要求；三维机织技术：幅宽大于 2m，最大层数达 9 层；三维编织技术：旋转法三维编织最大层数超过 10 层，四步法三维编织最大层数达到 20 层，最大车速到 1000 纬/min，产品满足航空、航天、汽车、船舶、建筑、体育用品等领域对各类异形立体纺织复合材料产品的需求。

（十五）产业用纺织品多工艺复合及后整理技术

提高不同成网和固结复合工艺的水平，开发新型功能性纺织复合材料；研究完善安全防护用纺织品纺丝工艺优化、多种材料的多层复合技术，研究完善生态复合土工防渗垫关键制造技术及工程应用。

进一步提高相关领域产品的功能性，提高抗菌、防静电、拒水能功能的耐久性，研究微波烘燥技术在厚型织物干燥中的应用，红外线在化学黏合中的应用，解决薄型织物的高速整理技术。

发展目标：开发出具有高功能性的复合纺织材料，具有阻燃耐高温、防酸碱、抗油拒水、防静电、高强防撕裂、导湿速干等多种防护功能的防护服；实现产品在线/离线高速整理，抗菌、防静电、拒水拒油等功能满足并超过相关应用领域标准。

纺织先进基础工艺发展重点见表 3。

表 3　纺织先进基础工艺发展重点

工艺名称	主要技术性能指标	市场需求预测	关键技术	研发和产业化目标	涉及的上下游环节
新一代仿棉聚酯纤维连续聚合直接纺丝工艺	连续聚合直接纺丝单线能力从 6 万吨/年提高到 20 万吨/年；单线日产 200 吨；废液中单体与副产物高效提取利用，回收品质满足直接应用要求	2015 年: 20 万吨/年；2016 年: 300 万吨/年；2020 年: 800 万吨/年	加强 6 万吨规模装置上的在线添加技术的运行优化，关键设备与工艺开发；10 万吨规模装置上的在线添加技术开发、阻燃、抗熔滴产品的工艺开发、新型高效回收利用装置和工艺开发；20 万吨规模装置上的在线添加技术开发	2015 年: 完成 100 万吨/年的产能改造；2017 年: 完成 300 万吨/年产能的新建或改造；2020 年: 完成 800 万吨/年产能的新建或改造	工艺技术的研发和应用将与化工（反应工程、催化、裂解）、机械、纺织品（服装、家纺）产业用等产业技术基础水平和发展相关
新一代锦纶（PA6）连续聚合纺丝工艺	国产 VK 管单线日产从 200 吨高速生产切片提高到 400 吨、单线日产 200 吨生产工程塑料用切片。浓缩液直接回用并能生产高速纺切片；国产单线日产 200 吨生产线利用在线添加连续聚合制备功能型 PA6 产品	市场需求量 200 万吨/年	2015—2020 年: 国产 VK 管反应器和聚合工艺，苯取装置和萃取工艺，裂解反应器和裂解工艺，在线添加装置和添加工艺等。2020—2025 年: 高端工程塑料及膜用切片聚合工艺、生物基 PA6 聚合工艺、新型催化体系、新型反应器，在线检测与控制系统	2015 年: 日产 200 吨国产化工业化示范线。2017 年: 建立日产 400 吨国产化工业示范线；日产 200 吨高黏度工业化示范线，浓缩液直接回用工业化示范线。2020 年: 建立日产 200 吨在线添加连续聚合国产化工业示范线。2020—2025 年: 日产 400 吨 PA6 在线添加日产 300 吨生产高端工程塑料切片工业化示范线；单线日产 300 吨生产高端工业化示范线，单线日产 300 吨生产膜用切片工业示范线，日产高端膜用生物基 PA6 产品试验线建设，生物基 65 吨生物基膜用功能型 PA6 产品试验线建设	工艺技术的研发和应用将与 PA6 工程塑料、PA6 膜、化工（反应工程、催化、裂解）、机械、纺织品的下游加工技术取得突破性进展相关

续表

工艺名称	主要技术性能指标	市场需求预测	关键技术	研发和产业化目标	涉及的上下游环节
工业高温烟尘精细过滤用纺织品加工技术	过滤效率≥99.99%，其中PM2.5颗粒过滤效率达到90%以上，平均使用寿命达到4年，最大阻力≤800Pa，产品寿命和阻力进一步降低。2020—2025年：满足燃煤电厂、垃圾焚烧、钢铁厂、水泥厂、冶金厂等不同工况的排放和使用要求	2015年，燃煤电厂袋除尘技术的应用比例达到15%，水泥高温部分应用比例达到40%。2017年，燃煤电厂袋除尘技术的应用比例达到20%，水泥高温部分应用比例达到45%。2020年，燃煤电厂袋除尘技术的应用比例达到30%，水泥高温部分应用比例达到60%。2020—2025年：进一步提高袋除尘应用比例，满足国内市场需求，扩大产品出口	2015年，加强对均匀性非织造滤料的成套加工技术和设备、在线检测设备的研发，提高滤料产品生产的质量效率；提高滤料产品质量均匀性；加强滤料结构设计。2016—2017年，针对不同需求开发机织、水刺滤料，研究提高滤料后整理，覆膜等技术，降低滤料风阻，提高除尘效率。2018—2020年，针对超细微粉尘控制、重金属脱除与粉尘协同治理、协同脱硝除尘、去除垃圾焚烧异味等差异化需求，研究新型多功能性催化剂，差异化维及滤料成型以及功能性后整理技术。2020—2025年：滤料低成本生产，有害气体协同处理、高效滤料结构构和后整理，滤料处理回用等技术	在产业化的基础上，降低生产成本，扩大应用面	上游：低成本高性能纤维的生产。下游：袋式除尘器的优化设计，各工况下的规范使用和维护，废旧滤料的处理和回用
高强聚酯长丝胎基布生产工艺	产品的断裂强力、断裂伸长率、热稳定性、不匀率等性能指标达到国际A级胎基要求	从2015年的8万吨增加到2020年的20万吨	2015—2020年：纺丝箱体及气流装置的设计，以及侧摆丝及成网技术，新型摆丝及成网吹风装置的设计，纺丝箱体及牵伸风道优化设计、余热再利用技术。2020—2025年：高性能产品的自动化、连续化，低成本、绿色环保稳定生产	2015年实现产业化后，进一步加快推广应用	上游：稳定、低成本的聚酯原料；绿色环保和低成本的浸胶涂层整理剂。下游：工程应用单位的设计使用和施工规范

续表

工艺名称	主要技术性能指标	市场需求预测	关键技术	研发和产业化目标	涉及的上下游环节
低耗集聚纺高品质纱线生产工艺	2015—2020 年： 1. 实现低耗集聚纺装置的开发，与国内目前主流装用的集聚纺装置相比，在中细号纱相同的质量情况下，使用中的机物料消耗费用降低 5%～8%，系统能耗降低 10%～15%。 2. 成纱综合性能达到乌斯特公报 5%水平。 3. 在保证成纱质量的基础上，实现 100～200S 高支紧密纱的生产，在细纱成纱定量提高 30%～50%，实现高效生产；混纺纱生产中混纺比与实际设计的偏差在±2%以内。 2020—2025 年：实现上高支化、功能性混纺纱系统上高支化、功能性混纺纱线的低耗生产和产业化普及生产	2015—2020 年：集聚纺装置增加约 300～600 万锭，高品质紧密纱生产增加 10～20 万吨。 2020—2025 年：集聚纺装置增加约 800 万锭，高品质紧密纱生产增加 30 万吨	2015—2020 年： 1. 集聚纺中细支纱生产低耗工艺研究，包括：低耗型集聚纺装置加工工艺、集聚纺集聚区关键工艺优化。 （1）低耗集聚纺专件加工技术，包括钢质空心罗拉加工技术、耐用型异形用管加工技术、低耗能集聚区优化设计技术。 （2）低耗集聚纺系统整体加工技术、国产化细纺机改造技术、大牵伸专件加工技术，包括高性能牵伸专件、牵伸区优化设计。 2. 集聚纺高支纱工艺、研究高支紧密纱生产工艺、高附加值功能性混纺紧密纱生产工艺技术。 2020—2025 年：高支化紧密纱、高附加值功能性混纺紧密纱大规模产业化生产技术	2015—2020 年： 1. 实现集聚纺装置推广 40 万锭，优质紧密纱生产 1.5 万吨。 2. 实现集聚纺装置推广 70 万锭，优质紧密纱生产 2 万吨。 3. 实现集聚纺装置推广 80 万锭，优质紧密纱生产 2.5 万吨。 2020—2025 年：实现集聚纺装置推广 120 万锭，优质紧密纱生产 3.5 万吨	上游原料：适应集聚纺纱生产的多元化纤维的开发，需要结合纤维特点创新集聚纺设备、专件和工艺优化。 下游产品市场：适应市场需求，针对低支牛仔布紧密纺纱、针织用紧密纺纱等需求，开发模块化结构设计

续表

工艺名称	主要技术性能指标	市场需求预测	关键技术	研发和产业化目标	涉及的上下游环节
纯毛超高支面料纺纱工艺	1. 采用超细毛纺纱，细度16.5μm及以下，纺织物理指标达到纺纱线密度为8.3×2tex及以下（120Nm/2及以上），技术参数及标准符合行业 FZ/T 22006—2012、FZ/T 24016—2012 标准。 2. 应用高效短流程嵌入式复合纺纱技术；采用羊毛、或与其他天然纤维混纺，支数范围200Nm及以上。技术指标参照FZ/T 22006—2012、FZ/T 24016—2012标准执行	纯毛超高支面料纺纱加工工艺技术应用从10%提高到30%。2020—2025 年超高支面料市场占比30%以上	1. 改造细纱机工艺部件及传动装置，主要解决牵伸机构、导纱传动定位，喂入原料定位、张力控制等工艺技术，在细纱机上实现复合纺纱技术。 2. 通过络筒为纱线上蜡、采用刚性筒杆的低张力高密度织造技术。 3. 通过平幅湿整或连续湿整设备改造、减少纤维损伤，完善退可溶性纤维工艺。 4. 与设备制造厂共同研制细纱机整湿定型设备性和标准化。 5. 与设备制造厂共同完善改装件的通用性和标准化，实现细纱机整湿定型设备	实现细纱机整湿定型设备并推广20%的精梳毛纺制造企业具备生产能力	主要原料为超细纤维如羊毛和其他天然动物纤维如羊绒、绢丝等动物纤维以及水溶性纤维；需要纺纱、织造、后整理、功能性整理等设备基础技术支撑；需要制造企业共同研制细纱机整湿机设备
麻纤维生物脱胶清洁生产工艺	脱胶菌种或酶培育和试验、菌种活性提高20%，酶菌使用量提高15%；脱胶时间缩短10%，耗水量和残胶率分别降低30%和10%；纤维分离度提高10%，提高纤维的可纺性能；减少化学品使用量80%以上。 2020—2025 年：减少化学品使用量90%以上，耗水量降低50%	受麻资源的限制，麻纤维脱胶需求量15万吨/年	生物酶及生物菌的培养及生化脱胶工艺流程及相关设备性能	确定适合生物脱胶的生物酶及生物菌的培养及筛选，优化脱胶新工艺进行小试和中试，最终全面推广先进的生物脱胶工艺技术	需要进一步提高麻纤维原料种植收割设备技术和良种培育种植技术。麻纺织设备的更新改造，提高自动化水平，减少用工，扩大麻纤维的使用用量和应用范围

续表

工艺名称	主要技术性能指标	市场需求预测	关键技术	研发和产业化目标	涉及的上下游环节
鲜茧缫丝工艺	生丝抱合≥105次；生丝断裂强度≥3.44cN/dtex；生丝伸长率≥20%；生丝清洁≥98分；生丝洁净≥94分；鲜茧丝可用于织造高品质绸缎	目前在广西、广东、浙江、江苏、四川、山东等地均有鲜茧丝生产，合计年产鲜茧丝达1万吨左右，随着技术的成熟，预计可达到3万吨左右	提高鲜茧丝织造时的抱合性能，解决织造时断头多、起毛多等技术难点；鲜茧煮茧缫丝工艺避免色胶溶失过多，合计产品染色不均；改善丝织产品染色性能，解决缫丝时断头多、起毛多等技术难点	通过技术攻关，提高鲜茧丝在织造时的耐磨性和生产效率，改善鲜茧丝染色性能，满足高品位缫缫生产要求	本项目技术涉及上游蚕茧的干燥（烘茧）、冷库冷藏，目前冷库条件比较欠缺。下游主要是丝织加工技术，达到满足高品质绸缎用丝要求
原液着色涤纶长丝机织物配色工艺	2015—2020年：原液染色色织物日晒牢度达7~8级，水洗、汗渍、摩擦、熨烫等各项牢度达4~5级；色差3级以上。2020—2025年：原液染色色织物日晒牢度达7~8级，水洗、汗渍、摩擦、熨烫等各项牢度达4~5级；色差3级以上至5级	2013年我国年产化纤长丝织物400多亿米，其中原液着色涤纶长丝织物占8%左右。预计2015—2020年供应量将从15%增加到30%。2020—2025年将达到40%	(1) 原液着色涤纶丝织物与白坯染色织物的颜色特征、颜色差异；(2) 原液着色涤纶长丝机织物配色方法与色织、部分色织产品设计技术等；(3) 产品层次感，整体美感的体现；(4) 产品色彩与时尚流行的一致性	在规模以上企业原液着色长丝应用比例15%~30%。2020—2025年：规模以上企业原液着色长丝应用比例增加40%	上游：涉及色母粒材料与制备技术、原液着色纺丝技术；下游：涉及产品定位与产品流行趋势的变化研究

续表

工艺名称	主要技术性能指标	市场需求预测	关键技术	研发和产业化目标	涉及的上下游环节
针织物平幅连续化前处理和染色技术	技术参数：布速从 30～40m/min 提高到 40～50m/min，气蒸温度 100～102℃，气蒸时间从 25～35min 缩短到 15～20min。日加工量从 10～12t 提高到 15～20t，布面拉伸率<5%～10%，加工效率从 20%～30%提高到 40%～50%。节能减排指标（与传统流机前处理相比）：节水，节能和减少污水排放从 20%～30%提高到 40%～50%。2020—2025 年：1. 技术参数：布速 40～50m/min，气蒸温度 100～102℃，气蒸时间 15～20min，日加工量 20～25t，布面拉伸<5%～10%，加工效率提高 50%以上。2. 节能减排指标（与传统流机前处理相比）：节水 50%以上，节能 50%以上，减少污水排放 50%以上	2015—2020 年：推广 50 条。2020—2025 年：推广 50 条	1. 解决坯布卷边，张力稳定控制及面料前后左中右加工均匀性的问题。2. 加强在线控制技术。提高工艺路线的节能减排效果。3. 冷轧堆染色需进一步研发缩短冷堆时间，提高染色效率的新型染料及配套助剂	2015—2020 年：研发并推广应用 50 条。2020—2025 年：进一步优化工艺，推广应用 50 条	上游：涉及针织平幅连续化相关设备的设计开发（包括相关通用零部件、单元机及机电数字化控制等），相关助剂及前处理工艺的研究与开发，目前已有一定的技术基础。下游：涉及针织平幅冷轧堆染色轧车的设计开发及相关染化料助剂及工艺的开发，目前已有一定的技术基础；针织物的印花技术（平网、圆网）目前已经比较为成熟。随着该项目的持续推进和相关工艺技术的持续改进，关键难点问题有望得到解决

续表

工艺名称	主要技术性能指标	市场需求预测	关键技术	研发和产业化目标	涉及的上下游环节
超临界二氧化碳染色技术	上染率、匀染性、色牢度、染色深度（K/S值）等；工艺条件包括：流体压力、染色温度和时间、染料性能及用量等	目前，染聚酯纤维技术成熟。尼龙织物可进行分散染料超临界二氧化碳染色，但与PET织物相比，色牢度差。超临界二氧化碳染色如棉、羊毛和丝绸染色异常困难。2015—2020年：纱线类涤纶纤维5%，纱线类合成纤维15%，间歇式印染加工10%。2020—2025年：间歇式印染加工占比达到30%	2015—2020年：染料分配的均匀性，增强染料的溶解和在纤维中的扩散；混合染料拼色染色；染后清洗。2020—2025年：高压操作下大容积染色釜的研制。低聚物的去除技术	2015—2020年，中试并突破关键技术，建立2～10条生产线。2020—2025年：实现产业化	需要染料行业研发专用染料；纺织机械行业研发超临界二氧化碳染色设备及清洗装置。由于该技术使用的染色设备绝大部分为高压容器，整体制造成本较高，因此设备设计和制造适合超临界CO₂流体染色的设备对该技术的发展和推广至关重要
印染生产在线数据采集系统	（1）生产计划制定准确率≥90%；（2）工艺及配方制定准确率≥90%；（3）采样频率≥50次/s；（4）印染设备关键参数采集率100%	按照每个纺织染印企业配置一套系统计算，市场容量可达4900套以上	（1）研究染整生产过程在线检测和控制技术，建立生产过程在线检测和控制体系，实现生产过程闭环控制。（2）开发高可靠性的印染设备检测控制系统的软、硬件接口平台，实现生产工艺参数、生产过程数据的交互共享和反馈控制。（3）开发具有自学习能力的印染工艺数据库，实现印染工艺制定智能化	系统应用后，工艺配方准确率提高20%以上，生产一次成功率达到90%以上，一等品率提高2%以上；项目产品节能减排效果显著，与常规技术相比，节省染化料15%以上，节水17%以上，节能10%以上	

四、重要纺织产业技术基础发展重点项目

（一）科技创新平台

一是依托科研院所建立产业关键核心技术研发平台。在高技术纤维材料领域，依托中国纺织科学研究院现有工程中心，联合东华大学、天津工业大学等高校，以及中国恒天等装备企业，建立产业化技术研发平台，提升国际竞争力。由主要参建单位代表、行业专家组成平台理事会管理平台的技术研发、对外服务。平台建设采取开放、共享存量资源，国家和参建单位共同投入建设增量资源，利益共享、风险共担的合作机制。

二是依托骨干龙头企业建设科技创新平台。各领域的骨干龙头企业是实现技术创新和技术突破的核心力量，着力提升这些企业的技术创新能力和核心竞争力，使其基本具备创新主体功能。充分发挥现有的 37 家国家级企业技术中心在基础材料、基础零部件和基础工艺等方面的作用，并积极引导有条件的企业完善技术研发的硬件和软件，加强技术研发人才的培养和储备，积极申报国际级企业技术中心。以国家级企业技术中心为依托，整合产业链上下游的资源，以项目的形式开展关键技术的研发工作，并争取得到政府专项资金或特定研发基金对项目的支持，加速研发进程。

（二）公共技术服务平台

一是集中建设和强化一批依托国家新型工业化产业示范基地的公共技术服务平台。纺织行业确认的 10 个"国家新型工业化产业示范基地"，分别是纺织服装综合、印染、产业用纺织品、羊绒、服装、真丝产品、家用纺织品、针织品等各领域，建议今后在化纤、纺织机械、新型纺织等领域也能选择有基础和实力的产业集聚区，作为"国家新型工业化产业示范基地"，能够对相关产业起到积极的示范作用，尤其是在产业示范基地的基础上，积极推动以技术创新为重要内容的公共服务平台建设。总结现有公共服务平台运行的经验和不足，建立一套运行效率高并真正体现公共服务功能的组织形式和运行机制。在公共服务平台的基础上，以项目的形式针对一定时期的重点和难点问题给予重点支持，起到引导

纺织行业技术发展，帮助行业突破瓶颈的作用。

二是集中力量建设一批依托行业组织的公共技术服务平台。以中国纺织工业联合会环境保护与资源节约促进委员会作为纺织行业节能减排公共技术服务平台的重要支撑，以内设的国家纺织产业节能减排技术支撑联盟和专家委员会，并整合行业和社会专家资源，依靠行业内外企业、大专院校和专家队伍开展节能减排活动，为纺织企业提供技术服务。依托中国纺织信息中心和中国时尚同盟等机构，建设行业流行趋势和色彩服务平台，开展行业流行趋势和创意设计服务，推动国家、行业色彩标准建设以及色彩标准化工具开发，鼓励色彩供应链管理咨询服务以及色彩教育和培训；以中国纺织工业联合会检测中心为依托，培育国际化程度高、公信力强的质量检测中心，形成全国性纺织检测公共服务平台。以中国纺织工业联合会相关部门为依托，加强行业创新人才培养服务平台建设，加快纺织面料设计师、色彩搭配师、产品开发经理等专业人才的培育进程。以中国纺织信息中心为依托，加强行业信息服务平台建设，鼓励行业产品数据库开发应用，支持建立行业新技术成果信息共享交流平台，推动新技术成果产业化应用；开展消费者生活方式、产品市场需求调研、产品技术经济分析与预测等基础性研究。以中国纺织服装社会责任推广建设委员会为依托，加强企业社会责任公共服务平台建设，加大社会责任管理体系和绩效信息披露体系推广力度，促进供应链合作与信息共享。

三是集中建设和强化一批依托产业集群地的公共技术服务平台。产业集群地都积极致力于区域品牌建设，为了积极推动产业升级，加快公共服务平台建设是当务之急。总结公共服务平台的建设经验，培训、检测、网络等服务型的功能比较容易建设，也能够通过运营获得正常的收益从而实现持续运转，但是技术创新存在投资大、周期长、知识产权不易于保护等方面的困难，产业集群地的技术创新平台的功能不容易实现，在产业集群地，针对共性和关键技术，以龙头企业为依托，以技术创新联盟或股份制的技术创新中心等方式建立有效运行的技术创新平台。也可以建设完善以高校和研究院所为主体的区域公共服务平台，为企业提供低成本、高效率的技术创新服务。

（三）关键领域产业技术创新联盟

引导纺织产业重要领域以建立技术创新联盟的方式开展技术创新工作，除了已经建立的纺机、化纤和汉麻这三个技术创新联盟外，在解决产业用纺织品、节能减排工程等方面的关键问题时，仍然需要通过运转有效的技术创新联盟方式，行业内已经逐步建立起一些相关的产业技术创新联盟，若能进一步得到政府部门的认定和支持，将能够更有效地开展工作。下一步需加强对联盟的指导和监督作用，重点完善现有的化纤、纺织装备等联盟的技术路线图和运行机制，优先、稳定支持联盟依据技术路线图申报国家项目，加强产学研的紧密合作，使联盟不断优化结构、凝练目标、高效运行。

2011 年 5 月，交通工具纺织品及复合材料产业技术创新战略联盟成立，由中国纺织科学研究院、中国产业用纺织品行业协会、常州市生产力促进中心、东华大学、江苏旷达、中国汽车工程研究院股份有限公司等 17 家企业、大学、科研院所发起成立，顺应了我国正在高速发展的汽车工业、高铁、大飞机项目等的良好趋势。目前我国在关键技术领域与国外存在着不小的差距，联盟可以集中优势资源，对关键技术进行突破研究，打破国外的技术壁垒，提升国产产品的质量水平。

2012 年 10 月，由国内安全与防护用纺织服装的科研机构、纤维生产企业、面料织造企业、印染后整理企业及织造设备供应商联合成立了产业用纺织品技术创新战略联盟——安全与防护纺织品专项联盟。专项联盟的成立，对推动行业产学研一体化进程，跨越技术创新壁垒，整合人才、资金、信息和技术优势等资源，更快实现从技术创新成果到最终产业链的转化起到巨大的引导和推动作用。

重要技术基础发展重点见表 4。

表 4　重要技术基础发展重点

序号	技术基础名称	主要建设内容	建设目标
1	科技创新平台	一是在高技术纤维材料等领域，依托中国纺织科学研究院现有工程中心，联合东华大学、天津工业大学等高校，以及中国恒天等装备企业，建立产业化技术研发平台。平台建设采取开放、共享存量资源，国家和参建单位共同投入建设增量资源，利益共享、风险共担的合作机制。 二是依托骨干龙头企业建设科技创新平台。充分发挥现有的 37 家国家级企业技术中心在基础材料、基础零部件和基础工艺等方面的作用，并积极引导有条件的企业完善技术研发的硬件和软件，加强技术研发人才的培养和储备。以国家级企业技术中心为依托，整合产业链上下游的资源，以项目的形式开展关键技术的研发工作，并争取得到政府专项资金或特定研发基金对项目的支持，加速研发进程	（1）到 2020 年建成世界水平的高技术纤维材料科技创新平台，持续推出原始创新成果，掌握该领域的核心技术，到 2025 年，建成世界领先水平的高技术纤维材料科技创新平台，力争有重大科学新发现，掌控该领域多数核心技术。 （2）到 2020 年，各领域的骨干龙头企业真正成为实现技术创新和技术突破的核心力量，自主知识产权数量翻番，企业的技术创新能力和核心竞争力大幅提升，使其基本具备创新主体功能；到 2025 年，这些龙头企业建成分领域的国际水平的科技创新平台，掌控相应领域的核心技术

序号	技术基础名称	主要建设内容	建 设 目 标
2	公共技术服务平台	集中建设和强化一批依托国家新型工业化产业示范基地的公共技术服务平台，涵盖纺织服装。 集中力量建设一批依托行业组织的公共技术服务平台，包括依托中国纺织信息中心和中国时尚同盟等机构，建设行业流行趋势和色彩服务平台；依托中国纺织工业联合会检测中心，形成全国性纺织检测公共服务平台；依托国家纺织产品开发中心，建设纺织产品开发公共服务平台；依托中国纺织工业联合会相关部门，建设行业创新人才培养服务平台；依托中国纺织服装社会责任推广建设委员会，建设企业社会责任公共服务平台；依托中国纺织工业联合会环境保护与资源节约促进委员会建设纺织行业节能减排公共技术服务平台。 集中建设和强化一批依托产业集群地的公共技术服务平台	（1）依托国家新型工业化产业示范基地的公共技术服务平台，到 2020 年能够对相关产业起到积极的示范作用，尤其是在产业示范基地的基础上，积极推动以技术创新为重要内容的公共服务；到 2025 年成为细分领域的全面技术服务提供者。 （2）依托行业组织的公共技术服务平台，到 2020 年建成国内最高水平的专业化公共技术服务平台；到 2025 年，建成国际水平的专业化公共技术服务平台，成为专业化技术服务的系统提供者。 （3）到 2020 年，在产业集群地，针对共性和关键技术，以龙头企业为依托，建设技术创新联盟或股份制的技术创新中心，也可建设以高校和研究院所为主体的技术创新平台，承担区域性公共服务平台的功能；到 2025 年，建成服务水平高、运行机制科学完善的区域中心性公共技术服务平台
3	关键领域产业技术创新联盟	（1）强化和完善已经建立的纺机、化纤和汉麻这三个技术创新联盟。 （2）在解决产业用纺织品、节能减排工程等方面的关键问题时，仍然需要通过运转有效的技术创新联盟方式，行业内已经逐步建立起一些相关的产业技术创新联盟	（1）到 2020 年，纺机、化纤和汉麻这三个技术创新联盟形成完善的运行机制，掌握相关领域的核心技术；到 2025 年，拥有世界先进水平的研究成果，并实现产业化。 （2）到 2020 年，建成一批产业用纺织品、节能减排工程以及其他方面产业技术创新联盟，并实现良性运行，突破研究一批关键技术，打破国外的技术壁垒；到 2025 年，研究推出相关领域世界先进水平的研究成果，并拥有核心技术

第五章 发展路线

一、纺织强基战略的发展路线图

（一）指导思路

以邓小平理论、"三个代表"重要思想、可持续发展的科学发展观为指导，深入贯彻党的十八届三中全会提出的全面深化改革精神，与全面建成小康社会的战略目标相适应，纺织工业要利用良好的产业基础，加快结构调整和产业升级步伐，为构筑国家富强、民族振兴、人民幸福的中国梦做出贡献。继续发挥纺织工业作为民生产业、支柱产业和具有国际竞争优势产业的重要作用，积极体现文化创意和科技创新的新优势，成为具备科技实力和品牌实力、产业结构不断优化、生态文明积极建设的世界纺织强国。纺织工业基础材料、基础零部件、基础工艺和产业技术基础为建设纺织强国发挥基础性保障作用，同时也是建设纺织强国的基础性重要内容。

（二）指导方针

——创新驱动

创新是提升工业基础能力的主要驱动力量，是"四基"发展的重要核心。要着力解决影响基础产品性能、质量和稳定性的关键技术，加强行业公共研发与服务平台建设，构建适合"四基"发展的技术创新体系。加快创新成果产业化，推动其尽快实现规模效益。坚持自主创新与开放合作相结合，积极开展国内国际交流与合作。特别要注重创新模式的转变，加快由跟随型创新向并行、并进再向引领创新模式的转变，实现原创技术和产品的不断涌现。

——质量为本

质量是提升工业基础能力的根本和关键内核，是"四基"发展的战略基础。要制定促进质量升级的政策，创新质量管理体制，加快质量法治建设，完善质量激励考核机制，夯实标准、计量、检测和认证等质量技术基础；优先推进基础零部件/元器件、基础材料和基础工艺的技术升级，加强标准化、计量、检验检测、认证认可等国家质量基础设施，提升技术标准水平，增强技术进步对质量提升的支撑作用；实施质量名牌战略，打造一批具有国际竞争力的知名品牌。

——产需结合

企业是提升工业基础能力的主体，工业强基从本质上就是做强从事"四基"的企业和机构。坚持制造企业与用户企业相结合，推动产业发展与应用良性互动，形成合作研发、共同发展的良好格局。要坚持市场主导与政府引导相结合，充分发挥市场配置资源的决定性作用，突出企业主体地位，着力培育一大批专精特的企业群体，培育一批具有国际竞争力的产业集群。

——重点突破

重点突破是提升工业基础能力的有效途径。要坚持整体推进与重点突破相结合，以战略性新兴产业和先进制造业的发展为重点，选择一批基础条件好、需求迫切、带动作用强的工业"四基"项目，依托重点工程、重大项目和骨干企业，系统解决研发、设计、材料、工艺、试验研究平台建设和产业化能力建设、应用示范中的关键问题，实现点的突破，有序推进"四基"整体素质的提升。

（三）技术路线

——目标导向

确定阶段性影响纺织工业发展的强基阶段性目标，确定受制约程度严重、对行业发展影响面广、提高生产效率明显、节约资源减少排放效果显著的纺织基础材料、基础零部件、基础工艺作为分阶段要突破的重点，并搭建合理的产业技术基础平台。

——突破重要纤维原料

不论是天然纤维还是化学纤维原料，长远看都存在供应方面的制约，而且部分高性能纤维品种还被发达国家垄断控制。重点突破高仿真、高新功能及多功能复合等差别化纤维新品种研发和产业化的关键技术、纤维再生利用产业化的关键技术、高性能纤维及其复合材料的低成本制造技术和推广应用；利用海洋产品、速生林材等可替代石油资源的新型生物基纤维材料新产品开发技术，生物基纤维材料绿色加工的新工艺和装备集成化技术。

　　——强化数字化和智能化

　　数字化、网络化和智能化是工业发展的主流方向，它将使基础零部件/元器件的设计、制造，基础材料的制备、基础工艺的创新发生重大变化。纺织机械专用基础件的品种很多，用量大，对纺织机械的性能和质量有至关重要的作用。在纺织机械整机的高速化、高效率、模块化的技术要求下，需要重点发展的专用基础件包括高性能梳理器材、高速锭子、钢筘、高性能纤维和差别化纤维纺纱专用器材等。

　　——具备综合优势的基础工艺

　　满足日新月异的消费需求、适应机器换人的趋势、提升节能降耗水平是纺织业基础工艺突破的重点，发展天然纤维品质提升及纺前加工技术，生产优质、差异化纱线的新型成纱技术，高速大容量针织、立体编织以及复合织造等新型织造技术，节能减排、节水降耗的染整加工技术、新纤维制品染整及功能性染整技术，非织造及复合技术、高性能及多功能产业用纺织品加工技术、先进纺织结构复合材料技术。

二、纺织强基战略的优先行动计划

（一）高新技术纤维材料及应用强基工程

　　实现 T700 级以上碳纤维、对位芳纶为重点的高技术纤维的关键制备技术和应用工艺的突破，在国际高技术纤维领域占据主动地位。突破聚苯硫醚纤维（PPS）、玄武岩纤维（CBF）、聚四氟乙烯纤维、聚酰亚胺纤维等高性能纤维的关键制备技术和应用工艺技术，大幅提高烟尘过滤技术水平。

（二）差别化、功能化纤维材料及工艺强基工程

　　新一代聚酯仿棉纤维、生物基纤维等差别化、功能化纤维的核心基础件，智能化管理的差别化涤纶长丝成套装备以及新型纤维开发和应用的基础工艺获得重大突破。

　　计算机信息化技术给差别化涤纶长丝生产智能化提供了保证，为长丝的生产、管理、质量、技术带来很好的提升，采用模拟计算及工艺优化系统，可以极大地改善聚酯熔体流

变性能，工艺流程、产品质量实现智能可控后，差别化产品的优等率、染色均匀性、生产效率等均得到提升。

差别化涤纶长丝首要的智能化在线添加技术，通过共混原理，将各种功能性无机物均匀混合到聚酯熔体中，实现有色、全消光、抗紫外、远红外、抗菌、阻燃、吸湿等差别化纤维的生产，智能化装置在精确添加、均匀分散中起到关键作用。

各个企业对产品生产的过程控制的智能化技术也逐渐加强，在线检测技术及装备的开发与广泛应用，智能化管理软件的开发与完善，为纺丝卷绕在线的张力检测系统，环吹风压、风速在线检测系统，智能检板仪器、智能截面仪器、智能黏度仪、毛羽检测、热应力检测、网络度检测、热应力代替织袜角染色测试等智能化设备的开发提供了良好的市场环境。对中间产品的智能化管理，实现按照时间、机台、对锭位管理，保证产品质量的稳定性和均匀性。

智能化的落筒及装箱技术，也为化纤企业实现机器换人提供技术保证，利用丝饼的制动抓取及堆栈，智能化利用自动输送机输送丝饼、套袋、装箱、封箱、贴码、码垛等工序，避免了因为人为的疏忽而影响质量，通过智能化设备的导入，使人力更加节省，产能、效率、质量都能得到大幅提升，实现智能化管理，减少了人为差错。

（三）节能减排及资源循环利用强基工程

包括智能化纺纱成套生产线（清梳联合机的智能化控制、全自动落纱粗纱机、细络联型自动络筒机等），智能成衣生产成套装备，印染全流程信息的互联互通、集中监控和远程监控，废水废气处理达标，余热回收再利用，纺织全产业链各环节的系统节能减排，废旧纺织品回收，再生纤维生产工艺等。

数字化自动染色成套设备应用示范工程如下。

数字化自动染色成套系统针对印染前处理、印花、染色、后整理等工艺过程，建设印染智能化车间，包括生产流程在线检测与控制系统、物料及仓储系统、信息化管理系统，实现印染生产过程的智能化监测与控制、物料自动配送。项目预期可实现的经济效益和社会效益：产品质量和工艺水平显著提高，工艺配方准确率提高 20% 以上，生产一次成功率达到 90% 以上，一等品率提高 2% 以上；节能减排效果显著，与常规技术相比，节省染化料 15% 以上，节水 17% 以上，节能 10% 以上。该系统的示范及推广应用对提高印染企业生产效率、降低生产成本、缓解印染行业劳动力结构性短缺、促进节能减排具有重要意义，对印染行业的技术进步和产业升级起到重要的示范和推动作用，经济和社会效益显著。

该系统在纺织工业强基方面的重要突破包括：

　　——化学品自动测量与配送技术。研发自动滴定间接测量、比重差压间接测量、总线式管路等技术，创建配送转子泵的数学模型，在国内首次研发出助剂/染料自动配送系统，实现单管道的多点、高效、精确的计量配送，解决困扰行业的生产过程化学品管控问题。

　　——生产工艺在线检测及智能控制系统。研发在线检测控制技术和高可靠的数字化系统软、硬件接口平台，实现生产全过程工艺参数的在线检测和闭环控制，大幅提高工艺执行准确性和生产管理科学性。

　　——印染工艺数据库系统。研发染整工艺专家系统，开发具有自学习能力的染整工艺数据库，实现工艺制定智能化，摆脱工艺制定长期依赖人员经验的困局，使生产效率和产品一次成功率大幅提高。

　　——印染生产跟踪、数据交换系统。研发印染生产跟踪、数据交换技术，实现对布匹流转、能源消耗、成本核算等的实时跟踪和生产计划的动态调整。

　　——MES/ERP 无缝对接技术。集成染整工艺专家系统、助剂/染料自动配送系统、在线检测控制系统及现有 ERP 系统，把企业经营管理中的技术、生产、物流、设备、市场等控制目标都实时、准确地提供给管理者，全面实现印染企业管理智能化和一体化。

　　纺织基础材料发展路线见表 1。

表 1　纺织基础材料发展路线

内　容	产　品	2015—2020 年	2020—2025 年
市场需求	高性能聚丙烯腈基碳纤维	2020 年，国内碳纤维总需求量将达到 22000 吨/年，未来碳纤维市场将出现稳定增长态势，年均增速将达 18.4%	2025 年，国内碳纤维总需求量将达到 57000 吨/年
	芳纶	2020 年，国内间位芳纶需求量将达到 1.8 万吨，对位芳纶需求量将达到 2.4 万吨	2025 年，国内间位芳纶需求量将达到 2.8 万吨，对位芳纶需求量将达到 4.4 万吨
	聚苯硫醚纤维（PPS）	2.2 万吨	4 万吨
	玄武岩纤维（CBF）	2 万吨	3.7 万吨
	聚四氟乙烯纤维（PTFE）	5000 吨	7000 吨
	聚酰亚胺纤维（PI）	8000 吨	1 万吨
	聚酯多元化产品 PTT、PBT、PEN、PBST	替代常规聚酯纤维品种，市场需求量大	
	差别化、多功能纤维，"五仿"纤维	替代常规纤维品种，满足差别化和功能化的消费需求，市场需求量大	

续表

内　容	产　品	2015—2020 年	2020—2025 年
市场需求	生物基化学纤维	2020 年总需求量 155 万吨。其中：合成纤维 85 万吨；海洋基 5 万吨；新型纤维素纤维 65 万吨。 研究天然多糖、蛋白质成纤成分的提取、质量优化及生物合成纤维非粮食原料制备的理论基础及关键技术。研究新型生物基纤维的制备技术及成型机理。研发生物基纤维专用加工设备	2020 年总需求量 400 万吨。其中：合成纤维 210 万吨；海洋基 10 万吨；新型纤维素纤维 180 万吨。 研究新型生物基纤维加工过程中聚集态、形态结构的形成、演变机理及工艺参数对纤维结构性能的影响，指导低成本新型生物基纤维产品的开发与工程化技术
	废旧纺织品回收与再生化学纤维	形成多消费渠道、多功能性的产业链，达到 1800 万吨产能	梯度完全利用，最终达到 2000 万吨的处理能力
主要目标	高性能聚丙烯腈基碳纤维	进一步提高 T700 级干喷湿纺碳纤维产业化技术，提高生产效率，降低原料和能源消耗，产品综合质量水平与国际水平相当；T800 级及高模量碳纤维形成产业化生产	建立高性能化、低成本化、高稳定化、产能大于 20000 吨的 T700 级干喷湿纺碳纤维，产品具有和国际知名企业竞争的优势
	芳纶	稳定 Kevlar29 水平产品质量及稳定性，拓展对位芳纶应用领域，加强对 Kevlar49 和 Kevlar129 等高端产品关键技术的研发。实现成套装备国产化，突破尖端品种的关键生产设备、纤维生产及其下游制品生产的关键辅助材料等	完善产业化技术，提高生产效率，降低原料和能源消耗，提高对位芳纶在航空航天材料、防弹衣、头盔和轮胎骨架材料、高强绳索等领域的应用比例，产品综合质量水平与国际水平相当
	聚苯硫醚纤维	提高纤维级树脂品质，提高纤维性能指标稳定性；提高 PPS 超细、异形、改性和复合方面的研发力度，开发 PM2.5 级精细滤料专用规格（1D 以下）纤维及其复合滤料	扩大差别化研发力度，形成系列化产品，拓展在电绝缘材料、阻燃材料和复合材料领域中的应用
	玄武岩纤维	突破多孔漏板生产技术，降低生产成本，研发耐高温复合材料应用技术。通过表面处理技术和与其他高性能纤维混杂创新等方法提高纤维性能和可纺性；发展 CBF 增强耐高温树脂基复合材料，扩大应用	扩大在土建交通、能源环境工程、汽车船舶、化工等领域的应用，产品综合质量水平达到国际领先水平
	聚四氟乙烯纤维	提高国产聚四氟乙烯纤维性能指标，降低生产成本；开发 ePTFE 微孔薄膜复合滤料、高密超细面层的梯度精细滤料及多工艺复合加工的精细滤料；全面实现 PTFE 微孔膜和纤维及高性能过滤材料的国产化	建立完善基于高性能纤维的 PM2.5 净化材料系列研究，如高性能 PTFE 选择透过膜及纤维研发、基于 PTFE 等高性能纤维的高强耐用混纺混织滤料研发等
	聚酰亚胺纤维	开发高温过滤毡、高温隔热辊等多种高附加值复合材料，应用于高温过滤等领域。 降低生产成本，开发复合纺技术，进一步提升纤维耐热性能和力学性能	进一步拓展其在高强度、高温领域内的应用
	聚酯多元化产品	2015 年，PTT 纤维短纤单线产能 6 万吨，长丝单线产能 10 万吨；纤维在纺织服装等领域的应用示范。 2016—2017 年，PTT 纤维总量达到 30 万吨/年能力，重点推进 PTT 纤维在纺织服装等领域的应用；实现万吨级以上规模 PTT 聚合材料产业化生产，满足纤维、成型加工要求。 2018—2020 年，全面突破生物基合成纤维制造技术，进一步降低生产成本，形成生物基合成纤维 100 万吨/年的生产能力	

内　容	产　品	2015—2020 年	2020—2025 年
主要目标	生物基合成纤维	2015 年，PLA 纤维实现万吨级产业生产；PTT 纤维短纤单线产能 6 万吨，长丝单线产能 10 万吨；PA56 纤维实现千吨级产业化生产；PHBV/PLA 共混纺丝达到千吨级规模。推进生物基纤维在纺织服装、卫生材料等领域的应用示范。 2016—2017 年，PLA、PTT、PDT、PBT、PA56 等生物基合成纤维总量达到 30 万吨/年能力，重点推进 PLA、PTT、PBT、PA56 纤维，PHBV/PLA 共混纤维在纺织服装、卫生材料等领域的应用；实现万吨级以上规模 PBS、PET、PTT、PBAT 等聚合材料产业化生产，满足纤维、成型加工要求。 2018—2020 年，全面突破生物基合成纤维制造技术，进一步降低生产成本，形成生物基合成纤维 100 万吨/年的生产能力	以植物淀粉副产品为来源的总产能占全部生化原料的 60%，以植物纤维素为来源的占总产能的 40%。能耗减少 20%，节水 20%，减碳 30%
	海洋生物基纤维	2015 年，实现千吨级/年海藻纤维产业化生产，形成单线产能千吨级壳聚糖纤维和万吨级甲壳素复合纤维生产线，解决壳聚糖纤维、甲壳素复合纤维工程化、产业化的关键技术与设备，降低产品成本，满足纤维在纺织、卫生材料、过滤防护领域的应用。 2016—2017 年，海洋生物基纤维总量达万吨级产业化生产，推进在化纤纺织、卫生材料、航空航天、过滤防护等领域的应用。形成新的产业链和经济增长点。 2018—2020 年，"十三五"期间重点是要解决原料的多元化和无毒纺丝技术，纺丝液制备工艺、纺丝成型及后道关键技术、原液着色技术。形成海洋生物基纤维总量达 5 万吨/年生产能力	海藻纤维和壳聚糖纤维单线产能 1 万吨/年，产业规模 10～50 万吨；实现万吨计常规纤维生产专用成套设备，千吨级高浓高黏纤维纺丝成套专用装备；基本实现零排放和吨纤维能耗同行业最低。甲壳纤维，主要是甲壳素改性粘胶纤维实现产能 10 万吨
	新型溶剂法纤维素纤维（竹浆纤维、麻浆纤维和 Lyocell 纤维）	2015 年，攻克新型溶剂法纤维素纤维原料和新型纤维素纤维的制备技术的开发。建成竹、麻、秸秆等生物质原料到新型再生纤维绿色工艺示范生产线，用绿色环保的无毒纺丝技术替代传统的高能耗、高污染、高排放"三高"工艺路线，实现"过程替代"，开发环境友好型、生态环保型、资源可再生型的新型纤维素纤维。 2016—2017 年，形成单线产能 3～5 万吨/年绿色制浆和万吨级新溶剂纺丝纤维生产线，综合能耗下降 30%，水耗下降 50%，COD 排放下降 50%；建成麻类生物法脱胶，形成高附加值麻类纤维单线产能 3 万吨/年的绿色生物工艺示范工程，达到纺织高支麻类纱线的要求；建成高性能竹浆纤维生产线，单线产能达到 3 万吨，总产能 20 万吨，达到高端纺织品加工的要求。 2018—2020 年，形成 Lyocell、离子液体纤维素纺丝、低温碱/尿素溶液纤维素纤维、竹浆纤维、麻浆纤维总能力达到 50 万吨	部分采用绿色生化法制浆工艺，吨产品比 2020 年能耗下降 15%；水耗下降 15%；减少废水排放 15%；COD 下降 15%。 原料来源多元化，秸秆（农作物）使用比例大于 20%，棉短绒浆 80～85 万吨，国产溶解木浆 200 万吨（利用各种木本植物，桉木、扬木、灌木占 10%）。 高效生化法处理制浆生产废液。 2～3 万吨/年的制浆/纤维一体化离子液生产线；离子液纺丝生产装备；离子液方法生产纤维素纤维、蛋白纤维、壳聚糖纤维比例实现 22%替代

续表

内　容	产　品	2015—2020 年	2020—2025 年
主要目标	废旧纺织品回收与再生化学纤维	废旧纺织品：2018—2020 年，废旧纺织品快速检测体系；混纺织物原料处理技术；混纺织品连续醇解技术及装备；多种组分的分离、过滤技术及装备；技术集成的工程产业化技术；形成万吨级规模装置的产业化。 塑料回收：2018—2020 年，利用先进的集成技术解决废塑料处理过程中的金属、材质、颜色的高效、高质、高值、无害、封闭分离。建立单线 10 万吨级示范工程。 再生纤维：2018—2020 年，（1）分析材料结晶与流变性能，确定 PP、PE、PEN 等共混组分对再生纤维性能的影响规律；通过分子结构改性、共混、异形、超细、复合等技术，开发高柔软性、高压缩弹性、抗菌、阻燃、远红外等功能化、差别化纤维，形成万吨级生产能力。（2）开发适用的专用母粒，建立颜色补偿新方法和颜色复配体系，生产多规格多系列的再生色丝；加强对原料的分级过滤，采用固相缩聚和液相增黏的方法提高其特性黏度，达到普通工业丝的使用标准，形成规模化产量	废旧纺织品：2020—2025 年，废旧纺织品快速检测体系；混纺纺织品的分离技术及装备；形成万吨级规模装置的产业用技术装备。 塑料回收：2020—2025 年，利用先进的集成技术解决废塑料处理过程中的金属、材质、颜色的高效、高质、高值、无害、封闭分离。建立单线 10 万吨级食品级示范工程。复合工程塑料的开发利用达到产业化。 再生纤维：2020—2025 年，在"十三五"产业化的基础上达到经济规模
关键技术	高性能聚丙烯腈基碳纤维	大型、高效聚合导热体系的优化； 高稳定化干喷湿纺纺丝工艺及高倍牵伸工艺的升级； 快速氧化技术和高效节能的预氧化碳化装备的升级，实现预氧化碳化过程的低能耗化； 干喷湿纺碳纤维表面处理技术	表面处理技术； 复合材料设计、加工、制造一体化技术
	芳纶	聚合分子量精确控制技术； 聚合物的高效溶解； 纤维细旦化（高强化）纺丝技术； 高温热定型（高模化）制备技术	差别化、系列化技术； 复合材料制备技术，如纤维缠绕结构设计与工艺技术、热压技术等
	聚苯硫醚纤维（PPS）	纤维级树脂纯化技术； 聚苯硫醚纤维差别化产品的开发与应用技术	复合改性技术； 复合纺技术
	玄武岩纤维（CBF）	多孔拉丝漏板技术； 大规模池窑生产技术； 工艺自动化控制技术； 高性能低成本连续玄武岩纤维的浸润剂技术； 熔体掺杂改性技术	大规模池窑技术； 复合材料制备技术
	聚四氟乙烯纤维（PTFE）	膜裂法纺丝技术； 纤维成型加工技术	高性能 PTFE 选择透过膜及纤维制备技术； 基于 PTFE 等高性能纤维的高强耐用混纺混织滤料制备技术； 高效吸附滤料材料制备与应用技术

内　容	产　品	2015—2020 年	2020—2025 年
关键技术	聚酰亚胺纤维（PI）	聚合工艺技术； 高均匀性纺丝原液的制备工艺； 在线黏度控制技术； 高精度过滤及恒温恒压输送等技术； 自动加料装置、高黏度聚合釜等设备成套技术开发	单体聚合及纺丝工艺； 复合材料开发应用技术
	生物基化学纤维	高效低能耗预处理和综合利用技术； 工业微生物、工业酶生产和生物催化； 海洋生物质综合利用； 离子液体新介质应用于纤维素生产高值化产品技术； 生物基纤维高性能化、功能化技术； 木质素改性加工技术； 木质素熔融纺丝技术； 在线即时检测技术； 纳米生物合成技术； 生物质生物量全利用技术集成和生态产业链的建立	微生物高通量筛选、基因改造、定向进化技术； 分子机器组装、高分子设计技术； 平台化合物设计； 分离纯化技术与工程； 材料加工成型技术； 全流程高效生产线工程与设计（过程技术）； 生物质全量利用基础技术集成和生态产业链的建立
	废旧纺织品回收与再生化学纤维	废旧纺织品的快速检测、分离技术； 废塑料的高洁净、梯度综合利用； 利用原料的材料、颜色特性，进行共混、调色	废旧纺织品在产业用领域的大力开发利用； 复合工程塑料的开发研制； 与其他可回收材料的复合、共混
	生物基合成材料国家工程实验室	秸秆预处理、木质素应用、绿色制浆工程技术研究； 生物基合成纤维、生物基再生纤维素纤维、多糖纤维、蛋白纤维等方面的工程技术研究	基因表达与修复、细胞工程、微生物、酶化学等方面的研究； 高分子设计、材料学科研究
	生物基纤维国家工程技术中心	秸秆预处理、绿色制浆（含纸改浆）、离子液、溶剂法竹浆、麻浆、甲壳素、壳聚糖、生化原料的"四醇四酸"	工业微生物、木质素熔融纺丝、木质素改性、海洋生物综合利用

纺织基础零部件发展路线见表 2。

表 2　纺织基础零部件发展路线

内容	产品	2015—2020 年	2020—2025 年
市场需求	新型多功能高速锭子	平均纺纱速度会逐步达到 18000r/min 左右，部分企业会达到 20000r/min。新型多功能高速锭子市场需求量会达量会达到 550 万锭左右。劳动生产率会大幅提升。	平均纺纱速度逐步达到 20000r/min 左右，部分企业会达到 22000r/min，全面实现高速化、自动化纺纱。新型多功能锭子市场需求会达到 750 万锭左右
	高性能纺纱用蓝宝石钢丝圈	钢丝圈显微组织马氏体 1～2 级，显微硬度在 600～700 HV0.2，表面粗糙度 0.4～0.8μm，使用寿命 20～25 天，断头、飞圈、毛羽等减少 30%～40%，纺纱速度 18000～22000r/min；适合各种纺纱需求。需求量：30 万盒/年	钢丝圈显微组织马氏体 1～2 级，显微硬度 600～700 HV0.2，表面粗糙度 0.2～0.4μm，使用寿命 25～30 天，断头、飞圈、毛羽等减少 40%～50%，纺纱速度 22000～25000r/min；适合各种纺纱需求。需求量：40 万盒/年
	梳理器材——针布	千吨纤维通过量的针布占市场销售收入的 10% 以上	千吨纤维通过量的针布占市场销售收入的 10% 以上
	差别化纤维纺纱用牵伸胶辊、胶圈	胶辊：2000 万只；胶圈：4500 万只	胶辊：3000 万只；胶圈：6500 万只
	自动穿经机用高性能钢片综	5～15 亿片，基本尺寸一致性不大于 0.05mm，钢带硬度达到 HV1510，综眼表面粗糙度为 Ra 0.4μm	15～20 亿片，基本尺寸一致性不大于 0.03mm，钢带硬度达到 HV1580，综眼表面粗糙度为 Ra 0.2μm
	喷丝板	40 万块	50 万块
关键技术	新型多功能高速锭子	围绕锭子纺纱工艺速度达到 22000r/min 目标，进行结构设计、在制造技术方面突破；研究锭子锭胆组件的减震及抗变形技术，锭子杆盘组件的精密连接技术与锭子锭杆的分段热处理技术、锭子轴颈表面的超精加工技术及技术，锭子零部件的精密清洗工艺及技术	围绕新型多功能高速锭子，纺纱工艺速度达到 30000r/min，纺纱工艺速度达到 22000r/min 左右，进行结构设计，以双振动（双油腔）结构为基础、在产品设计，加工制造技术方面设计与润滑与阻尼分离，使锭子在高速运转时，振动能有效消除，避免传送到细纱机上引起共振

续表

内容	产品	2015—2020年	2020—2025年
关键技术	高性能纺纱用蓝宝石钢丝圈	实现高精度多联轧机一次性压制片材，提高片材精度； 选用先进的罩式炉替代污染严重、效率低的井式炉对片材进行退火，保证了片材硬度的均匀性（极差HV0.210左右，为后工序的成型提供了很好的保证； 采用精密热处理设备、精密型材成型钢丝圈、杜绝磕碰、高矮脚、长短脚、开口尺寸偏大或偏小的产生； 保证内部组织的均匀性（马氏体1～3级），减小钢丝圈热处理变形量 微硬度极差控制在HV0.230以内，保证钢丝圈内表面的光泽度、粗糙度控制在0.4～0.8μm以下，从而减小钢丝圈的发热量和烧圈频率	进一步优化机轧机设备及其工艺，进一步提高片材精度； 改良高精密成型机，使成型一次合格率提高到95%以上； 使用更多更好的合金材料，保证钢丝圈基体的机加工性能和物理性能； 使用更先进的抛光设备和工艺，进一步提高钢丝圈表面质量
	梳理器材——针布	新的制造工艺装备和淬火技术、涂层技术的突破	新的制造工艺装备和淬火技术、涂层技术推广应用
	差别化纤维纺纱用牵伸胶辊、胶圈	提高胶辊、胶圈抗卷绕性、胶料抗静压缩变形、胶料耐磨性、胶料耐油性	提高胶辊、胶圈抗卷绕性、胶料抗静压缩变形、胶料耐磨性、胶料耐油性
	自动穿经机用高性能钢片综	高精度模具制造、高效率抛光工艺及设备	最佳设计、高效率抛光工艺及设备
	喷丝板	不锈钢高精度微孔加工工艺技术研究； 研发喷丝板导孔与喇叭孔不同孔径范围的数控自动化加工机床； 研究喷丝板加工质量检验方法	喷丝板加工刀具设计与制造； 开发自动化检验仪器
	新型多功能高速锭子		
专用特种材料	高性能纺纱用蓝宝石钢丝圈	进口高碳合金钢、国产优质合金钢	进口高碳合金钢
	梳理器材——针布	高性能合金钢、新的针布用底布等原材料有所突破	高性能合金钢、新的针布用底布等原材料推广应用
	差别化纤维纺纱用牵伸胶辊、胶圈	特种橡胶、其他弹性体改性并用，可以采用多元共混技术，橡胶交联剂、硫化活性剂、进行纳米微型胶囊化处理	特种橡胶、其他弹性体改性并用，可以采用多元共混技术，橡胶交联剂、硫化活性剂、进行纳米微型胶囊化处理

续表

内容	产品	2015—2020 年	2020—2025 年
专用特种材料	自动穿经机用高性能钢片综	42012 宽偏钢带，要求消除应力、平整度好、硬度高、弹性好或性能更为优越的钢带	42012 宽偏钢带，要求消除应力、平整度好、硬度高、弹性好或性能更为优越的钢带
	喷丝板	不锈钢水针板用材料	兼具高耐腐蚀性和高强度及易切削性的喷丝板材料开发
	新型多功能高速锭子	研发锭杆双轴颈精密磨削、超精加工工艺及装备，使双轴颈表面圆度、粗糙度、圆柱度、表面状态达到轴承座的精度等级；研发锭胆组件中弹性支撑及制造工艺，使弹性管受到不平衡力后可自调中心，与多层油膜吸振阻尼系统结合，消除部分振动；研发锭杆特殊热处理工艺，即分段硬度技术，在弯曲变形最大部位增加其弹性	双振动（双油腔）结构中，突破锭组件中润滑与阻尼分离的加工制造技术
特殊工艺	高性能纺纱用蓝宝石钢丝圈	研究装配的精密压力连接工艺及精密清洗工艺技术，提高零部件的洁净度、减少产品磨粒磨屑，增加零件间的连接刚度，保证零件间的连接后的位置等；研发超微铝合金铝套管的小孔深孔精密加工，增加成套产品高速回转后材料的接精度及刚性，保证锭杆与铝套管连接回转的精度；	开发全自动抛光设备，钢丝圈内表面粗糙度进一步减小、生产效率进一步提高
	梳理器材——针布	制片：一步制片工艺替代压片、拉片两步工艺；退火：选用先进的罩式成型机，保证了片材的均匀性；成型：使用高精密成型机，钢丝圈个体差异小、控制简单、生产效率高；热处理：用立淬处理炉替代散放炉、防止氧化、脱碳，组织均匀；表面处理：采用特殊扩散处理、提高钢丝圈的耐磨性 新型淬火技术和对环境无污染涂层技术自动化	新型淬火技术和对环境无污染涂层技术推广应用
	差别化纤维纺纱用牵伸胶辊、胶圈	混炼工艺；成型后加工自动化	混炼工艺；成型后加工自动化
	自动穿经机用高性能钢片综	成型工艺、抛光工艺	成型工艺、抛光工艺
	喷丝板	不锈钢高精度微孔加工工艺技术	超微细圆形和异形微孔加工工艺技术

续表

内容	产品	2015—2020年	2020—2025年
创新和服务平台	新型多功能高速锭子创新平台	以纺织机械行业纺纱锭子研发中心为平台，联合现有的三家锭子制造企业的省级工程技术中心，继续与东华大学、天津工业大学、中原工学院等高等院所进行广泛交流和合作，积极推动国家及行业重大科研项目的产业化。依托行业纺纱锭子研发中心，建立一个锭子设计、制造工艺、设备等一系列完整、科学的分析检测及新产品开发平台，建成国内领先的锭子研究开发中心，成为国内新型锭子行业人才培养、学术交流、科研开发的基础平台，为国内纺机制造商和纺织企业服务	在与国内高等院所交流和合作的基础上，继续与国际上纺机制造商 Novibra 公司和 Roctraft 公司交流中心，把纺纱锭子研发中心建成国家级研发中心，服务于中国纺织业的发展
	新一代纺织设备钢丝圈技术创新联盟	以"新一代纺织设备钢丝圈创新联盟"为平台，产学研结合，优化钢丝圈圈型，满足纺纱自动化、智能化、高速化的需求；开发新的钢丝圈材料，提高基体的机械性能及使用性能；对生产流程进行再造，设备升级换代，保证钢丝圈生产的一致性；采用先进的表面处理技术，钢丝圈表面更加光滑、耐磨	设计更适合各种纱线需求的钢丝圈，开发更耐磨的材料，实现生产设备自动化、智能化、高速化，进一步开发更先进的表面处理技术，提高钢丝圈纺纱的综合使用性能

纺织基础工艺发展路线见表3。

表3 纺织基础工艺发展路线

内容	产品	2015—2020年		2020—2025年	
		主要技术参数	需求量	主要技术参数	需求量
市场需求	新一代仿棉聚酯纤维连续聚合直接纺丝工艺	连续聚合直接纺丝单线能力≥6万吨/年、≥10万吨/年；废液中单体与副产物高效提取利用，回收品质满足应用要求	20~800万吨/年	吨产品能耗比2015年下降30%	800万吨/年
	新一代PA6连续聚合纺丝工艺	国产VK管单线日产200~400吨生产工程塑料用切片；国产单线回拌能生产高速纺切片；国产单线日产200吨生产线利用在线添加连续聚合制备功能型PA6产品	30~200万吨/年	国产VK管线日产400吨利用在线添加连续聚合制备功能型PA6产品；单线日产300吨生产高端工程塑料切片；单线日产300吨生产高端膜用切片。生物基PA6聚合实验线，PA6纤维化产品差别化率达80%以上	500万吨/年
	废旧聚酯纤维纺织品化学回收工艺技术	回收制备的聚酯熔体特性黏度≥0.68dL/g，回收纤维的断裂强度≥3.0cN/dtex；在2s以内快速检测出涤棉混纺织物中的成分，准确率>99%；在10s以内棉纤维能够回收使用，其他混纺成分能够回收不造成环境污染	消化目前低端使用的物理法回收300万吨/年，涤棉混纺的织物产生的涤棉混纺废旧聚酯纺织品置也是上千万吨的规模	能够在2s以内快速检测出混纺织物的成分，准确率>99%；回收利用产品达到原生聚酯品质。棉纤维能够循环纺纱染色分能够回收处理不造成环境污染	传统市场回收稳定在1000万吨/年的回收量。未来回收利用将重点转向碳化、研磨成其他材料的改性材料，市场十分巨大
	工业高温烟尘精细过滤用纺织品加工技术	过滤效率≥99.95%，其中PM2.5颗粒过滤效率达到80%以上，平均使用寿命≥3年，最大阻力≤1000Pa；过滤效率达到90%以上，平均使用寿命≥4年，最大阻力≤800Pa	燃煤电厂袋除尘技术的应用比例从15%提高到30%；水泥高温部分应用比例从40%提高到60%	满足燃煤电厂、钢铁厂、垃圾发电、水泥厂、冶金厂等不同工况的排放和使用要求	进一步提高袋除尘应用比例，满足国内市场需求，扩大产品出口
	高强聚酯长丝胎基布生产工艺	断裂强度、断裂伸长率、热稳定性、不匀率等性能达到国标A级胎基要求	15~30万吨/年	各项指标满足国标A级胎基要求	30万吨，满足国内市场需求，扩大产品出口

续表

内容	产品	2015—2020年		2020—2025年	
		主要技术参数	需求量	主要技术参数	需求量
市场需求	低耗集聚纺高品质纱纱线生产基础工艺研究	实现低耗集聚纺高品质纱纱线的开发，与国内目前主流使用的集聚纺装置相比，在中细号纱成纱质量相同的情况下，系统能耗降低5%~8%，使用中的机物料消耗费用降低10%~15%。成纱综合性能达到乌斯特公报5%水平。在保证成纱质量相同的基础上，实现100~200S高支紧密纱的生产，在细纱成纱支数相同的情况下，粗纱定量提高30%~50%，实现高效生产；混纺纱生产中混纱比与实际设计的偏差在±2%以内	集聚纺装置增加300~600万锭，高品质紧密纱生产增加10~20万吨	实现集聚纺系统上高支化、功能性上高支化的低耗纺纱线的低耗化普及和产业化普及生产	集聚纺装置增加约800万锭，高品质紧密纱生产增加30万吨
	纯毛超高支面料纺纱工艺技术	采用超细羊毛纺纱，细度16.5μm及以下，纺纱物理指标达到纺纱线密度为8.3×2tex及以下（120Nm2及以上），技术参数及标准符合行业FZ/T 22006—2012、FZ/T 24016—2012标准。应用高效短流程嵌入式复合纺纱技术，采用羊毛细度18.5μm及以下，或与其他天然纤维混纺，支数范围200Nm2及以上。技术指标参照FZ/T 22006—2012、FZ/T 24016—2012标准执行	纯毛超高支面料纺纱加工工艺短流程应用从10%提高到30%		超高支面料市场占比30%以上
	麻纤维生物脱胶清洁生产工艺技术	脱胶菌种或酶培育和试验，菌种活性提高20%；酶菌使用用量减少15%，脱胶时间缩短10%，耗水量和残胶量分别降低30%和10%，纤维分离高度提高10%，提高纤维的可纺性能，减少化学品使用量80%以上。	受天然麻资源的限制，应用量在15万吨左右	减少化学品使用量90%以上，耗水量降低50%	受天然麻资源的限制，应用量在15万吨左右
	鲜茧缫丝工艺	生丝抱合≥105次； 生丝断裂强度≥3.44cN/dtex； 生丝伸长率≥20%； 生丝清洁≥98分； 生丝洁净≥94分； 鲜茧丝可用于织造高品位绸缎	目前在广西、广东、浙江、江苏、四川、山东等地均有鲜茧丝生产，合计年产鲜茧丝达1万吨左右，随着技术的成熟，预计可达到3万吨左右		通过关键技术的攻关和推广应用，提高鲜茧丝的品质，更多应用到高端产品，可望实现30%~50%鲜茧生产规模

续表

内容	产品	2015—2020年		2020—2025年	
		主要技术参数	需求量	主要技术参数	需求量
市场需求	原液着色长丝机织物配色工艺设计技术	原液染色色织物日晒牢度达 7～8 级、水洗、汗渍、摩擦、熨烫等各项牢度达 4～5 级；色差 3 级以上	原液着色长丝机织物占比从 15%增加到 30%	原液染色色织物日晒牢度达 7～8 级、水洗、汗渍、摩擦、熨烫等各项牢度达 4～5 级以上至 5 级；色差 3 级	原液着色长丝机织物占比将达到 40%
	用于针织物冷轧堆染色和印花的平幅连续化针织物前处理工艺技术	技术参数：布速从 30～40m/min 提高到 40～50m/min，气蒸温度 100～102℃，气蒸时间从 25～35min 缩短至 15～20min，日加工量从 10～12t 提高到 15～20t，布面拉伸率高到<5%～10%，加工效率从 20%～30%提高到 40%～50%。节能减排指标（与传统溢流机前处理相比）：节水、节能和减少污水排放分别从 20%～30%提高到 40%～50%	50 条生产线	技术参数：布速 40～50m/min，气蒸温度 100～102℃，日加工量 20～25t，布面拉伸率<5%～10%，加工效率提高 50%以上。节能减排指标（与传统溢流机前处理相比）：节水 50%以上，节能 50%以上，减少污水排放 50%以上	50 条生产线
	超临界二氧化碳染色	上染率、匀染性、色牢度、染色深度（K/S 值）等，工艺条件包括：流体压力、染色温度和时间，染料性能及用量等	纱线类涤纶纤维 5%，纱线类合成纤维 15%，间歇式印染加工的 10%		纱线类涤纶纤维 5%以上、纱线类合成纤维 15%以上，间歇式印染加工的 30%
	印染在线采集系统	生产计划制订定准确率≥90%；工艺及配方制订定准确率≥90%，采样频率≥50 次/s；印染设备关键参数采集率 100%	按照一家纺织印染企业配置一套印染生产过程在线采集计算，国内外市场容量就达 4900 套		
关键技术	新一代仿棉聚酯纤维连续聚合直接纺丝工艺	加强 6 万吨规模装置上的在线添加技术开发，10 万吨规模装置上的在线添加工艺开发；20 万吨规模装置上的在线添加技术开发		高端工程塑料及膜用切片聚合工艺、抗熔滴产品的工艺开发、新型	
	新一代 PA6 连续聚合纺丝工艺	国产 VK 管反应器和聚合工艺，苯取塔装置和苯取工艺，在线添加装置和添加加工工艺等		生物基 PA6 聚合工艺、新型催化体系、新型反应器，在线检测与控制系统	

续表

内容	产品	2015—2020年		2020—2025年	
		主要技术参数	需求量	主要技术参数	需求量
关键技术	废旧聚酯纤维纺织品化学回收工艺	废旧纯涤纺织品连续破碎及输送技术及设备、废旧纯涤纺织品连续醇解技术及装备、杂质脱除技术及设备、高效连续聚合技术及装备、再生聚酯格体直纺成套技术；废旧纺织品快速检测体系、混纺织物原料处理技术、混纺织品连续醇解技术及装备、涤棉分离、过滤技术及装备、技术集成的工程产业化技术；多种组分的分离、过滤技术及装备、技术集成的工程产业化技术		生物技术、高精度控制系统、高性能纤维快速检测体系、多种组分的分离、过滤技术及装备	高性能混纺原料处理技术、过滤密技术及装备
	工业高温烟尘精细过滤用纺织品加工技术	2015年，加强对均匀性非织造滤料的成套加工技术和设备、在线检测设备的研发，提高滤料产品质量均匀性；加强滤料结构设计。2016—2017年，针对不同需求开发机织、水刺滤料，提高滤料生产率，降低滤料风阻，提高除尘效率；研究提高滤料后整理、覆膜等技术。2018—2020年，针对超细粉尘差异化控制、重金属脱除与粉尘协同治理、协同脱除尘、去除垃圾焚烧异味等需求，研究新型差异化功能性催化剂、差异化纤维及滤料成型以及功能性后整理技术		滤料低成本生产、有害气体协同处理、高效滤料结构和后整理、滤料处理回用等技术	绿色环保稳定生产
	高强聚酯长丝胎基布生产工艺	纺丝箱体及气流牵伸器设计，以及侧吹风装置的设计；新型摆丝及成网技术，高速固结技术、纺丝箱区牵伸利用技术，余热再利用技术		高性能产品的自动化、连续化、低成本、绿色环保稳定生产	
	低耗集聚纺高品质纱线生产基础工艺	集聚纺中细支纱生产低耗工艺研究、低耗集聚纺加工技术、包括：低耗型集聚纺装置加工技术、耐用型异形管加工技术、低耗集聚区优化。（1）低耗集聚纺专件加工技术：包括钢质空心罗拉加工技术、国产化细纱机改造技术、大牵伸专件加工工艺，包括高性能牵伸专件、牵伸区优化设计。（2）低耗集聚纺系统整体加工技术、国产化细纱机改造技术、大牵伸专件加工工艺，集聚纺高支纱生产工艺，研究高支纱紧密纺生产工艺技术		高支化紧密纱、高附加值功能性混纺紧密纱生产技术	高支化紧密纱、高附加值功能性混纺紧密纱大规模产业化
	纯毛超高支纺纱工艺技术	改造细纱机工艺部件及传动装置、导纱传动技术、导纱传动装置，喂入原料定位、张力控制等工艺技术，在细纱机上实现复合纺纱技术；采用刚性筒杆的低张力高密度织造技术、通过络筒为纱线上蜡，减少纤维损伤，完善退可溶性纤维工艺；通过平偏湿整或连续湿整设备改造，完善制造厂共性装作件的通用性和标准化，实现细纱机的通用性和标准化；与设备厂共性装作件改善改造的通用性和标准化定型设备			

续表

内容	产品	2015—2020年 主要技术参数	需求量	2020—2025年 主要技术参数	需求量
关键技术	麻纤维生物脱胶清洁生产工艺技术	生物酶及生物菌的培养及筛选，优化脱胶工艺流程及相关设备性能			
	鲜茧缫丝工艺	提高鲜茧丝织造时的抱合性能，解决脱胶造时断头过多、起毛多等技术难点；茧煮鲜茧缫丝工艺避免丝胶溶失过大、起毛多等技术难点；解决织造时断头多、起毛多等技术难点			
	原液着色涤纶长丝机织物配色工艺设计技术	原液着色涤纶长丝丝织物与白还染色织物的颜色特征、颜色差异；原液着色涤纶长丝丝织物配色方法与色织、部分色织产品设计技术等；产品层次感、整体美感的体现；产品色彩与时尚流行的一致性			
	用于针织物冷轧堆染色和印花的平幅连续化针织物前处理工艺技术	解决染布运卷边、张力稳定控制及面料前后左右加工均匀性的问题；加强在线控制技术，提高工艺路线的节能减排效果；冷轧堆染色需进一步研发缩短冷堆时间、提高染色效率的新型染料及配套助剂			
	超临界二氧化碳染色工艺	染料分配的均匀性，增强染料的溶解和在纤维中的扩散；混合染料拼色染色；染后清洗；高压操作下大容积染色釜的研制		低聚物的去除技术	
	印染生产在线采集系统	研究染整生产过程在线检测和控制技术，建立生产过程在线检测和控制体系；开发高可靠性的印染生产设备检测系统的软、硬件接口平台，实现生产工艺参数、生产过程数据的交互共享和反馈控制；开发具有自学习能力的印染工艺数据库，实现印染工艺制定的智能化			

第六章　措施建议

一、加快自主创新体系建设

结合行业振兴和战略性发展构架，创新产学研用结合模式，推动科研院所、高校和企业建立长期稳定的合作关系，构建产业技术创新战略联盟。增强企业自主创新能力和产业核心竞争力。加强创新资源的整合共享，发挥国家工程中心、企业技术中心、国家工程实验室等科研基地的引领和辐射作用。加快纺织机械行业技术创新服务平台建设。《纺织工业调整和振兴规划》中已经提出"以提高专用基础件、配套件可靠性为切入点，加大纺机专用基础件、配套件的研发和产业化力度"的任务。纺织机械行业"十二五"发展指导性意见明确指出，"主要专用基础件达到或接近国际同期先进技术水平"的目标。因此各级领导和管理部门要高度重视专用基础件，把它放在主机同等地位。

二、推进纺织专用基础件行业的结构调整

要支持优秀企业兼并重组，努力打造多级"舰母"，扩大名牌产量，并着力在创新科研方面给予政策支持和优惠，强化创新科研力度，以国际著名品牌为目标，发展高性能专用基础件产品，每个环节、每道工序找出差距，特别是对关系行业发展的重大关键技术、共性技术、基础工艺技术、核心技术等组织攻关，尽快达到国际先进水平。对某些国内无法解决的问题，如特殊原材料、优质电子元件，必须采用进口的，要争取政策优惠给予支持。

三、从全产业链角度促进基础工艺的进步

提高生产效率、降低能源消耗、减少污染物排放、提高产品质量、丰富产品功能等是促进纺织工业基础工艺进步的根本要求，工艺的进步又是和纤维材料、生产装备、管理技术等方面的进步紧密关联的，要从全产业链的角度综合考虑工艺进步的实施路径及投入产出效率。

四、开展典型案例的经验总结和推广工作

如何将先进的工艺技术辐射到数量众多的中小企业，是实现全行业技术提升的关键，除了依托服务于中小企业的技术服务平台外，提炼出能够让全行业受益的先进技术和管理经验也非常重要，针对重点行业开展典型案例研究，总结成功经验并组织推广。例如，从无锡一棉的精细化管理中如何提炼出对全行业有借鉴价值的基础工艺技术。

五、以技术联盟的方式开展工艺技术研究

深入开展产业技术联盟的方式合作创新，加强产业链上下游、生产部门与应用部门之间的技术供需对接与合作开发，推动建立高新技术纤维、染整关键技术、高性能产业用纺织品、高端装备、纤维回收利用等重点产业联盟，纺织工业基础工艺的研发和产业化应用融合到相关的技术联盟中去。

课题组成员名单

顾　问：王天凯　高　勇　季国标　孙晋良　蒋士成

　　　　周　翔　郁铭芳　周国泰　俞建勇

组　长：姚　穆

副组长：孙瑞哲

成　员：联合会各部门　各专业协会

　　　　有关事业单位主要负责人

编写组：孙润军　祝宪民　张慧琴　李　毅　华　珊

　　　　董奎勇　郑俊林　王玉萍　林　琳　王玉琦

　　　　刘文杰

领域课题 13

仪器仪表制造业

强基战略研究

摘　要

报告探讨了仪器仪表制造业"四基"的内涵，仪器仪表基础零部件/元器件是指在仪器仪表中具有检测信息和转换功能的器件或装置。仪器仪表基础工艺主要有两层内涵。一层是指仪器仪表制造业生产过程中量大面广的、通用性强的基础工艺技术，如精密加工工艺、密封工艺、焊接工艺、电装工艺及特种加工工艺；另一层是指仪器仪表元件本身的制造工艺，如传感器的制造工艺：光刻、扩散、腐蚀、键合、封装等。仪器仪表基础材料主要是指仪器仪表制造业所需的小批量、特种优质专用材料，如具有优良电学、磁学、光学、声学、热学、力学、化学、生物医学功能的特殊物理、化学、生物学效应，能完成功能相互转化，并被用于非结构用途的功能材料，如电子信息材料、功能陶瓷材料、智能材料、生物医用材料、生态环境材料等。其中智能材料、电子信息材料、纳米材料等对仪器仪表制造尤为关键。产业技术基础是指仪器仪表产业与技术协同发展所需的技术基础设施与创新环境。重点是质量技术基础和共性技术创新体系。

报告阐明了仪器仪表"四基"与仪器仪表制造业的关系，从我国仪器仪表"四基"发展现状出发，分析了我国仪器仪表工业空心化的主要原因。

报告统计分析了仪器仪表基础产品的巨大市场需求，并提出了未来发展重点方向及技术发展趋势，选取浙江中控注重产品质量技术基础、海南展创通过国际并购方式发展我国光电倍增管作为典型案例，进行剖析，结合行业特点提出我国仪器仪表"四基"发展的路线以及仪器仪表"四基"发展措施建议。

第一章 仪器仪表"四基"概况

一、仪器仪表"四基"基本现状

仪器仪表制造业"四基"内涵：

仪器仪表制造业"四基"包括仪器仪表基础零部件/元器件、仪器仪表基础工艺、仪器仪表基础材料及产业技术基础（以下简称为仪器仪表四基或"四基"）。

仪器仪表基础零部件/元器件是指在仪器仪表中具有检测信息和转换功能的器件或装置。通常有 7 大类，19 小类，即传感器、机械元件、弹性元件、光学元件、机电元件、仪表电机、显示器件。核心仪器仪表基础元器件主要有传感器、光学元件、弹性元件等。

仪器仪表基础工艺主要有两层内涵。一层是指仪器仪表制造业生产过程中量大面广的、通用性强的基础工艺技术，如精密加工工艺、密封工艺、焊接工艺、电装工艺及特种加工工艺；另一层是指仪器仪表元件本身的制造工艺，如传感器的制造工艺：光刻、扩散、腐蚀、键合、封装等。

仪器仪表基础材料主要是指仪器仪表制造业所需的小批量、特种优质专用材料，如具有优良电学、磁学、光学、声学、热学、力学、化学、生物医学功能的特殊物理、化学、生物学效应，能完成功能相互转化，并被用于非结构用途的功能材料，如电子信息材料、功能陶瓷材料、智能材料、生物医用材料、生态环境材料等。其中智能材料、电子信息材料、纳米材料等对仪器仪表制造尤为关键。

产业技术基础是指仪器仪表产业与技术协同发展所需的技术基础设施与创新环境。重点是质量技术基础和共性技术创新体系。

质量技术基础是建立和执行标准、计量、检验检测、认证认可等所需质量技术体系框架的总称。其作用在于为社会各方提供标准、计量、检验检测和认证认可服务，以证明产品和服务符合政府强制性要求和市场要求。

产业共性技术创新体系是与产业共性技术创新活动及创新资源配置相关的各种主体在相互作用中形成的组织系统、关系网络，以及保证系统有效运行的机制和制度，包括各产业共性技术创新平台、各产业共性技术服务平台。

仪器仪表四基与仪器仪表制造业的关系如图1所示。

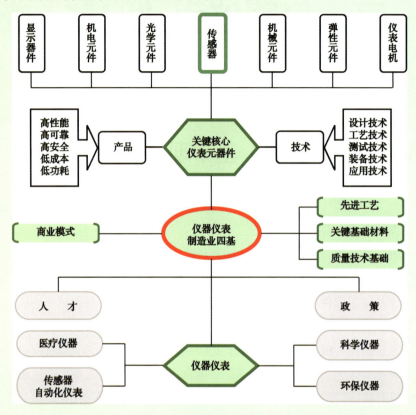

图1 仪器仪表四基与仪器仪表制造业的关系

（一）仪器仪表基础零部件/元器件现状

1. 敏感元件及传感器发展现状

国内有传感器生产厂家约1600家（2013年统计），产值过亿（包括主机）的不到200家，能生产的传感器品种、规格约1.2万种。2011年我国传感器年产量达24亿只，市场规模为900亿元，2012年为1142.7亿元，2013年突破1300亿元，年平均增幅超过20%。

1）国内传感器现状

可以归纳为三个"基本"，一个"提高"。

（1）传感器研究、生产、应用体系、产业布局"基本"形成，产业集群已成雏形

形成了以中科院国家重点实验室、传感器国家工程研究中心、高等院校为核心的研发体系；以公司企业为主体的生产体系；为服务对象的应用体系；以地区中心城市为主的产业布局，形成了珠三角地区、长三角地区、东北地区、京津冀地区、中部地区为主的传感器产业集群区。

国内传感器产业布局如图 2 所示。

图 2　国内传感器产业布局

（2）产品门类"基本"齐全，取得了一批重要科技成果，部分传感技术优势明显，总体产品质量处于中、低水平

传感器 3 大系列，12 大类，42 小类，国内几乎都有研究、开发或生产，国内开发生产的传感器品种规格有 12000 余种。碲镉汞红外传感器已用于我国风云系列卫星、海洋卫星以及神舟系列飞船，神舟六号载人航天器也用了一百余个国产传感器。微型惯性器件的 MEMS 加工工艺、封装技术取得突破性进展，实现了微型惯性器件 MEMS 工艺小批量制造能力，实现了 4 英寸硅片上高 g 传感器批量制造。成功研制出精度优于 0.02%FS 的高温大压力谐振传感器和小型化谐振筒压力传感器。研制出一种新型的电化学 DNA 纳米生物传感器，灵敏度达到 10fmol/L。首次利用多孔纳米固体研制出 ZnO 气敏传感器。利用静磁栅绝对编码技术，研制出可在水下 1000m 正常运行的位移传感器。成功研制出"蛋白酶芯片生物传感器系统"。研制完成"小型高精度 CMOS 天体敏感器技术"，完全自主创新，相关的图像传感器成功用于我国风云卫星。在 SAW 器件方面，研制成以延迟/谐振器型振荡器为敏感单元的声表面波气体传感器，有效地解决了复杂气体背景条件下的干扰

问题。已研发出 30°/h 的 MEMS 陀螺，2g～50000g 的 MEMS 加速度传感器、35kPa～10MPa 的 MEMS 压力传感器、MEMS 三轴振动传感器、MEMS 冲击传感器、MEMS 流量传感器等 MEMS 传感器。

（3）中低档产品"基本"满足市场需求，高档产品基本由国外进口

据统计国产传感器能满足自动化仪表 70%的要求，能满足中型工程 80%的要求，满足大型工程 60%的要求。先施科技、远望谷等企业在超高射频 RFID 产品领域占据国内 90%的市场。根据湘财证券研究报告，汉威电子公司气体传感器国内市场占有率达 60%，气体检测仪器仪表市场占有率达 9%。

高档产品基本由国外进口，国内不能自主生产。

（4）产品的设计水平、研发水平、应用水平普遍"提高"，但均处于国际中、低水平

通过"六五"到"十一五"的连续攻关，推出了一批成果，锻炼了一支队伍，形成了产业基地，跟踪了一批项目。如设计技术经历了仿制、自主设计到创新阶段，以 Ansys 为分析平台，建立了方杯型、双岛型、梁膜型等传感器参数化模型，开展了各种硅杯的力学分析、芯片版图、芯体结构等设计应用软件和补偿软件。过程控制用传感器的精度已提高到 0.075%/FS，稳定性也提高了一个数量级。我国研制的六维力传感器，其性能达到国际先进水平，使力传感器从点的"测量"向"状态的识别"前进。国内研制的基于神经网络的多光谱辐射温度计，可测量航天器返回大气层时其驻点 3000℃的高温。在 CCD 图像传感器方面，研制出线阵 12000 像元、面阵 5040×5040 个像元、2000 万像元的 COMS 图像传感器，TCM5115CL 已投产，红外分辨率为 2048×2048 个像元。国内利用低温超导磁性传感器，正在进行生物磁信号探测研究，已经能够在实验室无屏蔽环境下获得高质量的心磁信号，已经成功实现了脑磁信号的探测。在非制冷红外传感器方面，我国也取得了很好业绩，640×512（17×17μm）传感器专用读出电路已完成设计、仿真和流片，并在 MEMS 工艺结构方面，最为关键的"双层微桥"技术取得突破。我国利用高比表面积的一维纳米材料，制备出一种更加灵敏的电化学发光纳米生物传感器，该项研究为低维纳米材料制备生物传感器提供了重要的理论和实验依据。国内推出的 MEMS 磁敏传感器，其技术水平与德国博世集团水平不相上下，将传感和信号处理单元集成在一起，提高了灵敏度，成本仅为霍尔传感器的 1/10。

我国传感器产业经历了仿制和引进消化阶段，现已步入自主设计、初级创新阶段，并在高精度压力传感器、变送器、1000 万吨炼油核心控制系统用传感器等领域取得了重大突破。但由于传感器在重大技术装备中所占价值量不足 2%，技术攻关及产业化难度大，较重大技术装备用传感器主要由国外进口。

2. 科学仪器、医疗仪器、环保仪器中的核心基础零部件/元器件现状、差距、发展趋势（见表 1）

表 1　科学仪器、医疗仪器、环保仪器中的核心基础零部件/元器件

名称	国内现状	国外现状	差距	发展趋势	说明
光电倍增管（PMT）	发展前景好，最好的一种感光器件。国外在光电阴极制造、整管结构设计方面的技术水平远远超过国内，因此国内仪器所用的光电倍增管基本依赖进口。中核（北京）核仪器厂有一定技术底蕴，生产条件相对较好，具备产品续扩展条件。南京永纪有一定技术底蕴，但产品性能尚待提高。北京高新贝朞生产的某些型号的常温光电倍增管技术较为成熟，有稳定客户	日本 Hamamatus 公司生产 PMT 产品共有 15 个系列 234 个品种。法国 PHOTONIS 公司仅生产端窗管，其性能与日本 Hamamatus 公司产品相当，但 PHOTONIS 公司还生产两种比较高端的产品，其中 XP2242B 系列增，在工作电压 1800V 时其脉冲线性电流高达 200mA；另一种三英寸大面积的 PMT 在工作电压为 1400V 时增益可达 5×10^6，脉冲上升时间小于 3ns。英国 ETL 公司规模相对较小，其产品性能制逊于日本 Hamamatus 公司产品性能。美国 BURLE 公司主要研发美国急需的 PMT，以研发 GPS 铯质子钟用 105 电子倍增器而闻名于世。俄罗斯莫斯科电子管厂生产的 PMT 产品自成体系，与英美等国的产品不能互换	生产设备陈旧，生产工艺落后，手工操作为主，产能低，产品主要为应用于常规仪器的小批量中和探测仪器的小批量生产的低档 PMT	国外采用微机对基础工艺、基础建设、质量检验进行控制，PMT 生产基本实现半自动化研发与生产，从而大大提高了生产效率和产品质量。不断提高光电倍增管的性能参数。不断研发特殊结构、特殊功能的光电倍增管	日本 Hamamatus 年产 70 万支，占全球销售份额的 77.8%，在中国销售份额 100%。法国 PHOTONIS 年产 20 万支，2011 年出售海南展创。英国 ET 年产 12 万支，占全球份额的 13.3%。俄罗斯 MELZ FEU 年产 10 万支，占全球份额的 11.1%。北京高新贝朞1.5万支/年，中核（北京）核仪器厂 3.0 万支/年，南京永纪创业 1 万支/年，北京友和创业 1 万支/年

续表

名称	国内现状	国外现状	差距	发展趋势	说明
激光器	自1961年中科院长春光机所研制出我国第一台红宝石激光器至今，经50多年的快速发展。目前，激光产品已在国内占据较大的市场份额，在产品质量、性能等方面初步具备了与国外大公司竞争的实力。中国的激光技术与应用，在某些领域中掌握的关键技术处于国际先进水平，甚至有的已经领先于其他国家	在激光光谱学中，半导体激光器在可调谐性、高灵敏度、高选择性、波长易于调制，光谱高纯度方面具有优势。美国在这一领域处于世界领先地位	激光器相关技术链和产业链不完善，间接阻碍了激光器产业化发展，多数激光器企业产业化的产品大都处于低端领域。在高端市场中，很多关键技术被国际发达国家掌握数据，而中国企业无法产业化的一部分关键技术，却遭遇着产业化的尴尬，使得中国激光器企业在高端市场中一直处于弱势地位	一是激光器技术开发向高功率、高光束质量、高可靠性、高智能化和低成本方向发展。 二是激光器研究向固态方向发展，半导体激光器、半导体泵浦固体激光器和光纤激光器发展成为激光器发展方向的代表。 三是激光技术与其他学科结合，不断拓展新兴应用领域。	激光器的结构从同质结发展成单异质结、双异质结、量子阱（单、多量子阱）等270余种形式。制作方法从扩散法发展到液相外延（LPE）、分子束外延（MBE）、金属有机气相淀积（MOCVD）、气相外延（VPE）、化学束外延（CBE）以及它们的各种结合型多种工艺
四极杆	复旦大学，吉林大学等都在积极进行着四极杆数值模拟以及几何参数优化等方面的研究。吉林大学，中国计量科学研究院研究了几何误差产生的杂散电场，复旦大学通过改变四极杆的几何形状，在电场中加入六极场，八极场等成分，通过计算仿真和实验研究了六极场，八极场等高阶电场对四极杆质谱性能的影响	美国的Purdue大学、英国的Liverpool大学、加拿大的British Columbia大学、英国的Reliance公司都在积极进行着四极杆数值模拟方面的研究。Purdue大学的Zheng Ouyang，R. Graham Cooks等领导的研究小组开发了ITSIM软件，该软件不仅能模拟四极杆质谱仪，还能进行离子阱的计算	国外公司研制的数值模拟程序以及对几何参数的研究往往作为其核心知识产权对外严格保密，国内对四极杆的加工，装配和检测，至今尚没有一个比较权威的几何参数的分析评估标准。生产高质量分辨率的几何参数一般要求较高，直线度以及杆间的平行度等参数，这需要选择精度足够快的数值模拟方法。目前的商业选择精度很难满足这样的要求。	多数学者在进行离子轨迹和四极杆质性能的模拟计算的时候，均将四极杆简化为二维模型，因此只能研究二维模型的几何参数，对于四极杆三维模型的几何参数，如杆间圆柱度误差，目前尚没有一种有效的数值模拟方法	在全球范围内，具备高精度四极质量分析器制造能力的企业主要有美国的Reliance、Hiden、ASI，美国的Adaratech、ExtreK Inficon和德国的Pfeiffer等公司。其中，英国的Reliance公司在高精度四极质量分析器领域处于国际领先水平，其四极质量分析器产品占领了很大份额的国际市场。国内的普析、聚光、天瑞、北分等质谱仪研发企业及国际上的安捷伦、岛津等著名的质谱生产厂商均采用Reliance公司生产的四极质量分析器

续表

名 称	国 内 现 状	国 外 现 状	差 距	发 展 趋 势	说 明
离子源	中国厂商"好创生物"于 2011 年就推出了封闭式气泵电喷雾离子源，该技术具有比传统电喷雾离子源更加广泛的应用领域和更高的性能。 我国学者在常压敞开式离子源技术上的发展与国际几近同步，目前已经有多个国内的研究小组开展了卓有成效的研究，也取得了令全国际同行瞩目的研究成果	岛津公司推出解吸电晕放电束离子源（DCBI），极大提高了样品分析效率。 布鲁克 2011 年推出 Captive Spray 电喷雾离子源，Captive Spray 技术的关键点是气体流量聚焦技术，无领喷嘴调节装置，即可获得纳升喷雾灵敏度；同时，Captive Spray 技术可直接使用空气，喷雾稳定，重现性好，是蛋白质鉴定和定量的理想分析技术。 一个里程碑式的贡献是普渡大学 Cooks 教授提出的 DESI 技术，它不需要对样品进行任何处理，就能直接从固体表面把要检测的组分解吸附和离子化，实现样品的快速现场分析	方法创新是质谱仪器发展的源泉，例如，许多创新概念不是仪器工程师或工程师萌发出来的，而是由具有分析化学专业背景的应用性的学者提出来的，如获得诺贝尔化学奖且有广泛市场应用的 ESI 源，它最初是由芬恩这个大学教授提出来的。 质谱研究的新技术大都成就了一种新的分析仪器的产业化。 分析仪器的创新本身并没有以谁为主体的问题。许多质谱离子源的成果是大学教授完成的，也有不少是公司下属的研究所完成的，如 ESI、DESI、PTR，也有 MALDI 与 DART，因此，任何人、任何单位，包括大学、研究所、公司都能够成为创新的主体。 质谱仪器的小型化也许是许多国际质谱仪器的新一轮研发趋势		分析仪器研究涉及分析化学、电子学、精密加工、计算机科学等多个领域，我国目前没有完整的分析仪器研发团队和平台，这也是我国该行业落后的另一个原因。因此，加强我国该领域交叉研究平台的建设，在我国企业研发能力不足的情况下政府应出面搭建平台十分重要。要尽一切可能调动所有与分析仪器相关的部门的积极性，在一个政府搭建的平台上进行有效的协同攻关和交叉合作研究，才能形成一个国家分析仪器不断创新的基础和源泉

续表

名称	国内现状	国外现状	差距	发展趋势	说明
光学薄膜滤光片	中国近几年逐渐发展了批量大、中低技术要求的产业。江苏丹阳企业制造眼镜增透膜、宁波舜宇、江西凤凰光学制造相机、手机镜头增透膜，河南中光学（上市公司）、浙大科汀公司主要制造高附加值的产品，如美国 Semrock、光显示用分色分光合色光博膜。浙江星水晶光电（上市公司）、深圳欧菲光电（上市公司）主要设计制造相机手机镜头中的红外截止滤光片，两家制造总和超过国际市场的50%，近几年深圳欧菲光电又向LCD用光学膜产品方向发展。 沈阳仪表科学研究院有限公司研制生物医学应用光学薄膜滤光片、光投影显示中的光学薄膜反光镜、变密度滤光片。 目前生化分析、拉曼检测分析用吸收光光度分析中的滤光片国产化率超过70%。生物医学荧光检测用的滤光片实现了中端产品国产化，高端产品还大部分依赖进口	目前美国和欧洲在技术上处于国际领先水平，主要制造高技术要求、高附加值的产品，如美国 Semrock、Chroma、Omega Optics，欧洲丹麦 DELTA 等制造应用滤光片，美国企业占有国内外高端生物医学滤光片市场的80%以上，美国 Acton 制造遥感、科学研究等应用的紫外滤光片产品，JDSU制造挂光显示、光通信用光学薄膜滤光器件。日本则在一些特色产品有产业优势，如日本国际商事、德国 Auer 等公司制造应用的光学薄膜反光镜产品	产业和产品主要差距：美欧日等发达国家和地区主要承担中高端的技术要求、高附加值的产品，中国则集中发展了中低技术要求的光学薄膜产品的批量设计和制造。 光学薄膜滤光片产品性能差距。高精密度产品锐截止、深截止、低陷变的生物医学滤光片目前依赖进口。 透射率普遍只能达到75%~85%，国外高端典型产品大于90%。 第二个差距是新产品少。 国内光学薄膜设计制造技术、镀膜工艺、关键设备差距大	光学薄膜技术应用发展速度加快，和各产业应用融合加速。 光学薄膜器件从主要干涉滤光功能向多功能发展。 光学薄膜器件向微型化、大型化、高精度发展	基础真空光学镀膜设备： 一是集成由多个关键镀膜设备的应用制造厂商的应用技术研究少，设备总体性能低。 二是关键系统技术差距大，如在核心的离子源技术、光控系统等关键系统方面，国内外入自主研发不足，技术差距很大，导致核心性能差距大。 三是设备和工艺分离，国外的设备厂商对应用的设备进行深入研究，进行了软件、硬件的系统化设计，而国内镀膜设备厂商设备不带镀膜工艺，也很少进行深入细致的研究，制造设备和镀膜应用脱节严重

续表

名称	国内现状	国外现状	差距	发展趋势	说明
X射线管	2010年我国CT机的市场保有量达到11242台，每只正常使用一年更换一次，按照50%的概率来计算，每年需维修、更换的X射线管为5621只。可以看出X射线影像设备的逐年增长，这一数据将会随之增长。2011年，我国X射线管的进口额超过1亿美元。目前，国内X射线管市场需求约有20亿元/年，全球市场需求约有120亿美元/年	欧美厂商已经具有规模化优势、成本优势以及自身的地缘优势。 X射线管生产技术仍被美国瓦里安（VARIAN）公司、美国当力（DUNLEE）公司、荷兰飞利浦（PHILIPS）公司、德国西门子（SIEMENS）公司等国外少数大公司垄断。 VARIAN、SIEMENS等国外企业在华获批生产医用X射线管以及组件的产品，进一步加剧了国内的市场竞争，强化了国外企业的技术垄断		通过开展X射线管制造关键技术和工艺的研究，实现大功率、大热容量、微焦点X射线管国产化。 一体化组合靶润滑技术的应用——解决高温、耐磨、耐腐蚀稳定性问题； 玻璃的韧性改良和过渡封接技术——解决高温、易加工等问题； 阴极灯丝结构设计和焦点设计的问题——解决阴影像清晰度的问题； 用于大功率超高真空无油和老练测试系统的关键技术——解决管芯真空度问题； 大容量靶盘的焊接工艺改进——解决高性能靶盘的质量问题； 球管封装工艺	2010年，我国CT机市场对X射线管用旋转阳极靶材的年需求量超过7000只，并且这一数据还在增长。据统计，GE、SIEMENS、PHILIPS在我国CT机市场中所占份额合计达到70%。国内仅有少数一些厂家能够生产纯钨旋转靶、钨钼复合靶、钨/铼合金靶、墨合金靶等医用X射线靶材。但其生产的钨靶材的实际密度达不到钨的理论密度，在受到高能电子束的轰击时，产生X射线的效率不如进口钨靶材高，在同样强度的工作条件下，其寿命与进口靶材相比仍有一定差距
光栅	国内的光栅厂商主要是长春光机所的光栅研究中心。拥有5台光栅刻划机，可以刻划20～2400线/mm，刻划面积小于300×300mm²的光栅，并拥有一系列制作和生产全息离子束刻蚀光栅设备，以及完整的光栅技术指标测试专用设备。 每年可制作50～60块原刻母版光栅；在全息光栅方面，每年能制作30块左右全息母版光栅。 具备国家认可资质。拥有光栅母版457块，每年提供3万多块光栅，光栅用户200多家	世界上主要的光栅厂家有法国的Jobin Yvon、美国的Newport、日本的岛津。Newport的理查森光栅工厂在衍射光栅设计与制造方面居于世界领先地位，以刻划和离子束蚀刻制造大型光栅刻划机。 品牌生产的凹面光栅产品采用全息曝光法，离子束刻蚀技术与衍射光栅设计技术的高维融合，实现低杂散光和高衍射效率。 法国Jobin Yvon是全球著名的科研级光栅制造商。 国外的光栅技术发展比我们早，市场化程度高，在复制光栅的一致性、膜层的稳定性等方面领先于国内。因此，随着仪器稳定性等要求的提高，越来越多的国内生产厂家开始采用国外的光栅	在大面积衍射光栅方面：长春光机所研制的1、2号光栅刻划机，能够刻划的衍射光栅的最大面积为300×300mm²，最高刻线密度为2000线/mm。 美国理查森光栅实验室研制的MIT-B型光栅刻划机可以刻制衍射光栅刻划机的最大面积为420×320mm²，线密度为20～1500g/mm	获取适用的大面积衍射光栅，已经成为影响射光栅、长春光栅刻划机、激光聚变、同步辐射光束线工程等大型高技术工程项目成败的关键； 另外，随着微细加工工艺的发展和二元光学应用领域的拓展，周期二元光学元件光栅附生二元结构的特征尺寸不断缩小，其结构也越来越复杂，微结构型光栅成为一种趋势	光刻机是光栅研制的基础，提高国产光栅的关键在于设计和研究高质量的国产光栅刻划机。在刻划机的设计和研制中，要充分考虑大行程纳米定位技术和研究的有关内容

3．仪器仪表零部件/元器件现状综述

技术差距——高档仪器仪表元器件的核心、关键技术均由国外掌控；中低档技术国内基本掌握。

产品差距——高档仪器仪表元器件产品，90%向国外采购；中低档产品基本由国内生产，但产品可靠性、性价比不高。

产业差距——国内真正实现产业化的产品不足 10%，且大部分是中低档产品。产业化的难点在于：批产技术有难度、投资大、市场风险大、国外采购与自主产权矛盾。

仪器仪表元器件是制约仪器仪表产业发展的瓶颈，是仪器仪表产品"空心化"的重灾区；

少有仪器仪表元器件龙头企业，国内、外少有话语权；

仪器仪表元器件产业与国外的差距至少在 15 年以上。

（二）仪器仪表工艺现状

仪器仪表工艺主要包括电子产品制造工艺和机械产品制造工艺。

工艺技术与工艺装备不适应、工艺装备与国家投入不适应、工艺推广与现有体制不适应、工艺要求与工艺人才不适应。

国家投资少，科技成果少，先进工艺少，新工艺少；国产工艺装备落后，工艺装备不适应工艺研究，低档装备由国内生产，中高档工艺装备向国外采购；工艺人才匮乏，工艺人员积极性不高。

建成 13 条与 MEMS 传感器相关的工艺线。国内已初步建立起 6 英寸 MEMS 工艺线，拥有双面光刻机、圆片键合机、硅硅键合机、硅干法深刻蚀机、LPCVD、回流焊机、扫描电子显微镜、应力测试仪等 MEMS 专用加工和工艺监测设备，建立了体硅溶片工艺、正面体硅工艺、DDSOG 工艺和全干法 SOI 工艺等 4 套 MEMS 加工工艺，以及 GLASSFRIT、金金热压和铅锡 3 种圆片级封装工艺。

国内研究的静电封接工艺和封接设备，已在很多传感器生产企业应用；硅油充灌工艺和充灌设备也在行业上应用。

在弹性元件成型方面，国内研究出一种叫电沉积的新工艺，其成型原理是利用金属电解沉积原理，在具有波纹管内腔形状结构的芯模上，电沉积适当厚度的弹性单金属或合金材料，然后除去芯模而制成的。因此也常被称为电铸波纹管或电成型波纹管。该工艺特别适合于外径小于 2mm 的微型波纹管制备。

（三）仪器仪表材料现状

仪器仪表材料是指用于制造仪器仪表、传感器和电子产品的对电、磁、光、声、热、力、化学和生物等参量具有能量和信息的获得、转换、传输、显示、存储和处理等作用的功能材料和特种结构材料的总称。仪器仪表材料主要包括：

1. 传感器敏感材料

（1）新型红外探测器材料。短波红外波段在航天遥感等领域有重要应用，InGaAs 探测器及其阵列已成为此波段的优选器件。双色探测器的研究已成为世界各国尖端科学仪器、传感器研究的热点。

（2）微磁场探测器材料。高精度微磁场探测器在科学、医疗、环境监测及工业中的需求日益增加，基于多铁性材料磁电效应的磁场传感器已成为优选器件。已获得 I 类多铁性薄膜 $BiFeO_3$、$BiMnO_3$、$YMnO_3$、$PbVO_3$、$EuTiO_3$、$Ca_3Mn_2O_7$ 以及 II 类多铁薄膜 $REMnO_3$、$REMn_2O_5$、$Ni_3V_2O_8$、$FeVO_4$、$CoCr_2O_4$ 等。

（3）生物传感器材料。基于高特异性抗体的污染物免疫检测技术的生物传感器材料及核酸适体（即单链 DNA 或 RNA）生物传感材料。

（4）热电偶热电阻材料。

（5）二维感温的复合型测温材料。

2. 仪器仪表金属功能材料

主要包括耐腐蚀合金、弹性合金、定膨胀合金、形象记忆合金、电阻及导电合金等。用于制造膜片、膜盒、波纹管、阀芯阀座、弹簧、电接点、保护装置等。金属功能材料在航空航天、核工程、能源动力、交通运输、油气开发、石油化工、海洋工程和冶金工业等领域也得到了广泛应用，因此金属功能材料的发展深受各国重视。

3. 光学玻璃

光学玻璃重点由传统光学玻璃转向新型光功能玻璃。

4. 仪器仪表材料现状

国家支持，推动功能新材料的产业发展。"十一五"期间，通过了 100 多个产业化专项实施，在电子信息材料、金属功能材料、敏感材料、磁性材料等方面形成了一批高技术新材料核心产业。"十二五"期间又进一步加大了支持力度。

产业布局由低级向高级阶段发展。我国仪器仪表材料产业正呈现快速健康发展的良好状态，在一些重点、关键新材料的制备技术、工艺技术、新产品开发及节能、环保和资源综合利用等方面取得了明显成效，促进了一批新材料产业的形成与发展。

取得一批成果。国内研制的钨铼热电偶丝的热电性能已经优于国外，精度一般都可以达到 0.25%t 允差，高精度的测量精度已经接近铂铑热电偶。这些进展直接促成了钨铼热电偶在钢水测温中的工业化应用，对节约稀贵资源，提高国内测温行业整体技术水平具有重要意义。

（四）仪器仪表质量技术基础现状

建立了仪器仪表元器件专业、仪表功能材料专业标准体系。成立了机械工业仪器仪表元器件标准化技术委员会（CMIF/TC17）、全国仪表功能材料标准化技术委员会（SAC/TC419）。

与仪器仪表四基有关的标准：现有标准 325 项，国标 94 项，行标 231 项；在研标准 36 项，国标 3 项，行标 33 项；拟制定标准 46 项，国标 11 项，行标 35 项。

与仪器仪表四基有关的检测机构：国家仪器仪表元器件质量监督检验中心、国家压力管道元件质量监督检验中心、机械工业仪表材料产品质量监督检测中心。

与仪器仪表四基有关的工程中心：传感器国家工程研究中心、生物芯片北京国家工程研究中心、膜技术国家工程研究中心、光电子器件国家工程研究中心、精密超精密加工国家工程研究中心、精密成型国家工程研究中心、半导体材料国家工程研究中心。

与仪器仪表四基有关的国家重点实验室：传感技术联合国家重点实验室、新金属材料国家重点实验室、精密测试技术及仪器国家重点实验室、硅材料国家重点实验室、光电材料与技术国家重点实验室、信息功能材料国家重点实验室、先进成型技术与装备国家重点实验室。

仪器仪表四基有关企业基本上均建立了全面质量体系和企业标准，超过九成企业拥有自主产品质量测试平台。仪器仪表企业对质量控制和产品标准的重视程度正在逐渐加深。

二、仪器仪表"四基"存在的主要问题

（一）仪器仪表基础零部件/元器件存在的主要问题

（以传感器为例进行说明，其他仪表元器件存在问题见表1。）

1. 缺乏顶层设计和统筹规划

国内传感器分属不同的部门和行业，加之专业面广，国家长期以来难有统一的认识，对传感器发展在思想认识上没有取得共识，更没有一个部门对传感器的顶层设计进行系统研究和科学规划。虽然国家有所投资，但强度低，又不连续，急于求成，忽视基础研究，欲速而不达，急功近利，违反传感器产业特点，总想在短期内取得传感器产业化的标志性成果，往往事与愿违。

2. 资源分散，产业规模小

产业分散：包括资金分散、技术分散、企业布局分散、产业结构分散、市场分散。

管理分散：包括政府部门管理口不统一、难以协调，形成管理分散、多头管理现象。

政策支持分散：政策支持的集中度不高，缺乏专项计划集中扶持，即使支持也过于分散，缺乏力度，支持缺乏持续性。

产业规模小：传感器企业有1600余家，大都为小微企业，盈利能力不强，缺乏引领技术的龙头企业。

3. 核心技术少，创新能力弱

基础研究乏力，新原理、新器件开发凤毛麟角，新材料研发屈指可数，特性研究不深不透。国内对传感器的基础理论研究很不重视，很难得到国家立项，即使得到立项经费也甚少，很难吸引人才；企业忙于效益，无暇顾及；政府看重政绩，很难顾及基础研究。因此对传感器的研究缺乏厚实基础，如数学模型建立、芯片设计软件开发、仿真及工艺模拟、工艺装备研发、各种结构材料特性研究、产业化中规模生产技术研究……由于各种原因，投入资金甚少，大大落后国外同行的研究工作。

由于基础研究乏力，近几十年来，国内很少有传感器新原理问世，一般是将国外样品（样机）分析测绘，充其量有点集成创新，"克隆"而已。

国内在传感器新材料研究方面也很薄弱，有一些化合物传感材料的研究，但都在实验室里小打小闹，功能传感材料的研究举步维艰，真正应用到生产实际、产生规模经济效益的很少很少。

对传感器的特性研究往往只注意静特性研究，对动特性研究不甚了了，特别对航天类传感器，动特性尤为关键，忽视传感器动特性的检测及评估，低估测量参数的动态分量，甚至造成传感器无法使用。

4. 共性关键技术尚未真正突破

（1）设计技术。传感器的设计技术涉及多种学科、多种理论、多种材料、多种工艺及现场使用条件；设计软件价格昂贵、设计过程复杂、考虑因子众多；设计人才匮乏，设计人员不仅需了解通用设计程序和方法，还需熟悉器件制备工艺，了解器件现场使用条件。可以说国内尚无一套有自主知识产权的传感器设计软件。

（2）可靠性技术。国产传感器可靠性不高是影响国产传感器大量应用的主要原因之一。据了解电力部门采用国外传感器产品三年不需检修，采用国内产品每季度检修一次，石化部门重要生产线几乎全部采用国外传感器，而不敢使用国内产品。通常国产传感器可靠性指标比国外同类产品低 1～2 个数量级。

（3）封装技术。传感器的封装结构和封装材料，影响传感器的迟滞、时间常数、灵敏限、使用寿命等性能。从制造成本看，传感器的封装成本通常为总成本的 30%～70%。国内对传感器的封装技术尚未形成系列、标准，也无统一接口，因而传感器的外形千差万别，很不利于用户的选用和产品互换。

（4）传感器工艺装备技术。传感器的工艺装备问题，长期以来，一直得不到应有的重视与关注。传感器工艺创新依赖于新工艺装备的问世。在传感器工艺装备的研发与生产方面，国家无规划，很难立项，也少投入，靠企业自筹资金，零敲碎打进行研发，不利于传感器工艺研究的创新，且这块市场被国外所垄断和占领，严重制约了我国传感器行业的独立前行。

5. 品种、规格、系列不全，技术指标不高

国内传感器产品往往形不成系列，系列中比较易生产的某些规格尚能生产，且重复生

产，恶性竞争，而系列两端的产品往往不能生产，需国外进口，给用户造成很大不便，使传感器的应用大打折扣。如工业自动化仪表中广为应用的高精度、高稳定的低微差压传感器（量程≤1kPa），高差压、高静压传感器（量程≥3MPa、静压≥60MPa），国内尚不能稳定、批量供货，基本靠国外进口。国内高水平的车用传感器，每年需进口 50 万套以上，不需加装锂电池的胎压传感器尚属空白之列，某些特种用途和特殊量程的传感器，如航天、航空、航海专用传感器，国内尚不能全部满足。

国产传感器的测量精度、温度特性、响应时间、稳定性、可靠性等指标与国外也有相当差距。如以压力传感器为例，国产传感器精度通常为 0.1%FS，较好的能到 0.075%FS，国外通常为 0.075%FS，甚至 0.04%FS。如量程比，国内通常为 100：1，国外通常为 400：1。国产硅基传感器的温度误差通常在（0.25%～0.65%）/55℃之间，与国外产品相比，温度漂移比国外产品的典型值大 50%～100%。传感器的响应时间比国外同类产品要大 1 倍，甚至数十倍。问题最严重的是国产传感器的稳定性和可靠性，往往比国外传感器同类产品低 1～2 个数量级，以致国内用户不敢用、不愿用、不能用。

传感器的技术水平、工艺研究、新品开发总体上比国外落后 10～15 年。

高档传感器产品几乎 100%从国外进口，90%芯片从国外进口。

由于非专业型企业比例较高，在企业中传感器为附属产品，产值相对较低，传感器产值过亿（包括主机）企业占总企业的数量不足一成，全国不到 200 家，产品种类齐全的专业厂家不足 1%。

工业自动化用高档变送器用传感器，如 EJA 仪表中核心部件传感器，年销售 35 万台左右，全部从国外或国外在国内的独资企业生产。

对 NTC 热敏电阻器，国内企业实力严重不足，90%的市场份额被外资占领。

对环境监测项目空白多，细颗粒物没有能力监测，有机污染物 O_3、CO、重金属（Hg、Pb、As）没有检测，酸雨没有干沉降（SO_4-2NO_3-NH_4^4）监测，甚至不能监测降水中阴阳离子等。

6. 传感器的产业化问题甚多

传感器的产业化存在问题尤多，传感器产业化是一个系统工程，它涉及国家政策、体制、机制等政府行为；传感器产业化投资机制；市场、用户、产业链和经营模式；传感器本身产业化的条件、规律，即传感器的"产业化技术"、"产业化市场"、"产业化条件"、"产业化人才"等问题没有得到有效解决。而传感器的根本出路也在于传感器能否走出"象牙之塔"进行产业化规模生产。

国产传感器产业化率真正取得规模、有明显经济效益的不足 5%。

7. 传感器高端人才匮乏

世间一切事物中，人是第一可宝贵的。人才是创新的根本，影响传感器发展的最大瓶颈是优秀研发人才匮乏。由于传感器行业经济基础、技术基础、产业基础较为薄弱，加之传感器产业涉及学科多，要求知识面广，新技术层出不穷，长期以来很难吸引国际顶级人才投身到传感器行业工作；国内由于学科设置不合理，缺少复合型人才培养机制，往往搞设计的不懂工艺、搞工艺的不明应用、懂应用的不晓设计，即使我们自己培养的有用之才，由于待遇、职称等问题，加之跨国公司的高薪挖人，跳槽到外资公司或企业的人才流失现象屡见不鲜。缺乏既懂管理，又懂技术，还会经营的复合型人才。缺乏工艺人才和技能人才。

（二）仪器仪表工艺存在的主要问题

1. 仪器仪表元器件基础工艺研究严重缺位

国家原设立的"仪表元器件工艺研究所"，因 1999 年转制改革变为企业，失去了原有的研究方向和行业职能，造成仪表元器件基础工艺等共性技术缺位。企业是以盈利为目的的，没有能力承担基础工艺研究，在现行体制条件下，也不可能实现工艺成果共享。同时企业缺乏共性基础工艺研究的试验、验证、评价、反馈的行业职能和体系保障。

2. 工艺装备严重制约了工艺研究和新工艺问世

国家缺乏长远的规划、布局、投资，工艺和工艺装备方面的项目很难立项，中高档工艺装备全部由国外进口，动用了大量国家外汇，压制了民族装备制造业的发展，且有些引进装备很难适合国内仪器仪表制造业的具体工作条件；国内少有工艺装备的研究部门和生产厂家，工艺装备必须与产品的工艺研究相结合，技术人员必须与工艺人员相结合，工艺装备生产必须由高端装备制造基础作为后盾，而这些，在国内很难做到相融合共识。

3. 工艺人才匮乏

在调查的 14 家仪器仪表企业中，本企业急需的人才类型，有 64.3%企业急需工艺人员。工艺人员得不到应有的重视与尊重，特别在晋升、职称评定、工资待遇等方面，往往不落实，科技人员不愿接手工艺工作，工艺项目很难立项，很难有明显的经济效益，很难获得科技奖励，且工艺研究是长期的技术积累和经验淀积，往往"一点就破"，工艺成果很难共享。

（三）仪器仪表材料存在的主要问题

1．基础材料研究未列入国家层面的研究项目

基础研究工作不扎实，研究人员不落实，研究经费少，研究难度大。

2．标准化工作差距大

我国第一个耐蚀合金牌号标准 GBn 271 直到 1988 年才推出，收录了 23 个牌号，其中 13 个牌号有国外对照牌号。1994 年进行第一次修订，以 GB/T 15007 替代了 GBn 271，其中牌号没有增加，反而减少了 1 个。2008 年进行第二次修订，收录合金牌号增至 36 个，其中 27 个有国外对照牌号。这表明我们一直处于跟踪仿制阶段；而且在实际应用中，GB 标准的耐蚀合金系列被引用的力度和范围都很小。不少工程设计时使用的是美国统一编号系统（UNS）中的合金牌号，甚至直接推荐 SMC 或 Haynes 公司的商品牌号，这无疑较大地限制了国内具有自主知识产权耐蚀合金的发展与应用。

3．技术差距

仪器仪表用金属功能材料国内外水平主要差距如表 2 所示。

表 2　仪器仪表用金属功能材料国内外水平主要差距

国　　外		国　　内	
1．金属功能材料产品质量			
制造精度、尺寸公差	<5%	>10%	
批量产品性能差异	<1%	≥30%	
品种规格	齐全	约有 500 种尚须进口或继续自行开发	
2．测温材料及元件产品			
热电极自由配对率	100%	80%	
精度达特级的核电级热电偶已商品化，有直径为 $\phi3mm$ 以下的多支分离铠装热电偶，有热敏型和热偶型二维表面温度监控单元		最高精度为 I 级，无核电级热电偶商品，尚无多支分离式铠装热电偶，已试制成功热敏型，待进入产业化	
3．智能化数字式仪表			
用新材料、新元件、新原理、新工艺完成了仪表由模拟式向智能化数字式的过渡，达到 80%		智能化数字式仪表仅占主要仪表品种数的不到 50%，材料和元件不足是制约发展的瓶颈	

传感器材料及敏感元件与国外的差距如表 3 所示。

表 3　传感器材料及敏感元件与国外的差距

国　外	国　内
敏感材料选择性，在使用环境下的长期稳定性、一致性、互换性等解决得较好，已形成规模生产	性能较差，自 20 世纪 80 年代起才开始比较重视材料研究开发，故材料品种少，未成批量
产品质量（同时也反映敏感材料的质量）： 敏感元件失效率为千万分之一/h	失效率为十万分之一/h
元件产品大多形成系列，能整套供应	敏感材料及元件未成系列
应用领域已从安全检测和报警逐渐扩大到工业生产过程的控制、故障诊断和医疗诊断等领域	基本上还是用于安全检测和报警，单机使用较多

4．产业水平差距

从产业总体看，中、小企业占多数，制造技术水平不高，低档大路货产品较多。产品结构、产业结构不尽合理，产品质量和经济效益都上不了新台阶。引进国外先进技术的企业与未引进的企业大有"两极分化"的趋势。与国外同类企业不同，国内企业大多是自身研究开发能力很差，二次开发能力也很差。因此，相当一部分企业还处于依赖外部输入整套产品技术的状态，消化、吸收中需要外部的技术指导。

（四）质量技术基础存在的主要问题

高端仪器仪表元器件国内不能自主生产，主要依靠进口，如表 4 所示。

表 4　仪器仪表零部件进口情况

序号	器　件	现有供应商	国产化前景	差　距
1	高档压力差压传感器	日本、美国、欧洲	国内有基础，但产业化不足	技术不过关，稳定性差
2	高档气体传感器	德国、日本、美国	国内基础差，产业化技术无优势	基础薄弱，整体水平落后
3	高档离散传感器	美国、德国	国内有研究基础，但是没有产业化	稳定性、一致性差
4	中阶梯光栅	美国 Newport	国内有研究基础，但是没有产业化	产业化能力不足，工艺和生产的一致性差
5	光电倍增管	日本滨松	国内有小规模生产，但是没有得到大规模验证	紫外响应、极弱/单光子信号采集能力不足
6	大功率射频器件	美国、法国	国内没有基础，但是在分析仪器、通信、医疗等方面需求很大，需要国产化	国内基础薄弱，产业化方面没有基础

续表

序号	器件	现有供应商	国产化前景	差距
7	大规模 FPGA/CPLD/DSP	美国	用量非常大，分析仪器的运算核心	国内产业基础差，设计制造能力薄弱，产业化需要大量的投入
8	线阵/面阵 CCD/CMOS	英国、美国、日本	分析仪器和科研相机必需器件，受制于国内半导体产业的基础差，国内一直无法生产	需要投入比较大资源建立半导体生产能力
9	科研级相机	美国、英国、德国、日本	在分析领域，科研级相机是常用工具，常用于生物、光子学、化学、天文等各领域的检测，但是国产的科研级相机没有	国内真空工艺、深制冷工艺等各方面都还有差距
10	ICP 用的高精度进样系统	美国、澳大利亚	ICP 类仪器用量非常大，但是国产器件普遍达不到要求，基本依赖进口	加工的精准度不够
11	质量流量控制器用传感器和高精度比例阀	美国、日本、意大利	现在的质量流量控制器在分析仪器中应用非常广，但是核心器件质量流量传感器和比例阀全部依赖进口	基础差
12	红外传感器	日本、美国、法国	红外分析仪器和成像仪器种类很多，需要阵列的或者单点的传感器，但是国内这方面没有产业化	技术和材料方面有差距，需要科研单位加大对材料的研究，企业开展生产工艺研究
13	大功率激光器/深紫外激光器	美国、德国、法国	LIBS、LA、双光子荧光探测等都需要用到高端的激光器，目前国内没有相关产业，导致国内只能去国外采购	激光材料国内研究较少，另外激光器封装技术我国基础较弱，尤其是用于科研级别的高端激光器
14	太赫兹器件	美国	太赫兹产业正蓬勃兴起，是我国可以赶超国外的一个产业，但是受制于国内的加工能力和基础工业水平，太赫兹用的核心器件受制于国外	国内只有少数高校从事太赫兹研究，产业链是空白，需要大力投入

1. 可靠性指标低

国产传感器可靠性指标比国外同类产品低 1～2 个数量级，如力敏传感器零点稳定性，国外产品 5 年不需调零，国内产品每 3 个月调一次零点，且无传感器可靠性设计，无严格质量保证体系，无可靠性评审，更无产品可靠性标准可循。

2. 仪器仪表元器件产品质量监管不力

监管体系尚不完善，监管技术和手段不强，监管能力有待提高。

（五）仪器仪表四基发展滞后原因分析

（以仪器仪表四基中关键基础元器件传感器为例。）

1. 技术层面

1）传感器产业特点决定了要实现传感器产业的"难点"

传感器产业的特点是：

（1）基础面广，依附性强。传感技术的发展依附于敏感机理、敏感材料、工艺技术、工艺装备、检测技术等。敏感机理千差万别，敏感材料多种多样，工艺技术层出不穷，工艺装备各有千秋，检测技术大相径庭。没有上述五块基石支持，传感技术发展难以为继。

（2）技术密集，产业难度大。传感器是多学科、多技术的综合，特别是智能传感器，除涉及传感技术外，还涉及 IC 技术、计算机技术、无线通信技术等。要实现传感器产业化，难度极大。传感器是多种高技术的综合，因此，传感器产业也是人才密集型产业。

（3）投资密集，投资强度高。传感器除在产品研发过程中需资金投入外，在工艺装备、封装、测试设备等方面的投资也很高，尤其是在工程化研究以及实现规模化生产时，要求的投资强度更高，而且要求投资是连续性投资。

（4）品种规格多，应用分散。传感器产品门类和品种规格繁多，据不完全统计有 12 大类，42 小类，6000 多品种，20000 多种规格。多品种、小批量、要求高、应用广，其应用渗透到国民经济各行各业。

从上面传感器的产业特点可以看出：

从本质上讲，传感器产业属于服务型产业，传感器技术属于应用技术。其本身的经济效益并不明显，主要由其应用对象体现，其市场开发多依赖于各产业应用的支撑。传感技术是一种高技术，起点高、难度大、工序长、基础广。

2）工艺和工艺装备的缺失，导致传感器性能的一致性、可靠性差

长期以来，国家对传感器基础工艺和工艺装备的研究与投入严重不足，导致产品能设计出来，但"做"不出来，即使能做出来，由于没有工艺装备保证，产品的一致性、可靠性差，因而成品率低，成本高，和国外产品相比无竞争优势，并形成恶性循环，致使国产传感器，特别是中高档传感器主要由国外进口。2013 年传感器从国外进口 118.9 亿美元，出口仅为 3.78 亿美元。

3）传感器的设计技术、工艺技术、应用技术尚未取得突破

国内基础工业落后于传感器产业的需求，某些设计软件虽价格不菲（以 200 万元起价），但仍满足不了传感器设计要求，如无可靠性设计程序，仿真实验误差较大。国际前沿的一些新工艺，很难在国产器件上应用，具有特色的新工艺由于行业壁垒很难推广。制造厂和用户之间也往往缺乏有效沟通和技术交流。

2. 国家级层面

1）国家投资力度不够，总量少、强度低、不连续

"十一五"期间，国家支持的传感器及仪器仪表项目共 32 项，其中"863"项目 23 项、科技支持计划 8 项、国家发改委项目 1 项。共计国拨经费 7.6194 亿元，自筹经费 15.7025 亿元。其中真正涉及传感器的项目，仅为"863"项目中的 2 项："典型行业高性能传感器"，国拨 5000 万元，自筹 5000 万元；"典型 MEMS 器件设计制造与应用关键技术"，国拨 8800 万元，自筹 4000 万元。

"十二五"期间，随着物联网在国内的兴起，国家对传感器和仪器仪表高度关注与重视，至今，至少出台了 11 个与传感器和仪器仪表有关的"规划、指南、行动计划"，如工信部等四部委，发布"传感器与智能仪表产业发展行动计划"；发改委等 14 个部委发布"物联网发展行动计划"。但均未申请到传感器专项基金，真正落实到传感器的资金少之又少，杯水车薪。

国家资金投入不足，严重影响了传感器的产业发展和技术提升。

2）体制和机制的制约

目前，体制和机制严重制约了传感器产业的发展，如资源的优化与共享，技术的合作与交流，人才的流动与互通，市场的开拓与发掘。

由于历史原因，国内传感器分属不同的行业和部门，如机械口、电子口、中科院、高等院校、地方部委、国防军工等，科技部、发改委、工信部均按本部委职责范围分管传感器的不同项目，这样可能形成投资分散、管理分散、投标项目标准不一的弊端，造成资金使用不公之嫌。

传感器产业发展需要大协作，需 IC 企业与 MEMS 企业联合攻关，在工艺开发、设备共享、人才合作等方面携手共进，相向而行，甚至联合、重组、兼并，但目前的体制、机制做不到。

实践证明，国内传感器产业化搞得好，产值超亿的企业均是非国有企业。

第二章　仪器仪表四基需求分析

一、市场需求

（一）仪器仪表基础零部件/元器件市场需求（见表1）

表1　仪器仪表基础零部件/元器件市场需求容量

序号	产品名称	2013年产量	2013年销售收入（亿元）	2015年需求量（亿元）	2020年需求量（亿元）	2025年需求量（亿元）	增幅
1	传感器	100亿只	1300	1737	3500	7040	15%
2	光电倍增管	180万只	50	60.5	98	158	10%
3	激光器		500	600	857	1260	8%
4	科仪零部件	120万套	62	82	165	332	15%
5	光学薄膜元件	1000万件	550	655	1005	1550	9%

（二）传感器国内市场需求状况

据行业预测，我国2015年各种敏感元件与传感器需求量可达186～200亿只，销售额突破1500亿元。

据工业和信息化部发布的《物联网"十二五"发展规划》，2011年我国传感器年产量达24亿只，市场规模超过900亿元，2012年传感器销售额1142.7亿元，2013年突破1300亿元。

2010年，我国传感器整体市场规模达到402亿元。汽车电子产品和工业控制领域是最主要的应用市场，市场规模分别达到109亿元和90亿元，占据了27.2%和22.4%的市场份额。排在第三的是消费电子，传感器市场规模达到83亿元，占比20.7%。

国内传感器应用市场需求结构如图 1 所示。

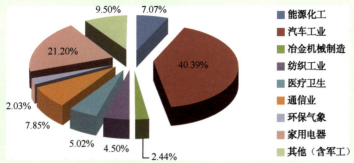

图 1　国内传感器应用市场需求结构（资料来源：国家统计局，2013 年）

国内传感器市场需求分析如图 2 所示。

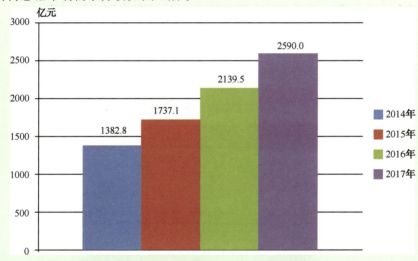

图 2　国内传感器市场需求分析（资料来源：中智林信息技术有限公司，2013 年）

传感器国内进口市场分析如图 3 所示。

	2011年	2012年	2013年	2014年	2015年	2016年	2017年
进口额	63.91	88.4	118.9	154.7	196.3	243.5	296.3
增长率	45.6%	38.3%	34.5%	30.1%	26.9%	24.0%	21.7%

图 3　传感器国内进口市场分析（资料来源：中智林信息技术有限公司，2013 年）

2012—2017 年我国传感器出口额及预测如图 4 所示。

	2011年	2012年	2013年	2014年	2015年	2016年	2017年
进口额	222.5	295.2	377.8	472.6	579.8	699.2	830.9
增长率	30.9%	32.7%	28.0%	25.1%	22.7%	20.6%	18.8%

■ 进口额   ■ 增长率

图 4　2012—2017 年我国传感器出口额及预测（资料来源：中智林信息技术有限公司，2013 年）

核心基础零部件/元器件市场需求品种如表 2 所示。

表 2　核心基础零部件/元器件市场需求品种

序　号	名　称	市场需求的元器件
1	智能传感器	智能压力（差压）传感器、流量传感器 智能型光电传感器 新一代远距离抗强光智能光电传感器 智能型接近传感器
2	MEMS 传感器	MEMS 热式质量流量传感器 MEMS 气体传感器 MEMS 电场传感器 MEMS 超高压（>60MPa）传感器 MEMS 流量传感器
3	离散传感器	高精度视觉传感器 光幕传感器 色标传感器
4	特种、新型传感器	高温、高压用 SOI 传感器 工业变送器用高精度、高稳定传感器 声表面波（气体、温度、压力等）传感器 磁致伸缩传感器
5	巨磁阻芯片及传感器	GMR 多层膜、自旋阀全桥、自旋阀半桥芯片系列 远距离磁性开关 磁电耦合器、磁性随机存储器
6	航天航空用传感器	航空航天用高稳定溅射薄膜传感器

续表

序　号	名　　称	市场需求的元器件
7	纳米生物传感器	测热型生物传感器 测光型生物传感器 测声型生物传感器
8	传感器芯片系统	微纳传感器芯片 微传感器阵列 多传感器集成芯片系统 传感器与电路集成芯片系统 微流控芯片系统 无线网络传感器节点芯片系统
9	光电倍增管	高灵敏度、高增益光电倍增管 耐高温（200℃）、高压（600 大气压）、强磁场（5000 高斯）光电倍增管 超小型光电倍增管
10	激光器	远红外可调谐半导体激光器 大功率（kW 级）阵列式激光器 各种异质结构激光器 新工艺、新技术制备的激光器
11	四极杆	高精度四极杆质量分析器 四极杆的数值模拟以及几何参数研究 极杆的圆柱度、直线度以及极杆间的平行度等参数，几何误差对质量分辨率的研究

（三）仪器仪表材料市场需求（见表 3、表 4）

表 3　仪器仪表材料市场需求容量

序号	材 料 名 称	2013 年产量	2013 年销售收入（亿元）	2015 年需求量（亿元）	2020 年需求量（亿元）	2025 年需求量（亿元）	增幅
1	新型红外探测器材料		0.16	0.19	0.31	0.50	10%
2	微磁探测器用磁电材料	1.3 万吨	27.6	39	93	222	19%
3	生物传感器材料		0.33	0.51	1.50	4.40	24%
4	热电偶热电阻材料		18.3	22.1	35.6	57.3	10%
5	仪表用金属功能材料	4 万吨	200	265	533	1072	15%
6	光学玻璃		31.6	53.4	198.2	736	30%

表 4　仪器仪表材料市场需求品种

序　号	名　称	所需基础材料
1	仪器仪表金属功能材料	恒弹性合金材料
		磁性材料
		精密电阻合金材料
		膨胀合金材料
		轴尖轴承合金
		接点材料
		导电合金
		耐腐蚀及耐热合金
2	新型传感器功能材料	新型红外探测器材料 InGaAs
		微磁场探测器材料
		纳米电子材料
		铁电材料
		生物传感器材料
3	智能材料	形状记忆合金
		磁致伸缩材料
		压电材料
		导电高分子材料
4	电子信息材料	硅为代表的半导体微电子材料
		电子陶瓷材料
		光纤材料
		石墨烯材料
		电流变液或磁流变液材料
		激光晶体为代表的光电子材料

（四）仪器仪表工艺需求（见表 5）

表 5　国内需求的仪器仪表工艺

序号	名称	先进基础工艺	主要技术参数	应用领域及市场需求
1	传感器先进基础工艺	MEMS+IC 相融工艺		传感器领域、IC 领域、智能传感器制备、高端智能装备、物联网、传感器应用
		MEMS 工艺		
		Si 体加工工艺		
		表面牺牲层工艺		
		低温低应力键合工艺		
		传感器充灌介质工艺		
		特种焊接工艺		

续表

序号	名称	先进基础工艺	主要技术参数	应用领域及市场需求
1	传感器先进基础工艺	封装工艺		传感器领域、IC 领域、智能传感器制备、高端智能装备、物联网、传感器应用
		传感器稳定性工艺		
		深刻蚀（Liga）工艺		
		电子部件的电装工艺		
		敷形涂覆工艺		
2	光学元件工艺	超多层（120～150 层）镀膜工艺	层数 120,总吸收损耗小于 1%,膜厚控制精度小于 0.2%	应用于光通信、生物医学应用的滤光器件制造,国内市场年需求约 10 万件
		高透射、锐截止、低畸变的生物医学荧光分析用滤光片工艺	通带透射率大于 90%,截止陡度（透射率 50%-OD6）小于 1.5%,透射波前畸变小于 1/4λ	生物医学荧光分析用滤光片,年需求约 5 万件,近三年年需求增长率约为 15%
		光学 MOEMS 传感器制备工艺	响应速度在 100ns～1s 的范围内;其可动结构通常由静电致动,致动能为 CV2/2;包含元件数目达到 1～10⁶ 个	MOEMS 和 RF-MEMS 在环境、工业自动化、航空电子设备和军事等方面的通信应用市场份额将达到 3 亿美元
		微型变密度滤光片镀膜工艺	光谱范围:400～700nm;光谱中性度:±5%;线性度:±5%	是应用于各种光学系统的基础光学元件,国内年需求约 3 万件
		超窄带滤光片镀膜工艺	波长范围:1300～1600nm;带宽范围:0.5～2nm;透射率:大于 90%;截止范围:领域截止;截止深度:优于 OD4	用于光通信应用的波分复用相关器件制造,年需求超过 10 万件
3	弹性元件工艺	弹性合金、高温合金等高弹性材料极薄壁管坯（无缝、有缝）制造工艺	管坯内径:φ9～45mm;管坯壁厚:0.1～0.3mm;材料:3J1、Inconel 625、Inconel718 等;高温合金等材料壁厚 0.15mm 以上有缝管坯的焊接	航天、航空、核工业、船舶、石油石化等行业对金属波纹管的温度、压力等指标要求越来越高,将大量应用弹性合金、高温合金等材料极薄壁管材
		特种微型高精度波纹管系列制备工艺及工艺装备	内径:φ2～20mm;成型工艺:电沉积;材料:Ni 或 Ni-Co 合金	电沉积波纹管尺寸小、弹性性能好,产品主要应用于航天、航空、仪器仪表、自动控制等特殊领域。现有电沉积工艺过程较为烦琐,成型效率较低,产品成本较高
		金属波纹管精密成型工艺及成型机研究	成型压力:0～60MPa;波纹管内径:φ10～75mm;多波一次或单波连续精确自动成型、数控	国内现有设备为半自动化生产设备,不能严格保证产品质量;生产效率较低,导致生产能力不足

续表

序号	名称	先进基础工艺	主要技术参数	应用领域及市场需求
3	弹性元件工艺	GIS 组合电器波纹膨胀器的高效成型工艺	产品规格：110～1100kV； 使用环境温度：-35～150℃； 安装补偿时循环寿命 10 次； 温度补偿时循环寿命 1 万次	近两年，随着输变电工程的发展，GIS 组合电器波纹膨胀节的发展较为迅猛，市场前景明朗
		航空、航天用低刚度、大位移、长寿命微小型精密波纹管工艺	内径：$\phi2～20$mm； 模芯：数控加工； 成型工艺：电沉积； 焊接：锡钎焊、激光焊； 材料：Ni 或 Ni-Co 合金	电沉积波纹管尺寸小、弹性性能好，产品主要应用于航天、航空、仪器仪表、自动控制等特殊领域。现有电沉积工艺过程较为烦琐，成型效率低，产品成本较高，给市场的推广应用带来一定难度
		高温、高压阀用波纹管制造工艺	波纹管内径：$\phi10～300$mm； 工作压力：5.0～30MPa； 工作温度：200～600℃	航天、航空、核工业、船舶、石油石化等行业对金属波纹管的温度、压力等指标要求越来越高
4	精密加工工艺	球面、非球面光学元件精密加工工艺 晶体光学元件磨削工艺 多维精密加工工艺 精密成型工艺 精密光刻蚀工艺 特殊焊接烧结工艺 高精密加工工艺（开发 TSP、PM10、PM2.5、PM1.0 切割器）		科学仪器、医疗仪器、环保仪器、光学仪器
5	特殊工艺	内置锑珠制备工艺 高精密激光划片工艺技术及装备	划片精度：≤±6μm； 最大划片厚度：50～300μm； 划片线宽：30～100μm，与划切深度有关； 最大划片速度：100mm/s； X/Y 行程：310mm×310mm； 分辨率：0.5μm； 直线度：6μm/210mm； 重复精度：<±2μm； 准确度：<±5μm； 工作台幅面：310mm×310mm	传感器（硅基芯片、CMOS 影像）、集成电路（二极管、三极管、贴片元件、手机闪存）、半导体照明（LED）、LCD 板、太阳能光伏组件（电池板）、医用"B 超"换能头、光学元器件、温控器（陶瓷热敏电阻）等产业

（五）仪器仪表重要技术基础需求（见表6）

表6　仪器仪表重要技术基础需求

序号	技术基础名称	主要建设内容	应用领域
1	仪器仪表元器件国家工程研究中心	硅智能传感器技术、传感器芯片设计、微器件加工封装、MEMS+IC 工艺研究、汽车电子、物联网传感器及应用技术	高端智能装备、物联网、石油、化工、汽车、轨道交通
2	仪器仪表工艺研究中心（平台）	研究仪器仪表工艺技术，主要研究仪器仪表专用、特殊、绿色工艺，包括电子产品工艺、机械产品工艺、仪表元器件制备工艺、传感器制造工艺。特别研究 IC 工艺与 MEMS 工艺相融技术的研究。 研究用新材料制备新器件的工艺技术。 研究现有工艺技术的改进，对产品性能提高的工艺途径。 工艺装备的研究。在研究工艺的同时，研究相应的工艺设备，特别是传感器工艺装备，具有小批量生产能力	流程工业、离散工业、高端智能装备、科学仪器、环保仪器、医疗仪器、航空、航天、轨道交通等
3	仪器仪表元器件可靠性公共服务中心（平台）	针对我国传感器与仪表元器件产品的使用寿命、稳定性、可靠性与国外先进技术与产品存在较大差距，建立元器件可靠性服务平台，其主要建设内容是： 传感器、仪器仪表元器件可靠性设计与分析； 可靠性试验与评估； 环境适应性测试技术与仿真； 可靠性数据库构建技术，建设统一的可靠性数据库，实现数据共享； 可靠性筛选试验和可靠性管理	流程工业、离散工业、高端智能装备、科学仪器、环保仪器、医疗仪器、航空、航天、轨道交通等
4	仪器仪表元器件检测技术服务平台	仪表元器件性能测试技术、工业通信性能测试技术（现场总线、工业以太网、工业无线通信技术）、仪表元器件功能安全检测技术	流程制造、离散制造、环境检测、汽车电子、智能电网、工业物联网、医疗仪器

二、仪器仪表四基发展趋势

（一）传感器与传感技术发展趋势

（科学仪器、医疗仪器、环保仪器中的核心基础零部件/元器件发展趋势见表1。）

1. 系统化

不把传感器或传感技术作为一种单独器件或技术考虑，而是按照信息论和系统论要求，应用工程研究方法，强调传感器和传感技术发展的系统性和协同性。将传感器置于信息识别和处理技术的一个重要组成部分，将传感技术与计算机技术、通信技术协同发展。必须系统地考虑传感技术、计算技术、通信技术之间的独立性、相融性、依存性。而仪器仪表制造业四基中所用的智能网络化传感器正是这种发展趋势的重要标志之一。

2. 创新性

主要包括利用新原理、新效应、新技术。如利用纳米技术，制作纳米传感器，与传统传感器相比，尺寸减小、精度提高、性能大大改善，为传感器的制作提供了许多新方法。利用量子效应研制对某种被测量敏感的量子传感器，像共振隧道二极管、量子阱激光器、量子干涉部件等，具有高速（比电子敏感器件快 1000 倍）、低耗（能耗只有电子敏感器件的 1/1000）、高效、高集成度、高效益等优点。利用新材料开发新型传感器，如利用纳米材料，制作的 Pd 纳米 H_2 传感器、金纳米聚合物传感器、碳纳米聚合物传感器、电阻应变式纳米压力传感器；利用纳米材料的巨磁阻效应，科学家们已经研制出各种纳米磁敏传感器。研发特种用途、特种环境、特殊工艺的传感器，如在高温、高压、耐腐蚀、强辐射等环境下的传感器。

3. 微型化

自动化领域和工业应用的需要，要求传感器本身的体积越小越好。传感器的微型性是指敏感元件的特征尺寸为 mm→μm→nm 类传感器。这类传感器具有尺寸上的微型性和性能上的优越性、要素上的集成性和用途上的多样性、功能上的系统性和结构上的复合性。传感器的微型性绝不仅仅是特征尺寸的缩微或减小，而是一种有新机理、新结构、新作用和新功能的高科技微型系统。其制备工艺涉及 MEMS 技术、IC 技术、激光技术、精密超细加工技术等。

4. 智能化

传感器的智能化是指传感器具有记忆、存储、思维、判断、自诊等人工智能。其输出不再是单一的模拟信号，而是经过微处理器后的数字信号，甚至具有执行控制功能。技术发展表明：数字信号处理器（DSP）将推动众多新型下一代传感器产品的发展。美国圣何塞的 Accenture 实验室，研究出一种叫"智能尘埃"的传感器。该传感器极其微小，能测温度、湿度、光等参数，该传感器中嵌入了微处理器、软件代码、无线通信系统，可以喷洒到树上或其他物体上，当检测到异常时，能发出信号，对所在地区进行监测。Honeywell 推出的 LG1237 是一种智能型绝压传感器，测量范围 0.5～1000Pa，使用寿命 25 年，使用温度−55～125℃，准确度优于±0.03%FS。

5. 无源化

传感器多为非电量向电量的转化，工作时离不开电源，在野外现场或远离电网的地方，往往用电池或太阳能供电，研制微功耗的无源传感器是必然的发展方向，既节省能源，又能提高系统寿命。

6. 网络化

网络化是指传感器在现场实现 TCP/IP 协议，使现场测控数据就近登临网络，在网络所能及的范围内实时发布和共享。要使网络化传感器成为独立节点，关键是网络接口标准化。目前已有"有线网络化传感器"和"无线网络化传感器"。

无线传感器网络是由布设在无人值守的监控区内，具有通信与计算能力的微小传感器节点组成，根据环境自主完成指定任务的"智能"自治测控网络系统。无线传感器网络是一种测控网络。

7. 产业化

加速形成传感器从研发到产业化生产的发展模式，揭示传感器产业化规律，成本、价格之间的辩证关系，产业化是传感器真正走出象牙之塔的关键一步。

（二）传感器产业发展趋势

1. 传感器产业化模式向国际合作跨越式方向发展

要加速形成从传感器研究开发到大生产一条龙的产业化发展模式，走自主创新和国际合作相结合的跨越式发展道路，使我国成为世界传感器生产大国，逐渐向生产强国跨越。

2．传感器产品结构向全面、协调、持续方向发展

产品品种要向高技术、高附加值倾斜，尤其要解决产品"空心化"问题。

3．传感器企业生产规模（年生产能力）向规模经济或适度规模经济发展

量大面广的通用传感器的生产规模将以年产亿只计，中档传感器的生产规模将以年产1000万只计，高档传感器和专用传感器的生产规模将以年产几十万只～几百万只计。

4．传感器生产格局向专业化方向发展

其内涵为生产传感器门类少而精；专门生产某一应用领域需要的某一类传感器系列产品，以获取较高的市场占有率；各传感器企业的专业化合作生产。

5．传感器大生产技术向自动化发展

传感器门类、品种繁多，所用敏感材料各异，决定了传感器制造技术的多样性和复杂性。目前多数工艺已实现单机自动化，但距生产过程全自动化尚存困难，有待今后广泛采用 CAD、CAM 先进的自动化装备和工业机器人予以突破。

6．传感器企业的重点技术改造应加强从依赖引进技术向引进技术的消化吸收与自主创新的方向转移

7．传感器企业经营应从单体经营向集成化经营模式发展，从国内市场为主向国内、国外两个市场相结合的国际化方向跨越发展

8．传感器企业结构将向"大、中、小"并举、"集团化、专业化生产"共存的格局发展

（三）仪表材料发展趋势

1．智能材料

智能材料是具有感知温度、力、电、磁等外界环境并产生驱动（位移等）效应的一类重要功能材料，主要包括形状记忆、压电和磁致伸缩三大类材料。仪表智能材料是现代高技术新材料发展重要方向之一，它是继天然材料、合成高分子材料、人工设计材料之后的第四代材料，智能材料的研制和大规模应用将导致材料科学发展的重大革命。压电材料、磁致伸缩材料、导电高分子材料、电流变液和磁流变液等智能材料在航天、航空、轨道交通、新能源汽车等领域将会有重大应用。

2．电子信息材料

电子信息材料是指在微电子、光电子技术和新型元器件基础产品领域中所用的材料，主要包括单晶硅为代表的半导体微电子材料；激光晶体为代表的光电子材料；介质陶瓷和热敏陶瓷为代表的陶瓷材料；钕铁硼永磁材料为代表的磁性材料；光纤通信材料；磁存储和光盘存储为主的数据存储材料；压电晶体及薄膜材料等。电子信息材料总的发展趋势是向着大尺寸、高均匀性、高完整性、薄膜化、多功能化和集成化方向发展。当前的研究热点和技术前沿包括柔性晶体管，光子晶体，SiC、GaN、ZnSe 等宽禁带半导体材料为代表的第三代半导体材料，有机显示材料及各种纳米电子材料等。

3．纳米材料

纳米材料是纳米科技的基础，功能纳米材料是纳米材料科学中最富有活力的领域，它对仪器仪表、传感器的发展将产生深远影响，如纳米材料中的石墨烯材料，它是由碳原子通过 sp^2 杂化构成的单原子层蜂窝状二维网络结构，厚度只有一个原子直径（0.335nm），具有优异的电学、热学和力学性能，是目前世界上已知强度和硬度最高的材料，传输电流的速度比硅元素快 100 倍，可望在高性能电子器件、场发射器件、气体传感器、力传感器、能量存储器等方面获得广泛应用，目前国内外的研究方兴未艾。

（四）仪器仪表工艺发展趋势

1. 仪器仪表工艺向超精密加工与特种加工技术发展

利用超常规的精密加工技术，使超精密加工精度达 $0.001\mu m$。特种加工技术中，电子束加工、离子束加工、等离子加工、水（磨）射流加工将在仪器仪表加工工艺中成为主要的加工手段，而被广泛采用。近年来，3D 制造技术的兴起将给仪器仪表制造工艺带来革命性的改变。

2. 仪器仪表工艺向计算机集成制造系统（CIMS）发展

CIMS 是现代通信技术、计算机技术、自动化技术、生产制造技术、系统和管理技术的综合集成系统，CIMS 以其生产效率高、生产周期短、在制品少等优点，给企业带来显著经济效益而广受仪器仪表制造企业关注。

3. 仪器仪表工艺向微机电系统（MEMS）制造技术发展

过去机械零件的加工主要由车、铣、磨、刨、钳等加工方法来完成。而对于硅材料而言主要由 MEMS 工艺来完成，即光刻、淀积、腐蚀、注入、扩散等。MEMS 的主要优点是：体积小、精度高、质量轻；性能稳定、可靠性高；能耗低、灵敏性和工作效率高；多功能和智能化；适合大批量生产、制造成本低。

第三章　典型案例分析

案例一：注重产品质量技术基础

产品质量技术基础的成功案例——产品可靠性，浙江中控有限公司

该公司成立于 1993 年，是中国领先的国产自动化产品和解决方案供应商之一，为国家级高新技术企业、国家创新型企业、中国软件百强企业、国家规划布局内重点软件企业。公司人员规模 3800 余人，研发人员占 31%，国家企业技术中心、博士后科研工作站。

1. 主要做法

1）领导重视，老板挂帅，观念鲜明，成立公司级的可靠性领导机构，整体推进可靠性工程

上下对产品可靠性取得共识："产品的可靠性是设计出来的、生产出来的和管理出来的"（钱学森语）。

明确产品质量与质量体系、研发能力、人员素质、原材料、设备设施、加工工艺有关。

成立可靠性相关机构：可靠性委员会、可靠性技术部、可靠性管理部、产品质量相关部门（研发、测试、生产、工程、采购、培训及售后）。

编制可靠性规划及年度可靠性计划。

进行可靠性教育（包括设计、工艺及管理）。

提高典型产品的可靠性指标，取得效益。

对全部产品实施可靠性管理。

建立公司级的可靠性保证体系。

2）重视可靠性指标

视产品的可靠性指标与产品的性能指标、功能指标同等重要。

3）实施可靠性推进工程

结合实际，抓住重点，分步推进：设计可靠性→物料可靠性→生产可靠性→失效分析→

流程体系→应用可靠性。

4）重视加强可靠性设计

FMEA、可靠性论证、分配与冗余设计、EOS 防护设计、 ESD 防护设计、容差分析、降额设计、热分析和设计、信号完整性分析、EMC 设计、安全设计等。

5）投资、建设可靠性基础实验室

建设 EMC 实验室、盐雾实验室、振动实验室、温湿度实验室等基础实验室，开展产品可靠性分析和评价。

6）外协物资的可靠性保证

物料的认证和保障，外购元器件和部件采购的保障。

流程上确保：供应商认证流程是保障物料长期可靠性的关键过程。

供应商的整体能力决定了其物料的品质。

采购渠道控制：向物料的原厂或其授权代理商采购。

物料合理库存：适当增加成本，做好合理元器件备库，防止紧急情况下采购到假货。

7）制造的可靠性保证

建立自动化涂覆生产线，建立高标准的自主 SMT 生产线，对外协方开展认证稽查管理。

8）应用的可靠性保证

合理规划控制系统安放位置；双路供电，良好接地；按需配置 SPD、安全栅、隔离器；动力线、信号线分开布线；远程通信光纤化；规范控制室的环境温湿度要求；封堵控制室进线口、机柜进线口；铺设防静电地板。

2．效果

产品返修率与 2007 年相比下降 5 倍以上。

生产一次性直通率快速上升到 98%。

新产品成熟周期缩短一半。

售后服务投入大幅度降低。

重大工程保障加强。

3．提高成本之处

增加适当专业人力资源。

采购方面周期拉长，库存适当增大。

提高物料品质，采购成本有所提高，如接插件选型。

4．收益

规范新产品研发流程，大幅度缩短产品成熟时间。

提高产品品质和用户信誉，生产直通率提升、产品返修率下降（如防腐）。

降低了售后服务的成本。

5．结论

"老板重视了，可靠性工作才能做起来。"

推进可靠性工作的决定因素是企业文化。

可靠性指标与产品性能指标同等重视。

打造一个国际一流的高可靠性产品并不难。

花钱也不多，所需时间也不长。

带来的效益十分明显，尤其售后费用大幅度降低。

客户不满意度明显降低。

案例二：收购国外先进企业

海南展创公司全资收购法国 PHOTONIS 公司光电倍增管生产线

海南展创光电技术有限公司在经过调查研究、多方论证后，通过引进具有国际先进水平的法国 PHOTONIS 公司的一条高中端光电倍增管生产线（包括：全部生产设备、专利、工艺技术资料，以及设备安装、调试，通过美国 GE 公司等客户的品质认证并达到 PHOTONIS 公司原有产品品质），在海南省澄迈县老城开发区建设中高端光电倍增管制造厂，并最终实现我国中高端光电倍增管的产业化。

该生产线设计独特、产量稳定，且具有不可复制、不可替代的唯一性。其产品的设计、质量标准一直处于国际领先地位，是 GE、西门子、飞利浦等公司 PET/SPECT 等医疗设备核心零部件的首选。

法国 PHOTONIS 公司的 PMT 主要为 GE、Phillips、Siemens 等跨国企业的核医学影像设备提供核心元器件，技术优势明显，市场占有率较高。引进该生产线无疑是改变中国真空电子行业 PMT 生产落后现状的快速有效的途径。项目的成功实施，使得我国拥有先进 PMT 设计、量产规模和工艺诀窍，背靠中国广阔的原材料市场和人力资源优势，展创有可能迅速占领中、高档 PMT 市场，力争在未来几年成为全球范围内最具竞争力的 PMT 供应商。

不仅如此，通过对 PMT 产品的设备、技术和工艺的消化及吸收，可以带动整个真空器件产品生产设备、技术和工艺的提高，从而推进中国真空电子产业的更新和升级，并实现其产业化。

由于 PMT 在高新电子和军事领域应用范围十分广泛，重要工程中均依赖从国外引进 PMT 产品，不仅价格昂贵，而且受到国外禁运及保密等诸多因素影响，迫切需要采用国产化装备。该光电倍增管生产线的引进，使我国的相关高新电子工程、装备不再受制于外方，实现高新电子元器件的国产化，对于打破国外禁运，填补国内空白，对提高我国高新电子以及核试验、军用雷达等相关领域的研发和制造工业技术水平及综合国力均具有重要的战略意义。

针对科学仪器市场，根据该行业应用特点及"海南展创"自身技术优势，"海南展创"提出了相应的解决方案：

（1）大力开发端窗型光电倍增管，该产品类型具有更大的有效面积，拥有从几十平方毫米到几十平方厘米的光阴极，是侧窗型光电倍增管不具备的。

（2）进一步巩固和提高产品的信噪比，目前光电倍增管产品对某些元素具有极低的检测下限。此特点是其他检测器所达不到的。例如，在检测高纯物质 99.997% 的电解铝，或者电解铜时，CCD 无法检测。再如做纯金属分析或个别军工用特殊合金产品，检出限在 1ppm 或 0.1ppm，须选用 PMT。

（3）温度适应性高的产品。

（4）稳定性好，工艺成熟，产品寿命长。

（5）"海南展创"还能依据客户需要，在特定波段提高检测极限值，使得仪器相对于其他同类产品有更精确的检测结果，从而更有竞争力。

第四章　仪器仪表四基发展重点

重点选择侧重四个方面：

（1）目前大量进口，"卡脖子"的产品和技术；

（2）特种、专用、关键的产品和技术；

（3）影响经济安全和国防安全，必须自主研发和产业化的产品和技术；

（4）依靠市场不能解决，需要政府出手安排解决的产品和技术。

一、优先行动1：突破关键技术

突破仪器仪表元器件，特别是传感器的关键技术，实现部分产品产业化。重点支持的产品和技术如表1所示。

1. 措施

1）调动行业优势，组织联合攻关，全面提升仪器仪表元器件共性技术水平

由国家组织跨行业、跨地区、跨部门，由研究院所、高校、企业组成仪表元器件共性技术联合攻关小组（若干个），对仪器仪表元器件特别是传感器的共性技术，如设计技术、MEMS工艺与IC工艺相融技术、传感器封装技术进行联合攻关。

2）以解决高档仪器仪表"空心化"为切入点

对重大的"卡脖子"的仪器仪表元器件进行梳理，确定"空心化"产品，由国家立项，体现国家决策，以企业为主体，联合上下游客户，进行技术创新和技术攻关，以实现产业化为目标。

表 1 核心基础零部件/元器件发展重点

序号	产品名称	主要技术参数或性能指标	市场需求预测	关键技术（技术难点）	研发和产业化目标	涉及的上下游环节（特种材料、先进工艺、技术基础）
1	物联网用硅微智能传感器	基本误差：±0.03%； 环境温度：−40～85℃； 长期漂移：±0.05%URL/60 个月； 可靠性：MTBF 达到 5 年； 具有与外部双向通信手段，接收和处理外部命令功能，具有发送测量状态信息，功耗低； HART/无线 HART 总线通信接口； FF 总线通信接口； EPA/无线 EPA 总线通信接口； Profibus-PA 总线通信接口	100 万件	智能传感器芯片设计技术； 芯片制备技术； 芯片封装与集成技术； 多传感器集成与数据融合技术； 智能传感器可靠性技术； 低功耗设计与制备； 智能传感器测试技术； 智能传感器应用技术	首先突破智能传感器芯片的设计制备技术。其次在工业物联网中取得示范应用。形成年生产 50 万件芯片，20 个示范点	※该项目请看附件"特别提议"
2	高精度智能磁电编码器的研制和产业化	最大转速：6000 r/t； 工作温度：−40～85℃； 工作电压：10～30V； 空载电流：≤100mA； 相应差：90°±15°； 误差：0.3%； 冲击系数：200g/6ms； 抗震系数：10g/50Hz	100～200 万件/年	巨磁电阻传感器芯片的设计、制造工艺、测试及可靠性研究、开发出满足磁电编码器需求的传感芯片。磁环制造及充磁工艺研究，生产出满足磁电编码器需求的多级磁环。磁电编码器同轴度设计及组装工艺研究、智能化、数字化技术及芯片研究，波形细分技术研究、开发出达到国际标准的高性能产品	形成年产 20 万件磁电编码器的产业化能力，形成国内用户至少 50 家国外用户单位和 5 家形成 5 个典型示范应用案例	※该项目请看附件"特别提议"

续表

序号	产品名称	主要技术参数或性能指标	市场需求预测	关键技术（技术难点）	研发和产业化目标	涉及的上下游环节（特种材料、先进工艺、技术基础）
3	智能巨磁电阻传感器	工作温度：-40~125℃； 输出形式：可编程模拟与数字输出； 线性范围：-50~+50 Oe； 灵敏度：1mV/V/Oe×n（可调 n=1, 24, 48）； 分辨率：0.1μT； 非线性度：优于 1%； 工作电压：3~24V； ESD 防护等级：4000V（人体放电模型 HBM）	500 万件/年	纳米巨磁阻多层膜敏感材料的可靠性设计与制备；可编程模拟与数字输出的智能巨磁阻传感器设计与流程制造	形成年产 100 万只传感器的能力，形成工业控制领域至少 50 个国内用户和 3 个国外用户，至少 3 个物联网典型应用示范工程	※该项目请看附件"特别提议"
4	流程工业高精度智能压力（差压）传感器（变送器）的研制和产业化	基本误差：±0.05%； 最大量程比：（100：1）； 环境温度：-40~85℃； 最高静压：40MPa； 温度影响（量程比 10：1 以内时）：-40~85℃±（0.05%URL+0.015%Span）/10℃； 静压影响：零位和量程均为 0.05%URL/10MPa（测量范围 0~6kPa 至 0~0.5MPa）； 符合防爆规定：Exd II CT6、Exia II CT6； 具有： HART/无线 HART 总线通信接口； FF 总线通信接口； EPA/无线 EPA 总线通信接口； Profibus-PA 总线通信接口； 长期漂移：±0.10%URL/60 个月； 可靠性：MTBF 达到 5 年	100~120 万件	硅压力差压传感器的设计、制造工艺、测试和可靠性的成套技术，开发出符合高精度智能压力变送器要求的硅压力/差压传感器。研究传感器的一次、二次封装技术，使得传感器能长期稳定地工作。智能化、数字化技术，解决温度漂移、静压和结构件的应力对变送器性能的影响；开发多种国际标准的现场总线通信接口，满足现场流程工业对智能设备管理的要求；研发系列化的衍生产品，满足超高压、高温、耐腐蚀、耐辐射等极端环境下的智能产品，满足我国在石油、核电、军用等领域的要求。研制高精度压力变送器所需的生产工艺装备	形成年产 10 万台整机、12 万台压力传感器的产业化能力。形成石油化工行业领域至少 20 个国内用户单位和至少 3 个国外用户单位，至少 5 个典型示范应用案例。行业应用指标：1000 万吨炼油项目，大化肥项目，百万吨 PTA 项目，百万千瓦发电机组	

续表

序号	产品名称	主要技术参数或性能指标	市场需求预测	关键技术（技术难点）	研发和产业化目标	涉及的上下游环节（特种材料、先进工艺、技术基础）
5	新一代远距离抗强光智能型光电传感器	漫反射检测距离>5m，抗环境光能力>20000lx，达到国际领先水平。具有单键目标距离和背景参考距离自动设定、前延时及后延时设定、单稳态和双稳态设定、双通道NPN/PNP逻辑设定和常开常闭设定，并且还支持现移动态补偿、故障自诊等功能。输出具有短路保护、过场远程控制通信设定、浪涌保护和反极性保护等功能、IP67载保护、防护等级	20万件		提供适合装备制造、工业自动化和物联网等行业的高端智能型传感器，进一步开发微型智能型光电传感器，为更多的应用领域提供具有现场检测、动态补偿和数据通信功能的传感器系列	
6	智能型光电传感器	具有背景抑制功能，黑白板检测距离相差小于10%；高抗环境光干扰，能承受白炽灯10000lx干扰；根据检测物体设定检测距离，可任意设定输出方式；自动实时通过网络传送检测数据；故障自诊断、自校正补偿、数据交换、数据存储	30万件	设计技术、制备工艺、背景抑制技术、高抗环境光干扰技术	产业化批量生产目标，20万件/年	
7	智能型接近传感器	标准检测距离的2~5倍；对铜、铁、铝等金属检测距离的衰减系数近为1；抗强磁场干扰大于100mT；抗恶劣环境（如大电流电焊环境）；根据检测物体距离自动调整检测温度；自动实时通过网络传送检测数据；故障自诊断、自校正补偿、信息交换、数据存储	50万件	传感器设计技术、制备技术、自动跟踪补偿技术、抗强磁、恶劣环境技术	30万件/年	

续表

序号	产品名称	主要技术参数或性能指标	市场需求预测	关键技术（技术难点）	研发和产业化目标	涉及的上下游环节（特种材料、先进工艺、技术基础）
8	MEMS 热式质量流量传感器	测量范围：0～20sccm；满量程输出：4.95～5.05V；零点输出：0.96～1.04V；负载：20kΩ～∞；电源电压：7.0～15.0V；电源电流：35～55mA；精度：1.5%FS；重复性：0.3%FS；年零移：0.1%FS；分辨率：0.03sccm；共模耐压：50kPa；反应时间：6～10ms；工作温度：-25～65℃	30万件	产品重复性、稳定性控制，产品精度提高	基于MEMS技术开发新一代MEMS热式流量传感器。形成研究成果，进行样品试制、产品改进，确定工艺，形成小批生产能力，10万件/年	
9	MEMS 技术的气体传感器	工作电压：1～3V；电功耗：10～100mW；灵敏度：Rs（空气中）/Rs（特征浓度气体）≥5；稳定性：15%（±7.5）；使用寿命：3～5年	100万件	气体选择性技术，稳定性、可靠性技术，低功耗设计与工艺	形成研究成果，进行样品试制，2015年产品改进，确定工艺，形成小批生产量生产能力，10万件/年	

续表

序号	产品名称	主要技术参数或性能指标	市场需求预测	关键技术（技术难点）	研发和产业化目标	涉及的上下游环节（特种材料、先进工艺、技术基础）
10	MEMS 电场传感器	测量范围：-100～+100kV/m（可根据应用调整）； 分辨力：<50V/m； 总不确定度：<5%； 响应时间：<100ms； 探空高度：地面～30km（电场探空）； 数据接口：RS232，模拟电压、频率等，对于电场探空应用，可适合雷达和经纬仪经多种接收机制； 供电电压：直流 6～12V； 探头功耗<0.7W（供电 6V）； 可实现三分量电场测量； 适应干直流、交流（工频）和交流直流电场测量	100 万件	MEMS 电场传感器设计、制造工艺、批量化制备，抗静电封装，现场标定等技术	开发基于 MEMS 技术的新型高性能电场传感器创新产品，实现批量化生产，应用于航空航天、气象、电网、石化、工业等领域。10 万件/年	
11	基于声表面波技术的气体传感器	检测对象：G 类、V 类、H 类有机磷毒剂以及 H_2S、SO_2、NOx 以及甲烷（CH_4）等有毒有害气体； 工作电压：5～7V； 系统功耗：300～420mW； 检测下限：针对 G 类、V 类、H 类有机磷毒剂<6mg/m³，针对 H_2S、NOx<5ppm，甲烷<1%； 响应时间：<15s； 工作温度范围：-20～50℃； 工作湿度范围：0～95%RH； 试用寿命：3～5 年	50 万件	气体选择性技术，稳定性技术，低功耗技术	基于声表面波新技术开发新一代高性能小型化气体传感器，完成样品研制，2015 年产品改进与性能综合评价，2016 年形成小批量生产能力，10 万件/年	

续表

序号	产品名称	主要技术参数或性能指标	市场需求预测	关键技术（技术难点）	研发和产业化目标	涉及的上下游环节（特种材料、先进工艺、技术基础）
11	基于声表面波技术的加速度传感器	测量范围：±20g； 分辨力：10^{-5}～10^{-6}g； 温度频漂：<10^{-4}； 零点漂移（48hrs）：0.02%FSD； 线性度：20μg/g²	30万件	零漂、温漂控制技术及应用技术	基于声表面波这一新原理的加速度传感器与现有技术相比，有其独特优点，即准数字化输出、无转动部分、较高的抗干扰能力和高灵敏度、高精度，因而在军事领域、特别是航空、航天领域具有十分广阔的应用前景。形成研究成果，进行样机试制，产品改进，形成小批量的生产	
	无线无源声表面波温度压力传感器	分辨率：0.5psi（0～150psi）、0.15psi（0～45psi），psi=6.895kPa； 压力组合误差：<1.5psi（0～150psi），<0.5psi（0～45psi）； 温度组合误差：<1.5℃； 更新率：0.1～10Hz； 发射功率：0.5～100mW； 工作温度范围：-40～125℃； 无线读取距离：0.05～2.5m	100万件	传感器测试技术、应用技术	主要针对轮胎内温度及压力，以及智能电网中的电力设备关键节点温度的无线无源在线监测。因传感器无须供电，且无线检测，使用寿命长、维护少，应用潜力巨大。形成研究成果，应用研究试制，产品改进，确定工艺及结构，形成产品的试点应用	

续表

序号	产品名称	主要技术参数或性能指标	市场需求预测	关键技术（技术难点）	研发和产业化目标	涉及的上下游环节（特种材料、先进工艺、技术基础）
12	高精度视觉传感器	用于机械加工： 工件尺寸范围：10～200mm； 测量精度：最高 1μm； 检测速度：平均 50 个/min； 相机分辨率：640×480～4096×4096 像素。 用于钢板检测： 工件尺寸范围：100～1000mm； 测量精度：最高 0.04mm； 检测速度：大于 180m/min； 相机分辨率：2048×1 像素线阵相机	50 万件	测量精度控制、环境因素对精度的影响、检测速度的稳定性和连续性	形成产能力 10 万件/年	
13	高精度流量传感器	液体测量精度在 20：1 量程内达到 0.1%； 气体测量精度在 5：1 量程内达到 0.5%； 年漂移量：小于 0.05%； 零点稳定性：5×10⁻⁵ 或零流量小于 6mm/s	20 万件	高精度控制技术、高稳定性控制技术	形成批产成果	
14	多参数传感器	被测参数：压力、差压、温度； 测量精度：差压 0.075% FS 以上、压力 0.1% FS 以上，温度 0.1% FS 以上； 差压量程比：10：1； 具有数字通信功能	10 万件	静压过载、单向过载后差压精度控制、结构设计、稳定性技术	形成规模生产能力	

续表

序号	产品名称	主要技术参数或性能指标	市场需求预测	关键技术（技术难点）	研发和产业化目标	涉及的上下游环节（特种材料、先进工艺、技术基础）
15	铝、稀土冶金用多参数传感器与智能仪表	被测参数：温度、过热度、Al_2O_3、Nd_2O_3、LiF_3浓度、分子比 NdF_3/AlF_3；测量精度：温度±1.1℃或0.4%d；具有无线传输功能（WiFi）；智能化数据采集模块	20 万件多参数传感器、1000 台智能仪表	传感器的设计、制造工艺、测试及可靠性的成套技术；针对国内铝电解、稀土、钛电解质成分不同，开发智能化模拟软件	形成年产 20 万件多参数传感器、1000 台智能无线传输仪表的产业化能力。形成铝冶金行业领域、国外用户至少 20 个单位、国内用户至少 40 个单位，内外各 5 个典型示范应用案例。行业应用指标：30～50 万安铝电解行业，应用本传感器与智能仪表用于铝电解行业，可使其电流效率从 90%提高到 94%～95%，每年节电可超 10 亿元	耐铝电解质、稀土电解质腐蚀的传感器材料
16	金属缺陷（裂纹、腐蚀）检测传感器（脉冲涡流传感器）研究	多通道阵列：检测精度：裂纹宽度 0.32～3.5mm，裂纹深度 0.3～100mm；提离高度：0～6.5mm；扫描速度：0～4m/s；工作温度：-20～+50℃	10 万件		将此检测技术应用于金属缺陷检测，以发现危险区域。2015 年完成该项目设计和验证，2016 年完成该项目的小批量试产	

续表

序号	产品名称	主要技术参数或性能指标	市场需求预测	关键技术（技术难点）	研发和产业化目标	涉及的上下游环节（特种材料、先进工艺、技术基础）
17	传感器无线通信功能部件	符合国家无线管理部门在频谱范围、功率强度等方面的标准； 典型工厂环境下，端到端通信可靠性大于99%； 百点级网络，端到端通信延时小于1s； 能够用于具有气体、粉尘爆炸性的危险场合； 防护等级：IP65； 电磁兼容性：符合IEC-61326标准三级； 平均故障间隔时间MTBF大于10万小时	10万件			
18	高灵敏度、高增益光电倍增管	耐高温（200℃）、高压（600大气压）、强磁场（5000高斯）光电倍增管，超小型光电倍增管	20万件	碱源制备技术、多头程控排气台设计制造技术	形成产业化基地	

3）发挥仪器仪表元件企业"小"的特点，做"专"、做"精"、做"强"，实施批量生产

按需求牵引，分工协作，规范仪器仪表元件企业，特别是传感器企业的分工、定位、配套工作，鼓励小企业做强、做专、做大。市场经济也需国家宏观调控之手。

2. 目标

（1）到 2020 年，仪器仪表元器件，特别是传感器，共性关键技术水平大幅提高，18 种类核心基础仪器仪表元器件满足市场需求的 50%，一批特色企业随之兴起。

（2）到 2025 年，18 种类核心基础仪器仪表元器件具有完全自主知识产权，与国外差距缩短到 10 年左右，高端器件满足国内市场需求的 60%，低中端器件基本满足国内市场需求。

二、优先行动 2：开发仪器仪表先进基础工艺

先进基础工艺发展重点如表 2 所示。

1. 措施

1）实施工艺、产品、工艺装备"一条龙"推进计划，为产业化做准备

围绕 18 类仪器仪表元器件，开发 18 类工艺；提倡产品、工艺、工艺装备"一条龙"推进，可利用行业分工、政府组织协同进行；重视工艺装备对实施工艺研究的重要性。

2）重建仪器仪表基础工艺创新体系，恢复仪器仪表工艺研究机构

国家应重视工艺、工艺装备的立项，支持基础工艺研发，重组或恢复仪器仪表工艺研究机构，恢复原"沈阳仪器仪表工艺研究所"职能。

3）赋予行业职能，加强对企业工艺工作的管控

赋予行业相应的工艺管理职能，调动企业对工艺工作重要性的认识，调动工艺人员积极性，建立相应的工艺管控制度，严格工艺纪律。

表 2　先进基础工艺发展重点

序号	工艺名称	主要技术性能指标	市场需求预测	关键技术（技术难点）	研发和产业化目标	涉及的上下游环节（材料、应用产品、技术基础）
1	巨磁阻芯片工艺研究、产品开发及产业化基地建设	GMR 单极传感器产品系列、GMR 双极传感器产品系列、集成 GMR 磁开关系列和 MTJ 磁敏传感器系列芯片开发，并形成年产 600 万个集成电子传感器芯片的产能。具体指标见表 3～表 5	1000 万件	芯片设计、工艺制备、磁电信号隔离技术、封装技术、批量测试技术、产业化应用技术	形成 600 万件/年产能，成为中国磁传感器产业化基地	※该项目请看附件"特别提议"
2	MEMS+IC 工艺相融技术研究		物联网、高端智能装备、工业自动化仪表、民生工程	选用何种调理电路，使需要外接的元件如电阻、电容、晶振等最少；如何寻求占用面积最小的模/数转换器形式；如何解决敏感元件与数字电路优化工艺的兼容，使微处理器系统、可编程只读存储器规模、复杂性与完善性得到最大限度的发挥；如何消除在同一芯片上功率与功耗自热、电磁耦合，封装带来的相互影响；如何实现小型化与封装的关系	联合攻关、突破设计技术、工艺技术、特别是产品结构及封装技术，形成规模化、批产工艺固化	
3	弹性合金、高温合金等高弹性材料极薄壁管坯（无缝、有缝）制造工艺	管坯内径：φ9～45mm；管坯壁厚：0.1～0.3mm；材料：3J1、Inconel625、Inconel718 等；高温合金等材料壁厚 0.15mm 以上有缝管坯的焊接	航天、航空、核工业、船舶、石油石化等行业对金属波纹管的温度、压力等指标要求越来越高，将大量应用弹性合金、高温合金等材料极薄壁管材	极薄壁管材轧制技术、管坯管壁的壁厚热处理技术、极薄壁管材料壁厚均匀度控制、高温合金等材料壁厚 0.15mm 以上有缝管坯的焊接技术	实现 3J1、Inconel625、Inconel718 等特种材料极薄壁无缝管材的制备、弹性合金、高温合金等材料有缝管坯的焊接能力	3J1、Inconel625、Inconel718 厚壁管材、管坯精密轧制设备；管坯焊接机：特种波纹管路等。备：精密焊接机；管阀门、管路等

续表

序号	工艺名称	主要技术性能指标	市场需求预测	关键技术（技术难点）	研发和产业化目标	涉及的上下游环节（材料、应用产品、技术基础）
4	金属波纹管精密成型工艺及成型机研制	成形压力：0～60MPa；波纹管内径：φ10～75mm；多波一次或单波连续精确自动成型；数控	国内现有设备多为半自动化生产设备，不能严格保证产品质量，生产效率较低，导致生产性能力不足	成型机结构化设计、成型机液压系统设计、成型机成型模具系统设计、制造、调试、控制系统设计	研制波纹管自动成型设备，替代国外波纹管成型机先进技术和设备	研究国外波纹管成型机先进技术和设备
5	特种微型高精度波纹管系列制备工艺及工艺装备	内径：φ2～20mm；成型工艺：电沉积；材料：Ni或Ni-Co合金	电沉积波纹管尺寸小，弹性性能好，产品主要应用于航天、航空、仪器仪表、自动控制等特殊领域。现有电沉积波纹管工艺过程较为频琐，成型效率较低，产品成本较高	波纹管材料性能研究、电沉积工艺过程控制技术和设备、电沉积波纹管批量生产工艺线的研制	形成电沉积波纹管自动化工艺生产线	电镀液的配比；航天、航空等用体积补偿器、柔性连接部件；现有较为成熟的电沉积工艺生产工艺线，但自动化程度有待于提高
6	GIS组合电器波纹膨胀节的高效成型工艺	产品规格：110～1100KV；使用环境温度：-35～150℃；安装补偿时循环寿命10次，温度补偿时循环寿命1万次	近两年，随着变电工程的发展，GIS组合电器波纹膨胀节的发展较为迅猛，市场前景明朗	管坯及模瓣行走精度的控制、成型压力的精确调整	在现有半自动机械胀设备的基础上进行研究，实现自动成型	不锈钢薄带材、板材；高压组合电器；现有较为成熟的波纹管机械胀型工艺设备，但自动化程度较低，生产效率有待于提高
7	航空、航天用低刚度、大位移、长寿命微小型精密波纹管工艺	内径：φ2～20mm；模压：数控加工；成型工艺：电沉积；焊接：锡钎焊、激光焊；材料：Ni或Ni-Co合金	50万件	波纹管材料性能研究、电沉积工艺过程控制技术和设备、电沉积波纹管批量生产工艺线的研制、极薄壁波纹管精密焊接工艺的研究	形成电沉积波纹管自动化工艺生产线	电镀液的配比、数控加工设备、激光焊接设备；航天、航空等用体积补偿器、柔性连接部件；现有较为成熟的电沉积工艺生产工艺线，但自动化程度有待于提高
8	高温、高压金属波纹管制造工艺	波纹管内径：φ10～300mm；工作压力：5.0～30MPa；工作温度：200～600℃	航天、航空、核工业、船舶、石油石化等行业对金属波纹管的温度、压力等指标要求越来越高	高温、高压金属波纹管成型设计；高温、高压金属波纹管成型工艺；高温、高压金属波纹管试验技术	研制出系列高温、高压金属波纹管	新材料、新结构、高压金属波纹管制造工艺

续表

序号	工艺名称	主要技术性能指标	市场需求预测	关键技术（技术难点）	研发和产业化目标	涉及的上下游环节（材料、应用产品、技术基础）
9	高精密激光划片工艺技术及装备	划片精度：≤±6μm；最大划片厚度：50～300μm；划片线宽：30～100μm，与划切深度有关；最大划片速度：100mm/s；X/Y 行程：310mm×310mm；分辨率：0.5μm；直线度：6μm/210mm；重复精度：≤±2μm；准确度：≤±5μm；工作台幅面：310mm×310mm	500 台	精密机械设计；精密机械加工工艺；仪器的稳定性；关键零部件设计及加工工艺	本装备是集光机电制造工艺于一体的高技术专用工艺装备，用于半导体等脆硬材料的精密划槽和切割加工。能够广泛应用在传感器（硅基芯片、CMOS 影像）、集成电路（二极管、三极管、贴片元件、手机闪存）、半导体照明（LED）、LCD 板、太阳能光伏组件（电池板）、医用"B 超"换能片、光学元器件、温控器（陶瓷热敏电阻）等产业。完成实施方案论证和整机结构设计，水导激光划片工艺和原理样机、样机、整机耐久性试验，环境适应性测试及示范应用	※该项目请看附件"特别提议"
10	真空静电封接机	封接最大面积≤150mm（6 英寸）；封接的硅片厚度：0.2～2.0mm；封接的玻璃厚度：0.8～2.0mm；封接形式：玻璃—硅片（单面），玻璃—硅片—玻璃（双面），玻璃—硅片—特种合金（金属）；封接加温温度：0～480℃可调；设备加热功率：≤1kW；封接时间：≤45min；封接电压：≤2kV（连续可调）；设备极限真空度：$5×10^{-3}$Pa；抽真空时间：≤40min（开启阀后）	200 台	硅片、玻璃、不锈钢等封接端面的精密加工工艺，静电封接工艺的确定，封接工艺的稳定性和一致性，封接应力的消除	传感器和集成电路制造技术的后道关键工序之一，它可实现芯片的无应力封接，以保证传感器件的无端变形特性，高灵敏度的传感器生产的性能、质量以及成品率。它是传感器和集成电路制造技术的关键设备之一	※该项目请看附件"特别提议"

续表

序号	工艺名称	主要技术性能指标	市场需求预测	关键技术（技术难点）	研发和产业化目标	涉及的上下游环节（材料、应用产品、技术基础）
11	激光焊接机	激光波长：1070nm；激光频率：连续；最大激光输出功率：1000W；输出功率不稳定度：≤3%；焊接深度：≤3mm（焊缝接头形式为对接）	500 台	焊接强度的一致性和可靠性，激光光斑的控制和均匀性，焊机的多功能化控制与操作	对不锈钢、碳钢、镀锌铁板、金、纯铝、钢、钛、可伐、镍等材料进行热传导式焊接。焊接形式包括点焊、拼焊、叠焊、密封焊和填丝焊。具有熔池深宽比较大、热变形小、焊斑均匀、焊点无污染、牢固美观的特点，还具有对金属材料进行精密切割、打孔等功能	※该项目请看附件"特别提议"
12	硅油充灌装置	硅油处理加热温度：200±5℃；一次性硅油处理量：5L；系统工作真空度：≤6×10⁻²Pa；一次充油周期：≤4h	200 台	硅油充灌量的控制与界定，充灌方法对充灌液、结构的影响，充灌液对器件温度特性和稳定性的作用	解决扩散硅传感器的硅油净化和充灌问题，满足传感器隔离膜片对感受到的介质压力进行无损传递的要求，提高扩散硅传感器的精度，特别是扩散硅传感器的温度特性和长期稳定性	※该项目请看附件"特别提议"
13	超多层（120～150层）光学薄膜镀膜工艺	镀膜层数120层以上，超多层薄膜总吸收损耗小于1%，膜层控制精度小于0.2%	应用于光通信、生物医学应用的滤光器件制造，国内市场年需求约10万件	超多层薄膜吸收控制、散射控制、高精度膜厚控制技术	研究获得超多层光学薄膜镀膜工艺，应用于生物医学等应用的滤光器件产品制造，达到到年产值2000万元生物医学应用高端滤光器件的产业化目标	材料：光学基底、光学薄膜镀膜材料；应用产品：生物医学应用、干涉滤光片；技术基础：等离子反应溅射镀膜技术、粒子束辅助镀膜技术、精密光学膜厚控制技术等

续表

序号	工艺名称	主要技术性能指标	市场需求预测	关键技术（技术难点）	研发和产业化目标	涉及的上下游环节（材料、应用产品、技术基础）
14	高透射、锐截止、低畸变的生物医学荧光分析用滤光片工艺	通带透射率大于90%；锐截止（透射率50%-OD6）截止陡度（透射率50%-OD6）；透射波前畸变小于$1/4\lambda$	生物医学荧光分析用滤光片，年需求约5万件，近三年年需求增长率约为15%	光学薄膜膜系设计技术、超多层光学薄膜镀膜工艺、光谱及波前畸变检测分析技术	研制高透射、锐截止、低畸变荧光分析滤光片产品，达到1000万元的产业化目标入1000万元的产业化目标	材料：光学基底、光学薄膜镀膜材料；应用产品：生物医学检测干涉滤光片、生物医学检测分析仪器；技术基础：膜系设计技术、超多层镀膜技术、光谱及畸变前检测技术
15	变密度滤光片镀膜工艺	光谱范围：400～700nm；光谱中性度：±5%；线性度：±5%	应用于各种光学系统的基础光学元件，国内年需求约3万件	渐变薄膜的镀制技术、线性度检验测试技术	研制角度渐变、条形渐变、径向渐变等规格产品，达到年销售收入1000万元的产业化目标	材料：光学基底、镀膜材料；应用产品：中性变密度滤光片；技术基础：光学薄膜技术
16	超窄带滤光片镀膜工艺	波长范围：1300～1600nm；带宽范围：0.5～2nm；透射率大于90%；截止范围：领域截止；截止深度：优于OD4	用于光通信应用的波分复用器件制造，年需求约超过10万件	膜系设计技术、超多层薄膜镀制技术、光谱检验测试技术	研制光通信应用的波分复用用滤光片，达到年产1000万元的产业规模	材料：玻璃基底、光学薄膜材料；应用产品：光通信用滤光片；技术基础：光学薄膜技术、光通信技术
17	光学MOEMS制备工艺	响应速度在100ns～1s的范围内；可动结构通常由静电驱动，致动能为CV2/2；包含元件数目达到$1\sim10^6$个	MOEMS和RF-MEMS在环境、工业自动化、航空电子设备和军事等方面的通信应用市场份额达到3亿美元	设计与仿真技术、材料加工技术、封装与装配技术、测试技术、集成和系统应用技术	研制光通信用MOEMS光开关、MOEMS压力传感器等应用MOEMS技术的产品，达到1000万元以上的产业规模	应用产品：光通信光开关、MOEMS传感器等；相关技术基础：MEMS技术、光学技术、应用技术
18	球面、非球面光学元件精密加工工艺	椭球面、球面的口径：150～350mm；曲面深度大于30mm；面型偏差小于0.05mm	用于数字电影投影系统、IC光刻系统的光源系统中的光收集和滤光器件，年需求超过1万件	非球面的成型技术、精密加工技术、抛光技术、非球面面型检测技术	研制数字电影反光镜、IC光刻反光镜等产品，达到年销售收入超过1000万元的产业规模	材料：玻璃基底材料、光学镀膜材料；应用产品：数字电影反光镜、IC光刻反光镜；技术基础：非球面光学加工技术、光学薄膜技术、光学检测技术

表 3　GMR 多层膜传感器芯片系列性能参数

产品编号	饱和磁场（Oe）	线形范围（｜Oe｜）		灵敏度（mV/V-Oe）		非线性度（%Uni）	磁滞（%Uni）	电阻（kΩ）
		Min	Max	Min	Max			
SA01	21	0.8	12	4.0	5.1	1.6	3.2	5.5
SA02	28	1.0	16	3.0	4.1	1.6	3.2	5.5
SA03	39	1.4	20	2.0	3.1	1.6	3.2	5.5
SA04	65	2.4	36	1.2	2.1	1.6	3.2	5.5

表 4　GMR 自旋阀全桥传感器芯片系列性能参数

产品编号	饱和磁场（Oe）	线形范围（Oe）	灵敏度（mV/V-Oe）	非线性度（%Uni）（±3Oe）	磁滞（%Uni）	电阻（kΩ）
SAS000	7.5	±5	2.4	0.2	<0.4	5
SAS030	5.0	±3	3.6	0.2	<0.4	2.5
SAS210	50	±40	0.6	<0.2%	<0.4	20
SAS220	30	±25	1.0	<0.2%	<0.4	10
SAS230	20	±16	1.6	<0.2%	<0.4	5

表 5　GMR 自旋阀半桥传感器芯片系列性能参数

产品编号	饱和磁场（Oe）	线形范围（Oe）	灵敏度（mV/V-Oe）	非线性度（%Uni）（±3Oe）	磁滞（%Uni）	电阻（kΩ）
SAS201	50	±40	0.3	<0.2%	<0.2	20
SAS221	30	±25	0.5	<0.2%	<0.2	20
SAS231	20	±16	0.8	<0.2%	<0.2	10

2. 目标

（1）到 2020 年，18 种工艺技术得到贯彻、落实，并在 18 种仪器仪表元器件上得到推广应用。

（2）到 2025 年，我国仪器仪表工艺水平得到大幅提升，某些独到的工艺技术具有世界领先水平，建立我国独有的仪器仪表工艺创新体系。

三、优先行动 3：开发仪器仪表关键基础材料

关键基础材料发展重点如表 6 所示。

表 6 关键基础材料发展重点

序号	产品名称	主要技术参数或性能指标	应用产品及市场需求预测	关键技术（技术难点）	研发和产业化目标	涉及的上下游环节（先进工艺、技术基础）
1	核级测温材料及核安全级仪表组件的研发及产业化	堆芯出口温度测量核级铠装热电偶及组件：安全等级为1E级，质量保证等级QA1，抗震要求为 SSE；测量范围为 0~1260℃；精度等级为 ASTM E230 特殊级；常温（20℃）绝缘电阻 $1×10^{11} \Omega \cdot m$（100V DC），370℃高温绝缘电阻 $\geq 5×10^7 \Omega \cdot m$（100V DC），热响应时间 ≤1.0s；铠装热电偶外壳材料为奥氏体不锈钢（316L），其中 Co≤0.1%。 主回路直接测温核级铠装铂电阻及组件：安全等级为1E级，质量保证等级QA1，抗震要求 SSE，设计寿命60年；分度号：Pt100；测量范围，0~400℃；热响应时间 ≤1.5s。 反应堆堆芯水位测量传感器：测量精度优于 50mm；响应时间小于 30s；工作温度，0~700℃；绝缘电阻，100MΩ（100V DC）。 反应堆压力容器水位监测组件：安全等级为1E级，质量保证等级QA1，抗震要求 SSE，工作温度50mm，响应时间小于30s，测量精度优于 50mm；绝缘电阻，100MΩ。 结构参数：外径、发热长度、引线长度等，可根据系统设计研究结果确定，但结构参数应保证测量组件的整体性能不受影响	市场容量 20 亿元。 目前每台百万千瓦核电机组所使用的各种温度测量组件可达 1000 多件，其中核级产品 100 多套，采购价格在 3000 万元以上，目前全部依赖进口	核级测温材料制备技术：高精度、高稳定性、耐辐照热电偶丝制备技术，高精度、高稳定性、小型化核级铂电阻元件制备技术，核级绝缘材料及外套管材料选择与制备技术。 核级传感器制备及性能评价技术：核级铠装热电偶热电势稳定性控制技术，核级传感器密封技术，快响应、高可靠性结构设计技术，高可靠性测温、液位组件结构设计与功能鉴定试验	面向 EPR1750、ACPR1000+、AP1000 等三代核电机组，开发难度最高的 3 个安全等级为 1E 级、质量保证等级 QA1 的温度及液位传感器及组件，获得民用核安全许可证书，实现工程化应用。打造国内领先的集"设计—研发—评价—生产—应用"于一体的核级测温材料及应用技术先进生产能力，2015 年完成样品研制，2016 年取得民用核安全级设备设计、制造许可证，2017 年获得工程应用，申请专利 5 项以上，制定企业标准 3 项，发表学术论文 10 篇	

续表

序号	产品名称	主要技术参数或性能指标	应用产品及市场需求预测	关键技术（技术难点）	研发和产业化目标	涉及的上下游环节（先进工艺、技术基础）
2	新型温敏介质材料及无线式温度报警传感器研究	连续铠装热电偶电缆及温度传感器: 外径: 2~3mm; 热电极: 镍铬-镍硅; 监测温度范围: 100~800℃; 输出信号: 与传感器感温段沿线最高温度相对应的热电势。 最大连续长度: 30m。 智能定位线式温度传感器组件: 工作温度范围: 100~800℃; 温度分辨率: ±0.5℃; 外径: 2~3mm; 定位精度: ±200mm。 双参数线式温度传感器: 外径: 2mm; 温度范围: 200~500℃; 每米 0℃电阻: ≥10^8Ω, 0℃电容: ≤0.5nF; 0℃电阻与500℃电阻之比: ≥10^4; 500℃电容与0℃电容之比: ≥10^2; 芯线电阻: (6Ω±1Ω) /m; 接插件: 漏率≤3×10^{-9}Pa·m³/s	该产品还可广泛应用于核反应堆、石油化工、电力、冶金、飞机发动机、装甲车等领域, 国外还应用于通信、造纸、印刷、仓储、蒸汽、热水泵、农业等食品、粮食、行业	新型多参数温敏介质材料成分设计及制备技术、粉体材料成型及铠装线缆材料加工技术、最高温度位置自动跟踪技术、多参数线式温度传感器性能综合评价体系	项目将建成年产 1000kg 粉体材料、10 万米铠装线缆材料, 20000 件传感器元件的能力, 实现在煤化工、机车、电力、光伏等领域的应用, 满足广域温度监控的市场追切需求	
3	电子信息材料石墨烯	电子迁移率: 15000cm²/v.s; 导热系数: 5000W/mK; 电阻率: 10^8Ω·cm; 杨氏模量: 1100GPa; 断裂强度: 130GPa; 可见光透过率: >97%; 理论比表面积: 2630m²/g	电子、能源、材料、生物医学、光子传感器、单分子传感器、纳电子器件、电池、触摸面板	石墨烯材料制备研究、氧化石墨烯表面改性、石墨烯的纳米粒子复合物制备工艺研究、石墨烯材料在粒子合成过程中的功能研究、石墨烯及复合材料的导电机理、分布情况、界面附着作用理的研究、石墨烯传感器用差异性的研究、石墨烯传感器制备工艺	尚未进入产业化阶段	需政府组织对工艺、装备、应用进行顶层设计和统筹安排

目标：

到 2020 年，掌握 3 大类产品，实现小批量生产，自给率达 50%。

到 2025 年，初步建成我国仪器仪表材料创新体系，大幅缩小与国外差距，绝大部分材料自给有余。

四、优先行动 4：建设共性技术创新平台

重要技术基础发展重点如表 7 所示。

表 7　重要技术基础发展重点

序号	技术基础名称	主要建设内容	建设目标
1	仪器仪表工艺研究中心（平台）	研究仪器仪表工艺技术，主要研究仪器仪表专用、特殊、绿色工艺，包括电子产品工艺、机械产品工艺、仪表元器件制备工艺、传感器制造工艺，特别研究 IC 工艺与 MEMS 工艺相融技术的研究； 研究用新材料制备新器件的工艺技术； 研究现有工艺技术的改进，对产品性能提高的工艺途径； 工艺装备的研究，在研究工艺的同时，研究相应的工艺设备，特别是传感器工艺装备，具有小批量生产能力； 负责国内外工艺和工艺装备的推广应用； 工艺人才的培养	2018 年之前筹建、组织实施；2020 年建成，并开展工作。 该项工作可在原"仪器仪表工艺研究所"的基础上，赋予新的内涵与要求，进行建设
2	仪器仪表元器件可靠性公共服务中心（平台）	针对我国传感器与仪表元器件产品的使用寿命、稳定性、可靠性与国外先进技术与产品存在较大差距，建立元器件可靠性服务平台，其主要建设内容是： 传感器、仪器仪表元器件可靠性设计与分析； 可靠性试验与评估； 环境适应性测试技术与仿真； 可靠性数据库构建技术，建设统一的可靠性数据库，实现数据共享； 可靠性筛选试验和可靠性管理	2016 年之前筹建、组织实施；2018 年建成，并开展工作。 该项工作可在"仪表元器件产品质量监督检验中心"的基础上筹建

建设仪器仪表四基产业共性技术创新体系和"四基"技术创新平台。

1．措施

1）整合资源，构建仪器仪表四基产业，特别是传感器产业技术创新体系

将跨行业、跨部门的科研资源，中科院传感技术联合国家重点实验室（南北方实验室）、传感器国家工程研究中心、仪表材料工程技术中心、各部委的传感器研究机构、高等院校传感器教研室、企业的传感器生产部，利用互联网技术连接起来，构建虚拟网络—实体系统，依托市场运作，形成从研发、中试、工程化到产业化的共性技术创新链，构建国家传感器产业共性技术创新体系。

2）重点建设两个仪器仪表四基技术创新服务平台

按照仪器仪表四基发展需求、国内的实际情况、历史继承，建立如下公共服务平台：仪器仪表工艺研究中心（平台）、仪器仪表元器件可靠性公共服务中心（平台）。

2．目标

（1）到 2020 年，建成两家技术创新服务平台。

（2）到 2025 年，建成完善的共性关键技术供给体系，再建两家公共技术创新服务平台。

五、优先行动 5：打造产业基地

1．措施

打造仪器仪表元器件 15 大产业基地、培育组建 30 个产值过亿的龙头企业、扶植支持 20 家上市企业措施。

1）关注企业、重视企业、研究企业

关注企业、重视企业、研究企业，政府应协助企业，根据国家的有关规划、行动计划、专项计划、政策导向，帮助企业实施技术创新→产品升级→产业和企业转型升级→产业化应用等重大工程实践。企业应着力提升解决问题的能力，实现仪器仪表制造业四基产品微小型化、数字智能化、模块化、网络化，提升产品价值链。并从中锻炼、考察、培养人才，提升企业的盈利能力和行业地位。

2）打造仪器仪表四基 10 大产业基地（2020 年）

企业不仅是技术创新的主体，也是经济收益的载体，更是产业化的实体。根据我国仪器仪表元器件企业的现状，结合前沿技术发展趋势，打造仪器仪表四基 10 大产业基地：

力敏传感器产业基地、气敏传感器产业基地、离散传感器产业基地、GMR 磁传感器产业基地、MEMS 光学传感器产业基地、生物芯片传感器产业基地、微纳传感器产业基地、中国传感器谷、光电倍增管产业基地、科学仪器部件产业基地。

3）实施重组、兼并、托管、联合等多种形式，将仪器仪表"小、散、乱"企业改造成"专、特、精"的强基企业

按照资源重组、市场运作、分工协作、企业自愿、政府牵线的原则，着力改变仪器仪表制造业小、散、乱的局面，实施重组、兼并、托管、联合等多种形式，把企业做大、做强，按照产业规划方案，培育 30 个产值过亿的龙头企业，扶植支持 20 个上市企业。

2. 目标

（1）到 2020 年，10 大产业基地建成，我国传感器产品体系和产业体系初见成效，在国际上有一定的话语权。

（2）到 2025 年，建成 15 个仪器仪表产业基地。

第五章 仪器仪表四基发展路线

一、仪器仪表制造业四基发展总体思路

按照"服务决策、适当超前"的原则，瞄准仪器仪表四基前沿技术，把握"四基"未来发展方向，围绕应用和市场急需，着力突破仪器仪表核心芯片、可靠性、先进基础工艺、基础材料、产业化等共性技术；探索体制机制创新、人才培育创新、商业模式创新；提升仪器仪表四基的整体水平和国际竞争力。总体思路是：

政府方面：强化顶层设计，冲破体制束缚，破解人才难题，加强政府引领，优化各方资源；

企业方面：发挥企业主体功能，增强自主创新，攻克前沿技术，提升产品升级，形成产业集群；

行业自身：开展国际合作，整合行业优势，强化标准制定，建设公共平台，构建行业文化。

二、仪器仪表制造业四基发展的基本原则

按照"政府助力、创新驱动、资源优化、突破瓶颈、需求支撑"的方针，合理布局仪器仪表制造业四基产业。其基本原则是：以政府助力为主、辅以需求牵引；以突破关键技术为目标、解决"空心化"为主线；以共性技术研发和公共服务平台建设为支撑；确保仪

器仪表产业不仅有量的提升，更有质的飞跃，大幅缩短与国外的差距。

三、仪器仪表制造业四基发展目标

（一）仪器仪表制造业四基发展目标（2020 年）

1. 仪器仪表四基发展产业水平

产品设计水平全面提升，强调智能设计、可靠性设计、EMC 设计、低功耗设计。

产品性能全面升级，特别是可靠性指标提高 1～2 个数量级，两年内产品不须调零、维修；

新产品试制周期不超过 1.5 年；

发展 18 类新型核心元器件；

开发 18 类关键先进制造工艺；

研制两类基础核心材料；

建成 4 个研发、试验、检测平台；

制定 50 项行业标准、30 项国家标准。

2. 产业规模

产业规模超万亿元、产量超千亿只，年均增幅 15%；

国产化率 50%、市场占有率 50%；

培育超亿企业 30 家、扶植上市企业 20 家；

筹建完善仪器仪表四基产业化基地 10 个。

重点应用领域：仪器仪表制造业、高端智能装备、工业物联网、环保、医疗、科学仪器、民生工程等。

（二）仪器仪表制造业四基发展目标（2025 年）

到 2025 年，仪器仪表元器件、仪器仪表材料、仪器仪表工艺能与 IC 产业、计算机产业、通信产业全面、协调、同步发展；基本满足高档仪器仪表、大型工程、国防安全、民生领域、环保医疗等需求；高端元器件国产化率达 60%，市场占有率达 60%；在世界同行占有一席之地，并拥有相应的话语权。

（三）仪器仪表制造业四基发展技术路线

1．以产业需求和前沿技术为"跟踪点"

关注产业需求，关注前沿技术，前沿技术可能会对目前的产品结构、工艺技术、工艺装备产生颠覆性的"变革"，引发不同的产业需求，"四基"战略研究要及时融入新原理、新材料、新工艺、新技术。例如，功能材料石墨烯的问世，会对目前硅基材料的各种器件（传感器、电子器件）产生革命性的冲击；3D 技术的引入也会使各种器件的制备工艺柳暗花明。

2．以解决产品的"空心化"为"切入点"

高档仪器仪表产品是"空心化"的重灾区，关键核心元器件基本全由国外进口，不仅大量使用外汇，制约高档仪表产品国产化，而且影响国家安全。必须选择"卡脖子"的、代表性的一些产品，解决"空心化"问题。

3．以实施关键基础元器件产业化为"落脚点"

仪器仪表中核心基础元器件，特别是传感器，必须实现产业化，难点也在于产业化。要解决产业化，必须处理好成果转化中的利益分配机制、知识产权保护、产业化中资金投入、核心关键技术突破、批产技术、市场应用等一系列问题。

4．以标准化为"支撑点"

强化国家标准和行业标准制修订力度，加强标准对产品的指导和监督作用，发挥标准化手段对规范市场的基础性作用，推进标准、认证、计量、检测检验、质量控制对企业质量管控的应用，提升企业对质量意识的内升动力。

仪表元器件技术发展路线如图1所示。

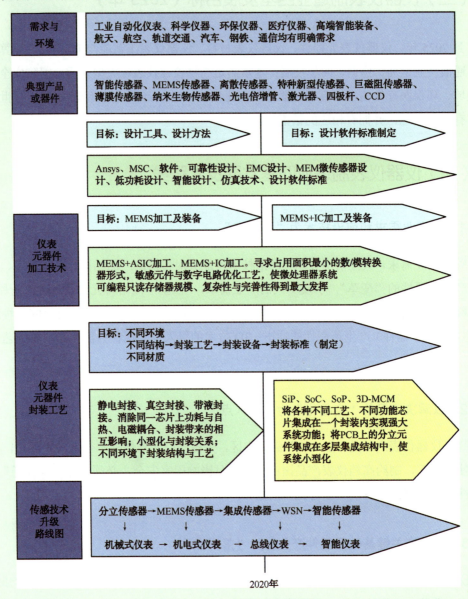

图1　仪表元器件技术发展路线

传感器技术升级路线如图2所示。

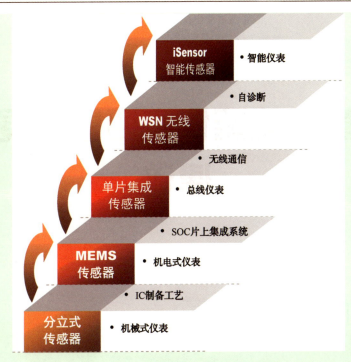

图 2　传感器技术升级路线

第六章 仪器仪表四基发展措施建议

一、机制创新

国家应出台有关政策，鼓励、支持、助力跨部门、跨地区、跨行业、跨所有制的仪器仪表四基企业，实施兼并、重组、联合；特别鼓励大企业兼并、重组中小企业；鼓励支持IC 企业和 MEMS 企业兼并重组，以利整合现有社会资源，有利于技术上的相融和互利，创建仪器仪表四基龙头企业；解决仪器仪表企业小而散、创新能力弱的弊端。

组建仪器仪表产业国家队。让市场在资源配置中起决定作用之时，对仪器仪表制造业四基这样的基础项目，更应发挥政府作用，加强统筹协调，大力开展跨部门、跨行业、跨地区的协同创新，"集中力量办大事"，抓基础、抓基本、抓重大，形成推进自主创新的强大合力。

鼓励支持民营企业、民间资本、外方资本等非国有资本进入仪器仪表四基产业，开放某些重要领域，甚至部分军工领域，降低进入门槛。实践证明：民营企业大举进入仪器仪表四基产业之时，正是仪器仪表产业蓬勃发展之始。

加速混合所有制经济结构进入仪器仪表四基企业，并尽快出台具体办法和政策，允许"科技成果"入股，出台优惠政策，推进仪器仪表企业上市。

仪器仪表制造业与政府、市场的关系如图1所示。

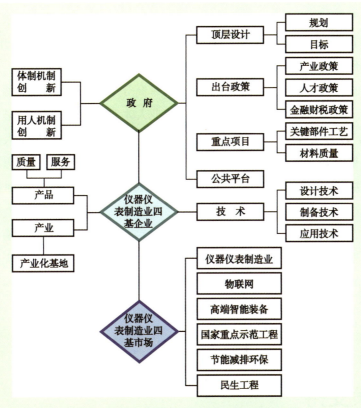

图 1 仪器仪表制造业与政府、市场的关系

二、人才培养，特别是工艺人才培养

建立在创新实践中的人才发掘机制、在创新活动中的人才培育机制；改革现有对人才的考核、评价、激励机制。把人才作为振兴仪器仪表制造业四基的重要战略手段之首。

伯乐相马，不如赛马求骥，要造就人才，首先要发现人才、发掘人才，其最好办法是在创新实践中考察，这就需要创新实践的环境、条件，即有事可干，有项目可做，有问题要解决。对仪器仪表四基基础性项目，应由国家立项、支助，国家级项目的立项、评审、实施、验收，应把人才问题作为主要内容之一。

营造有利于创新型科技人才，特别是工艺人才成长的良好氛围，着力完善在创新活动中的人才培养机制，在全社会倡导尊重工程技术人员的创新文化，提高工程技术人员的社会地位、物质待遇，让社会从"官本位"向"技本位"转向，要鼓励崇尚求精、求实、求新、求变，精于设计、锲而不舍的工程创新精神；鼓励解决问题的异想天开、标新立异，构筑开放、包容、允许失败、安于寂寞的社会环境。

改革现有的人才评价、考核机制。特别要改革高等工科院校的评价体系，重论文、轻实践，重样品、轻产品现象；改革科研院所和企业人才考评机制，坚决打破"技术职称一定终身"现象，摒弃工程技术人员不参与"经营"怪论，摒弃对工程技术人员的考核重学历、轻能力，重国外、轻国内，重技术、轻市场，重开发、轻产业的思想。凡此种种，需国家从国家级层面、从人才的战略高度出台相应的政策、文件，加速创新型人才的脱颖而出。

建立开放的、合理的、高效的人才流动机制，尽力打破人才"单位所有制"禁区。最大限度地释放工程技术人员的正能量和聪明才智，工作无后顾之忧，生活无窘迫之恼。建立仪器仪表四基工程技术人员人才库。

三、政策支持

对仪器仪表制造业四基企业，在金融、财税政策上给予优惠，享受与集成电路行业、软件行业相同的优惠政策。

国家应出台仪器仪表四基发展的产业政策，包括产业规划、产业布局、产业规模、产业导向、产业重点、产业市场趋势等政策，作为仪器仪表企业决策依据；政府应发布仪器仪表四基资金投放指南，告知资金投放总量、强度、投放的连续性、时间点；明确政府采购，优先支持国产仪器仪表制造业四基产品；对产业共性关键技术、关键零部件/元器件、产业化投资、技术标准制定等应优先支持，重点扶持。

出台科技成果转化政策。解决科技成果转化过程中的矛盾、利益分配关系，明确转化单位和接收单位的职责。

四、恢复仪器仪表工艺研究机构和职能

恢复原"仪器仪表工艺研究"机构职能，提高工艺人员行业地位和待遇。

长期以来，国家对仪器仪表工艺和工艺装备的投入缺失，基础工艺研究和装备研究不受重视，传感器的工艺和工艺装备与 IC 工艺和工艺装备有很大的不同：设计思路不同，工艺要求不同，使用环境不同，封装结构不同，批产量不同，不可能用 IC 的工艺装备来替代传感器工艺装备，既不合理，也不经济。

五、建立仪器仪表四基核心技术攻关项目

仪器仪表四基产业特点是技术门类多、批量小、技术更新快。因此，一次性大规模资金投入由于不易形成长效效应，往往效果不好，存在重复投入和技术转化率低等问题。

1. 具体路径

由企业根据自身对核心技术需要提出立项申请，描述所需突破的核心技术的意义和技术要求；

企业提出需求后，由政府部门组织评审，审定企业的需求是否属于国家急需和优先、重点发展的产业领域，决定是否由国家予以支持；

需求确定后，向高校等研究机构发布公告，由高校等研究机构根据自身的技术优势和积累提出竞争性承接项目申请；

政府部门组织企业评定高校等研究机构提出的技术方案，择优选用研究机构承担项目；

结题验收时，政府部门组织企业评定高校或研究机构的完成情况；

企业的作用，是提出具体的、具有产业价值的需求，并承担项目实施的硬成本，遵循"谁投资，谁获益"原则，科研成果完成后直接落户提出申请的企业投入使用；

政府的作用，是对项目的研发提供经费支持，并完成项目实施监管；

高校或研究机构的作用，是投入人力资源。

2. 该方法的优点

政府投入少量资金，却带动尽可能多的社会资本共同参与仪器仪表行业发展；这一点与以往的单一大项目立项支持方式相比，具有技术转化效率高，可直接投资解决企业遇到的困难的优点。以每个攻关项目额度为20～50万元为例，投资1亿元资金，可以帮助企业解决200～500项核心关键技术难题，这是非常可观的。

需求明确、针对性强。

对企业来说，并没有增加额外的成本，企业申请立项时，是根据自身迫切需要提出的需求，这部分工作占用的是企业原本就要投入的研发资金或者是技改资金。但是，由于可以让企业受益，节省研发成本、周期和风险，因此企业会有积极性。

企业可充分享有大学的人力资源和国家前期在基础研究投入所产生的技术成果。

解决企业培养人才难的问题，并且促进大学研究人员群体关注和投身到仪器仪表行业的工程产业技术。

在大学里，应该将这种取得"重点领域核心技术突破"的技术型基金研究的地位，提高到与国家自然科学基金相近的地位，这样可很好地调动研究人员的积极性，在从事基础研究的同时，同等重视工程关键技术突破，从而合理引导大学的研究工作，避免"唯尊论文，脱离应用"的片面导向。

技术支持具有更好的连续性，覆盖面广，易实现以企业为中心的技术交叉。

附件 仪器仪表制造业强基战略研究特别提议

（一）工业物联网用硅微结构智能传感器

1. 名词术语

智能传感器（intelligent sensor）：具有与外部系统双向通信手段，用于发送测量、状态信息，接收和处理外部命令的传感器。

微结构智能传感器（micro structure intelligent sensor）：用微加工技术制造的，包含微传感器、微处理器和微执行器等特定功能的智能传感器。

硅微智能传感器（silicon micro intelligent sensor）：以硅为基本材料制造的智能微传感器。

2. 传感器在物联网中的作用

（1）传感器是物联网的重要组成之一。传感器是物联网系统组成中不可或缺的、重要的关键组成部分。

（2）传感器的性能决定物联网的性能。传感器是物联网中获得信息的唯一手段和途径，传感器采集信息的准确、可靠、实时将直接影响到控制节点对信息的处理与传输。传感器的特性、可靠性、实时性、抗干扰性等性能，对物联网应用系统的性能起到举足轻重的作用。

（3）传感器升级促进了物联网兴起。传感器技术的升级换代将提升网络的升级换代。

当信息采集用第一代模拟传感器时，产生第一代传感器网络；当信息采集仍用第一代模拟传感器，控制站之间采用数字通信时，产生第二代传感器网络；当信息采集采用第二代数字传感器或第三代智能传感器时，控制和通信采用全数字化技术，则产生第三代传感器网络；当信息采集采用第四代网络化智能传感器时，则产生物联网。

（4）传感器是物联网发展的瓶颈。我国传感器产业面临许多突出问题：技术创新能力很弱，企业的技术创新主体难以确立，国家研发投入严重不足；产业结构不合理，产业链失衡，重研发、轻应用，产品附加值不高；体制机制不完善，创业投资机制不健全，政策环境不适应产业化发展；国际分工地位较低，不具备有国际竞争力的高技术企业，无知名产品、无知名品牌、无知名企业；传感技术人才短缺，特别是高技术人才匮乏。相对于计算机技术、通信技术，传感器技术在国内处于弱势地位，存在问题众多，与国外的差距在进一步扩大。

（5）传感器产业化决定物联网市场前景和国家信息安全。未来10年，物联网将有上万亿元的高科技市场，其产业要比互联网大3倍，在大力发展物联网的同时，如果不发展传感器技术，则大量传感器势必从国外进口，传感器市场被国外占有，不仅经济损失巨大，而且国家安全也没有保障。相反，在发展物联网的同时，一开始就考虑传感器的同步、协调发展，也许开始需多花费一些资金，但从长远看是十分有利的，既提升了国产传感器的制造水平，满足物联网的需求，保证了国内市场，还培养了一批传感技术人才，缩小与国外在传感器方面的差距。

3．物联网对传感器的要求

（1）产业化：物联网要求所需传感器必须实现产业化规模生产，且性能稳定可靠。

（2）微型化：要求传感器的特征尺寸为μm级或nm级，重量g或mg级，体积为mm^3级。必须采取先进的设计理念、最佳的工艺路线、最优的封装技术、新型的敏感材料等手段。

（3）低成本：低成本是物联网大规模应用的前提。采用低成本设计方法，提高传感器成品率，突破产业化生产瓶颈，实现产业化生产。

（4）低功耗：因物联网是靠电池长期供电，为节约能源，传感器必须采用低功耗供电。

（5）抗干扰：能抗电磁辐射、雷电、强电场、高湿、障碍物等恶劣环境。

（6）灵活性：传感器节点在物联网中应用时，节点通过提供一系列的软、硬件标准，能实现面向应用的灵活编程要求。

4．物联网用智能传感器关键技术剖析

根据物联网对传感器的要求，通常应采用智能传感器或智能传感器系统。其智能传感器的结构框图如图1所示。

1）智能传感器的设计改变了传统传感器的设计理念

传统型传感器由于自身固有的一些问题，如输入/输出成非线性，且随时间漂移；参数易受外界环境变化影响；信噪比低，易受电磁场等干扰；灵敏度、分辨率不高，性价比

难以提高。对传统型传感器在设计时，对上面这些问题往往只进行单个参数的考虑和调试，设计技术已经达到了极限，很难再提高，因而达不到理想结果。而智能传感器在设计时，可利用 MEMS 技术、IC 技术、计算机技术、通信技术，可充分利用 A/D 转换器、信号处理器、存储器、接口电路、CPU 等硬件技术进行综合考虑和分析，特别是在硬件的基础上，可通过软件开发来实现智能传感器功能和特点。

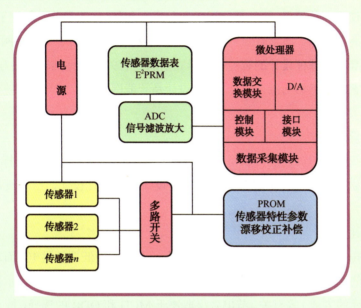

图 1　智能传感器的结构框图

2）智能传感器的设计构成

（1）系统构成

智能网络化传感器系统由四部分构成，即数据采集子系统、数据处理子系统、无线通信子系统、供电电源子系统。数据采集子系统中，敏感元件面对的是所需检测参数的模拟信号，为了满足控制实时性要求、精度要求、便于信息处理，要求将模拟信号转换为数字信号。数据处理子系统由微控制器、存储器、嵌入式操作系统、测试和下载接口构成，微控制器是一个低功耗的系统级芯片，可以把采集子系统的信息经 A/D 转化成相应的数据直接处理；存储器用于存储传感器数据、传感器特性参数、测量值及其他用户定义的数据；嵌入式实时操作系统用于提供实时的调度与管理；接口模块为调试和下载程序提供标准接口。无线通信子系统由天线连接器和无线射频模块组成。电源子系统由电源供电单元和动态电源管理单元组成，动态电源管理单元支持运行相应的低功耗运算法则，最大限度延长电池的使用寿命。

（2）信号处理方法

在物联网使用环境中，"即插即用"是对网络中每个模块最基本的要求。但由敏感元件检测的物理量各不相同、输入/输出关系不确定，有些是线性的，通常是非线性的，为保证系统准确识别被测对象、确定被测对象位置、确定被测对象输入/输出关系，这些类似于传统传感器设计时涉及的信号处理方法、性能标定方法，在设计智能传感器信号处理时必须解决并满足相关要求。

（3）接口设计

物联网中使用的传感器，往往要应用于各种场合和环境，通常涉及流程工业连续测控、工厂自动化等离散控制、物流监测和无人值守等恶劣环境。应用于不同的网络场合，遵守不同的协议标准，要保证设计的智能传感器完全满足有关协议标准较为困难，也无必要，因此必须考虑智能传感器的接口设计。接口设计是智能网络化传感器与传统传感器设计的区别之一。

（4）性能设计

为了保证智能传感器性能可靠稳定、功能完善，与传统传感器设计一样，必须要有可靠性设计、电磁兼容（EMC）设计、功能安全设计、低功耗设计、结构设计等有关设计理念和方法。

（5）低功耗设计

物联网用传感器通常是电池供电的电子器件，必须实施低功耗供电，而功耗的高低与信号采集数据的速率、采样的频率、需要执行的操作（如用户显示器、显示器需开启多久以及唤醒该单元的方式）等有关。节电效果取决于 MCU 和 ODR 的选择，特别是 FIFO（先入先出）具有极大的节电潜力，还可以配置自动唤醒/休眠模式来降低功耗。

（6）物联网用电源模块

如果物联网用电源能用"无线自供电源"来代替电池供电，这将对物联网解决低功耗问题起到革命性的变化。这种无线自供电源模块的基本原理是：利用 GMM/PZT/GMM 层合材料的纵振磁电效应，由悬臂梁、磁电换能器和永磁体组成一种新型振动能量采集器，环境振动引起换能器与永磁体相对运动，使得作用到换能器的磁场变化，变化的磁场引起换能器得到电输出。实验表明，在振动激励频率为 33Hz、振动加速度为 0.5g 的条件下，输出电压峰值为 45.1V，输出功率为 112.1μW，可为大部分芯片级设备供电。

3）物联网用智能传感器的制备与生产

物联网用智能传感器的制备和生产方式改变了传统传感器的生产方式。传统传感器在组织生产时往往是手工作坊式的，传感器被誉为一件"工艺品"，性能很难一致，批量难以扩大，人工成本很高，传统传感器生产的后道工序基本是手工操作。智能传感器由于具有数字存储、记忆与信息处理功能，双向通信，标准化数字输出，因此可用与上位计算机通信的方式组织批量生产，传感器的补偿可以因个体而异。从理论上讲，只要敏感元件具有重复性，不管其他指标如何，按照智能传感器的设计方法，都能制造出高性能传感器。

目前智能传感器的实现途径有三种方法：

（1）非集成化实现。将传统传感器、信号调理电路、带数字总线接口的微处理器组合为一个整体而构成智能传感器系统。

（2）集成化实现。利用大规模集成电路工艺技术将由硅材料制作的敏感元件、信号调理电路、微处理单元集成在一块芯片上构成智能传感器系统。

要在一块芯片上实现智能传感系统，在制备工艺上存在以下许多困难和技术难点。

● 选择何种敏感元件，其制备工艺和集成电路工艺基本相融？

● 选用何种调理电路，使需要外接的元件如电阻、电容、晶振等最少？

● 如何寻求占用面积最小的模/数转换器形式？

● 如何解决敏感元件与数字电路的优化工艺兼容，使微处理器系统，可编程只读存储器规模、复杂性与完善性得到最大限度的发挥？

● 如何消除在同一芯片上功耗与自热、电磁耦合、封装带来的相互影响？

● 如何解决小型化与封装的关系？

（3）混合实现。根据需要与可能，将系统的各个环节，如敏感单元、信号调理电路、微处理器单元，以不同的组合方式集成在两块或三块芯片上，并封装在一个壳体中，实现混合集成。

5. 物联网用智能传感器的应用

物联网用智能传感器的应用改变了传统传感器的应用模式。在许多工业现场，单个传感器独立使用的场合越来越少，更多的是传感器与传感器之间、传感器与执行器之间、传感器与控制系统之间要实现更多的数据交换与共享，传统传感器无法对某些产品的质量指标（如黏度、硬度、表面光洁度、成分、颜色、味道）进行快速直接测量及在线控制。智能传感器由于自身所具有的特点和功能，其工业现场应用就显得游刃有余。往往智能传感器具有"仪表"的功能和属性，而价格又比仪表低廉，未来智能传感器有代替仪表的趋势和可能。

（二）GMR 巨磁阻芯片及产业化

1. 研究背景和意义

巨磁阻（GMR）传感器是一类新兴的高品质磁敏传感器。相对于霍尔器件和各向异性磁阻（AMR）器件，巨磁阻传感器体积小、灵敏度高、速度快、抗辐射、能耗低，可军民两用，其应用领域非常广泛，包括工业控制、移动通信、信息存储、医疗、交通以及导弹导航、航天和国防军事等特殊领域。巨磁阻传感器可在物联网的建设中发挥重要作用。比如对我国广大海域的监控就需要搭建由数以百万计的高灵敏度磁敏传感器组成的传感器网络，以防止海下不明物如潜艇的侵入。

巨磁阻传感器芯片的研发和产业化还可促进磁电信号隔离耦合器件、磁逻辑与随机存储器件（MRAM）等相关磁电子器件的研究和开发，这些磁电子器件可在未来形成年销售额超过上千亿美元的巨大市场。在 2008 年召开的第十三届全国磁学和磁性材料会议上，磁电子材料和器件的研究被认为是事关中国能否赶上世界第四次科技浪潮的一个关键。尽快使集成巨磁阻传感器产业化，对支撑物联网建设、增强国防安全、提升国家的整体科技水平、提高国际综合竞争力，以及推进磁电子器件这一新兴战略产业发展意义重大。

2. 技术经济指标

磁敏传感器广泛应用于汽车电子、工业控制、医疗器械、航天航空、军事等领域。图 2 是磁敏传感器在各领域的应用所占比例，其中汽车电子占 60%，工业控制占 28%。

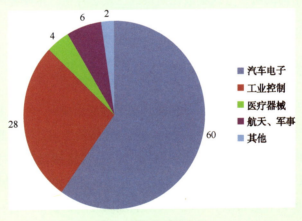

图 2　磁敏传感器市场

磁敏传感器的市场很大。根据 Frost & Sullivan 的市场分析预测报告，2006 年磁敏传感器元件的市场约为 10 亿美元，由磁敏传感器元件二次开发所形成的应用系统则具有高达 60 亿美元的市场。

东方微磁科技有限公司计划实现如下集成磁电子传感器芯片的产业化，形成巨磁阻（GMR）单极传感器产品系列、巨磁阻（GMR）双极传感器产品系列、磁隧道结（MTJ）传感器产品系列、巨磁阻（GMR）磁开关系列。其产品的技术参数指标具体如下：

1）GMR 单极传感器系列（见表 1）

表 1　SA 系列 GMR 单极传感器技术参数指标

产品编号	饱和磁场（Oe）	线形范围（|Oe|）		灵敏度（mV/V-Oe）		非线性度（%Uni）	磁滞（%Uni）	电阻（kΩ）	封装
		Min	Max	Min	Max				
SA00-1	17.8	0.6	10.2	5.0	6.0	1.9	3.8	5.5	SOP 8
SA01-1	21	0.8	12	4.0	5.1	1.9	3.8	5.5	SOP 8
SA02-1	28	1.0	16	3.0	4.1	1.9	3.8	5.5	SOP 8
SA03-1	39	1.4	20	2.0	3.1	1.9	3.8	5.5	SOP 8
SA04-1	65	2.4	36	1.2	2.1	1.9	3.8	5.5	SOP 8

　　该系列产品由 GMR 多层膜材料制成，是东方微磁科技有限公司自主设计，目前已通过国外加工、国内封装完成。SA 系列产品是国内第一批 GMR 单极传感器产品，填补了国内空白，打破了国外垄断，其性能优异：线性范围宽、线性度好、功耗低、体积小、灵敏度高、磁滞小。产品可作为位置传感器、速度传感器、位移传感器、角度传感器等广泛应用于工业控制、汽车电子、消费电子等领域。

2）GMR 双极传感器系列（见表 2）

表 2　SS 系列 GMR 双极传感器技术参数指标

产品编号	线性范围（Oe）	灵敏度（mV/V/Oe）	非线性度（%）	电阻（kΩ）	封装类型
SS01	±2.5	7	1.5	5	SOP 8
SS02	±3.5	5	1.5	5	SOP 8
SS03	±5	3.5	1.2	5	SOP 8
SS04	±10	1.75	1.0	5	SOP 8
SS05	±20	0.84	0.5	5	SOP 8
SS06	±40	0.42	0.5	5	SOP 8

　　东方微磁科技有限公司已完成该器件的原型产品研制，该系列产品可取代目前市场上的霍尔传感器和 AMR 传感器，广泛应用于工业控制、汽车电子、磁短程通信（手机银行）、信用卡读头、货币辨伪、GPS 导航、航天航空及国防安全等领域。

3）集成 GMR 磁开关系列（见表 3）

表 3　SK 系列集成磁开关技术参数指标

型　号	开启磁场阈值（Oe）	关闭磁场阈值（Oe）	信号输出类型	最高工作温度（℃）	封装类型
SK00-xx	10	5	Sink	125	SOP 8 等
SK01-xx	20	10	Sink	125	SOP 8 等
SK02-xx	30	15	Sink	125	SOP 8 等
SK03-xx	40	20	Sink	125	SOP 8 等
SK04-xx	60	30	Sink	125	SOP 8 等

集成磁开关是将 GMR 磁敏传感单元与数字信号处理电路高度集成在一起的芯片产品。和其他的磁开关相比，集成 GMR 磁开关具有工作磁场范围宽、温度稳定性好、灵敏度高、更高的操作电压等优点，可广泛应用于工业控制、消费电子及安防系统等领域。

4）超高灵敏度 MTJ 磁敏传感器系列（见表 4）

表 4　SM 系列超高灵敏度 MTJ 磁敏传感器技术参数指标

产品编号	线性范围（Oe）	灵敏度（mV/V/Oe）	非线性度（%）	电阻（kΩ）	封装类型
SM01	±2.5	84	1.5	5	SOP 8
SM02	±3.5	60	1.3	5	SOP 8
SM03	±5	42	1.2	5	SOP 8
SM04	±10	21	1.0	5	SOP 8

MTJ 传感器将主要用于航天航空、无损探测、GPS 应用、导弹导航、海洋矿物探测、国防安全等特殊领域。

该产业化项目完成后，公司产业化的集成磁电子传感器芯片包括 GMR 单极传感器产品系列、GMR 双极传感器系列、集成 GMR 磁开关系列、MTJ 磁敏传感器系列，可形成年产 2500 个集成磁电子传感器芯片的产能。在产业化项目完成后的第二年，预计公司各产品系列的产量及年产值如表 5 所示。

表 5　磁电子传感器芯片产品系列的年产量及产值

序　号	产品系列名称	年产量（万个）	单价（元）	年产值（万元）
1	GMR 单极传感器	200	15	3000
2	GMR 双极传感器	300	15	4500
3	集成 GMR 磁开关	100	15	1500
4	MTJ 磁敏传感器	25	80	2000
	小　计	625	—	11000

东方微磁科技有限公司的集成磁电子传感器产品应用广泛,其自行开发或与国内相关单位共同开发磁电子芯片的应用产品,预期可影响到我国高达数百亿元的产业群。

3. 关键技术及难点

1)需掌握磁电子纳米薄膜材料的制备技术

磁电子纳米薄膜材料如 GMR 自旋阀材料的膜层很薄,其被钉扎层和自由层之间的非磁性导电层 Cu 的厚度约 2nm,人工合成反铁磁层(CoFe/Ru/CoFe)中的 Ru 层厚度约为 0.9nm。制备性能优异的 GMR 自旋阀材料对各层的表面和界面平整度要求很高。否则就会因膜层不连续和界面不平整而产生针孔效应(pin-hole effect)和橘皮耦合效应(Orange peel coupling),导致材料性能下降。如何利用工艺精确控制膜层厚度、磁电子纳米薄膜的表面/界面平整度及多层膜的微结构,对于获得性能优异的 GMR 纳米薄膜材料至关重要。

2)需探索和掌握磁电子纳米薄膜材料的退火工艺方法

对磁电子纳米薄膜材料特别是 GMR 自旋阀薄膜和 MTJ 纳米薄膜材料进行退火处理,可增强多层膜材料中铁磁与反铁磁层间的交换耦合作用,但退火温度过高会造成多层膜在界面处的互扩散,从而使材料性能下降,如巨磁阻效应降低和自由层磁滞增大。本研究拟采用分步退火工艺方法:在第一步退火时达到增强铁磁与反铁磁层间交换耦合作用的目的,而在第二步较低温度退火时改善自由层性能使磁滞减小。良好的退火工艺可大大提高磁电子纳米薄膜材料及其器件的性能。

3)需要深入研究磁电子纳米薄膜材料的尺寸效应

在制作集成磁电子传感器器件时,磁电子纳米薄膜材料将被刻蚀成微米量级的电阻单元,其性能将由于尺寸效应而大大不同于原磁电子纳米薄膜材料。深入研究和理解尺寸效应所带来的器件性能变化的物理机理,是研制能达到特定性能指标的集成磁电子传感器的关键。

4)需自主开发集成磁电子传感器设计仿真软件

集成磁电子传感器属于新兴电子器件,无现成的设计仿真软件可用,自主开发集成磁电子传感器设计仿真软件对于优化器件设计、缩短研制周期和形成自主知识产权都极为重要。

5）需掌握器件工艺技术（如电镀制备 NiFe 屏蔽层的工艺方法等）对集成磁电子传感器性能的影响

制备高性能集成磁电子传感器需精确控制器件的尺寸，否则器件性能的重复性难以实现。制备器件的各层材料都需要有良好的性能，如在集成磁电子传感器中作为磁屏蔽层和磁通聚集器的 NiFe 厚膜就需要有良好的软磁性能，要求其磁滞非常小（<0.1Oe）。否则其磁滞就会传递给传感器，并使传感器的磁滞增大。良好的可重复的器件工艺条件，是器件能否实现产业化的重要前提和保障。

4. GMR 传感器的应用

所研制的巨磁阻传感器可广泛应用于工业控制、智能交通、智能电网、汽车电子、消费电子及军事领域，本补充材料主要对巨磁阻传感器在工业控制领域的应用进行阐述。巨磁阻传感器在工业控制领域的应用主要有两种类型：巨磁阻磁场传感器和巨磁阻电流传感器。巨磁阻磁场传感器测量磁场的强度，而巨磁阻电流传感器通过测量电流产生的磁场测定电流的大小。

巨磁阻磁场传感器可作为核心敏感元件制成磁电编码器、磁栅尺、位置传感器、角度传感器、齿轮传感器、速度传感器、流量传感器，与波纹管相结合可以制成温度传感器和压力传感器。这些敏感器件可广泛应用于位置、速度、角度等工业控制领域之中。图 3 是巨磁阻磁场传感器在工业控制应用中的一个实例。利用巨磁阻传感器测量机械传动的位置，从而利用其反馈控制伺服电机，以达到精确控制机械传动的目的。

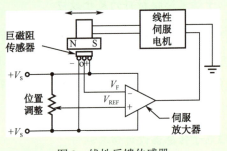

图 3　线性反馈传感器

巨磁阻电流传感器在工业控制领域的应用包括：①电流测量与继电保护；②在直流自动控制调速系统中，可以直接代替电流互感器；③在逆变器中，可用巨磁阻电流传感器直接测量直流侧和交流侧的电流大小，保证逆变器的正常工作；④在电子点焊机中，可利用巨磁阻电流传感器电焊时的电流电压、波形测量，利用其反馈可更好地控制点焊；⑤在交流变频调速电机中，利用巨磁阻电流传感器作为反馈元件用于保护大功率晶体管；⑥在电源和电能管理中,利用巨磁阻电流传感器测量配电线路上的电流幅值变化,进行负载管理;⑦利用巨磁阻电流传感器,可以进行新型电流表和电功率表的开发;⑧利用巨磁阻传感器与电流输入线圈相集成,可以制成电流隔离放大器,其频率特性好、应用范围广,可取代变压器耦合放大器和光电耦合器件的应用,隔离放大器在空间技术、计算机技术、医疗和仪器仪表中有十分重要的应用。

东方微磁科技有限公司在巨磁阻传感器的应用研究方面已经做了很多工作,结合多家应用企业和单位的需求,正在研究和开发用于工业控制的电机测速传感器、限位开关、齿轮测速传感器、电流传感器等相关产品。如东方微磁科技有限公司开发的电机测速传感器,可应用于纺织、机床、冶金、矿山机械等工况复杂的工业控制领域（见图 4）。目前,产品已经进入推广阶段。

图 4　电机测速传感器

而东方微磁科技有限公司设计研发的电流传感器,有望成为霍尔式电流传感器的替代产品。到目前为止,已研发出 1A、5A、10A GMR 电流传感器产品应用于客户。

电流传感器如图 5 所示。

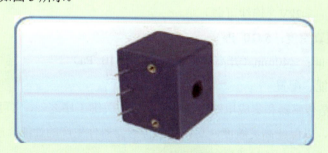

图 5　电流传感器

（三）硅基传感器后道工序工艺装备系列研究及小批量生产

我国传感器发展滞后的原因之一,是工艺和工艺装备一直没有得到国家的重视和关注。由于工艺装备落后,传感器的一致性、稳定性难以保证,器件的规模生产和批量生产难以实现；后道工序与封装工艺有关，由于没有装备保证，器件的可靠性、时间常数、散热无法保证。特别是我国有不少传感器生产厂家，芯片由国外购买，后道工序在国内完成，特别需要国产的后道工序装备。工艺装备与相应的工艺有关，如果企业自己研发，成本难以消化，即使研制成功，也不可能在行业上推广，为了传感器产业发展，希望国家能支持传感器后道工序中的关键设备，以实现小批量生产。

1. 真空静电封接机

1）设备名称

真空静电封接机。

2）设备介绍

（1）主要技术参数

- 封接最大面积≤150mm^2（6英寸）
- 封接的硅片厚度：0.2～2.0mm
- 封接的玻璃厚度：0.8～2.0mm
- 封接形式：玻璃—硅片（单面）、玻璃—硅片—玻璃（双面）、玻璃—硅片—特种合金（金属）
- 封接加热温度：0～480℃可调
- 封接加热功率：≤1kW
- 设备升温时间：≤45min
- 封接电压：≤2kV（连续可调）
- 设备极限真空度：5×10^{-3}Pa
- 抽真空时间：≤40min（开高阀后真空度达5×10^{-3}Pa）

（2）主要功能、配置

主要功能：是传感器和集成电路制造技术的后道关键工序之一，它可实现芯片的无应力、无蠕变封装，以保证高灵敏度、高精度的传感器器件生产的性能、质量以及成品率。它是传感器和集成电路制造技术的关键设备之一。

配置：本机主要由真空室、封接装置、真空系统、提升机构、电气控制、安全保护装置等六部分组成。

（3）设备承担的主要任务

该设备主要用于在大气或高真空状态下将加工完成的硅片与同尺寸玻璃键合在一起，以实现提高传感器的稳定性及保证封接后的残余应力最小。

3）设备特点及要求

① 封接电压可调，极性可变。可满足单面封接和双面封接，电极采用多点浮动加压方式。

② 真空室采用立式布局，钟罩可自动升降，封接装置位于真空室内。

③ 封接温度可调，加热元件采用内热板式加热，热效率高，寿命长。

④ 封接高压、加热电源与真空室互锁，以保证使用安全。

⑤ 满足表压和绝压两种封接要求。

真空静电封接过程属于特殊过程，对设备状态及静电封接工艺必须严格监控，如果外协，对于外协厂家的设备状态、设备使用环境及封接键合的质量难以控制。

2．激光焊接机

1）设备名称

激光焊接机。

2）设备介绍

（1）主要技术参数

● 激光波长：1070nm
● 激光频率：连续
● 最大激光输出功率：1000W
● 输出功率不稳定度：≤3%
● 焊接深度：≤3mm（焊缝接头形式为对接）
● 激光器寿命：≥10 万小时

（2）主要功能、配置

主要功能：对不锈钢、碳钢、镀锌铁板、金、纯铝、钢、钛、可伐、钽、镍等材料进行热传导式焊接。焊接形式包括点焊、拼焊、叠焊、密封焊和填丝焊。具有熔池深宽比较大、热变形小、焊斑均匀、焊点无污染、牢固美观的特点，还具有对金属材料进行精密切割、打孔等功能。

配置：主要由激光发生器（核心部件）、激光冷水机、光纤传输、机器人、工件焊接平台等组成。

3）设备承担的主要任务

本设备主要承担传感器密封封装、结构密封焊接，要求焊缝光滑、无气孔、牢固、密封性好。对不锈钢工件焊接时，设备具备焊接深度达到 3mm 的能力。

（1）设备加工特点及要求

本设备主要是完成传感器密封封装焊接、各种结构密封焊接，焊接过程中对传感器的温度冲击小，几乎对传感器芯片没有电磁辐射影响，在不影响传感器性能的前提下，能保证焊接强度及密封性，对整机产品密封性和长期稳定性起到关键作用。

设备加工特点及要求如表 6 所示。

表 6　设备加工特点及要求

序号	功能、指标	现有电子束设备	现有氩弧焊设备	项目要求水平	新增设备水平
1	设备准备	开机预热 40min，关机冷却 40min	无须等待	无须等待	无须等待
2	焊接深度	2.5mm	2.5mm	3mm	3mm
3	焊缝表面	光滑、无气孔等	光滑、无气孔等	光滑、无气孔等	光滑、无气孔等
4	焊接时间（1 条）	8~10min	约 2min	约 2min	约 1min
5	易损件	阴极、阳极等定期更换	钨极需经常更换	无	无
6	焊接影响区	小	大	小	小
7	维护保养	机械泵、扩散泵等需要定期维护保养	需要定期维护保养	不需要	不需要
8	操作及自动化	手动操作，效率低	手动操作，效率低	自动、效率高	自动、效率高

（2）必要性

传感器在装配过程中多采用手工操作，工作效率低，产品一致性差。目前对低量程传感器的结构件焊接无适宜设备。以往采用电子束焊机焊接时，方式局限且效率低下，一次焊接工作需要准备 10min，开机预热及关机冷却各需 40min，一天只能完成 30 多只传感器焊接，而且只能进行水平环缝和垂直环缝焊接，无法焊接异形焊缝。采用氩弧焊机焊接时，其热影响区问题影响传感器整机性能。

3．硅油充灌装置

1）设备名称

硅油充灌装置。

2）设备介绍

（1）主要技术参数

● 硅油处理加热温度：（200±5）℃

● 一次性硅油处理量：5L

- 系统工作真空度：≤6×10^{-2}Pa
- 一次充油周期：≤4h

（2）主要功能、配置

主要功能：解决扩散硅传感器的硅油净化和充灌问题，满足传感器隔离膜片对感受到的介质压力进行无损传递的要求，提高扩散硅传感器的精度，特别是扩散硅传感器的温度特性和长期稳定性。

配置：设备主体由真空系统、充油系统、检测系统、电气控制系统组成。

3）设备承担的主要任务

目前，国际上的高精度扩散硅压力传感器、变送器的结构设计都采用隔离膜片结构，即用隔离膜片把传感器的敏感器件硅芯片与外界环境隔离开，以保护硅芯片免受外界环境中不良因素如灰尘、潮气等的不良影响。因此。为了使隔离膜片感受到的测量压力能无损传递到硅芯片上，在隔离膜片和硅芯片之间则必须充灌介质——硅油，使硅油净化和充灌成为扩散硅传感器生产中的关键工序之一。

（1）特点及要求介绍

该设备打破了传统的浸灌方式，将净化和充灌分为两室，既提高了设备的真空度，又避免了浸灌中硅油的重复利用、黏度升高、硅油受污染等特点。充灌采用独一无二的容积定量充灌阀组成的充灌方式，提高了充灌效率、节约了硅油，尤其对小充灌量的元器件非常适用。

设备加工特点及要求如表 7 所示。

表 7　设备加工特点及要求

序号	性能指标	现有设备水平	项目要求水平	新增设备水平
1	硅油处理加热温度	（130±5）℃	（200±5）℃	（200±5）℃
2	一次性硅油处理量	3L	5L	5L
3	系统工作真空度	≤6×10^{-2}Pa	≤6×10^{-2}Pa	≤6×10^{-2}Pa
4	一次充油周期	≤4h	≤4h	≤4h

（2）必要性

高温压力传感器是一种宽温区多量程产品，温区分别为-55～85℃、-45～125℃、-55～175℃、-60～220℃，量程为 250kPa～50MPa，并需要扩展到 250kPa 以下及 50MPa 以上。为保证高精度和稳定性，根据不同温区、不同量程势必分类采用不同的硅油介质和不同的充灌硅油工艺条件，根据现有情况，至少需要两台以上保护油充灌系统。

课题组成员名单

金国藩　清华大学、中国工程院院士

徐开先　沈阳仪表研究院

董景辰　中国仪器仪表行业协会

宋宗炎　航天 704 所

唐　锐　重庆功能材料研究院

章诒学　北京北分瑞利股份有限公司

石镇山　仪器仪表综合经济技术研究所

闻路红　宁波大学

曾周末　天津大学

樊尚春　北京航空航天大学

王晓庆　北京泰杰磁电研究所

燕泽程　中国仪器仪表学会

朱险峰　中国仪器仪表学会

秦永清　中关村医疗器械产业联盟

徐秋玲　沈阳仪表研究院

张　莉　中国仪器仪表学会